博士论文
出版项目

英美学界中国社交媒体研究

Research on Chinese Social Media in
Anglo-American Academic Circles

曹漪那　著

中国社会科学出版社

图书在版编目(CIP)数据

英美学界中国社交媒体研究/曹漪那著. —北京：中国社会科学出版社，2022.6

ISBN 978-7-5203-9930-2

Ⅰ.①英… Ⅱ.①曹… Ⅲ.①互联网络—传播媒介—研究—中国②中国学—研究—英国、美国 Ⅳ.①G206.2②K207.8

中国版本图书馆 CIP 数据核字(2022)第 053298 号

出 版 人	赵剑英	
责任编辑	陈肖静	
责任校对	刘 娟	
责任印制	戴 宽	

出　　版	中国社会科学出版社	
社　　址	北京鼓楼西大街甲 158 号	
邮　　编	100720	
网　　址	http://www.csspw.cn	
发 行 部	010-84083685	
门 市 部	010-84029450	
经　　销	新华书店及其他书店	

印　　刷	北京君升印刷有限公司
装　　订	廊坊市广阳区广增装订厂
版　　次	2022 年 6 月第 1 版
印　　次	2022 年 6 月第 1 次印刷

开　　本	710×1000　1/16
印　　张	40
字　　数	559 千字
定　　价	238.00 元

出 版 说 明

为进一步加大对哲学社会科学领域青年人才扶持力度，促进优秀青年学者更快更好成长，国家社科基金 2019 年起设立博士论文出版项目，重点资助学术基础扎实、具有创新意识和发展潜力的青年学者。每年评选一次。2020 年经组织申报、专家评审、社会公示，评选出第二批博士论文项目。按照"统一标识、统一封面、统一版式、统一标准"的总体要求，现予出版，以飨读者。

全国哲学社会科学工作办公室

2021 年

摘　　要

　　当今是一个媒介技术革命的时代：随着互联网技术、数字技术、移动通信技术、智能终端技术等新兴媒介技术系统的发展，移动社交媒体运应而生，这种基于 Web 2.0 技术的新传媒形态极大地提升了人类社会"传媒化生存"的物态条件，深刻并正在持续改变人类社会的思想和行为，而对此"百年未有之大变局"的关注，自然是学术界的应有之责，为此展开的对社交媒体的研究迅速成为国际学术前沿。自中国互联网发展以来，博客、人人网、微博、微信等社交媒体递次登场，如今中国已发展成为全球最大的社交媒体市场，社交媒体已经全面嵌入中国社会的各个层面，给当代中国带来了广泛而深远的影响。中国社交媒体在短短的时间里所取得的惊人发展并在丰富的实践中所积累的独特经验引起了全世界的注目，为此，国际学术界越来越多地把中国社交媒体纳入研究视域中，他们对中国社交媒体的研究因其政治、经济、社会、文化背景等差异而成为国内进一步深化和拓展本土社交媒体研究，在国际学界获得应有的话语权所不能回避的学术参照。本书正是在这样的语境下展开对这一问题研究的。

　　本书目的在于：以总体把握英美学界社交媒体研究概况为起点，聚焦英美学界 2007 年至 2018 年公开发表的中国社交媒体研究文本，把握它们对中国社交媒体的研究动态和基本观点，探究这些研究文本在研究维度和方法上与国内学界相关研究的异同，其中对国内研究有启发的分析借鉴之；如果是误读甚至是故意歪曲的剖析批判之。

与此同时，本书试图通过对"英美学界"社交媒体研究现状及学术前沿的整体呈现，特别是对中国社交媒体研究成果的深入阐释，改变长期以来以英美为学术中心，而又未真正及时了解其研究实情的状况，从而增强学术自信，促进中国学界与国际学界的互动与沟通、互鉴与合作，助推国内社交媒体研究乃至整个传播学中国学派的彰显和形成，达到整体提升中国学界在国际学界中的学术影响力目的。

本书的意义在于：首先，有助于中国学界了解英美学界社交媒体研究的前沿成果，掌握"他者"对社交媒体研究的主要观点与看法，进而启发国内研究对问题意识的深掘和学术视野的拓宽。

国内社交媒体研究尽管在规模上已形成一定气候，但存在研究方法比较单一、研究视域不够宽广、研究深度有所不足等问题。一般而言，置身于社交媒体发源地的英美学界，因其对社交媒体的研究起步较早、方法多元、研究对象较丰富，可作为一块"他山之石"；加之英语是国际学术界的主流通用语言，因此英美学界已然成为社交媒体的国际研究中心，它们的最新研究成果特别是关于中国社交媒体的研究值得关注，唯其如此，国内社交媒体研究才能得到进一步发展。但直到本书完成之时，国内学界对英美学界社交媒体研究的研究还比较少见。本书力求通过对英美学界的相关研究进行较为系统的耙梳、搜集、归纳和评述，试图为国内学界拓宽和深掘社交媒体的研究提供有启发的参考。

其次，有助于中国学界在国际上争取"中国学"，"中国问题"研究的学术地位和话语主导，促进具有全球视野和中国特色的社交媒体研究成果的产生，推动"华夏传播学派"的形成。

中国作为当今世界第二大经济体，其在国际学术界及国际传播学界的地位亟待提升，而非始终居于"沉默的他者"的行列。为此中国学界不仅要与身处国际学界重要位置的英美学界展开广泛的交流和对话，而且还要在知此知彼的基础上探寻出一条适宜解决中国问题的学术路径，这就要求国内学界加强对英美学界中国社交媒体研究情况的及时了解和分析，以便掌握中国社交媒体呈现和研究的主动权，产生出符合中国实际、具有中国特色、产生全球影响的学术成果。

最后，有助于促进中国社交媒体研究担当起回应人类共同面临的世纪之题，促进该研究领域的国际互鉴与合作，推动全球互联网公序良俗的真正建立。

作为全球使用社交媒体人数最多的中国是社交媒体乃至互联网相关研究最重要的经验对象和场域，中国学界理应为重构新格局下的新的国际研究生态做出实际的努力，从而为全球互联网的健康发展和有效治理提出中国方案、贡献中国智慧。要做到此，总体把握和深入研究国际学界相关趋势和观点是必不可少的基本前提，本书试图为此而尽一份薄力。

本书的研究方法如下：作为对英美学界中国社交媒体研究的再研究，本书试图从传播学（传媒）研究的经典范式与"国际中国学"的问题视域出发，采用文献归纳与理论阐释融会、历史梳理和思辨透析结合的方法来系统观照，探讨英美学界中国社交媒体研究。在历史梳理及文献归纳部分，本书通过对国外权威论文数据库进行检索，将英美学界社交媒体研究相关文献归为三大板块：作为本体对象的结构特征研究、作为关系对象的功能影响研究、作为跨学科研究对象的前沿探索；这三大板块又分别为若干方向：社交媒体的传播模式和传播特征、传播功能涉及的社交媒体文化研究、社交媒体的政治传播问题研究、社交媒体的人际传播问题研究、社交媒体对用户行为与心理的影响研究、社交媒体对新闻内容生产的影响研究、企业社交媒体研究、政务社交媒体研究、社交媒体的隐私问题研究、社交媒体的职业应用研究等；以上研究类别的划分不仅适用于归纳英美学界社交媒体研究的相关文献，同时也集成概括了英美学界对中国社交媒体研究的相关研究成果。在理论阐释部分，本书运用传播学、中国学、东方主义、文化霸权等多种理论资源，对英美学界中国社交媒体研究存在的问题进行探究，并透过文本表象，思辨洞悉英美学界对中国社交媒体研究的总体特征、问题本质、产生根源及启示意义。

本书的主要内容由总体概论—历时性考察—共时性探讨—比较反思与本土启示四个部分组成：

第一部分（绪论）：依据抽丝剥茧、层层递进的学理逻辑，对本论文涉及的关键概念、知识属性进行严谨辨析；对社交媒体实践的国内外发展脉络进行宏观梳理；对国内相关研究概况进行细致甄别；在此基础上阐明本论文研究主旨的独到价值。

第二部分（第一、二章）：考察英美学界中国社交媒体研究的演化历程，并根据对研究对象、问题趋向、范式转换等基本情况的变化而将之分为涉入期（2007—2012）：问题旨趣与研究面向初步形成，拓展期（2013—2016）：政治话题凸显与意识形态强化，深化期（2017—2018.7）：多元研究与前沿探索。通过对三个阶段的特征赋名，对英美学界中国社交媒体研究的现实性、螺旋型发展理路进行纵向透析和特征阐释，与此同时也为共时性研究之研究提供一个宏观视域和纵横坐标。

第三部分（第三、四、五、六章）：从传播学传统研究范式出发，参照西方中国学的问题视域，对英美学界中国社交媒体研究进行共时性考察：

第三章对英美学界在多种因素综合影响制约下的中国社交媒体的传播行为、传播内容（事件性、娱乐性与监督性为主）、历时性演变与共时性存在的渠道类型等传播特性的研究及主要观点进行归因，分析了此类研究中英美学界的政治意图与商业目的、学术讨论与功利立场等问题，指出了它们在不同意图主导下对中国社交媒体传播特性研究所表现出来的居高临下的变形观测，并对其中一些研究的意识形态立场与文化错位误读、传统与现代的二元认知模式、被"想象"和"发明"的公共领域等观点予以驳斥。

第四章以传媒研究的功能范式为结构逻辑，解读其对中国社交媒体功能及影响研究的主要方面和观点，反思了英美学界在经验功能主义主导下弱化对重商主义与政治偏见的思辨等问题，并对其中一些研究文本在政治传播功能分析方面的"泛政治"化的惯性解读，在经济传播功能分析方面明显的商业性功利意图给予了批评，与此同时对其在社会文化服务功能方面进行的公共应用多面向研究以及在情感互动功能方面对建立分析系统的探讨给予了关注和肯定。

第五章根据英美学界针对中美社交媒体对比研究的文本和例子，论述了英美学者眼中的以美国社交媒体为标杆的中美差异，审视了这些"差异"的偏向及其背后的原因。

第六章对英美学界中国社交媒体研究方法、范式等作基本归纳，对英美学界中国社交媒体研究的以工具理性为主的方法和以经验研究为主的范式存在的利弊进行了剖析，同时对因大数据、仿真实验等新方法越来越多的使用而将带来的范式转型作了预判，并提出英美学界密切关注中国社交媒体现实状况的、以结构功能主义占主导的研究，并没有改变以英美学界为代表的西方学界一直以来的意识形态立场和重商主义思辨的状况，存在着利益驱使的目的性、标准选择的双重性、观点结论的片面性等政治和商业利益至上的缺陷。

第四部分（第七章）以传播学和"西方中国学"的交叉视域，从总体上对我国本土学界与英美学界为代表的西方学界对中国社交媒体的研究进行了平行比较。通过比较反思得出如下结论：英美学界不可避免地依据其特定的评价立场、话语模式和知识框架对中国社交媒体进行的学术研究，其中既有客观、中肯、极富学术价值和现实意义的研究，但也注定会得出与国内研究者不尽相同的观点和结论，甚至会因其负向功能的选择偏向与学术话语的诠释偏差而出现误读、扭曲、过度阐释、伪造臆测等现象。我国学界应该以批判与借鉴并举的态度对这些研究细致辨别：一方面通过透析文本表象，对其中一些以西方利益为预设，无视中国社会历史文化语境，试图以此来"揭露"中国社会问题实质的"研究"要驳斥其学术偏见、批判其固有立场；另一方面也要对这些"他者之见"、"观点之镜"去芜存菁、去粗取精，发掘、提炼其在问题视域、方法运用、规制管理和产业发展等方面的真知灼见，从而为促进中国社交媒体的健康发展提供有益的参照，为探索符合中国本土实际的社交媒体传播思想，构建"华夏传播学"获得更多的启示。

本书的重要观点：中国社交媒体作为国际上"中国学"知识谱系中的一个特定研究对象而存在。多年以来，国际上的"中国学"都是以英美学界为中心，而立足于中国本土语境产生和发展的中国社交媒体与英语世界现实语境存在巨大差异，英美学界从自身语境出发，其研究一方面产生出许多值得借鉴的"他山之石"；另一方面必然对中国社交媒体及其背后的中国社会环境产生误读，其中一些研究带有否定性的"东方主义"认知偏见及固有成见，并由此得出对中国社会及文化的负面结论甚至是污蔑歪曲的观点，根据"首因效应"、"第三人效应"等传播学原理，如果对这种状况听之任之，即使以后中国学者在国际学术界推出符合中国本土实际的研究成果，一时也难以在此领域产生应有的影响。因此国内学界亟待对英美学界中国社交媒体等隶属于西方中国学范畴的相关研究进行充分了解、客观分析和及时批驳，有理有据地解构英美学界在中国学研究等相关领域长期以来的学术垄断，争取应有的学术地位和话语主导，从而纠正英美学界对中国以及对中国社交媒体的刻板印象，消减由此导致的英语世界和其他海外国家对中国社会、中国环境的扭曲认知。

本书的学术创新与贡献体现在以下三个方面：1. 本书是国内第一部关于英美学界对中国社交媒体研究之研究，其研究对象全部是一手英文文献，在国内新闻传播学界还暂未见对这些文献有过涉猎和研究，具有重要的资料开掘价值。2. 随着传播技术日新月异的发展，社交媒体研究因需而生，并迅速成为世界学术热点，身处社交媒体先发之地的英美学界，对其研究的面向及使用的方法都具有前沿价值和学术意义，值得中国同行学者了解和借鉴；鉴于英美学界社交媒体的研究触角越来越多地向中国等非英语国家的经验和实践延展和深入，本书从对这一重大现实关切出发，突破传播学和"中国学"的学术界域，将英美学界中国社交媒体的研究作为主要研究对象，以传播学的分析框架，结合"中国学"的问题视域，从纵横两个面向对之进行跨学科系统探讨，不仅加强了中国学界对英美学界社交媒体的研究，更重要的是改变了以往仅关注和着眼于英美学界对英语国家中诞生的社交媒体产品及影响的研究情况，却鲜有关注英美学界对中国社交媒体研究的成果的状况，具有开拓性的探索意义。3. 本书从英美学界社交媒体研究的学术背景和发展趋向入手，对 2007 年至 2018 年英美学界中国社交媒体研究进行历时性的梳理和共时性的辨析，对其重要特征进行考察和阐释，归纳整合出英美学界中国社交媒体的几个研究面向及主要观点，并对这些观点的"中国镜像"进行审视辨析：对罔顾事实、恶意歪曲的，对持固有成见、误读曲解的进行剖析、批判，对独具一格、富有创新的，对真知灼见、富有启示的都视为可以攻玉的"他山之石"予以揭示、论证，从而为构建有中国特色的传播学术体系和话语体系，实现"华夏传播学"的学术理想提供一个可以印证和反思的研究案例，具有一定的探索价值。

关键词：英美学界；中国社交媒体研究；借鉴与反思

Abstract

The present era is called the "information era", characterized by a revolution in media technologies: the development of new media technological systems such as the Internet, digital and mobile communication, and smart terminal technologies has led to the emergence of mobile social media. Based on Web 2. 0 technology, this new media form has greatly enhanced the physical conditions for the "mediatized survival" of human society. It has also profoundly altered—and is continuing to alter—the thoughts and behaviors of human society. Naturally, academic communities are bound to examine this "major change that was unseen through the ages." Consequently, research on social media has rapidly become the frontline issue in international academia.

In China, the development of the Internet has seen the successive emergence of various social media platforms such as blogs, Renren Network, Weibo, and WeChat. Today, China has established itself as the largest social media market in the world, with social media being fully embedded in all levels of Chinese society. This has brought about impacts that are both wide-ranging and far-reaching. The astounding development of Chinese social media within such a short duration and the unique experiences accumulated through its many applications in the country have definitely attracted global attention. For this reason, members of the international academic community (IAC) have increasingly incorporated Chinese social media into their field of research. Because of the differences in political, economic, and sociocultural backgrounds, international research has become the academic reference for Chinese scholars to further deepen and expand their research on social media. International research has also become the unavoidable "perspective of others" when Chinese scholars try to claim their right to engage in discourse within the IAC. These situations set the context for examining the issue in this doctoral dissertation.

The purpose of this dissertation was to identify the research trends and basic views of the Anglo-American academic community (AAC) on Chinese social media. This was based on first having a general understanding of social media research undertaken by AAC members, with the focus being their findings on Chinese social media that were published in 2007—2018. These texts served as the basis for examining the similarities and differences between the AAC and the Chinese academic community (CAC) in terms of the research dimensions and methods adopted. After analysis, findings that could inspire Chinese research were highlighted as references, whereas the others that involved misunderstandings, or even deliberate distortions, were criticized. Concomitantly, this dissertation attempted to alter the long-standing perception that the United Kingdom and the United States constitute the global academic center, which had been accepted as the status quo without any real and timely understanding of the actual situation within the AAC. The process involved an overall presentation and in-depth interpretation of the existing status of the AAC's research on social media and the primary issues that it studied, especially research findings on Chinese social media. The outcome enhanced academic self-confidence and promoted interaction, communication, mutual learning, and cooperation between the CAC and IAC, thereby facilitating the formation and manifestation of a Chinese school of research on Chinese social media, and even communication science in general. This has contributed to the goal of elevating the CAC's overall influence within the IAC.

First, the dissertation was intended to help the CAC understand the cutting-edge results achieved by the AAC in social media research, and grasp the main views and opinions of "the others" on social media research. This, in turn, inspired the Chinese scholars to gain an in-depth awareness of the issue and broaden their academic horizons. Although Chinese social media research had attained a certain status in terms of scale, various problems existed, such as the research methods being relatively singular, research horizons not being sufficiently broad, and research depth being inadequate. Generally speaking, the AAC was located where social media were born. With an early start in the study of social media, use of more diverse methods, and an abundance of research subjects, the AAC became the source of learning for other academic communities in the world. In addition, English is the mainstream and universal language adopted by the IAC, giving the AAC the advantage of becoming the international research center for social media. Their latest research findings, especially on Chinese social media, were certainly worthy of attention. Chinese research on social media could further develop only through learning from them. However, at the time of writing this dissertation, there was still a relative lack of research by the CAC regarding the AAC's social media research. This dissertation strived to systematically sort, compile, summarize, and comment on the AAC's related research in an attempt to provide inspiring references for the CAC to broaden and deepen its social media research.

Second, this dissertation aimed to help the CAC strive for academic status and dominance in discourse on research topics, such as Chinese studies and China's issues in the international arena. This facilitated the generation of significant findings in social media research from a global perspective but with Chinese characteristics, thereby leading to the establishment of a Chinese school of communication science. As the second largest global economy today, China's status within the IAC—especially in the field of communication science—needed to be elevated, rather than perennially remain in the ranks of the "silent other." Therefore, the CAC should execute extensive exchanges and dialogues with the AAC, which occupies the central position in the IAC. In addition, it should also seek an academic path that is appropriate for solving Chinese problems on the basis of knowing both oneself and others. This would require the CAC to strengthen its timely understanding and analysis of the AAC's situation on Chinese social media research, so that it could take the initiative to showcase and study Chinese social media. This would, in turn, produce academic findings that are in accordance with China's reality, bear Chinese characteristics, and have global impacts.

Third, this dissertation aimed to inspire research on Chinese social media to take on the roles of responding to the issues that humanity faces in this century, facilitating international mutual learning and cooperation in this field, and advancing the actual establishment of public order and good practices on the global Internet.

As the world's largest user of social media, China is the most important empirical subject and field for social media research, in fact for all Internet-related research. The CAC should make practical efforts to reconstruct a new ecology for international research under the current setup, thus contributing to the healthy development of the global Internet. It should also propose Chinese plans and share Chinese wisdom for the effective governance of the Internet. To achieve this, the basic and indispensable prerequisite was to have an overall understanding and conduct an in-depth study of the IAC's relevant trends and perspectives. This dissertation was an attempt toward meeting that prerequisite in a small way.

Additionally, this thesis was a re-examination of the AAC's research on Chinese social media. The research commenced with the classic paradigms of communication (media) science and the issue of Western Sinology. A summary of the existing literature was combined with theoretical interpretations, and an assortment of historical materials was fused with critical analysis to systematically observe and examine the AAC's research on Chinese social media. Foreign databases containing authoritative papers and data were thoroughly explored to gather the historical materials for sorting and the literature for summarizing. The relevant literature on the AAC's social media research was categorized into three major sections: (i) study on the structural characteristics of the main subject, (ii) study on the functional impacts of the relational subject, and (iii) cutting-edge exploration of the interdisciplinary research subjects.

The three major sections were in turn divided into 10 directions: the study of (i) the communication mode and characteristics of social media, (ii) social media culture pertaining to the communication function, (iii) the issue of political communication in social media, (iv) the issue of interpersonal communication in social media, (v) the impact of social media on users' behaviors and psychology, (vi) the impact of social media on news content production, (vii) corporate social media, (viii) governments' use of social media, (ix) privacy issues related to social media, and (x) professional applications of social media.

The classification of research categories as stated above was suitable not only for summarizing the relevant literature on the AAC's social media research but also for integrating and summarizing AAC's research findings on Chinese social media. Various theoretical resources including communication science, Chinese studies, Orientalism, and cultural hegemony were used for theoretical interpretation in this dissertation and to examine existing problems faced by the AAC when studying Chinese social media. Insights into the overall characteristics of the AAC's study of Chinese social media, the nature and root of the problems, and its significance in providing inspiration were gained through textual representations and made from the perspectives of theoretical thinking and analysis.

The dissertation's main content was composed of four parts: (ⅰ) general introduction, (ⅱ) diachronic investigation, (ⅲ) synchronic discussion, and (ⅳ) comparative reflections and inspirations for the CAC.

The first part (Introduction) included a rigorous analysis of the key concepts and knowledge attributes included in this dissertation, based on the academic logic of painstaking investigations conducted in progressive stages. The developmental context of practices in international and Chinese social media was organized from a macroscopic perspective, followed by a detailed screening of the overall Chinese situation in related research. These served as the basis for clarifying the unique value of research ideas in this dissertation.

The second part (Chapters 1 and 2) included the developmental process of the AAC's social media research. The process was divided into three stages according to the basic overview that incorporated the research subjects and paradigm trends: (ⅰ) the initial period when interest in the problem and the research orientations were formed (2007 – 2012), (ⅱ) the expansionary period during which political topics were highlighted and ideologies were strengthened (2013 – 2016), and (ⅲ) the intensification period when in-depth research and cutting-edge explorations were accomplished (2017 – 2018. 7). These three stages were named according to their respective characteristics, and provided a holistic, macroscopic horizon and intertwining markers for the separate study of the AAC's research on Chinese social media. Next, several aspects of the AAC's social media research were used to guide a longitudinal analysis and interpretation of characteristics of the developmental logic behind the AAC's research on Chinese social media.

In the third part (Chapters 3, 4, 5, and 6), a synchronic investigation of the AAC's study of Chinese social media was conducted. This proceeded from the research paradigm of traditional communication science while referencing the problematic perspective of Western Sinology:

In Chapter 3, research was conducted on the communication behaviors of Chinese social media under the comprehensive influence of various factors in the AAC. Communication characteristics such as communication contents (predominantly events, entertainment, and supervision), diachronic evolution, and types of synchronic channels were studied, and the origin of the main perspectives was attributed. The political intentions, commercial objectives, academic discussions, and utilitarian stances of the AAC's research were also analyzed. The contradictory mismatch demonstrated in their research on the communication system behind Chinese social media, which was guided by various intentions and contained condescending and distorted observations, was pointed out. Some ideological positions and cultural misunderstandings in their research, as well as perspectives, such as the dual cognitive model of tradition versus modernity and the public domain being "imagined" and "invented", were also refuted.

In Chapter 4, the functional paradigm of media research was used as the structural logic to interpret the AAC's main directions and perspectives on studying the functions and influence of Chinese social media, and to reflect on problems that the AAC faced, including weakened critical thinking on mercantilism and political prejudice under the guidance of empirical functionalism. The specific issues included an inertialized and stereotypical interpretation of the AAC's function of political communication as "pan-political", and a critical analysis of research texts containing apparent utilitarian intentions driven by commercial interests. Concurrently, the AAC was conducting multi-faceted research on public applications (under its function of sociocultural service), while paying attention to and affirming discussions on the establishment of an analytical system (under its function of emotional interaction).

In Chapter 5, a comparative study of the AAC's texts and examples on Chinese and American social media was made. The differences between China and the United States were discussed from the perspective of "the other" and with American social media as the benchmark. The biases behind these "differences" were examined, as well as the reasons that caused them.

In Chapter 6, a basic summary was made of the methods and paradigms that the AAC used when researching Chinese social media. The pros and cons existing in methods based on instrumental rationality and paradigms based on empirical research that the AAC adopted to study Chinese social media were analyzed. Simultaneously, a prejudgment was made of the paradigm shift brought about by the increasing use of big data and simulation experiments. The author's proposal was that AAC's scrutiny of the reality of Chinese social media and related research, which was led by structural functionalism, had not changed the ideological position of the Western academic communities, of which the AAC is a representative. Limitations had arisen from the intentionality of politico-economic utilitarianism, duality of selected case studies, unilaterality of perspectives and conclusions, and other instances of the supremacy of political and commercial interests, as well as weakening in the critical thinking on mercantilism.

The fourth part (Chapter 7) comprised an overall and parallel comparison between research on Chinese social media by the CAC and Western academic communities (as represented by the AAC). This was approached from the overlapping perspectives of communication science and Western Sinology. After comparative reflections, the conclusion made was

that being "the other", the AAC could not help but make academic pro-
ductions on Chinese social media in accordance with its specific discourse
model and knowledge framework. Although this resulted in research that
was objective, pertinent, extremely rich in academic value, and highly
significant, it was inevitable that the perspectives and conclusions drawn
were dissimilar from that of Chinese researchers. This was to the extent of
the findings being distorted, misunderstood, over-interpreted, and falsi-
fied as a result of selective bias from the negative functions, and devia-
tions in the interpretation of academic discourses.

The CAC should carefully screen these studies with the dual goals of
criticizing and referencing. On one hand, textual representations were
thoroughly analyzed to identify some "research" that presupposed West-
ern interests while ignoring the Chinese historical and sociocultural con-
text, which was then used in an attempt to "expose" the true nature of
China's social issues. Any such academic prejudices and inapplicable ideo-
logical positions must be refuted and criticized. On the other hand, it was
necessary to separate the bad from the good, and the rough from the re-
fined, so as to discover and extract true knowledge and deep insights from
such "views of the other" and "mirror of perspectives. " These included
the problem horizon, application of methods, regulatory management,
and industrial development. The findings provided useful references for
promoting the healthy development of Chinese social media, exploring ide-
as for social media communication that are in line with China's local real-
ity, and bringing about further inspirations for the establishment of Chi-
nese communication science.

The important point of this dissertation was that Chinese social media
existed as a specific research subject in international Chinese studies,
which had been centered around the AAC all these years. However, Chi-
nese social media were produced and developed on the basis of China's lo-

cal context, which is vastly different from the actual context of the English-speaking world. The AAC's research originated from its own context, which had produced many external critiques worthy of learning. Unfortunately, there inevitably existed misreadings about Chinese social media and the Chinese social environment behind it. Some of these studies had cognitive biases and inherent prejudices that negated Orientalism, resulting in negative conclusions about Chinese society and culture, and even slanderous and distorted views.

According to communication principles such as the primacy effect [The primacy effect was first proposed by American psychologist Abraham S. Luchins, and reflects the impact of the order of appearance of a subject's information during interpersonal communication on the formation of impressions. Basically, the first impression made by a person during interpersonal communication is extremely important and greatly affects the impression that other people form of that person.] and the third-person effect, it would be difficult for Chinese scholars to create the impact that they should have in this field within a short time if the existing situation is left unchecked. This would be the case even if they were to subsequently publish research findings in the IAC that are actually aligned with China's local reality. Therefore, there was an urgent need for the CAC to fully understand, objectively analyze, and promptly criticize AAC's research on Chinese social media and other related fields in Western Sinology. The next step would be for the CAC to make a reasonable and justified deconstruction of the long-term academic monopoly that the AAC has had over Chinese studies and other related fields, while striving for the academic status and dominance in discourse that it deserves. In doing so, the stereotypes about China and Chinese social media as portrayed by the AAC would be rectified, thereby reducing the distorted perceptions that the English-speaking world and other countries have of Chinese society and environment.

    The academic innovations and contributions of this dissertation were manifested in three aspects:

    i. This was the first Chinese doctoral dissertation on the AAC's research on Chinese social media, and thus it was significant in terms of its pioneering and exploratory nature. Social media research evolved owing to the rapid advancement of communication technologies, and had quickly aroused general interest within the world's academic communities. The AAC is conveniently located where social media originated, so its research direction and methods used for studying the topic had cutting-edge value and academic significance and was worthy of understanding and referencing by Chinese scholars. The fact remained that an increasing number of the AAC's social media research was extending and diving into the experiences and practices of non-English-speaking countries such as China. In view of this major practical concern, this dissertation treated the AAC's studies on Chinese social media as the main research subject and used the analytical framework of communication science combined with the academic vision of Chinese studies to conduct an interdisciplinary and systematic examination of the subject from both the vertical and horizontal aspects. This strengthened the CAC's understanding of the AAC's social media research. More importantly, this brought about a change in the past research situation, in which attention and focus were placed only on the AAC's study on social media products by English-speaking countries and the impacts of those products, with rarely any attention paid to the AAC's research findings on Chinese social media.

    ii. The starting point for this dissertation was the academic background and development trend of the AAC's social media research, followed by a diachronic sorting and synchronic analysis of the AAC's research on Chinese social media published in 2007 – 2018. Its important characteristics were examined and interpreted, and various research directions and main perspectives on Chinese social media were summarized and compiled. Next, the "mirror image of China" based on the perspective of "the others" was identified and analyzed. Analysis and criticisms were made of views that ignored facts or maliciously distorted them, and of those who held inherent prejudices and misunderstandings. In contrast, views that were unique, innovative, insightful, and inspiring were highlighted and validated, as these could serve as external feedback for seeking self-improvement. Through the integration of communication science, it was hoped that a breakthrough in research on the issue of Sinology was achieved, thereby providing a "mirror of the others" with reference value for realizing the academic ideal of establishing the school of Chinese communication science.

iii. All the English-language literature referred to in this study were first-hand materials: no Chinese translations were used. The author had also undertaken the tasks of translation and rectification. The compilation and utilization of these English-language studies were significant in terms of exploring a wider scope of research materials.

Key words: Anglo-American academic circles; Chinese social media research; reference and reflection

目　　录

Contents

绪　　论

纵观人类媒介发展史，每一次媒介技术革命的到来，都会改变人们与媒介的关系，从而重塑整个人类社会的时空结构。当代社会更是一个媒介技术革命的时代：随着互联网技术、数字技术、移动通信技术、智能终端技术等新兴媒介技术系统的发展，移动社交媒介应运而生，这种新传播媒介大大提升了人类社会"传媒化生存"的物态条件，极大地、深刻地改变了并仍然在持续改变当今人类社会的思想和行为，而对此"百年未有之大变局"给予关注，自然是国际学术界的应有之责，为此展开的研究迅速成为世界学术前沿。自中国接入互联网以来，BBS、博客、人人网、微博、微信等社交媒体递次登场，引起了全世界的高度关注。早在 2012 年，《麦肯锡季刊》以《了解中国社交媒体》为题，发文称中国社交媒体拥有最庞大和最活跃的用户群、最先进的技术。美国学者 Elizabeth Brunner 指出"中国的在线活动令人震惊。从 2000 年到 2017 年，中国互联网用户数量从 2250 万人猛增至 7 亿 2000 多万人，成为全球最大的互联网国家。其中，微博每月活跃用户 3.13 亿，微信每月活跃用户 7 亿。（*China's online activity is astounding. Between 2000 and 2017, the number of Chinese Internet users skyrocketed from 22.5 mililion to over 720 million, making it the world's largest Internet nation. Of these, 313 million are monthly active users on Weibo and 700 million on Weixin*）"[①]

---

①　Brunner, E., Wild Public Networks and Affective Movements in China: Environmental Activism, Social Media, and Protest in Maoming, *Journal of Communication*, 2007, 67（5）: 665 – 677.

经过近几年的技术更新换代和用户群爆炸性增长，中国已发展成为全球最大的社交媒体市场。这个"世界上最大的社交媒体，它的市场构成与世界其他地区有很大不同"① 如今，社交媒体已经全面嵌入中国社会的各个层面，给当代中国社会带来了深远影响。中国社交媒体在短短的时间里取得了惊人发展并在不断地实践中为世界贡献了丰富而独特的经验和曲折。为此，国际学术界越来越多地把中国社交媒体纳入其研究视域中，他们对中国社交媒体的关注和研究又因政治、经济、社会、文化等差异而成为中国国内进一步展开对社交媒体研究的不能回避的"他者视野"和重要参照。遗憾的是，中国国内学术界迄今为止（截至 2018 年 8 月）还未公开出版任何一部学术专著或者博士学位论文来专门研究这一重要的学术问题。本书正是在这样的语境下展开对英美学界关于中国社交媒体研究之研究的。

第一节　选题缘由

一　研究目的

社交媒体（Social Media）作为媒介化社会的传播载体，它在任何地域都带来传播者与受众间关系的巨大转变及传播权力"深层次的结构调整"②。社交媒体的兴起亦深刻改变了人们日常生活实践的诸种形式，颠覆了人们过往对人际交往模式乃至社会政治文化的认知经验。美国皮尤研究中心（Pew Research Center）2015 年 10 月发布的调查报告显示，美国有 65% 的成年人在使用社交媒体，其中 18—29 岁的青年人的社交媒

---

① 艾媒数据中心：社交媒体，https：//data. iimedia. cn/data－classification/theme/13960402. html。

② 李良荣、郑雯：《论新传播革命——"新传播革命"研究之二》，《现代传播》2012 年第 4 期。

使用率高达90%。① 然而，"在互联网全球化方面，中国与美国仍有差距。Facebook 和谷歌的全球活跃用户分别达到 22 亿和 20 亿，而腾讯的微信和阿里巴巴的电商活跃用户则分别为 10 亿和 7 亿"②。由此观之，社交媒体俨然成为全球当代生活不可或缺的组成部分，且随着互联网技术系统的进一步发展，其影响力在可预见的时间进程内仍会继续攀升。基于此，一种立足于社交媒体传播的社会研究范式受到国际学界的广泛关注，特别是置身社交媒体发源地的英美学界，其对社交媒体的研究已经较为成熟、多元；加之如今的国际社交媒体研究领域，英语是主流通用语言，因此英美学界已然成为社交媒体的国际研究中心。

与此同时，随着微博、微信等国内社交媒体平台的相继崛起，国内学界对社交媒体的研究方兴未艾，许多国内学者皆有意识地转变研究思路与研究方法，以适应传播学研究在社交媒体时代的转型，回应社交媒体传播模式给传播研究带来的诸多新问题、新挑战。但需要注意的是，国内学界的社交媒体研究与英美学界社交媒体研究之间存在诸多差异，这不仅体现在两者研究对象的侧重不同，同时也体现在两者方法论和问题域的区别。相对而言，英美学界社交媒体研究因其起步更早、方法更多元、研究对象更丰富而在成果上领先于国内学界的社交媒体研究。

然而，当前国内学界对英美学界社交媒体研究成果的关注和接受却并不显著。国内学界社交媒体研究大多仍囿于传播学的经典理论框架，对中国新兴社交媒体及其社会影响进行考察，而未能更多吸收英美学界社交媒体研究较为先进的方法论和认识论经验，因此未能与社交媒体研究领域的国际前沿对接。由此导致国内学界社交媒体研究在国际学界缺乏影响力，即便是在对中国本土的社交媒体研究，国内学者的研究成果也很少受到国际学界重视。

---

① Social Media Usage：2005 – 2015. http：//www. pewinternet. org/2015/10/08/so-cial-networking-usage-2005 – 2015/，Pew Research Center，2015 – 10 – 08.

② 李倩：《中国互联网与美国差距逐渐减少，人工智能或在五年内赶上美国》，《封面传媒》第 3 期电子版，第 28 页（《2018 年互联网趋势报告》）。

　　形成这一状况的原因，一方面是汉语、英语语言上的天然隔阂，造成理解上的困难；另一方面则是中国现实语境与英美国家现实语境（包含政治、经济、社会、文化语境）相异所致。但不能因为存在这两方面的原因，就断定国内学界与英美学界社交媒体研究的对话沟通不可能。因为国内社交媒体与英美学界社交媒体仅就技术、载体而言，差别并不大，可以说几乎同出一源，所以它们自然会面对许多具有普遍性的问题；此外，尽管语言、语境皆有不同，但国内学界与英美学界的研究大多都在传播学研究或信息科学等某几个学科的框架下展开，二者拥有相近的学科知识背景，这也就赋予了它们进行对话沟通的可能性。

　　特别需要指出的是，国内学界与英美学界对中国本土的社交媒体的研究虽然存在交流不畅的状况，但是，随着社交媒体在中国发展的独特实践路径和功能的显现，其影响逐步扩大，因而，英美学界越来越多地将研究的触角伸向中国，形成了英美学界对中国社交媒体的研究这一值得我们关注的领域。遗憾的是，国内学界却较少关注和重视英美学界对中国社交媒体的研究，相关的研究成果寥寥无几。① 迄今

---

　　① 目前查阅到的文献有：刘兢主持的教育部人文社科项目《海外中国新闻传播研究的范式变迁（1951—2010）》（11YJC860028）系列论文研究，但是该项目仅以传统媒体、传媒政策等方面作为研究对象，对于中国互联网新兴的社交媒体应用在英美学界的研究情况则缺乏关注。参见刘兢《1990 年代以来英语文献里的当代中国传媒改革》，《国际新闻界》2010 年第 6 期；《英语世界全球化与中国媒介研究的知识贡献》，《现代传播》2017 年第 3 期等论文。刘康杰、李绮岚对 2015 年以来西方学术界有关中国社交媒体研究的 SSCI 论文和书籍进行检索，并归纳分类，其研究综述对于相关研究文献的整理与呈现对国内学者而言具有较大参考价值，但是他们仅对国外相关研究概况的表象进行了描述，却缺乏结构性分析，最终导致其研究未能得出兼具深度与广度的研究结论。参见刘康杰、李绮岚《西方学术视角下的中国社交媒体实践——2015 年以来相关英文研究的四个维度》，《新闻战线》2017 年第 8 期。另外还有毕晓梅《国外新媒体研究溯源》，《国外社会科学》2011 年第 3 期；徐剑、商晓娟《社交媒体国际学术研究综述——基于 SSCI 高被引论文的观察》，《上海交通大学学报》（哲学社会科学版）2015 年第 1 期；叶菁《2007—2016 年"社交媒体"国际研究的内容演化探析》，《新闻世界》2017 年第 10 期；龙强、李艳红《英语学界社交媒体"隐私悖论"研究》，《新闻与传播研究》2017 年第 4 期。本书笔者也有相关研究，参见石文婷、曹漪那《英语世界的中国新闻学研究》，《中外文化与文论》（第 29 辑），四川大学出版社 2015 年版，第 102—114 页。该文考察了英语世界的中国新闻学研究，对相关学术成果进行了历时性梳理，并注意到中国网络空间中的公众意见正逐渐受到英语学界重视。但其研究对社交媒体等新技术形式的关注仍显不足。详见本书"绪论·第三节"相关论述。

为止，没有任何一部专著也没有任何一部博士学位论文专门探讨英美学界对中国社交媒体的研究这一重要问题。造成这种情况的原因我们前面已经提到。这种情况导致的后果是：一方面，中国社交媒体是立足于中国本土语境产生和运作的，与英语世界现实语境存在巨大差异，英美学界在中国社交媒体研究领域所扮演的是外来研究者的角色，难免对中国社交媒体及其背后的中国社会环境产生误读；另一方面，英美学界因其在国际学术界所固有的话语霸权地位，对中国社交媒体的研究掌握着较之中国学者更多的学术话语权，由此，英美学界从自身语境出发，其中有些对中国社交媒体研究中所带有的否定性的"东方主义"认知及由此得出的对中国社会的刻板和负面印象，有可能在国际学术界乃至国际社会得到广泛传播。根据"首因效应"① "第三人效应"② 等原理，即使以后中国学者在国际学术界推出符合中国本土实际的研究成果，其声音也可能很难在国际社交媒体研究领域受到应有的重视。笔者认为，中国学界如欲掌握中国社交媒体研究领域的学术话语权，就应当对英美学界的中国社交媒体研究有充分的了解、研究、分析与批判，从根本上突破与解构英美学界在该领域的学术霸权。

众所周知，"英美世界"学术霸权的建立与"英美国家漫长的殖民历史关联紧密。如爱德华·萨义德所言，殖民主义不仅在"具体的政治、意识形态、经济和社会活动中"，且在"一般的文化领域"同样存在。殖民主义"不是简单的积累和获得的行为"，它

---

① "首因效应"是由美国心理学家洛钦斯首先提出的。它反映了人际交往中主体信息出现的次序对印象形成所产生的影响。首因效应是指人际交往中给人留下的第一印象至关重要，对印象的形成影响很大。

② "第三人效应"，是由美国哥伦比亚大学戴维森教授提出的。他认为"第三人效果"机制是由于大众在判断大众传播影响力之际存在着一种普遍的感知定式，即倾向于认为大众媒介的信息在社会层面（对其他人）上的影响与个人层面（对我）上的影响大相径庭，前者的影响要比后者大。

"为强烈的意识形态所支持和驱使"。① 由此便能解释，在英美学界现代性观念的支配之下，当代各国学术界的学术评价标准为什么都"自觉"向英美国家看齐的普遍性问题。李金铨在反思国际传播"不太国际化"的文章中对此亦有批评，他指出："许多非西方学者以美国主义的片面世界观为依归，而且视之为当然。"② 因此，英美学界学术霸权的形成，不仅有赖于英美学界对非英语世界进行文化、学术殖民的外在因素推动，亦不能缺少非英语世界研究者自身对本土话语缺乏自信而一味依赖"先进"的英美学界研究经验的内在因素的助力。面对英美学界的学术话语霸权，中国学者不但需要加强学术自信，而且尤其需要知己知彼，了解英美学界对中国社交媒体的研究现状，才有可能有针对性、客观地研究、评论与批判，扎实推进具有中国特色的中国传播研究，有效建设中国的社交媒体传播话语。

综上所述，本书研究目的在于立足英美学界社交媒体研究，特别是英美学界对中国社交媒体的研究历程、研究现状与前沿特征，了解它们对中国社交媒体的研究动态和基本观点，掌握英美学界社交媒体研究的主要成果，探究这些成果在研究维度和方法上与国内学界相关研究的异同。其中如果对国内研究有启发之处，可借鉴之，他山之石，可以攻玉；如果是误会甚至是故意歪曲，可批判之，正本清源，以正视听，为中国学界与国际学界社交媒体研究的互动、沟通奠定基础。与此同时，本书希望对英美学界社交媒体研究现状，特别是英美学界对中国社交媒体研究成果的呈现与分析，能对国内社交媒体研究乃至整个传播学研究的中国特色的形成和彰显起到一定的助推作用，同时为改变长期以来盲目以西方为中心，而又不真正了解西方研究实情的尴尬状况做一些实际的基础性的研究，为促

---

① ［美］爱德华·W. 萨义德：《文化与帝国主义》，李琨译，生活·读书·新知三联书店 2003 年版，第 10 页。

② 李金铨：《国际传播的国际化——反思以后的新起点》，《开放时代》2015 年第 1 期。

进国际传播学界的多元化发展，特别是为第三世界传播学界的发展
尽一分绵薄之力。

二　学术价值

本书的学术价值体现如下：

1. 有助于中国学界了解英美学界社交媒体研究的前沿成果，掌
握"他者"对社交媒体的主要观点与看法，加强国内研究的问题意
识，拓宽其学术视野。

总体上看，相较于英美学界社交媒体研究，国内社交媒体研究
起步较晚，且占有资料不够丰富，存在研究方法比较单一、研究视
域不够宽广、研究深度有所不足等问题。国内社交媒体研究尽管在
规模上已形成气候，但其在内容、主题和研究方向上却有诸多需要
向英美学界同行学习借鉴之处。唯其如此，国内社交媒体研究才能
得到进一步发展，而非始终居于社交媒体研究"沉默的他者"的行
列。但时至今日，对英美学界社交媒体研究新方法和新观点的引介
在国内学界还比较少见，这造成国内学者反复强调的"与国际前沿
对接"的中国传播学发展需求长期停留在纸面，而未见到实质性的
落实。本书即是对"与国际前沿对接"这一俨然已构成国内传播学
话语系统之一部分的呼声的落实，因为只有在了解对方的基础上，
才能够以之作为学习借鉴或批判反思的对象。

2. 有助于中国学界在国际上争取"中国学""中国问题"研究
的学术地位和话语主导，推动具有全球视野和中国特色的社交媒体
研究成果的产生，为促进"华夏传播学派"的形成尽力。

对于英美学界中国社交媒体研究，本书除了从传播学研究的面
向去进行观照外，还将之放在国际学界中国问题研究体系中去考察，
因为这是一个比较切近的知识范式或解释框架，中国社交媒体作为
国际上"中国学"的一个特定的研究对象而存在。但多年以来，国
际上的"中国学"都是以英美学界（西方学界）为中心展开研究
的。英美学界从自身语境出发，许多研究带有否定性的"东方主义"

认知和对中国的固有成见。国内学者唯有打破英美学界的学术垄断，争取在"中国学"上的学术地位和话语主导，才有望纠正英美学界对中国以及对中国社交媒体的误读，消减由英美学界之误读所导致的英语世界和其他海外国家民众对中国社会、中国环境的刻板印象以及负面看法，改变中国"有理说不出，说了传不开"① 的状况。这就要求国内学界加强对英美学界中国社交媒体研究情况的及时了解和分析，掌握中国社交媒体呈现和研究的主动权，积极推进包括中国社交媒体研究在内的中国传播学研究的本土化进程，以高水平的本土化研究成果来回驳英美学界对中国社交媒体的学术霸权及其背后折射出的英美学界对中国问题的扭曲认知。英美学界的这种扭曲认识或误读的形成，是受到英语世界政治意识形态和对中国社会"东方主义"式的刻板偏见的影响，他们在探讨中国问题时虽有客观的研究，但往往也有偏颇的看法，有些只做静态的观察与批判，缺少深入的动态调查、客观的理性分析和公正的学术立场，从而难免对中国问题做出片面乃至失实的判断。本书认为，英美学界对中国社交媒体在特定的社会环境中所呈现出来的特殊性的误读主要体现在两个方面，即权力误读和语境误读。一方面，根据马克·吉布森对权力概念的划分，权力具有两种形式，即由上至下的国家政治层面的一般性权力与由下至上的具体环境中的具体权力。② 英美学界对中国社会环境中的权力关系的认识存在偏差，表现在其仅仅视中国社会环境中的权力为自上而下的一般性权力，却未能认识到具体环境中具体权力的存在，以及社会事件内含的微观权力技术运作和作为具体权力之权力主体的事件参与者的主观能动性。另一方面，英美学界对中国社交媒体的研究脱离了中国作为发展中国家的现实语境，就马克思主义理论而言，即是英美学界未能践行"历史特殊性

① 张峰：《跟习近平总书记学讲中国故事》，http://theory.people.com.cn/n/2015/0908/c112851-27558171.html，2015-9-8。

② ［澳］马克·吉布森：《文化与权力》，王加为译，北京大学出版社2012年版，第216页。

原则"，未能认识到"任何一个给定社会都要根据它所存在的特定时代来理解"，① 并且任何一个社会的"思想、文化一般说来是植根于民众'生活'的具体的特殊的东西"之中。② 在中国现代化建设正在深入推进的当下，英美学界一味从自身立场出发，在讨论中国问题的过程中忽视中国社会发展和民众社会生活需要的客观因素的存在，这无疑是一种时空颠倒的语境错置式的分析方式。

与此同时，中国已经成为当今世界第二大经济体，而在国际学术界，特别是国际传播学界的地位亟待提升。毫无疑问，中国学界要提升自己的地位，就要与身处国际学界中心位置的英美学界展开广泛的交流对话，在此基础上形成具有本土特色的研究模式。必须强调的是，国内学者与英美学界的交流对话应基于平等和相互尊重的原则，即不以其中任何一方为"权威"，而使双方有价值的声音都能够得到有效传达。诚如日本历史学家沟口雄三所言，以西方标准评判中国，将导致"没有中国的中国学"，而只有在"以世界为目的……相对化的多元性的原理之上"，学术研究才能够"创造出更高层次的世界图景"。而在沟口雄三看来，相对化要求学者能动地把握中国独特的世界，多元化要求学者摆脱西方中心主义（在传播学界往往是英美中心主义）的桎梏，唯其如此，学者和大众眼中的"世界图景"方能最终实现"从先后的纵向原理向并列的横向原理的转换"。③ 因此，中国传播学对本土化路径的探索，无论基于何种视角，均需在借鉴英美传播学界和立足本土语境之间找到平衡，并在此基础上探寻出一条适宜解决中国问题的具有中国特色的学术路径。在中国社交媒体研究领域，这一要求无疑更加紧迫且必要。一方面，

---

① ［美］C. 赖特·米尔斯：《社会学的想象力》，陈强、张永强译，生活·读书·新知三联书店 2001 年版，第 160 页。

② ［日］池田知久：《津田左右吉与中国、亚洲》，曹峰译，《文史哲》2011 年第 3 期。

③ ［日］沟口雄三：《作为方法的中国》，孙军悦译，生活·读书·新知三联书店 2011 年版，第 132—133 页。

社交媒体作为当前最为普遍的传播载体，正深刻地影响着当代中国的社会结构转型，因此，如果不能尽快形成根植于本土的中国社交媒体研究成果，而任由英美学界中国社交媒体研究引领相关学术研究的关注方向，那么不仅中国问题得不到有效解决，甚至当代中国的社会结构转型过程亦会受到更多的无端指责及舆论冲击；另一方面，作为世界第二大经济体的中国，亟须在政治、文化领域奠定与其经济实力相匹配的国际地位，中国社交媒体研究领域自然也要为此做出积极努力，而这就要求国内学术界不断推动国内相关研究成果"传出去"，打破英美学界学术垄断的制约，进而使国际学术界听到更多来自中国的声音，使来自中国本土的中国社交媒体研究能够取得世界性的广泛影响，从而推动有中国特色的"华夏传播学"的建立。

3. 有助于中国社交媒体研究与国际学界相关研究互证、互融，学术规则接轨，为回应人类共同面临的世纪之题，推动该研究领域的深入发展及新的国际学术场域建构履行应有之责。

一方面，英美学界学术规则在国际学术界占据权威地位，国内社交媒体研究若想进入国际学术界主流视野，必得积极寻求与英美学界对接，其重要手段便是采用英语这一国际通用的学术语言发表论文，从而实现与国外学者对话；另一方面，在社交媒体研究领域，国内学界与英美学界之间应当形成优势互补的意识和联系，不仅国内学界可以吸收英美学界优秀研究成果为己所用，而且英美学界也能从国内学界优秀研究成果中汲取养分，加强对研究对象和研究问题的深入认识。因此，国内社交媒体研究与英美学界的互鉴、互促，亦是提升英美学界相关研究水准、纠正其相关研究刻板偏见的契机，最终目标即是促进社交媒体研究领域的整体繁荣。与此同时，本书亦希冀能够为去"西方中心化"，形成多元化的国际传播学界的发展做出力所能及的努力。包括社交媒体研究在内的国际传播学界长期以来受到英美学界学术霸权的宰制，导致非英美学界的研究成果难以进入主流传播学研究视野，更导致非英美学界内部交流对话的渠道不通畅、信息不对称。因此，国内社交媒体研究与英美学界的对接，不仅有助于扭转由英美学界主导的国际传播学的发展动向，为中国社交媒体研究正名，更有助于促进包括社交媒体研究在内的国际传播学界的多元、整体发展，以应对当今人类共同面临的由技术革命带来的颠覆性的改变。在前所未有的挑战下，致力于新的国际学术场域的建构，这是新时代赋予学术研究的使命，亦是中国学术可能真正产生全球性影响的重要契机，本书期冀对此有所助益。

三　现实意义

本书对英美学界社交媒体研究成果的呈现与分析，同样具备一定的现实意义。其现实意义表现在与社交媒体实践相关的多个方面，如国家政策、组织实践、用户行为等；而放眼至全球语境，本书更致力于将中国社交媒体发展的经历与经验传达给世界，打破一元化的以英美国家为权威的社交媒体发展策略，构建并传播多元化的社交媒体发展和构造模式，使中国社交媒体的发展经验得到世界性的广泛认识。基于此，本书的现实意义可表述为以下几个方面：

1. 在国家战略方面，本书有助于贯彻国家"网络强国"战略思想，优化我国社交媒体治理手段，改善我国社交媒体舆论环境，为公众创造一个更加健康有序的网络舆论环境提供有益的借鉴和启示。英美学界对中国社交媒体研究中不乏网络用户分析、舆情管理、有效运营使用等相关研究成果，且其中一些研究成果在国内学界还未受到较多关注。对这些研究成果进行发掘和研究，有助于促进政府、企业及用户更加高效、有序地融入社交媒体舆论环境中来，从而改善我国网络空间的整体生态，助力善政良策在网络空间中的实施。除此之外，本书亦是对国家"引进来""走出去"文化战略的实践。"引进来""走出去"战略为中国文化国际传播提出了借鉴与开放两个方面的要求，而本书对英美学界社交媒体研究成果的呈现与分析，对国内社交媒体研究成果的总结和阐释，正符合"引进来""走出去"战略的基本要求。这意味着本书的成果将有助于中国社交媒体和中国社交媒体研究与"引进来""走出去"战略接轨，实现借鉴与开放的统一。

2. 在组织实践方面，本书有助于为基于社交媒体的企业组织提供更多可行性的有效方案。

在英美学界社交媒体研究中，有关社交媒体企业商业化模式或社交媒体组织运营等问题的研究文献比比皆是，甚至在企业研究层面已经形成了一个专门的研究领域，即企业社交媒体（Enterprise Social Media）研究。这或许是因为企业社交媒体研究最容易吸引学术界以外的广大读者，特别是企业界的众多读者，并且也最容易得到企业资金的支持，为研究者带来学术研究之外的红利。英美学界的企业社交媒体研究角度各异，内容丰富，其研究者或有商业实践背景，或有调查数据支撑，所得的结论应用性较强，对于国内企业的社交媒体商业实践具有较大的借鉴价值。应当指出的是，本书所指的企业社交媒体研究，是一个含义广泛的概念，它包含了营销、公关、管理等与企业运作或组织管理相关的各个方面，这些研究方向虽具有一定程度的相关性，但在内部则有较多不同的侧重性。如公关研究不仅限于企业层面，也可能是对社会组织的公关策略的研究，在这方面，对公益性社会组织的公关策略研究有数目十分可观的研究成果，故这些成果具有较为广泛的适用性。

3. 在用户行为方面，本书有助于为社交媒体用户树立正确的社交媒体使用规范，提升用户在使用社交媒体过程中的信息安全意识，养成科学健康的新媒介素养。

英美学界社交媒体研究对社交媒体用户的关注历来是其特色之一。英美学界或从政府、企业角度出发，考察社交媒体信息传播（包括社会事件传播、官方信息传播等）在用户端的传播效果表现；或从用户角度出发，考察社交媒体平台上的个人隐私泄露风险、用户社交媒体使用行为、用户关联网络和社会资本的关系等具体问题。可以说，这些研究的基本思路仍然延续了拉斯韦尔5W模式对传者、受者的区分方法，或者说继承了哥伦比亚学派及其后的经验研究范式所惯习的视角与思维框架。然而，他们在当代语境下所做的研究，较之古典传播学研究具有更丰富且多元的方法论手段，以及更广阔且实用的认识论视野。这也正是这些研究成果值得借鉴的原因。对这些研究成果不仅可以作学术上的借鉴，更是可以作日常应用上的借鉴。通过对这些研究成果的借鉴，政府、企业能够更好地了解用户，而用户也能够更安全、规范地展开社交媒体实践活动。

4. 在全球格局方面，本书有助于中国学界参与到对人类共同面临的由技术进步带来的传播规律和人与媒介关系深刻改变的应对探索中，努力寻求既具有中国特色，又能够被全世界所接受的解决方案，为促进人类社会的理性发展和虚拟世界的秩序重构做出努力。

随着中国经济的发展，中国政治地位的不断攀升，当代中国社交媒体已成为国内外社交媒体研究领域乃至整个中国研究领域重点关注的研究对象。中国社交媒体独具特色的发展经历和经验，对世界各国均具有关键性、前沿性的借鉴意义。本书将中国独特的社交媒体发展经历和经验置于以本土为基点的世界语境下进行观照，将国内外中国社交媒体研究成果和最新研究进展加以综合性的梳理与分析，力图为全世界，特别是发展中国家及其人民提供互联网时代的社交媒体治理与社交媒体实践的宝贵经验，使国内外研究者对社交媒体与社会发展之间的关系产生更为全面、多元的认识，亦使英美学界学术话语霸权所塑造的以英语世界为主导的社交媒体与社会发展之关系的认识得到丰富和拓展。应当再次强调的是，正如中国已经成为世界政治、经济舞台上不可或缺的关键角色，近些年来发展迅猛的中国社交媒体也逐渐成为国际社交媒体中至关重要的一环，因此对中国社交媒体研究的回溯与展望，亦同国际社交媒体研究的发展历程与前景相关联，这正是中国社交媒体研究产生世界性影响的前提和基础。

综上所述，对英美学界社交媒体研究特别是英美学界中国社交媒体研究的现状进行探析，不仅能够在学术层面促进国内学界与社交媒体研究的国际前沿接轨，增进国内外学者的对话与沟通，同时也能够助推国内学者突破英美学界学术霸权，掌握中国社交媒体研究领域的学术话语权，推进中国社交媒体研究乃至中国传播学研究的本土化进程与国际化水准。此外，本书亦有助于在实践层面加强中国社交媒体舆论环境的相关治理措施，为企业、机构及个人树立正确的社交媒体使用规范，为建设安全、和谐的中国互联网空间提供有效的借鉴。

第二节　关键概念与知识属性辨析

一　英美学界的界定及其相关概念的联系与区别

本书标题为《英美学界中国社交媒体研究》，在说明本书标题使用的关键词之一英美学界的内涵和外延界定之前，有必要辨析英美学界及其与之有重要关联的其他几个概念。

1. 英美学界

英美学界即是指我们泛称的"西方学术界"的核心。本书之所以用"英美学界"，是因为这一概念基本上已经约定俗成，在学术界是常见的术语概念。例如学术界有如下论著：在文学界有《象牙塔的陷落？——英美学界小说研究》[①]；在历史学界有《20 世纪 80 年代以来英美学界的殖民时期非洲史研究述评》[②]；在哲学界有《英美学界对于中国经典诠释传统之研究：回顾与展望》[③]，《海德格尔亲纳粹

---

① 肖楚楚、樊星：《象牙塔的陷落？——英美学界小说研究》，《江汉论坛》2017年第 7 期。

② 李鹏涛：《20 世纪 80 年代以来英美学界的殖民时期非洲史研究述评》，《世界历史》2015 年第 5 期。

③ 方克涛：《英美学界对于中国经典诠释传统之研究：回顾与展望》，《台大文史哲学报》第 53 期。

经历在英美学界引起讨论》①，《马克思自由理论的解释与重构——评当代英美学界的几种马克思主义自由观》②；在社会学界有《"当制度成为敌人"——英美学界反思西方社会衰落根源》③；在科学界与法学界有《英美学界掀起"科学探案"：查韦斯被中情局"种"癌可能吗》④ 等。需要指出的是，这些论著中的英美学界主要是指英国学界与美国学界。例如，上述《20 世纪 80 年代以来英美学界的殖民时期非洲史研究述评》指出："20 世纪 80 年代以来，英美等国的非洲史学界在反思 20 世纪 60 至 70 年代非洲民族主义史学的基础上，重新审视殖民统治与非洲社会变迁之间的复杂关系。随着 20 世纪 80 年代非洲国家高校普遍出现经济困难，大批非洲学者移民发达国家，这在客观上加速了非洲研究的国际中心由非洲大陆转向英美两国。这些供职于英美高校的非洲学者关注殖民地与帝国本土之间的历史联系，并且强调殖民经历对于理解世界历史进程的重要性。"这里的"英美学界"是很明确的，就是指英国与美国学术界。但是，上述论著中的英美学界，也有较为宽泛的含义，包含了"英语世界"的泛指空间。例如，前述《马克思自由理论的解释与重构——评当代英美学界的几种马克思主义自由观》⑤，指出："布伦克特（G. G. Brenkert）出版的《马克思的自由伦理学》，这是 20 世纪 70—80 年代英语世界中研究马克思自由思想最为集中的一部专著。"这篇论文虽然标题用的英美学界，但是在正文中又用了英语世

---

①　宁：《海德格尔亲纳粹经历在英美学界引起讨论》，《外国文学评论》1994 年第 4 期。

②　张霄：《马克思自由理论的解释与重构——评当代英美学界的几种马克思主义自由观》，《江汉论坛》2010 年第 4 期。

③　《"当制度成为敌人"——英美学界反思西方社会衰落根源》，《光明天下眼》2015 年 1 月 19 日。

④　《英美学界掀起"科学探案"：查韦斯被中情局"种"癌可能吗》，《浙江在线—钱江晚报》2013 年 3 月 22 日。

⑤　张霄：《马克思自由理论的解释与重构——评当代英美学界的几种马克思主义自由观》，《江汉论坛》2010 年第 4 期。

界这个术语，显然，这位学者心目中的英美学界与"英语世界在某种意义上是相通的，也可以说英美学界实际上与英语世界相关，甚至相互重叠。这种较为宽泛的含义，在国内学术界同样也是很常见的。在文学研究界，英语世界已经是常见的术语概念，其使用率甚至超过"英美学界"，因此，我们不得不进一步辨析英语世界。

2. 英语世界

中国学术界所说的英语世界，一般指英美为主的，将英语作为母语的国家，如英国、美国，再加上加拿大、澳大利亚、新西兰、爱尔兰以及把英语作为第一语言的国家。英语世界的地理范围横跨七大洲，它不仅作为一个地理概念指涉空间意义上的若干英语国家和地区，也泛指用英语作为正式通用语言，用于官方、主流、学术交流的领域。但是，无论怎样定义，英语世界核心和主体还是英美学界。应当说，对英语世界的中国学研究，尤其是中国文学研究，在最近二十多年来，已经是硕果累累。比较早的有黄鸣奋的《英语世界中国古典文学之传播》①，王晓路的《中西诗学对话——英语世界的中国古代文论研究》②；以后有杨玉英的《英语世界的郭沫若研究》③，季进、余夏云的《英语世界中国现代文学研究综论》④ 等多部学术专著，还有一大批博士论文和期刊论文。如果我们仔细研读，就不难发现这些论著基本上是以英美学界为主的，所以有的论著干脆更名为"美国汉学界"。2012 年，教育部甚至批准了哲学社会科学重大课题攻关项目"英语世界中国文学的译介与研究"（项目批准号：12JZD016），其研究文本基本上也是以英美学界为主的。可见英美学界在中国文学研究界已经有了相当的基础与影响。

正因为如此，本书也曾经考虑用"英语世界的中国社交媒体研

---

① 黄鸣奋：《英语世界中国古典文学之传播》，学林出版社 1997 年版。
② 王晓路：《西方汉学界的中国文论研究》，巴蜀书社出版 2003 年版。
③ 杨玉英：《英语世界的郭沫若研究》，复旦大学出版社 2015 年版。
④ 季进、余夏云：《英语世界中国现代文学研究综论》，北京大学出版社 2017 年版。

究"作为题目，但是，几经考证、研究和反复斟酌，笔者认为采用"英语世界"这一概念仍有诸多问题，有不少歧义和不够严谨的地方，容易引起不必要的争论与误解。正如庄佩娜的博士论文《英语世界的中国古代文学史》所指出："本研究所选题目为'英语世界的中国古代文学史'，在展开具体论述之前，有必要对如下概念进行界定，以避免由此而引起不必要的争论与误解。首先，此处所指'英语世界'并非'英语'与'世界'字面含义的简单叠加，而是可以理解为不同层面的含义，这从此表达的不同英译文中可见一斑，例如《英语世界老子研究》（*The Studies of Lao-tzu in the English world*），《英语世界中国文学研究》（*The Study of Chinese Literature in the Anglophone world*）及《毛泽东〈延安文艺座谈会上的讲话〉在英语世界的接受》（*The Reception of Mao's 'Talks at the Yan'an Forum on Literature and Art' in English-language Scholarship*）等。"① 我们不难发现，上述不同的论著居然用了三个不同的英文词来表述"英语世界"：the English world，the Anglophone world，English-language Scholarship，如果仔细追究，往往令人不知所从。但目前所发表相关论著大都未对"英语世界"这一概念有所界定，而是直接进入主题探讨之中，也不注重所选"英文世界"之译文与论文讨论范畴是否一致，往往显得不够严谨。黄鸣奋在其《中国古典文学之传播》中将"英语世界"划分为三层含义：以英语为母语的第一个层面在发生学意义上仅限于英国；以英语为通行语的第二个层面为英国的殖民地或前殖民地；以英语为外国语的第三个层面几乎覆盖了全球。② 这一含义划分更是无边无际。由此可见，"英语世界"的提法的确还不够严谨，容易引起不必要的误解。因此，本书采用了含义较为明确的"英美学界"。

---

① 庄佩娜：《英语世界的中国古代文学史》，博士学位论文，四川大学，四川大学图书馆馆藏 2016 年，第 2 页。

② 黄鸣奋：《中国古典文学之传播》，学林出版社 1997 年版，第 24 页。

3. "英语学界"

另外，还有一个与本书所讨论的"英美学界""英语世界"密切相关的术语概念——"英语学界"。在新闻传播学术界以及其他学术界，也有人在使用"英语学界"进行相关的学术研究，例如：《英语学界社交媒体"隐私悖论"研究》①《英语学界中国文论研究》②《英语学界中国古典戏曲研究的新动向（2007—2011）》③ 等。这些"英语学界"的定义指向与我们前面所说的"英语世界"含义基本相同，但是，与"英语世界"相比较而言，"英语学界"含义更加不确定，也更加混乱。因为"英语学界"不仅仅指国外的英语学术界，而且常常是指我国英语语言学术界，其含意有时完全不同。例如：英邵琮、马潇的文章《英语学界的风范——北京外国语大学梅仁毅教授》④，又如：南京、北京七教授2009年1月的文章《英语学界惊爆学术腐败案》⑤，又如：《英语教育周刊》吴永奎的文章《专家直指英语学界"思想剽窃"》，文中说"语言学界尤其是英语学界学术失范现象也开始引起人们的关注"。⑥ 以上都是确指中国的英语语言学术界。显然，与"英语世界"的概念比较，"英语学界"既指国外学术界，也指中国国内英语语言研究界，涵盖的范围更大，其所指更加不确定。而本研究的研究需要科学合理地锁定文本对象，鉴于此，只能在广泛浩大的术语概念群中挑选出一个比较具体而明

---

① 龙强、李艳红：《英语学界社交媒体"隐私悖论"研究》，《新闻与传播研究》2017年第4期。

② 陈引驰、李姝：《英语学界中国文论研究》，《中国比较文学》2005年第3期。

③ 程芸、何博：《英语学界中国古典戏曲研究的新动向（2007—2011）》，《戏曲研究》2012年第3期。

④ 英邵琮、马潇：《英语学界的风范——北京外国语大学梅仁毅教授》，《国际人才交流》2013年第1期。

⑤ 七教授：《英语学界惊爆学术腐败案》，http://bbs.tianya.cn/post-english-141929-1.shtml，2009-01-16。

⑥ 吴永奎：《专家直指英语学界"思想剽窃"》，《英语教育周刊电子版》2006年第30期。

确的术语概念："英美学界"。

4. 本研究"英美学界"概念范畴

笔者认为，相对而言，"英美学界"无疑是比"英语世界"以及"英语学界"更加稳定而清晰的学术概念。需要进一步指出的是，本书所涉及的研究对象，虽然明确以英美学术界为主，但是也不可避免地会涉及与此密切相关的英语世界的学术研究。可以说，在一定程度上，"英美学界"并不完全限于英美两国，因为在全球化语境下，一些学者常常是在世界范围内游走和流动，他们的国别很难确定，还有一些非英美学者的论著常常在英美出版社出版和在英美期刊上发表，并在英美产生学术影响。本书根据这些实际情况，基于目前所能收集到的相关资料，在以英美学界为主的前提下，也兼及"英语世界"的学者及出版物。这些出版物主要指在英美出版的直接以英文为写作语言的研究中国社交媒体论著，作者身份可以是以英语为母语的学者，也可以是非以英语为母语的学者，具体指涉在英国、美国的高校系统、研究机构或学术共同体求学、任职，并以英语写作发表的论文、著述（包括这些大学和研究机构的博士和硕士论文），或者这些高校系统或研究机构任职的学者、学生与非英语国家学者、学生合作用英文写作发表的论文、著述；或者非英语国家学者用英文写作的论文、著述并在英美国家的学术期刊、出版社、会议等公开发表的著述和论文等。之所以如此界定，有如下三个理由：

（1）国内学术界多有先例。例如，刘兢的论文《1990 年以来英语世界里的中国传媒研究——以"中国传播研究系列"为视角》中指出："英语世界里的中国研究向来由英美裔学者担纲，著名的《中国季刊》（*The China Quarterly*）杂志的顾问委员会里只有一名华裔；英语世界里的中国传媒研究也曾如是，朱谦等主编的讨论中国政治传播问题的《中国新社会网络》里满是英美裔学者的文章；声称根据实地访问写出的首本谈论中国传媒的英文专著《中国大众传播》的霍金斯（Howkins）是个英国人；《权力、金钱与传媒》打出了以华裔为主的中国传媒研究的旗帜，一批在英美大学获得博士学位、掌握西方社会科学研究话语、熟谙中国世故的华裔学者集体亮相，就中国传媒问题发出了自己的声音；其指向是将中国传媒研究的内外视角接合起来，兼具内部视角的一手经验之长与外部视角的分析省思之妙。"① 这篇论文虽然用了"英语世界"这一概念，实际论述的内容基本上是"英美学界"。文中所言"由英美裔学者担纲""满是英美裔学者的文章""一批在英美大学获得博士学位、掌握西方社会科学研究话语、熟谙中国世故的华裔学者集体亮相"等论述充分证明，英语世界里的中国研究其实是由英美裔学者担纲，同时也包括一批在英美大学获得博士学位、掌握西方社会科学研究话语、熟谙中国世故的华裔学者。

（2）本书所说的"英美学界"，重在强调本书的研究对象所涉及的公开成果的学术体制归属，而非仅仅以这些文本作者的国籍作为区分标准，这已成为学界的一个基本共识。因为学术体制归属区别于单纯的国籍归属，它注重的是文本署名发表的知识产权拥有机构的所在属地，在当今学者全球流动越来越频繁的情况下，学术体制归属应该更适合对国际学术界国别问题研究的划定。

（3）从目前的实际情况来看本研究研究中所涉及的相关论文、著述的作者，有部分与"英美学者"合作撰写论著的"非英语世界"的移民学者、留学生、他国学者和学生，其国籍和身份实难精确区分和一一辨明，这也是本研究在研究过程中面临的难点之一，在此唯有借助大致统一的界定标准来加以规范和说明。

另外，本书为了延伸、拓宽和印证对某个问题、某些观点的探讨，有时也会使用"英语世界""英语学界""西方学界"等术语，这些术语概念在本研究中与"英美学界"的关联和区别就不再在文中反复赘述了，特在此一并说明。

---

① 刘嫕：《1990 年以来英语世界里的中国传媒研究——以"中国传播研究系列"为视角》，《浙江传媒学院学报》2018 年第 18 期。

二　"社交媒体"（Social Media）及"中国社交媒体"的概念界定

本书的另一个关键词是：社交媒体。这一关键词是从英文 Social Media 翻译过来的。Social Media 的中文翻译有"社交媒体""社会化媒体"等，为了厘清这一关键词的基本定义，首先需要说明的是本书为什么对"Social Media"这一英文名词采用了"社交媒体"的中文译名；其次对"社交媒体"做一个基本的概念界定；在此基础上对本书中所指的"中国社交媒体"作一个更加具体的界定。

1. "Social Media" 的中文译名问题

首先，本研究以"社交媒体""社会化媒体""微博""微信"任一词作为关键词的论文进行检索，并以全文中必须出现"微博"或"微信"一词至少一次作为限制条件（以此排除国内学者对非中国社交媒体的研究），设定最晚发表时间为 2017 年，共获得相关文献 628 篇。在这些相关文献中，篇名中包含"社交媒体"的文献有 96 篇，篇名中包含"社会化媒体"的文献有 69 篇，篇名中包含"社会性媒体"的文献有 5 篇，篇名中包含"社会媒体"的文献有 4 篇。其历年出现频率见图 1：

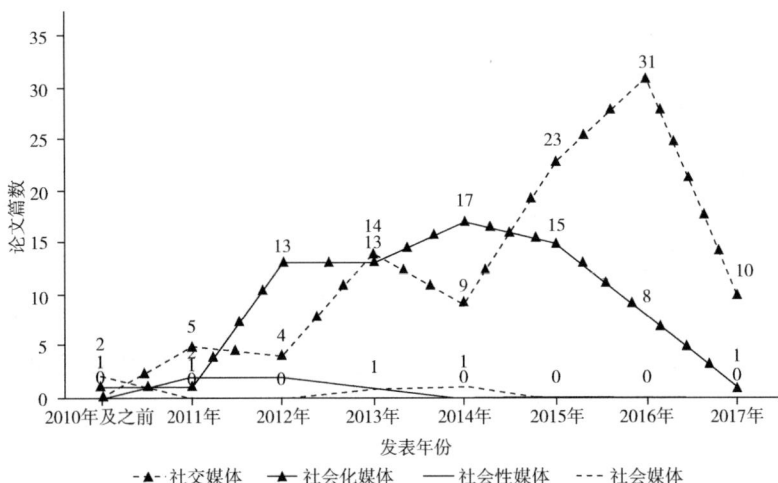

图 1　"Social Media"各译名出现频率

　　由图可知，"社交媒体"这一译名不仅使用总量最多，在历年使用频次上亦呈上升趋势。2015 年以来，学界已经普遍接受以"社交媒体"作为"Social Media"的标准译名，因此，本书遂采用"社交媒体"作为"Social Media"的译名。

　　此外，也有赵云泽、张竞文等学者对"Social Media"译名问题的专门研究。他们通过梳理"Social Media"等几个英文词汇在西方学者著作中的含义，提出"将'社交媒体'和'社会化媒体'混用是不妥当的。'社会化媒体'是一个较含糊、不准确的概念，今后应该弃之不用"。① 因此，本书将以"社交媒体"作为"Social Media"的标准译名，对文中列举文献引文的译名差异不再纠正。

2. 社交媒体概念内涵

　　Danah M. Boyd 等学者结合社交媒体的发展时间线（见图2），认为社交媒体为个人用户提供了"公共或半公共的"的交往场所，使得不同用户在其中能够产生联系，实现相互了解、提升沟通质量的目标。② Andreas M. Kaplan 等学者将社交媒体界定为"基于 Web 2.0 的思想和技术基础的互联网应用群体，并允许用户创建和交换彼此生产的内容"，因此，社交媒体赋予了用户生产、传播信息的主体地位。③ 在此基础上，Jonathan A. Obar 等学者从社交媒体的技术特征和功能性出发，对社交媒体概念做出如下界定，即"以 Web2.0 交互式技术为基础""以用户自生产内容为根基""为用户提供个人或团体展示页面"，并"将不同展示页面相连接从而促进线上社交发

---

① 赵云泽、张竞文、谢文静、俞炬昪：《"社会化媒体"还是"社交媒体"？——一组至关重要的概念的翻译和辨析》，《新闻记者》2015 年第 6 期。

② Boyd, D. M. & Ellison, N. B., Social Network Sites: Definition, History, and Scholarship, *Journal of Computer-Mediated Communication*, 2007, 38 (3): 16 – 31.

③ Kaplan, A. M. & Haenlein, M., Users of the world, unite! The challenges and opportunities of Social Media, *Business Horizons*, 2010, 53 (1): 59 – 68.

展"的网络应用①，如 Facebook、Twitter、Instagram、Myspace 等应用便均属此列。

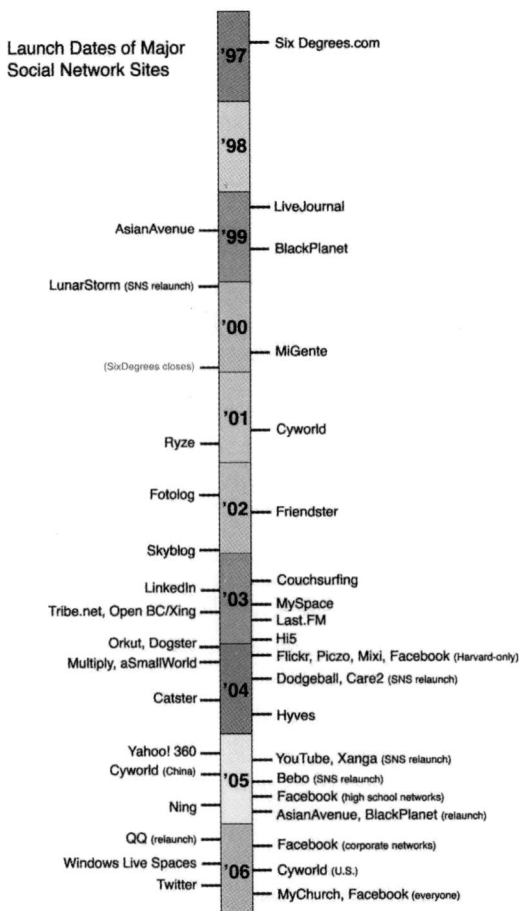

Launch Dates of Major Social Network Sites

'97 — Six Degrees.com

'98

'99 — LiveJournal
AsianAvenue — — BlackPlanet

LunarStorm (SNS relaunch) —
'00 — MiGente
(SixDegrees closes) —

'01 — Cyworld
Ryze —

Fotolog —
'02 — Friendster

Skyblog —

LinkedIn — — Couchsurfing
'03 — MySpace
Tribe.net, Open BC/Xing — — Last.FM
Orkut, Dogster — — Hi5
Multiply, aSmallWorld — — Flickr, Piczo, Mixi, Facebook (Harvard-only)
— Dodgeball, Care2 (SNS relaunch)
Catster — '04
— Hyves

Yahoo! 360 — — YouTube, Xanga (SNS relaunch)
Cyworld (China) — — Bebo (SNS relaunch)
'05 — Facebook (high school networks)
Ning — — AsianAvenue, BlackPlanet (relaunch)
QQ (relaunch) — — Facebook (corporate networks)
Windows Live Spaces — '06 — Cyworld (U.S.)
Twitter — — MyChurch, Facebook (everyone)

图2　主要社交媒体产品发展时间线②

---

① Obar, J. A. & Wildman, S., Social media definition and the governance challenge: An introduction to the special issue, *Telecommunications Policy*, 2015, 39（9）: 745 – 750.

② Boyd, D. M. & Ellison, N. B., Social Network Sites: Definition, History, and Scholarship, *Journal of Computer-Mediated Communication*, 2007, 38（3）: 16 – 31.

3. 本研究"中国社交媒体"的具体指涉

相较于互联网技术发展较早的欧美国家，社交媒体在国内发轫较晚。2005 年人人网成立或可视为中国社交媒体正式进入中国网民生活的起点。其后微博（2009 年）、微信（2011 年）的相继兴起将中国社交媒体的发展态势推向高潮，这两款社交媒体应用亦成为国内外中国社交媒体研究领域重点关注的经验对象。

国内学者对社交媒体概念的界定与国外学者基本一致。如彭兰将社交媒体定义为"用户社会交往和信息分享的平台"，并认为常见的中国社交媒体应用包括论坛、博客、即时通信、微博以及电子商务网站等。① 赵云泽等学者则将社交媒体视为满足人们的社交渴望的媒介，而社交的含义是具有一定公开性的人际交往，核心内容是人与人之间信息、思想和情感的交流，在此意义上，博客、微博等应用便可归入社交媒体之列，QQ 等即时通信应用则应排除在外。② 鉴于此，本书认为：社交媒体（Social Media）是指互联网（移动互联网）上基于用户关系的内容生产与交换平台，主要是用来分享意见、见解、经验和观点。目前较有代表性的中国社交媒体应用包括微博、微信、QQ 空间、人人网等，其中尤以微博、微信影响力最大，在国内外学界被讨论的可能最多。为了使研究对象更加明确而集中，本书的研究对象主要围绕微博、微信两类中国社交媒体而展开。

从以上概念界定可知，中国社交媒体在技术特征与功能性上与国外社交媒体几无差异，有学者甚至直言中国社交媒体"应用形式的创新多数来源于国外社交网络的应用原型，所以国内的社交网络很大程度上没有体现自己的特色"③。但这一观点仅仅认识到中国社交媒体的技术特征，却未能意识到中国特殊的社会环境赋予中国社

① 彭兰：《社会化媒体与媒介融合的双重挑战》，《新闻界》2012 年第 1 期。

② 赵云泽、张竞文、谢文静、俞炬昇：《"社会化媒体"还是"社交媒体"？——一组至关重要的概念的翻译和辨析》，《新闻记者》2015 年第 6 期。

③ 张利、王欢：《我国移动社交网络服务的发展现状与方向研究——以人人网为例》，《现代情报》2012 年第 11 期。

交媒体的异于国外同类应用的特点。实际上，在我国特殊的政治、经济、文化政策推动下，中国社交媒体的发展已体现出"兼具国外技术和自身特点"① 的特征。李娜、胡泳将中国社交媒体应用及其特征归结为以下五点，即"独特的防火墙国情""C2C 模式创新""互联网一代崛起""承载更多社会责任"以及"过度娱乐化和深陷灰色利益问题"等。② 由此可见，中国社交媒体区别于国外社交媒体的特色与创新之处，多与适应中国国情和政策的需求相关。在中国综合国力不断提升、社会改革逐步深化的时代背景下，中国社交媒体正以其在中国政策环境中独有的网络传播特色，成为管窥当代中国社会的重要渠道之一。因此，在当下国际学术界，中国社交媒体的发展不但为我国学者重视，且在英美学界的研究热度亦有不断升温的趋势。由此，在国内外学者的共同推动下，基于中国社交媒体的中国社会中国学研究范式已经进入传播学及其他相关学科领域的主流研究视野之中。这促使我们对国际学术界，特别是"英美学界"中国社交媒体研究的发展现状进行全面、透彻的检视和研究。

三 英美学界中国社交媒体研究的知识属性

判定英美学界关于中国社交媒体研究的知识属性及其身份归属，关系到将这一学术现象纳入什么样的知识框架和理论视野中进行考察分析，需要对此做一论证说明。因此笔者将立足于国际学术视野，从大到小、合乎逻辑地推衍这一归因过程。

1. "英美学界中国社交媒体研究"的知识属性

毋庸讳言，英美学界中国社交媒体研究首先是一种独立于中国

---

① 肖琳、徐升华、王琪：《社交媒体发展与研究述评》，《图书馆学研究》2016年第 14 期。

② 李娜、胡泳：《社交媒体的中国道路：现状、特色与未来》，《新闻爱好者》2014 年第 12 期。

国内学术体系之外的自足自洽的知识系统，该系统从最宽泛的意义上来说属于"西学"（Western learning）的一部分，而不是"中学"（Chinese national learning）的有机构成，尤其是中国的传播学本来就是"舶来品"，在很大程度上遵循的是西方和美国的知识谱系，"为西方中心的学科体系提供'中国案例'来佐证其普遍性"。①

但是，稍加细究就会发现，就中国社交媒体研究这一具体论域而言，谓之为"西学"固然不错，但未必得体，因为西方学术毕竟范围太大，如果将之归于西学就大而无当了。事实上，该知识体系在整个西学谱系中还可以进一步作更加准确的身份定位，这就是"东方学"（Orientalism）。按照其创始人和集大成者赛义德（Edward W. Said）的理解，所谓"东方学"包含有三个层次，其中首先是"作为学术研究的一门学科"，该学科的特点在于以西方学术为基本的认知框架来建构、"制作"或驯化"并不存在的'东方'"，并在其中贯穿一种东方主义的本质主义和二元论思维方式。② 从这个视角来厘定和理解英美学界关于中国社交媒体的研究，显然可以很好地揭示社交媒体中所呈现的"东方—中国"是如何被"想象"和"发明"出来的，以及其背后潜伏的"他者性"运思逻辑。但是，正如国内研究者所理解的那样，拥有中东血统的赛义德，毕竟对于远东地区的中国有所隔膜，其著作中也很少提及中国问题，何况其本人也难逃学术种族主义（academic racism）的不断质疑。在此意义上，将英美学界关于中国社交媒体的研究完全纳入"东方学"的范畴，可能依然失之偏颇，尽管它已经非常接近该知识系统的基本属性。

上述清理过程，从"西学"到"东方学"，范围已经在逐步缩小；循此以进，在整个西方学术话语的子系统中，为英美学界的中

---

① 史安斌：《推动新闻传播学的中国化、时代化、大众化》，《青年记者》2016年第16期。

② ［美］爱德华·W. 赛义德：《东方学》，王宇根译，生活·读书·新知三联书店2007年版，第3—8页。

国社交媒体研究寻找到一个可以进行规范解释的知识框架已经不难企及了。直言之，它只能是海外汉学（Sinology）或海外"中国学"（China Studies）的一个有机组成部分。考虑到本研究主要是从传播学范式出发对英美学界中国社交媒体研究进行的再研究，新闻传播学更多具有社会科学属性且发展历史较短，而对中国社交媒体的研究更是只有十年左右的时间，研究的对象与现实联系得非常紧密，主要是在动态行进中的各种实践及问题，加之海外研究中国的无论是机构、出版物还是学者一直以来都是以英美等西方国家为中心，故采用"西方中国学"（West China Studies）的概念更为妥当（以下均称为西方中国学），也就是说，对于中国社交媒体问题，除了可以从英美传播学研究的面向去进行观照外，还有一个比较切近的知识范式或解释框架可以被纳定在国外中国问题研究体系中，作为西方中国学的一个特定的研究对象而存在。

　　这里必须要解释清楚的是，到底什么是"西方中国学"？它跟"海外汉学"又有什么渊源关系？因为就国内的新闻传播学这门学科来说，海外汉学可能显得较为陌生，至少它远没有在中国文学、历史、哲学、社会学等领域那样声名卓著，具有深厚的研究积淀和代表性学者，因为这些学科早已经意识到，"对海外汉学的研究，正日益成为国内学界的一门'显学'"。[①] 由于中国新闻学的历史不到一百年，传播学的学术历程从 20 世纪 80 年代开始还没有超过半个世纪，因而本土的新闻传播学领域，严格从"西方中国学"的角度进行"以他观我"式的学术探讨，迄今为止都非常少见，而本书就是在这方面的一个比较初步的尝试和探索。

　　2. 从历史流变看"英美学界中国社交媒体研究"的归属定性

　　近年来，西方中国学的概念越来越多地被国内外学者所使用，逐渐成为国外人文社会科学主要领域关于中国问题研究的一个统称。

---

　　① 孟庆波、刘彩艳：《对海外汉学研究的三点反思》，《社会科学论坛》2013 年第 6 期。

2012 年 9 月，中国人民大学出版社出版了曾任美国世界华人传播学学会会长，美国华人人文社会科学教授协会会长、现任美国《中国研究学刊》（*American Review of China Studies*）副主编、美国纽约市立大学布鲁克林学院教授鲁曙明的《西方人文社科前沿述评：中国学》。该书对西方人文社会科学主要领域关于中国问题的研究做了一个梳理和评析，这些研究包括历史、政治、军事、经济、社会文化、语言、文学、儒学、道学、佛学、教育、知识分子、家庭婚姻等。可见"中国学"的概念逐渐替代了"汉学"的统称，但毫无疑问，"汉学"是"中国学"的前身，现在依然与中国学的概念混用，故中国学的历史溯源应该从汉学说起。根据国内研究者张西平的界定，海外汉学统指"西方学术界对中国语言、文明和历史的研究"①，这其中显然包括新闻传播现象以及作为其组成部分的社交媒体。值得一提的是，考证发现，国内最早将"Sinology"翻译成"汉学"的是近代著名报人王韬，他在《弢园文录补编》一书中首次将法国汉学家儒莲（Stanislas Julien）出版于 1866 年的名著 *Syntax nouvelle de la langue Chinoise* 翻译成《汉学指南》，尽管后来研究者指出，"该书的中文名称应该是《汉文指南》，译成'汉学'显然是王韬之误"。② 虽然说是一种失误，但海外汉学一开始进入中国显然就跟新闻传播领域颇有渊源，尽管这一点在后来该领域的研究者队伍中很少被提及。

这里所讲到的法国汉学，正是西方汉学的真正源头。一般认为，西方汉学分为自发的游记汉学、有组织的传教士汉学和学术化的专业汉学三个阶段；而第三阶段正是肇端于 1814 年的法国，标志性事件是汉学家雷慕沙（Jean Pierre Abel Rémusat）受命主持法兰西学院第一个汉满鞑靼语言文学讲席，自此开创了汉学作为"西学"的一种专业性的学术建制。但这个时期的海外汉学（也被称为"欧洲汉

---

① 张西平主编：《西方汉学十六讲》，外语教学与研究出版社 2011 年版，第 3 页。
② 张西平主编：《西方汉学十六讲》，外语教学与研究出版社 2011 年版，第 11 页。

学”或“古典汉学”）一直延续到 20 世纪初实际上在整个西方学术体系中是比较边缘化的，这不仅是因为该学科对包括中国古文在内的多种语言文字和学术功底都有非常苛刻的要求，难以在短时间内产出大量的学术成果，而且它被偏执地界定为“是而且应该是一门纯粹的学问，与现实无关”①，因此只能是一种让研究者皓首穷经且无涉政治、纯粹超然的冷门学科。

到了 20 世纪 20 年代，这种情形发生了彻底的转变，“其中最主要的标志之一就是 1925 年太平洋学会（Institute of Pacific Relations，简称 IPR）的成立。……由于它的出现，传统意义上的东方学、中国学研究开始走出古典语言文字、历史、思想文化的纯学术研究壁垒，转向侧重现实问题和国家关系研究的新领域”②。不难看出，这种转变至少包含了两个层次：首先是研究对象或重心，从纯然的文献和历史研究，转移到现实问题，尤其国际关系问题；其次，它的地理重心也从欧洲迁移到正试图在世界范围内“战略崛起”的美国。伴随着上述变化，传统汉学的性质被彻底改造了：它抛弃了厚重幽暗的故纸堆，变成了一种有效干预世俗生活、社会现实尤其政治问题的重要手段，它的研究难度实际上也因此被降低了，从而为更多的研究者的介入大开方便之门；再加上海外华人华侨学者的不断增多，这门学科逐渐从无人问津的冷门变得炙手可热，其中 1955 年哈佛大学“费正清东亚研究中心”（Center for East Asian Studies）的成立尤为其推波助澜。冷战结束以后，由于中国高速发展和“大国崛起”战略严重波及美国的政治和学术界，造成汉学研究的需要和热情有增无减，以至于侯且岸教授直言不讳地将海外汉学直称为“当代美国的显学”，并冠之为其 1995 年出版的专著之名。③

---

　　①　范志慧、朱静：《美国的中国学：汉学从传统到现代的转身》，《河北大学学报》2008 年第 5 期。

　　②　张西平主编：《西方汉学十六讲》，外语教学与研究出版社 2011 年版，第 5 页。

　　③　侯且岸：《当代美国的“显学”——美国现代中国学研究》，人民出版社 1995 年版。

在这样的背景下，"海外汉学"的专业名称也发生了改变，美国汉学家一般将他们正在从事的工作称为"中国学"研究，这个称谓显然跟研究范围和方法的变迁比较匹配。中国的很多研究者也倾向于采用这种专业指称。但是，以任继愈、闫纯德、李学勤等为代表的学者则不以为然，比如李学勤先生认为："在国内学术界，……有些学者主张该把'Sinology'该译为'中国学'，不过'汉学'一词沿用已久，在国外普遍流行，谈外国人这方面的研究，用'汉学'较为方便。'汉学'的'汉'是用历史上的名称来指中国，就像Sinology的语跟Sino-来源于'秦'，不是指一代一族。[①]

如此看来，尊重学术传统是现在学术界特别是传统人文学科还沿用"汉学"称谓或者"汉学"和"中国学"混用的主要原因。但随着时代的发展，研究对象和边界大大拓宽，这门学科在知识属性上已经发生了严重的蜕变，这即是其研究过程和结果越来越民族化和政治化了。正如国内研究者所说，"迫于形势，他们（指美国政府和官方学术机构——引者注）急需一群中国问题专家，以深入了解中国尤其当代中国的情况。这样，以研究当代中国为目的的'中国学'，就在这种'敌情研究'需要的基础上逐渐兴盛起来，并逐渐成为美国汉学的主流"。[②] 但另外，值得玩味的是，"美国的汉学越是强调'敌情研究'，就越需要客观公正，以便借此做出科学的战略决策"。[③] 这也说明，以英美学界为代表的当代西方中国学研究本身存在一种深刻的悖论，在曲解、误识和想象中国的同时，必须将客观公正性作为首要准则，这不仅是政治需要，也是学术职业操守的第一要义。

基于以上论述，我们已经把英美学界关于中国社交媒体的研究

---

① 严绍璗：《汉学，本土文化的一翼》，《汉学研究》第七集，中华书局2002年版。

② 范志慧、朱静：《美国的中国学：汉学从传统到现代的转身》，《河北大学学报》2008年第5期。

③ 李金正：《英语世界的中国广告文化研究》，博士学位论文，四川大学，2016年。

锚定到一个呈涟漪式扩散的知识框架之内，即该议题属于西方中国学中的一部分，亦即西方对中国的有关传播（传媒）研究。在其外围分别呈现"东方学"和"西学"两个渐次扩大的知识圈，它们共同构成了中国社交媒体研究这一具体论域的不同层级的同心圆。

当然，本书之所以能够做出这样的界定，并非出于没有理据性的武断和任意，而是作为研究范围的关于"英美学界中国 XX 研究"这种命题本身就已经意味着它跟国外"中国学"之间的从属性关系，不言而喻，国外"中国学"的最主要部分是西方中国学，而当代西方中国学研究中心最核心的部分就是英美学界；所以，即便是研究者来自中国大陆，其作品能够在英美国家发表，就代表他们已经接受并遵循了这个研究中心的学术规制，并不可避免地受到西方国家的学术话语体系的约束。因此也属于这个学术共同体的一个组成部分。这个学术群体显然也包括长期"散居"（diaspora）在海外，成为所在国少数族裔的所谓"离散"中国人以及已经加入所在国国籍的华裔学者，——这些族群虽拥有黄皮肤，但相当一部分人在文化心理结构上深受白种人文化影响。这些与中国有着血缘关系的学者相对而言在英美学界生存发展不易，但同时对中国问题的关注和研究又有许多便利。事实上，就英美学界的中国社交媒体研究现状来说，恰恰是这个学术群落构成了该项议题的主力部队。

综上所言，英美学界对于中国社交媒体研究，理论上其研究主体应该包括英美学者独立完成，英美学者与中国学者合作完成，以及中国学者独立完成等研究主体分布。实际上限于国际传播学研究学术话语权的差异性，主要是英美学者主导的中国社交媒体的相关研究。需要指出的是，在西方学术话语的主导地位下，不可避免地让一些中国学者迎合西方学术期刊的审稿倾向性需求。传播学引入中国总体时间不长。陈韬文（2008 年）认为，在改革开放三十年后，中国传播学科未能与世界学术平等对话的局面被打破，时至今日，情况有所好转，但仍然不容乐观。从发文数量上看，"2018 年全球传播学论文发表总量 50287 篇，中国仅贡献了 2.44% 的论文"。在此背景下，一些中国学者为了在国际上发表研究成果，难免有迎合西方学术期刊审稿需求的嫌疑。

再从发文的领域分布看，"现有传播学国际发表主要体现以网络成瘾为代表的心理和行为研究，以技术采纳为代表的产业和政策研究等三个重要研究领域。按照克雷格划分的传播学理论的七种传统①，以上三个领域只对应于社会心理传统和控制论传统，而修辞学传统、符号学传统、现象学传统、社会文化传统和批判传统在很大程度上未能受到中国大陆学者国际发表的足够重视，传播学的内卷化趋势依然突出"。② 而且，"目前中国传播学国际发表还存在学科自主性不强、内卷化严重、原创性不足等问题"。③ 为能够在国际学术期刊上发文，中国研究者容易为追逐国际学术热点而丢失学术研究的自主性。因国际学术话语权的不足而不得不迎合国际学术界的偏好和规制。鉴于目前存在的问题和现实状况，本书将从一个相对宽泛的学术共同体的整体概念去锚定"英美学界"的中国社交媒体研究，而不着重从研究者以及研究者的国籍身份去分门别类地判定这些研究的所属，在此给予特别说明。

第三节　国内研究现状

一　中国学界社交媒体研究

中国学界对社交媒体的关注与英美学界几乎同时开始，但真正

---

①　Craig, R. T., Communication theory as a field, *Communication Theory*, 1999, 2: 119 - 161.

②　李金铨：《国际传播的国际化——反思以后的新起点》，《开放时代》2015 年第 1 期。

③　韦路：《中国传播学研究国际发表的现状与反思》，《国际新闻界》2018 年第 2 期。

围绕社交媒体展开相关学术性研究却要比英美学界稍晚。这自然是因为社交媒体产品的发源地在英美国家，而中国当前最具代表性的社交媒体产品如微博、微信等则分别在 2009 年和 2011 年方才问世。而早在 2005 年诞生的中国最早社交媒体"人人网"，与类似 Facebook 的模式进行开发运营。

中国学界的社交媒体研究虽然较之英美学界起步较晚，但至今也已取得颇为丰硕的成果。特别是中国学者对中国社交媒体的密切关注和广泛研究，可谓是中国学界社交媒体研究的一大特色。

本书选取《新闻与传播研究》《国际新闻界》《新闻大学》《现代传播》《当代传播》《新闻记者》《新闻界》7 本 CSSCI 期刊，在 CNKI 期刊数据库中对其 2017 年 12 月之前发表的篇名中包含"社交媒体""社交网络""社会化媒体""微博""微信""Twitter""Facebook""Myspace""Snapchat""Instagram""人人网"任一词汇的论文进行检索，最终得到文献数 812 篇。其中文献的最早发表时间为 2007 年 3 月。但严格来说，2007 年、2008 年的文献只是对社交媒体相关新闻的报道，难以称为学术性研究。故而中国学界社交媒体研究的起始年份应为 2009 年。①

通过对这些文献的历年发表趋势进行分析，可以发现 2012 至 2015 年的相关文献发表数量均达到 100 篇以上，其中尤以 2013 年最多，达到 143 篇。因此，2013 年可称得上是国内社交媒体研究集中爆发之年（见图 3）。

在 7 本期刊历年发表的社交媒体研究文献中，被引次数最多的文献是方兴东、石现升、张笑容、张静发表于 2013 年第 6 期《现代传播》的《微信传播机制与治理问题研究》，截至 2018 年 3 月 2 日，该文献总计被引用 462 次。此外杨晓茹发表于 2012 年第 2 期《当代传播》的《传播学视域中的微博研究》（被引 446 次），夏雨禾发表于 2010 年第 4 期《新闻与传播研究》的《微博互动的结

---

① 参见本书附录 1《一般社交媒体研究文献梳理》。

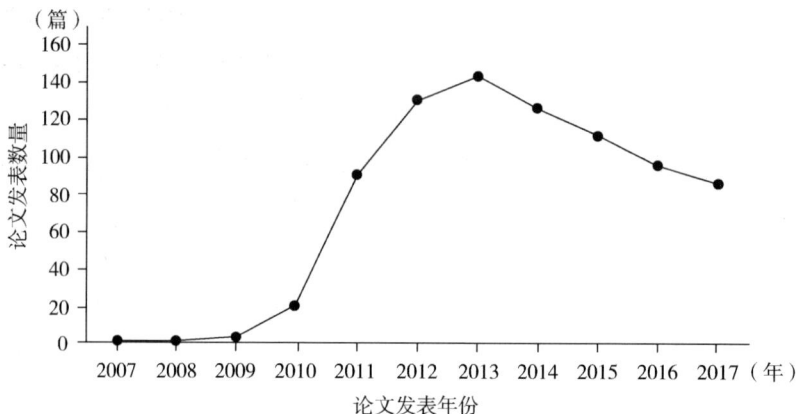

图3　相关文献历年发表趋势

构与机制——基于对新浪微博的实证研究》（被引380次），蔡雯、翁之颢发表于2013年第7期《新闻记者》的《微信公众平台：新闻传播变革的又一个机遇——以"央视新闻"微信公众账号为例》（被引301次）等论文的被引次数均超过300次。从这些文献的主题可知，国内学界社交媒体研究的研究对象集中于中国社交媒体平台。

通过对检索到的全部文献的关键词分布进行分析，也能够发现国内社交媒体研究对于中国社交媒体平台的集中关注（见图4）。

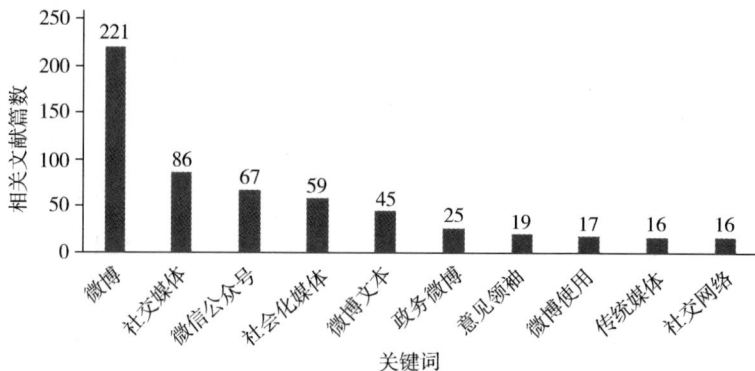

图4　相关文献关键词分布

这 7 本期刊历年来发表的社交媒体研究文献的作者分布情况显示，发表论文篇数最多的作者是李彪，其发表论文篇数达到 8 篇，其次为谢耘耕、杨桃莲，他们发表论文篇数分别为 7 篇和 6 篇。发表论文篇数最多的研究机构则是中国传媒大学，共计发表 79 篇文献，此外中国人民大学（58 篇）、复旦大学（38 篇）、武汉大学（31 篇）的发表数量均超过 30 篇。

最后，通过对全部文献的基本观点进行概括，本书梳理出截至目前，中国学界社交媒体研究的几个重要方向，这些研究方向的分布与英美学界社交媒体研究的研究方向基本一致。现简列如下：

1. 企业社交媒体研究，即对企业利用中国社交媒体进行商业化实践的分析。如张宁、郑雁询的论文《人际传播、参照群体与受众部落——以 7 喜系列视频为例解析病毒营销传播》便讨论了病毒营销传播的形成机制①，刘晓燕、郑维雄的论文《企业社会化媒体营销传播的效果分析——以微博扩散网络为例》则对"线上关系网络结构"对企业微博营销的传播效果的影响力进行验证②。

2. 社交媒体在公共事件中的功能研究，即探讨中国社交媒体在中国社会公共事件传播中所发挥的功能。如匡文波、郭育丰的论文《微博时代下谣言的传播与消解——以"7·23"甬温线高铁事故为例》考察了"7·23"温州动车事故发生后微博谣言的传播与消解过程③，常江的论文《社交媒体环境下的传媒、意见领袖和大众——以"鲁若晴事件"为例》则从"鲁若晴事件"的舆论发酵过程出发探讨了中国社交媒体三个传播主体在社交媒体信息传播过程中各自

---

① 张宁、郑雁询：《人际传播、参照群体与受众部落——以 7 喜系列视频为例解析病毒营销传播》，《现代传播》2014 年第 4 期。

② 刘晓燕、郑维雄：《企业社会化媒体营销传播的效果分析——以微博扩散网络为例》，《新闻与传播研究》2015 年第 2 期。

③ 匡文波、郭育丰：《微博时代下谣言的传播与消解——以"7·23"甬温线高铁事故为例》，《国际新闻界》2012 年第 2 期。

扮演的角色①。

3. 社交媒体的舆情研究关注的是中国社交媒体环境的舆论生态及相应管理措施。如李卫东、贺涛的论文《微博舆论传播的复杂网络拓扑结构模型及其演化机制》提出微博意见领袖具有强大舆论引导力，因此微博舆情管理应重视对意见领袖的引导。② 而到了 2015年，于美娜、钟新的论文《微博意见领袖的舆论影响力现状及原因分析——以新浪微博环境传播为例》则提出与前者相反的看法，认为微博意见领袖的舆论引导力已经随着年轻用户的崛起而走向衰落③。

4. 社交媒体的政治传播研究，在中国语境下指涉的往往是对官方政务社交媒体的研究。如张志安、贾佳的论文《中国政务微博研究报告》对彼时中国政府开设的政务微博运营情况进行了较为全面的扫描。④ 喻国明的论文《社会化媒体崛起背景下政府角色的转型及行动逻辑》则强调合理使用政务社交媒体是帮助政务机构走出舆情危机的重要手段。⑤

5. 社交媒体对人际传播与用户行为的影响研究关注的是社交媒体使用对用户个人及其人际交往产生的影响。如赵高辉的论文《圈子、想象与语境消解：微博人际传播探析》指出微博交往是一种想象互动，人际传播依赖"表演"来维系，因此语境失去意义。⑥ 李

---

① 常江：《社交媒体环境下的传媒、意见领袖和大众——以"鲁若晴事件"为例》，《新闻界》2012 年第 12 期。

② 李卫东、贺涛：《微博舆论传播的复杂网络拓扑结构模型及其演化机制》，《新闻与传播研究》2013 年第 11 期。

③ 于美娜、钟新：《微博意见领袖的舆论影响力现状及原因分析——以新浪微博环境传播为例》，《现代传播》2015 年第 8 期。

④ 张志安、贾佳：《中国政务微博研究报告》，《新闻记者》2011 年第 6 期。

⑤ 喻国明：《社会化媒体崛起背景下政府角色的转型及行动逻辑》，《新闻记者》2012 年第 4 期。

⑥ 赵高辉：《圈子、想象与语境消解：微博人际传播探析》，《新闻记者》2013 年第 5 期。

彪、杜显涵的论文《反向驯化：社交媒体使用与依赖对拖延行为影响机制研究——以北京地区高校大学生为例》则发现对社交媒体的依赖性使用会加剧大学生用户的拖延行为，进而对其正常的学习生活习惯产生影响。①

6. 社交媒体对新闻内容生产与消费的影响研究探讨的是媒体机构如何借助社交媒体进行新闻生产和用户如何进行新闻内容消费的问题。如董天策、梁辰曦、夏侯命波的论文《试论〈人民日报〉官方微博新闻评论的话语方式》即对"人民日报"官方微博的修辞手法和传播特点进行了分析。② 蔡雯的论文《从面向"受众"到面对"用户"——试论传媒业态变化对新闻编辑的影响》则呼吁新闻工作者重视作为新闻内容消费主体的用户的需求。③

7. 社交媒体的隐私保护研究的出现和发展与用户对社交媒体隐私问题的关注度提高相呼应。如申琦的论文《自我表露与社交网络隐私保护行为研究——以上海市大学生的微信移动社交应用（App）为例》考察了社交媒体用户的自我表露行为和动机以及他们对隐私问题的基本态度。④ 薛可、何佳、余明阳的论文《社会化媒体中隐私悖论的影响因素研究》指出社交媒体用户强烈的自我表露欲望与其保护隐私的心态之间存在悖论，而这一悖论在中国社交媒体环境中普遍存在。⑤

8. 社交媒体的网络文化研究则聚焦于社交媒体平台的文化生态

① 李彪、杜显涵：《反向驯化：社交媒体使用与依赖对拖延行为影响机制研究——以北京地区高校大学生为例》，《国际新闻界》2016 年第 3 期。

② 董天策、梁辰曦、夏侯命波：《试论〈人民日报〉官方微博新闻评论的话语方式》，《国际新闻界》2013 年第 9 期。

③ 蔡雯：《从面向"受众"到面对"用户"——试论传媒业态变化对新闻编辑的影响》，《国际新闻界》2011 年第 5 期。

④ 申琦：《自我表露与社交网络隐私保护行为研究——以上海市大学生的微信移动社交应用（APP）为例》，《新闻与传播研究》2015 年第 4 期。

⑤ 薛可、何佳、余明阳：《社会化媒体中隐私悖论的影响因素研究》，《当代传播》2016 年第 1 期。

以及用户群体的文化表达。如孙藜的论文《WeChat：电子书写式言谈与熟人圈的公共性重构——从"微信"出发的一种互联网文化分析》指出社交媒体的电子书写功能重构了当前的社会结构，使熟人交往亦成为一种公共性文化。① 刘一鸥、陈肖静的论文《微信朋友圈"点赞"行为文化表达的逆向思考》对微信朋友圈中的"点赞"行为进行了文化分析，提出点赞行为的文化表达实际上是对虚假的人际交往的塑造。②

二　中国学界对英美学界社交媒体研究之研究

应当认识到，中国学界与国外社交媒体研究缺乏沟通的状况实际上早已受到部分国内学者的注意和重视。并且在很大程度上，国外社交媒体研究在国内学者眼中几乎可以与英美学界社交媒体研究等同。如孙燕清、高敬通过对国内学者新媒体研究论文的引文进行分析，发现国内学者尽管有关注国外研究成果的意识，但引用外文文献数量却较少，且所引外文文献绝大多数是英文文献。此外，国内学者在引用国外研究成果时，多借助国内中译本进行引用，因此未能与真正的国际前沿对接。③ 毕晓梅则认为，国内学界对国外新媒体研究的历史认识不够深入，而对国外研究历史和现状的全面了解，"有助于摆脱当下纷繁复杂的新媒体技术现象，为国内新媒体研究提供比较、反思和预测的空间"④。这些观点已经内化在国内学界对英美学界社交媒体研究之研究的认知基础之中，并成为国内学者挖掘英美学界社交媒体研究现状的动力来源。田丽（2013 年）在《国外

---

① 孙藜：《WeChat：电子书写式言谈与熟人圈的公共性重构——从"微信"出发的一种互联网文化分析》，《国际新闻界》2014 年第 5 期。

② 刘一鸥、陈肖静：《微信朋友圈"点赞"行为文化表达的逆向思考》，《当代传播》2015 年第 4 期。

③ 孙燕清、高敬：《新媒体研究学术圈的引文分析》，《国际新闻界》2010 年第 4 期。

④ 毕晓梅：《国外新媒体研究溯源》，《国外社会科学》2011 年第 3 期。

社会化媒体研究进展》中提到，国外社交媒体研究的基础研究与理论研究的不足①。对于国外社交媒体研究而言，尽管基础学科内的理论创新有着很好的发育土壤，但是研究领域内对核心概念和基础理论的研究还很薄弱。现有的为数不多的成果对概念、特征、分类等基本问题的研究往往陷入顾此失彼、厚此薄彼的境地，尚未形成共识。相较于理论研究的门前冷落，应用研究可谓门庭若市，而且这些面向应用的研究为西方企业和组织带来了实际效益，在这方面非常值得国内研究者学习。徐剑、商晓娟追溯了社交媒体研究在国际学术界的发展历程。他们认为，国际社交媒体研究是国际学术研究的热门议题，来自不同学科的学者均在此领域有所涉足。国际社交媒体的发展历程在总体上是从用户的使用行为起步，并对社交媒体的社会资本生成、商业应用模式和隐私泄露风险等诸多问题进行了具体研究。同时，他们还展望了国际学术研究未来的发展趋势，并将其归纳为大数据挖掘研究、跨国别联合研究、舆论动员研究、自动化防控研究、盈利模式研究和认知心理学研究六点。② 叶菁同样认识到社交媒体研究已经成为国际学术研究中的研究热点。通过对英文论文的数据统计和内容分析，他描述了国际社交媒体研究的整体格局及其历年内容演化特点，他总结道："国际领域'社交媒体'的研究内容演变呈现从'现象初探'到'本质反思'，再到'现象扩展'，进而发展为'主题聚焦'的内在逻辑，并遵循'使用研究'与'数据分析'的双重递增模型，引导'社交媒体'的未来研究方向。"③ 这一认识有助于国内学者对国际社交媒体研究情况进行总体把握。

国内学者对英美学界社交媒体研究情况的考察，亦涉及社交媒

---

① 田丽、詹齐越：《国外社会化媒体研究进展》，《传媒》2013 年第 10 期。

② 徐剑、商晓娟：《社交媒体国际学术研究综述——基于 SSCI 高被引论文的观察》，《上海交通大学学报》（哲学社会科学版）2015 年第 1 期。

③ 叶菁：《2007—2016 年"社交媒体"国际研究的内容演化探析》，《新闻世界》2017 年第 10 期。

体研究的各个分支领域。如喻国明、曹璞对 2015 年国际传媒经济研究热点的梳理，虽立足全球传媒产业，但其探讨的内容始终围绕数字化媒体及社交媒体展开。在他们总结的 2015 年国际传媒经济研究的三大热点议题，即传媒生产研究、传媒消费研究和传媒市场研究中，社交媒体均扮演着关键角色。因此其对国际传媒经济研究热点的梳理，也可以说是对社交媒体环境中的传媒经济研究热点的探讨。① 陈强通过梳理政务新媒体研究的国际文献，探讨了政务新媒体研究的国际热点问题。他认为当前国际政务新媒体研究主要围绕政府视角展开，对政务新媒体的使用对策和使用效果进行研究。此外亦有少量从公众视角展开的研究，集中考察政务新媒体对于政府在公众中信任度的提升作用，但对政务新媒体能否影响公众政治行为的问题缺少研究，作者认为这应是政务新媒体未来研究的发力方向。在作者看来，对国际政务新媒体研究情况进行探究，能够有效缩小国内外相关研究的"知沟"。②

三　中国学界对英语世界"中国学"的研究

本书所指的中国学界对英语世界"中国学"之研究，即国内学者对英语世界有关中国现象和中国问题的研究展开的再研究。这里的"英语世界"正如前面所界定的其核心和主体还是"英美学界"。中国学界对英语世界"中国学"的研究在我国多个学科领域内受到不同程度的关注。正如前面所说，从相关基金课题、发表论文专著的数量来看，文学、哲学等基础人文学科对英语世界"中国学"的探索与思考最为积极，其重点关注议题多为中国文化及人文学术成果在国外的译介与传播情况。

基金课题方面，以文学类研究项目居多，且研究主题多属于比

---

① 喻国明、曹璞：《复杂网络格局下的全球传媒产业：现状、焦点与进路——2015年国际传媒经济研究热点议题知识图谱》，《当代传播》（汉文版）2016 年第 3 期。

② 陈强：《政务新媒体研究的国际进展：议题与路向》，《情报杂志》2017 年第 3 期。

较文学意义上的变异学研究范畴，以下仅举例若干（见表1）。

表1　　　　　　　　　　　英语世界研究基金课题

课题名称	负责人	项目类别	批准号	学科分类
英语世界中国现代文学传播文献叙录	季进	国家社科基金重点项目	17AZW018	中国文学
汉语诗歌在英语世界的译介研究	张智中	国家社科基金一般项目	16BWW012	外国文学
朱子学在英语世界的翻译研究	赖文斌	国家社科基金一般项目	15BZX051	哲学
英语世界中国当代少数民族文学研究	黄立	国家社科基金西部项目	15XZW045	中国文学
英语世界中国文学译介与研究	曹顺庆	教育部哲学社会科学研究重大课题攻关项目	12JZD016	文学
中国新时期小说英语世界译介效果研究	鲍晓英	教育部人文社会科学研究一般项目	15YJA740002	语言学
英语世界的郭沫若研究	杨玉英	教育部人文社会科学研究规划基金项目	10XJA751005	文学
他者眼中的中国古代文论——英语世界《文心雕龙》研究	刘颖	教育部人文社会科学研究青年基金项目	07JC751014	文学

由表可知，此类基金课题多以中国文学中某一具体问题或经典著作作为研究对象，考察其在"英语世界"中的译介与传播情况。此类研究往往具有强烈的问题意识，并着重于凸显课题的现实意义与应用价值。以"英语世界中国文学译介与研究"课题为例，其研究便以"中国文学"这一学科领域内的某一具体分支或具体问题为研究对象展开，研究内容可归纳为四个具体方面，分别为"英语世界中国古典文学、现当代文学的译介与研究、英语世界中国文学译介与研究的文献资料研究以及具体个案研究"。在此基础上，它试图探索出"推进中国文学，乃至中国文化'走出去'战略的一条切实可行的途径"，为中国文学提升在"英语世界"的影响

力提供对策。① 由此可见，国内学者的英美学界"中国学"研究以强烈的问题意识为引导，以具体的研究对象为依托，唯其如此，才能最大限度地体现该研究的现实意义与价值。

　　发表论文方面，笔者在 CNKI 期刊数据库中以关键词包含"英语世界"为条件进行检索，共得到 1409 篇相关文献（截至 2017 年 12 月 31 日）。其学科分布尤以文学、哲学居多（见图 5），且近十年来相关文献发表数量呈总体上升趋势（见图 6）。如宋丽娟、孙逊以中国古典小说在"英语世界"的早期翻译情况作为研究对象，将中国古典小说的西译视为"中学西传"的重要组成部分②；马会娟结合"文化走出去"战略，对中国现当代文学在"英语世界"的翻译模式、主体、选材、方法与译作接受情况进行了全面考察③；季进通过对中国当代文学在英语世界的译介与传播情况进行分析，提出"中国文学本身就是世界文学的一个重要组成部分"，中国文学应当参与到全球化进程之中④；黄鸣奋则基于互联网技术迅猛发展的时代背景，将研究视野拓展至"英语世界"中国古典文学数字化传播的发展历程与现状，并指出数字化传播技术对于我国文化遗产保护与相关文化产业发展具有积极的推动作用⑤。

　　同时，国内学者的英美学界"中国学"研究的专著数量亦相当可观。其中较有代表性的著作包括黄鸣奋著《英语世界中国古典文学之传播》（1997 年）、王晓路著《中西诗学对话——英语世界的中

---

① 曹顺庆：《英语世界中国文学译介与研究》，《中外文化与文论》（第 24 辑），四川大学出版社 2013 年版，第 1—10 页。

② 宋丽娟、孙逊：《"中学西传"与中国古典小说的早期翻译（1735—1911）——以英语世界为中心》，《中国社会科学》2009 年第 6 期。

③ 马会娟：《英语世界中国现当代文学翻译：现状与问题》，《中国翻译》2013 年第 1 期。

④ 季进：《作为世界文学的中国文学——以当代文学的英译与传播为例》，《中国比较文学》2014 年第 1 期。

⑤ 黄鸣奋：《从联机目录到大数据：英语世界中国古典文学数字化传播》，《现代传播》2014 年第 4 期。

（篇）

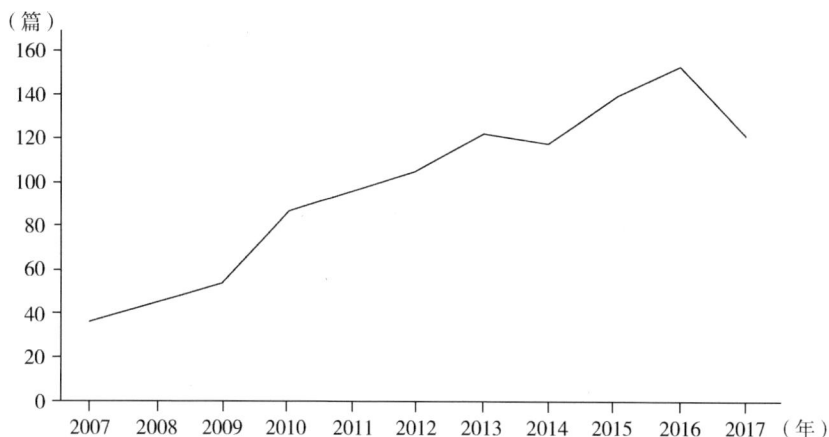

图5　相关文献近十年发表趋势

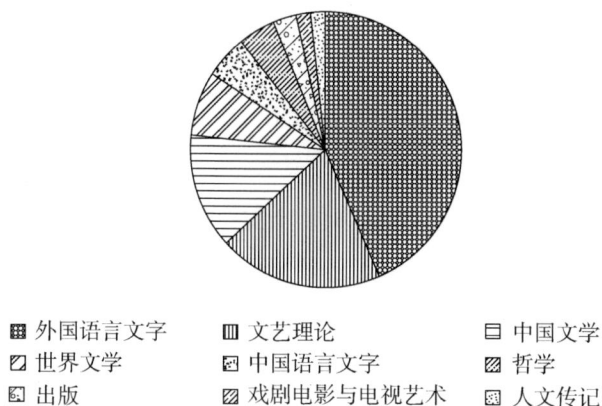

图6　相关文献学科分布情况

国古代文论研究》（2000 年）、姜新艳著《英语世界中的中国哲学》（2009 年）、朱徽著《中国诗歌在英语世界》（2009 年）、曹广涛著《英语世界的中国传统戏剧研究与翻译》（2011 年）、吴伏生著《英语世界的陶渊明研究》（2013 年）、王鹏飞著《英语世界的〈红楼梦〉译介与研究》（2014 年），等等。不难看出，这些研究所属的学科领域仍以文学、哲学为主。

　　除文学、哲学外，在其他人文社会学科内，亦有若干关于英美学界"中国学"研究的学术成果，只是在数量上相对较少。如范德对"英语世界"明史研究的状况进行概述，总结了"英语世界"明史研究的最新动向①；卢汉超对"英语世界"中国城市史研究的发展历程进行梳理，认为"英语世界"中国城市史研究是美国的中国史研究的一个重要组成部分②；李如东从人类学角度分阶段概述了"英语世界"东干人实地研究的研究状况与研究特点，指出对东干人的实地研究应立足于历史文化的多重语境③；宋光瑛从艺术史学科出发，对英语世界出版的中国艺术通史进行考察，指出在西方现代性思潮影响下英美学界对中国艺术史的重写及其创新④。

本书将在以上国内学者的英语世界"中国学"研究的基础上，对英美学界中国社交媒体研究的整体概况进行发掘与呈现，并在多种理论资源的指引下，透过英美学界中国社交媒体研究的表象，对其进行更为全面、透彻的归纳与阐释。

四　中国学界对英美学界中国社交媒体研究之研究

英美学界中国社交媒体研究既属于英美传媒学界范畴，也是英美学界"中国学"研究的一部分。同其他领域的"中国学"研究一样，英美学界中国社交媒体研究亦着重关注中国社会和中国政治的有关问题。但到目前为止，却鲜有国内学者关注英美学界的中国社交媒体研究情况。而作为英美学界"中国学"研究的重要组成部分，英美学界中国社交媒体研究理应受到国内学者的高度重视。

---

① ［美］范德：《近年英语世界明史研究新趋向》，万明译，《中国史研究动态》2000 年第 1 期。

② 卢汉超：《美国的中国城市史研究》，《清华大学学报》（哲学社会科学版）2008 年第 1 期。

③ 李如东：《英语世界的东干人实地研究述评》，《回族研究》2014 年第 4 期。

④ 宋光瑛：《艺术史与现代性知识话语——20 世纪以来英语世界的中国艺术通史研究》，《文艺研究》2016 年第 8 期。

新加坡学者徐小鸽早在 2000 年便对国外中国传播研究概况进行了描述与分析，但由于时代所限，其研究所能够观测到的国外中国传播研究的研究对象只有中国传统媒体，但其探讨的问题核心，即在传播学领域国内学者与国外学者的区别以及彼此沟通之可能，在今天看来却有着开创性的价值。[①] 刘兢主持的教育部人文社科项目《海外中国新闻传播研究的范式变迁（1951—2010）》（11YJC860028）等一系列课题论文同样着力于发掘和分析海外学界针对中国新闻传播领域的研究历程与现状。但刘兢的研究虽已将目光投注至 21 世纪，却同徐小鸽的研究一样，仅以传统媒体、传媒政策等方面作为研究对象，对于中国互联网新兴的社交媒体应用在英美学界的研究情况则缺乏关注。[②] 石文婷、曹漪那考察了英语世界的中国新闻学研究，对相关学术成果进行了历时性梳理，并注意到中国网络空间中的公众意见正逐渐受到英美学界重视。但其研究对社交媒体等新技术形式的关注仍显不足。[③] 陈艳红等的《国外微博研究热点、趋势及研究方法：基于信息计量学的视角》以 Web of Science 作为数据来源，采用聚类分析和战略坐标图对国外微博研究的热点、趋势及研究方法进行了分析发现：国外微博研究热点主要集中在 Web 2.0 下的社交媒体研究、信息伦理研究、微博政治研究、电子口碑研究等几个方面；其中，Web 2.0 下的社会化媒体研究为核心研究热点，信息伦理研究有可能成为未来的

---

① 徐小鸽：《国外有关中国传播的研究：描述与分析》，《现代传播》2000 年第 2 期。

② 刘兢：《1990 年代以来英语文献里的当代中国传媒改革》，《国际新闻界》2010 年第 6 期；《"当代中国传媒改革"的海外视角——20 世纪 90 年代以来海外学者"中国传媒改革"研究综述与思考》，《新闻战线》2010 年第 7 期；《1990 年以来英语世界里的中国传媒研究——以"中国传播研究系列"为视角》，《浙江传媒学院学报》2011 年第 2 期；《1990 年代以来 SSCI 和 A&HCI 中国研究期刊里的中国传媒镜像》，《国际新闻界》2012 年第 11 期；《英语世界全球化与中国媒介研究的知识贡献》，《现代传播》2017 年第 3 期。

③ 石文婷、曹漪那：《英语世界的中国新闻学研究》，《中外文化与文论》（第 29 辑），四川大学出版社 2015 年版，第 102—114 页。

研究热点，微博政治研究、电子口碑研究、微博与灾难预告及处理研究等主题具有发展为核心研究热点的潜力；文本挖掘、信息可视化、社会网络分析等是微博研究涉及的主要研究方法与技术。但这里要强调的是，这篇文章里所提到的"微博"，指的是广义的"microblogging"，而非中国大陆的"Weibo"（新浪微博）。① 康杰、李绮岚对 2015 年以来西方学术界有关中国社交媒体研究的 SSCI 论文和书籍进行检索，并归纳分类，其研究综述对于相关研究文献的整理与呈现对国内学者而言具有较大参考价值，但是他们仅对国外相关研究概况的表象进行了描述，却缺乏结构性分析，最终导致其研究未能得出兼具深度与广度的研究结论。② 显然，国内学者对英美学界的中国社交媒体研究情况十分薄弱。

基于以上文献存在的问题、缺陷及相关研究存在的不足甚至空白，本书权衡和分析了"英语世界""英语学界"等概念，最终集中到以英国、美国为核心的，以英语作为第一语言的英美学界的社交媒体研究，在普遍了解英美学界对社交媒体这一新兴媒介工具的考察进程和前沿研究基础上，聚焦其对中国社交媒体的关注、评论和研究，并在梳理英文文献的基础上，对英美学界中国社交媒体研究加以综合性、系统性、全面性的聚类综述和较为深入地分析审思。

第四节　研究思路、方法及创新点

一　基本思路及内容框架

本书的基本结构是：总体概论——历时性考察——共时性探

① 陈艳红、宗乾进、袁勤俭：《国外微博研究热点、趋势及研究方法：基于信息计量学的视角》，《国际新闻界》2013 年第 9 期。

② 刘康杰、李绮岚：《西方学术视角下的中国社交媒体实践——2015 年以来相关英文研究的四个维度》，《新闻战线》2017 年第 8 期。

讨——比较反思与本土启示四个部分，由绪论和七章组成。除绪论外，第一章对英美学界社交媒体研究的发展历程、主要内容观点、范式特征等基本概况进行考察，将英美学界历年研究成果做聚类梳理，以期为后面展开的英美学界对中国社交媒体研究提供一个总体宏观的视域和纵横交错的坐标。第二章沿着英美学界对社交媒体研究的趋向，对其中国社交媒体研究的发展脉络进行纵向的梳理和历时性研究。第三章到第六章从传统传播学主流的研究范式出发，对英美学界中国社交媒体研究进行横向的共时性考察：本书第三章以英美学界对中国主要社交媒体研究文本为对象，以拉斯韦尔的5W传播模式为基本框架，归纳了其对中国社交媒体传播特性的研究及主要观点，并对之进行辨析；第四章针对英美学界的研究文本，以传媒研究的功能范式为基本逻辑，梳理其对中国社交媒体功能及影响研究的主要方面和观点，并对此进行分析和批评；第五章主要根据英美学界对中国与美国社交媒体的对比研究，审视英美学界研究的偏向及其原因；第六章对英美学界中国社交媒体研究方法、范式等作了归纳和研究；第七章从"中国学"的视域出发，对我国本土学界与英美学界在中国社交媒体的研究进行了宏观比较，并在探讨其中一些研究为什么会扭曲、变形的深层次原因的同时，阐释了英美学界作为"他者"给中国本土研究的启示。

概言之，本书从梳理英美学界社交媒体研究的历史沿革和基本概况入手，聚焦英美学界中国社交媒体研究。其中包括英美学界中国社交媒体研究的历时性分析及共识性阐释：从对中国社交媒体的传播系统特性研究到传播功能影响研究，从对英美学界中美两国社交媒体的比照研究，到反思英美学界中国社交媒体研究的方法、范式特点，最后提升到理论层面，进一步反思英美学界中国社交媒体研究的问题实质及镜鉴价值（见图7）。

二　基本方法

作为对英美学界中国社交媒体研究的本土再研究，本书试图将

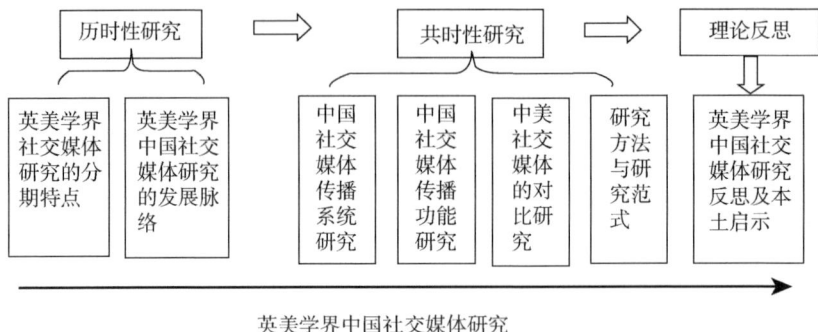

图7　英美学界中国社交媒体研究模式图

传播学（传媒）研究的经典范式与"西方中国学"的问题视域交叉综合起来，采用文献分析与理论阐释相结合、历史梳理和思辨透视相融会的方法来系统归纳和探讨英美学界中国社交媒体研究的相关成果。其中，文献分析部分试图向读者呈现相关研究的基本面貌、研究旨趣和研究主题；理论阐释部分则试图透过文本表象，通过对一条研究脉络（历时性研究）的辨析，四个研究面向的问题（共时性研究）的聚焦，来探究英美学界对中国社交媒体研究的总体特征、问题本质、产生根源及借鉴价值。

在文献分析部分，本书通过对国外权威论文数据库进行检索，将英美学界社交媒体研究相关文献归为三大板块：作为本体对象的结构特征研究、作为关系对象的功能影响研究、作为跨学科研究对象的前沿探索。这三大板块又分别为十个方向：社交媒体的传播模式和传播特征、传播功能涉及的社交媒体文化研究、社交媒体的政治传播问题研究、社交媒体的人际传播问题研究、社交媒体对用户行为与心理的影响研究、社交媒体对新闻内容生产的影响研究、企业社交媒体研究、政务社交媒体研究、社交媒体的隐私问题研究、社交媒体的职业应用研究。此外，以上研究类别的划分不仅适用于归纳英美学界社交媒体研究的相关文献，同时也能够概括英美学界对中国社交媒体研究的相关研究成果。

在理论反思部分，本书运用多种理论资源，对英美学界社交媒体研究，特别是对中国社交媒体研究的总体特征进行分析，指出其现存问题，剖析问题产生的深层次根源，并通过对英美学界社交媒体研究的理论阐释，本书旨在为国内学者展开相关研究的方向和思路提供借鉴，为中国社交媒体治理与应用提供有益启示。

三　创新点及重、难点

本书的创新点体现在以下三个方面：

1. 本书是国内第一部关于英美学界对中国社交媒体研究之研究，具有开拓性的探索意义。随着传播技术日新月异的进步，英美学界的社交媒体研究因需而生，并迅速成为世界学术热点，其研究的面向、得出的观点及使用的方法都具有前沿价值和实践意义，值得中国同行学者学习和借鉴，但学理性还有待提升，特别是其对中国社交媒体的偏见和误读还有待批判和商榷。目前英美学界的社交媒体研究正处于稳步发展的特殊阶段，其研究触角更多地向中国等非英语国家的经验和实践延展和深入。本书将英美学界中国社交媒体的研究作为主要研究对象，以传播学的分析框架，结合"中国学"的学术视域，从纵向和横向两个方面进行交叉集中探讨，加强了中国学界对英美学界社交媒体的研究，改变了以往仅关注和着眼于英美学界对英语国家中诞生的社交媒体产品如 Facebook、Twitter 的研究，却鲜有关注英美学界对中国社交媒体研究的成果的状况。

2. 本书从英美学界社交媒体研究的学术背景和发展趋向入手，对过去几年英美学界中国社交媒体研究进行历时性的梳理和共时性的辨析，对其重要特征进行考察和阐释，具有一定的学术价值。本书归纳整合出英美学界中国社交媒体的几个研究面向及主要观点，并对这些"他者"观点的"中国镜像"进行甄别辨析：对罔顾事实、恶意歪曲的，对持固有成见、误读曲解的进行剖析、批判；对独具一格、富有创新的，对真知灼见、富有启示的都视为可以攻玉的"他山之石"予以揭示、论证。试图通过此在融通传播学和"中国学"的问题研究上有所突破，从而为实现构建"华夏传播学"的学术理想提供一个有借鉴价值的"他者之镜"。

3. 本书使用的英文文献资料，基本上是第一手资料，绝大部分没有中文译本，由笔者自己翻译校正，对这些英文文本的收集和使用具有材料开掘价值。

以上创新点也是本研究的重点。与此同时，本书在研究过程中也不可避免地面临许多难点：如前文提到的辨别"英美学界"学者所属国籍的困难；由于英文文献量太大，资料太多，本书在搜集、阅读、翻译、理解英文文献过程中可能存在重要文本的疏漏、观点传达上的误解以及对某些最新理论框架的认识不足，对某一研究方向的认知程度仍停留在英美学界较早以前的研究水准，难以摆脱英美学界话语权先入为主的影响等，这些难点和不足希望在今后的进一步研究中加以克服和完善。

第 一 章

英美学界社交媒体研究的基本概况

英美学界对社交媒体的研究是与社交媒体的产生和发展如影随形。众所周知，美国是 Twitter、Facebook、Instagram 等知名社交媒体产品的发源地。如今，这些社交媒体产品的使用范围几乎覆盖以美国为核心的整个英语世界。美国社交媒体产品的强势，不仅是因为美国科技公司拥有全球领先的技术开发能力和强大的互联网支撑基础，更在很大程度上得益于美国开放的经济、多元的社会、文化环境。随着全球化时代的到来，美国科技公司纷纷向海外市场拓殖，由此，美国社交媒体产品便得以迅速进入其他英语国家甚至非英语国家的互联网空间，并扩展到他国社会生活的方方面面。

崭新的互联网技术形式固然使得人们的日常生活更加丰富、便捷，但正如马克思在论及技术导致人的异化时所指出的那样："在我们这个时代，每一种事物好像都包含有自己的反面。"[①] 因此，在认识到社交媒体产品能够拓宽人们日常交往空间这一积极作用的同时，其更加多重的不易为人所察觉的消极影响同样亟须全社会的关注与重视。亦即是说，社交媒体对当代生活产生的影响具有两面性，而这种潜在两面性只有在严肃的学术研究中方能得到更加深刻和全面地揭示。在这一背景下，英美学界对社交媒体的相关研究便"云从

---

① ［德］卡尔·马克思：《在"人民报"创刊纪念会上的演说》，《马克思恩格斯全集》（第 1 卷），人民出版社 2012 年版，第 776 页。

龙，风从虎"般地应运而生。数年来，英美学界始终关注社交媒体产品及其关联领域的最新发展，研究视角横跨传播学、信息科学、图书馆学、社会学、文化研究等多个学科。其研究成果不仅有对社交媒体产品发展态势进行的梳理与归纳，更有从表象之中获取抽象化概念，并以此对社交媒体产品的未来发展趋势做出预测或提供建言，抑或对社交媒体产品产生的负面影响进行批判性解读。

同中国学界对社交媒体的研究相比较，英美学界社交媒体研究起步时间早、占有资料丰富，自然其原创性研究成果较之中国学界更为丰硕。甚至当前中国学界在社交媒体研究领域探讨的许多"热点问题"，其实在英美学界早已得到广泛关注。这一情形印证了当前中国传播学存在的一大通病，即"基本上无能与西方学者进行对话的、在国际学界有较大影响力的原创性理论成果"。[①] 这也更加印证了本章英美学界社交媒体研究基本概况综述的重要意义。

随着中国新闻传播学科的不断发展，中国社交媒体产品的迅速普及，中国学界的社交媒体研究与掌握该领域国际学术话语权的英美学界社交媒体研究寻求交流与对话，已经是迫在眉睫、必须面对的任务。而实现有效对话的前提条件，便要求中国学界在知识积累、材料占有和问题意识上与英美学界处于同一水平。唯其如此，中国学界才能与英美学界在社交媒体研究领域互通有无，进而发出属于自己且能为国际学界认可的原创性的声音。

需要说明的是，本书研究的主要对象是"英美学界中国社交媒体研究"，而这个研究是英美学界社交媒体研究系统中的一个子系统，因此，要进行对英美学界中国社交媒体研究分支的探讨，首先就要从宏观的角度了解英美学界整个社交媒体研究总貌和趋向，只有把这一研究放在英美学界对社交媒体研究的广阔背景中去定位、展开，才能更清晰地厘清"英美学界中国社交媒体研究"的深层次动因。

[①]　蒋晓丽、张放：《中国新闻传播学研究为何缺乏原创理论》，《新闻与写作》2016年第1期。

本章基于这一要求，从宏观的角度，对英美学界社交媒体研究成果进行鸟瞰似的综述，从纵横两个面向加以串联和整合，以此勾勒出英美学界社交媒体研究的发展历程、基本概况和总体特征，从而为本书研究英美学界中国社交媒体的研究奠定一个坚实的基础，提供一个宏观视角和全域坐标。需要说明的是，由于英美学界社交媒体研究的成果颇为丰硕，且英美学界社交媒体研究如今仍处于快速发展阶段，面对浩如烟海的资料，本章很难做到逢文必列，面面俱到，必须有所取舍，因此本章行文中仅能列举 2018 年 7 月之前该研究领域较有代表性且被引量较多的文献与观点。如此一来便难免有所遗漏，唯有在后续研究中加以补充。

第一节　英美学界社交媒体研究的发展脉络

一　研究文本的选择搜集

本书在 Web of science 核心数据库中对英美学界社交媒体研究相关期刊论文进行检索。检索条件为：标题中含有 "social media" "social network sites" "Twitter" "Facebook" "Myspace" "Instagram" "Snapchat" "Wechat" "Weibo" "Microblog" "Renren" 任一词汇；被 SCIE（Science Citation Index Expanded）或 SSCI（Social Sciences Citation Index）或 A & HCI（Arts & Humanities Citation Index）三种权威论文索引数据库收录①；作者所属国家/地区为美国、英国；文

---

① SCIE、SSCI 和 A & HCI 均被 Web of Science 核心数据库收录。SCIE 是 SCI 扩展版，包含 SCI 收录全部论文，囊括超 8500 本自然科学领域权威学术期刊。SSCI 专注社会科学，囊括 3000 余本社会科学领域权威学术期刊。A & HCI 聚焦艺术与人文科学，囊括逾 1700 本艺术与人文科学领域权威学术期刊。通过对以上三种论文数据库进行检索，我们能够较为全面、完整地获得来自自然科学、社会科学和艺术与人文科学三大学科范畴的英美学界社交媒体研究和中国社交媒体研究的相关论文文献。由此呼应社交媒体研究的跨学科性和开放性。

献类型为 Article；时间不限。截至 2018 年 7 月 3 日，共检索到 4269 篇相关英文论文文献。同时，在 EBSCO 数据库中对英美学界社交媒体研究相关专著进行检索。检索条件为：标题中含"有"social media""social network sites""Twitter""Facebook""Myspace""Instagram""Snapchat""Wechat""Weibo""Microblog""Renren"任一词汇；来源类型为"书籍"；语言为"英语"；时间不限。截至 2018 年 7 月 3 日，共检索到 362 本英文专著。此外，在 ProQuest 学位论文数据库中对英美学界社交媒体研究相关硕博士学位论文进行检索，检索条件为：标题中含有"social media""social network sites""Twitter""Facebook""Myspace""Instagram""Snapchat""Wechat""Weibo""Microblog""Renren"任一词汇；时间不限。截至 2018 年 7 月 3 日，共检索到 415 篇英文硕士论文与博士论文。以上检索到的相关文献历年发表情况，均呈现出逐年上升的趋势（注意 2018 年仅为半年时间的论文检索量，见图 8）。

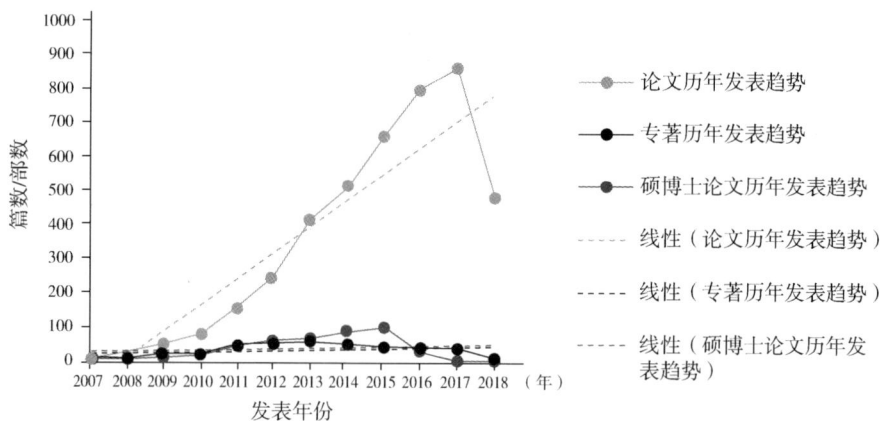

图 8　相关论文与专著的历年发表趋势对比

本书还通过其他渠道，如亚马逊等网站，检索到一批社交媒体相关书籍，但其中大多数书籍并非学术著作，故而文中不再对从这些渠道搜集到的数据进行展示，仅在论述过程中选取其中具有一定学术价值的专著进行分析。① 在此基础上，本节试图通过对英美学界社交媒体研究进行历时性梳理，以此描绘出英美学界社交媒体研究发展的历史进程。

科学史家托马斯·库恩指出，"新理论的同化需要重建先前的理论，重新评价先前的事实，这是一个内在的革命过程"②。因此，对社交媒体研究的过往历史的回顾和认识，是开展相关研究的逻辑起点，而英美学界的社交媒体研究恰恰是全球社交媒体研究历史的重要源头。

二　研究文本的阶段性重点梳理

1. 第一阶段（2007—2011）：特性考察与功能分析

英美学界社交媒体研究的兴起与英美国家社交媒体产品的兴起几乎是同时开始的。通过检索到的文献资料可知，英美学界社交媒体研究的起始时间为 2007 年，而在此之前的 2006 年正是社交媒体产品呈现井喷式发展的一年，如 Twitter 正式上线、Facebook 面向全网开放等社交媒体业界大事便均在 2006 年发生。此外，也有人认为，社交媒体的发展史实际上从 1971 年电子邮件系统问世就已经开始③，这种说法固然有一定道理，但它与英美学界社交媒体研究的发展进程和关注焦点无法契合，因此本书选择以 2007 年为起点进行论述。

由图 8 可知，2007 年至 2011 年，英美学界的社交媒体研究成果呈现出较为平缓的增长趋势。与此同时，英美国家社交媒体业界的发展也处于一个稳步发展的时期。如前所述，在 2007 年之前的 2006 年，Twitter 正式上线、Facebook 面向全网开放等等具有里程碑意义

① 参见本书附录 2《中国社交媒体研究文献梳理》。

② ［美］托马斯·库恩：《科学革命的结构》，金吾伦、胡新和译，北京大学出版社 2003 年版，第 6 页。

③ Hayden, B. & Tomal, R., A History of Social Media, *Copyblogger*, https：//www.copyblogger. com/history-of-social-media/, 2012 - 10 - 19.

的业界大事纷至沓来。在2007年，社交媒体业界同样频频有大事发生，如当前全球最大的轻博客网站Tumblr正式成立；中国第一家微博客网站饭否网问世；Facebook推出"市场"功能，为广告展示提供分类渠道等。而随后直到2011年，英美国家社交媒体产品无论是在数量还是功能上均不断推陈出新，如2008年团购网站Groupon问世，掀起全球团购热潮；2009年集定位签到、社交和游戏功能于一身的Foursquare上线，基于手机号码注册的社交软件WhatsApp问世，中国社交媒体产品新浪微博推出内测版；2010年图片社交网站Pinterest、Instagram相继上线，开辟了与"文本"社交网站不同的社交媒体形态；2011年由互联网巨头Google推出的社交媒体产品Google＋正式问世，腾讯推出的微信1.0测试版上线，中国最早的社交媒体产品人人网在纽约交易所成功上市，与此同时，斯坦福大学两位在校生的课程作业设计正式上线，他们将这种以"阅后即焚"照片分享为功能特色的社交媒体产品命名为Snapchat。

笔者以本章第一节所述的数据搜集方法为基础，限定其中的论文发表时间范围为2007年至2011年，共得到相关文献307篇。限定其中的专著发表时间范围为2007年至2011年，共得到相关专著88部。另有通过其他渠道搜索到的硕博士论文75篇。其历年发表数量如表2所示：

表2　　　　　　　　2007年至2011年部分相关文献统计

年份	论文（篇）	专著（篇）	硕博士论文（篇）
2007年	4	4	0
2008年	23	4	2
2009年	46	18	10
2010年	77	18	19
2011年	157	44	44
合计	307	88	75

综上所述，不难发现英美国家社交媒体发展的几个显著特点：其一，社交媒体的产品门类和功能性不断丰富，从"文本"到"图

片"的过渡成为社交媒体产品功能创新的增长点；其二，社交媒体产品的功能创新往往是由新兴社交媒体产品引领，如团购功能、图片社交功能、地点定位功能、阅后即焚功能等，年轻创业者们为社交媒体产品功能创新做出了巨大贡献；其三，英美国家社交媒体发展已经波及包括中国在内的其他非英美国家，而中国对此做出的反应是积极推出具有本土特色的社交媒体产品，一如2007年至2011年的英美国家社交媒体产品的发展呈现出从逐渐兴起到功能不断创新的趋势，这一时期的英美学界社交媒体研究着重关注的问题，即是社交媒体概念的界定及其多样化产品功能的内涵。而在此之外，这一时期内每一年度的相关文献又有各自关注的不同的特色研究取向。也就是说，2007年至2011年的英美学界社交媒体研究在概念界定和功能分析这一主流研究取向之外亦有若干属于每一年度特色的支流研究取向。实际上，这种主、支流研究取向并存的特征，在英美学界社交媒体研究的三个发展阶段中都有所体现，因此，笔者便将以此作为本节论述内容的基本结构。

2007年至2011年的英美学界社交媒体研究，即沿着"特性探究和功能分析"这一研究主线不断推进，例如：Boyd. D. M. 和 Ellison. N. B 在2007年发表的论文《社交网站：定义、历史和学术研究》（*Social Network Sites：Definition，History，and Scholarship*），① 又如 H. Kwak 等2010年发表的论文《什么是 Twitter，社交网络还是新闻媒体？》（*What is Twitter，a social network or a news media？*）②。同时，2007年至2011年的英美学界社交媒体研究也兼及社交媒体对家庭关系的影响研究、对大学生的影响、企业社交媒体研究、政务社交媒体研究、社交媒体批判与文化研究以及对社交媒体影响下的政治传播问题的研究等多个研究支线。例如：Valenzuela. S 等2009年

---

① Boyd，D. M. & Ellison，N，B.，Social Network Sites：Definition，History，and Scholarship，*Journal of Computer-Mediated Communication*，2007，38（3）：16 – 31.

② Kwak，H.，Lee，C.，Park，H. & Moon，S.，*What is twitter，a social network or a news media？* In Proceedings of the 19th international conference on World wide web（WWW' 10），2010：591 – 600.

发表的论文《社交网站中是否有社会资本?: Facebook 的使用与大学生的生活满意度、信任和参与》(*There Social Capital in a Social Network Site?: Facebook Use and College Students' Life Satisfaction, Trust, and Participation*)[①]。这一时期基本上成为英美学界社交媒体研究的"起步期"和"成长期",这一阶段的研究成果具有学术史意义上的开拓性价值,使得若干研究取向从无到有、从研究视野的边缘进入中心,且其中一些研究取向在后续研究中仍然备受学界重视和青睐。因此,这一阶段的研究成果无疑为往后英美学界社交媒体研究的研究范畴和问题意识奠定了基础,设定了基调,例如 K. Mossberger 等2008 年在麻省理工学院出版社出版的专著《数字公民:因特网、社会和参与》(*Digital Citizenship: The Internet, Society, and Participation*)。[②] 从这个意义上说,2007 年至 2011 年的英美学界社交媒体研究成果为整个研究领域的发展和兴盛做出了不可磨灭的贡献。

从与业界实践结合的角度来看,2007 年至 2011 年的英美学界社交媒体研究同样很好地完成了它的历史使命。这一阶段的研究明确了社交媒体这一新兴概念的界定标准,并对社交媒体产品的基础性功能做出了较为充分的观察和分析,这些研究成果一方面增进了政府、企业和用户各方对社交媒体的认识,另一方面为他们融入社交媒体、使用社交媒体提供了认识论、方法论上的指引。应当说,这一阶段的英美学界社交媒体研究与社交媒体业界、技术、产品的联系最为紧密,甚至不妨说正是社交媒体业界、技术、产品的发展为相关研究的发展提供了源源不断的灵感和动力。以这一时期的研究成果为基础,后续的英美学界社交媒体研究得以在理论与实践的双重观照下,对与社交媒体有关的各类问题展开更为深入、透彻的发

---

① Valenzuela, S., Park, N. & Kee, K. F., Is There Social Capital in a Social Network Site?: Facebook Use and College Students' Life Satisfaction, Trust, and Participation, *Journal of Computer-Mediated Communication*, 2009, 14 (4): 975 – 901.

② Mossberger, K., Tolbert, C. J. & Mcneal, R. S., Digital Citizenship: The Internet, Society, and Participation, *The MIT Press*, 2008, 59 (7): 2189 – 2190.

掘与阐释。

2. 第二阶段（2012—2015）：社会影响与公共参与

由图8可知，进入2012年以来，英美学界社交媒体研究相关文献的发表数量急剧攀升，同2007年至2011年相比，2012年至2015年的英美学界社交媒体研究在论文、专著发表数量上可谓已实现显著飞跃。基于此，2012年至2015年可称为英美学界社交媒体研究的跨越时期。

以本章第一节所述的数据搜集方法为基础，限定其中的论文发表时间范围为2012年至2015年，共得到相关文献1822篇。限定其中的专著发表时间范围为2012年至2015年，共得到相关专著195部。另有通过其他渠道搜索到的硕博士论文312篇。其历年发表数量如表3所示。

表3　　　　　　　　　　　2012—2015年部分相关文献统计

年份	论文（篇）	专著（篇）	硕博士论文（篇）
2012 年	241	51	57
2013 年	412	57	70
2014 年	511	48	87
2015 年	658	39	98
合计	1822	195	312

在英美学界社交媒体研究实现"跨越式发展"的背后，必然伴随着社交媒体业界及其技术、产品的蓬勃发展。如2012年，Snapchat上发布的快照总数达到10亿张，Pinterest作为独立网站获得1000万名用户，Facebook以10亿美元收购Instagram；2013年，微信宣布用户数突破3亿，微博宣布用户数突破5亿，Facebook推出的Facebook Home颠覆了社交媒体产品的主屏体验；2014年，Twitter、Snapchat、微信等社交媒体产品相继通过各种方式支持用户在其平台上进行资金转账，Facebook以190亿美元收购WhatsApp；2015年，Myspace中国版在中国大陆地区上线，Facebook在法国开设人工智能实验室，微博开放140字发布内容字数限制，微信春节红包功

能火爆朋友圈，用户对社交媒体产品的依赖已经渗透到日常生活的每一个方面。

由此看来，在 2012 年至 2015 年，社交媒体的产品迭代和功能创新继续保持较快增长的势头。但相较于 2007 年至 2011 年，社交媒体在人们日常生活中的存在感和影响力大幅提升，它在整个社会结构中占据着至关重要的位置。同时，社交媒体巨头的出现使得新崛起的社交媒体产品缺乏生存空间，最终被社交媒体巨头收编，从而对社会舆论环境造成一定程度的垄断。在这一时期，无论是政客、明星、社会活动家抑或卷入公共事件中的普通人，都已将社交媒体作为传达其诉求的主要渠道。可以说，社交媒体已然深刻地卷入了政治、经济、文化等各个层面的社会活动之中，并刺激着公众主动参与这些社会活动中来。基于此，英美学界社交媒体研究对社交媒体影响下的社会活动和公众参与议题的关注度也在大幅提升。

2012 年至 2015 年的英美学界社交媒体研究进入了一个跨越式发展的阶段。其跨越式发展的表现不仅是论文、专著发表量的提升，更是学界对社交媒体有关问题的思考和阐释的进一步深入。通过上文梳理可见，这一阶段的英美学界社交媒体研究始终围绕着"社会活动和公众参与"这一主线展开。也就是说，这一阶段的英美学界社交媒体研究与语境的联系更加紧密，它的主要关注点从社交媒体概念、技术或功能本身，转移到与社交媒体相关的宏观社会情境，例如，Ragas, M. W. 等的论文《媒体诱发还是搜索驱动？》（*Media-Induced Or Search-Driven?*）。① 在这一阶段，社交媒体不仅是作为一种技术手段、舆论工具受到重视，更被视为当代社会结构不可或缺的组成部分。在学界看来，社交媒体的影响力已不仅仅局限于互联网这一虚拟空间，而是深刻地融入现实社会的总体语境之中。

在"社会活动和公众参与"这一研究主线之外，2012 年至 2015

---

① Ragas, M. W., Hai, L. T. & Martin, J. A., Media-Induced Or Search-Driven? *Journalism Studies*, 2014, 15（1）: 48–63.

年的英美学界社交媒体研究还对社交媒体平台上的新闻生产活动、社交媒体的隐私相关问题，例如 Rachel Reis Mour'o 于 2014 年发表的论文《时间表上的男孩们：政治记者利用 Twitter 建立解释性社区》（*The boys on the timeline：Political journalists' use of Twitter for building interpretive communities*），[①] 非英美国家的社交媒体发展情况，例如 Rauchfleisch，A.，Schäfer，M. S. 的论文《微博的多重公共领域：中国网络公共领域的形式与潜力类型》（*Multiple public spheres of Weibo：A typology of forms and potentials of online public spheres in China*）[②]，以及社交媒体文化等若干研究取向展开探讨。对这些研究取向的深入探讨，极大地丰富和拓展了这一阶段英美学界社交媒体研究的问题域，使得这一阶段的英美学界社交媒体研究能够在过去研究的基础上，取得更加丰硕和令人瞩目的研究成果。同时，不难发现，2012 年至 2015 年的英美学界社交媒体研究，无论是其主流研究取向，抑或每一年度的特色研究取向，都对社交媒体在社会问题中所扮演的角色展开了反思，这不仅是对前一阶段英美学界社交媒体研究成果的承接和发展，也开启了此后英美学界社交媒体研究的进取方向。在笔者看来，2016 年之后的英美学界社交媒体研究，可以说既是对前两个阶段的跨越，也是对前两个阶段的研究问题和研究特征的综合。

3. 第三阶段（2016—2018）：用户研究与深度拓展

由图 8 可知，2016 年、2017 年是英美学界社交媒体研究相关文献发表的高峰期，这两年内的英美学界社交媒体研究文献发表数量分别达到 797 篇和 859 篇。2018 年 1 月至 2018 年 7 月 3 日的论文发表数量截至统计日期已达 480 篇，未来应会有更进一步的增长。以

---

① Rachel, R. M., The boys on the timeline：Political journalists' use of Twitter for building interpretive communities, *Journalism*, 2014, 16（8）：1 – 17.

② Rauchfleisch, A. & Schäfer, M. S., Multiple public spheres of Weibo：A typology of forms and potentials of online public spheres in China, *Information Communication & Society*, 2015, 18（2）：139 – 155.

本章第一节所述的数据搜集方法为基础，限定其中的论文发表时间范围为 2016 年至 2018 年，截至 2018 年 7 月 3 日，共得到相关文献 2136 篇。限定其中的专著发表时间范围为 2016 年至 2018 年，截至 2018 年 7 月 3 日，共得到相关专著 79 部。另有通过其他渠道搜索到的硕博士论文 28 篇。其历年发表数量如表 4 所示。

表 4　　　　　　　　　2016—2018 年部分相关文献统计

年份	论文（篇）	专著（篇）	硕博士论文（篇）
2016 年	797	37	27
2017 年	859	34	1
2018 年	480	8	0
合计	2136	79	28

2016 年至 2018 年的英美学界社交媒体研究进入"高峰期"，但与此同时，社交媒体业界的发展速度却极大放缓。2016 年，Twitter 市值增长陷入停滞，开始寻求收购报价，Snapchat 获得新一轮融资，但融资金额却不如此前一轮，Myspace 及其母公司被美国时代集团收购，人人网市值缩水严重，唯一值得欣慰的或许是微信用户数超过 8 亿人，并推出 20 多种语言版本，覆盖 200 多个国家；2017 年，Facebook 收购匿名社交媒体 TBH，Twitter 连续多个季度亏损，腾讯收购 Snapchat10% 股权，微博加强内容审查措施，微信公司与苹果官方公司发生矛盾，因后者改变了其 ios 应用内支付规则；2018 年，Facebook 陷入隐私危机，CEO 马克·扎克伯格出席国会听证会，推出"内容净化行动"对用户发布信息加以限制，Twitter 停止开发 Mac 版本应用，Snapchat、Twitter 等社交媒体巨头禁止数字加密货币广告登陆其平台。与英美国家社交媒体面临的发展瓶颈期相比，微信继续保持着强劲的发展势头，其全球用户月活数首次突破 10 亿大关，并不断推出新功能，如发现页管理、双账号一键切换等。

从以上梳理可见，2016 年之后英美国家社交媒体的发展似乎已趋于"平缓"。归纳其原因，一方面是英美国家社交媒体巨头企业基本实现了对业界资源的垄断，另一方面则是英美国家社交媒体企业在发展过程中盈利能力不足、隐私风险堪忧等问题逐渐暴露了出来，引发投资者、用户等多方质疑，但不能因此便断定社交媒体的发展已步入下滑期。事实上，英美国家社交媒体业界发展速度的放缓，恰恰从侧面说明社交媒体的发展已经达到目前所能达到的极限，因此在技术开发能力尚未有决定性进展之时，英美国家社交媒体自然而然地进入了相对稳定的发展阶段。然而，正是在这一阶段，社交媒体才可说是真正成为人们日常生活中沟通交往、信息获取的不可或缺的中介，甚至可以说，社交媒体的舆论影响力在这一阶段已然跃居各类传播媒介之首，成为传播媒介的代名词。

随着上述英美国家社交媒体业界发展趋势的出现，英美学界社交媒体研究的关注重心开始向学术纵深、他者视野和文化批判等角度转移。可以说，这一时期的英美学界社交媒体研究较之以往具有更为强烈的人文关怀——即更加关注社交媒体对用户行为和心理乃至整个人类社会产生的深层次影响。此外，英美学界也有意识地追随业界最新发展趋势，探索社交媒体研究的前沿属地。

如前所述，2016年至2018年的英美学界社交媒体研究迎来了其研究成果井喷式增长的发展高峰期。英美学界社交媒体研究这一迅猛的发展态势固然有学者群体不断壮大、问题意识和研究视角更加多元等学术共同体层面的原因推动，但结合语境来看，推动学术共同体进步的深层原因，则在于英美国家社交媒体业界、技术、产品等外部因素的助力。对于这一特征，不仅在2016年至2018年的英美学界社交媒体研究中鲜明可见，在过往的整个英美学界社交媒体研究发展史上都有其显著的体现。

正如文化研究学者劳伦斯·格罗斯伯格所言："现实是由诸种关系构成的"，而这"诸种关系"的基础便是语境，他进而呼吁文化研究应具有"彻底的语境性"，"它必须把自身视为对某些当代的情势的要求或者可以说是时代的要求所作出的临界性回应"。① 格罗斯伯格的这一语境主义主张同样适用于英美学界社交媒体研究的思路。对于英美学界社交媒体研究而言，其研究视域无法脱离英美国家社交媒体业界、技术和产品的发展，乃至社会历史条件和全球政治、经济、社会、文化领域的动荡变迁。从这一层面来说，英美学界社交媒体研究，实际上即是对社会动态的研究。它的立足点是语境，是情势，换句话说，它不能脱离社会问题、技术进步而存在。不得不说，这在相当程度上否定了社交媒体研究作为一个独立学术领域的可能性，但这种否定无疑是一种积极的否定，是将社交媒体研究从学术象牙塔中抽出而将其积极作用于现实的肯定性的实践活动。例如，Hassan Saif 等的论文《微博情感分析的语境语义》（*Contextual semantics for sentiment analysis of Twitter*）②，Hoffmann. A. L. 等的论文《让世界更加开放和互联：马克·扎克伯格和 Facebook 及其用户的讨论式构建》（"*Making the world more open and connected*"：*Mark Zuckerberg and the discursive construction of Facebook and its users*）③，在这些实践活动之中，研究者真正成为葛兰西意义上的"有机知识分子"，他们拥有了扎实的落脚点，并从这里出发，为社交媒体文化的良性发展高声疾呼。

2016 年至 2018 年的英美学界社交媒体研究即是对语境主义研究思路的贯彻。在这三年中，不仅社交媒体业界、技术、产品发生巨大变化，英美国家的政治、经济、文化生态也发生了为世人瞩目的剧烈变迁。这虽然给当代世界带来了诸多不确定性，但也给学界，

---

① ［美］劳伦斯·格罗斯伯格：《使文化具有重要性，使文化具有政治性》，《热风学术》第十辑，上海人民出版社 2016 年版，第4—6页。

② Saif, H., He, Y., Fernandez, M. & Alani, H., Contextual semantics for sentiment analysis of Twitter, *Information Processing & Management*, 2016, 52（1）：5 – 19.

③ Hoffmann, A. L., Proferes, N. & Zimmer, M., Making the world more open and connected：Mark Zuckerberg and the discursive construction of Facebook and its users, *New Media & Society*, 2018, 20（1）：199 –218.

特别是社交媒体学界提供了丰富的问题资源。2016 年至 2018 年的英美学界社交媒体研究即是对这些资源的挖掘。

与此同时，2016 年至 2018 年的英美学界社交媒体研究在研究方法层面也取得了显著的进步。从上文梳理可见，大数据研究作为一种计算社会科学的研究范式已经进入英美学界社交媒体研究者的视野，至于对前沿文化理论的应用则更是屡见于关注边缘群体文化抵抗的研究文献之中。研究方法的进步，从侧面证明了这一阶段英美学界社交媒体研究的视野较之以往更加广阔。在跨学科、跨地域的研究视野的观照下，英美学界社交媒体研究有望取得更多具有原创性的研究成果，为英美国家社交媒体的发展和英美国家社会的治理等现实问题提供更多批判性的意见。

三　研究历程的现实性、非连续性特征

从本节的梳理中可见，英美学界社交媒体研究的观点创新与英美国家社交媒体业界、技术、产品的发展历程，以及英美国家的社会情势变迁关联紧密。这两方面的外部因素，实际上即是推动英美学界社交媒体研究进步的"语境"动力。英美国家社交媒体从产生到兴起直至卷入当代生活的过程，英美国家社会中统治权威的消解和庶民崛起的过程，也是社交媒体研究从起源到不断产生创新成果的过程。与此同时，全球政治、经济、社会、文化语境的变迁，亦刺激着社交媒体研究介入全球化的现实问题之中，考察社交媒体在全球化语境下扮演的特殊角色。总而言之，尽管社交媒体产品仅存在于虚拟的互联网空间，但它的影响力却已辐射到全球当代生活的每一个维度。因此，社交媒体研究只有在把握当代语境的基础之上，方能对社交媒体的多维影响形成一个比较全面的认识。

此外，也应注意的是，英美学界社交媒体研究的发展并不是线性的，其创新性并非一以贯之。其发展历程具有非连续性的特征，是福柯意义上的"断裂"的历史，是对"聚合和完成的主题"或

"总体化的可能性"的否定。① 实际上，在英美学界社交媒体研究中，观点、方法和研究问题的重复十分常见，我们难以从中找到一条一以贯之的研究线索，因此也就很难从历时性上对其观点演进的过程加以全面把握。通过本节的梳理可见，英美学界社交媒体研究的观点创新虽层出不穷，但由于文献基数过大，这些观点创新的分布颇为松散。加之英美学界社交媒体研究各个研究方向之间缺乏互动，导致我们更加难以将英美学界社交媒体研究作为一个整体进行观测。即便是本节行文采取了分阶段、分主支流研究取向的论述结构，但仍难以全方位勾勒出英美学界社交媒体研究"不断进步完善"的理想图景，而仅能从对其研究成果的"陈列"中抽取出对其发展历程的碎片化认识。

但英美学界社交媒体研究非连续性的发展趋势并不代表其发展便始终处于停滞状态。笔者认为，从"长时段"的角度来看，英美学界社交媒体研究的发展实际上呈现出螺旋式上升的趋势。它以主流研究取向为支撑，以每一年度的特色研究取向为创新性成果增长点。这种螺旋式上升的发展趋势，一方面使英美学界社交媒体研究的研究范围不断扩大、研究领域不断增加、新式观点层出不穷；另一方面，却也难免面临观点、方法和研究问题上的重复。也就是说，英美学界社交媒体研究的发展尽管并非一个"不断完善进步"的总体化过程，但它的确在非连续性的发展历程中为我们认识、使用和研究社交媒体提供了有益的经验、方法和理论资源。

第二节　英美学界社交媒体研究的主要方向

英美学界社交媒体研究自 2007 年发展至今，已在多个研究方

---

① ［法］米歇尔·福柯：《知识考古学》，谢强、马月译，生活·读书·新知三联书店 1998 年版，第 8—9 页。

向取得突破。笔者认为，英美学界社交媒体研究相关文献可以归纳为三大板块：作为本体对象的结构特征研究、作为关系对象的功能影响研究、作为跨学科研究对象的前沿探索。这三大板块包括十个方向：社交媒体的传播模式和传播特征、传播功能涉及到的社交媒体文化研究、社交媒体的政治传播问题研究、社交媒体的人际传播问题研究、社交媒体对用户行为与心理的影响研究、社交媒体对新闻内容生产的影响研究、企业社交媒体研究、政务社交媒体研究、社交媒体的隐私问题研究、社交媒体的职业应用研究。这些研究方向大致可以归为九种类别，分别是：社交媒体的传播模式与功能研究、社交媒体文化研究、社交媒体的政治传播问题研究、社交媒体的人际传播问题研究、社交媒体对用户行为与心理的影响研究、社交媒体对新闻内容生产的影响研究、企业社交媒体研究、社交媒体的隐私问题研究、社交媒体的跨学科前沿研究。本节将以英美学界社交媒体研究的这三大板块的九种类别为基础，对在各个分类下的主要观点及其特征进行一个简要分析。

一　作为本体对象的结构特征研究

1. 传播模式与功能研究

对于英美学界社交媒体研究而言，需要解决的首要问题便是社交媒体概念该如何界定。只有在厘清社交媒体概念的基础上，方能对其传播模式与功能展开富有针对性地探索。在这方面，以 Danah M. Boyd，Nicole B. Ellison 的文章《社交网站：定义、历史和学术》（*Social Network Sites：Definition，History，and Scholarship*）最具代表性，其对"社交媒体"概念的认识在英美学界中产生了深远的影响。他们以社交媒体的发展历程为线索，对"社交媒体"概念做出如下定义："（1）在一定范围内构建一个公共或半公共的网络空间；（2）通过用户间彼此分享链接将他们连接在一起；（3）浏览并进入不同用户的网络资料界面。"作者接着又对"social network sites"与"social networking sites"的含义进行辨析，认为后者强调的是在陌生人之间建立现实联系，而这并不是社交媒体具有的特征。"使社交媒体独一无二的，不是它能够帮助用户去接触陌生人的功能，而是它能够帮助用户发声，并使其观点为人所见。"因此，社交媒体用户之间的联系往往是"潜在的联系"，参与者不必寻求与陌生人建立关系，而只需在自己的社交圈子内活动。这些社交圈子的建立则有赖于用户间相似的年龄、所在地及兴趣偏好等身份信息。为了强调社交媒体这种独特的组织特征，作者最终决定使用"social network sites"来描述这一概念。此外，作者还对社交媒体的历史进行了梳理。作者认为，1997 年至 2001 年是社交媒体发展早期阶段。全世界第一款广为人知的社交媒体产品是 1997 年诞生的 SixDegrees. com，该产品的功能符合作者对社交媒体产品的定义。2002 年至 2005 年，社交媒体产品进入快速发展阶段，并跻身于互联网文化的主流视野。自此之后，社交媒体正式走向全球化，其社区边界不断扩大，用户数量持续攀升。在作者看来，"社交媒体的引入为网络社群提供了崭新的组织框架，并且又一次提供了一个全新的研究对象"。①

在明确了何为社交媒体这一问题之后，学者们开始对社交媒体的多样化功能展开分析。Nicole B. Ellison 和 Charles Steinfield 等对社交媒体使用与维持社会资本之间的关系进行研究。论文《Facebook"朋友"的好处：社交资本和大学生对在线社交网站的使用》(*The benefits of Facebook "friends"：Social capital and college students' use of online social network sites*) 通过对使用 Facebook 的大学本科生调查数据的回归分析，作者发现 Facebook 的使用与三种类型的社会资本之间存在较强联系，特别是与搭桥式社会资本（bridging social capital）的关系最为强烈。由此，作者认为，Facebook 等社交媒体产品能够为在现实生活中遭遇挫折的使用者提升其心理学意

① Boyd, D. M. & Ellison, N. B., Social Network Sites：Definition, History, and Scholarship, *Journal of Computer-Mediated Communication*, 2007, 38（3）：16 – 31.

义上的幸福感。① Zizi Papacharissi 对 Facebook、LinkedIn 和 ASmall-World 三种社交媒体产品的社交风格进行分析，论文《社交网络的虚拟地理：对 Facebook、LinkedIn 和 ASmallWorld 的比较分析》（*The virtual geographies of social networks*：*a comparative analysis of Facebook*，*LinkedIn and ASmallWorld*）指出了三种产品不同的特点：Facebook 更加开放，社区规范更加宽松，因此用户的交往范围更广，而 LinkedIn 和 ASmallWorld 的虚拟社区则更加紧密，为用户的自发性交往留出的空间较小。② 作者对不同社交媒体产品之社交风格的区分方式，提醒学界对不同社交媒体产品应当进行差异化分析，而非简单一概而论。

　　社交媒体在不同场景中的使用功能亦有不同体现。OLaurie Charnigo 和 Paula Barnett-Ellis 在论文《查看 Facebook. com：数字趋势对学术图书馆的影响》（*Checking Out Facebook. com*：*The Impact of a Digital Trend on Academic Libraries*）中分析了 Facebook 对于学术图书馆管理与运营产生的影响，他们认为，"随着美国互联在线教育的蓬勃发展，虚拟学术社区也随之越发壮大"。社交媒体作为一种新型社交工具将学生们在互联网空间中相连，也将图书馆与网络学习者联系在一起。作者写道："通过考察 Facebook 等新型互联网应用，且意识到其与图书馆管理与运营工作之间有所关联，我们才能学会新的与更多用户沟通和交流的方式。"③ Marcio von Muhlen 和 Lucila Ohno-Machado 在《审查临床医生使用社交媒体的情况》（*Reviewing*

---

① Ellison, N. B., Steinfield, C. & Lampe, C., The benefits of Facebook "friends"：Social capital and college students' use of online social network sites, *Journal of Computer-mediatedCommunication*, 2007, 12 (3)：1143 – 1168.

② Papacharissi, Z., The virtual geographies of social networks：a comparative analysis of Facebook, LinkedIn and ASmallWorld, *New Media & Society*, 2009, 11 (1 – 2)：199 – 220.

③ Charnigo, L. & Barnett-Ellis, P., Checking Out Facebook. com：The Impact of a Digital Trend on Academic Libraries, *Information Technology & Libraries*, 2007, 26 (1)：23 – 34.

social media use by clinicians）里对临床医学界使用社交媒体的情况进行考察，对历年来针对这一问题展开的研究进行综述。通过对过往文献的整理和分析，作者发现，2008 年至 2012 年，临床医生或医学生对社交媒体的使用率急剧上升。社交媒体甚至被纳入临床培训的课程之中。但临床医生，特别是医学生在使用社交媒体时容易犯暴露病人隐私等错误，因此需要对其社交媒体使用行为进行引导。[①]

在社交媒体的传播模式与功能研究方面，随着社交媒体平台功能性的不断丰富，英美学界社交媒体研究也开始将目光投向这些新功能带来的诸多影响。与此同时，Instagram、Snapchat 等新兴社交媒体平台的崛起，也吸引了英美学界社交媒体研究的一部分关注。事实上，社交媒体平台的发展离不开持续不断的功能创新，而这些功能创新一向是英美学界社交媒体研究的重要关注对象。以社交媒体平台的地理定位功能为例，Facebook 在 2016 年推出了与社交功能相结合的地理定位功能。该功能能够自动标注用户所处的地理位置，并在发布信息时同步展示给其他用户。这一功能的出现不仅受到用户的欢迎，并且很快得到英美学界的关注。英美学者围绕社交媒体的地理定位功能展开了不同视角的研究，并一致认为这一功能将对社交媒体用户的使用行为和社交媒体文化的发展产生深刻影响。

如 Raz Schwartz 和 Germaine R. Halegoua 在《空间自我：社交媒体上基于位置的身份表现》（*The spatial self*：*Location-based identity performance on social media*）中认为，随着社交媒体平台如今能够显示用户的地理位置信息这一功能的问世，研究者面对的将是一个综合了用户、社交网络和用户所在地的线上信息表达方式。为了更好地理解这一表达，作者引入"空间自我"（the spatial self）概念。这一概念的含义是基于线下物理空间活动来界定线上自我表达。作者通

---

① Muhlen, M. V. & Ohno-Machado, L., Reviewing social media use by clinicians, *Journal of The American Medical Informatics Association*, 2012, 19（5）：777 – 781.

过跨学科的研究方法，梳理了地理位置、信息技术与身份表达之间的关系。① Joao Porto de Albuquerque 等学者在论文《结合社会媒体和权威数据以确定灾害管理有用信息的地理方法》（*A geographic approach for combining social media and authoritative data towards identifying useful information for disaster management*）中指出社交媒体在近些年来已经成为改善灾害管理的重要工具。特别是在灾害管理方面，作者认为，过往的研究仅将社交媒体视为独立信息源，而未能注意到社交媒体信息与其他渠道信息的结合。作者提出了一种能够加强社交媒体信息识别的地理参考方法，这种方法利用现有的自然灾害知识，为社交媒体中的灾害信息制定量化指标，从而有利于危机应对与自然灾害的预防性监测工作。②

此外，新社交媒体产品的出现也成为英美学界社交媒体研究的重点。如 Joseph B. Bayer 等学者对 Snapchat 的社交互动模式进行探索。作者在《分享小瞬间：Snapchat 上转瞬即逝的社交互动》（*Sharing the small moments: ephemeral social interaction on Snapchat*）中认为，在社交媒体上短暂地交流内容已经成为社交媒体发展的新趋势。通过对大学生使用 Snapchat 的情况进行调查，作者发现，与其他社交媒体相比，Snapchat 上的互动更令人愉快，且更能激发用户的积极情绪。总体上看，人们在使用 Snapchat 时并没有将它视为一款应用程序，而是将其当作可以与亲密好友分享轻松情绪的渠道。③

总体来看，与整个英美学界社交媒体研究的方法发展趋势一样，

---

① Schwartz, R. & Halcgoua, G. R., The spatial self: Location-based identity performance on social media, *New Media & Society*, 2015, 17 (10): 1 – 35.

② de Albuquerque, J. P., Herfort, B., Brenning, A. & Zipf, A., A geographic approach for combining social media and authoritative data towards identifying useful information for disaster management, *International Journal of Geographical Information Science*, 2015, 29 (4): 667 – 689.

③ Bayer, J. B., Ellison, N. B., Schoenebeck, S. Y. & Falk, E. B., Sharing the small moments: ephemeral social interaction on Snapchat, *Information Communication & Society*, 2016, 19 (7): 956 – 977.

社交媒体的传播模式与功能研究在进入 2016 年后同样体现出量化方法不断完善的特点。而对其他学科的理论和研究方法的吸收，成为社交媒体的传播模式与功能研究取得创新性成果的重要突破口。与此同时，相关领域的学者继续保持对社会问题和业界发展态势的旺盛求知欲，将学术研究与社会语境相契合，使得其研究成果具有不可忽视的现实意义。

2. 人际传播问题研究

社交媒体的人际传播问题研究主要探讨了社交媒体环境中用户之间的沟通方式及其产生的影响。一般而言，社交媒体为使用者提供了理想化的交往空间，使用户能够在其中进行交往和互动。但社交媒体的这一积极功能同时也存在负面效用，即使用者的交往范围和关系网络很容易受到社交媒体平台的干预和限制。经典传播学中的意见领袖理论在社交媒体研究中依然被反复使用，而对这一理论适用效果的看法则根据不同学者观测对象的不同而产生了微妙的差异。

社交媒体对不同人群社交生活的影响存在不同，但人们对其影响的认识存有差异。Jolene Zywica 和 James Danowski 的研究《Facebook 用户的面孔：社会增强与社会补偿假说研究；从社交性和自尊角度预测 Facebook™ 和离线流行度以及利用语义网络绘制流行度的含义》（*The Faces of Facebookers*：*Investigating Social Enhancement and Social Compensation Hypotheses*；*Predicting Facebook™ and Offline Popularity from Sociability and Self-Esteem*，*and Mapping the Meanings of Popularity with Semantic Networks*）测试了"社会增强"（Social Enhancement）和"社会补偿"（Social Compensation）两种假说在社交媒体环境中是否有效的问题。作者发现，那些在现实生活中社交更频繁，自信心更强的用户认为社交媒体具有社会增强功能，即社交媒体使"富者愈富"。反之，在现实生活中社交活动较少的用户则认为使用社交媒体能够使自己更受欢迎，即"穷者变富"。作者认为，两者之所以对社交媒体的影响存在两种认识，是因为他们对"受欢迎程度"的意义理解不同。①

同时，有学者认识到社交媒体知识共享机制具有积极与消极共存的两面性。Ann Majchrzak 等学者在论文《社交媒体对在线公共知识共享的矛盾影响》（*The Contradictory Influence of Social Media Affordances on Online Communal Knowledge Sharing*）中认为，社交媒体的兴起使过去集中化的知识管理过程转变为陌生用户在线谈话式的知识分享，由此知识不断被重新解释和再利用。作者随后提出社交媒体用户参与知识对话的机制，其中积极的机制有助于刺激知识共享，消极的机制则会对社群产生不良后果。② Jennifer L. Gibbs 等学者通过论文《克服"开放意识"：探索社交媒体对组织知识共享的启示》（*Overcoming the "Ideology of Openness"：Probing the Affordances of Social Media for Organizational Knowledge Sharing*）指出，社交媒体信息既具有开放性也具有模糊性，组织机构能够通过社交媒体分享知识，也能够通过社交媒体对知识进行限制，这为组织机构提供了实现多元目标的途径。③

此外，基于社交媒体建立的社会互动和人际传播过程是如何实现的，成为社交媒体的人际传播问题研究的重要议题。Gerald C. Kane 等学者在论文《社交媒体网络有什么不同？一个框架和研究议程》（*What's different about social media networks？a framework and research agenda*）中认为，过去的社交媒体研究常常借助社会网络

① Zywica, J. & Danowski, J., The Faces of Facebookers: Investigating Social Enhancement and Social Compensation Hypotheses; Predicting Facebook™ and Offline Popularity from Sociability and Self-Esteem, and Mapping the Meanings of Popularity with Semantic Networks, *Journal of Computer-Mediated Communication*, 2008, 14 (1): 1 – 34.

② Majchrzak, A., Faraj, S., Kane, G., C. & Azad, B., The Contradictory Influence of Social Media Affordances on Online Communal Knowledge Sharing, *Journal of Computer-Mediated Communication*, 2013, 19 (1): 38 – 55.

③ Gibbs, J. L., Rozaidi, N. A. & Eisenberg, J., Overcoming the "Ideology of Openness": Probing the Affordances of Social Media for Organizational Knowledge Sharing, *Journal of Computer-Mediated Communication*, 2013, 19 (1): 102 – 120.

理论对社交媒体进行考察，但在作者看来，产生于线下社会网络研究的社会网络理论已经不适用于功能丰富多样的社交媒体产品。作者考察了线下社交网络与线上社交媒体之间的不同，认为社会网络理论只有在某些方面能够用于对社交媒体的分析。① Nicole B. Ellison 等学者通过对美国成年人的社交媒体使用行为进行调查，考察了桥接型社会资本与 Facebook 交往行为之间的关系。在论文《在社交网站上培育社交资源：Facebook 关系维护行为及其在社交资本过程中的作用》（*Cultivating Social Resources on Social Network Sites：Facebook Relationship Maintenance Behaviors and Their Role in Social Capital Processes*）中作者借鉴社会资本与关系维持的相关研究成果，探讨了社会疏导（social grooming）与注意信号活动（attention-signaling）在形成以桥接型社会资本为主的用户关系网络的感知途径中所扮演的角色②，Natalya N. Bazarova 和 Yoon Hyung Choi 对社交媒体用户"自我表露"（Self-Disclosure）的特征和动机进行了考察。作者在《社交媒体中的自我表露：将社交网站上的自我表露动机和特征的功能性方法扩展》（*Self-Disclosure in Social Media：Extending the Functional Approach to Disclosure Motivations and Characteristics on Social Network Sites*）里结合"自我表露"理论与表征理论，介绍了社交媒体用户自我表露的模式。通过调查研究，作者发现，社交媒体用户进行"自我表露"往往有其策略性目标，并且在不同社交媒体中的表露行为亦有不同，而"自我表露"的目标则介于媒介可供性（media affordances）与表露亲密关系（dis-

---

① Kane, G. C., Alavi, M., Labianca, G. & Borgatti, S. P., What's different about social media networks? a framework and research agenda, *Mis Quarterly*, 2014, 38 (1): 275 – 304.

② Ellison, N. B., Vitak, J., Gray, R. & Lampe, C., Cultivating Social Resources on Social Network Sites: Facebook Relationship Maintenance Behaviors and Their Role in Social Capital Processes, *Journal of Computer-Mediated Communication*, 2014, 19 (4): 855 – 870.

closure intimacy) 之间。①

随着社交媒体平台功能的不断丰富，社交媒体的人际传播问题研究在考察社交媒体用户如何在其交往和建立人际关系的过程中开始更多地将目光投向社交媒体的新功能。与此同时，作为社交媒体核心功能的社交功能，其含义也随着社交媒体技术的不断进步而发生了改变。如今社交媒体平台的社交功能表现为技术、资本和文化等多种因素的整合。

意见领袖作为传播学中的经典理论，尽管它在社交媒体时代的含义发生了微妙改变，但其对意见气候的影响依然存在。Brian E. Weeks 等学者在其研究《在线的影响？社交媒体的使用、意见领导和政治说服》（*Online Influence? Social Media Use*，*Opinion Leadership*，*and Political Persuasion*）中认为，意见领袖在传统媒体时代的影响力较大，但在社交媒体时代其影响力则受到质疑。作者通过测试一个政治说服的理论模型，发现社交媒体上的活跃分子视自己为意见领袖，经常直接或间接地试图影响他人观点，并且他们在社交媒体平台上的个人影响力仍然持续存在。②

社交媒体的人际传播研究也十分注重对新理论的应用和拓展。如 Megan French 和 Natalya N. Bazarova 在论文《有人在吗？：通过社交媒体平台的期望回应理解大众沟通》（*Anybody Out There?：Understanding Masspersonal Communication Through Expectations for Response Across Social Media Platforms*）中便以媒介沟通框架理论为基础，提出预期互动将为人际传播提供条件，在社交媒体中，这种关系根植于人际传播过程中双方的期望。通过经验抽样，作者发现预期互动

① Bazarova, N. N. & Choi, Y. H., Self-Disclosure in Social Media：Extending the Functional Approach to Disclosure Motivations and Characteristics on Social Network Sites, *Journal of Communication*, 2014, 64（4）：635–657.

② Weeks, B. E., Ardevol-Abreu, A. & de Zuniga, H. G., Online Influence? Social Media Use, Opinion Leadership, and Political Persuasion, *International Journal of Public Opinion Research*, 2017, 29（2）：214–239.

在社交媒体上的表现并不相同。作者还提出了与预期反应相关的情境因素。基于这些发现，作者将大众传播描述为一种社会和技术上的实践，受到多重影响。[①]

同时，有学者结合当代舆论环境的特点，对社交媒体环境中的人际传播进行了考察。German Neubaum 和 Nicole C. Krämer 在《社交媒体中的意见环境：融合大众与人际沟通》（*Opinion climates in social media：Blending mass and interpersonal communication*）里认为社交媒体重塑了用户生产、评论和转发内容的能力，从而创造了新的人际传播方式。这种人际传播活动最终汇聚为全社会的舆论环境的表征。作者提出，当代社交媒体环境中的舆论特征，可以影响用户对公共话题的衡量、形式和表达方式，由于技术提供了便利，使其在社交媒体中大众媒体和用户生产的内容并存，同质性和异质性的意识形态观点同在，这正是社交媒体环境的特征。[②]

3. 用户行为和心理的影响研究

社交媒体对用户行为和心理的影响研究包括社交媒体对用户行为的影响研究、社交媒体对用户情感的影响研究、社交媒体对用户心理状态的影响研究等研究方向。总体来看，这一研究类别是受众研究在社交媒体研究领域的延伸，即从社交媒体使用者出发，考察社交媒体产品对其社交活动、社交心理和情感结构产生的影响。这一研究类别的研究文献中往往会使用到多学科的理论资源。

大学生作为社交媒体的主要使用者，很早便受到学者们的关注。John Raacke 和 Jennifer Bonds-Raacke 认为过往的社交媒体研究对大学生群体欠缺关注。因此他们在研究《MySpace 和 facebook：将使用和

① French, M. & Bazarova, N. N. , Is Anybody Out There?：Understanding Masspersonal Communication Through Expectations for Response Across Social Media Platforms, *Journal of Computer-Mediated Communication*, 2017, 22（6）：303 – 319.

② Neubaum, G. & Krämer, N. C. , Opinion climates in social media：Blending mass and interpersonal communication, *Human Communication Research*, 2017, 43（4）：464 – 476.

满足理论应用于探索交友网站》（*MySpace and facebook*：*Applying the uses and gratifications theory to exploring friend-networking sites*）中基于使用与满足理论，对以下三个问题展开探讨，即人们使用社交媒体的动机；大学生用户的典型特征；大学生用户通过使用社交媒体获得的满足。作者通过研究发现，绝大多数大学生用户使用社交媒体是为了找到新朋友和联系老朋友。因此，使用社交媒体对于大学生而言最大的满足感便来源于"与朋友保持联系"。[①] 从中不难看出，学者们关注的核心问题是社交媒体用户使用社交媒体的动机。Namsu Park 等学者对以 Facebook 为代表的社交媒体的用户群体、使用与满足情况和社会成果（Social Outcomes）进行了研究。他们在论文《沉浸在社交网络环境中：Facebook 群组，使用和满足，以及社会结果》（*Being Immersed in Social Networking Environment*：*Facebook Groups*，*Uses and Gratifications*，*and Social Outcomes*）里将 Facebook 用户的使用社交媒体的动机归为四个因素，分别是"社交、娱乐、自我身份寻求和信息获取"，而这些满足感的获得则取决于用户的人口特征，如性别、家乡和学历等。同时，作者还发现，用户在社交媒体上对信息的获取，往往指向对社会政治活动的参与过程。[②]

对社交媒体环境中的用户行为与用户心理的研究深入用户个人的情感表现层面。Mike Thelwall 等学者对社交媒体用户的情感数据进行挖掘，在研究《社交网络交流中情感的数据挖掘：MySpace 中的性别差异》（*Data Mining Emotion in Social Network Communication*：*Gender Differences in MySpace*）里指出社交媒体用户在使用社交媒体过程中具有丰富的情感结构，且不同社交媒体用户表达的情感亦有

① Raacke, J. & Bonds-Raacke, J., MySpace and facebook：Applying the uses and gratifications theory to exploring friend-networking sites, *Cyberpsychology & Behavior*, 2008, 11（2）：169 – 177.

② Park, N., Kee, K. F. & Valenzuela, S., Being Immersed in Social Networking Environment：Facebook Groups, Uses and Gratifications, and Social Outcomes, *Cyberpsychology & Behavior*, 2009, 11（6）：729 – 733.

不同。总体上看，社交媒体女性用户表达的情感较之男性更为积极。作者认为，女性是更为成功的社交媒体用户，因为她们发掘文本中正面信息的能力更强。① 有学者关注到用户心理对新兴社交媒体技术的接受程度问题。Noah Arceneaux 和 Amy Schmitz Weiss 对 2006 年至 2010 年 1 月关于 Twitter 的新闻报道进行了内容分析。作者在研究《在你尝试之前似乎很愚蠢：媒体对 Twitter 的报道》（*Seems stupid until you try it：press coverage of Twitter*）中发现，人们对这一新技术形式的态度，与面对广播、传真、互联网等通信技术的态度相似。尽管有一部分人对 Twitter 等社交媒体产品进行抵制，但报纸、杂志、博客等传媒组织正在积极推动并介入 Twitter 的普及与内容传播活动之中。②

社交媒体影响下的用户行为具体有何表现也是很多学者关注的问题。Caitlin McLaughlin 和 Jessica Vitaktan 在论文《Facebook 上的规范演变和违规》（*Norm evolution and violation on Facebook*）中探讨了社交媒体的规范如何不断演变，以及违反规范的内容如何影响个人的自我表现与社会关系。作者以期望违背理论（Expectancy Violations Theory）作为指导框架，通过一系列焦点小组调查，发现违反规范的内容和用户与违规内容发出者的关系影响着用户如何对违规内容做出反应。作者发现，对于熟人发布的轻微违规内容用户可能忽略，但严重违规行为则会破坏用户与其关系，甚至产生对抗。③ Alice E. Marwick 和 Danah Boyd 认为社交媒体中的交往环境往往是多人聚合在一起，因此在信息交流的丰富性上不如面对面社交。他们

---

① Thelwall, M., Wilkinson, D. & Uppal, S., Data Mining Emotion in Social Network Communication：Gender Differences in MySpace, *Journal of The American Society For Information Science And Technology*, 2010, 61 (1)：190 – 199.

② Arceneaux, N. & Weiss, A. S., Seems stupid until you try it：press coverage of Twitter, 2006 – 9, *New Media & Society*, 2010, 12 (8)：1262 – 1279.

③ McLaughlin, C. & Vitaktan, J., Norm evolution and violation on Facebook, *New Media & Society*, 2012, 14 (2)：299 – 315.

在研究《我真诚地、热情地发推文：Twitter 用户、语境崩溃和想象中的观众》（*I tweet honestly，I tweet passionately：Twitter users，context collapse，and the imagined audience*）里调查了内容生产者如何在社交媒体上看待"想象的受众"，认为受众在社交媒体上的自我表达同时是一种自我商品化。社交媒体的多对多交流使得用户将他们想象中的受众加以概念化。①

2016 年以后的社交媒体对用户行为和心理的影响研究同样无法脱离社交媒体技术进步的时代背景。社交媒体的功能创新影响着用户行为与心理的表现方式，而在更为深远的意义上，它也影响着用户在现实生活中的行为与心理的表现方式。因此，社交媒体对用户行为和心理的影响研究越发重视对多学科理论资源的吸收，以探索社交媒体技术进步给人们带来的更为复杂的结构性影响。

随着社交媒体产品进一步卷入人们的日常生活之中，它甚至成为人们在虚拟空间中的情感寄托。英美学界对社交媒体上发布的信息展开情感分析，并对社交媒体使用与用户心理状态之间的关系进行了探讨。Hassan Saif 等学者对 Twitter 信息在不同语境中的表现进行了情感分析，其根据是情绪语义词汇的强度和极性。作者结合现实层面和社交媒体层面，在《Twitter 情感分析的语境语义》（*Contextual semantics for sentiment analysis of Twitter*）里对用户的情绪表达进行检测和分析。作者认为，他们采用的方法较之先前的研究具有更高的精确度，因此能够适用于商业和公共领域的实践。② Moira Burke 和 Robert E. Kraut 在论文《使用 Facebook 与幸福感之间的关系取决于沟通类型和联系强度》（*The Relationship between Facebook Use and Well-Being depends on Communication Type and Tie Strength*）中指

① Marwick, A. E. & Boyd, D., I tweet honestly, I tweet passionately：Twitter users, context collapse, and the imagined audience, *New Media & Society*, 2011, 13 (1)：1 – 20.

② Saif, H., He, Y., Fernandez, M. & Alani, H., Contextual semantics for sentiment analysis of Twitter, *Information Processing & Management*, 2016, 52 (1)：5 – 19.

出，已有研究证明社会关系会影响心理健康。基于此，作者对 Face-book 使用情况与幸福感之间的关系进行研究。通过调查研究，作者发现使用 Facebook 有助于改善用户幸福感。社交媒体上紧密的社交联系与有组织的传播方式能够提升用户幸福感。这说明人们能够在使用社交媒体的过程中改善心理健康状况。①

此外，该类别的研究成果呈现出更多的实用主义倾向，英美学界的学者考察了社交媒体对改善用户行为和用户心理的各方面的功能，并以先进的方法、广阔的视野对此进行了论述。如 Renee Garett 和 Sam Liu 在《大学生社交媒体使用与睡眠质量的关系》（*The relationship between social media use and sleep quality among undergraduate students*）中探讨了社交媒体使用行为如何影响大学生群体的睡眠质量。② Dominique Nduhura 和 Michael Prieler 在论文《当我在网上聊天时，我感觉很放松，工作得也更好：探索社交媒体在卢旺达公共部门工作场所的使用》（*When I chat online, I feel relaxed and work better: Exploring the use of social media in the public sector workplace in Rwanda*）里提出使用社交媒体进行社交活动能够改善人们的心理状态，并进而影响到他们的现实生活，即便是在第三世界国家亦然。③ Katy E Pearce 和 Jessica Vitak 在论文《在线表现荣誉：社交媒体在荣誉文化中对监视和印象管理的启示》（*Performing honor online: The affordances of social media for surveillance and impression management in an honor culture*）中指出社交媒体全民监视的特点和名誉文化的泛滥使

①　Burke, M. B. & Kraut, R. E. , The Relationship between Facebook Use and Well-Being depends on Communication Type and Tie Strength, *Journal of Computer-Mediated Communication*, 2016, 21 (4): 265 – 281.

②　Garett, R. , Liu, S. & Young, S. D. , The relationship between social media use and sleep quality among undergraduate students, Information, *Communication & Society*, 2018, 21 (2): 1 – 11.

③　Nduhura, D. & Prieler, M. , When I chat online, I feel relaxed and work better: Exploring the use of social media in the public sector workplace in Rwanda, *Telecommunications Policy*, 2017, 41 (7 – 8): 708 – 716.

社交媒体用户积极通过印象管理手段积极维护或提升自身名誉。[①]
Hyejoon Rim 与 Doori Song 则在《"如何让消极变得不那么消极"：了
解社交媒体中评论效价和回应偏向的影响》（"*How negative becomes
less negative*"：*Understanding the effects of comment valence and response
sidedness in social media*）里探讨了社交媒体的评论与响应行为帮助
用户克服消极情绪的方式。[②]

4. 社交媒体文化研究

社交媒体文化研究包括社交媒体环境中的身份认同研究、社交
媒体与社会文化的关系研究等研究方向。在社交媒体环境中的身份
认同研究方面，Sherri Grasmuck 等学者在名为《在 Facebook 上显示
种族身份》（*Ethno-Racial Identity Displays on Facebook*）的论文中认
为少数族裔在社交媒体上的表征显示为社会性、文化性和精细化的
自我叙述内容，这使得少数族裔在互联网空间不再是沉默的他者。
在 Facebook 等社交媒体上，用户的身份认同是以现实生活为基础
的。[③] Steven Warburton 在论文《数字身份和社交媒体》（*Digital I-
dentity and Social Media*）里探讨社交媒体时代的数字身份建构。通
过对这一问题的探讨，能够有效地帮助人们理解和控制自己的电子
身份，而电子身份对于现实生活则有直接的介入作用。[④]

在社交媒体与社会文化的关系研究方面，有学者从文化研究的
角度考察社交媒体的社会影响，Jose Van Dijck 在《文化的互联互

---

① Pearce，K. E. & Vitak，J.，Performing honor online：The affordances of social
media for surveillance and impression management in an honor culture，*New Media & Society*，
2016，18（11）：2595 – 2612.

② Rim，H. & Doori，S.，"How negative becomes less negative"：Understanding the
effects of comment valence and response sidedness in social media，*Journal of Communication*，
2016，66（3）：475 – 495.

③ Grasmuck，S.，Martin，J. & Zhao，S.，Ethno-Racial Identity Displays on Face-
book，*Journal of Computer-Mediated Communication*，2009，15（1）：158 – 188.

④ Warburton，S.，*Digital Identity and Social Media*，UK：Ingram International Inc，
2012，p. xvi.

通》（*The Culture of Connectivity*）一文中认为，社交媒体已经重新界定了人们日常交往和学习生产的习惯。"连接性文化"（*The Culture of Connectivity*）随着社交媒体的兴起而产生，作者试图对这种文化形态进行历史的批判性分析。作者认为，社交媒体从业余互联网产品走向大公司制，使用户之间的连接性成为被资本控制和利用的资源。美国社交媒体产品服从于共同的意识形态原则，它们在治理模式和商业策略方面都具有惊人的相似之处。在作者看来，对社交媒体信息的控制，必然引起反抗。因此，社交媒体平台无法避免政治和意识形态斗争。由此得出，"连接性文化"已经重塑了人们在数字时代思考人际传播的方式。[①] Volker Eisenlauer 在研究《社交媒体的超文本批判分析：Facebook 的真面目》（*Critical Hypertext Analysis of Social Media：The True Colours of Facebook*）中考察了以 Facebook 用户为代表的社交媒体用户与社交媒体文化之间的相互关系，并批判性地对社交媒体用户的文化习惯进行分析，探讨社交媒体产品的运营者是如何介入到信息传播者与接受者的交往信息流中的，由此揭示了 Facebook 等社交媒体的"真面目"。[②]

　　进入 2016 年以来，社交媒体文化研究逐渐走向成熟，其广泛吸收文化研究领域的理论资源和问题意识，聚焦于边缘人群在社交媒体平台上的表征和意指活动，试图将现实社会中的文化实践移置到社交媒体平台上进行观测。同时，其自身也成为文化研究的重要分支，不断从社交媒体这一崭新研究对象的身上为文化研究汲取养分。社交媒体文化研究的兴起，也预示着文化研究的知识与方法向社交媒体空间的拓进。

　　2016 年之后的社交媒体文化研究，尤其关注社交媒体环境中的性别问题。如 Stefanie Duguay 在其论文《"他有比我更同志化的 Fa-

---

① Van Dijck, J., *The Culture of Connectivity*, UK：Oxford University Press, 2013, pp. 18 – 24.

② Eisenlauer, V. A., *Critical Hypertext Analysis of Social Media：The True Colours of Facebook*, US：Bloomsbury Academic, 2013, pp. 207 – 210.

cebook"：调查社交网站上的性别身份泄露和场景颠覆》（"*He has a way gayer Facebook than I do*"：*Investigating sexual identity disclosure and context collapse on a social networking site*）中认为社交媒体平台打破了时间、空间和社会的边界，从而导致社交场景被颠覆。通过对LGBT 群体使用社交媒体情况的调查，作者发现，由于不同的性向往往被污名化，参与者的性别身份公布决定受到其在线网络的社会条件和社交网站的技术架构的影响。场景颠覆是指个体在观众中有意地重新定义自己的性身份或制造无意的公布。为了防止场景颠覆，用户常常通过自我表演和分离观众来塑造场景。这些发现有助于更为深入地对社交媒体用户的印象管理与身份表征状况展开研究。[①]

Leticia Bode 对社交媒体政治参与中的性别平等问题进行了研究。Bode 在《缩小差距：社会媒体政治参与中的性别平等》（*Closing the gap*：*gender parity in political engagement on social media*）中提到从过往的研究来看，在政治参与和线上内容创作之间存在着性别差异。但作者通过对社交媒体中男性和女性不同的政治参与程度进行考察，发现在社交媒体政治参与行为中，性别差异并不明显。如果性别差异存在，那也只是在最明显的政治行为中存在，因为较之男性，女性不常参与那些明显的具有侵犯性的事件。[②] Rena Bivens 在研究《性别二元化不会被消除：在 Facebook 上编码性别的十年》（*The gender binary will not be deprogrammed*：*Ten years of coding gender on Facebook*）中考察了以 Facebook 为代表的社交媒体的性别编码的变化过程。2014 年 2 月，Facebook 将用户性别选项从 2 个扩展到 58 个。作者认为，传统的性别二元划分不利于 Facebook 的推送战略，而多元性别则使得 Facebook 能够为用户提供更有针对性的产品和服务。这项研究

① Duguay, S., "He has a way gayer Facebook than I do"：Investigating sexual identity disclosure and context collapse on a social networking site, *New Media & Society*, 2016, 18（6）：891 – 907.

② Bode, L., Closing the gap：gender parity in political engagement on social media, *Information Communication & Society*, 2017, 20（4）：1 – 17.

表明 Facebook 新的性别编码是基于营销策略而制定的。①

与此同时，社交媒体的功能创新则推动着社交媒体文化的变迁进程，人们的网络身份在此进程中发生了深刻地转变。Tama Leaver 和 Tim Highfield 在论文《在 Instagram 上可视化身份的终结：生前和死后》（*Visualising the ends of identity：pre-birth and post-death on Instagram*）里通过对 Instagram 平台上的话题标签进行考察，对网络身份中的出生和死亡这两个终结点进行了探讨。作者试图从对这两个终结点的考察中辨别人们使用图像社交媒体 Instagram 的共同点。通过对新仪式和葬礼话题的跟踪调查，作者发现有相当多的账户会共享新生婴儿的信息，表现出突出的情感高峰，葬礼的悲伤情绪则集中于个人伤感的表达，而不是为了集体记忆的构建。② 在社交媒体的影响下，公共话语的特征亦发生了显著变化。Brian L. Ott 从媒介环境学的理论视角出发，论证了 Twitter 上的特权话语是简化的、浮夸的和不文明的。作者认为，特朗普的 Twitter 使用行为便印证了他的上述观点。作者总结了自己对 Twitter 时代的几个显著特征，即后真相、后新闻、特朗普总统和"Twitter 世界"（Twitter-world）。③

二 作为关系对象的功能影响研究

1. 泛政治传播研究

社交媒体的政治传播研究包括社交媒体对国际政治事件和公民政治活动的影响研究、政务社交媒体研究、社交媒体舆情监管研究等研究方向。在社交媒体对国际政治事件和公民政治活动的影响研究方面，Vassia Gueorguieva 对 2006 年美国中期选举中的社交媒体使用情况进行

---

① Bivens，R.，The gender binary will not be deprogrammed：Ten years of coding gender on Facebook，*New Media & Society*，2017，19（6）：1 – 32.

② Leaver，T. & Highfield，T.，Visualising the ends of identity：pre-birth and post-death on Instagram，*Information Communication & Society*，2018，21（1）：1 – 16.

③ Ott，B. L.，The age of Twitter：Donald J. Trump and the politics of debasement，*Critical Studies in Media Communication*，2017，34（1）：59 – 68.

了研究，论文《选民，MySpace 和 YouTube：替代沟通渠道对 2006 年选举周期及之外的影响》（*Voters，MySpace，and YouTube：The Impact of Alternative Communication Channels on the 2006 Election Cycle and Beyond*）中指出投票人在参与大选中积极使用社交媒体，且竞选人也能够通过社交媒体更快捷地传播竞选信息。但社交媒体对于竞选人后区信息的暴露也给其选举活动带来挑战。[①] Homero Gil de Zuniga 等学者在《社会媒体、政治表达和政治参与：滞后关系和并发关系的固定样本分析》（*Social Media，Political Expression，and Political Participation：Panel Analysis of Lagged and Concurrent Relationships*）里探讨了社交媒体对于政治表达和政治参与活动的影响。作者认为，充分利用社交媒体信息，有助于促进政治表达和政治参与。对社交媒体的使用和信息获取不能直接影响到人们在线下的政治参与行为，但能够间接地对人们表达的政治诉求产生影响。[②]

在政务社交媒体研究方面，John C. Bertot 等学者在论文《利用信息通信技术创造透明文化：电子政府和社会媒体作为社会开放和反腐败工具》（*Using ICTs to create a culture of transparency：E-government and social media as openness and anti-corruption tools for societies*）中发现信息通信技术（ICTs）有助于推动政府提高工作透明度，有效治理贪污腐败现象。电子政务（E-government）的普及亦使得普通民众对于政府工作的透明度越发重视。[③] James E. Katz 的著作《社交媒体总统：巴拉克·奥巴马与数字互动的政治》（*The Social Media*

① Gueorguieva, V., Voters, MySpace, and YouTube-The impact of alternative communication channels on the 2006 election cycle and beyond, *Social Science Computer Review*, 2008, 26 (3)：288 –300.

② de Zuniga, H. G., Molyneux, L. & Zheng, P., Social Media, Political Expression, and Political Participation：Panel Analysis of Lagged and Concurrent Relationships, *Journal of Communication*, 2014, 64 (4)：612 –634.

③ Bertot, J. C., Jaeger, P. T. & Grimes, J. M., Using ICTs to create a culture of transparency：E-government and social media as openness and anti-corruption tools for societies, *Government Information Quarterly*, 2010, 27 (3)：264 –271.

President：*Barack Obama and the Politics of Digital Engagement*）便将目光聚焦于彼时美国总统奥巴马的社交媒体使用情况，提出社交媒体时代的参与性政治已经成形，政治家在利用社交媒体增进与公众沟通的同时，也试图将社交媒体产品为己所用。而奥巴马因其对社交媒体的熟练驾驭，被作者喻为"社交媒体总统"。①

在社交媒体舆情监管研究方面，Itai Himelboim 等学者对 Twitter 上跨意识形态的政治观点进行内容分析。研究《物以类聚，人以群分：整合网络与内容分析检视推特的跨意识形态暴露》（*Birds of a Feather Tweet Together*：*Integrating Network and Content Analyses to Examine Cross-Ideology Exposure on Twitter*）通过对用户发布信息的解码，作者对其政治倾向进行定位。作者认为，Twitter 用户不太容易接触到与其意识形态不同的政治观点，因为用户的交往范围往往基于意识形态的同质性而形成。此外，Twitter 上的政治观点既有保守主义也有自由主义的，而整体上看偏保守主义的内容居多。② 可见，社交媒体极易成为政治家宣扬意识形态和自身形象的传播工具。Nick Anstead 和 Ben O'Loughlin 在论文《社交媒体分析与公众舆论：2010 年英国大选》（*Social Media Analysis and Public Opinion*：*The 2010 UK General Election*）中指出社交媒体监测在政治活动中的影响可以用公共舆论理论来进行分析。通过综合多种研究方法，作者认为社交媒体监测能够影响公众意见的形成和改变。作者以 2010 年英国大选为例，考察了社交媒体信息与公众舆论之间的关系，并提出公共舆论的定义应扩大至社会层面。③

进入 2016 年后，社交媒体的政治传播研究更加关注当代国际政

---

① Katz，J. E.，*The Social Media President*：*Barack Obama and the Politics of Digital Engagement*，UK：Palgrave Macmillan，2013，pp. 11 – 14.

② Himelboim，I.，McCreery，S. & Smith，M.，Birds of a Feather Tweet Together：Integrating Network and Content Analyses to Examine Cross-Ideology Exposure on Twitter，*Journal of Computer-Mediated Communication*，2013，18（2）：40 – 60.

③ Anstead，N. & O'Loughlin，B.，Social Media Analysis and Public Opinion：The 2010 UK General Election，*Journal of Computer-Mediated Communication*，2015，20（2）：204 – 220.

治情势。在国际政治格局的动荡与变迁的大背景下，英美学界社交媒体研究着眼于探索当代国际政治事件背后社交媒体平台所扮演的角色，并指出社交媒体已经成为构成政治事件运转的关键环节，它对公众的刺激和鼓动作用不容忽视。特别是在"后真相"政治成为国际政治主流的当代，社交媒体的巨大能量促使政府和个人不断改变其社交媒体使用方式，改变其接受社交媒体信息的方式。

　　社交媒体在公民政治生活中扮演的角色仍然不容忽视，它持续地刺激着用户参与到政治活动之中。Leticia Bode 考察了通过社交媒体了解政治信息的可行性以及产生的问题。在论文《新闻动态中的政治新闻：从社交媒体学习政治》（*Political News in the News Feed*：*Learning Politics from Social Media*）中作者认为，社交媒体在当代媒体环境中扮演着帮助用户获取政治信息的重要角色。通过实验设计和调查研究，作者发现，通过社交媒体了解政治信息的可行性固然存在，但并不总是能为大多数人所认识到。[①] Trevor Diehl 等学者在研究《社会媒体的政治性说教：追踪新闻使用和社会互动的直接和间接影响》（*Political persuasion on social media*：*Tracing direct and indirect effects of news use and social interaction*）里考察了社交媒体中的政治性说教行为。在作者看来，社交媒体新闻已经与民主政治行为联系在一起。作者通过调查发现，社交媒体上的社会互动与新闻获取行为会影响社交媒体用户的政治观点和政治倾向。作者认为，社交媒体用户建立和维护好友网络的行为为政治性说教提供了空间，而社会互动和新闻获取则会导致政治性说教的实现，即便是在非政治性的社会互动之中。[②]

　　斯诺登事件发生后，政府、企业等机构对社交媒体信息的监控

① Bode, L., Political News in the News Feed: Learning Politics from Social Media, *Mass Communication And Society*, 2016, 19（1）: 24－48.

② Diehl, T., Weeks, B. E. & de Zuniga, H. G., Political persuasion on social media: Tracing direct and indirect effects of news use and social interaction, *New Media & Society*, 2016, 18（9）: 1875－1895.

行为逐渐被英美学界提上研究议程。Elizabeth Stoycheff 认为，自从斯诺登事件发生以来，人们始终怀疑自己在社交媒体上的行为受到了政府机构的监控。作者在《监控之下：Facebook 在国家安全局（NSA）网络监控的警醒下，沉默效应的螺旋式上升》（*Under Surveillance：Examining Facebook's Spiral of Silence Effects in the Wake of NSA Internet Monitoring*）文中考察了政府监督机制如何通过扼制少数观点来制造对于民主话语的震慑效果。借助"沉默的螺旋"的理论框架，作者发现社交媒体用户受到的监视可调节"意见气候"与个人表达。[①] Julie Uldam 在论文《企业对后政治幻想和可见性的管理：社交媒体和监控》（*Corporate management of visibility and the fantasy of the post-political：Social media and surveillance*）中指出，企业对个人的监控是社交媒体对社会运动解放潜力的阻力之一。企业不仅在网络上获取大数据以利经商，此外也对社交媒体中的个人活动进行监控和辨析。作者综合"媒介可见性"理论、"后政治"理论与"后政治幻想"的概念，对企业社交媒体监控个人活动的本体意义进行了探讨。[②]

社交媒体不仅在宏观的政治活动与公众事件中发挥其动员力量，在人们微观的日常生活政治中，它的存在同样产生着重要影响。Tetyana Lokot 在论文《我不怕说出来：性暴力的故事成为 Facebook 上的日常政治演讲》（*I Am Not Afraid To Say It：stories of sexual violence as everyday political speech on Facebook*）中调查了乌克兰网络反性侵运动的发展过程，发现这一运动使得乌克兰民众，特别是女性民众的人权得到进一步保障，更促进了社会正义的贯彻与伸张。社交媒体为反性侵运动和女性主义运动提供了更广阔的平台。Lokot 的

---

① Stoycheff, E. , Under Surveillance：Examining Facebook's Spiral of Silence Effects in the Wake of NSA Internet Monitoring, *Journalism & Mass Communication Quarterly*, 2016, 93 (2)：296 – 311.

② Uldam, J. , Corporate management of visibility and the fantasy of the post-political：Social media and surveillance, *New Media & Society*, 2016, 18 (2)：1 – 9.

研究对于反思 2017 年兴起的全球性的"Me too"反性侵运动具有重要启示意义。同时也有助于人们在日常生活政治中更好地利用社交媒体来维护自身权利。①

当社交媒体广泛渗透到宏观或微观政治活动之中，推出社交媒体产品的科技公司又将扮演怎样的角色？Daniel Kreiss 和 Shannon C. McGregor 在论文《科技公司塑造政治沟通：2016 年美国总统大选期间微软、Facebook、Twitter 和谷歌的作用》（*Technology Firms Shape Political Communication*：*The Work of Microsoft*，*Facebook*，*Twitter*，*and Google With Campaigns During the* 2016 *US Presidential Cycle*）里探讨了 Facebook、Twitter、谷歌、微软等美国科技公司在 2016 年美国总统大选中发挥的作用。作者对上述科技公司员工进行采访，了解到了科技公司在大选过程中所采用的技术手段。作者发现，科技公司较为主动地参与了美国总统大选的政治传播过程，科技公司采用的技术手段在不同程度上促进了候选人与选民之间的沟通。因此，作者认为科技公司理应成为社交媒体政治传播研究者们重点关注的对象之一。②

2. 对新闻内容生产的影响研究

社交媒体对新闻内容生产的影响研究聚焦于社交媒体平台上的新闻实践活动。这不仅包括作为新闻生产者的新闻工作者在社交媒体平台上的活动，同时也包括作为新闻消费者的社交媒体用户获取新闻信息的活动。这一研究类别与新闻学研究关联紧密，这与中国传播学界的研究旨趣相合。

社交媒体环境中的新闻生产活动，以媒体工作者的新闻生产实践作为主要研究对象。Dominic L. Lasorsa 等学者的研究《规范 Twitter：新兴传播领域的新闻实践》（*Normalizing Twitter*：*Journalism practice in*

---

① Lokot, T., I am Not Afraid To Say It：stories of sexual violence as everyday political speech on Facebook, *Info-rmation Communication & Society*, 2018, 21（6）：1 - 16.

② Kreiss, D. & McGregor, S. C., Technology Firms Shape Political Communication：The Work of Microsoft, Facebook, Twitter, and Google With Campaigns During the 2016 US Presidential Cycle, *Political Communication*, 2018, 35（2）：1 - 23.

an emerging communication space）试图在当代传播情势下对 Twitter 上的新闻实践加以规范化。作者对新闻工作者在 Twitter 上的新闻实践情况进行考察，发现 Twitter 的确使得新闻工作者获得更自由的言论空间，但同时也或多或少地违背了新闻本身的客观性原则（公平公正与非政党偏向）。新闻工作者的言论也较少受到监督，用户的声音很少能够借由新闻工作者传达给大众。而在国家电视台、国家报纸等机构工作的主流新闻工作者，较之于少数"精英"媒体新闻工作者，可能更少分享用户的声音，且更少受到监督。因此，对新闻工作者在社交媒体平台上的新闻实践加以规范化是改善社交媒体新闻生产活动的重要环节。[1] Jason Turcotte 等学者以社交媒体意见领袖为研究对象，在《社交媒体意见领袖的新闻推荐：对媒体信任和信息寻求的影响》（*News Recommendations from Social Media Opinion Leaders：Effects on Media Trust and Information Seeking*）里考察了他们在新闻推荐上的普遍特征。通过调查，作者发现，社交媒体用户对新闻的推荐和评论，能够提高其好友对新闻来源媒体的信任度，使用户愿意从该媒体中获得更多新闻内容。如若此用户是一位社交媒体意见领袖，则其推荐新闻的影响范围和影响力将会更大。[2]

社交媒体对新闻内容生产的影响研究不仅关注新闻生产者的具体实践活动，同时也关注新闻消费者进行新闻消费的具体实践活动。David Westerman 等学者在论文《社交媒体作为信息源：信息更新的时效性和信息可信度》（*Social Media as Information Source：Recency of Updates and Credibility of Information*）里认为，社交媒体已成为人们现实生活中不可或缺的信息来源，同时也是人们面对风险和危机事

---

[1]　Lasorsa, D. L., Lewis, S. C. & Holton, A. E., Normalizing Twitter：Journalism practice in an emerging communication space, *Journalism Studies*, 2012, 13（1）：19 – 36.

[2]　Turcotte, J., York, C., Irving, J., Scholl, R. M. & Pingree, R. J., News Recommendations from Social Media Opinion Leaders：Effects on Media Trust and Information Seeking, *Journal of Computer-Mediated Communication*, 2015, 20（5）：520 – 535.

件时的信息来源。作者对社交媒体信息的可靠性和即时性进行了研究，指出信息更新的即时性能够影响信息的可靠性，两者之间由信息接受者的"认知加工"（cognitive elaboration）作为中介。① Solomon Messing 和 Sean J. Westwood 在《社交媒体时代的选择性曝光：在选择在线新闻时，支持胜利党派资料来源》（*Selective Exposure in the Age of Social Media：Endorsements Trump Partisan Source Affiliation When Selecting News Online*）中认为，互联网对信息的选择性曝光，加剧了媒体与公众之间的分裂。但是，随着社交媒体的兴起，新闻实践和新闻消费已经发生了很大变化。在强调社会价值而非党派关系的背景下，社交媒体为公众提供了来自多个异质性渠道的消息源发布的消息。通过调查研究，作者发现，公众自身的社会认同是其选择性接受社交媒体信息的驱动力，而不是某个党派造成的影响。②

进入 2016 年后，社交媒体对新闻内容生产的影响研究在关注新闻信息在社交媒体平台上的传播活动外，也将目光投向社交媒体新闻生产对民主政治参与的影响层面。特别是在当前的"后真相"时代，新闻生产者和新闻消费者的地位发生了剧烈变动，新闻消费者的情感与信仰对新闻事实造成了巨大冲击。在此背景下，英美学界在该研究领域投入的精力越来越多，如对假新闻扩散的研究便已形成一定规模，并有望在未来取得更为突出的成果。

对新闻传播模式的研究是社交媒体对新闻内容生产的影响研究的焦点议题。Homero Gil de Zuniga 等学者在论文《传播中新闻寻我现象的影响：社交媒体对新闻寻求和政治学习的影响》（*Effects of the News-Finds-Me Perception in Communication：Social Media Use Implications for*

---

① Westerman, D., Spence, P. R. & Van der Heide, B., Social Media as Information Source：Recency of Updates and Credibility of Information, *Journal of Computer-Mediated Communication*, 2014, 19（2）：171 – 183.

② Messing, S. & Westwood, S. J., Selective Exposure in the Age of Social Media：Endorsements Trump Partisan Source Affiliation When Selecting News Online, *Communication Research*, 2014, 41（8）：1042 – 1063.

News Seeking and Learning About Politics）中认为，随着社交媒体成为当前媒体环境的主力军，用户获取新闻将不再需要主动行动，相反，新闻信息会来寻找用户。用户通过自己的同伴和社交网络就能保持博闻多识。作者称这种现象为"新闻寻我"（news-finds-me），这种现象在政治新闻领域尤为突出。但作者同时指出，"新闻寻我"并不利于用户的政治信息获取，只有主动接触新闻，用户才能全面了解政治信息。①

　　社交媒体对新闻生产与消费实践的广泛影响已经成为英美学界共识，但对于这种影响是积极的还是消极的，英美学界则有着颇为辩证的认识。Anne Oeldorf-Hirsch 在论文《参与在学习社交媒体上的新闻主动和附带曝光中的作用》（*The Role of Engagement in Learning From Active and Incidental News Exposure on Social Media*）里认为人们对社交媒体新闻的过度依赖，使其成为新闻消息的被动消费者。但社交媒体促进了新闻的曝光度，则为人们参与相关新闻的讨论活动提供了便利。作者通过调查发现，社交媒体新闻给用户带来的最大收益并非知识上的扩充，而是参与新闻讨论的过程。传统的新闻消费模式在此得到了更新。②

　　新闻专业主义逐渐进入社交媒体研究的视野，特别是在"后真相"时代，如何践行新闻专业主义的客观中立原则，成为学者们投入较多关注的问题。Sebastián Valenzuela 和 Martina Piña 在研究《框架对社交媒体用户的行为影响：冲突、经济、人类利益和道德框架如何推动新闻共享》（*Behavioral Effects of Framing on Social Media Users：How Conflict，Economic，Human Interest，and Mo-*

---

　　①　Homero Gil de Zúñiga, H, G., Weeks, B. & Ardevol-Abreu, A., Effects of the News-Finds-Me Perception in Communication：Social Media Use Implications for News Seeking and Learning About Politics, *Journal of Computer-Mediated Communication*, 2017, 22（3）：105 – 122.

　　②　Oeldorf-Hirsch, A., The Role of Engagement in Learning From Active and Incidental News Exposure on Social Media, *Mass Communication and Society*, 2018, 21（2）：225 – 247.

rality Frames Drive News Sharing） 里考察了社交媒体用户所遵循的各类框架如何影响他们在社交媒体平台上的新闻分享行为。① Arthur D Santana 和 Toby Hopp 则在研究《利用（个人）数据：评估记者对社交媒体的不同使用》（*Tapping Into a New Stream of（Personal）Data：Assessing Journalists' Different Use of Social Media*） 中对记者群体中具有内在差异的社交媒体使用方式进行了概括与解读。② Stephan Winter 和 Miriam J Metzger 则在《新闻线索的选择性使用：社交媒体环境下信息选择的多动机视角》（*Selective use of news cues：A multiple-motive perspective on information selection in social media environments*） 里探讨了包括记者在内的社交媒体用户如何选取社交媒体环境中呈现出的多样化的信息线索来构成他们对新闻事件的认知。③

3. 企业社交媒体研究

企业社交媒体研究包括企业社交媒体营销模式研究和社交媒体公关功能研究等研究方向。企业社交媒体营销模式研究在英美学界社交媒体研究中历来占据较大比重，这一研究方向是英美学界社交媒体研究之应用性的典型代表。社交媒体公关功能研究则常常以非营利性组织作为研究对象，为非营利性组织在社交媒体上的公关实践提供指导。

在企业社交媒体营销模式方面，Mary J. Culnan 等学者在论文《美国大公司如何利用 Twitter 和其他社交媒体获得商业价值》（*How Large U. S. Companies Can Use Twitter and Other Social Media to Gain*

---

① Sebastián, V., Piña, M. & Ramírez, J., Behavioral Effects of Framing on Social Media Users：How Conflict, Economic, Human Interest, and Morality Frames Drive News Sharing, *Journal of Communication*, 2017, 67 (5)：803 – 826.

② Santana, A. D. & Hopp, T., Tapping Into a New Stream of (Personal) Data：Assessing Journalists' Different Use of Social Media, *Journalism & Mass Communication Quarterly*, 2016, 92 (2)：383 – 408.

③ Winter, S. Miriam, J. M. & Flanagin, A. J., Selective use of news cues：A multiple-motive perspective on information selection in social media environments, *Journal of Communication*, 2016, 66 (4)：669 – 693.

Business Value）里就大型企业如何借助 Twitter 等社交媒体产品提升自身商业价值的问题进行了探讨。作者认为，社交媒体产品能够帮助企业建立自己的品牌用户社区，为了获得商业价值，企业应当将社区建设与维护作为其社交媒体营销战略的关键步骤。通过对若干世界 500 强公司在社交媒体上的运营表现进行分析，作者提出通过社交媒体获得商业价值的三个必要步骤，即留心采纳用户意见、加强社区建设和增强吸收新用户的能力。[1] Saleem Alhabash 等学者在论文《酒精越来越具有社交性：当 Facebook 上的酒精营销信息增加了年轻人饮酒的意愿时》（Alcohol's Getting a Bit More Social：When Alcohol Marketing Messages on Facebook Increase Young Adults' Intentions to Imbibe）中对社交媒体平台上的酒类产品营销情况进行考察。作者认为，通过对病毒式传播的酒类广告的展示方式进行分析，可以预测用户购买酒类产品的意图。社交媒体上的酒类营销反映了酒类产品的用户消费规律，因此可以帮助企业改善酒类产品营销的策略，并进一步提升酒类产品的销量。[2]

在社交媒体公关功能研究方面，Richard D. Waters 等学者在研究《发帖，发帖，发帖：非营利组织 Twitter 更新的内容分析》（Tweet, tweet, tweet：A Content Analysis of Nonprofit Organizations' Twitter Updates）中考察了如何运用社交媒体产品扩大非营利性组织的影响力，并吸收更多人参与其中。文章还对非营利性组织的 Twitter 内容进行了内容分析，指出尽管学界认为社交媒体上的沟通双方地位对等，但在他们看来，社交媒体上的信息传播，无论是对话沟通还是社区

---

① Culnan, M. J., McHugh, P. J. & Zubillaga, J. I., How Large U. S. Companies Can Use Twitter and Other Social Media to Gain Business Value, *Mis Quarterly Executive*, 2010, 9（4）：243 – 259.

② Alhabash, S., McAlister, A. R., Quilliam, E. T., Richards, J. I. & Lou, C., Alcohol's Getting a Bit More Social：When Alcohol Marketing Messages on Facebook Increase Young Adults' Intentions to Imbibe, *Mass Communication and Society*, 2015, 18（3）：350 – 375.

建设，均以单向传播的方式为主。① Bernard J. Jansen 等学者通过研究《Twitter 力量：Twitter 作为电子口碑》（*Twitter Power：Tweets as Electronic Word of Mouth*）发现，Twitter 等社交媒体产品有助于在互联网空间提升品牌和产品的口碑，他们进而指出，企业应该将 Twitter 营销视为其整体营销策略的一部分。②

　　企业社交媒体研究紧跟社交媒体技术进步的步伐，为企业社交媒体营销和公关活动提供更加富有针对性的对策。企业社交媒体研究也更加关注企业社交媒体对用户社区的构建。通过社区构建和增加互动维系用户忠诚度，这成为企业社交媒体研究的共识。如 Cole G. Armstrong 和 Elizabeth B. Delia 在论文《在社交媒体中拥抱社交：分析洛杉矶国王队的社交媒体营销策略》（*Embracing the social in social media：An analysis of the social media marketing strategies of the Los Angeles Kings*）中探讨了"洛杉矶过往"这一企业的社交媒体营销策略，并提取出其中值得借鉴之处。③ Lamya Benamar 和 Christine Balague 在《社交媒体产品社区中社会角色的识别和影响》（*The identification and influence of social roles in a social media product community*）中以产品消费者社区作为研究对象，讨论其社会角色是否会影响其在社交媒体产品消费者社区中发挥的作用。④ Bruno Schivinski 和 George Christodoulides 在论文《测量消费者对品牌相关的社交媒体内容的参与度：

---

①　Waters, R. D., Burnett, E., Lamm, A. & Lucas, J., Engaging stakeholders through social networking: How nonprofit organizations are using Facebook, *Public Relations Review*, 2009, 35 (2): 102 – 106.

②　Jansen, B. J., Zhang, M. M. Sobel, K. & Chowdury, A., Twitter Power: Tweets as Electronic Word of Mouth, *Journ-Al of The American Society For Information Science And Technology*, 2009, 60 (11): 2169 – 2188.

③　Armstrong, C. G., Delia, E. B. & Giardina, M. D., Embracing the social in social media: An analysis of the social media marketing strategies of the Los Angeles Kings, *Communication & Sport*, 2016, 4 (2): 127 – 133.

④　Benamar, L., Balagué, C. & Ghassany, M., The identification and influence of social roles in a social media product community, *Journal of Computer-Mediated Communication*, 2017, 22 (6): 337 – 362.

开发并验证一个能够识别品牌社交媒体参与度水平的量表》（*Measuring consumers' engagement with brand-related social-media content：development and validation of a scale that identifies levels of social-media engagement with brands*）里探讨了社交媒体平台中的品牌营销内容，如何刺激用户参与，以及用户参与的程度该如何评判的问题。①

4. 隐私问题研究

社交媒体的隐私问题研究包括社交媒体隐私风险研究和社交媒体隐私保护研究等研究方向。实际上，这两种研究方向常见于同一篇文章之中。学者一方面对社交媒体平台的隐私风险进行揭露与抨击，另一方面着手为社交媒体使用者制定规范的社交媒体隐私保护措施。社交媒体隐私问题研究在中国学界关注不多，而英美学界相关研究则已发展得比较成熟，可为国内学者学习、借鉴。

随着社交媒体隐私问题的逐渐显露，英美学界展开了对社交媒体隐私问题的相关研究。Emily Christofides 等学者对社交媒体上的隐私信息披露问题进行了研究。他们在研究《Facebook 上的信息披露与控制：它们是同一枚硬币的两面，还是两个不同的过程?》（*Information Disclosure and Control on Facebook：Are They Two Sides of the Same Coin or Two Different Processes?*）中发现，大学生并不关心在社交媒体上披露他人隐私的潜在影响。同时，尽管大学生承认在社交媒体上披露的隐私信息较之现实生活中更多，但他们同时指出维护隐私和控制信息扩散对于自身是很有必要的。这构成了社交媒体环境中的隐私悖论。② Mina Tsay-Vogel 等学者便对 Facebook 用户的隐私态度和自我表露行

---

① Schivinski, B. , Christodoulides, G. & Dabrowski, D. , Measuring consumers' engagement with brand-related social-media content：development and validation of a scale that identifies levels of social-media engagement with brands, *Journal of Advertising Research*, 2016, 56（1）：64 – 80.

② Christofides, E. , Muise, A. & Desmarais, S. , Information Disclosure and Control on Facebook：Are They Two Sides of the Same Coin or Two Different Processes?, *Cyberpsychology & Behavior*, 2009, 12（3）：341 – 345.

为进行了长达 5 年的观察与分析。作者在《社交媒体培养对隐私的感知：Facebook 用户的隐私态度和自我表露行为的 5 年分析》（*Social media cultivating perceptions of privacy：A 5-year analysis of privacy attitudes and self-disclosure behaviors among Facebook users*）中认为，社交媒体的普及使得人们对隐私的态度越发宽松，从而自我表露行为不断增长。随着时间推移，人们对隐私风险的担忧逐渐减弱，在大多数用户那里，社交媒体平台的自我表露已经成为一种普遍化行为。①

　　企业社交媒体研究继续为企业社交媒体的营销活动提供对策。Joe Phua 等学者运用使用与满足理论，在研究《使用 Facebook、Twitter、Instagram 或 Snapchat 关注品牌的满足感：社交比较、信任、联系强度和网络同质性对品牌识别、品牌参与、品牌承诺和会员意向的调节作用》（*Gratifications of using Facebook，Twitter，Instagram，or Snapchat to follow brands：The moderating effect of social comparison，trust，tie strength，and network homophily on brand identification，brand engagement，brand commitment，and membership intention*）里考察了四大社交媒体平台（Facebook、Twitter、Instagram、Snapchat）对品牌营销及品牌社区建设产生的影响。通过调查研究，作者发现，社交比较、社交媒体信任度、联系强度和趋同性能够显著地调节社交媒体使用与品牌营销之间的关系。作者进而提出了在未来的研究中更加关注以用户目标为导向的消费行为的重要性。② Nicholas Carah 则在《算法品牌：十年的手机和社交媒体品牌实验》（*Algorithmic bra-nds：A*

---

①　Tsay-Vogel，M.，Shanahan，J. & Signorielli，N.，Social media cultivating perceptions of privacy：A 5-year analysis of privacy attitudes and self-disclosure behaviors among Facebook users，*New Media & Society*，2018，20（1）：141 – 161.

②　Phua，J.，Jin，S. V. & Kim，J.，Gratifications of using Facebook，Twitter，Instagram，or Snapchat to follow brands：The moderating effect of social comparison，trust，tie strength，and network homophily on brand identification，brand engagement，brand commitment，and membership intention，*Telematics and Informatics*，2017，34（1）：412 – 424.

decade of brand experiments with mobile and social media）中探讨了品牌
在手机和社交媒体上完成迭代。作者通过对2005年澳大利亚音乐节
上的品牌活动的调查，发现各大品牌积极引导用户使用手机移动终
端，并利用一系列活动引导用户对品牌的认知，以适应社交媒体的
算法规则。作者认为，品牌已经成为社交媒体算法和移动设备发展
进程的重要参与者。通过合理协调二者功能，品牌才能够最大程度
地吸引用户。①

　　社交媒体的隐私问题研究也在近两年内得到了长足发展，特别
是随着人们对隐私问题的愈加关注，以及社交媒体平台隐私风险问
题的逐渐暴露，对社交媒体隐私问题的研究已经成为英美学界介入
较多的领域。

三　作为跨学科研究对象的前沿探索

　　社交媒体的跨学科前沿研究指的是将社交媒体这一研究对象置
于其他学科的前沿视域中进行考察的相关研究。此类研究往往能够
借助其他学科的理论和方法，对社交媒体环境中的诸多问题，以及
社交媒体发展中的技术创新和方法论创新趋势进行回应。社交媒体
的跨学科前沿研究也是与社交媒体业界联系颇为紧密的研究领域，
它不仅对社交媒体产品的最新动向作出评估，同时也预测社交媒体
产品可能的未来发展方向。此外，本书也将非英美国家社交媒体的
研究归入这一类别之下。

　　英美学界社交媒体研究在紧跟社交媒体产品发展趋势的同时，
也十分注重对多学科理论资源的应用。与此同时，越来越多其他学
科领域的学者涉足社交媒体研究领域。如 Azadeh Nikfarjam 等学者将
社交媒体视为能够展示个人健康信息的平台，社交媒体信息可用于
公共健康情况监测，特别是用于药物警戒。但社交媒体用户缺乏医

---

① Carah, N., Algorithmic brands: A decade of brand experiments with mobile and social media, *New Media & Society*, 2017, 19 (3): 156 – 158.

学专业术语训练，在传达健康信息时表述十分模糊，因此作者在论文《社交媒体上的药物警戒：使用带有词嵌入簇特征的序列标记来挖掘药物不良反应》(*Pharmacovigilance from social media：mining adverse drug reaction mentions using sequence labeling with word embedding cluster features*) 中试图采用一种具有高度可用性和可扩展性的机器计算方法监测社交媒体信息中体现的药物不良反应。①

对非英美国家社交媒体的研究也已逐渐步上正轨。由 Anthony A. Olorunnisola 主编的论文集《新媒体对非洲社会和政治变革的影响》(*New Media Influence on Social and Political Change in Africa*) 便将目光聚焦于非洲，对社交媒体在非洲社会，特别是对非洲当代政治中产生的影响进行了研究。作者认为，通过不同作者立足于不同视野对社交媒体给非洲社会带来影响展开的研究，人们能够更清楚地认识到社交媒体在 2011 年以来动荡不安的非洲政坛中扮演的关键角色。② 此外，随着中国国力的迅速崛起，中国社交媒体也逐渐成为英美学界重点关注的研究对象。Jonathan Sullivan 在论文《中国微博：更快不一样?》(*China's Weibo：Is faster different?*) 认为，微博在中国的兴起对中国的国家信息管理制度提出了挑战。微博信息的快速传播，使得公众可以表达对于经济增速放缓、收入不平等和官员腐败等现象的不满情绪。在一些情况下，网络舆论能够影响政府，促使政府对社会事件进行干预。中国政府也开始积极使用社交媒体处理社会事件，引导舆论以及加强对政策的宣传力度。作者指出，微博既是公众申诉社会不公的重要渠道，但同时也是维护自身利益

---

① Nikfarjam, A., Sarker, A., O'Connor, K., Ginn, R. & Gonzalez, G., Pharma-covigilance from social media：mining adverse drug reaction mentions using sequence labeling with word embedding cluster features, *Journal of The American Medical Informatics Association*, 2015, 22 (3)：671–681.

② Habib, T., *New Media Influence on Social and Political Change in Africa*, Anthony A. Olorunnisola & Aziz Douai：notes from the cutting edge-book review, Information Science Reference, 2013, p. 99.

的有利工具。①

如果说 2016 年以前的社交媒体跨学科前沿研究集中关注的是对社交媒体环境中的新问题的研究，那么 2016 年之后的社交媒体跨学科前沿研究则将更多的注意力放在新方法、新理论和新领域的开拓上。因此，2016 年之后的相关研究往往有着拓展整个研究领域的广度和深度的宏伟目标和问题意识。

如气候传播、体育传播等研究领域取得了迅猛发展。Giuseppe A. Veltri 和 Dimitrinka Atanasova 在论文《Twitter 上的气候变化：内容、媒体生态和信息共享行为》（*Climate change on Twitter：Content，media ecology and information sharing behaviour*）中通过对超过 60000 条和气候变化有关的信息源或信息分享的 Twitter 的调查研究，揭示了气候变化在 Twitter 上的表现。通过调查研究，作者发现 Twitter 用户探讨的气候变化的相关内容构成了一个复杂的多维论述，这说明气候变化及其后果之间存在着多元的因果关系。作者也对气候变化信息的传播环境进行了分析，发现具有情感倾向的信息更容易获得转发。② Holly Thorpe 认为，极限运动爱好者常常会参与到社交媒体文化的生产与消费过程中。论文《极限运动、社交媒体和新技术：走向研究议程》（*Action Sports，Social Media，and New Technologies：Towards a Research Agenda*）里提到，社交媒体的不断发展，也有助于提高极限运动的竞技水平，并且在运动员和爱好者之间建立起密切的联系。因此，社交媒体对企业、运动培训机构、体育社区都做出了一定贡献。作者从社会性和技术产品的角度探讨了社交媒体在体育运动领域的研究议

---

① Sullivan, J., China's Weibo：Is faster different?, *New Media & Society*, 2014, 16 (1)：24 – 37.

② Veltri, G. A. & Atanasova, D., Climate change on Twitter：Content, media e-cology and information sharing behaviour, *Public Understanding of Science*, 2017, 26 (6)：721.

程，并为有志于从事这一研究领域的研究者提出了一系列重要问题。① 社交媒体在健康传播方面发挥的作用同样有着较为广阔的研究空间。Ian Tucker 和 Lewis Goodings 在《药物化的身体：精神痛苦，社交媒体和情感》（*Medicated bodies*：*Mental distress*，*social media and affect*）里调查了社交媒体在精神健康护理实践中发挥日益重要的作用。他们以 Elefriends（一家精神健康护理网站）为例，认为社交媒体有助于患者了解病情，能够帮助患者与患者、患者与医生之间构建有效的沟通环境。社交媒体成为了患者媒介化的身体，缓解了精神疾病给患者带来的抑郁和痛苦。②

与此同时，有学者对未来社交媒体研究的发展趋势进行了宏观展望。Joseph N. Cappella 在《大众传播与人际传播研究的未来载体：大数据、社交媒体》（*Vectors into the Future of Mass and Interpersonal Communication Research*：*Big Data*，*Social Media*）里将大数据、社交媒体和计算社会科学视为未来大众传播与人际传播研究的重要研究领域。作者认为，未来的传播研究将主要包括四个方向，分别为网络分析的发展、人际和社会影响的模型、推荐系统以及人际传播和大众传播之间的区别越发模糊。这些研究方法可能会超出传播研究的学科边界，但其探讨的重心将仍是与人际传播和大众传播相关的问题。③ 有学者则已开始重新审视社交媒体研究的对象。Jean Christophe Plantin 等学者在论文《基础设施研究满足了谷歌和 Facebook 时代的平台研究》（*Infrastructure studies meet platform studies in the age of Google and Facebook*）中认为，当前有两种理论方法可以概括传播研

---

① Thorpe，H.，Action Sports，Social Media，and New Technologies：Towards a Research Agenda，*Communication & Sport*，2017，5（5）：554 – 578.

② Tucker，I. & Goodings，L.，Medicated bodies：Mental distress，social media and affect，*New Media & Society*，2018，20（2）：549 – 563.

③ Cappella，J. N.，Vectors into the Future of Mass and Interpersonal Communication Research：Big Data，Social Media，and Computational Social Science，*Human Communication Research*，2017，43（4）：545 – 558.

究最新的研究对象，分别为基础设施研究和平台研究。尽管二者在起源和特征上有不同之处，但对数字媒体却有着共同的影响。作者通过对社交媒体产品的调查研究，发现基础设施研究可以改善政府维护公共利益的工作，而平台研究则显示了新的数字媒体如何促进和约束公众舆论。基础设施研究和平台研究形成了一个组合框架，并对未来的传播研究产生了深远的影响。①

第三节　英美学界社交媒体研究发展趋向

在《科学革命的结构》一书中，托马斯·库恩将"建立在一种或多种过去科学成就基础上的研究"称为"常规科学"，"常规科学"是在一个特定阶段内某个学术共同体一致认可的实践基础。②

在"常规科学"概念的基础之上，库恩进而勾勒出"科学革命"的蓝图，而"科学革命"的关键环节，便是范式转型对"常规科学"的颠覆。库恩认为，"范式"的两大特征表现为：空前的成就，以及提供一系列有待实践解决的问题。"一种范式通过革命向另一种范式的过渡，便是成熟科学通常的发展模式"，亦即"科学革命"的实现过程。③"科学革命"引领着整个科学领域的前进方向，它塑造着一批又一批科学实践者的认知体系和价值判断。同时，"科学革命"亦是一种从不间断的科学实践活动。旧范式总会因更具颠覆性的新范式的出现而被历史潮流湮没，因为正如卡尔·波普尔所

① Plantin, J. C., Lagoze, C., Edwards, P. N. & Sandvig, C., Infrastructure studies meet platform studies in the age of Google and Facebook, *New Media & Society*, 2018, 20 (1): 293 –310.

② ［美］托马斯·库恩：《科学革命的结构》，金吾仑、胡新和译，北京大学出版社2003年版，第9页。

③ ［美］托马斯·库恩：《科学革命的结构》，金吾仑、胡新和译，北京大学出版社2003年版，第11页。

言："经验的、科学的系统必须有可能被经验反驳。"① 亦即是说，随着经验范畴的拓展，固有认知体系的漏洞凸显，继之而来的必然是旧范式的被证伪乃至被推翻。

英美学界社交媒体研究同样遵循着这样一条"科学革命"的路线。一如 20 世纪中期大众传播学的发展经历了从子弹论到有限效果论的过程②，正如前文所述，英美学界社交媒体研究的发展同样形成了几个特色鲜明的研究阶段。尽管对英美学界社交媒体研究的阶段划分，或许尚未达到能够推动"科学革命"的程度，但我们仍能在新近研究与过往研究的比较中，识别出相关研究领域的"范式转型"的踪迹——既是观点上的，亦是方法上的。

一　逐渐提速研究范式的转型

英美学界社交媒体研究在十余年的发展历程中，一方面在运用中不断去调整经典理论对新的问题域研究的匹配性、适用性，另一方面逐渐尝试了若干对于传播学而言具有创新性甚至颠覆性价值的研究范式。这些研究范式在具体的研究实践中，已经对固有的传播学研究方法和理论形成挑战。

1. 重构经典理论

经典传播学理论在社交媒体研究中的应用十分常见。迈克尔·斯坦凡罗认为，"人类的沟通传播行为并没有因为社会化媒体而发生根本性改变"，因此"传统的传播理论……仍可适用于解释社会化媒体上的使用行为"。③ 本书通过对英美学界社交媒体研究文献的梳理可知，传统的传播理论在社交媒体研究这一新兴领域中仍然发挥着

---

① ［奥］卡尔·波普尔：《科学发现的逻辑》，查汝强、邱仁宗译，科学出版社 1986 年版，第 137 页。

② ［美］沃纳·赛佛林、小詹姆斯·坦卡德：《传播理论》，郭镇之译，华夏出版社 2000 年版，第 309 页。

③ ［美］迈克尔·斯坦凡罗、许未艾、艾茉莉·多岚：《社会化媒体研究》，洪俊浩主编《传播学新趋势（下）》，清华大学出版社 2014 年版，第 714 页。

重要作用，其对研究者的潜在影响可谓无处不在。如"意见领袖"理论由传播学奠基人之一拉扎斯菲尔德在 20 世纪四五十年代提出，在英美学界社交媒体研究中，这一理论的应用十分常见。如 Martin Hilbert 等学者在论文《一步，两步，网络一步？ Twitter 公民抗议中沟通流的互补视角》（*One Step，Two Step，Network Step？Complementary Perspectives on Communication Flows in Twittered Citizen Protests*）中发现，在 Twitter 平台上的社会动员运动中，两级传播理论仍然有效，信息仍然较多地通过意见领袖传达给普通公众。① Jason Turcotte 和 Chance York 在《社交媒体意见领袖的新闻推荐：对媒体信任和信息寻求的影响》（*News Recommendations from Social Media Opinion Leaders：Effects on Media Trust and Information Seeking*）中通过对社交媒体平台新闻实践的调查，重新评价了意见领袖在社交媒体时代的适用范围。② "使用与满足"理论由伊莱休·卡茨在 20 世纪 70 年代提出，英美学界社交媒体研究在具体的研究实践中经常以该理论作为研究思路。如 Sebastian Valenzuela 等学者在论文《社交网站有社会资本吗？：Facebook 的使用和大学生的生活满意度、信任和参与》（*Is There Social Capital in a Social Network Site？：Facebook Use and College Students' Life Satisfaction，Trust，and Participation*）里通过研究发现，Facebook 的使用强度与生活满意度、社会信任、公民参与和政治参与之间存在正相关关系。③ John Raacke 和 Jennifer Bonds-Raacke

① Hilbert, M., Vasquez, J., Halpern, D., Valenzuela, S. & Arriagada, E., One Step, Two Step, Network Step? Complementary Perspectives on Communication Flows in Twittered Citizen Protests, *Social Science Computer Review*, 2017, 35 (4): 444 – 461.

② Turcotte, J., York, C., Irving, J., Scholl, M. R. & Pingree, J. R., News Recommendations from Social Media Opinion Leaders: Effects on Media Trust and Information Seeking, *Journal of Computer-Mediated Communication*, 2015, 20 (5): 520 – 535.

③ Valenzuela, S., Park, N. & Kee, K. F., Is There Social Capital in a Social Network Site?: Facebook Use and College Students' Life Satisfaction, Trust, and Participation, *Journal of Computer-Mediated Communication*, 2009, 14 (4): 875 – 901.

在论文《MySpace 和 facebook：将使用和满足理论应用于探索交友网
站》（*MySpace and Facebook：Applying the uses and gratifications theory
to exploring friend-networking sites*）中运用使用与满足理论分析了社交
媒体用户的使用动机，验证了使用与满足理论在社交媒体研究中的
适用性。① "议程设置" 理论由麦库姆斯和肖在 20 世纪 70 年代提
出，这一理论经常出现在英美学界社交媒体研究学者对当代政治现
象、社会问题和公众参与的研究实践中。如 Sharon Meraz 在文章
《有精英舱吗？传统媒体对社交媒体议程设置的影响》（*Is There an
Elite Hold？Traditional Media to Social Media Agenda Setting Influence in
Blog Networks*）里考察了传统媒体对社交媒体的议程设置，进而拓展
了议程设置以及把关人理论的适用范围。②

　　与此同时，部分研究结合社交媒体平台的多样化功能或当代社会
的现实语境验证经典传播学理论能否适用于当下传播现实，或给出对
经典传播学理论的新阐释。这些研究均在一定程度上对经典传播学理
论进行了补充，使其能够应用于传播环境更为复杂的社交媒体空间。

　　2. 使用仿真实验与大数据

　　随着社会科学实验方法的不断发展，传统的定量研究和定性研
究范式已经逐渐被更具 "科学性" 的新范式取代。根据米加宁在吉
姆·格雷的自然科学四种范式论的基础上提出的社会科学四种范式
论，社会科学研究继定量研究和定性研究之后采用的新范式分别是
仿真研究范式和大数据研究范式。

　　所谓仿真研究范式，即 "以数学方法、计算机技术、统计科学、
信息科学和控制技术等为基础，运用计算机编程模拟的方式，在虚

---

①　Raacke, J. & Bonds-Raacke, J., MySpace and facebook：Applying the uses and
gratifications theory to exploring friend-networking sites, *Cyberpsychology & Behavior*, 2008,
11（2）：169 – 174.

②　Meraz, S., Is There an Elite Hold？Traditional Media to Social Media Agenda Set-
ting Influence in Blog Networks, *Journal of Computer-Mediated Communication*, 2009, 14
（3）：682 – 707.

拟环境中模拟现实世界可能发生的现象、发展的状态，甚至是对未来变化趋势的预测"。仿真研究的方法论基础是建模仿真，借助这种方法，仿真研究"实现了现实世界中成本巨大或者根本不可能获得的研究和实施环境"。①

在英美学界社交媒体研究中，采用仿真研究范式的较有代表性的论文数量还比较少。如 Kerk F. Kee 等学者在论文《信息扩散、Facebook 集群和社会聚合的简化模型：社区卫生干预的简化扩散器的计算模拟》（*Information diffusion*，*Facebook clusters*，*and the simplicial model of social aggregation：a computational simulation of simplicial diffusers for community health interventions*）用计算机仿真方法考察了 Facebook 中的健康信息扩散模式②。Taha Havakhor 等学者在论文《知识在社交媒体网络中的传播：声誉机制和知识角色分布的影响》（*Diffusion of knowledge in social media networks：effects of reputation mechanisms and distribution of knowledge roles*）同样聚焦社会媒体中的信息扩散模式，并且观察到声誉机制和知识贡献是影响信息扩散有效性的两个重要因素。③ Kate Keib 和 Camila Espina 在研究《想象一下：情感上受限制的图片对关注、选择和分享社交媒体新闻的影响》（*Picture This：The Influence of Emotionally Valenced Images*，*On Attention*，*Selection*，*and Sharing of Social Media News*）里利用"眼动跟踪实验法"（eye-tracking experiment）调查了用户查看新闻的方式，以

① 米加宁、章昌平、李大宇、林涛：《第四研究范式：大数据驱动的社会科学研究转型》，《学海》2018 年第 2 期。

② Kee, K. F., Sparks, L., Struppa, D. C., Mannucci, M. A. & Damiano, A., Information diffusion, Facebook clusters, and the simplicial model of social aggregation: a computational simulation of simplicial diffusers for community health interventions, *Health Communication*, 2016, 30 (4): 385 - 399.

③ Havakhor, T., Soror, A. A. & Sabherwal, R., Diffusion of knowledge in social media networks: effects of reputation mechanisms and distribution of knowledge roles, *Information Systems Journal*, 2018, 28 (1): 104 - 141.

及新闻对用户情感价值和注意力造成的影响。①

　　在米加宁看来，大数据研究范式是社会科学研究的第四范式，也是最新研究范式。在他看来，大数据已经"成为社会科学研究与真实世界之间的拟态环境"。在大数据研究中，"研究者们不仅直接以真实世界为研究对象，更加依赖工具获取或模拟产生的科学数据，运用数据挖掘工具进行统计和计算，进而对内容进行分析"。依托大数据研究范式，社会科学研究的"科学性"有望得到进一步提升。②

　　在英美学界社交媒体研究中，采用大数据研究范式的研究成果已有不少，如 Bethany A. Conway 等学者在研究《Twitter 在政治竞选中的崛起：在总统初选中寻找媒体间议程设置效应》（*The Rise of Twitter in the Political Campaign：Searching for Intermedia Agenda-Setting Effects in the Presidential Primary*）借助从 Twitter 搜集到的大数据信息，考察了媒介间议程设置的形成及其对总统竞选活动的影响。③ Karissa McKelvey 等学者在论文《Twitter 公众：网络政治社区如何预示 2010 年美国众议院选举的结果》（*Twitter publics：how online political communities signaled electoral outcomes in the 2010 US house election*）一文中则利用 Twitter 的大数据信息，对社交媒体用户参与英国国会大选的方式进行了分析④。Liang Yuhua 和 Kerk F. Kee 在研究《开发和验证社交媒体上信息传播的 A—B—C 框架》（*Developing and validating the*

---

①　Keib, K., Espina, C., Lee, Y. I., Wojdynski, B. W., Choi, D. & Bang, H., Picture This：The Influence of Emotionally Valenced Images, On Attention, Selection, and Sharing of Social Media News, *Media Psychology*, 2018, 21（2）：1 - 20.

②　米加宁、章昌平、李大宇、林涛：《第四研究范式：大数据驱动的社会科学研究转型》，《学海》2018 年第 2 期。

③　Conway, B. A., Kenski, K. & Wang, D., The Rise of Twitter in the Political Campaign：Searching for Intermedia Agenda-Setting Effects in the Presidential Primary, *Journal of Computer-Mediated Communication*, 2015, 20（4）：363 - 380.

④　McKelvey, K., DiGrazia, J. & Rojas, F., Twitter publics：how online political communities signaled electoral outcomes in the 2010 US house election, *Information Communication & Society*, 2014, 17（4）：436 - 450.

A-B-C framework of information diffusion on social media）中运用大数据
方法抓取数据进行分析，拓展了创新扩散理论，赋予其在社交媒体
环境中的适用性。① Mina Tsay-Vogel 和 James Shanahan 在研究《社交
媒体培养对隐私的感知：对 Facebook 用户的隐私态度和自我暴露行
为进行为期 5 年的分析》（*Social media cultivating perceptions of priva-
cy：A 5-year analysis of privacy attitudes and self-disclosure behaviors a-
mong Facebook users*）中使用积累了 5 年的相关数据对 Facebook 用户
的隐私观念进行研究，通过长期观察和数据积累，克服了以往短期
研究的许多弊病。②

二　不断拓展新的研究话题

英美学界社交媒体研究新领域的出现始终同社交媒体技术的进
步以及社会文化语境的变迁联系在一起。而当代社会文化语境的复
杂性与多样性赋予了英美学界社交媒体研究锐意成长的广阔空间，
故而其新观点、新领域层出不穷，在此仅举几例作简要介绍：

1. 对社交媒体新功能及其相关影响研究

社交媒体平台的发展离不开持续不断的功能创新，而这些功能
创新一向是英美学界社交媒体研究的重要关注对象。以社交媒体平
台的地理定位功能为例，Facebook 在 2016 年推出了与社交功能相结
合的地理定位功能。该功能能够自动标注用户所处的地理位置，并
在发布信息时同步展示给其他用户。这一功能的出现不仅受到用户
的欢迎，并且很快得到英美学界关注。他们围绕社交媒体的地理定
位功能展开了不同视角的研究，并一致认为这一功能将对社交媒体
用户的使用行为和社交媒体文化的发展产生深刻影响。

------

① Liang, Y. H. & Kee, K. F., Developing and validating the A-B-C framework of infor-
mation diffusion on social media, *New Media & Society*, 2018, 20（1）：272 – 292.

② Tsay-Vogel, M., Shanahan, J. & Signorielli, N., Social media cultivating percep-
tions of privacy：A 5-year analysis of privacy attitudes and self-disclosure behaviors among Fa-
cebook users, *New Media & Society*, 2018, 20（1）：141 – 161.

如 Raz Schwartz 和 Germaine R. Halegoua 在论文《空间自我：社交媒体上基于位置的身份表现》（*The spatial self：Location-based identity performance on social media*）即对定位功能如何影响社交媒体文化进行了研究。[①] Joao Porto de Albuquerque 和 Benjamin Herfort 在论文《结合社会媒体和权威数据以确定灾害管理有用信息的地理方法》（*A geographic approach for combining social media and authoritative data towards identifying useful information for disaster management*）中则探讨了将地理定位功能应用于灾害救助的可能性。[②]

2. 对国际政治局势剧变背景下社交媒体的作用研究

以 2011 年"阿拉伯之春"运动为代表的国际政治运动受到英美学界广泛关注。随着社交媒体的发展，它在国际政治运动中扮演的关键角色越发凸显，不仅是政治运动进行宣传的主要阵地，更是连接政治运动参与各方的中心。社交媒体正成为能够影响国际政治局势的重要力量。而随着特朗普入主白宫，社交媒体在政治活动中所扮演的角色已有进入英美学界社交媒体研究视野中心的趋势。

如以"阿拉伯之春"作为研究对象的 Shelley Boulianne 的论文《社交媒体的使用和参与：当前研究的汇总分析》（*Social media use and participation：a meta-analysis of current research*）[③]，以英国大选作为研究对象的 Nick Anstead 和 Ben O'Loughlin 的论文《社交媒体分析与公众舆论：2010 年英国大选》（*Social Media Analysis and Public*

---

① Schwartz, R. & Halegoua, G. R., The spatial self：Location-based identity performance on social media, *New Media & Society*, 2015, 17（10）：1643 – 1660.

② Joao Porto de Albuquerque, J. P., Herfort, B., Brenning, A. & Zipf, A., A geographic approach for combining social media and authoritative data towards identifying useful information for disaster management, *International Journal of Geographical Information Science*, 2015, 29（4）：667 – 689.

③ Shelle, B., Social media use and participation：a meta-analysis of current research, *Information Communication & Society*, 2015, 18（5）：524 – 538.

Opinion：*The* 2010 *UK General Election*）①，以特朗普 Twitter 作为研究对象的 Brian L. Ott 的论文《Twitter 时代：唐纳德·J. 特朗普和贬低政治》（*The age of Twitter*：*Donald J. Trump and the politics of debasement*）等②，便都是结合当代国际政治情势对社交媒体在其中所发挥的作用的研究。

3. 对 Instagram、Snapchat、Twitch 等新兴社交媒体产品研究

英美学界社交媒体研究注重与社交媒体业界的发展趋势相结合，因此近几年来 Instagram、Snapchat、Twitch 等功能独特的社交媒体产品的兴起自然引得英美学界广泛关注。Instagram 的图像社交、Snapchat 的"阅后即焚"和 Twitch 的直播互动功能被视为颠覆原有社交媒体功能板块的创举，它们改变了人们使用社交媒体的常态，并深刻地影响着人们社交生活的总体面貌。

如 Tama Leaver 和 Tim Highfield 的论文《在 Instagram 上可视化身份的终结：生前和死后》（*Visualising the ends of identity*：*pre-birth and post-death on Instagram*）是对 Inastagram 如何影响人们日常生活重大仪式呈现的研究③，Joseph B. Bayer 和 Nicole B. Ellison 在《分享小瞬间：Snapchat 上转瞬即逝的社交互动》（*Sharing the small moments*：*ephemeral social interaction on Snapchat*）中围绕 Snapchat 的阅后即焚功能进行论述，④ Max Sjoblom，Juho Hamari 则在《为什么人们看别人玩电子游戏？Twitter 用户动机的实证研究》（*Why do people watch*

---

① Anstead, N. & O'Loughlin, B., Social Media Analysis and Public Opinion：The 2010 UK General Election, *Journal of Computer-Mediated Communication*, 2015, 20（2）：204 – 220.

② Ott, L. B., The age of Twitter：Donald J. Trump and the politics of debasement, *Critical Studies in Media Communication*, 2017, 34（1）：59 – 68.

③ Leaver, T. & Highfield, T., Visualising the ends of identity：pre-birth and post-death on Instagram, *Information Communication & Society*, 2018, 21（1）：1 – 16.

④ Bayer, J. B., Ellison, N. B., Schoenebeck, S. Y. & Falk, E. B., Sharing the small moments：ephemeral social interaction on Snapchat, *Information Communication & Society*, 2016, 19（7）：956 – 977.

others play video games？ An empirical study on the motivations of Twitch users）中分析了 Twitch 用户参与直播互动的动机。①

4. 对未来社交媒体研究预测

与此同时，英美学界的许多学者对社交媒体研究未来可能出现的研究领域进行了展望。他们或立足于社会科学研究的最新进展，或结合某一研究方向的发展趋势，对社交媒体研究未来发展的多种可能性进行了预测。

如 Joseph N. Cappella 在其论文《大众传播和人际传播研究的未来矢量：大数据、社交媒体和计算社会科学》（*Vectors into the Future of Mass and Interpersonal Communication Research：Big Data，Social Media，and Computational Social Science*）中提出未来的社交媒体研究将进一步突破学科间的边界，大数据与计算社会科学的融入将使得社交媒体研究呈现出更加多元的研究方法和研究思路。② Jean-Christophe Plantin 和 Carl Lagoze 则在《基础设施研究与平台研究在谷歌和 Facebook 时代相遇》（*Infrastructure studies meet platform studies in the age of Google and Facebook*）里认为基础设施研究和平台研究将成为社交媒体研究的两大增长点，而这两方面的研究能够为政府行政和引导舆论提供帮助。③

除此之外，社交媒体的影响正受到传播学之外越来越多学科研究者的重视，健康传播、环境传播、体育传播等研究领域已经相继成为社交媒体研究的热门议题，未来可能会有更多学科参与到对社

---

① Sjoblom, M. & Hamari, J., Why do people watch others play video games? An empirical study on the motivations of Twitch users, *Computers in Human Behavior*, 2017, 5：985 – 996.

② Cappella, J. N., Vectors into the Future of Mass and Interpersonal Communication Research：Big Data, Social Media, and Computational Social Science, *Human Communication Research*, 2017, 43（3）：545.

③ Plantin, J. C., Lagoze, C., Edwards, P. N. & Sandvig, C., Infrastructure studies meet platform studies in the age of Google and Facebook, *New Media & Society*, 2018, 20（1）：293 – 310.

交媒体的研究之中。

三　持续加强对中国等非英美国家社交媒体的研究

过往的英美学界社交媒体研究，往往仅将目光局限于英美国家的范围之内。而随着社交媒体平台在全球范围内的迅猛发展，它在非英美国家业已形成广泛影响。甚至许多非英美国家的社交媒体产品在其所在地的影响力已超越英美国家的社交媒体产品，如中国的微信、微博，日本的 Line 等。因此，英美学界开始自觉地拓宽研究视野，对非英美国家的社交媒体进行研究。

例如，Koth Fred Mudhai 等在《数字时代的性别和关键媒体信息素养：肯尼亚、南非和尼日利亚》(*Gender and critical media-information literacy in the digital age：Kenya，South Africa and Nigeria*) 里以肯尼亚、南非和尼日利亚为例，考察了社交媒体在非洲女权运动中发挥的作用。[1] Se Jung Park 和 Yon Soo Lim 在《公共外交中的信息网络和社交媒体使用：韩国和日本的比较分析》(*Information networks and social media use in public diplomacy：a comparative analysis of South Korea and Japan*) 中则对韩国和日本社交媒体在民主政治活动中的影响力进行了比较研究。[2]

随着中国综合国力的迅速提升，中国社交媒体在国际学术界的研究热度亦迅速升温。如今，中国社交媒体俨然已成为英美学界重点关注的非英美国家社交媒体研究对象。从发表论文的数量来看，英美学界针对中国社交媒体的研究论文远胜于其他国家，且研究视角十分多元。与此同时，在英美学界中国社交媒体研究背后，往往

---

① Mudhai, O. F., Wright, B. & Musa, A., Gender and critical media-information literacy in the digital age：Kenya, South Africa and Nigeria, *Journal of African Media Studies*, 2016, 8 (3)：267 – 280.

② Park, S. J. & Lim, Y. S., Information networks and social media use in public diplomacy：a comparative analysis of South Korea and Japan, *Asian Journal of Communication*, 2014, 24 (1)：79 – 98.

混杂着英美学界看待中国社会与中国政治的复杂心态。基于这一背景，在理解和消化英美学界中国社交媒体研究的各种观点之前，本研究的第二章将对英美学界中国社交媒体的研究历程做一个简要的回顾。

第 二 章

英美学界中国社交媒体研究的
现实性、螺旋型发展历程

通过本书第一章的论述可知，自社交媒体研究在英美学界发轫以来，已经历了十年的历程。在此过程中，英美学界一直紧密追踪和贴近技术发展的实践、社交媒体形态的演变和它的影响力的扩张，不断调整和更新其研究的重点和方向。随着中国社交媒体的快速发展，英美学界对中国社交媒体的研究已经成为一个现象级的学术热点，本章的基本宗旨即是在上一章宏观把握英美学界社交媒体研究总体概貌的前提下，聚焦于英美学界对中国社交媒体研究，试图以历时性纵向考察为逻辑起点，对英美学界中国社交媒体研究从始至今（2007年1月至2018年7月）的发展轨迹做一个较为详细地梳理。

第一节　英美学界中国社交媒体研究的滥觞

相较于互联网技术发展较早的欧美国家，社交媒体在中国大陆的诞生稍晚。2005年人人网成立或可视为中国社交媒体正式进入中国网民生活的起点。2007年，人人网在中国大学生群体中走红，成为当时最为知名的中国社交媒体平台；2008年，开心网成立，它主要面向的受众则是已经进入工作岗位的白领阶层；2009年，新浪微博正式问世，并在短期内借助一系列宣传活动迅速成为中国网络热点；而与之相对的是，进入 2010 年以来，最能体现中国 Web1.0 时代特色的天涯社区走向衰落，由此，中国的 Web2.0 时代正式拉开序幕。而中国社交媒体发展作为一个重要现象进入英美学界的研究视线应该是在 2011 年，当年人人网在美国成功上市，成为当时中国市值第三的互联网公司。同一年，由腾讯公司开发的微信正式发布，短短一年后，微信的用户数量便突破两亿大关，微博则同样保持火热的发展势头，用户数在 2012 年达到了 2.5 亿，这宣告着微信和微博已经成为中国网民进行网络社交活动的重要媒介。微博、微信的相继兴起将中国社交媒体的发展态势推向高潮，这两款社交媒体应用亦成为国内外中国社交媒体研究领域重点关注的对象，当然，也不可避免地引起了英美学界的关注，至此，英美学界对中国社交媒体的研究正式拉开了帷幕。

一　研究中国社交媒体的缘由

在当代中国社会，社交媒体平台占有举足轻重的地位。一方面，社交媒体不仅是互联网业界开展商业实践的工具，也是当代中国民众交往互动的重要渠道，是当代中国社会关系的表征空间。因此要理解当代中国社会文化的总体特征，把握当代中国社会文化的完整图景就必须对中国社交媒体进行研究。另一方面，由于"中国的网络人口已在 2008 年超越美国，而亚洲网络人口已占据全世界网民总数的将近一半"①，中国社交媒体的迅猛发展使各种错综复杂的问题相伴而生。在面临这些既是中国社交媒体带来的特殊性问题又是社交媒体给全人类带来的共同性问题时，中国的案例为世界贡献了宝贵经验和难得教训。因此，对中国社交媒体的研究有助于把握当代

---

① Bolsover, G., Harmonious communitarianism or a rational public sphere: a content analysis of the differences between comments on news stories on Weibo and Facebook, *Asian Journal of Communication*, 2017, 27（2）: 1–19.

全球网络文化的发展动向，有助于思考未来人类在媒介化生存挑战下路在何方的共同命运问题。

与此同时，英美学界社交媒体研究的自身发展也要求其将目光投向英美国家之外。自 2007 年起，英美学界社交媒体研究主要是围绕英美国家的社交媒体平台展开，虽然在研究主题上不断取得突破，但在研究视野上却有一定局限性。为了适应全球化学术研究生态的变化，英美学界逐渐自觉地将注意力转移到域外。而中国作为近些年来发展速度最快的经济体，在这短短的 10 年左右的时间里，社交媒体的用户人数呈爆炸性增长，社交媒体对中国社会各领域的影响日益深入，已然成为管窥当代中国政治、经济、社会和文化的重要渠道，越来越受到国际学界的关注与重视，自然也成为英美学界需要关注的研究对象，甚至成为吸引它们兴趣的热门研究议题之一。

毋庸置疑，英美学界长久以来占据国际学术界的主导地位，这与英美国家漫长的殖民历史和强大的影响力不无关联。然而，面对近些年来英美国家之外的他国学术界的不断冲击，英美学界在国际学术界的话语主导权也受到越来越多的挑战。英美学界如要维持并扩张其学术权力，就必得涉足他国研究的学术领域，试图在这些研究领域里抢先一步，以便有利于在与他国本土学者的竞争中占据优势。因此，英美学界中国社交媒体研究不可否认也有维护自身学术霸权，维护在国际社交媒体研究领域话语主导权的意图。

英美学界对中国社交媒体的研究比对一般社交媒体的研究要晚两年，大约起始于 2010 年。诚然，到目前为止，英美学界中国社交媒体研究的成果在数量上还难以与对一般社交媒体的研究情况相平衡，更不可能与中国本土的中国社交媒体研究成果数量相抗衡。但从研究质量上看，由于英美学界更善于将前沿研究方法和成熟理论框架应用于中国社交媒体研究之中，又有"隔山观火"的观察距离，自然"横看成岭侧成峰"，形成独到的视角，因而在短时间内产生了若干独树一帜和具有一定学术价值的研究成果，同时英美学界对中国学研究的一贯趋向也充分体现在这些研究中，非常必要对之进行反思性的再研究。

二　本研究研究文本的选择和搜集

笔者在 Web of science 核心数据库中对英美学界中国社交媒体研究的发表论文进行检索。检索条件为：标题内含有"Chinese Social Media"或"Chinese Social Network"或"Social Media in China"或"Social Network in China"或"Weibo"或"Sina Microblog"或"Chinese Microblog"或"Weixin"或"WeChat"或"Renren"；被 SCIE（Science Citation Index Expanded）或 SSCI（Social Sciences Citation Index）或 A & HCI（Arts & Humanities Citation Index）三种权威论文索引数据库收录；作者所属国家为美国、英国；文献类型为 Article；语种为英语；发表时间为 2007 年至 2018 年 7 月 3 日，（为统一起见，检索的起始和截止时间均以第一章英美学界社交媒体研究文献的检索时间一致），共检索到文献 160 篇。通过浏览文献摘要，发现其中有 51 篇文献的内容与"英美学界中国社交媒体研究"无关，因此将这 51 篇文献排除后，共得到 109 篇相关文献。相关文献的历年发表趋势呈现为逐年上升（见图 9）。

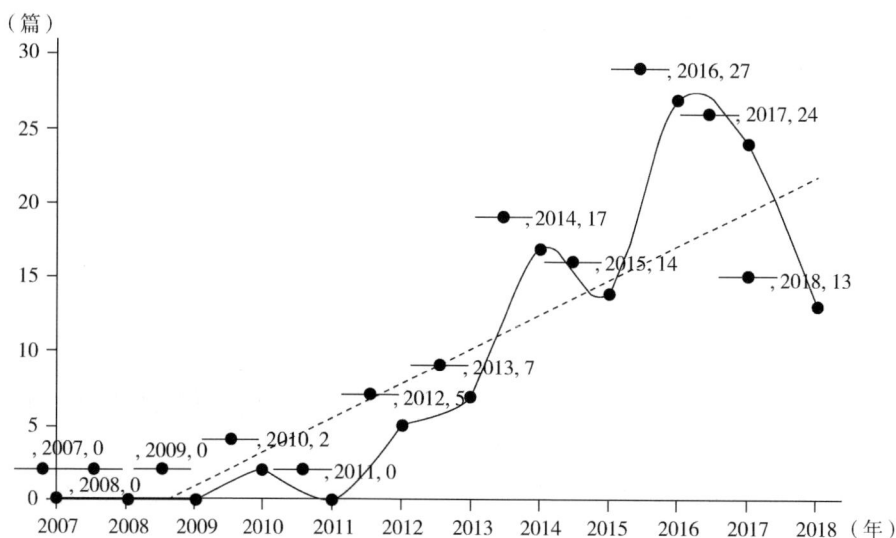

图 9　英美学界中国社交媒体研究相关文献历年发表趋势（来源：三大数据库）

需要说明的是，在相关文献材料的搜集和选择上，英美学界中国社交媒体研究成果不仅限于本章所检索的三大数据库的范围，也不仅限于本章所限定的检索条件的范围，在此之外，还有若干发表于其他期刊、会议的相关论文，或本章检索条件中未能涵盖的三大数据库论文（如标题、关键词中未明确指出其研究内容的论文等）以及以中国社交媒体为研究对象的硕博士论文和专著等。笔者通过在 Web of Science、Google 学术、ProQuest 学位论文数据库、EBSCO 数据库中对相关文献进行检索，共搜集到 140 余篇此类论文和著述。[①] 并且，这部分文献的历年发表数量同样呈现出逐年上升的趋势（见图 10）。但笔者同时发现，这其中发表于多种期刊或会议的相关论文来源十分庞杂，以中国社交媒体为研究对象的博士论文则篇数比较少（在美国大学的图书馆搜集到若干），且这些文献的观点在本章之前检索到的文献中均已有所体现。因此，为使本章论述更加聚焦于相关研究的观点本身，笔者将以从 SCIE、SSCI 和 A&HCI 三大权威数据库中检索到的相关论文作为审视英美学界中国社交媒体研究发展轨迹的最重要依据，同时结合其他部分英美学界中国社交媒体研究的相关著述，对英美学界中国社交媒体研究的发展脉络做一归纳和梳理。

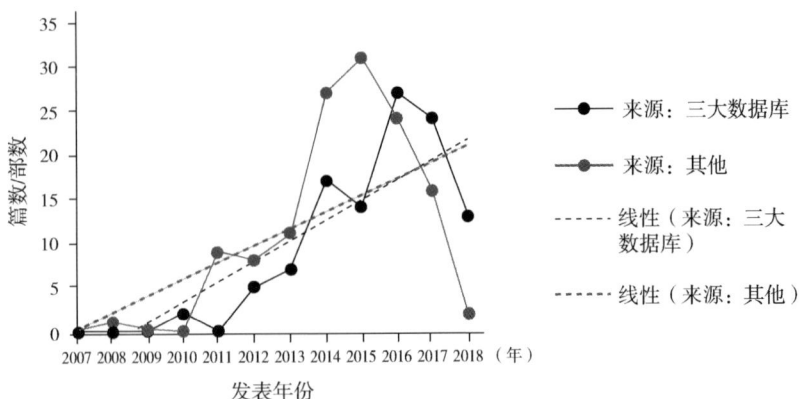

图 10　英美学界中国社交媒体研究相关文献历年发表趋势（来源：三大数据库及其他）

① 参见本书附录 3《中国社交媒体研究文献梳理》。

从相关文献的历年发表趋势来看，2007 年至 2012 年的英美学界中国社交媒体研究尚未发展成熟，其中 2007 年至 2009 年内未见有相关论文发表，2010 年至 2012 年内发表的文献总数亦极少。而 2012 年之后，英美学界中国社交媒体研究则呈现出发表篇数逐年上升的趋势。如果说 2007 至 2012 年的英美学界中国社交媒体研究尚处于刚刚涉入阶段，那么 2013 年至 2016 年的英美学界中国社交媒体研究则进入了全面拓展阶段。至于 2017 年至 2018 年的相关研究，无论论文篇数亦或论文质量都有进一步地提升，可称为英美学界中国社交媒体研究的推进深化阶段。以下分别予以论述。

第二节　英美学界中国社交媒体研究的涉入期（2007—2012）

从文本数据分析来看，2007 年至 2012 年的英美学界中国社交媒体研究刚刚起步，尚未成规模，其中 2007 年至 2009 年内未见有相关论文发表，2010 年至 2012 年内发表的文献总数亦很少。之后，逐渐呈现出历年上升的发表趋势。（见图 11）。

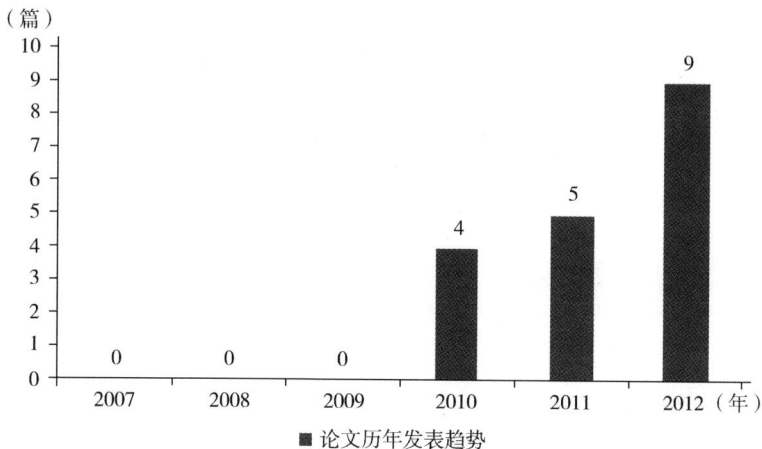

图 11　2007—2012 年英美学界中国社交媒体研究论文历年发表数量

　　问题意识是一切社会科学研究的起点。只有带着明确的问题意识，社会科学研究才能够有序向前推进。有学者认为，问题意识"并非来自于概念或理念层面，更多的是来源于真实世界的经验"①。亦即是说，问题意识是研究者在其实际社会生活经验中总结和提炼出来的，它具有明确的指向性、现实性，同时也具有值得进一步挖掘的重要学术价值。英美学界遵循对社交媒体研究发展到一定阶段必然要将全球纳入观照视野的学术逻辑，紧扣中国社交媒体发展实践中出现的问题及应对需求，展开对中国社交媒体的研究。基于此，本章对英美学界中国社交媒体研究各阶段代表性文献的梳理，也将围绕以下若干具体问题而进行。

一　始于商业营销功能及策略的探讨

　　通过浏览早期阶段相关文献的内容，笔者认为，Guo Chengqi 等研究者发表于 2010 年的文章《中国的社交网络服务：中心性、信任和技术接受的集成模式》（*Social Network Services in China：An Integrated Model of Centrality，Trust，and Technology Acceptance*）是英美学界关注中国社交媒体的开始。Guo Chengqi 等对中国社交媒体的商业化潜力进行了初步探讨。他们认为，社交媒体使人们的交往能够跨越地理界限，用户体验和社交活动是社交媒体的核心业务。通过对中国社交媒体用户的调查，他们发现中心性、技术接受度、熟悉度和用户信任度对于社交媒体的市场渗透至关重要。据此，社交媒体运营者应当重新审视他们的整体策略，在多个方面对其产品做出调整，如社会关系的数量、服务推广的渠道、网页界面设计等。②

---

　　①　苏力：《问题意识：什么问题以及谁的问题?》，《武汉大学学报》（哲学社会科学版）2017 年第 1 期。

　　②　Guo, C., Shim, J. P. & Otondo, R., Social Network Services in China：An Integrated Model of Centrality, T-rust, and Technology Acceptance, *Journal of Global Information Technology Management*，2010，13（2）：76 – 99.

二　关注用户行为及使用心理

Wang Jin-Liang 和 Linda A. Jackson 发表于 2012 年的文章《大学生五大人格因素、自尊、自恋、情感寻求与社交网站使用的关系》(*The relationships among the Big Five Personality factors，self-esteem，narcissism，and sensation-seeking to Chinese University students' uses of social networking sites*) 聚焦中国社交媒体的大学生用户心理表现。他们讨论了"五大人格因素"(the Big Five Personality factors) 如何影响中国大学生社交媒体使用行为。通过对中国用户的调查，他们发现外向者更可能使用社交媒体的社交功能，神经质者更可能进行状态更新，自尊心强者更有可能评论他人的帖子，自恋型用户更可能在社交媒体上上传照片并频繁更新状态等。由此可见，不同的人格因素会直接反映在其社交媒体用户的使用行为之中。[①]

针对微博这款炙手可热的中国社交媒体产品，Zhang Lixuan 和 Iryna Pentina 在 2012 年的文章《微博的动机与使用模式》(*Motivations and usage patterns of Weibo*) 中对其用户的潜在使用动机进行了考察。他们发现微博用户的使用动机除获取信息和社交之外，还包括促进职业发展、满足情感需求和提高社会地位等。微博用户的使用动机如此广泛，与微博多样化的产品功能不无关系。与此同时，他们还指出微博用户使用微博的驱动力源于自我呈现动机。基于以上发现，他们认为其研究结果有助于专业人士通过微博的用户使用动机和使用模式将微博用户细分，从而推进相关商业活动或社会活动的有效开展。[②]

---

①　Wang, J. L., Jackson, L. A., Zhang, D. J. & Su, Z. Q., The relationships among the Big Five Personality factors, self-esteem, narcissism, and sensation-seeking to Chinese University students' uses of social networking sites (SNSs), *Computers in Human Behavior*, 2012, 28: 2313–2319.

②　Zhang, L. & Pentina, I., Motivations and usage patterns of Weibo, *Cyberpsychology, Behavior, and Social Networking*, 2012, 15 (6): 312–317.

同英美国家一样，中国青少年群体是中国社交媒体平台的主要用户。因此，对青少年的社交媒体使用行为，以及社交媒体对青少年的社交生活影响的研究，也是英美学界中国社交媒体研究关注的问题之一。Liu Fengshu 在发表于 2011 年的文章《中国城市青年：现代性、网络与自我》（*Urban Youth in China：Modernity，the Internet and the Self*）中立足于中国社会进入转型期的时代背景，对中国城市青年与互联网的关系进行了研究。他围绕两个主题展开论述，即青年对互联网的认知和体验以及他们的网络自我呈现行为。通过田野调查，他发现个人、社会和新媒介在塑造中国城市青年身份建构中发挥着相互作用。当代中国人的身份认同以及中国社会的"中国性"的建构，都离不开互联网这一媒介，而社交媒体则是其中关键一环。①

三　侧重中美社交媒体对比

Chu Shu-Chuan 和 Sejung Marina Choi 在 2010 年的文章《社交网络中的社会资本与自我呈现：中美年轻一代的比较研究》（*Social capital and self-presentation on social networking sites：a comparative study of Chinese and American young generations*）中首先对中美社交媒体的发展情况进行了概述与比较。他们认为，中美两国不同的文化价值观，即集体主义的和个人主义的文化价值观，在中美两国用户的社交媒体使用行为中均有所反映。他们在文中引入社会资本理论和戈夫曼的自我呈现理论，对中美两国用户的社交媒体自我呈现行为与社会资本积累的关系进行分析。最终发现，全球化促进了不同文化之间的融合，因此本土文化传统受到一定程度的削弱。但即便如此，集体主义和个人主义的文化价值观仍在中美用户使用行为中有所体现。② Dustin Harp 等

---

① Jenne, J., Review：Urban Youth in China：Modernity, the Internet, and the Self by Fengshu Liu, *Journal of Asian Studies*, 2012, 71 (3)：778 – 780.

② Chu, S. C. & Choi, S. M., Social capital and self-presentation on social networking sites：a comparative study of Chinese and American young generations, *Chinese Journal of Communication*, 2010, 3 (4)：402 – 420.

在其 2012 年的文章《整个网络世界都在关注：剖析中国、拉丁美洲和美国的社交网站和积极分子》（*The Whole Online World Is Watching*：*Profiling Social Networking Sites and Activists in China*，*Latin America*，*and the United States*）中则进一步扩大视野，通过数据分析考察了中国、拉美和美国的积极分子（activists）如何使用社交网站进行社会活动动员。他们通过使用汉语、西班牙语和英语三种语言展开用户调查，使调查对象覆盖中国、拉美和美国各地的积极分子。通过这种调查方式，他们发现无论在中国、拉美抑或美国，社交媒体均已成为积极分子进行社会活动动员的重要工具。他们认为，对在线行动主义的研究应当充分考虑到不同国家的社会和政治背景，这会影响到不同国家积极分子具体的社交媒体使用情况。[①]

四　涉入期：问题旨趣与研究面向初步形成

通过文本分析可见，2007 年至 2012 年英美学界中国社交媒体研究的发展，正呼应了这六年内中国社交媒体平台的总体发展情况。根据中国社交媒体自身的发展历史，在 2007 年至 2012 年这六年时间内，中国社交媒体从诞生走向了普及。这反映在同一时期的英美学界中国社交媒体研究中，体现为英美学者从仅仅将中国社交媒体视为与英美社交媒体相对照的参考对象，转向将中国社交媒体视为中国社会经济、政治、文化语境的集中表现。正如思想史学家斯金纳所言，对"特定言论"的理解离不开"更为广泛的语境"。[②] 英美学者逐渐认识到，要理解中国社交媒体，就不能脱离中国社会具体的受众与情境。因此，中国社交媒体研究应当作为一个独立的长期的研究领域推进，而非只是短期内"蹭热点"式的

---

① Harp, D., Bachmann, I. & Guo, L., The Whole Online World Is Watching: Profiling Social Networking Sites and Activists in China, Latin America, and the United States, *International Journal of Communication*, 2012, 6 (1): 298 - 321.

② ［英］昆廷·斯金纳：《观念史中的意涵与理解》，任军锋译，载丁耘编《什么是思想史》，上海人民出版社 2006 年版，第 132 页。

泛泛之谈。

如本研究第一章所述，2007 年至 2011 年是英美学界社交媒体研究的起步阶段，那么与之相比，英美学界中国社交媒体研究的起步阶段有哪些独特表现？

从时间范围上看，抛开无研究成果发表的 2007 年至 2009 年不计，英美学界中国社交媒体研究更精确的起步期实际上应从 2010 年开始算起，一直持续到 2012 年，这较之英美学界社交媒体研究起步阶段的时间区间更短。本书认为，这是因为英美学界对中国社交媒体研究是在英美学界社交媒体研究的基础上开展的，因此省去了对基础研究的探索。从本章和第一章梳理的研究文献也可以看出，同起步阶段的英美学界社交媒体研究相比，英美学界中国社交媒体研究在其起步阶段并未对社交媒体的概念界定问题做任何阐述，而是以问题意识为引领，直接进入对中国社交媒体功能特色、用户行为特征等具体问题的研究。这使英美学界中国社交媒体研究的实用主义倾向更加鲜明，即着眼于提出问题、解决问题。而在众多问题中最吸引英美学界关注的，便是中国社交媒体与英美社交媒体在各方面有哪些差异性的表现。这甚至可称得上是英美学界中国社交媒体研究的"元问题"，是自始至终贯穿这一研究领域的重要线索。

此外，在具体的研究问题上，有哪些是英美学界中国社交媒体研究尚未触及，而英美学界社交媒体研究已经展开探讨的？对社交媒体进行概念界定与阐释的基础研究自不必说，同时，如对社交媒体平台的批判性研究①、对政务社交媒体的研究②以及对社交媒体政

---

① Christofides, E., Muise, A. & Desmarais, S., Information Disclosure and Control on Facebook: Are They Two Sides of the Same Coin or Two Different Processes?, *Cyberpsychology & Behavior*, 2009, 12 (3): 341 – 345.

② Bertot, J. C., Jaeger, P. T. & Grimes, J. M., Using ICTs to create a culture of transparency: E-government and social media as openness and anti-corruption tools for societies, *Government Information Quarterly*, 2010, 27 (3): 264 – 271.

治传播功能的研究①等均是英美学界中国社交媒体研究在其起步阶段尚未深入加以探讨的研究问题。

第三节　英美学界中国社交媒体研究的拓展期（2013—2016）

2013 年至 2016 年，英美学界中国社交媒体研究发表论文数量显著增加（见图 12），研究视角、问题意识也明显更加丰富、多元。

（篇）

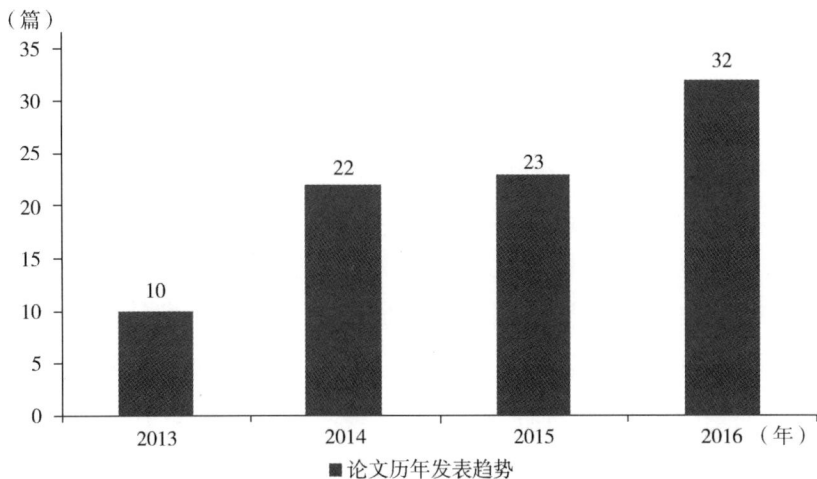

图12　**2013—2016 年英美学界中国社交媒体研究论文历年发表数量**

一　延续和推进前期研究旨向

1. 口碑营销功能的概念模型与有效性

Linjuan Rita Men 和 Wan-Hsiu Sunny Tsai 于 2013 年发表的文章

---

①　Iskander, E., Connecting the National and the Virtual：Can Facebook Activism Remain Relevant After Egypt's January 25 Uprising?, *International Journal of Communication*, 2011, 5：1225 – 1237.

《点赞或关注之外：理解公众在中国社交网站上的参与》（*Beyond liking or following*：*Understanding public engagement on social networking sites in China*）将中国社交媒体视为连接企业与中国用户的重要渠道。他们提出了一个融合社交媒体依赖性和几个社会关系因素（包括准社会交往、感知源可信度和社区认同）的概念模型，这些因素影响着中国公众与企业社交媒体的互动效果。通过调查，他们发现，除了感知可信度之外，中国社交媒体的用户使用和关系导向因素在诱导公众参与方面发挥了重要作用。他们认为，从非西方视角展开的企业社交媒体研究，有助于开拓企业社交媒体研究的视野，为企业的社交媒体使用营销提供更广泛的参考。① Shao Jun 等在 2016 年的文章《中国旅游目的地的社交媒体微电影营销：以绍兴为例》（*Social media micro-film marketing by Chinese destinations*：*The case of Shaoxing*）中以中国绍兴的微电影营销为例，考察了中国旅游目的地的社交媒体微电影营销模式。他们认为，旅游目的地微电影营销已成为旅游营销的常用手段之一，但旅游研究对此还不够重视。通过调查，他们发现旅游目的地营销的成功因素，包括营销者与粉丝之间的积极互动，线上、线下活动的联动机制等。如果能够找到合适的旅游主题，那么就算旅游景点本身缺乏特色也能吸引游客。同时，微电影营销良好的成本——收益比也是其值得旅游业尝试的一个重要原因。② 成功的企业营销离不开成功的口碑营销。Edward Kasabov 在 2016 年的论文《未知的、令人惊讶的、经济意义重大的：中国社交网站上的电子口碑传播的现实》（*Unknown*，*surprising*，*and economically significant*：*The realities of electronic word of mouth in Chinese*

①　Men, L. R. & Tsai, W. H. S., Beyond liking or following：Understanding public engagement on social networking sites in China, *Public Relations Review*, 2013, 39（1）：13 - 22.

②　Shao, J., Li, X., Morrison, A. M. & Wu, B. H., Social media micro-film marketing by Chinese destinations：The case of Shaoxing, *Tourism Management*, 2016, 54：439 - 451.

social networking sites）中认为，社交媒体已成为中国消费者获取企业及其产品口碑的重要平台。在较多使用社交媒体的中国消费者中，电子口碑已成为其购买产品的驱动力之一。消费者获取电子口碑的来源可分为首要和次要两类，首要来源为消费者在社交媒体上的好友，次要来源则为社交媒体上的专家大 V。因此，企业与其为提升口碑烧钱，不如想办法打通消费者获取口碑的首要来源环节。对消费者来说，电子口碑的有效性和来源等变量才是关键，而不是口碑营销积累的庞大信息量。[①]

2. 使用情感分析方法探索用户行为与使用心理

随着情感分析方法在社会科学研究中的广泛使用，英美学界中国社交媒体研究者们也开始尝试将情感分析方法应用到对中国社交媒体用户心理和情感的考察之中。Fan Li 等于 2013 年发表的《中文 Web 2.0 社交媒体数据情感分析：商业和营销相关的中文网络论坛实验》（*Analyzing sentiments in Web 2.0 social media data in Chinese：experiments on business and marketing related Chinese Web forums*）便对商业类中文网络论坛这一所谓 "Web 2.0" 时代的社交媒体及其用户数据进行了情感分析。他们认为，社交媒体数据中包含着丰富的用户情感信息，通过对这些数据进行分析，能够窥见用户对产品、服务乃至社会事件的态度，从而帮助企业判断用户需求，制定更有针对性的营销策略。基于此，他们开发了一个对中国社交媒体用户数据进行情绪分析的综合框架。该框架能够帮助企业搜集、处理从社交媒体中获取的用户数据，识别用户在其发布信息中或正面或负面的表达，观察用户情绪的变化与表现。[②] 情感分析在社交媒体研究

---

① Kasabov, E., Unknown, surprising, and economically significant：The realities of electronic word of mouth in Chinese social networking sites, *Journal of Business Research*, 2016, 69（2）：642 – 652.

② Fan, L., Zhang, Y., Dang, Y. & Chen, H., Analyzing sentiments in Web 2.0 social media data in Chinese：experiments on business and marketing related Chinese Web forums, *Information Technology & Management*, 2013, 14（3）：231 – 242.

中的使用逐渐增多，但对使用不同语言的社交媒体进行情感分析则未受到英美学界足够的重视。因此，Yan Gongjun 等在发表于 2014 年的论文《中英文社交媒体情感分析的双语方法》（*A bilingual approach for conducting Chinese and English social media sentiment analysis*）中提出一种对中英文社交媒体进行情感分析的双语方法，以期从中英文社交媒体信息中获得更加一致、准确的观点。这一方法将中英文社交媒体信息作为同一文本流进行分析，对其词汇列表进行调整，随后通过使用 SVM 和 N-Gram 两种文本挖掘工具，完成对中英文社交媒体信息文本流的分析。他们认为，基于这一研究方法，未来能够开发出用于多语言处理的情感分析工具，这对跨国企业而言是一大利好。① Wua Fangzhao 等在 2016 年的论文《构建高质量的微博专用汉语情感词典》（*Towards building a high-quality microblog-specific Chinese sentiment lexicon*）中认为，传统情感分析的情感词典在对中国社交媒体的研究中并不完全适用，因此，他们试图为中国社交媒体的情感分析方法创建高质量的定制情感词典。他们纳入了三种创建情感词典的情感知识框架，包括从带表情的信息中提取的词汇——情感知识、从所有信息的词汇关联中提取的情感相似性知识，以及从现有情感词典中提取的先验情感（Prior Sentiment）知识。同时，他们也将中国社交媒体流行词添加进定制情感词典中。由此而形成一个为中国社交媒体量身定制的情感词典。②

大学生是英美学界中国社交媒体研究密切关注的研究对象之一。Liu Dong 和 B. Bradford Brown 在 2014 年的论文《中国大学生社交网站自我披露、积极反馈与社会资本》（*Self-disclosure on social networking sites，positive feedback，and social capital among Chinese college*

---

① Yan, G. , He, W. , Shen, J. & Tang, C. , A bilingual approach for conducting Chinese and English social media sentiment analysis, *Computer Networks*, 2014, 75: 491 – 502.

② Wua, F. , Huang, Y. , Song, Y. & Liu, S. , Towards building a high-quality microblog-specific Chinese sentiment lexicon, *Decision Support Systems*, 2016, 87: 39 – 49.

students）中考察了中国大学生在社交媒体上的自我表露行为是否与其社会资本的积累存在联系。通过调查，他们发现自我表露和社会资本之间的联系受到大学生社交技巧的一定影响。出色的社交技巧能够使大学生感受到来自重要他者（significant others）的广泛支持。大学生利用社交媒体开展社交活动，有助于大学生顺利过渡到寄宿制校园生活中，并建立自己的社交圈，因此校方不应过度干预。但与此同时，大学生自己也需把握好使用社交媒体的尺度。[①] Eric Forbush 和 Brooke Foucault-Welles 将研究对象锁定在了在美中国留学生的社交媒体使用和适应情况上。同 Liu 和 Brown 的研究一样，他们也试图解释社交媒体在大学生重要的学习生活过渡时期发挥的作用。通过对 120 名在美中国留学生进行网络问卷调查，他们发现在出国留学前就使用社交媒体，会对其出国后的生活具有积极影响。那些在出国前便经常使用社交媒体的留学生，会比其他留学生拥有更多样化的社交网络。这些经常使用社交媒体的留学生在国外的适应能力更强。因此，中国留学生最好在出国前培养起使用社交媒体的习惯。[②]

　　与此同时，青少年的社交媒体使用情况仍然是英美学界研究的重点。Huang Hanyun 在 2014 年发表的论文《中国城市社交媒体生成：青少年社交媒体使用与成瘾研究》（*Social Media Generation in Urban China：A Study of Social Media Use and Addiction among Adolescents*）认为，过往的中国青少年网络成瘾研究更多关注网络游戏成瘾问题，但对社交媒体成瘾现象则有所忽视。他采用使用与满足的理论框架，在研究方法上兼收定量研究和定性研究之长，对中国青少年社交媒

---

　　① Liu, D. & Brown, B. B., Self-disclosure on social networking sites, positive feedback, and social capital among Chinese college students, *Computers in Human Behavior*, 2014, 38（3）：213 - 219.

　　② Forbush, E. & Foucault-Welles, B., Social media use and adaptation among Chinese students beginning to study in the United States, *International Journal of Intercultural Relations*, 2016, 50：1 - 12.

体成瘾问题进行了系统阐述。一方面分析了社交媒体成瘾问题出现的原因，另一方面探讨了社交媒体成瘾问题对青少年学习生活产生的各方面影响。在此基础上，他还为家长、教师提供了预防、克服青少年社交媒体成瘾问题的具体建议，呼吁家长、教师乃至社会各界减少青少年身上负担的压力，并为青少年的学习生活压力寻找更好的排解渠道。①

3. 采用大数据方法研究中美社交媒体差异

对于英美学界而言，中国和英美的社交媒体产品具有哪些不同，是一个需要优先解决的问题。Li Xiaoqian 和 Chen Wenhong 便对此进行了研究，在 2014 年的论文《Facebook 网还是人人网？中国留美学生社交网站使用与社会资本的比较研究》（*Facebook or Renren? A comparative study of social networking site use and social capital among Chinese international students in the United States*）中，他们对中国留美学生使用 Facebook 和人人网产生的社会资本效应进行了调查。他们发现无论是使用 Facebook 抑或人人网，中国留学生的桥接型社会资本都能够得到提升。两者之中，Facebook 对中国留学生桥接型社会资本的提升效果更明显。而人人网的使用则能增进中国留学生与祖国的联系。但是，无论是 Facebook 抑或人人网，都无法为提升中国留学生的团结型社会资本做出贡献。②

Li Cong 在其 2014 年的论文《两个社交网站的故事：Facebook 网和人人网的使用如何影响中国消费者对不同文化符号的产品包装的态度》（*A tale of two social networking sites：How the use of Facebook and Renren influences Chinese consumers' attitudes toward product packages*

---

① Yao, M. Z., Review: Social media generation in urban China: A study of social media use and addiction among adolescents, *by Hanyun Huang, MZ Chinese Journal of Communication*, 2016, 9 (3): 1 - 2.

② Li, X. & Chen, W., Facebook or Renren? A comparative study of social networking site use and social capital among Chinese international students in the United States, *Computers in Human Behavior*, 2014, 35 (2): 116 - 123.

with different cultural symbols）中，同样以 Facebook 和人人网作为比较对象。他考察的问题是在美华人对这两个社交媒体的使用强度会如何影响其对待含有中国文化元素或美国文化元素的产品包装的态度。他从文学心理学中吸收了文化适应和文化学习理论，根据这一理论，移民者需要掌握所在地文化以减少和克服跨文化交流的困难。他发现，使用社交媒体是在美华人进行文化学习的重要途径，使用 Facebook 较多的在美华人可能更容易接受包含美国文化元素的产品包装风格，而使用人人网较多的在美华人则对包含中国文化元素的产品风格具有更强烈的认同感。① 正如对 Facebook 与人人网的比较研究受到关注一样，Twitter 与微博的比较研究也逐渐进入一部分学者的视野之内。Han Wentao 等在其 2016 年发表的论文《微博与 Twitter 的比较分析》（*A Comparative Analysis on Weibo and Twitter*）中便采用大数据方法对微博与 Twitter 进行比较研究。通过借助程序对微博和 Twitter 的用户数据进行抓取和分析，他们发现微博用户的互动意愿要比 Twitter 弱很多。在微博上，大 V 与普通用户的粉丝数量差距很大。同时，中国各省微博使用率的高低与其经济发展水平的高低存在正相关关系。值得一提的是，他们将其研究中所开发的软件框架开源发布，为后续研究做出了实际贡献。② Huang Hong 等在发表于 2015 年的文章《讲英语和讲中文的用户与图书馆员在社交网站上的互动》（*Interactions between English-speaking and Chinese-speaking users and librarians on social networking sites*）中对社交媒体上的英文用户和中文用户如何与图书馆员进行互动的问题进行了考察。他们发现，大中华地区的图书馆社

① Li, C., A tale of two social networking sites: How the use of Facebook and Renren influences Chinese consumers' attitudes toward product packages with different cultural symbols, *Computers in Human Behavior*, 2014, 32: 162 – 170.

② Han, W., Zhu, X., Zhu, Z., Chen, W., Zheng, W. & Lu, J., A Comparative Analysis on Weibo and Twitter, *Tsinghua Science and Technology*, 2016, 21 (1): 1 – 16.

交媒体和英语国家的图书馆社交媒体，在与用户互动方面面临不同的处境，并有不同的措施。通过调查，他们发现大中华地区的图书馆社交媒体更容易得到用户点赞和回复，英语国家的图书馆社交媒体则反之。基于此，他们呼吁图书馆馆员要根据其所在地的社会文化语境对其发布内容进行富有针对性的调整。①

二　开辟和探索新的问题视域

1. 中国社交媒体的社会政治传播

在许多英美学者那里，中国社交媒体背后的中国社会问题和政治问题才是他们进行中国社交媒体研究的聚焦点和核心诉求。

Peter Marolt 和 David Kurt Herold 在其 2014 年出版的专著《中国在线：在网络空间中定位社会》（*China Online：Locating Society in Online Spaces*）中认为，网络空间的中国与现实社会的中国呈现出两种面貌。在网络中国，民众在"团体威权主义"国家的凝视中进行有限的行动。但尽管国家的监视无处不在，人们还是获得了较之现实社会更多的自由。他们认为网络空间能够提升人们的自我表达和自我批判能力，开拓人们的视野，增进不同观点的交流。因此，网络中国正在悄然改变着中国。他们还调查了网民在网络空间中进行自发活动的方式，以及在"压抑的政治气氛"中，网络空间提供给人们的进行创造性活动的可能途径。② Tong Jingrong 和 Zuo Landong 在 2014 年的论文《微博传播与中国政府合理性：两起"群体性事件"微博信息的计算机辅助分析》（*Weibo communication and government legitimacy in China：a computer-assisted analysis of Weibo messages on two "mass incidents"*）中将目光投向了两起发生在

---

① Huang, H., Chu, K. W. & Chen, Y. T., Interactions between English-speaking and Chinese-speaking users and librarians on social networking sites, *Journal of the Association for Information Science & Technology*, 2015, 66（6）：1150－1166.

② Marolt, P. & Herold, D. K., *China Online：Locating Society in Online Spaces*, UK：Routledge, 2014, pp. 3－20.

中国的群体性事件。通过观察，他们发现微博群体性事件的传播一般有两种方式，即双向传播和单向传播。双向传播由精英主导，其诉求往往是自由主义式的，超出了地方诉求的范围。在这个意义上，微博创造了将地方诉求和知识分子政治诉求在国家政治改革层面联系起来的可能性。单向传播则由当地民众主导，缺少精英参与，其诉求主要表现为地方诉求。他们以乌坎事件和海门事件两起群体性事件为例，认为两起事件均显示出微博传播对政府合理性的不同程度的影响，乌坎事件中的微博话语和国家政治改革与民主之间的关联给中央和地方政府合法性都带来了根本性挑战。但在海门事件的微博话语中，中央与地方被一定程度上分开，其诉求仅限于对地方政府的批评，因此未对政府合法性造成强烈的冲击。基于此，他们提出对群体性事件微博话语的分析，应该围绕具体事件的传播模式展开。①

环保社会活动一直是中国社会活动的重要组成部分。面临随经济快速增长而产生的越发严重的环境污染状况，中国民众自发、主动地或通过 NGO（非政府组织）组织间接地参与了由社交媒体推动的环保社会活动。Janice Hua Xu 在 2014 年发表的文章《传播知情权：社交媒体参与中国城市空气质量自己动手检测活动》（*Communicating the Right to Know：Social Media in the Do-It-Yourself Air Quality Testing Campaign in Chinese Cities*）中，通过采访一些小型 NGO（非政府组织）负责人，并分析其在社交媒体上发布的内容，研究了中国多个城市推动空气质量自助检测的倡议活动。同时，他对 NGO 组织的环保行动如何通过非正式和分散式的集体行动来影响市民参与社会活动的情况进行了考察，他指出，社交媒体在促进集体身份构建中发挥了重要作用，虽然这种身份可能是暂时的且不稳定的。

① Tong, J. R. & Zuo, L. D., Weibo communication and government legitimacy in China：a computer-assisted analysis of Weibo messages on two "mass incidents", *Information, Communication & Society*, 2014, 17（1）：66-85.

NGO 发起的环保倡议活动是一场旨在扩大公民知情权的社会活动，这些活动采取了与西方相似的实践方式，但同时与政府之间的联系较之西方国家则更为频繁。这些自发的环保活动培育了一批来自基层的环保主义者，他们将成为下一次环保活动的参与者和中坚力量。① Kevin Michael Deluca 等于 2016 年发表的《构建公共空间、微博、微信与中国环境激进主义的转型事件》（*Constructing Public Space，Weibo，WeChat，and the Transformative Events of Environmental Activism in China*），同样关注到了中国的环保社会活动。他们发现，中国的环境抗议活动一般发生在以社交媒体平台为主的网络空间，此类环境抗议活动预示着中国本土行动主义者的出现。这些行动主义者善于运用新方法、新工具以理解中国积极分子超出政府管制的需求。基于此，他们引入"野生公共屏幕"（wild public screens）概念，对公共空间中新兴的民众维权实践和创造性想象进行理论化，对环境抗议者的微博使用活动进行研究。他们认为，中国环境抗议者对社交媒体平台的灵活运用值得他国环境抗议者借鉴，同时这也让人们看到创造力、想象力和网络为人们构建"新世界"提供了必要条件。②

尽管出发点各异，意识形态立场亦有不同，但绝大多数英美学者还是认可中国社交媒体对中国社会活动和公众参与的积极促进作用。Zheng Yingqin 和 Yu Ai 在 2016 年发表的文章《社会媒体在集体行动中的作用：以中国儿童免费午餐为例》（*Affordances of social media in collective action：the case of Free Lunch for Children in China*），将目光聚焦于社交媒体在社会活动中的"实践可供性"（affordances-for-practice）。他们借助集体行动模式框架，以中国慈善项目"儿童

---

① Xu, J. H., Communicating the Right to Know: Social Media in the Do-It-Yourself Air Quality Testing Campaign in Chinese Cities, *International Journal of Communication*, 2014, 8 (1): 1374 – 1393.

② Deluca, K. M., Brunner, E. & Sun, Y., Weibo, WeChat, and the Transformative Events of Environmental Activism on China's Wild Public Screens, *International Journal of Communication*, 2016, 10: 321 – 339.

免费午餐"（FI4C）为案例，发现社交媒体在非政府组织的集体行动中能够发挥重要的"可供性"。他们认为，FI4C 的成功对中国社会的发展和非政府组织的工作具有重要借鉴意义。中国社交媒体的兴起为组织公众运动，以及公众与利益相关者的沟通交流活动开辟了新的道路。①

　　值得注意的是，英美学界一些颇具远见的学者，试图挖掘中国社交媒体在中国政治、经济、文化各领域产生的潜在影响。他们对中国社交媒体文化展开了角度各异、方法独到的分析。Christian Fuchs 发表于 2016 年的论文《百度、微博和人人网：中国社交媒体的全球政治经济》（*Baidu，Weibo and Renren：the global political economy of social media in China*），对百度、微博、人人网等主要中国社交媒体平台进行了全球化视野的政治经济学分析。他认为中国社交媒体平台是一种商业和资本的形式，并分析了中国社交媒体与美国社交媒体在盈利、广告、管理结构和市场价值等方面的异同。由此，他试图解答中国经济的现状究竟是社会主义的还是资本主义的问题。②

2. 中国社交媒体的健康传播与环境传播

　　中国社交媒体的健康传播问题与现状是英美学界中国社交媒体研究在拓展阶段关注较多的一个新兴研究方向。Isaac Chun-Hai Fung 等 2013 年发表的论文《中国社交媒体对 MERS 冠状病毒（MERS-CoV）和甲型禽流感（H7N9）爆发的反应》[*Chinese social media reaction to the MERS-CoV and avian influenza A（H7N9）outbreaks*]，研究了微博用户如何对传染病疫情做出反应，并以冠状病毒（MERS-CoV）和 H7N9 甲型禽流感疫情为例。研究显示，微博用户对这两

---

① Zheng，Y. Q. & Yu，A.，Affordances of social media in collective action：the case of Free Lunch for Children in China，*Information Systems Journal*，2016，26（3）：289 – 313.

② Fuchs，C.，Baidu，Weibo and Renren：the global political economy of social media in China，*Asian Journal of Communication*，2016，26（1）：14 – 41.

种疫情的反应都十分显著。中国社交媒体用户对发生在本土疫情的反应，比在中国本土之外发生的冠状病毒疫情的反应更为显著。他们认为，此项研究表明，利用社交媒体来衡量公众对官方发布的疫情信息的反应是有用的。这有助于改善官方的疫情信息传播策略。[①]

Isaac Chun-Hai Fung 等在 2015 年的文章《中国社交媒体对 42 种法定传染病信息的反应》（*Chinese Social Media Reaction to Information about 42 Notifiable Infectious Diseases*）中，对中国社交媒体用户如何对传染病疫情做出反应的问题进行研究。他们将研究案例扩展至 42 种法定传染病信息，并对 5 类内容进行了分析，分别是疫情或病例新闻、健康教育信息、替代健康信息（或传统中医药）、商业广告、娱乐和社会问题信息。这项研究对于提升健康传播的效果具有积极的意义。[②] 随着中国环境问题的日益凸显，英美学界中国社交媒体研究也将目光投向了中国的环境传播问题。Jiang Wei 等在 2015 发表的文章《利用社交媒体检测室外空气污染与监测空气质量指数（AQI）——基于新浪微博的地理时空分析框架》[*Using Social Media to Detect Outdoor Air Pollution and Monitor Air Quality Index（AQI）：A Geo-Targeted Spatiotemporal Analysis Framework with Sina Weibo（Chinese Twitter）*] 中，利用新浪微博的地理定位功能，创建了利用社交媒体监测室外空气污染指数的分析框架。他们采用大数据过滤程序，对基于地理定位的社交媒体信息进行时空走向的分析，以有效地监测大城市空气质量的动态变化。通过对三类相关信息，即转发、手机应用信息和原创个人信息的调查分析，他们发现个人发布的信息

---

① Fung, C. H., Fu, K. W., Ying, Y. C., Schaible, B., Hao, Y., Chan, C. H. & Tse, Z. T. H., Chinese social media reaction to the MERS-CoV and avian influenza A（H7N9）outbreaks, *Infectious Diseases of Poverty*, 2013, 2（1）：31.

② Fung, I. C. H., Hao, Y., Cai, J. X., Ying, Y. C., Schaible, B. J., Yu, C. M., Tse, Z. T. H. & Fu, K. W., Chinese Social Media Reaction to Information about 42 Notifiable Infectious Diseases, *Plos One*, 2015, 10（5）：e0126092.

与空气质量指数之间有最高的关联度。因此，个人发布的相关信息能够用来观测空气质量指数。他们在此基础上建立了一个能够监测、跟踪以改善空气污染问题的分析框架，并指出对社交媒体信息的多重筛选和过滤是采用这一框架的关键步骤。[①]

3. 中国社交媒体的隐私泄露与保护

社交媒体的隐私问题一直以来是英美学界社交媒体研究者十分重视的研究议题，英美学界的中国社交媒体研究者自然也不例外。Elaine J. Yuan 等在 2013 发表的论文《中国社交媒体语义网络中的"隐私"——以新浪微博为例》（*"Privacy" in Semantic Networks on Chinese Social Media：The Case of Sina Weibo*）中，以新浪微博的隐私话语为例，对其中 18000 条包含"隐私"一词的帖子进行了语义网络分析。他们发现，新浪微博上的隐私相关讨论印证了人们对政府和大企业的隐私侵犯行为越来越敏感。中国社交媒体上的隐私含义多种多样，涵盖了从追求个人尊严和安全到政治参与等多个方面。隐私为理解自我与他人、个人与集体、私人与公共的关系以及更广泛的当代中国社会语境提供了新的视角。同时，保护隐私是人们为了维护自身个性而进行的社会实践活动。[②] Clinton Amos，John B Goddard 和 Zhang Lixuan 在 2014 年的论文《微博隐私感知与行为调查》（*Investigating Privacy Perception and Behavior on Weibo*）中，通过观察发现微博鼓励用户提供个人信息，增大了用户隐私泄露的风险。他们调查了微博用户对其他用户的信任度及其对政府干预的态度如何影响微博用户对待隐私问题的态度和保护隐私的行为。调查结果显

---

① Jiang, W., Wang, Y. D., Tsou, M. H. & Fu, X. K., Using Social Media to Detect Outdoor Air Pollution and Monitor Air Quality Index (AQI)：A Geo-Targeted Spatiotemporal Analysis Framework with Sina Weibo (Chinese Twitter), *Plos One*, 2015, 10 (5)：e0126092.

② Yuan, E. J., Feng, M. & Danowski, J. A., "Privacy" in Semantic Networks on Chinese Social Media：The Case of Sina Weibo, *Journal of Communication*, 2013, 63 (6)：1101 – 1031.

示，对待政府干预的态度与隐私保护行为密切相关，对其他用户的信任度与隐私保护行为呈负相关。而对隐私问题的关注度与其隐私保护行为正相关。[①] Yang Hongwei 和 Liu Hui 在 2014 的文章《中国社交媒体对网络信息披露、隐私关注和监管支持的前负面经验》(*Prior negative experience of online disclosure*, *privacy concerns*, *and regulatory support in Chinese social media*) 中，对社交媒体广告与人们对待隐私态度的关系进行了研究。通过调查，他们发现社交媒体用户对社交媒体广告先前的负面经验会增加其对使用社交媒体的隐私担忧，因此人们对政府监管社交媒体广告的措施持支持态度。基于此，他们呼吁企业在发布社交媒体广告时应具有自律意识。[②] Hamid Nematil 等 2014 的文章《社交媒体中的隐私应对与信息共享行为：中美两国用户比较》(*Privacy Coping and Information-Sharing Behaviors in Social Media*：*A Comparison of Chinese and US Users*) 则对中美用户不同的隐私应对行为和信息分享行为进行了对比研究。他们指出，中美用户不同的用户特征决定着其面临的隐私问题和采取的信息分享行为亦有所不同。在他们看来，中国用户的隐私困境比美国用户更严重，且越是沉迷社交媒体的用户面临的隐私风险越大。[③] Liu Yang 和 Fan Jun 在发表于 2015 的论文《社交网站的文化隐私实践：中美大学时代用户共享照片的隐私边界渗透管理》(*Culturally Specific Privacy Practices on Social Network Sites*：*Privacy Boundary Permeability Management in Photo Sharing by American and Chinese College-Age Users*) 中，

---

①　Amos, C. , Goddard, J. B. & Zhang, L. , Investigating Privacy Perception and Behavior on Weibo, *Journal of Organizational & End User Computing*, 2014, 26 (4): 43 – 56.

②　Yang, H. W. & Liu, H. , Prior negative experience of online disclosure, privacy concerns, and regulatory support in Chinese social media, *Chinese Journal of Communication*, 2014, 7 (1): 40 – 59.

③　Nemati, H. , Wall, J. D. & Chow, A. , Privacy Coping and Information-Sharing Behaviors in Social Media: A Comparison of Chinese and US Users, *Journal of Global Information Technology Management*, 2014, 17 (4): 228 – 249.

则将文化因素引入关于隐私问题的研究之中。他们对中美用户在社交媒体上所分享照片的隐私信息进行调查，考察了社交媒体隐私实践的文化特征。其研究发现，中国社交媒体用户较之美国用户更注重保护自身隐私，且中国用户与社交媒体好友之间的关系更为疏远。①

4. 中国社交媒体的"副新闻领域"作用

中国社交媒体的兴起，以及由此而来的网络媒体的蓬勃发展，给传统新闻机构和新闻工作者带来了巨大冲击。在社交媒体时代，公众对新闻的接受呈现出与过往迥然不同的状况，这直接导致以新闻工作者为主的新闻信息传播者对其新闻传播实践活动的改进和调整。

Jiawei Sophia Fu 和 Alice Y. L. Lee 在 2016 年发表的论文《中国记者在扩展新闻领域中的话语性微博实践》（*Chinese Journalists' Discursive Weibo Practices in an Extended Journalistic Sphere*）中，通过对中国新闻工作者微博的考察，发现中国新闻工作者在社交媒体上的"话语正常化"实践相比西方新闻工作者更为复杂。中国新闻工作者的线上表达受到党媒、专业主义、市场经济和儒家思想四个因素影响。同官方媒体的新闻工作者相比，商业媒体新闻工作者的社交媒体话语实践受限制更少，表达更自由。他们将中国新闻工作者微博称为"副新闻领域"（a spin-off journalistic sphere），认为社交媒体的技术创新和中国的社会政治环境共同作用于中国新闻工作者在"副新闻领域"的话语实践②。Joyce Y. M. Nip 和 King-wa Fu 在 2016 年的论文《挑战官方宣传？新浪微博上的舆论领袖》（*Challenging Official Propaganda? Public Opinion Leaders on Sina Weibo*）一文中，通过

---

① Yang, L. & Fan, J., Culturally Specific Privacy Practices on Social Network Sites: Privacy Boundary Permeability Management in Photo Sharing by American and Chinese College-Age Users, *International Journal of Communication*, 2015, 9 (1): 2141 – 2160.

② Fu, J. & Lee, A. Y. L., Chinese Journalists' Discursive Weibo Practices in an Extended Journalistic Sphere, *Journalism Studies*, 2016, 17 (1): 80 – 99.

对微博揭露的 29 宗官员贪污案件进行研究，对微博意见领袖的用户类型加以考察。研究发现，尽管普通用户在微博上发声最多，但其言论只有借助微博才能向公众扩散。所以，他们认为新闻机构和网络媒体是最重要的微博意见领袖。而微博发布的官员贪污事件的消息来源往往是党政机关，因此党政机关借助新闻机构和网络媒体在社交媒体场域间接实现了议程设置。但微博仍然有助于帮助普通用户发声，一些新闻工作者自身就是微博意见领袖的一员，其存在对官方主导的宣传构成挑战。[①] John Chung-En Liu 和 Zhao Bo 在 2016 年的文章《谁在为中国的气候变化说话？——来自微博的证据，气候变化》（*Who speaks for climate change in China? Evidence from Weibo*, *Climatic Change*）中，调查了微博上围绕巴黎气候峰会展开的讨论，发现主导微博讨论的是机构媒体和国际行为主体等，而中国非政府组织以及传媒知识分子则大多缺席讨论。微博上大多数发言旨在增进公众对气候改变的了解，很少有探讨诸如气候改变对中国的实际影响或中国的低碳政策措施的影响等话题。气候变化似乎成了一个处于中国国家语境之外的全球性危机。在中国语境下的相关讨论与国际语境存在显著差异。这提醒英美学界中国社交媒体研究者应当更深入地了解中国语境，并在此基础上展开针对具体问题的研究。[②]

三　拓展期：政治话题凸显与意识形态强化

2013 年至 2016 年，中国社交媒体迎来更为迅猛地发展。2013 年，微信用户数量破 6 亿人，日活跃用户超过 1 亿人，微博注册用户则超过 5 亿人；2014 年，更多功能细分化的中国社交媒体平台涌现，如阿里巴巴集团开发的企业社交媒体"钉钉"、专为陌生人社交

---

① Nip, J. Y. M. & Fu, K. W., Challenging Official Propaganda? Public Opinion Leaders on Sina Weibo, *China Quarterly*, 2016, 225: 122 – 144.

② Liu, J. C. E. & Zhao, B., Who speaks for climate change in China? Evidence from Weibo, *Climatic Change*, 2016, 140 (3): 1 – 10.

打造的社交媒体"陌陌"等；2015 年，视频社交媒体"快手"用户数量达到 3 亿人。与此同时，微信、微博等中国社交媒体平台的主导者不断进行功能创新以吸引用户，如微信推出微信红包，微博取消 140 字发布条件限制等；2016 年，微信、微博继续在功能创新上发力。而在细分市场，新兴的社交媒体平台逐渐崭露头角，如主打视频社交的"抖音"便是其中典型代表。但繁荣背后亦有隐忧，如微博因内容审查不力被屡屡约谈、支付宝的社交圈子功能被指有不良内容等，预示着中国社交媒体的发展将面对更加复杂多变的社会环境。

在中国社交媒体平台迅猛发展的背景下，英美学界中国社交媒体研究亦进入成熟阶段。在这一时期的研究中，英美学者的研究视角较之以往更加多元，不仅在理论和方法上取得了突破，同时在研究的问题域上也有显著拓展。英美学者不再拘泥于 2007 年至 2012 年的研究传统，而从更广阔的视域出发，试图通过对中国社交媒体环境中具体问题的研究，揭示当代中国社会与中国人的真实面貌与思想动态。因此，在这一阶段的大多数研究中，中国社交媒体常常与中国社会构连在一起，特别是与中国政治构连在一起。英美学者不再满足于仅是从实用性、功能性的角度评判中国社交媒体的影响力，而是立足于中国社会的现实语境，尝试在一个更大的时代背景下为中国社交媒体定位，发掘中国社交媒体与中国社会转型之间的潜在关联。

与此同时，随着英美学界对中国社交媒体研究话题的深入和问题领域的拓展，英美学界对中国社交媒体的研究已成规模，进入了拓展阶段。2013 年至 2016 年这一时期，可与英美学界社交媒体研究的"跨越式发展时期"（2012—2015）相对应。在这一阶段，两者均呈现出研究视角、研究问题和研究方法及理论框架进一步丰富的发展趋势。并且在这一阶段内，两者的研究水平在不断接近，在研究问题的分布上，两者也逐渐趋同。由此可见，这一阶段的英美学界中国社交媒体研究在方法和理论上均已达到较高水准，并成为英美学界社交媒体研究的重要组成部分，甚至不妨称为独立于（仅关注英美国家社交媒体的）英美学界社交媒体研究的一个新兴研究领域。

除了在相关研究成果的数量上尚无法与英美学界对英美国家社交媒体的研究相比，在研究的广度上英美学界中国社交媒体研究几乎可以涵盖英美学界社交媒体研究的诸多热门问题。但由于社会语境的不同，即便是相同的问题研究，亦会产生不同的观点和结论。如对社交媒体影响下的社会活动与公众政治参与的研究，在对英美国家社交媒体进行研究时，英美学者几乎没有触及对英美国家政治体制之本质的反思和批判，而是立足于自由主义的英美国家政治传统和个人主义的文化价值观，对总统竞选或社会抗议等政治活动仅仅做表面的阐述，而未从制度、文化上发掘其乱象生成的根本原因，这在 Jason Gainous 和 Kevin M. Wagner 的 2014年的著作《从 Twitter 到权力：美国政治中的社交媒体革命》（*Tweeting to power：the social media revolution in American politics*）① 和 James E. Katz 等 2013 年的著作《社交媒体总统：巴拉克·奥巴马与数码融合的政治》（*The social media president：Barack Obama and the politics of digital engagement*）② 中均有所体现。但在对中国社交媒体进行研究时，英美学者则较多地将目光投向中国社交媒体平台上引发的社会活动背后的国家政治体制，并普遍认为威权统治使得中国社交媒体平台上的言论自由和社会活动受限，因此中国社交媒体作为公众参与政治活动的渠道有其局限性。这正是英美学界中国社交媒体研究"语境错置"的表现，英美学者忽视了中国社会政治、经济、文化语境区别于英美国家的独特性，以其固有的英美国家意识形态和西方话语观照中国现实问题，难免会有失于客观性、

① Gainous, J. & Wagner, K. M., *Tweeting to power：the social media revolution in American politics*, UK：Oxford University Press, 2014.

② Katz, J. E., Jain, A. & Barris, M., *The social media president：Barack Obama and the politics of digital engagement*, Palgrave Macmillan, 2013.

中立性的基本学术立场。

第四节　英美学界中国社交媒体研究的
深化期(2017—2018.7)

　　之所以说 2017 年以来英美学界中国社交媒体研究进入了推进深化阶段，不仅仅是从论文数量上做出的判断（见图 13）。从论文内容上看，2017 年至 2018 年上半年的英美学界中国社交媒体研究不仅深化了过往研究的观点，还越来越多地运用跨学科理论，采用了新的研究计算方法，同时也为新技术背景下中国社交媒体及其相关研究的未来发展绘出了路线图。因此，本章将 2017 年以来的英美学界中国社交媒体研究称为深化期，实际上亦包含对其未来发展趋势的预判。

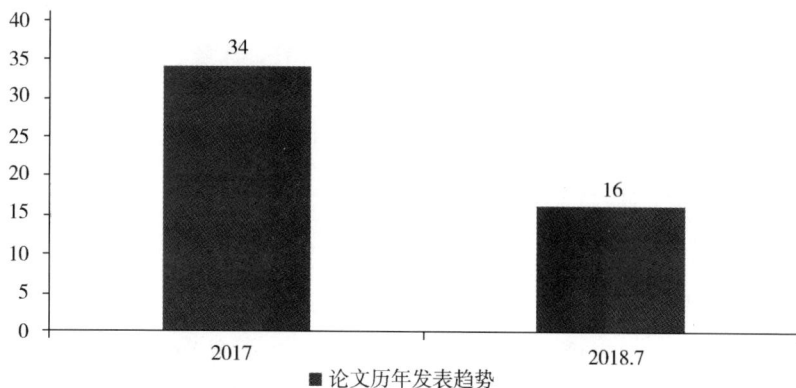

图 13　2017—2018 年英美学界中国社交媒体研究论文历年发表数量

一　细分研究对象，深耕关注领域

1. 营销功能细分化与策略的针对性

Peng Yuzhu 在 2017 年发表的论文《情感网络：微信如何增强腾

讯的数字商业治理》（*Affective networks：how WeChat enhances Tencent's digital business governance*）中认为，在人们的日常生活中已是无处不在的社交媒体产品已经成为互联网公司获取利润的重要工具。但英美学界对中国社交媒体商业管控和盈利模式的研究却还很少。因此，作者借助情感理论，对腾讯公司的社交媒体业务进行调查，分析了微信如何通过融入用户生活来为腾讯公司创造巨额利润。作者指出，中国社交媒体的商业化运作是资本和垄断共同作用的产物。此篇论文的价值在于，发现了中国社交媒体背后资本权力的存在。①

　　Jenny Weichen Ma 等在 2017 年的论文《自我理想的窗口：英国 Twitter 和中国新浪微博自拍者的研究及其对营销者的启示研究》（*A window to the ideal self：A study of UK Twitter and Chinese Sina Weibo selfie-takers and the implications for marketers*）中对 Twitter 和微博上热衷于自拍的用户进行了研究。他们认为自拍已经成为一种全球现象，但营销人员却很少能够意识到实时自拍的营销潜力。通过调查，他们发现消费者希望从自拍中获得完美自我的形象，且英国消费者和中国消费者在社交媒体平台上发布自拍的诉求也有所不同。不过，在他们看来，消费者从自拍中得到的象征意义和社会资本实际上微不足道。此篇论文不仅创造性地将自拍与社交媒体营销联系在一起，同时也对自拍行为进行了批判性分析，由此拓展了相关研究的视野。②

　　对于跨国公司来说，开拓中国市场的关键便是做好产品公关，特别是在面临突发事故时的公关工作。Zhu Lin 等在 2017 年的论文《危机传播中的社交媒体与文化：麦当劳和肯德基在中国的危机管理》（*A*

　　①　Peng，Y. Z. ，Affective networks：how WeChat enhances Tencent's digital business governance，*Chinese Journal of Communication*，2017，10（3）：264 – 278.

　　②　Ma，J. W. ，Yang，Y. S. & Wilson，J. A. J. ，A window to the ideal self：A study of UK Twitter and Chinese Sina Weibo selfie-takers and the implications for marketers，*Journal of Business Research*，2017，74：139 – 142.

Social media and culture in crisis communication：*McDonald's and KFC cri-ses management in China*）中，以麦当劳、肯德基在中国的危机公关活动为案例，考察了中国社交媒体在危机传播中扮演的角色。他们认为，中国社交媒体对跨国公司来说既是机遇亦是挑战。跨国公司在利用中国社交媒体进行危机公关时，应当对事故责任做好评估，并要考虑到跨文化差异的潜在影响。此篇文章的价值体现在针对热点事件做出回应，而在公关危机事件频发的中国市场环境中，这一研究之于跨国企业无疑具有重要的实际价值。[①] Chen Huan 和 Wang Ye 在 2017 年的文章《连接还是断开：社交媒体上的奢侈品牌与中国女性消费者的解读》（*Connecting or disconnecting*：*luxury branding on social media and affluent Chinese female consumers' interpretations*）中，对西方奢侈品在中国社交媒体上开展的品牌宣传活动进行了研究。他们认为，由于文化差异和中国社交媒体的特征，西方奢侈品在中国社交媒体上开展的品牌宣传活动面临许多挑战。通过对微信奢侈品营销活动的内容分析，辅以对女性奢侈品消费者的深度访谈，他们发现西方奢侈品品牌推崇使用丰富的媒体活动建立社会在场，进行自我展现，并允许低层次消费者参与。而消费者认为西方奢侈品品牌的媒体广告保守、距离远且不主动。因此，他们建议西方奢侈品品牌应通过媒体广告提供更具创造力也更有娱乐性的营销活动，表现形式上更具个性，更可与消费者产生共鸣，从而吸引更多消费者。[②] Sung-Eun Kima 等在 2017 年发表的《社交媒体旅游信息质量对目的地形象形成的影响—以新浪微博为例》（*Effects of tourism information quality in social media on destination image formation*：*The case of Sina Weibo*）中，

---

① Zhu, L., Anagondahalli, D. & Zhang, A., Social media and culture in crisis communication：McDonald's and KFC crises management in China, *Public Relations Review*, 2017, 43（3）：487－492.

② Chen, H. & Wang, Y., Connecting or disconnecting：luxury branding on social media and affluent Chinese female consumers' interpretations, *Journal of Brand Management*, 2017, 24（1）：1－13.

以新浪微博为例，考察了旅游信息质量对旅游目的地形象形成的影响。作者基于从微博用户中搜集的数据进行实证分析，发现一些网页设计作为非内容线索与用户的认知和情感图像呈正相关关系，从而使旅游信息形成一个可信图像。因此，作者的研究有助于相关研究者和从业人员更全面地理解旅游信息质量的构建，并帮助后者在实践中建立合适的营销策略，通过社交媒体吸引更多的游客。[①]

2. 公众参与的"野生公共网络"

Elizabeth Brunner 在 2017 年发表的文章《中国的野生公共网络与情感运动：茂名市的环境行动主义、社交媒体与抗议》（*Wild Public Networks and Affective Movements in China：Environmental Activism，Social Media，and Protest in Maoming*）中以茂名事件为例，对其"野生公共网络"（Wild Public Networks）进行了研究。所谓"野生公共网络"这一概念适用于对社会运动的考察。在茂名事件的环境抗议活动中，其"野生公共网络"呈现出纷乱复杂的局面，也正因为如此，作者试图从中对茂名事件进行更加多面的把握。在这个意义上，"野生公共网络"概念开拓了中国社交媒体影响下的社会运动与公众参与研究的视野，[②] 强调了社会网络的不一致性以及倾向于"关系"的重要性。Ye Yinjiao 等在 2017 年的文章《现代中国的社交媒体、公共话语与公民参与》（*Social media，public discourse and civic engagement in modern China*）中，对社交媒体与当代中国的公共话语和公众参与之间的关系进行了研究。他们从网络空间的角色出发，调查了人们的政治兴趣、普遍信任和生活满意度如何影响他们使用社交媒体的

① Kim, S. E., Lee, K. Y., Shin, S. I. & Yang, S. B., Effects of tourism information quality in social media on destination image formation：The case of Sina Weibo, *Information & Management*, 2017, 54 (6)：687 – 702.

② Brunner, E., Wild Public Networks and Affective Movements in China：Environmental Activism, Social Media, and Protest in Maoming, *Journal of Communication*, 2017, 67 (2)：665 – 677.

情况，及其与公共话语和公众参与的相互关系。通过调查，他们发现社交媒体使用与公共话语和公众参与具有显著关系，政治利益的刺激作用格外显著。而普遍信任和高满意度则会缓和网络舆论中的矛盾。此篇论文的观点创新体现了对公共话语的探索，并提出当下的中国公众在公共话语中表现出前所未有的参与程度，这证明中国的民主化政治已然取得一定突破。①

Jeffreys Elaine 和 Xu Jian 在 2017 年的文章《名人激励，粉丝驱动：在中国大陆通过社交媒体做慈善事业》（*Celebrity-inspired*，*Fan-driven*：*Doing Philanthropy through Social Media in Mainland China*）中，对中国社交媒体平台中的慈善事业进行了研究，并总结出名人牵头、粉丝驱动两大特征。他们认为中国社交媒体的兴起，使名人粉丝常常被名人言论带动去参与慈善事业。但有人批评这种参与慈善活动的方式是不健康的。但作者发现通过名人带动参与的慈善活动较之政府组织的慈善活动更受民众欢迎。Elaine 和 Jian 发现了中国社交媒体慈善活动的普遍运作模式，这在之前的相关研究中是未得到广泛重视②。

3. 政府信息监管与公共事件舆论引导

Eric Harwit 在 2017 年的文章《微信：中国主流即时通讯应用的社会和政治发展》（*WeChat*：*social and political development of China's dominant messaging app*）中，对微信在中国网民网络社交活动中的兴起过程进行了考察，认为微信的成功原因是它以熟人社交为特色，以可信联系人的小圈子作为用户开展社交的基础。在承认微信改善了人们的社交环境，并且提供了一些娱乐功能和个人关系功能的同时，他也指出微信的兴起为政府的信息监管提供了有力工具，并对

---

① Ye, Y. J., Xu, P. & Zhang, M. X., Social media, public discourse and civic engagement in modern China, *Telematics and Informatics*, 2017, 3 (3): 705 – 714.

② Jeffreys, E. & Xu, J., Celebrity-inspired, Fan-driven: Doing Philanthropy through Social Media in Mainland China, *Asian Studies Review*, 2017, 41 (2): 1 – 19.

政府信息监管的具体举措进行了案例研究。他认为，政府对微信的信息监管离不开企业的配合，政府信息监管将延缓数字公民社会到来的时间。Harwit 的研究对微信的兴起和影响进行了辩证的审视，这是之前的英美学界中国社交媒体研究所未见的。但 Harwit 对政府信息监管和当代中国政治的消极看法则脱离了微信所处的复杂社会语境，这或许是西方学者研究固有的偏见所致。①

Gary King 和 Jennifer Pan 在 2017 年的《中国政府如何为了战略性分散注意力，而非参与争论而编造社交媒体帖子》（*How the Chinese Government Fabricates Social Media Posts for Strategic Distraction*, *Not Engaged Argument*）里考察了中国政府对社交媒体信息的监管和舆论引导措施。他们认为，中国政府通过编辑社交媒体信息，将社交媒体用户的注意力从关注公共事件、对事件进行讨论中转移开来。他们认定中国政府通过投入大量资金雇用网络水军，即所谓"五毛党"来干预社交媒体用户对政治和政策的辩论。他们试图通过对中国社交媒体用户发布的信息进行内容分析，识别出"五毛党"的存在及其特征。他们认为中国政府对社交媒体信息进行干预的目的不是改变公众对事件的认识，而是将其注意力从事件中转移出去。不难看出，此篇论文的论述仅仅围绕不可信的经验材料的表象展开，缺少具有说服力的事实材料的佐证，其所得结论显然有失偏颇。King 和 Pan 的观点可以说是对当代中国政治的刻板偏见的延续，同时又是对这种刻板偏见更进一步的固化。②

4. 传统媒体对社交媒体新闻的选择取向

Li Bo 等在其 2017 年的论文《无论祸福：社交媒体对中国体育记者的影响》（*For Better or for Worse*：*The Impact of Social Media on*

---

① Harwit, E., WeChat: social and political development of China's dominant messaging app, *Chinese Journal of Communication*, 2017, 10 (3): 1 – 16.

② King, G., Pan, J. & Roberts, M. E., How the Chinese Government Fabricates Social Media Posts for Strategic Distraction, Not Engaged Argument, *American Political Science Review*, 2017, 111 (3): 484 – 501.

Chinese Sports Journalists）中考察了中国体育记者使用社交媒体的情况。他们发现，搜集新闻事实是体育记者使用社交媒体的主要动机，微博、微信是他们最常用的社交媒体工具。社交媒体用户对体育记者报道造成无形的压力。由于社交媒体使用户获取信息更方便，因此体育记者地位大不如前。与此同时，体育记者与运动员的关系也发生了微妙变化。Li 和 Stokowski 对体育新闻从业者的研究打开了英美学界中国社交媒体研究尤其是新闻问题研究的视野。①

　　Tong Jingrong 在其 2017 年发表的文章《科技与新闻：将社交媒体内容"溶解"到中国三场灾难的灾难报道中》（*Technology and journalism："Dissolving" social media content into disaster reporting on three Chinese disasters*）中，以中国报纸和英国报纸对三起中国自然灾害事件中的社交媒体反应进行报道的不同方式为例进行研究。他认为，两国报纸对公众社交媒体信息的选择和采编，反映了两国媒体不同的政治和商业利益、意识形态和新闻价值观。新闻工作者的选择性报道在中国媒体中尤为明显，通过这种做法社交媒体信息成为中国媒体的信息源之一。此篇论文首次将社交媒体信息与媒体报道相结合，并对媒体报道的建构属性进行了批判性分析。②

5. 青年健康信息分享与媒体治疗

　　Zhang Ni 等在 2017 年的文章《健康分享：中国青少年利用社交网站分享健康信息的经验与视角研究》（*Sharing for Health：A Study of Chinese Adolescents' Experiences and Perspectives on Using Social Network Sites to Share Health Information*）中，考察了中国青少年使用社交媒体分享健康信息的情况。通过调查，他们发现中国青少年会在社

---

　　①　Li, B., Stokowski, S., Dittmore, S. W. & Scott, O. K. M., For Better or for Worse：The Impact of Social Media on Chinese Sports Journalists, *Communication & Sport*, 2017, 5 (3)：9928 – 9940.

　　②　Tong, J. R., Technology and journalism："Dissolving" social media content into disaster reporting on three Chinese disasters, *the International Communication Gazette*, 2017, 79 (4)：400 – 418.

交媒体上分享自己认为有趣的健康信息。他们认为，这一发现有助于有关部门利用社交媒体增进青少年对健康信息的了解，即为青少年提供可读性强的健康信息，并提高青少年批判地接受健康信息的能力。Zhang 和 Teti 的研究将中国社交媒体健康传播研究的视角转移到中国青少年这一具有极大研究价值的研究对象身上，这是他们对相关研究及社会实践做出的独特贡献。① Tan Ziying 等学者在 2017 年的文章《设计微博直接信息以吸引有自杀意念的社交媒体用户：微博访谈与调查研究》（*Designing Microblog Direct Messages to Engage Social Media Users With Suicide Ideation：Interview and Survey Study on Weibo*）里，考察了如何通过微博对有自杀想法的个人进行干预的问题。他们认为，通过微博私信干预有自杀想法者的自杀行为是较为困难的，需要围绕有自杀想法者的个人性格特点进行有针对性的干预。他们对有自杀想法者的内容可接受度进行了分析，并发现账户名称的可靠性、信息的简洁性以及留下心理干预中心电话号码的私信内容更易为有自杀想法者接受。② Zhang Tianhong 等在其 2017 年的文章《利用"微信"在线社交网络对临床精神病高危青少年家庭成员进行现实需求分析》（*Using "WeChat" online social networking in a real-world needs analysis of family members of youths at clinical high risk of psychosis*）里，对微信诊断青少年精神病风险的功能进行了研究。他们考察了青少年家属在干预其精神病患病风险中发挥的作用。通过对微信互助小组的调查，他们指出以家庭为中心的干预措施常常旨在针对功能恢复和对药物进行即时解释，以满足中国临床高危人群家庭的主要需求。此

---

① Zhang, N., Teti, M., Stanfield, K. & Campo, S., Sharing for Health：A Study of Chinese Adolescents' Experiences and Perspectives on Using Social Network Sites to Share Health Information, *Journal of Transcultural Nursing*, 2017, 28（4）：423 – 429.

② Tan, Z. Y., Liu, X. Y., Liu, X. Q., Cheng, Q. J. & Zhu, T. S., Designing Microblog Direct Messages to Engage Social Media Users With Suicide Ideation：Interview and Survey Study on Weibo, *Journal of Medical Internet Research*, 2017, 19（12）：1 – 13.

篇论文使社交媒体治疗研究关注到了以往被忽视的青少年人群，对中国社会越发凸显的青少年精神病患病率增加问题做出了卓有价值的回应。[①]

6. 社交媒体对学习的正负向影响

Wang Xiqiao 在其 2017 年发表的论文《跨桥式写作教室的微信的中国留学生的空间和识字实践》(*Spatial and literacy practices of Chinese international students across a bridge writing classroom and WeChat*) 中，对中国国际学生的微信使用情况进行了调查，并探讨了对微信的使用能否帮助学生改善学习效率的问题。他以一个桥梁写作课程为案例，通过对国际学生的访谈和追踪，考察了跨文化读写学习空间的运作，该空间包括了写作教室、非正式学习空间和微信学习小组。他认为，应当结合历史文化背景，跨越多个空间，培养国际学生的读写能力，不能过度依赖社交媒体中的学习小组，因为学习小组可能反而会对学习过程形成干扰。[②] 此篇论文的价值在于，作者挑战了以往认为社交媒体无所不能的教育学观点，提出并分析了社交媒体在学习方面的负面作用。Jin Li 在 2017 年发表的《微信的数字功能支持：作为第二语言学习汉语》(*Digital affordances on WeChat: learning Chinese as a second language*) 中，考察了微信对于第二语言学习环境的数码支持和可供性。他认为，第二语言学习只有在环境中的符号数据资源与学习者的能力、才干和态度相协调时才能顺利进行。作者将可供性作为理论支持和分析框架，通过定性研究，发现了微信的 5 个可供性，即可方便接触到中文母语者的休闲空间、与中文发言者之间以意义为中心的真实沟通、语言资源数据和多元读写能力以及

---

① Zhang, T. H., Xu, L. H., Tang, Y. Y. Cui, H., Li, H., Wei, Y., Xu, Y., Jiang, L., Zhu, Y., Li, C., Jiang, K., Xiao, Z. & Wang, J., Using 'WeChat' online social networking in a real-world needs analysis of family members of youths at clinical high risk of psychosis, *Disaster Medicine & Public Health Preparedness*, 2017, 12 (1): 375–382.

② Wang, X., Spatial and literacy practices of Chinese international students across a bridge writing classroom and WeChat, *Language & Education*, 2017, 31 (6): 561–579.

创建新身份的空间。① 显而易见，此篇论文对于第二语言教学者和学习者都有重要启发意义。

二 开辟新的方向，反思研究现况

1. 边缘人群研究

Guo Lei 在 2017 年发表的《微信作为一个半公共的替代领域：探索微信在中国老年人中的使用》（*WeChat as a Semipublic Alternative Sphere：Exploring the Use of WeChat Among Chinese Older Adults*）中，将目光投向老年人微信用户，考察了老年人的微信使用情况。通过调查，他发现微信使得老年人接触到了以往官方话语遮蔽的信息，并刺激他们参与社会活动之中。但与此同时，政府的信息审查以及微信运营者的商业企图，遏制了微信继续发展的潜力，也阻碍着它真正成为老年人社交的替代渠道。此篇论文的观点创新性体现在：一方面将研究对象扩展至老年人微信用户群体，看到了老年人微信用户群体与其他微信用户的差异，另一方面则提出了政府信息监管和微信商业运营会否遏制微信发展潜力的问题。②

在 2017 年发表的文章《识别和预测在社会问题和回答中寻求帮助的愿望》（*Identifying and predicting the desire to help in social question and answering*）中，Zhe Liu 和 Bernard J. Jansen 认为，随着社交媒体的流行，人们越来越依赖以其作为获取信息的渠道。但尽管如此，社交媒体对用户信息的回应效率仍然偏低。为了解决这一问题，他们以微博为研究对象分析了影响微博对用户信息的回应效率低下的原因。通过调查，他们发现用户在发布信息时在信息内容中加入表情符号可以吸引其他用户来进行回应，而使用话题标签不会激发其

① Jin, L., Digital affordances on WeChat：learning Chinese as a second language, *Computer Assisted Language Learning*, 2017, 31（1）：1 – 26.

② Guo, L., WeChat as a Semipublic Alternative Sphere：Exploring the Use of We-Chat Among Chinese Older Adults, *International Journal of Communication*, 2017, 11：408 – 428.

他用户回应的欲望。此篇论文将微博中的发布与回应互动行为作为研究对象，这是一个较有新意的切入点，同时该论文强调了表情符号在社交媒体交往中的作用，为中国社交媒体研究设置了新的关注对象。①

Wu Yue 等在 2017 年发表的文章《中国社交媒体对同性恋的去污名效应：人际中介接触与准社会中介接触视角》（*Exploring the de-stigmatizing effect of social media on homosexuality in China：an interpersonal-mediated contact versus parasocial-mediated contact perspective*）中，对中国社交媒体对同性恋的去污名化功能进行了调查。作者认为，中国社交媒体为改善中国公众对待同性恋人群的消极态度提供了渠道，与 LGBT（性少数群体）群体的接触将使公众对待同性恋人群的态度有所缓和。也就是说，LGBT 群体可以通过在线上进行自我表达，实现自我的去污名化。作者采用了接触假说和准社会接触理论的分析框架，但未发现准社会间媒介接触与公众对 LGBT 群体的支持性反应有正向关系。此篇论文对同性恋这一中国社会敏感话题进行了研究，使 LGBT 边缘人群进入到英美学界中国社交媒体研究的视野之中。这不仅拓宽了中国社交媒体研究的视角，同时也为针对边缘人群的文化研究提供了新的研究方向。②

2. 对研究现状的反思

在 2017 年发表的论文《和谐的社群主义还是理性的公共领域：微博与 Facebook 新闻评论差异的内容分析》（*Harmonious communitarianism or a rational public sphere：a content analysis of the differences between comments on news stories on Weibo and Facebook*）中，Gillian Bolsover 认为，西方理论特别是公共领域理论在中国社交媒体研究中未

①　Liu, Z & Jansen, B. J., Identifying and predicting the desire to help in social question and answering, *Information Processing & Management*, 2017, 53（2）：490 – 504.

②　Wu, Y., Mou, Y., Wang, Y. & Atkin, D., Exploring the de-stigmatizing effect of social media on homosexuality in China：an interpersonal-mediated contact versus parasocial-mediated contact perspective, *Asian Journal of Communication*, 2017, 11：1 – 18.

必具有适用性，而从中国传统哲学中发掘理论资源似乎也难以用于对当代中国社交媒体的研究。作者利用内容分析法比较了 Facebook 和微博平台上用户对新闻事件的评论，证实了他所提出的理论不适用性问题。他发现中国网民并不是一个和谐的群体，其内部往往充满分裂，难以形成共识。因此，作者建议未来的英美学界中国社交媒体研究不可再执着于西方理论或古代中国哲学，而应更多地从社会实际出发。这一建议无疑将使英美学界中国社交媒体研究的视角得到更新，使这一研究方向更贴近中国社会的现实语境。①

三　深化期：深入研究与前沿探索

进入 2017 年以来，中国社交媒体的发展脚步似乎逐渐放缓。一方面，中国社交媒体的各细分市场基本已被各个代表性社交媒体平台占据，微信、微博这两个较早问世的中国社交媒体平台继续保持着对中国人网络社交生活的巨大影响力，而人人网、搜狐、微博等老牌社交媒体平台已经相继衰落乃至停止运营；另一方面，中国社交媒体暴露出的隐私和安全风险等问题，逐渐为社交媒体用户所重视，他们要么将社交活动的重心从线上重新转移到线下，要么则将自己使用的社交媒体产品局限在微信、微博等常用社交媒体的范围之内，同时，中国社交媒体巨头的市场垄断也愈演愈烈。从新闻报道中人们亦明显能够感觉到，中国社交媒体平台与政府机构之间的联系正越发紧密，中国社交媒体平台的发展逐渐走向秩序化的轨道。

2017 年以来的英美学界中国社交媒体研究，继续保持着旺盛的活力。笔者甚至认为，在未来相当长的时间内，英美学界中国社交媒体研究将成为一个显学。本节从具体的研究问题入手，整理了英

---

① Bolsover, G., Harmonious communitarianism or a rational public sphere: a content analysis of the differences between comments on news stories on Weibo and Facebook, *Asian Journal of Communication*, 2017, 27 (2): 1 – 19.

美学界中国社交媒体研究近两年内的代表性论文，我们从这些论文中可以看到，英美学界中国社交媒体研究较之以往更加注重对前沿方法与理论框架的应用。同时英美学者对中国社会语境的认识也更加全面、深入。那么，在中国社交媒体平台发展速度放缓的业界背景下，英美学界的中国社交媒体研究却能迎来繁荣？或许有两个原因。其一，英美学界中国社交媒体研究经过几年的积累，其研究水准得到了明显提升，相关研究者的理论和方法论素养取得显著进步，这些均能反映在其研究成果之中，这是英美学界中国社交媒体研究作为一个研究领域的自然成长过程。其二，随着国际政治局势的风云变幻，以及中国国际地位和国际事务话语权的提升，越来越多来自各个学科领域的英美学者加入中国社交媒体研究中来，他们的加入不仅丰富了中国社交媒体研究的研究工具和问题意识，同时也使得中国社交媒体研究的边界不断拓展，内涵不断扩大。其三，随着中国社交媒体对中国的政治、经济、文化各个方面影响日益深刻，也随着中国学界"走出去"在世界发出声音的学术意识日益增强，中国本土学者在英美学界也越来越活跃，实际上，本书所论及的大部分英美学界中国社交媒体研究文献，有相当部分是由外籍华裔学者或者华人学者与英美学者合作完成。尽管他们的研究成果发表于英美学界期刊，但其立足中国本土的背景使他们的研究成果较之"置身事外"的英美学者更贴近中国现实、更具中国特色，因而从另一个维度上深化和推进了英美学界对中国社交媒体的研究。正是在这几个原因的推动下，2017年后的英美学界中国社交媒体研究有望迎来更大发展，而对这一深化阶段的考察，则需要我们投入更持久的关注和思考。

英美学界中国社交媒体研究的"深化阶段"（2017—2018.7）可与英美学界社交媒体研究的"高峰期"（2016—2018）类比。在这一阶段内，两者的研究水准均攀上了一个新的高度。如第一章所述，这一阶段的英美学界社交媒体研究的关注重心"开始向学术纵深、他者视野和文化批判等角度转移"。亦即是说，英美学界社交媒体研究不再囿于对社交媒体相关问题的表象探讨，不再将目光仅仅局限于英美国家的社交媒体问题，不再以全然肯定性的视角对社交媒体问题进行考察。而此一阶段内的英美学界中国社交媒体研究，则越发重视对社会科学前沿理论和方法的采用，并且对中国社会现实语境的理解也更加全面、广泛和深入，由此其研究结论和观点逐渐打破了对中国社会和中国政治的刻板印象，在尖锐的批判之外也注入了较多的客观理性和人文关切。

　　同时，还应该注意到，无论是英美学界中国社交媒体研究的"深化阶段"，抑或英美学界社交媒体研究的"高峰期"，均是在社交媒体业界发展速度放缓的时代背景下出现的。无论是中国社交媒体抑或英美国家社交媒体，在近几年都进入了一个稳步发展的时期，而不再呈现爆发式的增长。但这并不代表学界发展已与业界发展脱节。事实上，正是因为社交媒体业界市场垄断加剧，细分领域纷纷被巨头瓜分，学者们的研究对象才能更加明确、集中；正是因为研究对象更加明确、集中，学者才能将更多注意力放到对研究问题的考察上面。

　　事实上，近几年的英美学界社交媒体研究及对中国社交媒体的研究问题更为深入，跨学科趋势明显增强，譬如健康传播、体育传播等相关研究的兴起。在原有的研究问题的探索上，也取得了更多突破，譬如在对社交媒体用户行为与心理的研究上，开始将目光转移到一些过去未受关注的边缘人群。但在这同时，仍有一些研究问题是英美学界社交媒体研究探讨过而英美学界中国社交媒体研究尚未触及的，譬如社交媒体与"后真相"政治的关系问题，英美学界社交媒体研究者已对此进行过较多讨论，如 Brian L. Ott 在 2017 年发表的《Twitter 时代：唐纳德·特朗普与贬低政治》（*The age of Twitter：Donald J. Trump and the politics of debasement*）① 以及 Jason Han-

---

① Ott, B. L., The age of Twitter：Donald J. Trump and the politics of debasement, *Critical Studies in Media Communication*, 2017, 34（1）：59 – 68.

nan 在 2018 年发表的《自寻死路？社交媒体与后真相政治》（*Trolling ourselves to death? Social media and post-truth politics*）[①] 等。而在英美学界的中国社交媒体研究中，这一问题还未受到相关研究者的明确关注和探讨。由此可见，尽管英美学界中国社交媒体研究与英美学界社交媒体研究的总体差距较之过去已经大大缩小，但在某些具体研究问题上，仍然存在着一定的差距。

　　总之，本章通过对英美学界中国社交媒体研究的文本梳理及根据文本事实所做出的这三个阶段的判断、分析，得出了英美学界中国社交媒体研究历程具有现实性、功用性、非线性、螺旋型发展特征的结论。在此基础上，本书接下来的三章到六章将在整体把握英美学界社交媒体研究语境，纵向厘清英美学界中国社交媒体研究脉络的前提下，并进一步对英美学界中国社交媒体研究展开横向共时性专题探讨，之后的这些探讨依然还将间接地对本章得出的这个结论进行验证和推进。

---

　　① Hannan, J., Trolling ourselves to death? Social media and post-truth politics, *European Journal of Communication*, 2018, 33（2）: 214 – 226.

第 三 章

英美学界中国社交媒体传播系统特征研究

帕森斯在其代表作《社会体系》（The Social Systems）中认为，各个社会构成部分是具有不同基本功能的、多层面的次系统，是"总体社会系统"的有机组成部分①，在社会总系统下的传播系统也有其自身的结构特征。而社交媒体作为当今整个社会传播系统中的最重要的平台形态，一方面它与社会总体系统形成相互依存的紧密关系，另一方面"它在任何地域都带来传播者与受众间关系的巨大转变及传播权力深层次的结构调整"。社交媒体的产生和发展给整个传播系统带来了颠覆性的变化。

1948 年拉斯韦尔明确提出了传播过程及其五个基本构成要素的传播学 5W 模式：谁（Who），说了什么（Says what），通过什么渠道（In Which Channel），对谁说（To Whom），取得了什么效果（With What Effect）。社交媒体同样具有其自身的传播体系和内在结构特征。本章将分别从上述结构系统构成要素的角度探索英美学界中国社交媒体研究的具体情况。

鉴于社会环境、文化背景，尤其是国家制度等差异性，中国社交媒体除了具备与英美国家社交媒体相似的传播特点外，在用户构

---

① Parsons, T., *The Social System*, The Free Press, New York, 1951, pp. 15 – 16.

成、传播行为、传播内容、传播渠道等传播体系的构成要素方面都有其自身独具的特点。英美学界将关注点聚焦在与西方的差异上，对中国社交媒体的这些传播要素个性特征展开研究，他们的研究对于中国社交媒体传播特征的理论认知，以及为相关领域或部门更有效地运用社交媒体的实践层面都具有重要价值。

当然，英美学界对中国社交媒体特征研究既有客观公正的学理性分析，也存在因不同程度的意识形态倾向而造成研究观点的偏颇。相关研究成熟的理论成果值得中国学者借鉴，其研究的偏颇同样值得中国学者批评思考。

第一节 用户构成的分类关注

讨论社交媒体用户特征需要先厘清社交媒体用户的基本内涵。中国学者蔡雯认为，"传播学中经常使用'受众'一词，暗含'被动的信息接受者'之意，而在社交媒体时代'受众'转变成了'用户'。社交媒体给予用户极大的参与空间，把传播的主动权交给了用户，在这样的平台上用户可以自主地参与到其中的沟通中，而不是单纯被动地接收信息的传播"。① 鉴于此，本书使用用户来统称社交媒体中除平台外的信息传受双方。

实际上，在传播研究中，受众的能动性早已受到重视。如斯图亚特·霍尔注意到受众在信息解码活动中的主动性，他们并非时刻受编码者左右②，Ien Ang 在其论文《看达拉斯：肥皂剧和戏剧性的想象》（*Watching Dallas：Soap Opera and the Melodramatic Imagination*）中通过考察观众对电视剧《达拉斯》的观感，也发现了观众

① 蔡雯：《从面向"受众"到面对"用户"——试论传媒业态变化对新闻编辑的影响》，《国际新闻界》2011 年第 5 期。

② ［英］斯图亚特·霍尔：《编码，解码》，王广州译，罗钢、刘向愚编《文化研究读本》，中国社会科学出版社 2000 年版，第 345—359 页。

对该剧的接受不会全然如制作者及其意识形态编码所愿①。而约翰·费斯克的研究更是被指为"过分专注于文化文本和受众的接受",以至于"隔断了传播领域本身"②。

因此,英美学界中国社交媒体研究对"用户"的关注有其理据可循。同时,中国社交媒体市场的迅猛发展,也使规模庞大、类型多样的中国社交媒体用户自然进入英美学者的视线。正如美国研究者 Elizabeth Brunner 等在论文《中国的野生公共网络和情感运动:环境行动主义,社交媒体》(*Wild Public Networks and Affective Movements in China:Environmental Activism,Social Media*)所说"中国的在线活动从 2000 年到 2017 年,中国互联网用户数量从 2250 万人猛增至 7 亿 2000 多万人,成为全球最大的互联网国家。其中,微博每月活跃用户 3.13 亿,微信用户 7 亿"。③(*China's online activity is astounding. Between 2000 and 2017,the number of Chinese Internet users skyrocketed from 22.5 million to over 720 million,making it the world's largest Internet nation. Of these,313 million are monthly active users on Weibo and 700 million on Weixin.*)与 20 世纪 90 年代和 21 世纪初首次上网的精通技术的网民相比,现在的用户群体更加多样化,用户分布的性别、身份、年龄等相对广泛,但用户的媒介素养总体不够高。但随着中国社交媒体的进一步发展,其主体用户开始改变,从社交媒体用户的社会阶层分布来看,"中国的中等收入群体,正取代'三低人群'成为网络社会主力军",由此带来网络媒体关注话题的变迁,"'安全感'成为基础型、底线型的网络社会心态,以'个人权利''社会保障''生活品质'为目标的民生议题成为网络表达的

① Ang,I.,*Watching Dallas:Soap Opera and the Melodramatic Imagination*,UK:Routledge,1985.

② [美]道格拉斯·凯尔纳:《媒体文化》,丁宁译,商务印书馆 2004 年版,第63 页。

③ Brunner E.,Wild Public Networks and Affective Movements in China:Environmental Activism,Social Media,and Protest in Maoming,*Journal of Communication*,2017,67(5):665 – 677.

高发领域'三高'（高发展效能、高个人奋斗、高生活追求）'三低'（低年龄、低收入、低教育水平）特征是中等收入群体网络表达的主流"。①

由于中国与西方国家的政治、经济、文化及社会制度迥异，中国社交媒体用户不同于西方社交媒体的用户，而无论任何研究其对"人"的研究都是最核心的命题之一，都具有重要的学术意义和现实价值。基于此，对中国社交媒体用户这一最大的"人"的集合体的研究自然成为英美学界的聚焦点。

通过对相关英文文献的分析发现，英美学界对中国社交媒体不同类型的用户关注程度不同：对主要涉及职业白领、在校大学生等主流用户的研究不多，而对包括突发事件的涉事人群、特殊性取向人群、"网络水军"、意见领袖等一些特殊人群则关注较多。这在很大程度上是由固守西方意识形态的英美学者对中国社会环境的刻板偏见所致。而这一少一多的失衡也带来传播内容、传播特点等研究的一系列偏差，造成英美学者对于中国社交媒体总体特征认知模糊。

一　对积极用户的有限关注

英美学界针对中国社交媒体用户总体特征研究不多，有一种原因是用户构成丰富多元，个案研究更具体深入。但是，总体看来，研究者关注的积极正面的社交媒体用户主要涉及都市白领、在校大学生、城市外来人口、虚拟社区成员以及科学家群体，对于社交媒体的积极用户研究存在缺失。

第一，职业白领利用社交媒体分享信息：满足愉悦与归属的心理需求。Huan Chen 和 Eric Haley 在名为《中国社交网站在城市白领中的存在意义》（*The Lived Meanings of Chinese Social Network Sites*

---

① 郑雯、李良荣：《中等收入群体在中国网络社会的角色与地位研究》，《现代传播》（中国传媒大学学报）2018 年第 1 期。

(*SNSs*) *among Urban White-Collar Professionals*）的论文中聚焦职业白领，揭示了中国社交媒体在城市中存在的意义：在开心网分享信息，满足愉悦与归属的心理需求，以及社会互动的需求。[①] 城市白领在媒介消费能力（包括媒介素养）方面具有优势，对于社交媒体具有强烈的使用欲望，包括交往的需求、分享的需求、自我表达的需求等，这样的群体自然也是社交媒体用户的重要构成部分之一。

第二，在校大学生利用社交媒体参与学习：但社会学习强于学术学习。Stella Wen Tian 在研究《社交网络对学习的影响》（*Social Networking Impact on Learning*）中发现，"大学生的在线社交网络直接影响他们的社会学习，而对学术学习的影响相对缓慢"。[②] 在校大学生喜欢尝试新鲜事物，社交媒体多样化的新功能无疑吸引大学生强烈的使用欲望，加之社交媒体的碎片化阅读，庞大的大学生群体成为社交媒体用户也就是情理之中的事情了。

第三，城市外来人口利用社交媒体获取社会资本：保持老关系，建立新关系。Qingwen Xu 和 Palmer Neal A. 的研究《中国流动工人社区：社交网络、生活满意度和政治参与之间的关系》（*Migrant Workers' Community in China：Relationships among Social Networks，Life Satisfaction and Political Participation*）里提到中国改革开放以来，城市化使得庞大的农村人口逐步迁徙到城市。这些国内迁徙者与国际移民一样，很大程度上依赖于社交媒体寻求迁徙期间和迁徙后的工作、住房、经济援助和社会支持等。城市外来人口按照性别、教育程度、年龄、婚姻状况等标准可以划分为多个子群体，并形成多个社交媒体群体。[③]

---

① Chen, H. & Haley, E. , The Lived Meanings of Chinese Social Network Sites（SNSs）among Urban White-Collar Professionals, *Journal of Interactive Advertising*, 2013, 11（1）：11 – 26.

② Tian, S. W. , Yu, A. Y. , Vogel, D. & Kwok, R. C. , Social Networking Impact on Learning, *The Eighth Wuhan International Conference on E. Business – Management Information Systems Track*, pp. 1107 – 1114.

③ Xu, Q. & Palmer, A. N. , Migrant Workers' Community in China：Relationships among Social Networks, Life Satisfaction and Political Participation, *Psychosocial Intervention/Intervencion Psicosocial*, 2011, 20（3）：281 – 294.

城市外来人口多是受教育程度较高、经济条件较好的年轻人，他们对于社交媒体的社会化功能与社会交往功能需求旺盛，借此与以前生活圈子保持联系，并在所迁居的城市积极建立新交往圈子。鉴于此，城市外来人口成为社交媒体用户的一部分。

第四，虚拟社区成员的身份重建："虚荣、松绑、享受、美化与放纵自我"的满足。Hu Chuan 等在《实现自我和谐吗？研究为什么个人在社交网络平台中建立的兴趣社区中重建虚拟身份》（*Achieving self-congruency? Examining why individuals reconstruct their virtual identity in communities of interest established within social network platforms*）中关注匿名环境中的社交媒体用户身份重建问题，认为有些社交媒体用户出于虚荣、松绑、享受、获得新的社会网络、摆脱旧的社会网络、保护隐私、避免干扰等原因，重建与真实身份不同的各种虚拟身份。[1] 正是由于社交媒体用户心理的不同，形成这样一个庞大的用户群体。虽然在现实世界里，社交媒体用户的社会特征差异性特别大，但是，由于虚拟身份以及虚拟社区的特征带来这一群体共同的社交媒体使用特征和目的：美化自我，放纵自我，构建一个与现实世界迥异的媒介形象。

第五，科学家借助于社交媒体实施科学传播：补充"中国国家主导的科学传播"。英美学界的研究认为，社交媒体的迅速发展丰富了科学传播工具[2]，它为公众主动参与对话提供了机会[3]。学者大多关注科学家使用社交媒体进行科学传播，但是，科学家们如何选择

---

[1]　Hu, C., Zhao, L. & Huang, L., Achieving self-congruency? Examining why individuals reconstruct their virtual identity in communities of interest established within social network platforms, *Computers in Human Behavior*, 2015, 50 (10): 465 – 575.

[2]　Bik, H. M. & Goldstein, M. C., An introduction to social media for scientists, *PLoS Biology*, 2013, 11, e1001535. doi: 10.1371/journal. pbio. 1001535.

[3]　Smith, A., "Wow, I didn't know that before; thank you": How scientists use Twitter for public engagement, *Journal of Promotional Communications*, 2016, 3: 320 – 339.

不同社交媒体的相关研究却比较少①。研究强调，从博客到 Twitter，社交媒体被誉为促进公众参与科学的数字工具②。社交媒体对于科学传播具有促进作用是毋庸置疑的。然而，英美学界的具体分析过程却夹杂着学术民族主义色彩。社交媒体推动科学家的科学传播本来是一件积极的事情，但是，英美学界却将其与国家的信息管控关联起来，认为社交媒体对中国的信息传输和控制产生巨大影响③，国家主导的科学传播有时等同于宣传，主要是宣传科学成果，吹嘘自己的政治内涵和社会主义优势，突出民族自豪感。④

英美学界的研究还认为，社交媒体使中国科学家避免依赖传统媒体，发展更多的跨学科合作。在这个过程中，这些科学家战略性地选择不同的社交媒体平台来提高可控性⑤。并且认为中国科学家回避了科学传播的行政官僚实践，反而在某种程度上促进了公众参与⑥。

社交媒体对于科学传播具有优势，但是，由此否定传统媒体对于科学传播的作用的观点有失公允。科学家使用社交媒体参与科学

① Jia, H., Wang, D., Miao, W. & Zhu, H., Encountered but Not Engaged: Examining the Use of Social Media for Science Communication by Chinese Scientists, *Science Communication*, 2017, 39 (5): 646 – 672.

② Batts, S. A., Anthis, N. J. & Smith, T. C., Advancing science through conversations: Bridging the gap between blogs and the academy, *PLoS Biology*, 2008, 6 (9): e240. doi: 10.1371/journal. pbio. 0060240.

③ Tu, F., WeChat and civil society in China, *Communication and the Public*, 2016, 1 (3): 343 – 350.

④ Jia, H. & Liu, L., Unbalanced progress: The hard road from science popularisation to public engagement with science in China, *Public Understanding of Science*, 2016, 23: 32 – 37.

⑤ Jia, H., Wang, D., Miao, W. & Zhu, H., Encountered but Not Engaged: Examining the Use of Social Media for Science Communication by Chinese Scientists, *Science Communication*, 2017, 39 (5): 646 – 672.

⑥ Jia, H., Wang, D., Miao, W. & Zhu, H., Encountered but Not Engaged: Examining the Use of Social Media for Science Communication by Chinese Scientists, *Science Communication*, 2017, 39 (5): 646 – 672.

传播与政府部门的科学传播是有不同的传播特点以及产生不同的传播效果：政府部门采用行政通用话语，而科学家使用知识精英话语。前者的传播目的是传播科学相关的政策信息与科学成就；而后者主要是传播科学知识、解答受众疑惑、培养受众的科学素养以及对于科学的兴趣等。两者传播主体、所处的立场、传播的目的各有不同，传播的风格自然存在差异。这两种科学传播都有存在的必要性和社会价值。但是，英美学者将这样的学术问题从意识形态的角度进行解读则与学术研究的宗旨不符。

第六，在美中国留学生：使用社交网站获取社会资本。人的社会发展需要一定的社会资本作为支撑，社会资本是指嵌入在一个人社会网络中的资源，借以实现相互支持、互惠、合作等回报。虽然不同社交媒体对于社会资本的影响不同，但是，总体而言，社交媒体对于社会资本有较大影响。Ellison 等最先研究脸谱网用于黏连和桥接社会资本的作用。除了黏连和桥接社会资本，他们还构想了第三种形式，即维持社会资本，指的是与来自以前居住社区的熟人相联系的社会资本，而不是紧密联系的社会资本。①

中国在美国的留学生同样需要相关的社会资本，社交媒体是他们获取这些资源的主要渠道之一。得克萨斯大学奥斯汀分校（University of Texas at Austin）的研究者 Xiaoqian Li 和 Wenhong Chen 在论文《Facebook 或人人网？在美中国留学生社交网站使用与社会资本的比较研究》（*Facebook or Renren? A comparative study of social networking site use and social capital among Chinese international students in the United States*）中认为，社交媒体是大学生维持和发展社会资本的重要工具。（*Social networking sites are important tools for college students to maintain and develop social capital.*）研究发现中国在美留学生使用东

---

①　Ellison, N. B., Steinfield, C. & Lampe, C., The benefits of Facebook "friend": Social capital and college students' use of online social network sites, *Journal of Computer-Mediated Communication*, 2007, 12 (4): 1143 – 1168. http://dx.doi.org/10.1111/j.1083 – 6101.2007.00367.x.

道国和母国的社交媒体，特别是东道国的社交媒体，与桥接相关社会资本有关联，但与黏连美国社会资本不具有相关性。只有母国社交媒体使用才与维持母国社会资本有关。使用脸谱网比使用人人网与社交资本的桥接关系更强，而使用人人网与维持母国社会资本具有显著和积极的关系。①

简言之，与美国人群交往的留学生更倾向于使用美国的社交媒体。反之，与中国人群交往的留学生则倾向于更多地使用中国的社交媒体。

二　对特殊用户的他者呈现

较之前文的积极传播主体，中国社交媒体的消极信息传播主体尤其受到英美学界的关注。Jie Xie 在其研究《中国留学生在社交媒体上的自我呈现与性别——以新浪微博为例》(*Self-presentation and gender of Chinese overseas students on social media：a case study of Sina Weibo*) 中谈到，英美学界即使讨论普通社交媒体用户，也是借以抨击中国言论不自由，认为互联网打破了中国媒体的公众沉默，中国社交媒体是普通中国人自我表达的最好例子。② 然而，这些研究却忽视诸多积极信息传播过程中的社交媒体用户，而是站在西方固有的立场来看待学术问题，体现出明显的学术民族主义倾向。

第一，突发事件涉事人群：传播相关信息与观点，强势影响舆论。中国处于社会转型时期，公共突发事件频发。Yungeng Xie 等的论文《突发公共事件中中国社交媒体用户传播行为研究》(*Research on Chinese social media users' communication behaviors during public emergency events*) 专注于中国社交媒体用户在突发事件中的传播行为。

---

① Li, X. & Chen, W., Facebook or Renren? A comparative study of social networking site use and social capital among Chinese international students in the United States, *Computers in Human Behavior*, 2014, 35：116 – 123.

② Xie, J., Self-presentation and gender of chinese overseas students on social media：a case study of sina weibo, *Mediakasvatus*, 2014.

中国的社交媒体用户在突发公共事件中通过发表观点，与他人讨论事件以及在线和离线共享信息，成为舆论领域的推动力量。[①] 鉴于社交媒体把关的难度，突发事件期间，一些涉事人群会利用社交媒体的传播特征，传播相关信息，以推动事件朝符合自己预设的方向发展。这样，可能出现原本不怎么使用社交媒体的人群在遇事时积极使用社交媒体传播涉事信息，形成媒介事件，这一人群因此成为社交媒体用户。

第二，特殊性别取向群体：寻找旨趣相投者，沟通渠道更便捷。有研究认为，中国政府与公众对非异性恋群体的开放性有限，存在争议。同性恋者在现实社会中属于"不受欢迎"的性别取向。然而，一方面，社交媒体的匿名性特征为这些边缘性别群体的用户提供了自我表达的空间；另一方面，中国年青一代比父母一代对这个特殊群体持更加开放态度。因此，在年轻人为主的社交媒体空间里，同性恋者享受更多的自由和诚实。[②] 社交媒体为特殊性别取向群体提供了便捷的交流沟通渠道，这一群体成为中国社交媒体用户的构成部分。特殊性别取向的人群总体较少，在现实交往中不容易找到旨趣相同者，而社交媒体的技术优势方便他们找到同类进行沟通。但是，此研究由此便认为，同性恋者的性别取向在现实社会中属于"不受欢迎"则显得比较牵强，借机强化所谓"政治正确"观点的痕迹明显。

与此同时，Hongjie Liu 在《柏特的结构洞理论可以运用于研究中年女性工作者的社交支持吗？中国多点自我中心网络研究》（*Can Burt's Theory of Structural Holes be Applied to Study Social Support Among Mid-Age Female Sex Workers? A Multi-Site Egocentric Network Study in China*）一文中把结构洞理论用于对中国中年女性性工作者等边缘人

---

① Xie, Y., Qiao, R., Shao, G. & Chen, H., Research on Chinese social media users' communication behaviors during public emergency events, *Telematics & Informatics*, 2016.

② Xie, J., Self-presentation and gender of chinese overseas students on social media: a case study of sina weibo, *Mediakasvatus*, 2014.

群的网络支持的研究。①

第三，"网络水军"队伍："中国企业公共部门独特的促销方法"。Yu 和 Huberman 在论文《中国社交媒体的趋势动态和关注》（*Trend Dynamics and Attention in Chinese Social Media*）中认为"网络水军"（Internet Water Army）是"中国企业公共部门独特的促销方法，影响社交媒体信息的大众化传播"。② 其实，各国、各企事业单位都非常重视社交媒体的公关功能、形象塑造功能，尤其是突发事件过程中的危机公关功能。这里的"独有"撇清英美国家与之现象的相关性，表现出其明显的意识形态偏见。

第四，中老年人群：受限于"互联网审查和微信利润驱动"的社会讨论。波士顿大学的 Lei Guo 在论文《微信作为一个半公开的替代领域：探索微信在中国老年人中的使用》（*WeChat as a Semipublic Alternative Sphere: Exploring the Use of WeChat Among Chinese Older Adults*）中研究中国老年人微信的使用情况。此论文认为，中国老年人中的一些人可以参与在线公民生活，使用微信传播大量的、有争议的信息和观点，这些观点对官方话语至关重要。这篇论文还揭示了对老年群体使用社交媒体的一些限制，如互联网审查和微信利润驱动的环境，在很大程度上遏制了这个群体应用社交媒体的潜力，影响到这群人之间的交流。

同时，该论文还展示了一个独特的老年群体参与微信的版本。由于担心在公共论坛传递负能量，老年人选择通过团体聊天的方式，在半私人化的朋友圈网络空间里与家人和密友分享他们的想法。最终，他们的微观参与可能有助于在更广泛的公共领域传递

① Liu, H., Can Burt's Theory of Structural Holes be Applied to Study Social Support Among Mid-Age Female Sex Workers? A Multi-Site Egocentric Network Study in China, *Aids & Behavior*, 2017, 1: 1–11.

② Yu, L. L., Asur, S. & Huberman, A. B., Trend Dynamics and Attention in Chinese Social Media, *American Behavioral Scientist*, 2015, 59 (9): 1142–1156.

信息和意见。①

另有研究发现，微信为老年人提供接触大量信息和观点的机会，（*WeChat provides older adults with their first encounter with a large amount of information and viewpoints*），如关于社会冲突的内容。老年人非常好奇与中国的主流新闻媒体描绘的截然不同的信息，因此他们渴望在微信分享这些信息。②

中国中老年群体使用社交媒体本身是一件积极正面的事情，随着老年化社会的到来，中老年人克服媒介素养较低的制约，积极学习操作新媒介，服务于生活，参与社会问题讨论，实现再社会化等都是有益于这个群体、有益于社会的。但是，相关研究却对此进行负面解读，抓住该群体关注点与主流媒体信息不一致的现象进行渲染，将学术问题政治化。相关研究还有意无意地突出一些涉及负面社会事件的人物，或对一般社会事件涉及人物进行负面解读，并植入政治偏见，一定程度上削弱了学术价值，也阻碍了对中国社交媒体用户的准确认知。

第五，意见领袖（opinion leaders）。意见领袖属于社交媒体中极少数、极特殊但又最具社交力、影响力的用户群体。"意见领袖"为传播学上的一个重要概念，它指的是活跃在人际传播网络中，经常为他人提供信息、观点或建议并对他人施加个人影响的人物。早在2008年，人民网舆情监测室在中国社会科学院社会蓝皮书《中国互联网舆情分析报告》中提出，在中国已经出现了一个"新意见阶层"。如今，随着社交媒体越来越深入人们的生活，不仅改变了人际传播的基础性定义，也改变了意见领袖概念的核心内涵和外延。英美学界敏锐地关注到这一现象，将之纳入用户研究的框架中进

---

① Lei, G., WeChat as a Semipublic Alternative Sphere: Exploring the Use of We-Chat Among Chinese Older Adults, *International Journal of Communication*, 2017, 11: 408－428.

② Downing, J., *Radical media: Rebellious communication and social movements*, Thousand Oaks, CA: SAGE Publications, 2011.

行分析。

Anli Xiao 在提交给密苏里大学哥伦比亚分校的硕士论文《通过社交媒体影响公众舆论——意见领袖对微博的使用》(*Affecting public opinions via social media—opinion leaders use of Weibo*) 中描绘了中国社交媒体新浪微博上意见领袖的形象。她根据复旦大学与武汉大学发布的关于社交媒体意见领袖的报告挑选出三女(女演员姚晨、SOHO中国首席执行官张欣、凤凰卫视女记者闾丘露薇)和三男(风险投资家李开复、童话作家郑渊洁、台湾政治评论员邱毅)作为微博意见领袖样本,通过对他们一段时间内的微博进行分析,发现微博意见领袖在信息发布上以原创为主,他们把微博作为一个平台来表达他们的思想和感受;另外,通过加入自己评价的方式转发他人的微博也是一种非常流行的方式,这表明微博意见领袖也经常浏览他人的微博。[1]

Anli Xiao 的研究认为,微博意见领袖对公共事务和社会问题的表达是最受欢迎的话题;其次,他们的工作和日常生活成为次受欢迎的话题。这表明,微博意见领袖不仅把微博作为影响他人的场所,而且还是一个记录自己生活的平台。与此同时,微博意见领袖表现出显著的性别差异。男性意见领袖更喜欢以外部为中心问题,如公众事物和社会议题(Public affairs and social issues),而女性意见领袖更关注非外部内容,如工作、就业、日常事物(Jobs, work and daily errands);另外男性意见领袖倾向于表达消极、批判和讽刺,呈现更多的分歧,而女性更有可能表达支持、赞美和鼓励。最后研究的结论与普遍的认知相反:意见领袖在专业领域之外,而不是在自己的擅长的专业领域内更受欢迎。Leihan Zhang 等在《谁创造了在线社交媒体的趋势:人群还是意见领袖?》(*Who creates Trends in On-*

---

[1] Xiao, A. & Cropp, F., *Affecting public opinions via social media: Opinion leaders' use of weibo* (Unpublished master's thesis), The University of Missouri-Columbia, 2014.

line Social Media：The Crowd or Opinion Leaders?）一文对 2013 年新浪微博中 42 个互联网新词俚语（Internet slangwords）的流行扩散过程进行了研究。研究发现所有这些热门新词在他们的采纳历史中经历了两个高峰，其中第一个比第二个低得多。两个峰值表明，在每个俚语单词的生命周期中出现了两次获得集体关注并形成趋势的机会，但第一次峰值失败了，第二次却成功形成了趋势。探讨两次峰值的差异，就可找到流行语最终形成趋势背后的动力。进一步的分析发现，与一般的观点大相径庭，普通用户而不是意见领袖在新词流行的过程中起着决定性作用。他们解释说，在线社交媒体中使用的信息主要通过转发来实现，转发将信息从一个用户传送给社交网络中的朋友。在新词流行的过程中，微博中的意见领袖，由于粉丝众多，他们的微博比那些粉丝少的普通用户在第一次转发时占得先机。然而，只有第一步转发不能在网络中进一步传播信息，来自普通用户的第二次转发功不可没。正是人数众多的普通用户的重复参与转发最终有效促进了趋势的形成。①

　　"公知"（public intellectual）是 2011 年以来公共知识分子在互联网上的简称。Min Jiang 在论及中国社交媒体空间的不文明现象时，简要考察了这个名词义的变迁。在 21 世纪的最初 10 年，"公知"在一定程度上被当作网络意见领袖的同义词，2004 年《南方人物周刊》在报告"公共知识分子"时，称他们为"积极参与公共事务的知识渊博、进取和批判的人"，是一个褒义词；但自 2012 年以来，该报不得不承认"公共知识分子"（public intellectual）已经成为一个智力不匹配的绰号，他们怀有恶意并不负责任地随意攻击人们，已经变为一个贬义词了。文中以新浪名博韩寒和方舟子就韩寒作品的真实性在新浪微博上打"口水战"、中国政法大学教授吴丹红与四

---

　　① Zhang, L., Zhao, J. & Xu, K., Who creates Trends in Online Social Media：The Crowd or Opinion Leaders?, *Journal of Computer-mediated Communication*，2016，21（1）：1 - 16.

川电视台的记者周燕的微博斗殴"（Weibo brawl）为例来分析中国公共知识分子的争端，并认为发生于新浪微博的这种不文明的争端，让数百万粉丝对中国公众人物失去了信心，揭示了人数众多的中国网民在数字空间正经历的两极分化。

大 V 是在社交媒体中具有很高的知名度与很大影响力的用户，因此与微博名人、意见领袖具有相似的含义。2012 年中日钓鱼岛争端，伴随着在线辩论，兴起了数百个中国城市的大规模反日抗议活动。Florian Schneider 在《互联网、社交媒体和一个不断变化的中国》（*The Internet, Social Media, and a Changing China*）中研究了 2012 年中日钓鱼岛争端中大 V 微博。① 作者根据新浪"微博榜"，仔细地审视了排名前 10 位的大 V 在东海争端高峰期的表现。在争端的初级阶段，不同大 V 的微博尽管反应不同，但都回避了任何政治争议，鲜有提及争端发展的相关信息。在争端进入高峰期特别是西安街头出现了暴力事件后，大 V 们对事件进行了委婉的谴责，呼吁人们理性爱国。作者认为，微博用户数以亿计，但在线话语的力量却分布不均，大 V 们拥有更大的影响力。他们理性爱国的言论被众多粉丝所认同，激发了更多微博用户对现代公民责任与爱国主义本质的讨论。Wilfred Yang Wang 也在论文《中国新浪微博上一个意见领袖和一个城市的形成》（*An opinion leader and the making of a city on China's Sina Weibo*）中研究了中日钓鱼岛争端中广州当地的一位大 V 的微博，当示威游行者打着爱国的旗号在广州当地破坏私人和商业物业时，抗议变成暴力，作为媒体从业人员的这个大 V 在微博上号召市民抵制这类暴力行为，以保护广州免受混乱和破坏。他的呼吁得到了众多市民的响应和追随。这两例都是在公共事件传播中正能量的大 V。然而在微博空间中，也不乏部分网络大 V 蜕变为"网络大谣"。②

---

① DeLisle, J., *The internet, social media and a changing China*, Philadelphia, Pennsylvania: University of Pennsylvania Press, 2016.

② Wang, W. Y., An opinion leader and the making of a city on China's Sina Weibo, *Making Publics, Making Places*, 2016: 163 – 178.

"网红"是网络红人（Wanghong or Internet celebrity）的简称，是指借助互联网平台，通过一些网络行为、网络活动、网络事件，使自己在知名度、关注度、粉丝量有大量提升的用户群体。正是他们由于粉丝规模巨大，网红也可看成另类的意见领袖。从互联网进入中国伊始，网红就层出不穷，从蔡痞子、芙蓉姐姐再到 Papi 酱，网红也从文字时代、图文时代进入视频时代。① 网红不仅具有商业性，还具有文化性和政治性。Shaohua Guo 在向得克萨斯大学奥斯汀分校提交的博士论文《互联网的眼睛：当代中国文化的新兴趋势》（*The eyes of the internet：emerging trends in contemporary Chinese culture*）中探讨了微博时代的"木子美""芙蓉姐姐"等中国网络红人。作者借用 Liesbet Van Zoonen 对流行文化与政治之间融合的理论，分析并指出了粉丝实践与政治实践的相关性的三个层面：结构，活动和投资。娱乐和政治领域有许多共同点，在以芙蓉姐姐为代表的九年（2002—2011 年）里，芙蓉姐姐与数百万名网民一起成长，网民在线论坛讨论芙蓉姐姐看似混乱、碎片化和滑稽的生活状态，但这些似乎是微不足道的频繁交流和争论对中国社会产生了积极影响。它有助于吸引公众的注意力并参与有争议的问题。②

三 对英美学界中国社交媒体用户构成研究的思考

英美学界对中国社交媒体研究的角度和立场决定了其研究的对象选择和态度。包括用户构成特征，具体如下：

第一，多元主体与选择性关注：偏重传播社会负面问题的社交媒体用户。鉴于英美学界对中国社交媒体研究多数是聚焦负面社会问题，社交媒体用户研究也多聚焦负面信息传播的社交媒体用户。

---

① 沈霄、王国华、腾杨飞：《我国网红现象的发展历程、特征分析与治理对策》，《情报杂志》2016 年第 11 期。

② Guo, S., *The eyes of the internet：emerging trends in contemporary Chinese culture*, UT Digital Repository, 2012.

包括特殊性别取向人群、城市外来人口、城市拆迁移民、网络水军等，即使涉及"普通中国人"，也认为是在社交媒体环境下在一定程度上言论自由"受压制"的用户。

中国研究者喻国明等提出"互联网的本质就是激活了个人为基本单位的社会传播构造"。他认为，"移动互联技术正在破除大众媒介在时间和空间上的不同垄断，同时不断赋予个体更大的权利和自由，使得'秩序'所必须的一致性与确定性在时间和空间上都被重新定义。……从'超级个体'（Mega-individual）和'利基时空'（Niche time-space）新视角，在媒介消费研究中引入了'时空体积'（Time Space Volume Index）的概念，以探讨解释媒介消费者的决策机制，及其对产业发展的潜在影响"。① 可见，与英美学界的悲观观点不同，中国学者对此的研究更具建设性，也看到社交媒体对于用户个体更多的赋权机会。相比较而言，中国学者对于社交媒体用户研究从媒介技术演变特征角度探讨其需求及使用特征，更具客观性和学理性。

第二，"他者立场"与审视偏差："他者"视角审视中国社交媒体用户构成。英美学界对中国社交媒体研究多以"他者"视角审视用户，比如 Haiqing Yu 在《从积极受众到媒体公民：后毛中国的案例》（*From active audience to Media citizenship: the case of Post-Mao China*）中认为"互联网打破了中国媒体的公众沉默"，潜台词依然是以西方的"言论自由"为标准。事实上在英美国家的罢工、恐怖事件中社交媒体运用也是常有的事情，但是，相关研究却不多。这种以充满优越感的"他者"视角来审视中国社交媒体的用户情况自然得出的结论与客观实际不相符合。英美学界由于对中国社交媒体主流构成群体的研究相对缺乏，这种始于批判、止于批判的研究对于促进社交媒体的理性使用与良序发展无益，对于学术研究也无多

---

① 曲慧、喻国明：《超级个体与利基时空：一个媒介消费研究的新视角》，《新闻与传播研究》2017 年第 12 期。

少理论价值。①

David Bamman 等在《中国社交媒体的审查和删除行为》（*Censorship and deletion practices in Chinese social media*）里强调之所以探讨非主流的社交媒体，因为大多数西方主流社交媒体如脸谱网或 Twitter 在中国被封锁②。（*This study examines nonmainstream social media, because most mainstream Western social media such as Facebook or Twitter are blocked in China.*）该文认为脸谱网或 Twitter 是"主流媒体"，而中国的社交媒体是"非主流社交媒体"，这样的表述明显是站在西方国家"我者"立场对中国社交媒体作为"他者"的偏见。

第三，正面现象的反向解读：社交媒体用户行为的解读偏差。即使传播社会正面问题的社交媒体用户，英美学界的解读也存在误读。比如 Hepeng Jia 和 Li Liu 在《不平衡的进步：中国从科普到公众参与的艰难之路》（*Unbalanced progress：The hard road from science popularisation to public engagement with science in China*）中探讨中国科学家利用社交媒体实施科学传播具有积极社会意义的问题，但是却被解读为：国家主导的科学传播，有时相当于宣传，其特点是宣传科学成果，吹嘘其政治意义和社会主义优势，突出民族自豪感。③

再如，中老年人通过社交媒体积极在社会化理应是一件正常之事，却被解读为：（由于）互联网审查和微信利润驱动的环境，在很大程度上限制了中老年人应用社交媒体的潜力，影响了这群人之间

---

① Yu，H.，From active audience to Media citizenship：the case of Post-Mao China，*Journal of Social Semiotic*，2006，16（2）：303 – 326. DOI：10. 1080/10350330600664888.

② Bamman，D.，O'Connor，B. & Smith，N.，Censorship and deletion practices in Chinese social media，*First Monday*，2012，17（3）. doi：10. 5210/fm. v17i3. 3943.

③ Jia，H. & Liu，L.，Unbalanced progress：The hard road from science popularisation to public engagement with science in China，*Public Understanding of Science*，2014，23：32 – 37.

的交流。①

综上，一些研究正是通过这种微妙的方式，深层次暗合梵·迪克提出的意识形态方格（Ideological Square），即（1）强调我方好的性质/行为；（2）强调他方坏的性质/行为；（3）弱化我方坏的性质/行为；（4）弱化他方好的性质/行为。② 而导致这一研究现象的原因，在本书绪论中已经提到，是由英美学者对中国社交媒体所处的语境和所反映的权力关系的误读所致，其结论必然有误。正如斯金纳所言，尽管由成见所造成的误导并不那么容易辨别，但它无疑是一个致命的错误。③

第二节　多种因素综合影响制约的传播行为

有关"传播行为"的问题，即指用户如何利用传播媒体进行传播活动。媒介生态学理论要求"从媒介创造情境，进而改变人们行为的角度出发认识媒介对人类社会的影响"。④ 当下，显而易见的是，社交媒体的出现创造了新的时代语境，对人们的"传媒化生存"产生着巨大影响。因此，如要对中国社交媒体环境中的传播行为进行考察，就应当从刺激用户行为传播的因素入手。同时，社交媒体自身也受传媒生态的重要影响。社交媒体不是在真空下发展，也受其所处社会的政治环境、经济水平、媒介技术、用户心理以及媒介文化等多种因素影响，由此给传播行为带来差

① Lei G. , WeChat as a Semipublic Alternative Sphere: Exploring the Use of WeChat Among Chinese OlderAdults, *International Journal of Communication*, 2017, 11: 408 – 428.

② Van, D. , *Opinion and Ideologies in the Press*, in, A & Garret, P. (ed.), 1998: 32.

③ ［英］昆廷·斯金纳：《观念史中的意涵与理解》，任军峰译，载丁耘主编《什么是思想史》，上海人民出版社 2006 年版，第 97 页。

④ 何梦祎：《媒介情境论：梅罗维茨传播思想再研究》，《现代传播》2015 年第10 期。

异性特征。所以，社交媒体的传播行为研究还要结合具体的社会背景，探索多种因素影响下的传播行为可能存在的差异性。英美学界也是基本遵循传播行为与各种因素的关联来展开研究的。

一　技术因素影响：交互性、私密性、横向性

社交媒体是媒介技术发展的产物，必然附带更多的不同于传统媒体的技术特征，包括社交媒体的交互性特征、私密性特征、横向性特征等。

首先，英美学界的研究认为，社交媒体的交互性特征最受欢迎：Wu Weixian 在《新浪微博品牌人气：乐堡品牌社区影响因素的相关分析》(*Popularity of brand posts on sina weibo：a correlation analysis of the influential factors on tuborg's brand community*) 中分析新浪微博的交互性特征，选取"乐堡绿放音乐节"(Tuborg's Green Fest) 为例，分析与品牌流行度相关的六个驱动因素即生动性、交互性、信息性、娱乐性、岗位地位和评价意愿。分析结果显示交互性是最受欢迎的因素。交互性是传统媒体不具有的，也是深受新媒体用户喜欢的传播特征。[①]

其次，社交媒体具有私密性特征，但微信的私密性更突出。Chen Xiaoyu 在《微博与微信公共平台作为网络 2.0 时代新闻传播渠道的比较》(*Comparison of weibo and wechat public platform as news delivery channels in web 2.0 era*) 中提出，微博的媒体设计比微信公众平台更接近于开放、连通、互动的"参与式开放媒体代码"的思路。这两种媒体的普及对新闻工作的重建和资源整合具有重要的影响。记者和听众之间的关系也由此发生了变化。微博和微信公众平台上新闻官方账号的高度互动性和连接性，将受众的角色从被动的新闻读者转变为积极的信息搜寻者和讨论参

---

① Wu，W.，*Popularity of brand posts on sina weibo：a correlation analysis of the influential factors on tuborg's brand community*，Uppsala university，2016.

与者。①

第三，社交媒体传播方向具有横向性特征，但微博的横向交互传播不如垂直传播突显。Jie Xie 在论文《中国留学生在社交媒体上的自我呈现与性别：以新浪微博为例》（*Self-presentation and gender of chinese overseas students on social media：a case study of Sina Weibo*）里认为社交媒体不同于传播媒体，它具有垂直的单向传播特性，也具有横向的互动传播表征。但是，不同的社交媒体传播方向存在差异性。新浪微博不像其他社交媒体那样亲密。虽然微博界面有超链接功能，但用户之间的交互性不够活跃。这个平台的分享功能比交谈功能更受欢迎。于是，大多数热门话题都来自少数意见领袖，庞大的粉丝群则成为意见领袖信息传播的对象。② 简言之，微博传播更多的是一对多的垂直传播，横向的交互传播不多。

二　心理因素影响：心理、动机、性格、情感、人格

社交媒体传播行为不仅受外在社会环境影响，还受社交媒体用户内在心理、动机、人格等差异性因素的影响。

第一，社交媒体传播行为的心理差异性。Nan Wang 和 Yongqiang Sun 在名为《社会影响还是个人偏好？考察社交性不同的社交媒体使用意愿的决定因素》（*Social influence or personal preference？Examining the determinants of usage intention across social media with different sociability*）的论文中对社交媒体使用的决定因素进行研究后认为，先前的研究已经发现，社会影响和个人偏好是理解用户的社交媒体应用行为的两个关键因素。然而，这两种机制在不同的情况下是否发挥同等作用却缺乏实证调查。他们的研究发现，社会影响因素对高社会性的媒体用户影响更多，而更多人认为应该是低社会性的媒体用户被

---

① Chen，X.，*Comparison of weibo and wechat public platform as news delivery channels in web* 2.0 *era*，school of communication Hong Kong Baptist University，2016.

② Xie，J.，Self-presentation and gender of chinese overseas students on social media：a case study of sina weibo，*Mediakasvatus*，2014.

影响更多。可见之前对这一问题的既定印象和事实有所偏差。①

第二，社交媒体传播行为的动机差异性。Linjuan Rita Men 等的研究《点赞或关注之外：了解中国社交网站的公众参与度》（*Beyond liking or following：Understanding public engagement on social networking sites in China*）表明，受访者"点赞"或访问公司的人人网、微博页面，主要是出于获取信息的目的，其次是娱乐和社会融合的目的。受访者通常使用企业社交媒体页面作为平台来寻求建议，搜索产品或促销信息，与其他成员交换信息，体验娱乐和休闲。②

另有 Chunmei Gan 和 Weijun Wang 的文章《社交媒体的使用与满足：微博与微信比较研究》（*Uses and gratifications of social media：a comparison of microblog and WeChat*）关注朋友圈点赞行为的深层动机。社交媒体上越来越流行点赞，然而，对于在社交媒体上激发用户点赞的原因缺乏研究和分析，他们的研究结果表明，三个方面的满意度对微信用户的点赞行为有积极影响：乐趣/享受（hedonic gratification/enjoyment）、社会满足/社会支持（social gratification/social support）和功利满足/信息寻求（utilitarian gratification/information seeking）。特别是乐趣在点赞行为中起着最重要的作用，其次是社会支持和信息寻求。另外，性别也是满意度和点赞行为之间的中介变量③。

第三，社交媒体传播行为的性格差异性。Mingjia Guo 等的论文《中国青少年的微信朋友圈中，外向性、裸露癖和性别与发布自拍照有什么关系？》（*How are extraversion，exhibitionism，and gender associ-*

① Wang, N. & Sun, Y., Social influence or personal preference? Examining the determinants of usage intention across social media with different sociability, *Information Development*, 2015, 108：156 – 174.

② Men, R. L. & Tsai, H. S. W., Beyond liking or following：Understanding public engagement on social networking sites in China, *Public Relations Review*, 2013, 39：13 – 22.

③ Gan, C. & Wang, W., Uses and gratifications of social media：a comparison of microblog and WeChat, *Journal of Systems & Information Technology*, 2015, 17 (4)：351 – 363.

ated with posting selfies on WeChat friends' circle in Chinese teenagers?）认为，"自拍照的数量与外向型性格和自我表现欲之间有重要的正向关联性。此外，比起女生而言，男孩的外向型性格与自拍照数量之间的联系更紧密。这篇论文首次为外向型性格、自我表现欲与中国青少年在微信朋友圈中张贴自拍照的行为关联提供了实证研究"。①

　　另有 Jin-Liang Wang 等的文章《五大人格因素、自尊、自恋、感觉寻求与中国大学生社交网络使用的关系》［*The relationships among the Big Five Personality factors, self-esteem, narcissism, and sensation-seeking to Chinese University students' uses of social networking sites（SNSs）*］认为，个体性格差异对社交网站的使用有显著的影响：（1）外倾性的用户使用"与好友数量、发表评论、上传自己的照片和更新状态呈正相关，但与玩在线游戏呈负相关"；（2）"神经质"与更新状态之间呈正相关关系；（3）"尽责性"与社交网站使用不呈负相关；（4）"宜人性"将与在社交网站上发表评论呈正相关。宜人性高的用户是友好的、热心的和富有同理心的，他们应该更有可能更新他人的状态、发表他人的照片、进行"点赞"这样友好的、积极的评论；（5）"开放性"与玩在线游戏呈正相关。从用户性格角度比较社交媒体用户的差异性具有现实意义，使差异更加微观和深入。②

　　第四，社交媒体使用的情感差异性。Zizhu Zhang 等在论文《微博转发量高的营销博文转发行为研究》（*A Study on the Retweeting Behaviour of Marketing Microblogs with High Retweets in Sina Weibo*）中研

①　Guo, M., Liu, R., Ding, Y., Hu, B. Y., Zhen, R., Liu, Y. & Jiang, R., How are extraversion, exhibitionism, and gender associated with posting selfies on WeChat friends' circle in Chinese teenagers? *Personality and Individual Differences*, 2018, 127: 114 – 116.

②　Wang, J., Jackson, A. L., Zhang, D. & Su, Z., The relationships among the Big Five Personality factors, self-esteem, narcissism, and sensation-seeking to Chinese University students' uses of social networking sites（SNSs）, *Computers in Human Behavior*, 2012, 28: 2313 – 2319.

究用户在新浪微博的转发行为的作用，认为高转发量的微博通常有激励机制，企业可以利用改变或增加激励机制以改善营销活动。① 也有研究者关注新浪微博的转发博弈机制，Wang Ru 和 W. Cai 在《新浪微博转发行为的序列博弈论研究》(*A sequential game-theoretic study of the retweeting behavior in Sina Weibo*) 中认为转发行为在新浪微博中是一个关键的信息扩散途径。② Lin Xialing 等在论文《探索社交媒体上的极端事件：用户在 Twitter 和微博上重发/转发行为的比较》(*Exploring extreme events on social media：A comparison of user reposting/ retweeting behaviors on Twitter and Weibo*) 里研究微博用户转发极端事件信息，结果表明，微博样本含有情感内容更容易转发③。除此之外，Lixuan Zhang 和 Iryna Pentina 的研究《微博的动机和使用模式》(*Motivations and Usage Patterns of Weibo*) 认为，在微博上花更多时间和发布更多推文的一个重要驱动力源于用户的"自我表现"(Self-Expression) 动机。这种动机加上对互动性的需求，也是推特更新频率增加的原因。通过分享富媒体、使用应用程序以及参与游戏的机会，微博既有助于用户自我表现又促进交互性，从而使得用户更频繁地贡献内容，更长时间地停留在网站上。④

三　社会因素制约：性别、价值观、舆论场

研究认为，社交媒体在特定社会环境下存在，其传播行为受性

①　Zhang, Z. , Li, B. , Zhao, W. & Yang, J. , A Study on the Retweeting Behaviour of Marketing Microblogs with High Retweets in Sina Weibo, *Third International Conference on Advanced Cloud and Big Data*, 2015：20 – 27.

②　Wang, R. & Cai, W. , A sequential game-theoretic study of the retweeting behavior in Sina Weibo, *The Journal of Supercomputing*, 2015, 71 (9)：3301 – 3319.

③　Lin, X. , Lachlan, A. K. & Spence, R. P. , Exploring extreme events on social media：A comparison of user reposting/retweeting behaviors on Twitter and Weibo, *Computers in Human Behavior*, 2016, 65：576 – 581.

④　Zhang, L. & Pentina, I. , Motivations and Usage Patterns of Weibo, *Cyberpsychology, Behavior, And Social Networking*, 2012, 15 (6)：12 – 317.

别、价值观及舆论场等因素影响。

第一，社交媒体传播行为的性别差异。Jin-Liang Wang 等的研究《五大人格因素、自尊、自恋、感觉寻求与中国大学生社交网络使用的关系》［*The relationships among the Big Five Personality factors, self-esteem, narcissism, and sensation-seeking to Chinese University students' uses of social networking sites（SNSs）*］认为"性别"也与社交网站使用有关。男性比女性在社交网站上有更多的好友，并且更有可能玩在线游戏；而女性比男性更有可能上传个人照片、更新状态。[①]

社交媒体用户通过创造虚拟身份影响其心理体验，其中一个最重要的方法是使用个人资料图片。Lijun Zhou 和 Tao Wang 在《社交媒体：中国城市营销的新载体》（*Social media: A new vehicle for city marketing in China*）中考察了中国和国际学生对个人资料图片的选择及其动机，认为性别在决定个人资料图片选择方面起着重要作用。[②] Wanqiu Guan 等在《分析微博网站新浪微博在热门社会事件中的用户行为》（*Analyzing user behavior of the micro-blogging website Sina Weibo during hot social events*）中以新浪微博作为媒介，研究了用户在热点事件中的行为和影响因素得出男性用户更倾向于参与热点社会事件的结论。[③]

第二，社交传播行为的价值观差异性。Holmes 等在《红包和微信：中国大型文化活动中的网络集体主义》［*Red Bags and WeChat（Wēixìn）: Online collectivism during massive Chinese cultural events*］中

---

① Wang, J., Jackson, A. L., Zhang, D. & Su, Z., The relationships among the Big Five Personality factors, self-esteem, narcissism, and sensation-seeking to Chinese University students' uses of social networking sites（SNSs）, *Computers in Human Behavior*, 2012, 28: 2313 – 2319.

② Zhou, L. & Wang, T., Social media: A new vehicle for city marketing in China, *Cities*, 2014, 37（2）: 27 – 32.

③ Guan, W., Gao, H., Yang, M., Li, Y., Ma, H., Qian, W., Cao, Z. & Yang, X., Analyzing user behavior of the micro-blogging website Sina Weibo during hot social events, *Physica A Statistical Mechanics & Its Applications*, 2014, 395（4）: 340 – 351.

从中国社会的文化传统与集体主义的价值观角度探讨中国社交媒体
的特征，该文以实证表明，中国微信平台不是西方民主的一种趋势，
而更能体现中国传统价值观，如中国公民交流方式的平等意识等。
同样，中国社交媒体不是西方文明理念的表达，本质上体现中国的
集体主义精神。微信反映中国价值观现代化的潜在改变，更是中国
传统集体主义文化的潜在载体。红包现象表明，互联网不是个人主
义的低语境，也不是技术本质，而是中国式"面子"的在线表达。①
文章认为在线玩红包有直接的意蕴，但同时也有含蓄的文化内涵。
而志愿者们使用社交媒体帮助别人，则体现了乐于助人的中华民族
优良传统。

　　第三，社交传播行为受舆论场影响。英美研究者结合新浪微博
腐败案件传播案例，发现意见领袖地位突出，能引发传播并设置议
程。但作为普通公民的意见领袖不得不依靠媒体组织传播新闻，所
以意见领袖的权力有限。比较而言，新闻机构和网络媒体是主要的
意见领袖。党委政府引发多起腐败案件的热传播，虽然不是强势的
议程制定者或传播者，但是由于新闻机构和网络媒体主要刊登此类
案件的官方公告，因而能够主宰民意。简言之，新闻工作者可能是
挑战官方宣传的最有可能的用户类别。研究者 Joyce Y. M. Nip 和
King-wa Fu 在《挑战官方宣传？新浪微博上的舆论领袖》（*Challeng-
ing Official Propaganda？Public Opinion Leaders on Sina Weibo*）里比较
普通社交媒体用户、传统新闻机构、网络新闻机构、党委政府等多
个传播组织的话语权博弈关系，讨论官方舆论场、民间舆论场与媒
体舆论场等的博弈关系，研究者隐含的结论是民间舆论场处于博弈
弱势。②

---

①　Holmes, K. , Balnaves, M. & Wang, Y. , Red Bags and WeChat（Wēixìn）: On-
line collectivism during massive Chinese cultural events, *Global Media Journal*, 2015, 9
（2）: 12.

②　Nip, J. Y. M. & Fu, K. W. , Challenging Official Propaganda? Public Opinion Lead-
ers on Sina Weibo, *China Quarterly*, 2016, 225: 122 – 144.

四　文化因素制约：集体主义和高语境文化

中国社交媒体是在特定文化语境下产生和发展的，社交媒体的使用必然受相关文化影响和制约，并附带其赋予的特性。

第一，集体主义和高语境文化制约传播行为。南卫理工会大学（Southern Methodist University）的 Linjuan Rita Men 和迈阿密大学（University of Miami）的 Wan-Hsiu Sunny Tsai 的研究《点赞或关注之外：了解中国社交网站的公众参与度》（*Beyond liking or following：Understanding public engagement on social networking sites in China*）认为，中国的互联网用户已经将企业社交媒体作为产品、促销和企业信息的主要来源，这种媒体可能特别适合其集体主义文化取向。……在以集体主义和高语境交流为特征的中国文化中，比起产品信息个人更看重与公司和组织的关系。因此，许多公司在他们的社交网络交流中采用了一种关心朋友的口吻。[1]

第二，"中庸之道"制约传播行为。Yue Hu 等的研究《论微博中的矛盾表达》（*On exploring ambivalent expression in Weibo*）认为微博比 Twitter 存在更多矛盾表达，并认为形成这种强烈的反差的原因是中国文化提倡的"中庸之道"：那些试图调节负面情绪、保持平衡情绪的用户更喜欢体育或娱乐等令人愉快的话题，并避免经济和政治等敏感话题。[2]

五　"网络行动主义"：社交媒体传播的倡议、组织及开展

网络行动主义（Internet activism）是指任何形式的以互联网为

---

[1]　Men, L. R. & Tsai, W. - H. S., Beyond liking or following：Understanding public engagement on social networking sites in China, *Public Relations Review*, 2013, 39（1）：13 - 22.

[2]　Hu, Y., Zhao, J., Wu, J. & Xiuguo Bao, On exploring ambivalent expression in Weibo, *International Conference on Service Systems and Service Management*, *IEEE*, 2015, pp. 1 - 6.

基础的集体行动。Sandor Vegh 在《黑客行为为民主：对互联网作为一种政治力量及其在主流媒体中的表现的研究》（*Hacking for democracy：A study of the Internet as a political force and its representation in the mainstream media*）中将网络行动主义分为三个主要的方面：觉醒/倡议（Awareness/Advocacy）、组织/动员（Organization/Mobilization）、行动/反响（Action/Reaction）。社交媒体是最为常见的网络行动主义的平台与工具。在中国，从 BBS 论坛到即时通信 QQ、社交媒体豆瓣再到博客、微博、微信等，这些社交平台上充斥的文字、图片、音频、视频等符号，其实都或显或隐地体现了网络行动主义。① Guobin Yang 在《中国互联网的力量》（*The Power of the Internet in China*）中总结了中国网络行动主义的多种表现方式，包括民众参与在线咨询和政府官员与微博平台上的网民互动，在线背包社区（NGO）承担的慈善项目，屌丝（Diaosi）参与自我嘲讽和社会批判，黑客社区寻求在实现创造性工作的同时挑战政府机构以及网民对种族和国家身份进行辩论等。②

第一，文化干扰。Jian Xu 在《Web 2.0 中国媒介事件：网络行动主义干预》（*Media Events in Web 2.0 China：interventions of online activism*）中，确定了中国基于互联网的行动主义的三种主要模式：文化干扰（culture jamming），如数字化讽刺和模仿；公民新闻（citizen journalism），如目击者报道和公众发起的独立调查；媒介动员（mediated mobilization），如在线领域的集体活动，也被称为"在线围观"。③

Jian Xu 分析了中国社交媒体空间中的一种文化干扰现象，即山

---

① Vegh, S. , Hacking for democracy：A study of the Internet as a political force and its representation in the mainstream media, *ProQuest Dissertations and Theses*, Retrieved from http：//search. proquest. com/docview/305325037？accountid = 14524.

② Yang, G. B. , *The Power of the Internet in China：Citizen Activism Online*, New York：Columbia University Press, 2009.

③ Xu, J. , *Media Events in Web 2.0 China：interventions of online activism*, Sussex Academic Press, Eastbourne, 2016.

寨文化——一种草根活动模仿成熟的主流媒体，制造出有趣的、讽刺的、反霸权的戏仿，也被称为恶搞（e'gao）或山寨（shanzhai）（指在严肃的主题中故意加入喜剧元素来娱乐人）。Jian Xu 以在线民间春晚（online folk gala）——中央电视台春节联欢晚会的"山寨版"为例，详细分析了草根媒体狂欢如何削弱了政府资助的媒体的主导地位，并最终促成更加开放和动态的媒体文化。"网络流行语"是另一种形态的文化干扰现象。语言的表达体现为权力行为，语言的实践和运用总是卷入权力和资本的不平等的分配过程。Marcella Szablewicz 在论文《中国互联网的"失败者"：表情包作为幻想破灭的年轻网民的"感情结构"》（The "losers" of China's Internet：Memes as "structures of feeling" for disillusioned young netizens）中研究了 2012 年的网络流行语屌丝（Diaosi）一词，认为这个词意为"失败者"，是对社会地位较低的年轻人的嘲弄和贬低。但具有讽刺意味的是，这些人接受了这个词，把它作为自我肯定和自我解嘲的一种形式。Szablewicz 认为屌丝是一种新兴形式的情感识别，通过这种情感识别，可以设想和制定出其他愿望和形式的流动。然而 Szablewicz 认为该词具有矛盾性质，它可能同时强化和挑战传统的规范，因为这个流行语对物质财富、外表和性别的刻板印象，可能最终会强化许多看似有意嘲讽的准则和价值观。①

第二，互联网公共事件。互联网公共事件（Internet public events）指由特定事件引发，由众多网民借助互联网平台积极参与并引发网络舆论，对社会产生重大影响的公共事件。处于社会转型期的中国社会矛盾交织，在社交媒体的参与下，一些热点事件、民生事件和公权力事件等在网络上大量传播。Tiance Dong 等在《社交媒体和互联网公共事件》（Social media and internet public events）中通过对 2012 年前中国 57 个互联网公共事件案例进行综合分析，发现

① Szablewicz, M., The "losers" of China's Internet：Memes as "structures of feeling" for disillusioned young netizens, *China Information*, 2014, 28（2）：259 – 275.

社交媒体对互联网公众事件的影响有三个主要功能：首先是作为互联网公众事件形成过程中的第一信息源；其次，触发了大量的评论、讨论和跟进；再次，作为互联网动员平台起到了从网上到离线的网络公共事件平台交互作用。① 研究表明，在中国，权力腐败、违反道德和公共安全是引发互联网公众事件的前三大原因。互联网公共事件的出现对中国社会变革产生了积极作用，取得了令人瞩目的成就，具体表现为：政府、司法部门和其他公众舆论的监督已经趋于正常；维护正义和保护弱势群体成为理性的意识在吸引政府的关注，督促政府信息公开和事件调查上显示了效果；在推动社会管理创新和制度变迁方面取得了初步成效。但是，互联网公共事件的社交媒体传播也产生了两大负面影响：一是社交媒体为民族主义情绪提供了一个渠道和空间，二是社交媒体很容易成为民粹主义情绪的温床。在民粹主义情绪的支配下，人们往往容易相信谣言。于是谣言和民粹主义情绪相互影响，促使人们盲目地相信谣言并采取行动，最终导致发生破坏性的群体事件。总体上，互联网公共事件显示出建设性的意义，社交媒体已经成为中国社会变革和转型中的重要力量。

第三，舆论监督。利用社交媒体开展舆论监督是传统新闻监督和公众监督在网络信息化条件下的融合和拓展，尽管暴露出了许多问题，但它在维护公众知情权、参与权和监督权，推动政治民主建设方面发挥出重要作用。Bei Qin 等在研究《为什么中国允许更自由的社交媒体？抗议对抗监视和宣传》（*Why Does China Allow Freer Social Media? Protests versus Surveillance and Propaganda*）中利用数据挖掘对新浪微博上 2009 年至 2013 年发布的 132 亿个帖子进行了分析，发现中国社交媒体发布了大量关于高度敏感话题的帖子，诸如社会和经济问题（如腐败、污染、食品和毒品问题，灾害、事故和犯罪）

① Dong, T., Liang, C. & He, X., Social media and internet public events, *Telematics & Informatics*, 2017, 34 (3): 726–739.

以及集体行动事件（如罢工、抗议、请愿和群众冲突）。① Shajin Chen 在《微博在中国公众舆论和政治参与中的作用》（*Weibo's Role in Shaping Public Opinion and Political Participation in China*）中以郭美美带来的中国红十字会信誉危机为例，分析了社交媒体在引发中国舆论中的重要作用。同时认为，微博除在形成舆论方面发挥积极作用外，也成为谣言和操纵的发源地。② Shajin Chen 的研究发现，社交媒体中的舆论监督是中国中央政府与普通用户共同利益所在。中央政府和社交媒体用户都从打击地方腐败和打击其他权力滥用中受益。政府利用社交媒体的信息监测当地官员，同时改善公众对信息的获取能力，提升了公众参与公共辩论的热情以及协调群众行动和解决当地问题的能力。研究同时发现，微信上的帖子数量比微博少。微信提供的组织大规模集体行动或暴露腐败官员的效率稍低，因为只有开通账户的用户才能看到帖子。因此，尽管微信是最流行的即时通讯平台，但并不奇怪，新浪微博和 Qzone 是最流行的公共信息共享平台。

以上从技术因素、心理因素、社会因素、文化因素和"网络行动主义"五个角度出发，探讨了英美学界对中国社交媒体传播行为研究的特征。不难看出，中国社交媒体环境中的传播行为不是凭空产生的，而是有着坚实的语境基础。如马克思所言，"人的性格是由环境造成的"③，那么，在社交媒体时代，具有独特个性的用户的传播行为也必然是在相应社会环境的影响下产生和发展的。这再次提醒学者在对中国社交媒体展开研究时，需注意到中国社会区别于英

---

① Qin, B., Strömberg, D. & Wu, Y., Why Does China Allow Freer Social Media? Protests versus Surveillance and Propaganda, *Cepr Discussion Papers*, 2017, 31 (1): 117 – 140.

② Chen, S., *Weibo's Role in Shaping Public Opinion and Political Participation in China*, Blekinge Institute of Technology, 2014.

③ ［德］卡尔·马克思:《神圣家族》《马克思恩格斯全集》（第 2 卷），人民出版社 2006 年版，第 166 页。

美国家的独特社会语境。

<h2 style="text-align:center">第三节　事件性、娱乐性与监督性
为主的传播内容</h2>

　　上一节探讨了英美学界对影响中国社交媒体传播行为的多种因素进行的研究，本节则着眼于英美学界对中国社交媒体中由用户传播行为衍生的传播内容的特点进行分析。借用拉斯韦尔 5W 模式，"传播内容"可对应其中的"说什么"（Say What）一环，其相应的研究类型为"内容分析"。① 中国社交媒体传播内容与西方社交媒体具有一定的相似性，主要是社交互动的信息。同时，也具有其自身的个性特征，比如，中国社交媒体还具有新闻媒体的传播特征等，甚至被称为"副新闻领域"。有学者指出，"在信息社会中，社会的核心资源是信息。信息生产和信息传播……关系到国家和民族的生存。"② 信息即广义上的传播内容。英美学界对中国社交媒体传播内容的研究具有一定的现实意义。

一　总体性内容：交互性最受欢迎，娱乐性比信息性受欢迎

　　第一，交互性、娱乐性、生动性比较受欢迎，信息性内容不受欢迎。正如前面提到，Wu Weixian 在《新浪微博品牌人气：乐堡品牌社区影响因素的相关分析》（*Popularity of brand posts on sina weibo: a correlation analysis of the influential factors on tuborg's brand community*）中以"乐堡绿放音乐节"（Tuborg's Green Fest）为例，分析与品牌流行度相关的驱动因素。结果显示交互性是最受欢迎的因素，然

---

① ［英］丹尼斯·麦奎尔、［瑞典］斯文·温德尔：《大众传播模式论》，祝建华、武伟译，上海译文出版社 2006 年版，第 17 页。

② 郭庆光：《传播学教程》，中国人民出版社 2011 年版，第 31 页。

后依次是娱乐性和生动性内容。此外，粉丝互动的话题帖子也受粉丝欢迎，而绿放音乐节信息（Green Fest information）不受欢迎，信息性内容也不受欢迎。[1]

第二，避免经济和政治等敏感话题。Yue Hu 等的文章《论微博中的矛盾表达》（*On exploring ambivalent expression in Weibo*）认为微博中试图调节负面情绪、保持平衡情绪的用户更喜欢体育或娱乐等令人愉快的话题，并避免经济和政治等敏感话题[2]，微博的活动大部分是以娱乐为目的[3]。西方奢侈品牌传播的研究者建议西方奢侈品牌应通过社交媒体广告提供更多的创意和娱乐价值，看起来更具个性和可接受性，并在更高层次上吸引消费者[4]。类似的分析是以英美国家商业利益为服务端，确也暗藏对言论自由话题的批判。

第三，中国消费者使用社交媒体搜索关于健康、社会安全和环境问题的信息。Yao 和 Bunzel 的研究《中国公关危机管理：三个品牌吸取了惨痛的教训》（*PR crisis management in China：Three brands learn hard lessons*）认为，2013 年，71%的中国消费者使用社交媒体搜索关于健康、社会安全和环境问题的信息。[5] 此外，食品问题一直处于搜索话题的前列。新闻中报道的食品相关丑闻频频在社交媒体

---

① Wu, W., *Popularity of brand posts, on sina weibo：a correlation analysis of the influential factors on tuborg's brand community*, Uppsala university, 2016.

② Hu, Y., Zhao, J., Wu, J. & Bao, X., On exploring ambivalent expression in Weibo, *International Conference on Service Systems and Service Management*, IEEE, 2015：1 – 6.

③ Deluca, K. M., Brunner, E. & Sun, Y., Weibo, WeChat, and the Transformative Events of Environmental Activism on China's Wild Public Screens, *International Journal of Communication*, 2016, 10：321 – 339.

④ Chen, H. & Wang, Y., Connecting or disconnecting：luxury branding on social media and affluent Chinese female consumers' interpretations, *Journal of Brand Management*, 2017, 24：562 – 574.

⑤ Yao, C., Bunzel, D., PR crisis management in China：Three brands learn hard lessons, *In Digital W-Ave* [May 3 Retrieved from http：//digitalmediaix.com/pr-crisis-management-in-china-three-brands-learn-hard-les-sons/#. VRNWC b6I0o], 2013.

上引发热议。因此，研究中国两家跨国快餐组织的社会中介危机传播可以为跨国公司、危机传播理论和危机传播实践者提供有价值的启示。①

二　事件类内容："情绪性表达多于理性讨论"

Yunya Song 等在《并非所有的情感都是平等的：中国社交媒体网站上的网络公众的表达行为》（*Not all emotions are created equal：Expressive behavior of the networked public on China's social media site*）中以微博作为研究对象，研究表明，微博不是有效的协商讨论论坛，因为统计分析显示，情绪性讨论多于理性讨论，并且不同的情感（如愤怒、恐惧和悲伤）对人们产生不同的影响②。比如，Pan Ji 的研究《公众参与的情感批评：微博用户如何讨论"北京大学雕像戴口罩"》（*Emotional criticism as public engagement：How weibo users discuss "Peking Universitystatues wear face-masks"*）分析了北京大学学生在校园里面对雕像戴口罩以表达对环境污染的不满，并引发微博讨论。分析表明，微博相关讨论与公共领域的理想不同，中国的虚拟空间主要是作为网民发泄情绪，对当局或非本地人进行匆忙的指责/批评的场所③。当然，也有研究者持相反观点，研究者 Wang Wilfred 在《中国的框架和媒体实践》（*Framing，and Media Practices in China*）一文中提出，互联网用户是理性的，不是简单地倾向于"亲"或"反"官方话语的二分法选择，而是通过考量广泛的社会关系来评判道德争议事件中的

---

①　Zhu, L., Anagondahalli, D. & Zhang, A., Social media and culture in crisis communication：McDonald's and KFC crises management in China, *Public Relations Review*, 2017, 43：487 – 492.

②　Song, Y., Dai, X. – Y. & Wang, J., Not all emotions are created equal：Expressive behavior of the networked public on China's social media site, *Computers in Human Behavior*, 2016, 60：525 – 533.

③　Ji, P., Emotional criticism as public engagement：How weibo users discuss Peking Universitystatues wear face-masks, *Telematics & Informatics*, 2016, 33（2）：514 – 524.

政治因素①。这样的冲突观点表明，英美学界中也有理性而客观的声音。还有一些策论研究具有针对性和可操作性。比如 Juelin Yin 等在《社交媒体与跨国公司在华企业社会责任——以康菲石油泄漏事件为例》（*Social Media and Multinational Corporations' Corporate Social Responsibility in China：The Case of ConocoPhillips Oil Spill Incident*）中对 2011 年 6 月至 2013 年 2 月在微博与博客上发布溢油事件的信息内容进行了分析，指出这些内容在中国网络社区引发愤怒和批评。同时建议面临危机的企业也可以通过社交媒体传递情感信息来获得公众的理解。②虚拟世界是现实世界的反映，社交媒体用户的多元构成决定了其讨论问题的立场不同，以及讨论问题的角度差异，不能简单归纳为情绪性还是理性。其实更多的是既有情绪性的表达，也有理性分析的观点。如果仅凭个别案例中部分社交媒体用户的表现而归纳整个中国社交媒体讨论社会问题的特征则会以偏概全，不能反映整体的真实情况，造成对于中国社交媒体用户的误读和新的刻板印象。事实上，社交媒体传播的内容无论是偏感性还是偏理性其实并不是不可调和的二元对立的矛盾，两者都可以从不同角度关切社会现实问题，进而推动问题的有效解决。

三　监督性内容：放大镜下的负面问题

　　Juelin Yin 等的《社交媒体与跨国公司在中国的企业社会责 任——以康菲石油泄漏事件为例》（*Social Media and Multinational Corporations' Corporate Social Responsibility in China：The Case of ConocoPhillips Oil Spill Incident*）认为，社交媒体引起了中国的权力转移，让曾经是沉默多数的普通中国公众以更大的自由暴露丑闻，表达自己对危机的

① Wang, W. , Weibo, Framing, and Media Practices in China, *Journal of Chinese Political Science*, 2013, 18：375 – 388.

② Yin, J. , Feng, J. & Wang, Y. , Social Media and Multinational Corporations' Corporate Social Responsibility in China：The Case of ConocoPhillips Oil Spill Incident, *IEEE Transactions on Professional Communication*, 2015, 58（2）：135 – 153.

看法。与此同时，企业通过对社会所具有的经济，法律，道德和自由裁量期望的回应来承担社会责任的压力越来越大。社交媒体的出现赋予普通中国人更多机会对企业实施监督。①

英国诺丁汉大学（University of Nottingham）的 Jonathan Sullivan 的研究《中国微博：更快不一样？》（*China's Weibo：Is faster different?*）认为，在中国，微博的普及对国家政权的信息控制形成新的挑战。网民利用微博表达对经济增长、收入不平等和官方腐败等负面影响的不满。在一些情况下，网民促进网络舆论的动员，促使中央政府介入，以纠正低级渎职行为。然而，尽管这类案件越来越多，但政府已经迅速适应了不断变化的互联网生态，并使用同样的手段——通过增强其合法性、限制不同意见、识别其代理人的渎职行为——利用网络舆论调整政策和增加宣传效力。②

英美学界的相关研究强调社交媒体对负面问题的监督功能，是中国政府乐见其成的事情。但是，因此仅强调对中国政府形成"挑战"则将社交媒体的监督功能与中国政府对立起来，暗含着某种主观性的预设立场。这正是本书所认为的英美学界中国社交媒体研究之内在矛盾的体现，这些研究一方面希望还原现实或对现实产生影响，另一方面又不可避免地因固有意识形态和刻板印象的局限陷入脱离现实的困境之中。或许我们可以对马克思的名言稍加改动来解释这一现象，即这些研究错误地以不合时宜的"批判的武器"代替了无中生有的"武器的批判"，在理论与实践的断裂中迷失了自我。

---

① Yin, J., Feng, J. & Wang, Y., Social Media and Multinational Corporations' Corporate Social Responsibility in China：The Case of ConocoPhillips Oil Spill Incident, *IEEE Transactions on Professional Communication*, 2015, 58（2）：135 – 153.

② Sullivan, J., China's Weibo：Is faster different?，*New Media & Society*, 2013, 16（1）：24 – 37.

第四节 历时性演化与共时性存在的渠道类型

保罗·莱文森在《新新媒体》（*New New Media*）中认为传播媒介包括传统媒体（Old media）、新媒体（New media）和第三种新新媒体（New new media）。新新媒体（New new media）主要包括博客网、优视网（Youtube）、维基网（Wiki）、掘客网（Dig）、聚友网（Myspace）和 Facebook 以及 Twitter 等。其界定性的特征和原理是指："其消费者即生产者；其生产者多半是非专业人士；个人能选择适合自己才能和兴趣的新新媒介去表达和出版；新新媒体一般免费；新新媒体之间既是相互竞争又是相互促进的关系；新新媒体的服务功能远胜过搜索引擎和电子邮件；新新媒体没有自上而下的控制；新新媒体使人成为出版人、制作人和促销人。"[①] 保罗·莱文森的"新新媒体"与"社交媒体"在内涵和外延上比较接近，所以，莱文森对"新新媒体"特征的表述有助于对社交媒体基本特征的归纳。[②]

微博和微信分别代表社交媒体发展的两个阶段，具有历时性演变特征，又有共时性存在状况。社交媒体的核心功能就是扩展社交范围，中国微博与微信在拓展社交方面的差异性很大程度上由其技术特征引发。它们在用户、内容文本、转发行为等方面都各有不同。本节主要通过对英美学界关于微博、微信这两个中国社交媒体次生形态的研究进行分析，以探索英美学界对于社交媒体传播过程中"载体渠道"的认知。这与拉斯韦尔 5W 模式中的"通过什么渠道"（In Which Channel）环节对应，其相应的研究类型为媒介分析。[③] 媒

---

① 参见［美］保罗·莱文森《新新媒介》，复旦大学出版社 2011 年版。

② 参见曹博林《社交媒体：概念、发展历程、特征与未来——兼谈当下对社交媒体认识的模糊之处》，《湖南广播电视大学学报》2011 年第 3 期。

③ ［英］丹尼斯·麦奎尔、［瑞典］斯文·温德尔：《大众传播模式论》，祝建华、武伟译，上海译文出版社 2006 年版，第 17 页。

介分析的研究对象广义上可以包含自然界中的任何传播介质，狭义上则专指以人类传播技术为依托的信息传播媒介。本节所要探讨的社交媒体传播过程中的"载体渠道技术"正是后者。媒介技术始终是传播研究不可或缺的"背景"。有学者指出，人类被悬置于媒介技术营建的环境之中，其观念和行为受制于媒介化环境，因媒介技术的变革而重构。① 社交媒体技术源自西方国家，传播研究也发源于西方国家，由此我们可以推论，英美学界对社交媒体渠道技术的研究对于社交媒体时代的传播学研究和人们的观念进步应该有引领和启发的价值和作用。实际上，英美学界针对中国不同类型的社交媒体研究不乏纯粹学术研究的真知灼见，但是由于中西社会制度的差别，文化的差异以及西方国家的学术话语优势不可避免地导致相关研究存在大量的错位，并由此带来学术观点公允性存疑，甚至对中国社交媒体特征的误读。当然由于一些客观原因，比如微信相对于微博发展的时间要晚，微信的传播主要是朋友圈模式，因而对微信的研究相对于微博存在时间和空间上的障碍，故英美学界对影响更广泛、更深入，甚至可谓是中国社交媒体迭代发展升级版的微信的研究较少，自然对于中国各类社交媒体类型之间的比较研究也不多见。对英美学界关于技术载体平台维度较少的研究具体分析如下。

一　微博的交往广度与微信的互动深度

Kai Lei 等的研究《了解新浪微博在线社交网络中的用户行为：一种社区方式》（*Understanding User Behavior in Sina Weibo Online Social Network：A Community Approach*）认为，微博用户构成与技术支持互动，生成了微博发展特征。微博由 60% 的男性用户和 40% 的女性用户组成，其中 21 岁至 25 岁年龄段的用户中有 40%，26 岁至 30 岁年龄

---

① 胡翼青：《为媒介技术决定论正名：兼论传播思想史的新视角》，《现代传播》2017 年第 1 期。

段中的用户占 32%。各种活动均由微博用户进行，包括自我表达、接触朋友、关注名人、参与兴趣小组或社交活动。① 首先，微博注重交友广度。微博的技术特征决定其传播特征，如微博的单方面关注、主页公开化等都使其成为一个外向型、公开型的社交媒体。② 信息传播是微博平台的强大功能，用户之间有着强大而薄弱的联系。③ Eric Harwit 的研究《微信：中国占主导地位的即时通讯应用的社会和政治发展》（*WeChat：social and political development of China's dominant messaging app*）表明，微博用户之间的关系比其他在线社交网络如 Facebook 或人人用户之间的关系要松散得多。④ 研究还认为，微博往往鼓励粉丝的数量最大化。⑤ （*Microblogs which tend to encourage the maximization of the number of followers.*）鉴于此，研究得出微博交友范围广泛，但是深度有限的结论。正如中国学者的研究所提出的微信与微博不同，微信注重交友的深度。微信是需要现实环境下已经具有一定关系的用户通过互加好友的方式形成朋友圈来进一步加深交流关系的，因此"微信上的好友关系是已经建立的关系的加深，通过微信，只可能是以往关系的深化，而非人际关系的拓展"。⑥

---

① Lei, K., Liu, Y., Zhong, S., Liu, Y., Xu, K., Shen, Y. & Yang, M., Understanding User Behavior in Sina Weibo Online Social Network：A Community Approach, *IEEE Access*, 2018, 6：13302 – 13316.

② 吴蓓：《从微信微博对比探析社交媒体传播方式》，《中国报业》（下）2015 年第 6 期。

③ Lei, K., Liu, Y., Zhong, S., Liu, Y., Xu, K., Shen, Y. & Yang, M., Understanding User Behavior in Sina Weibo Online Social Network：A Community Approach, *IEEE Access*, 2018, 6：13302 – 13316.

④ Hao, G., Yu-liang, L., Yu, W. Y. & Tong-tong, Z., Measurement of the weibo hall of fame network, *Computers in Human Behavior*, 2011, 60：192 – 195.

⑤ Harwit, E., WeChat：social and political development of China's dominant messaging app, 2017, *Chinese Journal of Communication*, 10：3, 312 – 327. DOI：10.1080/17544750.2016.1213757.

⑥ 吴蓓：《从微信微博对比探析社交媒体传播方式》，《中国报业》（下）2015 年第 6 期。

二　微博公开的感性讨论与微信潜在的理性影响

微博与微信本来是中国社交媒体发展的不同阶段的产物，作为传播技术产品，本身并没有感性与理性之分，实际使用过程表现出来的在某些话题上感性与理性的偏向是不同用户带来的个别传播案例。但是，英美学界却认为微博具有"一对多"的较大范围传播，是网民发泄情感的平台，更具有感性特征。而微信是小范围的亲密传播，从技术特征角度限制传播规模和范围，与政府对孤立批评的容忍相吻合，相对理性程度更深一点。

1. 微博更有公开的情感动员特征

Yunya Song 等在论文《并非所有的情感都是平等的：中国社交媒体网站上的网络公众的表达行为》（*Not all emotions are created equal：Expressive behavior of the networked public on China's social media site*）中表明，微博不是有效的协商讨论论坛，因为统计分析显示，情绪性讨论多于理性讨论，并且不同的情感（如愤怒、恐惧和悲伤）对人们产生不同的影响。[1] 实际上，近年来这种情况出现了变化，正如有中国学者所说，社交媒体用户的舆论表达特征有所变化，理性表达渐成主流。[2]

英美学界学者的研究认为，首先微博的媒体设计比微信公众平台更接近于开放、连通、互动的"参与式开放媒体代码"的思路。这两种媒体的普及对新闻工作的重建和资源整合具有重要的影响。记者和受众之间的关系也发生了变化。微博和微信公众平台上新闻官方账号的高度互动性和连接性，将受众的角色从被动的新闻读者

---

① Song, Y., Dai, X. - Y. & Wang, J., Not all emotions are created equal：Expressive behavior of the networked public on China's social media site, *Computers in Human Behavior*, 2008, 134 (3)：383 - 403.

② 郑雯、李良荣：《中等收入群体在中国网络社会的角色与地位研究》，《现代传播》（中国传媒大学学报）2018 年第 1 期。

转变为积极的信息搜寻者和讨论参与者。①

同时，微博增加个人满足感。新浪微博允许使用富媒体（rich media）上传用户状态，提供评论，并支持应用程序、游戏和微博勋章。②

Xiong Si 的研究《中国微博与新闻网站的使用与满足比较研究》（*A Comparative Study of Uses and Gratifications Between Weibo and News Websites in China*）发现，受访者在新浪微博上花费的时间要比新闻网站上多。受访者认为微博比新闻网站获得消息更有满足感。研究还发现，微博上花费的时间与获得满足感之间没有相关性。微博上关注的账号数量与获得个人满足感无关。研究发现男性通过微博获得新闻和个性满足的程度不及女性。受访者认为，如果需要关注职业新闻，则微博和新闻网站会更有帮助。③

微博具有情绪性表达风格。微博成为中国颠覆性网络模式的最强孵化器，这让地方官员们非常震惊。K. M. Deluca 等的研究《新浪微博、微信以及中国野生公共屏幕上的环保运动变革性事件》（*Weibo, WeChat, and the Transformative Events of Environmental Activism on China's Wild Public Screens*）发现，在中国，政治变化受社交媒体影响的例子比比皆是，用户以有感染力的情绪性表达方式抗议污染、保护植物，抵制象牙制品。像某位环保主义者利用微博打造的新渠道来吸引市民。他要求人们拍摄水道倾倒污染物的照片或视频并上传到他的网站，然后他用这些证据来让公司承担责任等。④

① Chen, X., "Comparison of weibo and wechat public platform as news delivery channels in web 2.0 era".

② Pentina, I. & Zhang, L., Motivations and Usage Patterns of Weibo, *Cyberpsychology, Behavior And Social Networking*, 2012, 15（6）：312 - 317.

③ Xiong, S., *A Comparative Study of Uses and Gratifications Between Weibo and News Websites in China*, Scripps College of Communication, 2014.

④ Deluca, M. K., Brunner, E. & Sun, Y., Weibo, WeChat, and the Transformative Events of Environmental Activism on China's Wild Public Screens, *International Journal of Communication*, 2016, 10：321 - 339.

Kai Lei 等进行抽样调查发现，有一些用户的粉丝人数相对较少，但实际上却获得了数量惊人的转发或评论。例如，某大学社交微博账户仅有 9627 名关注者，但该账户发布的每条推文平均收到 78 次转发，……用户多少与其推文消息的转发和评论的流行度之间没有相关性。受欢迎的用户并不总是在他们的推文上发表大量转推和评论。当然，也有研究者认为，关注者数量较少的用户往往具有较高的聚类系数（have a high clustering coef cient）。他们的粉丝也可以成为现实世界中的朋友，或者分享共同的兴趣，使他们成为一个亲密的群体。①

2. 微信更有潜在的理性聚合力

首先，微信有助于形成小而有凝聚力的集合。Eric Harwit 的研究认为，微信对群体规模的限制和对添加已知联系人的关注将在用户之间创造更大的信任和舒适，激励他们留在这些亲密群体中。（*WeChat's limitations on group size and its focus on adding known contacts will create greater trust and comfort among users，inspiring them to stay within these intimate groups.*）

而且，微信倾向于将中国的在线言论传播到志同道合的小而有凝聚力的集合中，这可能会动员当地社区采取小规模的社会行动。这种趋势可能很符合政府对孤立的批评的容忍度，但不符合政府对旨在获得广泛粉丝的运动的管制。②

同时，微信可以减少老年人的"数字鸿沟"。John Downing 的研究《激进媒体：反叛的传播和社会运动》（*Radical media：Rebellious communication and social movements*）发现，微信为老年人提供接触到

---

① Lei, K., Liu, Y., Zhong, S., Liu, Y., Xu, K., Shen, Y. & Yang, M., Understanding User Behavior in Sina Weibo Online Social Network：A Community Approach, *IEEE Access*, 2018, 6：13302 – 13316. DOI：10. 1109/ACCESS. 2018. 2808158.

② Harwit, E., WeChat：social and political development of China's dominant messaging app, *Chinese Journal of Communication*, 2017, 10：3, 312 – 327. DOI：10. 1080/17544750. 2016. 1213757.

大量信息和观点的机会。① 由于担心在公共论坛传递负能量，老年人选择通过群聊功能——一个半私密的网络化空间——与家人和亲密朋友分享他们的另类想法。最后，他们微观层面的参与可能有助于在更广泛的公共领域内传播其他信息和意见。从这个角度来看，微信的一些独特功能表明，至少对一群老年人来说，微信不仅在上网技术普及方面，而且在缩小民主鸿沟方面，有潜力弥合年龄造成的数字鸿沟。这一发现表明，新信息通信技术的可用性可能会引入替代通信的替代方法。②

　　总体上看，英美学界对不同类型的中国社交媒体单纯的载体传播特征研究很少，除了客观原因外，主要是他们的研究具有较强的功能主义色彩，只有当这些社交媒体形态与他们关注的中国问题相关时才有可能被纳入研究视野中，否则不予以重视，鉴于此，对微信研究的相对薄弱就不言而喻了。

第五节　不同意图主导下的矛盾与错位

　　在对中国社交媒体传播系统的研究中，英美学界产生了一批有独到之见的成果，值得我们去了解和借鉴，比如英美学界研究者认为在中国社交媒体上交互性最受欢迎，娱乐内容比信息性内容受欢迎等。这些分析相对比较客观，学理性也比较强。当然，也不可否认其中一些研究具有明显的政治和商业意图，比如所关注的隐私保护问题、环境传播问题、政治参与问题等暗含固有的倾向性；其关注的社会精英社交媒体用户群体等用于服务其商业营销等目的。这

---

① Downing, J., Radical media：Rebellious communication and social movements, *Thousand Oaks*, CA：SAGE Publications, 2001.

② Guo, L., WeChat as a Semipublic Alternative Sphere：Exploring the Use of WeChat Among Chinese Older Adults, *International Journal of Communication*, 2017, 11：408 – 428.

种学术的功利性导致了一些研究的超越性和前瞻性缺失，由此造成其学术价值失准。当然，这也是大众传播研究的一大通病。回顾传播学术史便可知，大众传播研究始终在政治和商业利益的笼罩下维持其发展。John Durham Peters 认为，传播研究的危机便酝酿在这种功利主义的研究氛围中，"工业化的学术生产体制"成为传播研究进一步发展的最大掣肘。[①] 如今，英美学界中国社交媒体研究亦面临着这样的局面。

一　政治意图与商业目的

正如前面提到，中国本土有关的研究说明，中国社交媒体的主体用户已经开始改变，中等收入群体正取代"三低人群"（低年龄、低收入、低教育水平）成为主力军。由此带来关注话题的变迁，以"个人权利""社会保障""生活品质"为目标的民生议题成为关注的焦点。但是，英美学界研究的政治意图与商业意图使然，以至于相关研究的标准不统一，使用两把尺子，出现严重错位，具体分析如下：

1. 政治意图：关注非主流用户的意识形态色彩

上述分析可见，英美学界对中国社交媒体用户研究主要聚焦于中国非主流用户。比如突发事件涉事人群、城市拆迁移民、特殊性别取向人群、"网络水军"、中老年人群等。这些人群本身也是中国社交媒体的用户，也值得探讨。但是，相关研究在分析核心问题的过程中却仍然使用对于中国民主、人权、环境治理、言论自由等批判中国的老框架，学术讨论"夹带"意识形态成见。成见即是一种刻板印象，在社会心理学意义上，"人们对某一社会范畴或群体持有怎样的刻板印象，取决于人们想要实现的社会文化

---

① Peters, J. D., Institutional Sources of Intellectual Poverty in Communication Research, *Communication Research*, 2016, 13 (4)：527 – 559.

目的，因此，刻板印象的内容经常是不合逻辑的、与事实相反的"。① 英美学者以英美国家为"常态"，并以此为标准，视中国现实为"变态"，其研究目的多是以近乎猎奇的心态揭露"变态"的种种现象。如此"一贯不变"的研究视角，必然使其研究结论充满否定性的意识形态色彩。

2. 商业利益：关注中等收入人群的功能主义法则

英美学界一些中国社交媒体研究者从为商业利益服务的角度出发，以"二八法则"为准绳，重点关注新兴的中国中产阶级，主要包括城市中的富裕、年轻、受过良好教育、在社交媒体和互联网使用方面具有技术水平的人群。该群体具有极强的消费能力和消费欲望，是社会的精英阶层，对于相关事件具有重要影响力。鉴于此，该群体是商业资本和各大新媒体平台的核心用户，也是商业集团积极争取的消费对象。

出于营销的需要，用户与国外旅游资源开发、用户与品牌推广等成为英美学界在社交媒体商业价值驱动下的重要研究话题。这些研究对中国旅游业社交媒体运用的材料取舍，更多的是出于英美国家旅游资源开发的目的，探索利用社交媒体向中国中产阶级实施旅游营销，通过分析中国中产阶级旅游过程中社交媒体使用行为，分享信息，规划行程等，针对性地提出相应策略，以便更有效地占据中国旅游市场。有的研究建议西方奢侈品牌应通过社交媒体广告提供更多的创意和娱乐价值，使其更具个性和可接受性，并在更高层次上吸引中国消费者。再如，食品问题一直处于搜索的前沿，新闻报道的食品丑闻频频引发社交媒体主流用户的热烈讨论。因此，关于对两家在中国的跨国快餐组织在社交媒体上危机沟通的研究，其实质是为跨国组织的危机传播和危机管理者提供可供参考的见解。

---

① 高明华：《偏见的生成与消解——评奥尔波特〈偏见的本质〉》，《社会》2015年第1期。

不过，英美学界对中国中等收入群体的研究比较符合事实，这个在中国迅速成长的群体在媒介素养、网络技术、消费观念等方面都有不俗的水平，与此同时，他们还有国际教育和交流的背景，能适应全球化发展的趋势，因而这一群体正是英美学界在功能主义主导下的重视商业利益最大化的对策研究的重点关注对象。

二　学术讨论与政治立场

Yunya Song 等的研究《并非所有的情感都是平等的：中国社交媒体网站上的网络公众的表达行为》（*Not all emotions are created equal: Expressive behavior of the networked public on China's social media site*）发现客观存在于中国社交媒体的内容因审视和评判的标准不同，得出的结论也就存在差异。事实上，英美学界本身对于中国社交媒体的考察和研究就普遍存在盲人摸象、各说不一的情况。中国社交媒体传播的同一内容是理性还是非理性？在不同的文章中见仁见智，甚至在同一文章中也自相冲突，这种认知矛盾混乱的情况是由不同文章的研究立场以及由此而采用的不同评判标准造成的。

1. 学术讨论中批判中国社交媒体的非理性发泄

Song Yunya 的研究结合中国负面事件期间的社交媒体（微博）表达内容，如北京大学学生在校园里对雕像戴口罩事件等，认为情绪性讨论多于理性讨论。[①] 他强调微博讨论与公共平台的理想要求还相差甚远，微博上太多关于社会事件的情绪性表达。

研究者 Betsy Brunner 等在《中国野生公共网络与情感运动：环境维权、社交媒体、茂名抗议》（*Wild Public Networks and Affective Movements in China: Environmental Activism, Social Media, and Protest in Maoming*）中分析茂名抗议者的街头游行以及社交媒体舆论传播，

---

① Song, Y., Dai, X. - Y. & Wang, J., Not all emotions are created equal: Expressive behavior of the networked public on China's social media site, *Computers in Human Behavior*, 2008, 134 (3): 383 – 403.

认为这一状况是野生的公共网络（Wild public networks）所致，并借牛津英语词典 Wild 的定义，批判野生的公共网络"不驯服、不驯养"，"不断变化、不守规矩"，"激烈或冲动"，"激烈的兴奋"，"兴奋地渴望做某事"，"非常愚蠢或不合理"，甚至"轻率或不加考虑地冒险"等，强调中国社交媒体对于社会事件的传播缺乏理性，不具备通常意义上的哈贝马斯所说的公共领域特征。①

2. 政治意图下批判中国社交媒体的信息管导

Yue Hu 等的论文《论微博中的矛盾表达》（*On exploring ambivalent expression in Weibo*）认为微博比 Twitter 呈现了更多矛盾的表达，并认为形成这种强烈反差的原因是中国文化提倡的"中庸之道"：那些试图调节负面情绪、保持平衡情绪的用户更喜欢体育或娱乐等令人愉快的话题，并避免经济和政治等敏感话题。②

另有研究认为微博主导的沟通空间并不能成为理性讨论的有效论坛，因为思维相同的人倾向于聚集，并且情绪因素占主导地位。Song Yunya 等对手写代码样本的进一步统计分析表明，情感讨论比理性讨论更能影响人们，而不同的情绪（例如愤怒，恐惧和悲伤）具有不同的效果。

Jie Xie 的研究认为，不像 Twitter 和其他外国社交媒体，新浪微博从内部和外部都接受审查制度。新浪微博的管理制定了严格的敏感词汇规则，自动过滤用户讨论敏感的政治话题。同时，新浪微博及其用户都受到中国政府的严格监督。它受到中国主流传统的大众媒体系统的批判，几乎没有自由，并且只代表政府而不是公众。故人们自由表现的机会有限，而公众在传统大众媒体上的代表性不足。研究还指出，"由于 Facebook、Twitter 和 YouTube 等国际社交网站被

---

① Brunner E., Wild Public Networks and Affective Movements in China: Environmental Activism, Social Media, and Protest in Maoming, *Journal of Communication*, 2017, 67 (5): 665 – 677.

② Hu, Y., Zhao, J. & Wu, J., On exploring ambivalent expression in Weibo, *International Conference on Service Systems and Service Management*, IEEE, 2015: 1 – 6.

中国政府屏蔽，他们无法进入这个世界上最大的人口群体"，新浪微博正是在 2009 年 7 月政府对 Twitter、Facebook 和 Plurk 等非中国微博服务进行压制后不久推出的。学术研究本应持客观立场，进行理性分析。但是以上对于中国微博传播的评价及对政府互联网络治理的质疑明显存在意识形态的成见，在一定程度上强化了中国的负面形象，解构性远大于建构性。①

三　居高临下与变形观测

应该说中西社交媒体本身并没有实质上的高低优劣之分，而更多是媒介技术演化发展阶段的不同，在特定社会文化背景下呈现出来的传播特征差异。但是，英美学界的相关研究对之既有历史、客观、理性的思考，也有含蓄的意识形态倾向及商业价值的考量，一定程度上削弱了相关研究的学术价值与现实意义。特别是英美学界的一些研究以西方社交媒体为标杆，将中国各类社交媒体与之进行比照，从自我为优的角度强调中国社交媒体发展环境的缺陷，如缺乏民主、用户素质低下等等问题，甚至认为中国政府过度干涉可能会削弱中国社交媒体作为转型工具的民主化潜力，最终导致中国经济增长和发展的逆转等。这些居高临下的观察、预测，从强调西方社交媒体的优势，到强调西方民主的优势进而强调其他国家或地区引入民主制度的必要性，体现出明显的政治意图。

实际上，西方民主也并非灵丹妙药，对其的质疑声也不绝于耳。Kevin Michael Deluca 等在论文《新浪微博、微信，以及中国野生公共屏幕上的环保运动的变革性事件》(*Weibo, WeChat, and the Transformative Events of Environmental Activism on China's Wild Public Screens*) 中认为民主可能是美国最万能的武器：民主可以是一次对伊拉克等地造成灾难性后果的暴力输出，一根打击诸如中国这样的竞争对手

①　Xie, J., *Self-presentation and gender of Chinese overseas students on social media: a case study of sina weibo*, Mediakasvatus, 2014.

的棍棒，一个用来为美国例外论辩护的盾牌。正如德勒兹所指出的那样，民主本身需要受到质疑。美国人民现在所处的民主制度是他们曾经梦想过的民主制度的一种变形。①

另有 Martin Gilens，Benjamin Page 的研究《检验美国政治理论：精英、利益集团和普通公民》（*Testing theories of American politics：Elites，interest groups，and average citizens*）认为，美联邦与其说是一种民主制度，不如说是公司制。这是因为，代表商业利益的经济精英和组织团体对美国政府的政策有很大的独立影响，而以大众为基础的利益集团和普通公民几乎没什么独立影响力②。

由此可见，英美学界中国社交媒体研究既有其合理性一面，亦有其不合理性一面。关于其不合理性，源于英美学界对中国社会的权力问题和语境问题缺乏正确认识。一些英美学者以西方中心主义视角，延续对中国政治刻板印象的书写，导致其研究结论在应用于当代中国社会具体现象时常常出现"失真"的情况。关于其合理性，或者说值得国内学者借鉴的部分，则主要表现在国内学者尚未投入足够关注的某些研究领域，以及研究思路与研究方法的创新。更为重要的是，尽管英美学者对中国社交媒体平台中政治权力的过度关注导致其研究存在主观化、教条化的局限，但他们的研究也为国内学者打开了思考中国社交媒体问题的视野。而与英美学者不同的是，国内学者应当立足于丰富的本土语境经验，认识到中国现代化进程的客观需要与现实问题，从而通过对具体环境中具体实践的研究，提出改善中国社交媒体环境的有益对策，这是中国学者介入社会现实的应尽之责。正如葛兰西所呼吁的，"只有在知识分子成为那些群众的有机的知识分子，只有在知识分子把群众在其实践活动中提出

---

① Deluca, M. K., Brunner, E. & Sun, Y., Weibo, WeChat, and the Transformative Events of Environmental Activism on China's Wild Public Screens, *International Journal of Communication*, 2016, 10: 321 – 339.

② Gilens, M. & Page, B. I., Testing theories of American politics: Elites, interest groups, and average citizens, *Perspectives on Politics*, 2014, 12（3）: 564 – 581.

的问题研究和整理成融贯的原则的时候，他们才和群众组成为文化的和社会的集团"。① 因此，中国社交媒体和中国社会环境的进一步改善，需要相关研究者更多地关注"群众"，关注他们具体的"实践活动"，而这恰恰是我国学者较之英美学者的优势以及应当承担的责任之所在。

---

① ［意］葛兰西：《实践哲学》，徐崇温译，重庆出版社 1990 年版，第 11 页。

第 四 章

英美学界中国社交媒体功能作用研究

帕森斯在其专著《社会体系》（1951 年）中认为，社会结构具有基本功能："经济系统"执行适应环境的功能，"政治系统"执行目标达成功能，"社会系统"执行整合功能，"文化系统"执行模式维护功能。作为社会子系统的传播系统以及更为细化的社交媒体系统同样具有自身结构体系并借以实现相应的社会功能。[①] 社交媒体是因新技术发展而产生的新的媒介形态，带有明显的技术特性。毋庸置疑，技术对当代生活的影响可谓无处不在，特别是社交媒体作为"传媒化生存"的技术物态条件，已经深刻地改变了并正在持续改变人类社会的思想、行为及各个方面，这已成为一个不争的事实；与此同时技术亦并非影响当代生活的单一要素。如莱文森所言，"技术只决定事物可能发生……在这样的系统中，各种因素共同起作用。也即是说其他的关键因素同样对结果的产生起作用"。[②] 而在当代生活中，技术的影响必然同政治、文化、经济的影响共存。鉴于此，社交媒体与当今经济、政治、社会、文化等的关系以及彼此依存、相互联系的作用功能值得探索。[③] 由于本书的对象主体是社交媒体，是特定社会环境中的中国社交媒体，进一步说，是英美学界研究视

---

① Parsons, T., *The Social System*, NY: The Free Press, 1951, pp. 15 – 16.
② ［美］保罗·莱文森:《软边缘：信息革命的历史与未来》前言，熊澄宇等译，清华大学出版社 2002 年版，第 4 页。
③ Parsons, T., *The Social System*, NY: The Free Press, 1951, pp. 15 – 16.

域中的中国社交媒体，故而对此研究的展开自然要以社交媒体为逻辑起点，从社交媒体的角度去观照它对社会其他系统的作用及影响。

我们知道，20 世纪 50 年代，大众传播功能研究中比较有代表性的包括拉斯韦尔提出的"三功能说"，社会学家赖特将其补充成"四功能说"，传播学者拉扎斯菲尔德和社会学家默顿提出的"三功能说"，即"授予地位""促进社会规范的实行""麻醉精神"等。威尔伯·施拉姆在《传播学概论》中将传播功能分为政治功能、经济功能和一般社会功能。

国内学者对此也有相关研究，戴元光等人提出获取信息、社会化途径、实现教育、发展文化和娱乐等功能，还涉及负功能。[①] 张国良认为，传播的功能具有层次性和结构性特征，其基本功能是传、受新闻信息，由此派生出应付环境和调剂身心这两种次基本功能，再延伸为"监视环境""协调社会""传承遗产""提供娱乐"等功能。[②] 具体梳理如下：

表 5　　　　　　　　　传播功能的范畴、层次与类型[③]

层次	范畴	目的	手段	内容
宏观（基本）		生存与发展	传、受信息	信息
微观（具体）	实用性传播	监测环境	新闻信息传播	新闻
		协调关系	说服信息传播	言论
		传承文化	教育信息传播	知识
	消遣性传播	调节身心	消遣信息传播	文艺

英美学界对于中国社交媒体的研究总体上是遵循"结构—功能"主义研究范式，其研究成果比较丰富。社交媒体作为新兴传播渠道，其功能与传统媒体的传播功能有相似之处，也有创新成分，包括公

---

① 戴元光等：《传播学原理与应用》，兰州大学出版社 1988 年版，第 61 页。

② 张国良：《略论传播的功能——对一些常识的再思考》，《现代传播》（中国传媒大学学报）1995 年第 3 期。

③ 张国良：《传播学原理》第二版，复旦大学出版社 2009 年版，第 53 页。

共服务、社会互动、说服传播、娱乐功能等。尼尔·波斯曼说："每一种技术都既是包袱又是恩赐，不是非此即彼的结果，而是利弊同在的产物。"① 社交媒体作为传播技术进步的产物，其社会功能也不可避免地存在正功能与负功能，应该辩证看待。Matthew Fraser 和 Soumitra Dutta 合著的《社交网络改变世界》深度解读与剖析了社交网络给我们生活、学习和工作乃至对整个世界带来的伟大变革。同时，该书深入地剖析社交网络中的三大现象：身份日益多元化，地位日益民主化，权力则日益分散化，全面展现了社交媒体的功能和意义。②

总体看来，英美学界对中国社交媒体的负功能关注较多，并结合具体的问题分析植入政治参与、环境保护、言论自由、公共领域等经常借以批判中国的议题，一定程度上削弱了学术研究的客观性。

第一节　政治传播功能:"泛政治" 图景的多维度讨论

Cindy Chiu 等的论文《中国医疗保健的"社会"方面》（The "social" side of Chinese health care）认为，经过近几年的技术更新换代和用户群爆炸性的增长，中国已发展成为全球最大的社交媒体市场。③ 社交媒体已经全面嵌入中国社会的各个层面，更给当代中国政治带来了深远影响。

社交媒体是一个高度政治化的空间。社交媒体通过技术手段高

---

① 尼尔·波斯曼:《技术垄断:文化向技术投降》，何道宽译，复旦大学出版社 2007 年版，第 2 页。

② [加] 马修·弗雷泽、[印] 苏米特拉杜搭:《社交网络改变世界》，谈冠华、郭小花译，中国人民大学出版社 2013 年版，第 34 页。

③ Chiu, C., Ip, C. & Silverman, A., The "social" side of Chinese health care, *McKinsey Quarterly*, 2013: 1 – 2.

度融合了时间和空间，影响着"时间观念"和"空间观念"的"平衡"，形成"多维的时间"和"流动的空间"。① 在社交媒体影响下的时间观念方面，"全天候在场"和"永远在线"让人们可跨越时空地传播政治信息、分享政治资源、参与政治行动；在社交媒体影响下的空间观念方面，"多元化""去中心化""圈群化"成为社交媒体时代政治信息传播的特征。社交媒体具有强大的舆论监督能量。社交媒体赋权于"民"，让人人都手握麦克风。近年来，社交媒体通过网络自发组织形成强大的社会动员，聚集群力，将网民从虚拟空间引向现实行动。国外有"阿拉伯之春""占领华尔街"，国内有"微博打拐""免费午餐"等，这些事件显示了社交媒体强大的跨社会阶层、跨地域、跨国界的现实社会动员能力。社交媒体具有强大的政治参与力。从发表评论、跟帖、转发、点赞到网络投票、选举，社交媒体上时时上演着符号的角力和权力的博弈，成为人们表达关切、伸张正义和呼吁权益的重要渠道。

当代中国正处于社会转型期，社交媒体更显示出其独特的政治意涵。社交媒体中的政治研究也成为一个专门的课题，引发了学术界的重点关注。21 世纪以来，与社交媒体的萌芽、发展、壮大相伴的是中国综合国力的崛起，中国研究成为各国学界关注的焦点。其中，中国社交媒体中的政治引发了英美学界的强烈关注。近年来，英美学界围绕着中国社交媒体的"政治传播"（Political communication）、"公共参与"（Public participation）、"社会治理"（Social governance）、"网络审查"（Internet censorship）、"电子政务"（E-government）等关键词发表了很多研究成果，包括研究专著、学位论文、期刊论文和会议论文；探讨议题广泛多样，涉及社交媒体怎样被用于政治，社交媒体中的政治传播与政治参与，社交媒体对中国政治的影响，社交媒体影响中国政治的方式和特点，社交媒体中的

① ［加］哈罗德·伊尼斯：《传播的偏向》，何道宽译，中国人民大学出版社 2003 年版，第 116 页。

政治内容及政治审查，以及一些与政治无涉的社交媒体行为与体验也被赋予了政治内涵。

　　尽管这些成果的作者中不乏华人学者，但作品都用英语发表、发行。这些研究拓展了我们对中国社交媒体中政治的了解，开启了一些被国内学术界忽视的研究话题。这里所论及的中国社交媒体中的"政治"指"泛政治"的概念，它不仅指向以国家和统治为核心的宏观政治，同时也指向围绕日常权力关系形成的"微观政治"在社交媒体中的种种表现。这应了福柯对话语权力实践的理解，即"（话语权力）被置于那些应用它们的技术中，那些由它们派生出来的实践中，那些通过它们而得以构成，或者被改变的社会关系中"。[1] 因此，社交媒体影响下的政治权力的表现，不仅存于宏观政治领域，也存于人们的日常生活和社会活动之中。

一　政治信息的生产与传播参与主体

　　有了政治，就有了政治传播。特别是在媒体出现后，媒体与政治就如影相随，成为灌输政治理论、引导社会舆论、塑造政治形象、激发政治参与、传播政治诉求的工具。W. 兰斯·本奈特和罗伯特·M. 恩特曼在《媒介化政治：政治传播新论》一书中写道："媒介化的政治传播已经在当今民主政治和公共生活中占据核心地位"[2]；美国研究者 Timothy Cook 在《治理新闻：新闻媒体作为一种政治机构》（Governing with the News：The News Media as a Political Institution）一书中提出了"政治媒体化"的理论[3]。不论是"媒介化政治"还是"政治媒体化"，无不表明媒体（介）与政治一体化的趋势。在移动

---

① ［法］米歇尔·福柯：《知识考古学》，谢强、马月译，生活·读书·新知三联书店 1998 年版，第 138 页。

② W. 兰斯·本奈特、罗伯特·M. 恩特曼等：《媒介化政治：政治传播新论》，清华大学出版社 2011 年版。

③ Cook，T. E.，*Governing with the news*，Chicago：The University of Chicago Press，2005.

互联网时代，社交媒体的出现不仅加剧了这一趋势，而且让媒体与政治的联姻出现了许多新的变化。面对中国社交媒体的蓬勃发展，英美学界对中国社交媒体中政治信息、议程设置与舆论领袖等政治传播的相关话题进行了广泛讨论。

1. 社交媒体中的政治信息生产

传统的大众传媒与以社交媒体为代表的新媒体是截然不同的两种信息传播模式，这两种模式实质上代表了两种不同的政治和社会话语系统。Xueqing Li 的论文《比较中国和香港大学生使用社交媒体、讨论、政治信任和政治参与：O-S-R-O-R 模型的应用》（*Comparing social media use，discussion，political trust and political engagement among university students in China and Hong Kong：an application of the O-S-R-O-R model*）认为，在中国，社交媒体呈现出与传统媒体所代表的完全不同的世界。具体而言，传统媒体已经经历了政府的管理和监督，因此，这些信息被严格地控制在执政党的叙事和话语中；另外，社交媒体更有余地突出社会冲突。例如，微博这样的平台为社会公正和平等的谈判提供了空间。[1]

社交媒体建构的世界是平坦的，信息传播打破了时间和空间的界限，用户们通过不断的信息交流将世界网络联结成一个更加一体化的整体。社交媒体的出现引发了整个社会话语权力的重建和再分配。因此，在这个体系中，所有参与者都会尝试重新定位和定义他们的新坐标和相互关系。

两种类型的信息生产。英美学界对中国社交媒体中的两类信息生产进行了探讨。一类可归为"电子政府"（Electronic government）的信息生产，它主要指执政党、政府及其组成部门或隶属政府的组织、人员为宣扬政治主张、进行政治沟通、实现政治目的而展开政

---

① Li, X. & Chan, M., Comparing social media use, discussion, political trust and political engagement among university students in China and Hong Kong：an application of the O-S-R-O-R model, *Asian Journal of Communication*, 2016, 27 (1)：65 – 81. https：// doi. org/10. 1080/01292986. 2016. 1248454.

务信息生产与传播。另一类可归为"数字公民"（Digital citizens）的信息生产，它是指社交媒体个体使用者通过社交媒体平台发表政治观点与表达政治诉求的情况。①

第一类，"电子政府"的信息生产。"电子政府"的信息生产是政府为适应社交媒体时代主要采取的一项举措。随着社交媒体的繁荣兴盛，政府及其相关部门开始在各类社交平台建立起自己的账号，社交媒体平台的应用越来越多地被纳入公共机构的社交媒体政策。政府对社交媒体的使用产生了良性的效果。在政府内部，社交媒体的采用和政府改革的结合已被发现可能带来广泛的转型，包括通过众包内部流程节省成本和实现大规模的政府间合作；在与作为用户的公民的关系中，政府对社交媒体的使用可以提供一个共享信息和提高透明度的机会之窗，并且当社交媒体与适当的政策配合时，可以提高决策和解决问题的效率；在服务方面，研究强调政府正在试验社交媒体以重塑政府与公民之间的关系。如政务微博、联网论坛来促进政治稳定是另一项重大举措。②

第二类，"数字公民"的信息生产。Karen Mossberger 把"数字公民"定义为一个可以接入数字和网络媒体（由 ICT 提供）的社会中的人们，他们可以使用数字技术发挥公民的角色。③ "数字公民"的信息生产是指利用微博、微信等各类社交媒体打破了国家对媒体的垄断，让普罗大众获得了充分的话语权，从而参与信息的生产与发布的一种状况。如今，社交媒体常常被赋予特殊使命，成为打破监控与封锁、传播真相与正义、促进公民社会形成的重要武器，社交媒体已经与传统媒体一起成为信息传播的主要力量，在一定程度

---

① Mossberger, K., Tolbert, C. J. & Mcneal, R. S., *Digital Citizenship*：*The Internet*, *Society*, *and Participation*, The MIT Press, 2008：2189 – 2190.

② Esarcy, A. & Qing, X., Digital Communication and Political Change in China, *International Journal of Communication*, 2011, 5：98 – 319.

③ Mossberger, K., Tolbert, C. J. & Mcneal, R. S., *Digital Citizenship*：*The Internet*, *Society*, *and Participation*, The MIT Press, 2008.

上成为了公共信息的私人来源。

Kevin Michael Deluca 等在《微博、微信、中国野生公众屏幕上的环保行动变革事件》（*Weibo，WeChat，and the Transformative Events of Environmental Activism on China's Wild Public Screens*）中根据中国社交媒体中公众话语权的获取创造了一个新名词"Wild Public Screens"——野生公众屏幕，用来意指中国社交媒体用户将社交媒体变成环保运动中打破监控、披露真相、维护权益的"窗口"与"屏幕"的这一现象。文中提出的野生公众屏幕用以解释在中国社交媒体中动员大众的影响和力量；并认为密集的社交媒体网络创造了混乱的连接空间以推动大众的网络参与；是在审查人员面前不停转变的创造力，是突然爆发的非法和暴力集会的力量。[①]

作者认为，当前的世界（不论在美国还是在中国）都处在一个"全球监控社会"（GSS-Global Surveillance Society）之中，为突破这种监控，发出自己的声音，中国社交媒体用户通过三种方式进行信息的生产与传播：一是在社交媒体（特别是微博）中使用图片与声音；二是在发布信息时使用"替代词"；三是在微信这种半闭环通信环境中进行"一对多"和"多对多"交流。[②]

集体记忆。在线表达具有高度政治性。在中国，"数字公民"的信息生产还带来了不同的价值观、意识形态和身份认同感，从而社会角色之间实现了复杂而动态的话语扩散、规范竞争和身份认同的过程。英美学界关注了中国社交媒体上一种被称为"社会记忆"（Social Memory）的现象。在大众传媒时代，报纸、杂志和电视等大众传播形式在叙事的呈现过程起着关键作用。随着数字技术的发展，网络日志的出现使得历史事件的见证者可以在不依赖大众传播的情

[①]　DeLuca, K., Brunner, E. & Sun, Y., Weibo, WeChat, and the Transformative Events of Environmental Activism on China's Wild Public Screens, *International Journal of Communication*, 2016, 10: 19.

[②]　Deluca, K. M., Brunner, E. & Sun, Y. Weibo, WeChat, and the Transformative Events of Environmental Activism on China's Wild Public Screens, *International Journal of Communication*, 2016, 10: 221 – 339.

况下分享他们的记忆。① Eileen Le Han 在论文《微博记忆：微博与当代中国集体记忆》(*Micro-blogging Memories：weibo and collective remembering in contemporary China*) 中构筑了微博等社交媒体在当代中国时空乃至全球媒体景观中塑造集体记忆的三种框架：控制与反抗 (control and resist)、过去与现在 (past and present)、地区与全球 (local and global)。② 哥本哈根大学的 Jun Liu 在论文《谁为过去说话？社交媒体、社会记忆以及当代中国历史知识的产生》(*Who Speaks for the Past? Social Media，Social Memory，and the Production of Historical Knowledge in Contemporary China*) 中通过对中国社交媒体的研究，探讨了社交媒体对社会记忆的重新形成和社会历史知识产生的影响。Liu 通过新浪微博上对有关历史事件的几次争议辩论和对曾是国家榜样人物的微博争议进行考察，认为微博上的经验、记忆、纠纷和怀疑的表达、积累和传播会产生历史知识生成的替代机制，以此来对抗官方记忆，打破官方对获取过去叙事的垄断，建立起反对官方记忆框架的"反记忆"，从而对社会产生长期的政治影响。他得出结论：微博对当代中国社会记忆的建构与历史知识生成机制具有政治启示，长期的社会和文化变革将对中国社会政治产生累积影响。③

2. 社交媒体时代的议程设置

议程设置 (Agenda-setting) 理论从其提出以来就一直是传播理论研究的核心问题。研究者们在不同的地域和媒体生态下对议程设置理论进行了多次研究，缘由之一在于议程设置关乎公众舆论，有

---

① Zhang, J., China's social memory in a digitalized world, *Journal of Historical Sociology*, 2012, 25 (2)：275 – 297.

② Han, E. L., *Micro-blogging Memories：weibo and collective remembering in contemporary China*, Palgrave Macmillan, 2016.

③ Liu, J., Who Speaks for the Past? Social Media, Social Memory, and the Production of Historical Knowledge in Contemporary China, *International Journal of Communication*, 2018, 12：1675 – 1695.

着深刻的政治意含。在传播技术的演进中，以社交媒体为代表的新媒体模式不可避免地融合了所有旧媒体的模式。议程设置理论是否仍然适用于社交媒体？中国社交媒体上的议程设置呈现怎样的状况？Saifuddin Ahmed 在论文《网络民意：转变议程设置和塑造中国公共领域》（*Online Public Opinion：Transforming Agenda Setting and Shaping the Public Sphere in China*）中指出，社交媒体网络确实改变了中国整个舆论的氛围，在这个过程中，它正在相对改变中国社会公共领域的轨迹和议程设置的过程。近年来，英美学界对中国社交媒体议程设置从不同面向进行了研究。①

BBS 在线论坛的议程设置作用。得克萨斯理工大学的 Yun Juan Luo 在文章《中国的互联网与议程设置：网络舆论对媒体报道和政府政策的影响》（*The Internet and Agenda Setting in China：The Influence of Online Public Opinion on Media Coverage and Government Policy*）中指出，几十年来，中国媒体在议程设置上发挥了积极作用，对党的思想政策进行了积极的宣传。然而，随着互联网的兴起，议程设置过程的动态发生了变化。传统媒体对信息控制和内容生产的垄断力量被削弱，互联网赋予人们建立自己的议程并影响其他议程的能力。

Luo 运用内容分析的方法，对 2010 年"两会"前后两个半月的《人民日报》（代表党报的政策议程）、《新京报》与《南方都市报》（代表市场化媒体的媒体议程）、《强国论坛》（代表政府控制的在线议程）和《天涯论坛》（代表商业为导向的在线议程）的议程进行了分析。研究最后得出结论，在线公众的声音变得太大而无法被忽视，传统媒体和政府已经对互联网的帖子更加重视，网络舆论源自互联网的平台，如 BBS、聊天室、网络博客和微博，已成为

---

① 　Ahmed，S.，Online Public Opinion：Transforming Agenda Setting and Shaping the Public Sphere in China，*Online Journal of Communication and Media Technologies*，2014，4（4）：100 – 118.

一种竞争性的议程设置力量，使某些社会和政治问题变得更加
突出。①

新浪微博与传统报业间的议程设置。密苏里大学的 Yanfang Wu
和康涅狄格大学的 David Atkin 在名为《议程设置与微博使用：中国
新浪微博与报纸议程关系的分析》（Agenda Setting and Micro-blog
Use：An Analysis of the Relationship between Sina Weibo and Newspaper A-
gendas in China）的论文中，对 2011 年 7 月 23 日浙江省温州市动车
事故发生后新浪微博（选择了 7 个新浪微博账号）与《中国青年
报》和《新京报》两家报纸新闻报道的内容展开分析。研究发现，
新浪微博作为事故初期信息的唯一来源，在此次活动中确立了议
程设置权，这表明微博在议程设置上较之于这两家传统媒体更具
有影响力。可见，在突发性灾难报道中，替代性的在线媒体在设
置主流媒体议程和提供一个敏感问题上发挥了决定性作用，相反，
传统的报纸反应滞后，对相关话题不理睬、忽略或漏过。由此，论
文得出结论：在社交媒体时代，传统媒体的议程设置垄断能力已不
复存在。②

对中美媒体间，中国社交媒体与传统媒体间相互议程设置的比
较。Xuemeng Fu 向佛罗里达大学提交的硕士论文《媒体间议程的设
定和社交媒体对中国社交媒体之间相互作用的理解》（Inter-Media
Agenda Setting and Social Media Understanding the Interplay among Chinese
Social Media）采用内容分析和交叉滞后相关分析对中国社交媒体
（新浪微博）、中国国有新闻机构（《人民日报》和新华社）和美国
新闻机构（《纽约时报》、美联社）2013 年中国"两会"报道的媒

---

① Luo，Y.，The Internet and Agenda Setting in China：The Influence of Online Public
Opinion on Media Coverage and Government Policy，*International Journal of Communication*，
2014，8：1289 – 1312.

② Wu，Y.，Atkin，D. J.，Lau，T. Y.，Lin，C. A. & Mou，Y.，Agenda Setting and
Micro-blog Use：An Analysis of the Relationship between Sina Weibo and Newspaper Agendas
in China，*The Journal of Social Media in Society*，2013，2：8 – 25.

体间议程设置效果进行了研究，来确定所选媒体渠道之间是否存在媒体间议程设置影响。研究表明，新浪微博是影响其他新闻媒体议题的最有力媒体。在中国社交媒体（新浪微博）与国有新闻媒体之间的媒体间议程设置上，新浪微博在报道两届会议时对中国国有新闻媒体的媒体议程设置存在影响，但国有媒体对社交媒体平台的新闻议程设置不存在影响①。

　　微博上的意见领袖与议程设置。Qian Wang 在得克萨斯大学奥斯汀分校完成的博士论文以《谁设置了"中国 Twitter"的新闻议程？微博上媒体和意见领袖的关系》（*Who sets the news agenda on "Chinese Twitter"? The relationships between the media and opinion leaders on Weibo*）为题探讨了这一主题。研究发现：（1）商业媒体只在社会和法律问题上设置了意见领袖的议程，包括社会保障、住房、收入差距、食品安全以及法律和秩序。相反，官方媒体议程是由意见领袖在微博上就各种问题制定的；（2）与媒体专业人士、名人和学者相比，商业精英是各种问题（包括政治，社会和教育问题）中最有影响力的微博意见领袖。而在 Twitter 上，最常提到的意见领袖是记者和名人；（3）意见领袖拥有不同的议题议程，这些意见领袖在微博上的议程设置效果是动态和复杂的，但微博上男性和女性意见领袖的议程之间有很强的相关性，表明意见领袖在微博上没有显著的性别差异。②

　　反向议程设置。澳大利亚阿德莱德大学的 Ying Jiang 在名为《中国的"逆议程设置效应"——微博热门话题的案例研究及其对中国国有媒体的影响》（"Reversed agenda-setting effects" in China Case studies of Weibo trending topics and the effects on state-owned media in

---

　　①　Fu, X., *Inter-Media Agenda Setting and Social Media Understanding the Interplay among Chinese Social Media*, University of Florida, 2013.

　　②　Wang, Q., *Who sets the news agenda on "Chinese Twitter"? The relationships between the media and opinion leaders on Weibo*, University of Texas, 2016.

China）的论文中对中国热门微博话题的"反向议程设置"（Reversed agenda-setting effects）做了研究。① "反向议程设置"是 Matthew W. Ragas 等提出的概念，他们认为，传统意义上的议程设置理论主要强调由传统媒体导向普通受众的议程设置，那么如果普通受众能够通过某些社交网络平台形成反向引导传统媒体议程报道的力量，则"反向议程设置"现象成立②。Ying Jiang 借助韩国研究者 Kim 和 Lee 提出的"网络媒介议程设置的三个阶段"理论来测试新浪微博上的议程设置。调查结果表明，一个热门微博话题若包含政治敏感内容则不太可能具有反向议程设置能力。因此，中国网络空间中的"反向议程效应"被视为具有"部分反向议程"效果。③

3. 社交媒体的政治参与主体：从个人到群体

政治参与（Political participation）是政治主体为了维护政治体系以实现自身价值而以一定的方式与手段参与政治运行的过程。社交媒体政治参与是公民以社交媒体为途径和工具介入政治生活领域，参与议决公共事务，从而影响政治体系的生存方式、运行规则和政治决策过程的政治行为。自互联网接入中国以来，网络政治就成为学术研究的一个核心议题。考察中国公民互联网政治参与的历程，可以发现，其政治参与经历了从 Web 1.0 时代到 Web 2.0 时代的发展，公民政治参与行为从自发到自觉，参与程度从浅层次尝试到深度性参与，参与主体从普通网民、政治精英到 NGO 组织，参与渠道从网络论坛、微博到微信，借助社交平台参

---

① Jiang, Y. , "Reversed agenda-setting effects" in China Case studies of Weibo trending topics and the effects on state-owned media in China, *Journal of International Communication*, 2016, 20（2）: 168 – 183.

② Ragas, M. W. , Hai, L. T. & Martin, J. A. , Media-Induced Or Search-Driven?, Journalism Studies, *Journalism Studies*, 2014, 12（1）: 48 – 63.

③ Kim, S. & Lee, Y. , "New functions of internet mediated agenda-setting: Agenda-ripping and reversed agenda-setting", *Korea Journalism Review*, 2006, 50（3）: 175 – 205.

与社会事务和国家政治生活已经成为当代中国公民政治生活的重要景观，并促进了"中国政治发展的审慎转向"（a deliberative turn in China's political development）。①

截至 2017 年 12 月，我国网民规模达 7.72 亿人，普及率达到 55.8%，超过全球平均水平（51.7%）4.1 个百分点；手机网民规模达 7.53 亿人，网民中使用手机上网人群的占比由 2016 年的 95.1% 提升至 97.5%。其中，在线政务服务用户规模达到 4.85 亿人，占总体网民的 62.9%（CNNIC，2018 年）。② 在社交网络成长为"连接一切"的平台背景下，社交网络空间形成了一批网络政治参与主体，这些政治参与者以社交媒体为中介，拥有直接或间接的政治参与目的。随着政治参与的多元化，社交媒体中的政治参与主体主要包括三种类型：网民个体、网民群体与政府。

个体。网民个人作为政治参与主体。新闻信息寻求与政治参与之间一直存在着一致的积极关联，③ 微博和微信等社交媒体在很大程度上消除了时间和空间的界限，信息交流变得频繁，世界网络联结成一个更加一体化的整体，作为个体的网民在社交媒体的使用中和在搜寻、创造、分享信息的过程中逐渐成长为网络政治的个体参与者。

用户个体的政治表达。Wilfred Yang Wang 的研究《微博、框架与中国媒体实践》（*Weibo，Framing，and Media Practices in China*）中使用框架分析调查网络话语和中国对微博的政治审议过程。文中对佛山的王悦事件（一个刚刚学步的小孩被两辆摩托车碾过，随后的 18 个过路人都忽视这一惨剧）的对话环境进行了对比分析。研究发现，互联网用户是理性的，他们不只是倾向于一个二分的选择

---

① 王金水：《网络政治参与与政治稳定机制研究》，中国社会科学出版社 2013 年版，第 1 页。

② 《中国互联网络发展状况统计报告》，CNNIC，2018 年。

③ Boulianne, S., Social media use and participation: A meta-analysis of current research, *Information*, *Communication & Society*, 2015, 18（5）: 524 – 538.

"赞成"或"反对"官方话语。① Yinjiao Ye 等在论文《现代中国的社交媒体、公共话语和公民参与》(*Social media*,*public discourse and civic engagement in modern China*)中认为,通过社交媒体,个体现在可以很容易获取各种政治和社会问题的信息,并变得更加知情和理性。社交媒体为民众提供了一个独特的虚拟空间,让他们进行自由、开放的对话,"参与者提出并质疑关于共同问题的主张和争论,直到得到最好的理由并得到充分的辩护。参与者试图了解他们的对话者,并条件反射性地修改他们的预设立场以回应更好的论点"。②

个体网民公共参与的动机。社交媒体激活了公民在媒体发布中的行为。在中国,社交媒体呈现出与传统媒体所代表的完全不同的世界。具体而言,传统媒体已经经历了政府的管理和监督,因此,这些信息被严格地控制在执政党的叙事和话语中。另外,社交媒体更有余地去突出社会的不和谐。从风险理论的角度来看,在线政治行动比离线行动造成的风险小,因此在线讨论和参与将是监测政府的另一种方式。Xueqing Li 和 Michael Chan 在论文《比较中国和香港大学生社交媒体使用、讨论、政治信任和政治参与:O-S-R-O-R 模型的应用》(*Comparing social media use*,*discussion*,*political trust and political engagement among university students in China and Hong Kong:an application of the O-S-R-O-R model*)中认为传统渠道批评政府及其合法性的余地不大。③ 然而,社交媒体为政治讨论提供了一个在线空间,这里,中国公民可以表达他们对政府的批评和抱怨。④ 正是基于

①　Wang, W. Y., Weibo, Framing, and Media Practices in China', *Journal of Chinese Political Science*, 2013, 18:375 – 388.

②　Ye, Y., Xu, P. & Zjang, M., Social media, public discourse and civic engagement in modern China, *Telematics and Informatics*, 2017, 34:705 – 714.

③　Li, X. & Chan, M., Comparing social media use, discussion, political trust and political engagement among university students in China and Hong Kong:an application of the O-S-R-O-R model, *Asian Journal of Communication*, 2017, 27(1):705 – 714.

④　Qiang, X., The battle for the Chinese Internet, *Journal of Democracy*, 2011, 22 (2):47 – 61.

上述原因，社交媒体成为了人们获取和表达政治诉求的重要通道。另外，个人从中（社交媒体的表达中）获得的声誉、快乐和个性化能够激发内部社区生产公共产品的积极性，这种利他主义扩大了公共知识生产的规模。①

　　群体。社交媒体的社交性让用户个体在社交平台的互动交往中逐渐形成了类型、性质各异的政治群体。一是网络社群。网络社群是网络政治参与中的非正式政治群体，它是由两个或两个以上具有共同认知和理念的网民所组成的利益集合体，群体内的成员相互影响，共享特定的目标，寄予共同的期望。网络社群是社交媒体时代出现的一种新的共同体组织形态，网民个体由网络论坛、个人网页、社交媒体账号进入参与社群，成员具有较强自主性，可自由加入，也可方便退出。二是网络社团。网络社团是网络社群发展的高级形式，是网络政治参与中较为正式的政治群体。它主要是指存在于社交平台上的由公民自愿组成，为实现成员共同意愿和目标，按照其章程开展活动的非营利性社会组织。当前，中国网络社团大量涌现，作为一种新兴的社会力量，网络社团的兴起对国家与社会之间的关系产生了深远影响。

　　粉丝团体（Fandom Publics）属于网络社群。Weiyu Zhang 在《中国的互联网和新的社会形态：粉丝大众正在形成》（*The Internet and New Social Formation in China*：*Fandom Publics in the Making*）一书中认为，粉丝作为一个社会实体可以被视为社会公众。在比较了兴趣驱动的社交媒体豆瓣和面向关系的社交媒体人人网络结构后，作者认为粉丝公众不仅可以通过社交关系形成，而且可以通过共享粉丝对象形成，如音乐、书籍、电影。随后，作者考察了社交媒体平台上的多种粉丝团体：在微博上，名人与粉丝之间的关系作为一种新型的公共关系，微博上的名人不仅是粉丝喜欢的对象，也是连

---

　　① Zhang, X. & Zhu, F., Group size and incentives to contribute：a natural experiment at Chinese Wikipedia, *American Economic Review*, 2011, 101：1601－1615.

接粉丝的网络节点，激励他们并提高他们对不同领域出现的社会问题的认识。①

网络社团：各类 NGO 组织。Marielle Stigum Gleiss 在论文《为苦难的兄弟大声疾呼：中国的微博激进主义、漫无边际的斗争和极少的政治活动》（Speaking up for the suffering brother：Weibo activism, discursive struggles, and minimal politics in China）中分析了中国的一个网络社团组织"爱救尘肺"（Love Save Pneumoconiosis）通过微博对尘肺维权的案例。为了对在线社交媒体与政治之间的关系提供一个更加细致的解释，M. S. Gleiss 提出了一个关注话语论争、使用论争策略来对抗主导权话语的理论框架，并使用了一个更宽泛的政治概念将为最小政治的。本书使用该框架来分析由慈善组织"爱救尘肺"（LSP）发布的微博帖子的语料库。LSP 活动家利用微博来为尘肺患者进行医疗治疗，并确定了 LSP 活动家在线活动的两种策略。首先，LSP 活动家明确的替代话语，挑战官方的主导话语。其次，LSP 活动家为使在线表达合法化，使用了多种表达话语方式，同时巧妙地将尘肺问题政治化。LSP 活动家所使用的论争策略印证了压制性语境中政治论争是如何成为可能的，并阐明了改善用于研究网络媒体政治影响的理论的必要性。②

政府及其组成部门。在社交媒体时代，人们逐渐远离报纸、电视、门户网站等传统媒体渠道，转而通过社交媒体平台获取信息，社交媒体在人们日常生活中的影响力日益增强。为顺应这种形势，政府及其相关部门、政治家、政府官员等开始纷纷入驻社交媒体平台。中国政府已经迅速适应了互联网生态学，并利用它来发挥自身

---

① Zhang, W. , The Internet and New Social Formation in China：Fandom Publics in the Making, Abingdon, UK；New York, NY：Routledge, 2016.

② Gleiss, M. S. , Speaking up for the suffering brother：Weibo activism, discursive struggles, and minimal politics in China, Media Culture & Society, 2015, 32（7）：513 - 529.

的优势。① 政府、职能机关及政府官员在社交媒体抢滩登陆，纷纷开设社交媒体帐户，这对开展政务工作、维护政府形象、行使政府权利、履行政府义务起着重要作用。

当前，包括政务微博、政务微信在内的政务自媒体已成为互联网空间政府政策信息发布的首要渠道、第一信息源，也成为突发事件中确保官方信息及时准确发布的最初媒体。Jesper Schlæger 和 Min Jiang 在其论文《官方微博和地方政府的社会管理》（*Official microblogging and social management by local governments in China*）中为理解政府的政务自媒体举措，他们观察了一个地方政府的微博项目。他们认为，尽管许多地方政府似乎都很热情地开设微博，但这些政府微博在很大程度上起到了"测试机构"的作用。他们将测试机构定义为"用于临时使用或试验的一般规则和组织实践的集合"。政府微博的测试机构允许政府机构尝试与在线公民互动的方式，以改善社会服务和社会管理。它还引入了地方政府和商业 ISP 之间的新关系。当政府机构在微博上注册账号时，他们必须经过互联网公司的认证和批准，反之亦然。他们的帖子存档在新浪微博的服务器上，而不是存档在政府档案办公室。因此，就网上发帖而言，将档案存储在政府官僚机构中的关键职能已经从地方政府转移到商业服务提供商。此外，市政府对商业微博平台上的用户数据没有特殊的访问权限。对于市政府机构来说，也没有通过法律系统要求获得用户数据的正式手段这一可能仍然存在。② 这一发现突破了对中国政府无所不能和无所不知的固有认知。

Jiawei Liu 在其文《中国政客如何使用社交网络工具新浪微博》（*How Chinese politicians use Sina Weibo, the social networking tool*）中致力于研究中国政治官员对新浪微博的使用行为。作者的分析表

---

① Sullivan, J., China's Weibo: Is faster different? *New Media & Society*, 2014, 16 (1): 24 - 37.

② Schlæger, J. & Jiang, M., Official microblogging and social management by local governments in China, *China Information*, 2014, 28 (2): 191 - 215.

明，中国的政治官员在新浪微博上更多地发布微博信息，事件、筹款、在线访谈、恭贺、祝福等信息。与此同时，与非政治背景用户相比，这些政治官员也没有那么活跃，较少使用微博直接与他人沟通①。

4. 社交媒体政治参与的困境

社交媒体具有两面性，一方面为普通民众提供了自由表达的平台，促进了民主政治的发展；另一方面，由于公民素养问题，客观上存在公共讨论质量不高、议论情绪化、碎片化、同质化，谣言泛滥、群体极化等弊端。Peiren Shao 和 Yun Wang 在名为《社交媒体如何改变中国政治文化？碎片化公共领域的形成》（*How does social media change Chinese political culture? The formation of fragmentized public sphere*）的论文中表示，尽管社交媒体为用户个体和政治对话提供了新的渠道，但在线资源并非如此平等，少数意见领袖占据了更重要的位置。根据新浪微博舆论领袖百强榜单显示，可以发现那些最具影响力的知名人士的结构特征：在性别方面，91%是男性，在职业方面，大多数是记者、学者、作家或商人。② Marina Svensson 在其论文《中国微博圈的声音、权力和连通性：新浪微博上的数字鸿沟》（*Voice, power and connectivity in China's microblogosphere：Digital divides on SinaWeibo*）中也认为，新浪微博上的个人表达是不平等的，只有一些人有发言权，而其他人则继续被边缘化。名人和在线意见领袖利用他们的社会和文化资本吸引大量的粉丝并获得有影响力的声音。民工和劳工非政府组织积极参与微博的可能性要小得多。前者更可能使用 QQ 而不是微博。这样，特定社会团体的声音或特定问题被更极端的声音否定或被不公正地拒绝。缺乏平等发声的权利会引起广

---

① Liu, J., *How Chinese politicians use Sina Weibo, the social networking tool*, Dissertations & Theses-Gradworks, 2014.

② Shao, P. & Wang, Y., How does social media change Chinese political culture? The formation of fragmentized public sphere, *Telematics & Informatics*, 2016, 34 (3)：694 – 704.

泛的争论。①

Samuel Ka 等的论文《社交媒体能净化空气吗？以中国城市空气污染问题为例》（*Can Social Media Clear the Air？A Case Study of the Air Pollution Problem in Chinese Cities*）对社交媒体在中国城市空气污染治理中的作用研究中发现，公司（寻求利润）和政府（寻求社会稳定）在社交媒体的论辩中发挥了不成比例的作用，表明了社交媒体在总体上不具有代表性，而且在性别、阶级和位置上的高度参差不齐。微博对于环境知识叙事的产生和争论是一种特别不平衡的媒介。作为一个民主政治制度的代表，社交媒体剥夺了不识字或没有闲暇时间的人访问互联网与浏览微博网站的可能，贫困和农村居民几乎完全被排除在社交媒体的环境之外。②

二　政府的线上审查与管导

社交媒体的出现对信息传播、公众态度形成及人们思想和行为的影响巨大。在世界范围内，各国政府及其组成部门积极顺应互联网发展的趋势，在加强社交网络媒体的建设、充分利用社交媒体技术以提升公众服务质量、促进公众参与政治事务的同时，也加强了对社交媒体的管理。Jonathan Sullivan 在文章《中国微博：更快不同吗？》（*China's Weibo：is faster different？*）中针对中国环境，深入分析了中国社交媒体的迅速发展给中国政府带来的挑战与危机，并指出中国政府已有意识并进而进行合理管控。在对中国微博的研究中，作者指出：只要微博事件有产生群众不满情绪的可能性，国家都将通过控制技术基础设施，加强对互联网公司的法律约束和行政管理，

①　Svensson, M., Voice, power and connectivity in China's microblogosphere：Digital divides on SinaWeibo, *China Information*, 2014, 28（2）：169 – 189.

②　Kay, S., Zhao, B. & Dui, D., Can Social Media Clear the Air? A Case Study of the Air Pollution Problem in Chinese Cities, *The Professional Geographer*, 2015, 67（3）：351 – 363. DOI：10. 1080/00330124. 2014. 970838.

使用现实社会中的公共安全机构来对之进行宣传和实施审查。①

在社交媒体的政府管理方面，英美学界对中国社交媒体中的信息审查（Message audit）、危机沟通（Crisis communication）与舆论管导（Guidance of public opinion）等方面进行了研究。

1. 信息审查

自互联网诞生以来，基于不同原因对网络的信息进行监控与审查是一种普遍的做法，互联网审查现象在世界各国普遍存在。王孔祥认为，网络空间虽是一个虚拟空间，但互联网自由不是绝对的。互联网审查的现实必要性在于政治、社会、安全和控制互联网等多重因素；其多样性表现为各国往往通过法律、行政、技术和行业自律等手段开展对互联网内容的过滤、屏蔽。尽管对互联网进行管理、开展互联网审查的依据是国家主权原则等国际法或国内法的主张，但缺乏各国互联网审查的统一标准。② 英美学界对中国社交媒体信息审查进行了较为充分地研究。

（1）审查原由

对社交媒体的信息审查是世界范围内的一种普遍做法。David Bamman 等在《中国社交媒体的审查和删除行为》（*Censorship and Deletion Practices in Chinese Social Media*）比较中美两国社交媒体的管理时谈到，除了自身的内部政策外，社交媒体组织也根据他们经营的范围接受国家相关法规、法律的管理。在美国，这些（管理）措施包括审查儿童色情作品的展示、诽谤和媒体侵犯版权或其他知识产权情况；在中国，这（管理）也延伸到政治表达的形式。③ Noesselt 在其论文《微博与中国党和国家治理战略的适应》（*Microblogs and the adaptation of the Chinese party-state's governance*

---

① Jonathan, S. , China's Weibo: is faster different? *New Media & Society*, 2016, 16 (1): 24 – 37, ISSN 1461 – 4448.

② 王孔祥：《互联网审查及其评价标准》，《网络法律评论》2013 年第 8 期。

③ Bamman, D. , Conner, O. B. & Smith, A. N. , Censorship and Deletion Practices in Chinese Social Media, *Published in First Monday*, 2012, 72 (3).

strategy）中认为，传统公共参与者仅限于个人公民，但现代社会中的公共问题往往涉及多个利益相关方。社交媒体允许各方参与对话，扩大公共领域的界限。过去几年中国社会运动和公众的不满情绪，使社交媒体已成为预测社会风险和处理改革冲突的安全阀。① Dauvergne 和 LeBaron 在论文《抗议公司：激进主义的公司化》（*Protest Inc.*：*The corporatization of activism*）中认为，文明互联网的话语越来越与国家安全话语联系在一起。这种关系既不是新出现的也不限于中国。② 在社交媒体上，Deibert 写到，人们通过制造谣言、虚假帖子、商业炒作和语言暴力来制造非法私人利益，这已成为一个严重问题，扰乱了在线社区的正常秩序；热门事件经常在中国社交媒体上引起民族主义愤怒，有时以暴力抗议的形式流入街头。煽动潜在的民意，对抗可能的领导，这是为什么中国政府认真规范中国互联网上发生的事情的原因之一。③

　　Peiren Shao 和 Yun Wang 的文章《社交媒体如何改变中国政治文化？碎片化公共领域的形成》（*How does social media change Chinese political culture? The formation of fragmentized public sphere*）在谈到中国社交媒体面临的公共挑战时认为：误导性信息很容易通过微博传播，造成公众恐慌和社会不稳定。一个开放的社交网络不能消除负面的公共行为——那些与弥补民主赤字毫无关系的行为。④

　　可见，他们的研究认为，仇恨、威胁、煽动暴力或色情的内容对社会稳定与安全带来巨大挑战，社交媒体空间表达的权利与表达的责任是相辅相成的，政府的审查具有维持正常秩序的合法性。

---

① Noesselt，N.，Microblogs and the adaptation of the Chinese party-state's governance strategy，*Governance*，2014，27（3）：449 – 468.

② Dauvergne，P. & LeBaron，G.，*Protest Inc.*：*The corporatization of activism*，Cambridge，UK：Polity Press，2014.

③ Deibert，R.，Palfrey，J.，Rohozinski，R. & Zittrain，J.，*Access controlled*：*the shaping of power*，*rights*，*and rule in cyberspace*，MA：MIT Press，2010.

④ Shao，P. & Wang，Y.，How does social media change Chinese political culture? The formation of fragmentized public sphere，*Telematics & Informatic*，2017，34（3）：694 – 704.

（2）审查方式

MacKinnon 在文章《中国的"网络威权主义"》（*China's "Networked Authoritarianism"*）中概述了中国互联网过滤的现状以及目前用于在线公开讨论话题的策略，包括网络攻击、更严格的域名注册规则、局部断开。① MacKinnon 在文章《世界更平墙更厚？中国的博客、审查制度和公民话语》（*Flatter World and Thicker Walls? Blogs, Censorship and Civic Discourse in China*）评估了几家博客供应商的博客审查做法，注意到被禁内容的变化程度相似，最常见的审查形式是关键词过滤（由于敏感关键词而不允许某些文章发表）和发表后删除。②

David Bamman 等在其论文《中国社交媒体的审查和删除行为》（*Censorship and deletion practices in Chinese social media*）中研究了中国社交媒体的审查和删除做法，他们对新浪微博 5600 万条消息和 Twitter 上发布的 1100 万条中文消息的统计分析后指出：一组政治敏感的术语在信息中的存在导致异常高的删除率。他们还注意到，在全国范围内，信息删除率并不统一，来自西藏和青海外围省份的信息显示出比北京等东部地区更高的删除率。③

（3）委托代理

Johan Lagerkvist 在《中国社交媒体领域的委托代理困境？国家党和行业实名登记华尔兹》（*Principal-Agent Dilemma in China's Social Media Sector? The Party-State and Industry Real-Name Registration Waltz*）一文中讨论中国在微博等社交媒体中推行"实名制"时谈到了信息审查的一种特殊现象："委托代理"关系，即国家越来越多地

---

① MacKinnon, R., China's "Networked Authoritarianism", *Journal of Democracy*, 2011, 22 (2): 32 – 46.

② Mackinnon, R., Flatter World and Thicker Walls? Blogs, Censorship and Civic Discourse in China, *Public Choice*, 2008, 134 (1 – 2): 31 – 46.

③ Bamman, D., O'Connor, B. & Smith, N., Censorship and deletion practices in Chinese social media, *First Monday*, 2012, 2: 17.

将行政的责任委托给信息通信技术业务领域的新媒体公司，以监测不正常的用户行为。文章认为，企业有无条件地遵守党和国家的控制政策，并分析了国家监管和社会控制政策执行链条中嵌入的特定委托代理困境：国家只能暂时解决这一困境，保持行业制裁的风险，同时奖励遵守政策的企业。分析发现，委托代理合作中出现的裂痕依赖于国家在政策上的持续性。[①]

（4）法制管理

针对社交媒体上的不负责任行为，中国政府出台了一系列相应的法律、法规进行治理。Guobin Yang 在文章《中国网络激进主义情绪的消解：一个文明的过程》（*Demobilizing the Emotions of Online Activism in China：A Civilizing Process*）论及中国在线的表达文明与法律秩序时引证了一条中国最高司法机关的规定，中国最高人民法院和最高人民检察院于 2013 年 9 月 8 日发布司法解释，指出在互联网上发布虚假诽谤信息，如果该消息浏览超过 5000 次或转推 500 次，或者引发大规模抗议，扰乱公共秩序，破坏国家形象，发布信息的人可能面临长达三年的监禁。文章指出 2017 年通过的"网络安全法"旨在巩固和加强目前分散的法律规章制度，并引用 Deibert 和 Rohozinski 的话说明中国互联网治理中越来越多地使用国家安全语言，这表明，中国政府越来越多地将全球安全话语引入合法的互联网审查和监督。[②]

2. 危机沟通

近年来，中国处于社会转型期。经济发展的不平衡和社会关系的再分配加剧了中国社会的冲突。如一些类型的公共紧急情况，如自然灾害、环境污染等，受到媒体和公众相对于过去更多的重视。与此同时，互联网和 Web 2.0 的快速发展促进了舆论领域的扩大：

---

① Lagerkvist, J., Principal-Agent Dilemma in China's Social Media Sector? The Party-State and Industry Real-Name Registration Waltz, *International Journal of Communication*, 2012, 6：2628 – 2646.

② Yang, G., Demobilizing the Emotions of Online Activism in China：A Civilizing Process, *International Journal of Communication*, 2017, 17：1945 – 1965.

从离线对话到网络空间，特别在社交媒体上，由于互动式信息的双向流动，公众不仅可以了解有关公共紧急情况的相关信息，以行使他们的知情权，而且还可以相对自由地发表和交换关于公共紧急情况的意见，甚至通过意见领袖放大声音。由此英美学界关注到了中国社交媒体在危机沟通中的作用。

社交媒体在危机沟通中具有双刃性质。Xiangfei Li 和 Kees Boersma 在《社交媒体在中国提供危机信息中的作用：对天津火灾事件的批判性评价》（*The Role of Social Media in Providing Crisis Information in China：A Critical Evaluation of the Tianjin Fire Incident*）中以 2015 年 8 月发生在天津滨海新区的爆炸事故为个案，研究了社交媒体在中国危机传播中的角色。论文表示，社交媒体在事件发生后不仅提供了可靠的信息还提供了谣言。然而，在正式机构缺乏可靠消息的情况下，社交媒体在事件发生后不久就开始发挥"谣言磨坊"（rumor mill）的作用。媒体在市场中的比例对信息演进起着至关重要的作用。市场上存在的社交媒体越多，信息恶化的速度就越快，但也有"讨论"谣言的能力。数据的分析揭示了社交媒体社区的自我纠正机制（即信息的验证）。在一个更具压抑性的新闻市场，低质量的社交媒体危机信息迅速增加，但由于自我纠正机制，谣言在一段时间后开始下降。可能确实有很多网民不太关心新闻的真实性和证据。因此，非验证信息在影响整个信息市场的"消费者终端"中起着重要作用。但与此同时，危机信息恶化与愿意投入精力核实新闻的高端网民的信息危机水平密切相关①。

社交媒体在危机事件救援中能提升效率。社交媒体越来越明显地对公民创建、分享和分发有关应对危机的紧急信息和信息的方式产生巨大影响。Fengshi Wu 和 Shen Yang 在《Web 2.0 和中国的政治参与》

---

① Li, X. & Boersma, K., The Role of Social Media in Providing Crisis Information in China: A Critical Evaluation of the Tianjin Fire Incident, *Journal of Systems Science and Information*, 2017, 5（6）：556 – 570.

（*Web 2.0 and Political Engagement in China*）中探讨了非政府组织应用社交媒体参与救灾的案例。2013 年，四川省雅安地震发生后，一群 ICT 专业人员，非政府组织工作人员和擅长技术的网民发起了互动式救灾需求在线地图——益云。通过益云，所有的资金和货物都直接从捐赠者转移到地震受灾人群，这使得非政府救灾组织免遭任何潜在的管理欺诈的政治指控，同时为非政府组织和志愿团体提供了一个非分层的、灵活的、高度综合的机制。此后，该非政治组织在 map. iyiyun. com 网站上创建了 100 多个互动地图，用于各种社会服务和公众参与。①

3. 舆论管导

在社交媒体时代，用户通过查看、制作和分享信息来表达意见和相互讨论，Nip J. Y. M. 在论文《中国社交媒体舆论的本质》（*The nature of public opinion on social media in China*）中认为，中国社交媒体的信息、情感和行动指示以及分析和判断，都被认为与公众意见的形成有关，并认为应把社交媒体带来的这种变化作为公共舆论来看待。由于社交媒体的特点，在公共舆论形成的过程中容易出现缺乏理性思考的情绪化表达，这种网络舆论极有可能冲击社会秩序和价值观念，导致公共事件的媒介化风险。因此，舆论管导是社交媒体中政治管理的重要内容。②

在英美学界发表的论文中，信息审查、电子政府、网络评论员等都成为舆论管导的重要内容。Guobin Yang 在论文《中国网络激进主义情绪的消解：一个文明的过程》（*Demobilizing the Emotions of Online Activism in China：A Civilizing Process*）中通过对中国社交媒体舆论的分析，指出中国在社交媒体舆论管导方面的新变化：政府当

①　Wei, F. & Yang, S. , Web 2.0 and Political Engagement in China, *Voluntas International Journal of Voluntary & Nonprofit Organizations*, 2015, 27（5）：1 - 22.

②　Nip, J. Y. M. , *The nature of public opinion on social media in China. Paper presented at the 15th Chinese Internet Research Conference*："*Divergence and convergence in China's Internets*", Texas A & M University, June 5 - 6, 2017.

局不再只使用强制手段来屏蔽和过滤内容或干扰持不同政见者，他们采用了积极的和预防性的方法来抑制批评言论，并积极地在网上生产"正能量"，即支持政府议程的言论。①

净网、模范与志愿者。Guobin Yang 论述了中国社交媒体舆论管导的三种形式："一是净网行动。二是模范网站和模范网民评选。三是互联网文明志愿者。这些文明志愿者负责在互联网上促进积极的能量和用文明的语言、理性的态度在线发表评论，以创造一个理性、冷静和有序的在线意见氛围。"鼓励他们"积极主动地通过微博、微信、论坛帖子和视频发布传播社会主义核心价值观的在线作品"。

中国化叙事。Ford 在其论文《党和圣人：中国共产主义用准儒家思想为一党执政和中国崛起进行合理化》（The party and the sage：Communist China's use of quasi-Confucian rationalizations forone-party dictatorship and imperial ambition）中认为，中国化叙事是"引导舆论"的重要组成部分（"channeling public opinion"）。其特点是"具有和谐精神的在线文化产品，将网络文明与儒家的和睦、礼仪、文化和修养的美德联系起来，具有将在线文明提升为伟大文明传统的重要意义"。②

政府及其组成部门开设社交媒体账户引导舆论。Bei Qin 等在《中国为什么允许更自由的社交媒体？抗议 vs. 监视和宣传》（Why Does China Allow Freer Social Media？Protests vs. Surveillance and Propaganda）中对中国社交媒体的状况进行研究，指出政府可以通过积极发布自己的内容来影响社交媒体上的辩论和情绪。中国各级政府纷纷开通微博账户，引导舆论。这些账号由政府机构或政府工作人员运营，同时，不同级别的政府也雇用网络评论员对网络信息进行引

① Yang, G., Demobilizing the Emotions of Online Activism in China：A Civilizing Process, *International Journal of Communication*, 2017, 11：1945 – 1965.

② Ford, C. A., The party and the sage：Communist China's use of quasi-Confucian rationalizations forone-party dictatorship and imperial ambition, *Journal of Contemporary China*, 2016, 96（24）：1032 – 1047.

导。在厦门、昆明、成都等地发生的反 PX 事件中，政府通过其在社交媒体上的账户进行了卓有成效的宣传活动，政府帐户不断发表说："PX 不再比咖啡更具致癌性。"①

三　作为政治沟通工具的正向作用

人类的历史从来没有像今天一样更多地受到信息与媒介的支配与影响。作为链接一切的媒体，社交媒体在当代政治生活中扮演着重要角色，发挥着重要作用。政府利用社交媒体发展电子政务，以提高政府及其部门的透明度和责任感，促进经济增长，加快社会建设，巩固政治领导；社会利用社交媒体平台加强联系，把现实生活中的事务移植到社交媒体上，又通过社交媒体介入现实生活，开展前所未有的活动以实现政治抱负；个体利用社交媒体开展对话交流，提升了人们对政治的兴趣和政治能力，拓展了政治参与的渠道。

另外，发生在社交媒体平台的一些看似与政治无涉的网络行为，如购物、浏览等的体验都有着强烈的政治内涵，非政治的使用关乎着政治的观念与社会的变革。信息技术的加速发展正在改变普通公民的生活，也转变着国家治理模式，同时推动中国社会和政治的转型。英美学界讨论了中国社交媒体在电子政务、民主化效应、社会变革等方面的政治作用。

1. 开展电子政务

电子政务是指国家机关在政务活动中，全面应用现代信息技术、网络技术以及办公自动化技术等进行办公、管理和为社会提供公共服务的一种全新的管理模式。Song Yingfa 和 Miao Hongna 在著作《电子政治社会化、新闻与政治：美国、欧洲和中国的媒体与政府》（"E-Political Socialization, the Press and Politics: The Media and Gov-

---

① Qin, B., Strömberg, D. & Wu, Y., Why Does China Allow Freer Social Media? Protests vs. Surveillance and Propaganda, *Journal of Economic Perspectives*, 31 (1): 117 – 140.

ernment in the USA，Europe and China"）中的文章《对中国电子媒体、新闻、政府和政治的启示》（*Implications for E-Media，the Press，Government，and Politics in China*）里回顾了中国电子政府的发展历史：中国于 1999 年开始实施"政府在线计划"工程，目的是给政府和公众提供便利的在线服务交流平台。目前，中国电子政务采用"一站、两网、四库、十二操作系统"的自上而下、纵横交错的架构。（一站即一个政府门户网站；两个网络包括政府内部网和政府网络；四个数据库：人口数据库、企业单位数据库、空间地理和自然资源数据库、宏观经济数据库；十二个操作系统提供有关政府主要业务领域的资料）①

　　社交媒体时代中国电子政务面临的新挑战。在社交媒体时代，公民和企业社交媒体使用的普及也促使政府机构开始借助社交媒体以披露政府信息，提供公共服务，促进政府与公民之间的互动。但是，社交媒体对电子政务来说既是机遇，又是挑战。在中国政府利用微博开展电子政务的早期，Zheng Tuo 和 Zheng Lei 在文章《研究中国政府微博：内容与互动》（*Studying Chinese government microblogs：content and interactions*）中指出中国政务微博的透明度和互动性较低，其内容和信息主要是政府自身而非与公众相关，政务微博语言风格单调、僵化。② Lei Zheng 在其文章《中国政府的社交媒体：驱动力、挑战和能力》（*Social media in Chinese government：Drivers，challenges and capabilities*）中通过对上海市政府各机构和县政府的政务微博研究发现中国政务微博面临几个外部挑战：一是数字鸿沟，二是信任

　　① Song, Y. & Miao, H., Implications for E-Media, the Press, Government, and Politics in China, *E-Political Socialization, the Press and Politics：The Media and Government in the USA, Europe and China*, Peter Lang GmbH International Academic Publishers Frankfurt am Main 2014.

　　② Zheng T. & Zheng L., Studying Chinese government microblogs：content and interactions, *International Conference on Theory and Practice of Electronic Governance*, ACM, 2012：393 – 401.

度低，三是黑客和水军。同时，研究指出政务微博内部存在的短板：领导重视不够，缺乏称职的管理机构、人员、资金、技能，缺乏横向合作及完善的信息安全系统。①

政府对政务社交媒体的管理。Qiang Chen 和 Xiaolin Xu 在文章《社交媒体政策作为对社交媒体提供支持的回应：以中国为例》（*Social media policies as responses for social media affordances：The case of China*）里通过对中国政府部门的 76 份社交媒体政策文件内容分析发现，中国政府部门对社交媒体的四种可能性：可见性、持久性、可编辑性和交互性（visibility, persistence, editability, and interactivity）表现出截然不同的策略。② 总体而言，中国政府部门强调了政策要素，如员工回应、账户报告、内容审查、人力资源和内容范围，但很少关注内容可访问性、账户终止、公民评论规则和财务资源等政策要素。Hao Xiaoling 等在其论文《如何加强电子政务的社交媒体互动》（*How to strengthen the social media interactivity of e-government*）里探讨如何在电子政务中使用社会化媒体增强政府与公众的互动。研究结果表明，多媒体元素的比例和外部链接的比例对交互广度都有积极的影响，而多媒体特征的比例和原创性的比例对交互的深度有显著的影响。③

中国电子政务的未来发展。Song Yingfa 和 Miao Hongna 在论文《对中国电子媒体、媒体、政府和政治的启示》（*Implications for E-Media, the Press, Government, and Politics in China*）中对中国电子政务的未来发展提出了建议。一是要提高电子政务的绩效，二是扩大有

---

① Zhang, L. , Social media in Chinese government：Drivers, challenges and capabilities, *Government Information Quarterly*, 2013, 30：369 – 376.

② Chen, Q. , Xu, X. & Cao, B. , Zhang, W. , Social media policies as responses for social media affordances：The case of China, *Government Information Quarterly*, 2016, 33 （2）：313 – 324.

③ Hao, X. , Zheng, D. , Zeng, Q. & Fan, W. , How to strengthen the social media interactivity of e-government, *Online Information Review*, 2016, 40：79 – 96.

序的公民在线参与，三是要建立社会和谐的电子政务。虽然目前中国的电子政务仅限于传统政府管理职能，但它的目标是成为网上咨询服务平台和提供创新、鼓励公民参与的平台，并最终构建电子政府。①

2. 潜在民主化效应

从社会发展的历史看，民主化经历了一个从无到有、从低质量到高质量的过程。社交媒体作为一种工具，尽管在使用中存在许多不确定性，但其极大地提高了人们获取信息、传递信息的能力，在社交媒体平台上，信息的传播、思想的流动、思维的碰撞彰显着普通民众的权利，无不推动着民主向前发展。Peiren Shao 和 Yun Wang 的论文《社交媒体如何改变中国政治文化？碎片化公共领域的形成》（*How does social media change Chinese political culture? The formation of fragmentized public sphere*）认为中国社交媒体存在着双重张力：一方面，公民如何战略性地使用社交媒体来实现其目标；另一方面，政府如何在与他们的互动中妥协或控制，以处理政治改革中的社会冲突和矛盾。社交媒体作为"解放技术"可能会带来更公开、更民主的政策辩论，或者将有助于扩大和深化政府对公共话语的控制。② 这一"解放技术"让社交媒体蕴含着巨大的民主化效应。

关于社交媒体的民主化效应存在着两种叙述。根据第一种叙述，Yang 在论文《社会网络对学生表现的影响：台湾网络论坛研究》（*Effects of social network on students' performance：a web-based forum study in Taiwan*）中提到通信技术，特别是互联网，促进公民

---

① Song, Y. & Miao, H., Implications for E-Media, the Press, Government, and Politics in China, *E-Political Socialization, the Press and Politics：The Media and Government in the USA, Europe and China*, Peter Lang GmbH International Academic Publishers Frankfurt am Main, 2014.

② Shao, P. & Wang, Y., How does social media change Chinese political culture? The formation of fragmentized public sphere, *Telematics & Informatics*, 2016, 3：34.

社会的普遍兴起和赋予中国社会权力。① Reese Stephen 和 Dai Jia 在
《全球新闻领域的公民新闻：中国新媒体批评家》（*Citizen Journal-ism IN THE Global News Arena：China's New Media Critics*）的研究中
也讨论到中国社交媒体引发越来越多的在线行动主义，促进了
"民主演练"，这不仅增强了中国主流媒体行业的专业性，而且具
有"革命性"。② Guobin Yang 在《作为文化形式的互联网：中国的
科技与人文状况》（*The Internet as Cultural Form：Technology and the
Human Condition in China*）③ 以及 Lagerkvist 在《互联网之后，民主
之前：中国媒体和社会的竞争规范》（*After the internet，before de-mocracy：competing norms in Chinese media and society*）中提出中国
当前的在线行动主义提供了一种"革命冲动"，可能最终加速中国
实现民主的"长期革命"。④ Yi Mou 等在论文《网络论坛和社交网
络对中国网络政治讨论的影响：评估"信任螺旋"》（*The influence
of online forum and SNS use on online political discussion in China：As-sessing "Spirals of Trust"*）中表达了对社交媒体作为中国"革命"
力量的潜力的相对负面的看法。⑤ 中国政府已经采纳即使有一些滞
后的新的战略，以应对不断变化的现实。中国政府一直在探索保持
对信息流的控制的新方法，因此互联网和其他技术创新都激发了政
府对网络"更创新的和更普遍的"控制。Lagerkvist 在论文《互联网

---

① Yang, H. L., Effects of social network on students' performance：a web-based forum study in Taiwan, *Journal of Asynchronous Learning Networks*, 2003, 7 (3)：93 – 107.

② Reese, S. D., Dai J., Citizen Journalism in the Global News Arena：China's New Media Critics, *Citizen Journalism Global Perspectives*, 2013：221 – 231.

③ Yang, G., The Internet as Cultural Form：Technology and the Human Condition in China, *Knowledge Technology & Policy*, 2009, 22 (2)：109 – 115.

④ Lagerkvist, J., *After the internet，before democracy：competing norms in Chinese media and society*, *After the Internet*, *Before Democracy. Lang*, NY：Peter Lang, 2010.

⑤ Mou, Y., Atkin, D., Fu, H., Lin, A. C. & Lau, T. Y., The influence of online forum and SNS use on online political discussion in China：Assessing "Spirals of Trust", *Telematics & Informatics*, 2013, 30 (4)：359 – 369.

之后，民主之前：中国媒体和社会的竞争规范》（After the internet, before democracy: competing norms in Chinese media and society）中声称，中国政府相当"强大、自信和能够承受短期不稳定性"。① 这样的特质涉及中国社交媒体的政治潜力，社交媒体不仅是传播信息的工具，而且是中国信息景观的转型促进者。所有这些研究都是假设党和国家与民众之间存在对抗关系，过分侧重于根据西方政治改革的经验来分析中国社会政治情况。事实上这种用西方的政治文化理念来解读具有悠久文化传统的中国政治民主，显然是不匹配、不适用的。

社交媒体在促进民主政治的层面。Peiren Shao 和 Yun Wang② 的文章《社交媒体如何改变中国政治文化？碎片化公共领域的形成》（*How does social media change Chinese political culture? The formation of fragmentized public sphere*）以及 Hassid J. ③ 等的论文《放大沉默：当代中国的不确定性与控制寓言》（*Amplifying Silence: Uncertainty and Control Parables in Contemporary China*）总结了中国社交媒体之于民主政治的作用，认为社交媒体缩小了中国民众接触大众媒体的距离，而这些媒体一直长期受到国家制度的控制。Tai Zixue 和 Tao Sun 在其论文《在不断变化的媒体环境中的媒体依赖：以 2003 年中国非典疫情为例》（*Media dependencies in a changing media environment: the case of the* 2003 *SARS epidemic in China*）中也指出④，第一，对广大民众来说，信息不容易从中国主流媒体获得。互联网的重要性不仅仅是它作为寻求信息的替代资源，还允许受众摆脱传统的媒体依赖并通

① Lagerkvist, J., *After the internet, before democracy: competing norms in Chinese media and society*, After the Internet, Before Democracy. Lang, NY: Peter Lang, 2010.

② Shao, P. & Wang, Y., How does social media change Chinese political culture? The formation of fragmentized public sphere, *Telematics & Informatics*, 2016, 34 (3): 694 – 704.

③ Stern, R. E. & Hassid, J., Amplifying Silence: Uncertainty and Control Parables in Contemporary China, *Social Science Electronic Publishing*, Vol. 45, No. 10, 2012, pp. 1230 – 1254.

④ Tai, Z. & Tao, S., Media dependencies in a changing media environment: the case of the 2003 SARS epidemic in China, *New Media Soc*, 2007, 9 (6): 987 – 1009.

过生产者和传播者创造信息。第二，社交媒体为政治批评提供了一个缓冲区。通过使用社交媒体，中国民众有能力迅速回应公共事件，唤起对敏感政治话题的讨论。第三，由于中国政府官员倾向于采用压抑关系和社会联系来解放当地的抗议者，① 社交媒体可以让公众免于地方政治力量和熟人社会的限制。第四，社交媒体加强了中国公共行动的区域联系。如宁波、茂名、昆明等地的环保示威者频频引用广东番禺、厦门 PX 事件等成功案例，揭示了社会网络动向中的多米诺骨牌效应。第五，跨地域社交网络允许中国公民通过各种技术手段从国际社会获得新的信息；另外，大量中国侨民也通过社交媒体与国内公共事务保持联系。社交平台将中国公民的讨论扩展到全球范围。第六，社交媒体的使用对社会压力具有释放作用。Hassid，J. 在论文《安全阀还是高压锅？中国政治生活中的博客》（*Safety valve or pressure cooker? Blogs in Chinese political life*）中认为社交平台为公民参与提供了一种安全阀机制，这种"安全阀"允许人们发泄愤怒并减少他们采取实际行为的驱动力。②

Dahlberg 在名为《计算机介导的通信和公共领域：批判性分析》（*Computer-Mediated Communication and The Public Sphere：A Critical Analysis*）的论文中认为，网络空间有促进民主的潜力。③ 事实上，中国社交媒体通过审议公共话语和社区民众参与，促进了社区和审议网络空间的发展，社交媒体的这些潜力最终将促进中国的民主发展。

在中国，社交媒体使用频率更高的个人确实更有可能参与公共话语和民众活动。社交媒体有助于促进公共讨论，人们可以通过

① Deng, Y. & O'Brien, K. J. , Relational repression in China：using social ties to demobilize protesters, *The China Quarterly*, 2013, 215：533 – 552.

② Hassid, J. , *Safety valve or pressure cooker? Blogs in Chinese political life*, Journal of Communication, 2012, 63（2）：212 – 230. doi：10. 1111/j. 1460 – 2466. 2012. 01634. x.

③ Dahlberg, L. , Computer-Mediated Communication and The Public Sphere：A Critical Analysis, *Journal of Computer-mediated Communication*, 2001, 7（1）：1.

"会议、辩论、对话和讨论"自由交换意见[1]。但有研究对中国社交媒体中的公共领域持审慎乐观的态度，认为中国公民的言论自由和政治参与不能只依赖互联网或微博。[2] Saifuddin Ahmed 和 Danqi Wu 在向杜克大学提交的硕士论文《社交媒体潜在的民主化效应分析：中国经验》（*An Analysis of the Potential Democratizing Effects of Social Media：A Chinese Experience*）中也认为，虽然中国社交媒体，特别是公民新闻正在兴起，表现出打破中国政治变革的技术和意识形态障碍的力量，但它对民主曙光的贡献却不及人们的期待。此外，过度预期，过度依赖和过度干预它作为一种变革性工具可能会破坏其民主化潜力，最终扭转其增长和发展进程。[3]

Rauchfleisch 和 Schäfer 在文章《微博多元公共领域：中国网络公共领域的形态与潜力类型学》（*Multiple public spheres of Weibo：A typology of forms and potentials of online public spheres in China*）里指出中国社交媒体民主效应碎片化的特征：第一个是碎片化的时空。社交媒体中偶然的、瞬间的、短暂的互动在日常生活中无处不在。许多公共问题在大众消费和严肃讨论之间的互动中都得到了解决，流动的时空增加了风险问题的密度，也增加了政府在处理这些变化和难以预见的问题的困难。第二是碎片化的社会关系。在网络文化多元化背景下，人们的利益诉求变得不一致。社交媒体的声音并不和谐，往往饱含噪音、冲突和抵触。这导致了公共空间的不稳定。第三是在线亚文化。积极的社交媒体流行文化创造了多元化的自治社区，亚文化群体的出现挑战了一元论的权威性，在主流公共平台之外，这些亚文化群体反

---

[1] Ye, Y., Xu, P. & Zhang, M., Social media, public discourse and civic engagement in modern China, *Telematics and Informatics*, 2017, 34 (3)：705–714.

[2] Chen, S., *Weibo's Role In Shaping Public Opinion And Political Participation In China*, Blenkinge Institute of Techonology, 2014.

[3] Wu, D., *An Analysis of the Potential Democratizing Effects of Social Media：A Chinese Experience*, Master's thesis, Duke University, 2015.

映了中国社会外部文化的变迁。这一碎片化的特征，也在很大程度上
制约了社交媒体的民主化效应。①

3. 促进社会变革

作为互联网的新发展，社交媒体是时代的产物，同时促进了时
代的发展变革。Aaron S. Veenstra 等在文章《Twitter 是"新闻的替代
品"？查看威斯康辛联盟标签推特用户的行为和自我认知》（*Twitter
as "a journalistic substitute"？Examining wiunion tweeters' behavior and
self-perception*）中认为社交媒体是社会动员和政治变革的支持力量和
重要平台，是社会运动理想的信息提供商，对社会运动的成功或失
败有着重要的影响。②

《社交网络改变世界》的作者 Matthew Fraser 和 Soumitra Dutta 认
为：社交媒体对社会发展及人们生活带来的巨大变革已经渗透到人
类生活与生产的每一个环节和层面："数字化生存"成为真实而普遍
的生存方式；无处不在、无时不有的"泛在化"网络使人与人、人
与物、物与物之间可以无障碍地传递信息；"连接"成为这个时代的
一个基本标识，连接所产生的效能远大于个体的简单叠加；时空格
局与存在方式被重构了，社交媒体中呈现出跨时空、全息化、非线
性的世界图景，而且还使这一图景的接受者具有充分的主动选择性。
社交媒体对社会变革的促进是全方位的③。英美学界也论述了中国社
交媒体促进社会变革的不同层面。

（1）社会自治层面

社交媒体改变了人们联系和沟通的方式，成为人们组织政治活

---

① Rauchfleisch, A. & Schäfer, M. S., Multiple public spheres of Weibo：A typology
of forms and potentials of online public spheres in China, *Information*, 2015, 18（2）：139 –
155.

② Veenstra, A. S., Iyer, N., Park, C. S., & Alajmi, F., Twitter as "a journalistic
substitute"？Examining #wiunion tweeters' behavior and self-perception, *Journalism*, 2014,
16（4）：1990 – 1991.

③ ［印］苏米特拉·杜塔、［加］MatthewFraser 等：《社交网络改变世界》，马修·
弗雷泽，中国人民大学出版社 2013 年版。

动、发动公民运动、实施危机救助的平台，同时也给人们社会自治提供了契机，成为人们组织互助、从事慈善计划等公益项目的平台。

①社会互助。社交媒体已成为社会互助（Social Support）的重要来源。中国艾滋病患者于2011年1月在微博上成立了一个网络互助小组。Liang研究了这个社交媒体社区的社会互助情况。首先，从微博的艾滋病患小组中随机选出了连续五周（2011年5月2日至2011年6月13日）的消息，并采用社会网络分析法（social network analysis）来绘制艾滋病患微博小组的结构，并测量研究变量。结果表明，接触频率或互惠性较高的一组比接触频率或互惠性较低的一组交换了更多的互助信息。此外，接触频率较高的一组能够获得更多的情感支持。

②慈善计划。社交媒体可以让人们超越时空互动，包括爱心互助。Yingqin Zheng和Ai Yu在论文《社会媒体在集体行动中的作用：以中国儿童免费午餐为例》（*Affordances of social media in collective action：the case of Free Lunch for Children in China*）里研究了一个基于微博平台的中国慈善计划案例——儿童免费午餐［Free Lunch for Children（FL4C）］。FL4C成功地利用微博和其他技术平台筹集资金，提供技术解决方案和支持、资源渠道、材料供应和宣传推广。FL4C的网络迅速扩展到其他部门，在这个过程中，社交媒体影响到公共政策，导致政府采取行动，并将为学校提供免费午餐制度化。①

（2）日常生活层面

社交媒体已经走进了千千万万中国人的生活中，在英美学界的研究中，中国社交媒体不仅充当着社交助手的角色，也成为从白领到农民工的工作和生活中必不可少的工具，同时在健康生活中发挥着越来越重要的作用。

---

① Zheng, Y. & Yu, A., Affordances of social media in collective action：the case of Free Lunch for Children in China, *Information System Journal*, 2016, 26：289 –313.

①远程抚养。不仅城市白领和商务人士离不开社交媒体，连低收入的打工者也都离不开它。Piper Liping Liu 和 Louis Leung 的论文《农民工子女养育与手机使用：构建中国农民工与留守儿童的优质关系》（*Migrant Parenting and Mobile Phone Use：Building Quality Relationships between Chinese Migrant Workers and their Left-behind Children*）中研究了 378 个在南部城市的打工者（migrant workers）使用手机和社交媒体对在乡村的留守儿童们进行"远程抚养"的情况。研究表明，农民工使用手机协助远距离养育的动机是渴望即时沟通（例如，即时了解和安慰）、在线交易、情感、交流及放松。农民工通过打电话、短信和视听互动三种方法来表达对孩子的爱。他们积极使用手机与子女沟通，一方面，依靠传统的方法，如语音呼叫和文本信息传递，以维持与子女的家庭关系；另一方面，农民工积极采用新技术，进一步改善沟通质量。例如，大量的农民工使用新媒体的功能，比如微信音频、QQ 视频和电话游戏与他们留守的孩子互动。农民工倾向于通过电话和短信与他们的年龄较大的男性儿童交流，通过视听与女性儿童互动，研究者认为原因是女童一般比男童更依赖他们的父母。同时，打工者将钱财通过手机转给在乡下的留守儿女，以保证他们的基本生活。①

②疾病防治。在线社交媒体平台发展迅速。与传统媒体相反，社交媒体用户之间的交互性以及所产生的各种内容使得这些平台成为疾病监测信息的重要潜在来源，这些信息与早期检测，更好的准备和更有效的响应相关。更重要的是，大量的时间敏感数据可以作为进行快速监视新兴事件的信息池。Shihui Feng，和 Liaquat Hossain 等在论文《量化非洲埃博拉疫情期间中国社交媒体的网络动态和信息流》（*Quantifying Network Dynamics and Information Flow Across Chi-*

---

① Liu, P. L. & Leung, L., Migrant Parenting and Mobile Phone Use：Building Quality Relationships between Chinese Migrant Workers and their Left-behind Children, *Applied Research in Quality of Life*, 2017, 12（4）：1－22.

nese Social Media During the African Ebola outbreak）中对 2014 年埃博拉病毒病蔓延期间中国社交媒体的反应进行了研究，认为社交媒体作为一个实时和广泛的在线平台，提供了重要的信息来源和信息传播渠道，是可用于观察疾病的社会支持网络。社交媒体在突发公共卫生事件中可以使监管机构和公民能够在突发事件或突发公共卫生事件应急准备和响应期间获得及时、可访问和可靠的健康信息。① 可见，在社交媒体逐渐普及的时代，社交媒体可被用作公共健康传播和检测预防的交流工具。

综上所述，中国社交媒体的发展深刻影响着当代中国的公共政治传播活动。有学者认为，"网络技术的发展促进了网络组织安排的飞速发展"②，亦即是说，在网络技术的影响下，政府等社会机构的组织形态发生了根本性的转变。从上文梳理的文献中不难发现，相较于传统媒体时代单向度的公共政治传播活动，当代的政治传播往往是在政府与公众之间的双向互动中进行的，这与技术的人性化发展趋势相符合。诚如莱文森所言，"对信息传播效率的追求，无论它叠压在商业、艺术、科学的动机之下也好，抑或它没有附加的动机也好，都非常合乎逻辑地走向了合乎人性的动机"。③ 中国社交媒体的发展亦遵循着这样的趋势。此外，我们也应看到，英美学界对中国社交媒体中的政治相关问题进行研究时，英美学者仍然或多或少地受到其固有意识形态的干扰，对中国许多现实问题做出了先入为主的误判。而英美学者的这些误判正是我国学者在吸收其研究成果时所需要扬弃的部分。

---

① Feng, S., Hossain, L., Grawford, W. J. & Bossomaier, T., Quantifying Network Dynamics and Information Flow Across Chinese Social Media During the African Ebola outbreak, *Disaster Med Public Health Preparedness*, 2018, 12: 26 – 37.

② 刘祖云：《超越"虚拟的美丽"——虚拟政府引论》，《社会科学研究》2010年第 4 期。

③ ［美］保罗·莱文森：《思想无羁：技术时代的认识论》，何道宽译，南京大学出版社 2003 年版，第 177—178 页。

第二节　经济发展功能：商业利益
驱使下的功利性探索

马克思认为，"生产力的发展，也即一般财富的发展……（生产力的发展）创造了普遍商业"①。社交媒体的信息传播与人际沟通功能，对于社会经济发展同样具有重要的推动作用。具体的推动方式与影响程度因社交媒体的类型以及社交媒体用户的使用程度、媒介素养有关。英美学界相关研究成果丰硕，角度新颖，包括企业的危机公关、新产品和新服务的营销、企业形象塑造等多个方面。

一　助推商业整合营销与企业数字治理

首先，社交媒体影响企业员工的工作与生活。社交媒体技术使员工之间的交流变得越来越便捷。微信是一个新兴的社交媒体平台，在日常生活中被广泛使用，但对于在企业中使用社交媒体的利弊仍然有待探讨。基于边界理论，Shengming Liu 等在文章《企业微信组：它们对工作生活冲突和生活工作提升的影响》（*Enterprise WeChat Groups：Their Effect on Work-Life Conflict and Life-Work Enhancement*）中认为，在企业中使用微信对于员工有利有弊。在企业微信群中发布与工作相关的内容对员工的工作产生了有益的影响，但也造成了工作与生活冲突（work-life conflict）。然而，在企业微信群体中发布与生活相关的内容有助于提高员工的生活工作水平（life-work enhancement）。②

---

① ［英］戴维·麦克莱伦：《马克思思想导论》，郑一明、陈喜贵译，中国人民大学出版社 2016 年版，第 78 页。

② Liu, S., Zhang, Y., Chen, L., Guo, L. & Yu, D., Enterprise WeChat Groups：Their Effect on Work-Life Conflict and Life-Work Enhancement, *Frontiers of Business Research in China*, 2015, 9 (4)：516－535.

　　其次，社交媒体大数据推动商业智能、促进企业发展。社交媒体引发了一场革命，并决定了全球企业运营战略的范式转变。从各种社交媒体渠道搜集海量数据可用于商业智能（business intelligence purposes）。尽管智能化是一个不可逆的趋势，但是对于将大数据分析用于商业智能的研究还很少。JiwatRam 等在《大数据分析对商业智能的影响：中国的定性研究》（*The Implications of Big Data Analytics on Business Intelligence：A Qualitative Study in China*）中的研究考察了大数据分析对于从中国社交媒体渠道搜集数据的商业智能的作用和意义。①

　　最后，Jiwat Ram 等的论文《社交媒体在创新与创意中的作用：以中国社交媒体为例》（*The Role of Social Media in Innovation and Creativity：The Case of Chinese Social Media*）提到，社交媒体刺激创新，以推动企业发展。社交媒体彻底改变了个人和组织层面的日常生活，通过互动，逐渐填平知识鸿沟。这为企业利用社交媒体用户的生产力来推动企业发展并创造价值提供了机会。这对企业组织发展有一定的好处。②

1. 社交媒体推动产品或服务营销

　　一些研究关注社交媒体参与城市营销的问题，如 Zhou L, Wang T. 的论文《社交媒体：中国城市营销的新载体》（*Social media：A new vehicle for city marketing in China*）中对社交媒体参与城市营销的研究。③ 另有研究认为，微信参与营销影响企业推销产品的方式。同时提出，企业可以通过更多的资源来增加品牌影响力。增强微信内容

---

　　① Ram, J., Zhang, C. & Koronios, A., The Implications of Big Data Analytics on Business Intelligence：A Qualitative Study in China, *Procedia Computer Science*, 2016, 87：221 – 226.

　　② Ram, J., Liu, S. & Koronois, A., *The Role of Social Media in Innovation and Creativity：The Case of Chinese Social Media*, International Conference on Data Mining and Big Data. Springer International Publishing, 2016, pp. 381 – 390.

　　③ Zhou, L. & Wang, T., Social media：A new vehicle for city marketing in China, *Cities*, 2014, 7（2）：27 – 32.

的互动性以及使用意见领袖的意见，能最大限度地发挥微信营销的效果。①

社交媒体对餐饮业有推动作用。Ghiselli 的名为《中国餐馆社交媒体的使用》（*Restaurant social media usage in China*）的论文建议餐厅加大投入以改善其在大众点评、百度和美团上的影响力，并利用微信对其影响力进行增益。同时，还要通过上述渠道每月发送个性化的更新提示，特别是发送优惠券、折扣及特殊活动信息两次到三次。此外，餐厅需要改善与回头客的互动，以鼓励他们向其他人推荐。最后，餐馆需要评估和投资在线订购和支付系统。②

Jun Shao 等的《中国目的地的社交媒体微电影营销：以绍兴为例》（*Social media micro-film marketing by Chinese destinations：The case of Shaoxing*）提到从 2012 年开始，社交媒体的微电影（短视频）营销成为一种中国旅游目的地的创新营销方式。而旅游业使用社交媒体比游客的使用时间要晚。③ 研究者以绍兴市城市的营销为例，探索目的地短视频营销的成功因素。首先，微电影社交媒体营销的成功因素主要涉及以下三个方面：社交媒体作为互动渠道；微电影作为目的品牌、产品和服务的载体；整合线上线下目的地营销组合。

当然，微电影较之于传统的电影旅游营销，有成本更低、扩散更快速的优势。但微电影也必须克服其持续时间短等缺点。鉴于此，有研究者做如下建议：①通过社交媒体倾听目标市场，了解目标市

---

① Du, Z. , Research into factors affecting the attitudes of university students towards WeChat marketing based on AISAS mode, *IEEE International Conference on Electro/Information Technology（EIT）*, 2015, pp. 66 – 69. doi：10. 1109/EIT. 2015. 7293421.

② Ghiselli, R. & Ma, J. , *Restaurant social media usage in China*, Worldwide Hospitality & Tourism Themes, 2015, 7（3）：251 – 265.

③ Shao, J. , Li, X. , Morrison, M. A. & Wu, B. , Social media micro-film marketing by Chinese destinations：The case of Shaoxing, *Tourism Management*, 2016, 54：439 – 451.

场关注的问题①；②创作他们喜欢的微型电影和活动，并参与其中；③鼓励游客和潜在游客参与微电影制作。② 这样实现商家营销信息的"下传"以及用户反馈意见的"上传"，在这双向互动中推动旅游发展。

2. 社交媒体推动品牌营销

Luo 在《价值共创对构建和谐品牌社区、实现中国社交媒体品牌忠诚的影响》(*The effects of value co-creation practices on building harmonious brand community and achieving brand loyalty on social media in China*) 中提出了"价值共创"的概念。社交媒体活动推动了"价值共创"，对品牌实体和品牌建设以及提升品牌忠诚度有着积极的影响③。

佛罗里达大学 (University of Florida) 和密苏里大学 (University of Missouri) 的研究者 Huan Chen 和 Ye Wang 在文章《连接或断开：社交媒体上的奢侈品牌和富裕的中国女性消费者的解读》(*Connecting or disconnecting：luxury branding on social media and affluent Chinese female consumers' interpretations*) 中对 7 个奢侈品品牌在微信上的公开记录进行了内容分析，并对 17 位女性奢侈品消费者进行深度访谈。通过研究表明，西方奢侈品牌主要利用富媒体建立社会存在，其焦点集中于自我展现的社会效应，并且允许低层次消费者参与。与此同时，消费者认为西方奢侈品牌的社交媒体广告是保守的、疏远的、不活跃的。基于这些发现，该研究建议西方奢侈品牌应该通过社交媒体广告提供更多的创意和娱乐价值，显得更个性化和更贴近消费

---

① Mariani, M. M., Buhalis, D., Czakon, W. & Vitouladiti, O., *Tourism Management*, *Marketing*, *and Development*, Palgrave Macmillan, 2014.

② Shao, J., Li, X., Morrison, A. & Wu, B., Social media micro-film marketing by Chinese destinations：The case of Shaoxing, *Tourism Management*, 2016, 54：439 – 451.

③ Luo, N., Zhang, M. & Liu, W., The effects of value co-creation practices on building harmonious brand community and achieving brand loyalty on social media in China, *Computers in Human Behavior*, 2015, 48, 492 – 499.

者，并吸引更高层次的消费者。①

研究者 Cong Li 在论文《两个社交网站的故事：Facebook 和人人网的使用如何影响中国消费者对具有不同文化符号的产品包装的态度》（*A tale of two social networking sites：How the use of Facebook and Renren influences Chinese consumers' attitudes toward product packages with different cultural symbols*）中从文化角度考察社交网站使用如何影响消费者对产品包装的态度。该研究以文化适应理论中的文化学习模式为基础，从文化角度考察了社交网站的使用效果，共有 251 名居住在美国的中国人参与了这项实验。他们被随机分配到 4 个小组，每个小组都具有不同文化符号的产品包装条件中的一个：或美国文化符号，或中国文化符号，或两者，或两者都没有。他们在美国两个社交网站上的使用强度以美国的 Facebook 和中国的人人网为研究对象，研究发现，参与者对 Facebook 和人人网的使用强度反映了他们的文化取向、语言能力和在美国停留时间的长短。研究还发现，使用人人网越频繁，人们对带有中国文化符号的包装持更积极的态度。然而，由于原产国的影响，参与者使用社交网站的强度并不影响他们购买不同套餐产品的意愿。②

与公司赞助的营销传播渠道相比，消费者现在认为社交媒体是一个更值得信赖的产品和服务信息来源，而这些被企业赞助的渠道是传统的促销商品和服务手段。③

研究者注意到了当今在各行业社交媒体越来越多地被用作影响消费者行为各个方面的重要的平台和工具，包括信息获取、态度、

---

① Chen, H. & Wang, Y., Connecting or disconnecting: luxury branding on social media and affluent Chinese female consumers' interpretations, *J Brand Manag*, 2017, 24: 562 – 674.

② Li, C., A tale of two social networking sites: How the use of Facebook and Renren influences Chinese consumers' attitudes toward product packages with different cultural symbols, *Computers in Human Behavior*, 2014, 32: 162 – 170.

③ Foux, G., Consumer-generated media: get your customers involved, *Brand Strategy*, 2006: 38 – 39.

购买、购买后的售后服务和产品/服务评价①②。

　　Kim 等在论文《社交媒体上的自我嘲讽危机策略：聚焦中国的阿里巴巴董事长马云》（*Self-mocking crisis strategy on social media：Focusing on Alibaba chairman Jack Ma in China*）里通过定性和定量的内容分析，考察了阿里巴巴这一社交媒体的运用经验后认为：在早期阶段，阿里巴巴通过在社交媒体上采取幽默自嘲的危机应对策略，成功地避免了其声誉危机。该研究还说明了在危机应对中利用 CEO 的个性和社交关系，选择一种适合社交媒体的沟通方式，以及分析现有公众对社交媒体危机沟通的看法的重要性。③

　　同时，企业利用社交媒体与消费者互动，提高影响力和美誉度。正如前面所说，Ghiselli 等在《中国餐馆社交媒体的使用》（*Restaurant social media usage in China*）中研究了中国餐厅使用社交媒体的情况，以及消费者在多大程度上通过社交媒体获取餐饮信息。研究设计了消费者调查问卷，并从餐厅收集了社交媒体的使用数据；通过比较以确定实践和偏好之间是否存在偏差。结果表明，餐厅需要考虑加大投入资源和精力，以改善其在大众点评、百度和美团上的影响力，并利用微信对其影响力进行增益。此外，他们还要通过上述渠道每月发送个性化的更新两次到三次，特别是优惠券、折扣及特殊活动信息。此外，餐厅需要改善与回头客的互动，以便他们向其他人推荐。最后，餐馆需要评估和投资在线订购和支付系统。④ 该

　　① Kim, H. W. , Gupta, S. & Koh, J. , Investigating the intention to purchase digital items in social networking communities：a customer value perspective, *Information & Management*, 2014, 8 (6)：228 – 234.

　　② Mangold, W. G. & Faulds, D. J. , Social media：the new hybrid element of the promotion mix, *Business Horizons*, 2009, 52 (4)：357 – 365.

　　③ Kim, S. , Zhang, X. A. & Zhang, B. W. , Self-mocking crisis strategy on social media：Focusing on Alibaba chairman Jack Ma in China, *Public Relations Review*, 2016, 42 (5)：903 – 912.

　　④ Ghiselli, R. & Ma, J. , Restaurant social media usage in China, *Worldwide Hospitality & Tourism Themes*, 2015, 7 (3)：251 – 265.

研究帮助餐饮企业最大可能地把社交媒体作为企业与消费者沟通的渠道，以提升品牌营销效能。

3. 社交媒体参与公司治理

Yuzhu Peng 的研究《情感网络：微信如何提升腾讯的数字业务治理》(*Affective networks: how WeChat enhances Tencent's digital business governance*) 显示，社交媒体加强数字商业治理，以促进互联网公司利用用户日常生活产生利润。

研究认为，事实上社交媒体增强了中国年轻用户的数字商业管理能力。腾讯公司发起了社交媒体的数字治理应用并从中获利颇丰。该公司管理年轻人的能力是通过微信的情感设计，通过加陌生人为好友和更新微信朋友圈扩大传播效果。社交媒体鼓励用户通过个人数字设备来生成和分发原始内容。用户生成的内容是在各种平台之间循环的影响源。该研究结果显示，这些影响通过个人网络设备的传播，吸引了中国大学生的注意，促使他们进一步追求关注的影响，比如与陌生人互动，在朋友圈浏览朋友的动态。

社交媒体广泛应用于公司治理，且能够给公司带来丰厚的利润。相关研究具有重要研究价值，但是遗憾的是，这些研究却被植入了意识形态倾向，如认为尽管这些本土互联网公司能够通过模仿西方同行，从数字企业治理中获利，但它们的经营仍受到政治限制。①

此外，相关研究多聚焦欧美地区，中国社交媒体应用受到的关注较少。这与中国现实社会社交媒体参与商业治理的现实并不匹配。

二　开发新型旅游微商模式和强化体验消费经济效果

社交媒体是技术进步带来的人体新的延伸，符合麦克卢汉的媒介技术思想，也符合保罗·莱文森的人性化趋势的媒介进化理论。社交媒体的技术优势对于丰富和提升新型经济的发展具有重要作

---

① Peng, Y., Affective networks: how WeChat enhances Tencent's digital business governance, *Chinese Journal of Communication*, 2017, 10 (3): 264 – 278.

用，包括增强体验经济的体验效果等。旅游业就是体验经济的典型代表，社交媒体对于旅游业的发展具有极大的推动作用。英美学界对中国旅游业中社交媒体运用的研究较多，这些研究主要从商业主义视角入手，探索如何借助社交媒体的传播优势，更有效地争取中国旅游市场资源。

英美学界对中国旅游业中社交媒体运用研究，主要从旅游提供者和旅游消费者两个方面展开，其中许多研究对旅游业的实际操作有一定价值。

1. 利用社交媒体开发旅游体验经济微商模式

社交媒体在旅游行业中的运用催生出一个新型的微商模式，即作为旅游提供者的微小型公司。这些公司通过社交媒体与客户互动，培养游客对于旅游公司的忠诚度，它们还通过在社交媒体上的广告宣传促成交易并进行品牌塑造，培养旅客兴趣，向游客直接推荐旅游服务，为在途旅客提供服务等。Arlt[1] 认为，为了新开辟广大的中国市场，通过社交媒体开展各项业务对于这些微小型旅游公司至关重要。

第一，旅游提供者利用社交媒体与用户互动。一部分对旅游社交媒体的研究（Bradbury, 2011[2]; SoMeTourism, 2011[3]; Think Social Media, 2012[4]; VTIC, 2012[5]）发现旅游提供者利用社交媒体

---

① Arlt, W. G. , The Second Wave of Chinese Outbound Tourism, *Tourism Planning & Development*, 2013, 10 (2): 126 – 133. doi: 10. 1080/21568316. 2013. 800350.

② Bradbury, K. & Blogbury N. academic writing N analysis paper: Fall 2011: The growing role of social media in tourism marketing (COMM 427), Available online. http: //kelseybradbury. weebly. com/uploads/1/0/9/2/10927387/tourismsocialmediacomm427. pdf (Accessed on 10 December 2012).

③ SoMeTourism, Social media tourism symposium Facebook page, Available online, 2011, http: //www. facebook. com/SoMeTourism (Accessed on 26 November 2012).

④ Think Social Media, How social is your DMO? -US Tourism Office Edition, Q4 2012 Edition. Available online, 2012, http: //thinksocialmedia. com/2012/12/how-social-is-yourdmo-us-tourism-office-edition-q4-2012-edition/ (Accessed on 18 December 2012).

⑤ VTIC, The definitive proof of social media's worth to tourism, Available online, 2012, http: //www. vtic. com. au/node/263 (Accessed on 12 December 2012).

与用户互动、进行品牌及市场推广、维护用户忠诚度、增加用户兴趣和获取用户反馈等，尤其是利用社交媒体的交互性优势，通过社交媒体与旅游消费者进行互动（比如利用社交媒体分享假期旅游体验等）。

第二，旅游提供者利用社交媒体为用户服务。Leiper 在著作《旅游管理（第3版）》［（*Tourism management*（3rd ed.）］中认为人们参与旅游受诸多因素影响，包括对于旅游地点的认知，与其他游客、当地人以及服务人员的关系协调状态等。为在途旅客服务，帮助客户更好地认知旅游地点的风土人情、饮食、景点特色等多种信息，为在途旅客提供交通信息，规划旅游行程等。①

第三，旅游提供者利用社交媒体销售旅游产品。Fotis 的论文《论社交媒体对休闲旅游的影响："社交媒体对消费者行为的影响：聚焦休闲旅游"》（*Discussion of the impacts of social media in leisure tourism*："*Theimpact of social media on consumer behaviour*：*Focus on leisure travel*"）认为，利用社交媒体推销旅游产品的重要性已被证实，即促成交易、驱动预定和销售、营销拓展等；② Mill 和 Morrison 在《旅游系统（第6版）》［*The tourism system*（6th ed.）］中创建了一个旅游系统模型，其中包括四个主要相互关联的组件：市场、营销、旅游目的地和旅行。③

第四，旅游提供者利用社交媒体实施口碑营销。Nezakati 等的论文《关于旅游产业知识共享与合作的社交媒体潜力的综述》（*Review of Social Media Potential on Knowledge Sharing and Collaboration in*

---

① Leiper, N., *Tourism management*（3rd ed.）, French Forest NSW：Pearson Education Australia, 2004.

② Fotis, J., Discussion of the impacts of social media in leisure tourism："Theimpact of social media on consumer behaviour：Focus on leisure travel", Available online, 2012. http：//johnfotis. blogspot. com. au/p/projects. html（Accessed on 18 December 2012）.

③ Mill, R. C. & Morrison, A. M., *The tourism system*（6th ed.）, Kendall Hunt, 452, 2009.

Tourism Industry）中提到社交媒体平台允许个人之间就感兴趣的话题进行相互交流。[①] 因此，Goldenberg，Libai 和 Muller 在《关于网络的讨论：着眼于口碑传播的潜在过程的复杂系统》（*Talk of the network：a complex system look at the underlying process of word-of-mouth*）中指出，网络口碑营销（Electronic Word of Mouth，eWOM）是通过社交媒体平台上的信息传播产生的。[②] 而且，社交媒体上的网络口碑营销对消费者在产品和服务的态度方面的影响非常强大。研究认为，旅游管理系统主要依靠信息和传播技术进行促销、销售以及与客户建立关系。而游客选择目的地的最重要依据是网络口碑。调查显示，大约50%的游客在度假前可能会下载旅游应用程序了解旅游目的地的情况。旅游管理者开始研究并尽力满足他们的需求。[③]

Zeng 和 Gerritsen 的论文《我们对旅游中的社交媒体了解多少？》（*What do we know about social media in tourism?*）[④] 中的研究提出，需要注意的是，社交媒体也是"不满意的客户的负面影响的来源"。因此，如果管理不善，社交媒体不仅可以产生积极的效益，也可以产生负面影响。事物都有两面性，这种理性客观的分析尤其有价值。

第五，旅游提供者利用社交媒体管控旅游危机。研究认为，公司难免面临危机事件，而旅游业又是容易受到危机影响的行业。尽管旅游业已经广泛采用社交媒体参与危机研究和危机管理，但是相

---

① Nezakati，H.，Amidi，A.，Jusoh，Y. Y.，Moghadas，S.，Aziz，Y. A. & Sohrabinezhadtalemi，R.，Review of Social Media Potential on Knowledge Sharing and Collaboration in Tourism Industry，*Procedia-Social and Behavioral Sciences*，2015，172：120 – 125.

② Goldenberg，J.，Libai，B. & Muller，E.，Talk of the network：a complex system look at the underlying process of word-of-mouth，*Mark. Lett*，2001，12（3）：211 –223.

③ Radmila，Ž.，Jelena，G. & Ivana，B.，The Impact of Social Media on Tourism Živković，*Radmila*，*Singidunum Journal of Applied Sciences*，2014 Supplement，4：758 – 761.

④ Zeng，B. & Gerritsen，R.，What do we know about social media in tourism? A review，*Tourism Management Perspectives*，10：27 –36. *doi*：10. 1016/j. tmp. 2014，01. 001.

关研究却比较有限。① 而且，只是消极控制的研究，缺乏危机预警、舆论疏导等积极化解危机的研究。比较而言，中国的相关研究更为深入，提出基于大数据的旅游预警系统的架构，该架构集成了旅游经济运行数据、移动通信数据、互联网搜索数据和社交媒体使用数据以及多种旅游预警方法等②，具有较强的现实针对性和可操作性。

第六，旅游提供者利用社交媒体实施旅游城市形象营销。旅游目的地是旅游系统的重要组成部分。旅游目的地的城市形象在较大程度上影响当地旅游市场的发展。传统的推广方式是通过电视、杂志和报纸等媒体单向发布城市广告、城市图像视频和大型活动宣传以增加城市的知名度。Levinson③ 的《新新媒体》（*New new media*）中提到社交媒体则可以满足双向传播的需要，促进城市"产品"和"服务"的营销推广。Sun 提出城市品牌传播的两种策略：其一是构建政治、经济、文化和自然因素的城市整体品牌形象；其二是建立以旅游品牌为核心的城市形象营销，如自然风光、文化习俗等。④ 社交媒体通过推广城市作为旅游目的地，建立了一个城市的旅游品牌。研究者们（Guo & Liu，2006⑤；Kavaratzis，2004⑥；Kavaratzis & Ashworth，2005⑦）认为随着社交媒体的普及，越来越多的中国城市开

① Sigala, M., Social media and crisis management in tourism: Applications and implications for research, *Information Technology & Tourism*, 2011, 13 (4): 269–283.

② 任武军、李新：《基于多源大数据的旅游预警系统架构设》，《科技促进发展》2016 年第 12 卷第 2 期。

③ Levinson, P., *New new media*, Shanghai: Fudan University Press, 2011.

④ Sun, L., *Constructing City Brand*, Yearbook of Chinese Brand, 2003–2004: 495–497.

⑤ Guo, G. Q. & Liu, Y. P., The new development of the research on citymarketing, *Contemporary Economy & Management*, 2006, 28 (2): 5–12.

⑥ Kavaratzis, M., From city marketing to city branding: Towards a theoreticalframework for developing city brands, *Place Branding*, 2004, 1 (1): 58–73.

⑦ Kavaratzis, M. & Ashworth, G. J., City branding: An effective assertion ofidentity or a transitory marketing trick? *Tijdschrift voor Economische en Sociale Geografie*, 2005, 96 (5): 506–514.

始使用社交媒体（如官方城市微博、城市旅游网站、城市 BBS 等）来塑造城市品牌，促进城市形象，建立城市品牌识别系统，社交媒体的优势得以凸显。总之，社交媒体从根本上影响着消费者的旅游决策过程，研究者探索消费者受旅游产品品牌的影响，以及分析消费者的决策过程，并讨论在快速变化的数字环境中，精明的旅游营销者如何从社交媒体中获益。① 由此可见，社交媒体成为商家准确认知消费者的有效途径。

2. 利用社交媒体强化消费体验效果

中国旅游业中社交媒体运用涉及多种人群，但是，英美学界相关研究并未全部涉及，而是采取"二八法则"，聚焦中国年轻的、富裕的城市人口中的游客，尤其是出境游人群，为英语国家的旅游业争取中国旅游资源。

IPK International，Messe Berlin GmbH 的《ITB 世界旅游趋势报告》（*ITB World Travel Trends Report*）提到新兴的中国"中产阶级"，"城市、富裕、年轻、受过良好教育，更重要的是在社交媒体和互联网使用方面具有技术水平"的人群成为新型游客。研究表明，"新"的中国游客正在爆炸式地增加，另外还倾向于使用社交媒体平台获取旅游相关信息，查看旅游目的地、产品、服务的质量等，并与他人分享经验。② 根据 TUI AG & Z_punkt 有限公司的报告显示，65% 的中国家庭使用互联网服务获取信息并为他人提供信息。③ 这个百分比不断上升，这使得中国成为最大的网络国家。此外，更加便利的移动媒体越来越受到中国用户的青睐，数字媒体的发展催

① Hudson, S. & Thal, K., The Impact of Social Media on the Consumer Decision Process: Implications for Tourism Marketing, *Journal of Travel & Tourism Marketing*, 2013, 30（1/2）: 156 – 160.

② IPK International, Messe Berlin GmbH., *ITB World Traval Trends Report*, December 2013, Berlin: Messe Berlin GmbH, 2013.

③ TUI AG, & Z_punkt GmbH., *Rise of the Chinese Independent Traveler*, 2012, Retrieved from http: // www. zpunkt. de/fileadmin/be_user/D_News/D_2012_06_Newsletter/ New_Chinese_Tourists_in_Europe_from_2017_en. pdf.

生了新型游客。

第一，中国新型游客善用社交媒体搜集旅游信息，规划旅游行程。旅游是到一个陌生的地方体验生活，旅游前就需要对旅游目的地有所了解，并提前确定旅游地点，决策旅游行为，预定酒店、规划行程等。Leung 等在研究《旅游和酒店的社交媒体：文献综述》（*Social media in tourism and hospitality：a literature review*）中发现，消费者在旅游规划过程的搜索阶段通常使用社交媒体，因此社交媒体作为信息来源的可信度是决定他们使用信息的关键因素。[①] Xiang 和 Gretzel 的论文《社交媒体在在线旅游信息搜索中的作用》（*Role of social media in online travel information search*）认为，社交媒体已经成为旅行者在国外旅行在线搜索和分享信息的重要来源之一。[②] Trivett 与 Staff 在《中国独立旅行者的崛起》（*Rise of the Chinese Independent Traveler*）中发现这些新型旅行者能够熟练使用新媒体，在搜集旅游信息上起着主要作用。社交媒体已经成为中国游客的必需品，他们希望在规划自己的旅行过程中获得朋友的建议并阅读旅游博客作为指导。[③]

根据 Hotel. com 的中国国际旅行监察（CITM）报道，中国旅游者在适应西方文化和传统的同时，逐渐变得年轻化，信心较强，活跃于网络。许多中国互联网用户表示他们快速将注意力转移到旅游相关信息的在线研究，甚至通过互联网预订。[④] 他们花在搜索旅游信

---

① Leung, D. , Law, R. , Hoof, H. B. & Buhalis, D. , Social media in tourism and hospitality：a literature review, *Journal of Travel & Tourism Marketing*, 2013, 30：22 – 23.

② Xiang, Z. & Gretzel, U. , Role of social media in online travel information search, *Tourism Management*, 2010, 31（2）, 179 – 188. doi：10. 1016/j. tourman. 2009, 2. 16.

③ Trivett, B. & Staff, S. , *Rise of the Chinese Independent Traveler*, Skift Report 1, 2013, Retrieved from http：//skift. com/wp-content/uploads/2013/09/skift-chinesetraveler. pdf.

④ Hotels. com. L. P. , *Chinese International Travel Moonitor 2012*, Retrieved from http：//press. hotels. com/en-gb/files/2012/07/Hotels. com-Chinese-InternationalTraveller-Map-CITM. pdf.

息上的时间可能会从几天到几个月不等。此外，据 Xiang 所述，为了减少对不熟悉国家的焦虑，中国旅游者通过社交媒体更好地了解目的地，搜集和传播信息通常相当积极，从而使他们更有信心控制整个行程。①

　　第二，旅游消费者利用社交媒体分享经验。社交媒体的重要功能就是分享体验和观点，而旅游过程中容易产生新奇的体验，很多游客有分享的意愿。游客利用社交媒体分享旅行见闻与体验成为一种趋势，分享旅游体验在独立的中国旅行者中变得越来越流行。② 研究认为，年轻、精明的中国旅行者上网是理所当然的。当然，这里还没有触及旅游文化、消费心理、跨文化传播语境的差别等相关研究，具有强效果论色彩。

　　2012 年，TUI AG 和 Z_punkt 有限公司编制的旅游趋势报告显示中国游客"新"趋势：想要发现新事物、寻求与朋友探讨新经验的人，有望成为中国主要旅游市场的顾客。同时，中国游客更注重个人兴趣。欧洲旅游委员会负责人瓦莱里亚·克罗切（Valeria Croce）在《ITB 世界旅游趋势报告》（2013 年）中描述了中国"新旅行者"的特征是"想要摆脱老一套的团体旅游，对个人体验更有兴趣"。③而社交媒体已经成为新旅行者在国外旅行在线搜索和分享信息的重要来源之一。

　　第三，中国新型游客分享旅游体验以获得"面子"。TUIAG 和 Z_punkt有限责任公司的报告指出，在中国，人们花更多的钱旅游，

---

① Xiang, Y., The Characteristics of Independent Chinese Outbound Tourists, *Tourism Planning & Development*, 2013, 10（2）, 134 – 148. doi：10. 1080/21568316, 2013, 783740.

② Hotels. com. L. P., *Chinese International Travel Moonitor 2012*, Retrieved from http：//press. hotels. com/en-gb/files/2012/07/Hotels. com-Chinese-InternationalTraveller-MapCITM. pdf.

③ IPK International, & Messe Berlin GmbH., *ITB World Travel Trends Report* December 2013, Berlin：Messe Berlin GmbH, 2013.

来满足自己无形的需求。① Arlt（2013 年）强调，获得个人声望和增加自尊是中国出境游客的主要动力。② 根据 ETC 和 UNWTO 2012 年年度报告以及 TUI AG 和 Z_punkt 有限公司（2012 年）的趋势报告显示，越来越多的中国游客拥有自由、开放和勇敢的心，寻求冒险。③ 他们喜欢通过电子渠道（如社交媒体平台）尽可能频繁地与朋友分享所见所闻，以获得"面子"，特别是年轻一代，他们强烈希望通过极度和独特的体验从他们的圈子中获得尊重。

当然，也有研究者认为，中国新型游客渴望获得知识，并希望通过旅行获得生活经验。研究发现，中国"新"游客更喜欢以鉴赏态度对待旅游，以丰富他们的知识，并获得更深入的洞察力，而不是简单地参观目的地。一些被称为"夕阳旅行者"的老年冒险者们更有兴趣获得知识，并希望通过旅行获得生活经验而不是声望或地位。④

英美学界对中国旅游业中社交媒体运用研究的话题取舍，更多的是从英语国家旅游资源开发的角度，探索如何利用社交媒体向中国"中产阶级"实施旅游营销，通过分析中国"中产阶级"旅游过程中社交媒体使用行为，分享信息，规划行程等，提出有针对性的对策，以更有效地占据中国旅游市场。相对而言，较为缺乏针对旅游消费者立场的研究，包括利用社交媒体进行旅游相关活动中的权益维护，旅游文化建构等都很少见，商业主义的研究特征非常明显。

---

① TUI AG, & Z_punkt GmbH. , *Rise of the Chinese Independent Traveler*, 2012, Retrieved from http：//www. zpunkt. de/fileadmin/be_user/D_News/D_2012_06_Newsletter/New_Chinese_Tourists_in_Europe_from_2017_en. pdf.

② Arlt, W. G. , The Second Wave of Chinese Outbound Tourism, *Tourism Planning & Development*, 2013, 10（2）, 126–133. doi：10. 1080/21568316. 2013. 800350.

③ TUI AG, & Z_punkt GmbH. , *Rise of the Chinese Independent Traveler*, 2012, Retrieved from http：//www. zpunkt. de/fileadmin/be_user/D_News/D_2012_06_Newsletter/New_Chinese_Tourists_in_Europe_from_2017_en. pdf.

④ European Travel Commission（ETC）, & World Tourism Organization（UNWTO）, （2013）, *The Chinese Outbound Travel Market – 2012 Update*, Madrid：UNWTO.

与此同时，这些研究尽管对中国旅游业的发展也有借鉴价值，但由于这些研究出发点不同，故多忽视宏观社会经济与文化背景所带来的消费者的差异，这些因素其实也影响旅游消费者的旅游规划行为。比如中国学者的研究认为，"由于文化、生活、经济背景的差异，人们分享信息的态度、动机和方式有所不同，大部分网民不会按照用户原创内容获取旅行信息和制定旅行计划"。① 应该说中国学界对此的研究更符合中国的实际。

3. 观察劳动力迁移轨迹与宏观经济走向

在现代社会中，劳动力仍然是社会生产的最基本要素。特别是对于正在发展中的经济体——中国而言，劳动力在生产资源的再分配中发挥着重要作用，而劳动力的再分配即中国城市移民的流向成为理解宏观社会经济问题的重要风向标。Xiaoqian Hu 等在《劳动力迁移及其经济影响：来自中国社交媒体的观点》（"Workforce migration and its economic implications：A perspective from social media in China"）中发现，随着社交媒体的使用基本上打破了时空的约束，使人们能够持续感知大量个人的实时移动并能在社交媒体中留下无与伦比的丰富细微的迁移数字轨迹，解决了传统的对移民情况调查存在的周期长、成本高和粒度粗等问题。为了解中国城市劳动力迁移流动的核心驱动力，以上这篇论文引入了反映迁移效益和成本的各种指标，通过聚类轨迹建立了多样化的迁移预测模型，并通过分析发现城市 GDP（国内生产总值）和迁移时间是帮助做出预测的两个重要指标。这一研究有助于了解中国城市在自身发展和区域经济发展中的不同角色，有利于帮助移民寻求个人利益的主观意愿和当地劳动力市场的能力要求的匹配效应。同时这篇论文的研究还证明了社交媒体和宏观经济行为之间的不可忽视的因素可以为社会经济

---

① 李恒：《WEB2.0 时代旅游者网络口碑传播动机研究》，博士学位论文，湖北大学，2013 年。

问题的政策制定提供洞察力。①

　　以上文章提到鉴于劳动力迁移轨迹的重要性，劳动力迁移对社会经济问题产生了强烈影响，其影响包括区域经济的均衡发展、国家交通设计、城市基础设施规划、户籍制度决策和气候变化缓解等。因此，了解全国范围内劳动力迁移的规律将有助于解决这些问题。

　　社交媒体以无与伦比的丰富性和细粒度提供了理解人类行为的大量信息和观察机会。Xiaoqian Hu 等的研究是率先从社交媒体的角度系统地对劳动力迁移进行的探讨。这一迁移预测模型的建构，克服了传统调查方法的局限性，并为使用社交媒体集体和单独探讨劳动力迁移提供了可行性。更重要的是，本章证实了根据出现的社会经济问题而准确及时地制定政策的可能性。以前这些问题通常受到长期人口普查周期的极大限制，降低了政策制定的灵活性，并导致政策"不同步"的问题，从而对社会经济产生负面影响。

　　本节探讨了中国社交媒体对中国经济发展的促进功能。如第三章所述，英美学界中国社交媒体研究作为英美学界传播研究的一部分，是在政治与商业利益的共同作用下推进的。回顾传播学术史，如果没有洛克菲勒基金会的早期投入，传播研究或许未必会在二十世纪初受到重视。因此，商业利益始终是传播研究发展不可或缺的驱动力。但与此同时，商业利益的过度介入也使传播研究在一定程度上弱化了作为学术领域的本真性、客观性。如此看来，技术的"双刃剑"性质越来越"困扰"着英美学术研究，"所有的技术均有可能成为好的技术或坏的技术，这一点和人类行为的其他方面并无二致"。② 因此，应该以辩证多维的视角审视中国社交媒体对中国经济发展的促进功能。

――――――――――

① Hu, X., Wu, J. & Zhao, J., Workforce migration and its economic implications: a perspective from social media in china, *Eprint ArXiv*, 2018.

② ［德］G. 罗曼：《技术的两面性与责任的类型》，刘钢译，《哲学研究》2011年第 2 期。

第三节　社会文化服务功能：公共应用的
多面向研究

伊尼斯认为，"媒介的形态对社会形态、社会心理都产生深重的影响"。社交媒体的兴起改变了人们日常生活实践的诸种形式，颠覆了人们过往对社会文化的认知经验及人际交往的模式。作为一种崭新的媒介形态，社交媒体具有强大的传播能力和社会渗透能力，以及较强的公共服务功能。通过发挥自身的公共服务功能，中国社交媒体深刻地影响着当代中国的社会形态变迁。在中国社交媒体的公共文化服务功能研究方面，英美学者关注提高图书馆服务质量、参与健康传播、推动新闻行业、实施身份建构、文化适应、移动学习等诸多话题，总体来看，其应用性的经验探索比较多。

一　优化大学知识服务系统和社会移动学习

1. 大学图书馆使用社交媒体的方式

在社交媒体时代，传统的图书馆的功能得到了延伸和拓展，逐渐成为一个围绕知识信息资源和数据而形成的服务整合系统。Hong Huang 等的论文《了解高校图书馆微博用户馆员互动类型：Twitter 与微博比较研究》（*Understanding User-Librarian Interaction Types in Academic Library Microblogging：A Comparison Study in Twitter and Weibo*）认为，大学图书馆在使用社交媒体方面有很大的优势，因为这些网站的大部分用户都在普通大学生的年龄范围内。微博信息实时简洁，更新速度快，为用户交流提供了生动的内容。用户利用这些网站创建自己的个人资料和页面，可以公开或半公开地与其他用户互动。此外，用户还可以与现有的朋友分享他们的页面，并寻找具有共同兴趣的新朋友。

Jianhua Xu 等在其文章《移动社交媒体应用：微信在中国高校

图书馆中的应用》（*Applications of Mobile Social Media：WeChat Among Academic Libraries in China*）中探讨了中国综合排名前 39 所大学的图书馆如何使用微信公众号提高服务质量。该论文从信息数量、信息质量、符合率（concordance rate）、内容更新频率、自助服务和基本功能六个方面评估大学图书馆微信公众号的应用情况。论文认为，图书馆使用微信服务的趋势不可阻挡，但是，大多数大学图书馆微信公众号的应用还处于初始阶段。鉴于此，建议提高大学图书馆微信公众号自助服务，并与各种图书馆信息系统链接集成，开展一对一的交流和一对多的通信，以及提供咨询自助服务，改进在线参考服务，加强知识共享活动，进行营销和宣传等。[①]

　　图书馆社交媒体的功能利用比较多元，比如 Hong Huang 等的论文《英语和中文用户与图书馆员在社交网站上的互动》（*Interactions Between English-Speaking and Chinese-Speaking Users and Librarians on Social Networking Sites*）中采用一种混合方法，将从 40 个图书馆社交媒体抽样的 1753 个帖子的分析所得的数量数据和从 10 个图书馆员访谈中获得的定性数据结合起来，识别了 4 种类型的交互：信息/知识共享、信息传播、通信和信息搜集。研究发现，社交媒体主要被用作传播新闻和发布图书馆当前发生的事情的渠道。交流允许开放式问题，并产生更多的回答。在 Facebook 的帖子中，中国的 Facebook 用户比英语用户获得的"赞"更少。通过对不同库设置下类 facebook 和类 twitter 类社交媒体数据的比较，表明图书馆需要协调不同类型的社交媒体，并考虑到库设置和社会文化环境的差异，以增强和鼓励用户参与和交流。

　　文章中还提到，社交媒体也可以延伸图书馆的服务对象和服务范围，如"社交网站也可以建立起潜在用户的关系网，也可以被广泛地用于传播信息，提供互动式的、及时的信息交流。通过这种服

---

　　① Xu, J. , Kang, Q. , Song, Z. & Clarke, C. P. , Applications of Mobile Social Media：WeChat Among Academic Libraries in China, *Journal of Academic Librarianship*, 2015, 41（1）：21 – 30.

务方式满足用户需求，快速地与那些有兴趣的在线图书馆用户分享文本、图片、视频以及其他多媒体信息。"①

Hong Huang 等在《了解高校图书馆微博用户馆员互动类型：Twitter 与微博比较研究》（*Understanding User-Librarian Interaction Types in Academic Library Microblogging：A Comparison Study in Twitter and Weibo*）中认为，大学图书馆的社交媒体传播的内容广泛：（1）"图书馆新闻"，"包括图书馆提供的关于图书馆活动、设施、服务、收藏、开放时间等的可用性或更新的公告"；（2）"与信息/知识共享相关的帖子"，包括"公共资源、公共讲座或有趣的时事"；（3）"图书馆员和图书馆用户之间的一对一对话"，包括"评论、转发或私人消息"以及"回答询问、解决投诉"等；（4）与调查和搜集意见有关的信息，主要是"从个人用户那里获取信息，以了解人们对图书馆服务的感受"。

图书馆通过利用社交媒体平台创建的合作伙伴关系提高了图书馆帮助用户查询资料、进行信息和思想分享、鼓励参与图书馆活动等的效率。虽然越来越多的图书馆采用新的服务方式来改进用户服务，但社交网站同样也发挥了促进用户与图书馆联系的作用。②

以上这些研究以麦克卢汉"人体延伸论"的视角探索了社交媒体在图书馆以及其他知识资源数字集成的运用，并比较了与传统服务方式的优势，这不失为一种有实践价值的研究。事实上中国社交媒体在实践中有较多的运用经验，然而遗憾的是进入英美学界相关研究的正面支撑案例的情况还比较少。

---

① Huang, H. , Chu, S. K. & Chen, D. Y. , Interactions Between English-Speaking and Chinese-Speaking Users and Librarians on Social Networking Sites, *Journal of the Association for Information Science and Technology*, 2015, 66（6）：1150 – 1166.

② Huang, H. , Chu, S. K. , Liu, L. Y. & Zheng, P. Y. , Understanding User-Librarian Interaction Types in Academic Library Microblogging：A Comparison Study in Twitter and Weibo, *The Journal of Academic Librarianship*, 2017, 43：29 – 336.

2. 大学图书馆员社交媒体的使用困境

研究者认为，社交媒体在图书馆的应用面临困境，其原因如下。（1）跨文化差异。正如南佛罗里达州大学与香港大学的研究者所提出的在 Facebook 上，中国用户点的"赞"比英语用户少，在与科技相关的民意调查和投票中，中国用户的参与度更高。因此，图书馆员可以选择直接或间接的交流策略，以适应不同社会文化环境下的用户参与。（2）提高服务质量。需要仔细规划和改进政策，以保护隐私、保障安全和遵守伦理，并最大限度地利用人员和技术支持资源，以减轻和改善社交媒体服务维护。[①]

相关研究指出大学图书馆员使用社交媒体的困境具有一定的现实针对性，但如果进一步探索对策或应对思路将更具有应用价值。

3. 社交媒体与全社会的移动学习

首先，移动社交网站为学习型社会带来诸多益处。Vyonna Wong 等在论文《使用移动社交网站学习？》（*Adoption of mobile social networking sites for learning*？）中探讨了影响用户行为意向（BI）的因素，以利用移动社交网站促进正式或非正式学习。研究调查了流动性、可达性和便利性与性能期望值（PE）和工作期望值（EE）之间的关系，结果显示，学习兼容性（LC）、性能期望值（PE）、电子教育和版权许可（CC）对行为意向有显著影响。结果还表明，工作期望值（EE）受流动性、接触能力和便利性的影响。而性能期望值（PE）受便利性影响。[②] 换句话说，社交媒体为移动学习带来技术上的可能性，而对于移动学习的实际推动作用受诸多因素的影响，扬长避短方能将移动学习效果落到实处。Stella Wen Tian 等对香港城市

---

① Huang, H., Chu, S. K. & Chen, D. Y., Interactions Between English-Speaking and Chinese-Speaking Users and Librarians on Social Networking Sites, *Journal Of The Association For Information Science And Technology*, 2015, 66 (6): 1150 – 1166.

② Wong C. H., Tan W. H., Loke S. P. & Ooi K. B., Adoption of mobile social networking sites for learning? *Online Information Review*, 2015, 39 (6): 3413 – 3435.

大学的学生研究《社交网络对学习的影响》（*Social Networking Impact on Learning*）中指出，"学生的在线社交网络直接影响他们的社会学习，而对学术学习的影响相对缓慢"。① 这与社交媒体的碎片化阅读特征有关。

　　其次，社交媒体助推语言学习。Li Jin 在《微信的数字功能支持：把汉语作为第二语言来学习》（*Digital affordances on WeChat：learning Chinese as a second language*）里分析香港毕业学生使用移动设备学习语言的行为。结果表明享乐因素决定性地塑造他们在使用应用程序学习语言的态度并且反过来影响其行为意图。② 结果还表明，由于微信的交际规范不同、汉语水平不同、微信交际偏好不同，每种语言学习者的表现和学习效果也不同。此外，微信的数字教学亦提供教学上的启示，以指导教师及第二语言学习者如何善用微信进行语言学习。③

　　另有研究者 Zhongwen Liu 在论文《微信在 ESP 训练中的应用研究》（*A Study on the Application of WeChat in ESP Training*）中关注微信助推专业英语训练（English for Specific Purpose），发现大多数学生都倾向于在英语学习和培训中使用微信。微信的特点适合大学英语课堂上的学习训练，包括课程导入、文本阅读和情景对话，重点是同伴培训、群体培训和面对面的培训。④

　　最后，He Wei 和 Liang Ke 在《高校思想政治教育的"新武器"——

---

① Tian，S. W. ，Yu，A. Y. ，Vogel，D. & Kwok，R. C. ，*Social Networking Impact on Learning*，The Eighth Wuhan International Conference on E. Business—Management Information Systems Track，1107 – 1114.

② Chu，D. W. K. ，Ng，K. K. ，Lai，I. K. W. & Lam，P. W. M. ，Analysis of Student Behaviors in Using 微信/Whats App for Language Learning at Diploma Level in Hong Kong：A Pilot Test，*International Symposium on Educational Technology*，2015：104 – 108.

③ Li，J. ，Digital affordances on WeChat：learning Chinese as a second language，*Computer Assisted Language Learning*，2018，31：1 – 2，27 – 52. DOI：10. 1080/09588 221. 2017. 1376687.

④ Liu，Z. ，A Study on the Application of WeChat in ESP Training，*Theory & Practice in Language Studies*，2014，4（12）：29.

微信》（"*New Weapons*" *of Ideological and Political Education in University—WeChat*）中发现微信也是高校思想政治教育的"新武器"，认为将微信平台与思想政治教育相结合，吸引学生积极学习思想政治内容，有针对性地运用微信平台，可以增强思想政治教育的吸引力和实效性。①

综上，社交媒体的技术优势适应和推动了用户移动学习的需要，基于人与人之间关系而生的社交媒体因符合媒介技术人性化的演化趋势而成为用户学习的重要工具，英美学界的相关研究具有可借鉴性。

二　促进健康传播和心理治疗

新媒体技术给传播带来的便捷性和互动性推动了公众与个人对健康的认知，也让更多的民众理解了循证医学与病人康复的重要性。② 同时，新媒体技术使更多的人能够以较低成本接触到非常有效的健康建议和信息③，比如关于老人护理、精神病、儿童成长与基础护理等健康信息等；与此同时，病人的角色开始转变，从被动地接受健康、医疗信息到主动地消费健康医疗信息④。这里讨论传递健康、医疗信息的互联网与社交媒体有较大的重合。毫无疑问，社交媒体在健康教育、健康信息传播、追踪传染病以及干预健康行为方面都具有优势。对社交媒体健康传播的研究乃至对中国社交媒体健康传播的研究已成为英美学界的热点。

----

① He, W. & Liang, K., "*New Weapons*" *of Ideological and Political Education in Universities—WeChat*, EDP Sciences, 2014, 6：04001.

② Street, R. L. & Rimal, R. N., *Health promotion and interactive technology：A conceptual foundation*, 1997：1 – 18.

③ Strecher, V., Internet Methods for Delivering Behavioral and Health-Related Interventions（eHealth）, *Annu Rev Clin Psychol*, 2007, 3（3）：53 – 76.

④ Mcmullan, M., Patients using the Internet to obtain health information：how this affects the patient-health professional relationship, *Patient Education & Counseling*, 2006, 63（1）：24 –28.

1. 健康信息传播

Shihui Feng 等的论文《量化非洲埃博拉疫情期间中国社交媒体的网络动态和信息流》（*Quantifying Network Dynamics and Information Flow Across Chinese Social Media During the African Ebola outbreak*）以公众使用社交媒体应对埃博拉等传染病为例，探索社交媒体参与健康传播的优势。社交媒体提供了一个潜在的强有力的手段，支持早期发现和有效遏制传染病，这对于改善灾难医学和公共卫生防疫至关重要。新浪微博是中国最受欢迎的社交媒体平台，拥有超过 20 亿用户，每天发布超过 3 亿条微博，为监测早期发现和提高公众健康意识提供了很好的机会。①

同时，在 Ni Zhang 等名为《健康分享：中国青少年使用社交网站分享健康信息的经验与视角研究》（*Sharing for Health：A Study of Chinese Adolescents' Experiences and Perspectives on Using Social Network Sites to Share Health Information*）的论文中指出，社交媒体更愿意分享有用的、有趣的、可信的健康信息。为探讨中国青少年在社交网站上分享健康信息的表现，研究者在芝加哥唐人街社区组织中，对 76 名年龄在 12 岁至 17 岁的青少年进行焦点小组讨论。结果发现，青少年主要分享有用的和有趣的健康信息。这与青少年的年龄特征有关，也给健康传播提供参考。

（1）信息的有用性。一些参与者提到，如果他们认为这些信息对他们的朋友有用，参与者会在社交媒体上发布健康信息。一位女性参与者说："是的，我会看一看。"一位男性参与者说："如果信息是有用的，我会转发它。"对于用户而言，最重要的是健康信息的有用性。一个男性参与者解释了为什么他支持分享健康信息，"我不会介意（在社交媒体发布健康信息），因为它不仅有利于我，而且有

① Feng, S. , Hossain, L. , Crawford, J. W. & Bossomaier, T. , Quantifying Network Dynamics and Information Flow Across Chinese Social Media During the African Ebola outbreak, *Disaster Medicine and Public Health Preparedness*, 2017, 12（1）: 26–37.

益于整个社区"。另一个男性参与者回应道："因为它（健康信息）在帮助别人，为什么不发布它呢?"

（2）信息的趣味性。一些参与者会分享有趣的健康信息。一位女性参与者说："我会分享一些我感兴趣的事情，或者有趣的事情。"（"I will share things that are interesting to me, or somewhat interesting."）另一位女性参与者提到："我可能会对它感兴趣，并进一步研究它，比如利用谷歌搜索。"（"I will probably feel interested in it and research more on it, like google it."）另一位女性参与者说："只看它一秒钟，心想'嗯，有意思'，然后就下线，除非它超级有趣，比如有一家新餐馆。"（"Just look at it for a second and think 'hmm interesting' and go, unless it is super interesting like there is a new restaurant."）

（3）信息的可信性（Credibility of the Information）。一些参与者对健康信息的可信度提出了担忧。一位女性参与者说："我不信任脸谱网，通常有很多烦人的帖子。"一些人表示，他们只相信可信来源的信息。一名男性青少年说："我只会认真对待从雅虎、谷歌、纽约时报、Bing 等实际网站上传播的相关信息。"另一名男性青少年说，"我只相信脸谱网上的新闻页面，比如 ABC 新闻、美国有线电视新闻网、FOX。"一位 13 岁的男性青少年说："像新浪这样的权威机构是可以信赖的。如果我的朋友自己写的话，我可能就不会相信了。"①

信息的可信度对于健康信息传播尤其重要，也是社交媒体参与健康信息传播的重要局限性之一。上述研究通过对用户的实证研究，证实了社交媒体参与健康信息传播的有用性、趣味性、可信度等特征，对于社交媒体参与健康传播具有重要的理论意义和实践价值。

---

① Zhang, N., Teti, M., Stanfield, K. & Campo, S., Sharing for Health: A Study of Chinese Adolescents' Experiences and Perspectives on Using Social Network Sites to Share Health Information, *Journal of Transcultural Nursing*, 2017, 28 (4): 423 –429.

2. 社交媒体有助健康素养教育

南乔治亚大学（Georgia Southern University）、佐治亚大学（The University of Georgia）的研究者 Isaac Chun-Hai Fung 等在论文《中国社交媒体对 42 种传染病信息的反应》（*Chinese Social Media Reaction to Information about 42 Notifiable Infectious Diseases*）中通过微博空间数据库中的关键词检索，获得了 2012 年中文微博中的 42 种传染病，对每日与关键词相关的帖子进行定性的内容分析，确定了 5 类信息：疫情爆发或病例的新闻；健康教育（信息）；替代健康信息（中医）；商业广告（娱乐）；社会问题。[①]

以上研究有助于促进社交媒体更好地参与健康传播，对其他中等收入国家如何使用社交媒体进行健康教育也有一定的启示。研究还提出使用微信官方账号来提高尼日尔在华外籍人士的疟疾健康素养。通过微信公众号进行的健康教育干预是针对非免疫旅游者和外籍工作者的疟疾防治工作，是提高中国疟疾健康素养的有效、可持续、可行和公认的战略。[②]

鉴于社交媒体广泛的用户人群与明显的传播优势，其对于健康教育具有强大的作用，英美学界关于如何利用社交媒体进行健康教育，如何在中国提高社交媒体健康教育效果的探讨对中国的健康传播研究和实践具有启发意义。

3. 社交媒体追踪传染病疫情

Isaac Chun-Hai Fung 等的论文《中国社交媒体对 MERS-CoV 和 H7N9 禽流感疫情的反应》［*Chinese social media reaction to the MERS-*

---

① Fung, I. C., Hao, Y., Cai, J., Ying, Y., Schaible, B. J., Yu, C. M., Tse, Z. T. & Fu, K. W., Chinese Social Media Reaction to Information about 42 Notifiable Infectious Diseases, *PLoS One*, 2015, 10（5）：e0126092.

② Li, W., Han, L. Q., Guo, Y. J. & Sun, J., Using WeChat official accounts to improve malaria health literacy among Chinese expatriates in Niger：an intervention study, *Malaria Journal*, 2016, 15（1）：567.

CoV and avian influenza A （H7N9） outbreaks〕利用微博观察中国人对两种不同疫情的反应：2012 个中东呼吸综合征冠状病毒（Mers-CoV）暴发和2013 年 H7N9 禽流感疫情的暴发。通过搜集的微博数据关键词和反应值追踪传染病活跃情况。① 研究证明了使用社交媒体来衡量公众对卫生部门发布的疾病暴发信息的反应的有用性②。在传媒化生存的当下，这一研究从传媒深度影响传媒用户对于客观世界的认知，从虚拟世界与现实世界之间交融互动的基本观点出发，通过分析社交媒体相关信息的传播情况来推断相关疾病在现实世界的传播现况，这对及时防疫和干预传染病的暴发和流行有较为重要的作用，也对中国进一步利用社交媒体开展公共卫生工作提供了借鉴。

4. 社交媒体干预自杀行为

中国科学院心理研究所、哈佛大学教育研究生学院、中国科学院大学心理学系、香港赛马会自杀预防研究中心 Ziying Tan 等在文章《设计微博私聊信息以吸引有自杀意念的社交媒体用户：微博访谈与调查研究》（*Designing Microblog Direct Messages to Engage Social Media Users With Suicide Ideation：Interview and Survey Study on Weibo*）中认为，虽然基于网络的干预措施可能有效，但吸引目标人群的注意力仍然具有挑战性。作者认为，吸引这一群体注意的战略应根据其需要加以调整。增加在线自杀干预开发的用户参与需要这个群体的反馈，以防止有自杀想法的人寻求治疗。私聊信息是新浪微博中的一项重要功能，可能会被用于接触任何具有自杀意念的微博用户。研究结果显示，账户名称的可靠性、私人聊天的简洁性、心理干预中心电话号码

① Fung, I. C. , Fu, K. W. , Ying, Y. , Schaible, B. , Hao, Y. , Chan, C. H. & Tse, Z. T. , Chinese social media reaction to the MERS-CoV and avian influenza A（H7N9）outbreaks, *Infectious Diseases of Poverty*, 2013, 2（1）：31. http：//www. idpjournal. com/content/2/1/31.

② Fung, I. C. , Fu, K. W. , Ying, Y. , Schaible, B. , Hao, Y. , Chan, C. H. & Tse, Z. T. , Chinese social media reaction to the MERS-CoV and avian influenza A（H7N9）outbreaks, *Infectious Diseases of Poverty*, 2013, 2（1）：31. http：//www. idpjournal. com/content/2/1/31.

的细节以及心理评估都与私聊信息的吸引力相关。[1] 作者还研究了参与者对于自杀想法的自我报告，以帮助生成有针对性的可帮助到目标群体的私聊信息，借此实现干预有自杀倾向的社交媒体用户。

英美学界关于中国利用社交媒体进行健康传播的研究总体来看具有积极意义，是对自然与社会、人与媒体的越来越复杂的互动关系的有益探索。当然，相关研究还存在片面性，忽视了社交媒体参与健康教育或健康传播的局限性，如互联网上的医疗资料质量参差不齐，理解和使用信息的困难，网络覆盖人口的不足以及过度消费存在潜在损害和风险等[2]。可见社交媒体参与健康教育以及健康传播的研究仍有待扩展和深化。

三 与传统新闻业的议程互动

随着新媒体技术的发展，各种媒介形态和传播渠道越来越趋向于融合。因新媒体技术发展而产生的社交媒体对于传统的新闻业来说既是强有力的竞争者、挑战者，甚至可能是未来的终结者，但同时在当下也是合作者。社交媒体的草根性等传播特性对于传统的新闻业具有多方面的互补性，包括提供议程设置与互动、方便采访、拓展传统新闻的传播渠道等。

1. 社交媒体成为体育报道的重要渠道

研究者 Bo Li 等在文章《无论祸福：社交媒体对中国体育记者的影响》（*For Better or for Worse：The Impact of Social Media on Chinese Sports Journalists*）中探讨了社交媒体对中国体育新闻事业的影响。在使用滚雪球抽样方法进行在线调查后，共有 133 名从事印刷媒体

① Tan Z., Liu X., Liu X., Cheng Q. & Zhu T., Designing Microblog Direct Messages to Engage Social Media Users With Suicide Ideation: Interview and Survey Study on Weibo, *Journal of Medical Internet Research*, 2017, 19 (12): e381 URL: http://www.jmir.org/2017/12/e381/ doi: 10.2196/jmir.8729.

② Benigeri, M. & Pluye, P., Shortcomings of health information on the internet, *Health Promotion International*, 2003, 18 (4).

工作的中国体育记者参加了这项研究。结果表明，新闻搜集是使用社交媒体的主要动机。微博和微信是两种本地化的社交网络工具，它们是参与者最常用的工具。近一半的参与体育记者承认，社交媒体上的监测信息增大了他们的压力指数，增加了工作负荷。大多数体育记者认为社交媒体削弱了他们的把关角色，因为公民记者的增加和用户获取新闻的渠道、来源更为丰富。论文还指出，随着社交媒体的出现，记者和运动员之间的关系也发生了变化。

论文还指出，记者正在适应技术变革，以保住他们的工作，拯救这一职业。为了满足读者的需求，扩大读者群，越来越多的体育记者将社交媒体融入他们的工作中。研究者（Pederson，2013[①]；Reed，2011[②]；Reed & Hansen，2013[③]；Sanderson，2011[④]；Schultz & Sheffer，2010[⑤]；Sheffer & Schultz，2010[⑥]；Sherwood & Nicholson，2012[⑦]）已经开始了解体育记者如何利用社交媒体完成他们的新闻作品，以及社交媒体如何影响新闻生产。例如，Twitter 被体育记者用来搜集信息，表达意见，打破新闻常规，宣传自我。其他社交媒体，如脸谱网和粉丝论坛（Fan Forums）也被体育记者用来搜集信

① Pederson, P. M., *The changing role of sport media producers*, In A. C. Billing & M. Hardin（Ed.），Routledge handbook of sport and new media（pp. 101 – 109），London, England：Routledge，2013.

② Reed, S., Sports journalists' use of social media and its effects on professionalism, *Journal of Sports Media*，6：43 – 64，2011.

③ Reed, S. & Hansen, K. A., Social media's influence on American sport journalists' perception of gatekeeping, *International Journal of Sport Communication*，2013，6：373 – 383.

④ Sanderson, J., To tweet or not to tweet：Exploring division I athletic departments' social media policies, *International Journal of Sport Communication*，2011a，4：492 – 513.

⑤ Schultz, B. & Sheffer, M. L., An exploratory study of how Twitter is affecting sports Journalism, *International Journal of Sport Communication*，2010，3：226 – 239.

⑥ Sheffer, M. L. & Schultz, B., Paradigm shift or passing fad? Twitter and sports jour-nalism, *International Journal of Sport Communication*，2010，3：472 – 484.

⑦ Sherwood, M. & Nicholson, M., Web 2.0 platforms and the work of newspaper sport journalists, *Journalism*，2012，14：942 – 959.

息和产生公众意见。①

　　以上研究结果表明，与自我宣传、粉丝互动等动机相比，新闻
采集是体育记者参与社交媒体的主要动机。这一发现不同于 Schultz
和 Sheffer（2010 年）关于调查美国体育记者的研究。Schultz 和 Shef-
fer 发现，美国平面媒体记者主要利用 Twitter 进行新闻报道和工作推
广。如前所述，来自不同国家的体育记者参与社交媒体的目的不尽
相同。因此，这也许可以解释为什么中国体育记者使用社交媒体的
目的不同于美国同行。然而，尽管社交媒体一直被认为是搜集信息
的主要工具，但该研究的研究对象认为，累积的个人接触仍然是搜
集第一手新闻的最有效方法。同样，他们的澳大利亚同行也认为打
电话或面对面采访是获取新闻来源最可靠的方法。②

　　Sherwood Merryn 和 Nicholson Matthew 的研究表明，社交媒体运
用于体育新闻报道以来，新闻记者面临着前所未有的压力。体育记
者面临的压力可能来自新闻机构的内部和外部。从新闻组织内部来
看，相互依存的部分都具有特定的和标准化的功能和角色，而在组
织之外，新闻来源、收入来源和经济环境可能影响他们所贡献的内
容。社交媒体的普及加速了这一过程。例如，社交媒体由于其高速
传播的特点，在传统媒体市场上给记者们带来了比竞争对手更多的
突发新闻压力。因此，由于社交媒体的存在，传统记者很难获得独
家新闻来源和首发突发新闻。

　　最后，该研究表明，中国大部分体育新闻工作者还只是将社交
媒体作为新闻采集工具，而不是自我宣传工具。随着自媒体（We
Media）概念在中国社交媒体特别是微信的普及，记者应该考虑如何

---

　　①　Li, B., Stokowski, S. E., Dittmore, S. W. & Scott, O., For Better or for Worse:
The Impact of Social Media on Chinese Sports Journalists, *Communication & Sport*, 5: 311 -
330.

　　②　Sherwood, M. & Nicholson, M., Web 2.0 platforms and the work of newspaper sport
journalists, *Journalism*, 2013, 14: 942 - 959. 10. 1177/1464884912458662.

利用这个自由的媒体平台来帮助他们实现职业目标。①

综上，社交媒体对于传统新闻行业的影响是多方面的，包括积极影响和消极影响。相关研究若能够客观审视这一深度影响带来的现实改变，甚至可能带来的根本性的改变，这对于新闻传播的理论研究和业务发展都具有重要意义。

2. 社交媒体丰富传统纸媒的内容资源

研究者 Jingrong Tong 在论文《科技和新闻：将社交媒体内容"溶解"到中国三场灾难的灾难报道中》（*Technology and journalism*：*"Dissolving" social media content into disaster reporting on three Chinese disasters*）中探讨了三家中国和两家英国报纸在 2008 年汶川地震、2013 年雅安地震和 2015 年天津爆炸的报道中如何从社交媒体中获取内容。其内容选择受到"政治因素、商业利益、意识形态、新闻价值"等因素制约。②

社交媒体被视为与传统新闻来源没有区别的普通新闻来源。社交媒体技术并没有强大到能够削弱文化因素的影响。这些报纸继续遵循自己的原则和兴趣，从社交媒体中选择内容。社交媒体的便捷性所提供的机会受到坚持新闻的社会功能的限制，其中包括政治和商业利益、报纸的意识形态和编辑价值观等文化因素发挥着重要作用。记者选择社交媒体现实的某些方面进行报道，并决定以何种方式进行报道。

第一，报纸利益的影响。该研究发现，文化因素特别是报纸的政治和文化利益、国家利益和意识形态，是灾难报道中社交媒体内容来源背后的主要原因。对于《卫报》《观察者》《每日电讯报》和《星期日电讯报》来说，地球另一边发生的 3 次灾难只不过是一个外

---

① Li, B., Stokowski, S. E., Dittmore, S. W. & Scott, O., For Better or for Worse: The Impact of Social Media on Chinese Sports Journalists, *Communication & Sport*, 5: 311 – 330.

② Tong, J., Technology and journalism: "Dissolving" social media content into disaster reporting on three Chinese disasters, *the International Communication Gazette*, 2017, 79 (4): 400 – 418.

国新闻，不会占据他们大部分的报道范围。《每日电讯报》《星期日电讯报》没有认真地核实社交媒体的新闻来源。

第二，政治因素的影响。中国报纸的社交媒体来源明显受到政治文化的影响。例如，天津爆炸事件的报道数量减少，重要原因之一可能是报道政策的收紧和收窄。

第三，经济利益和编辑价值的影响。几家中国都市报在报道这些慈善名人和公司的活动方面有着共同的商业利益，这些名人和公司可能是他们的财务赞助商。总体而言，这几家中国报纸显然有助于维护社会和谐和社会秩序，而不是试图掩盖其市场驱动。其中，《南方都市报》关注社交媒体内容，试图让政府负责，这反映了报纸的公众监督努力。①

一般而论，目前对于社交媒体参与新闻事业的研究尚存不足。国际传播学会（International Communication Association）2018 年年会上提交的相关参选论文一般关注的是社交媒体上的内容和专业记者对社交网络的使用（包括分发、确定源头、受众参与等），但很少有从制度的角度讨论社交平台的兴起。此外，相比于洞察未来，参选论文大多更关注当下，比如 12% 的作品是对现有新闻作品进行内容、叙事、框架等方面的分析；7% 的作品主要关注新闻生产过程及相关专业知识，而这也更容易引出对于理论方法的讨论。②

四　重建社会身份和文化适应

研究者 Hu Chuan 等在《实现自我和谐吗？探究为什么人们会在社交网络平台上建立的兴趣社区中重建他们的虚拟身份》（*Achieving self-congruency? Examining why individuals reconstruct their virtual identi-*

---

① Tong, J., Technology and journalism: "Dissolving" social media content into disaster reporting on three Chinese disasters, *the International Communication Gazette*, 2017, 79 (4): 400–418.

② 学院君：当下，各国传媒学者都在研究哪些课题？网易新闻学院，https://3g.163.com/shuangchuang/article_cambrian/DITN8B1305118VJ5.html。

ty in communities of interest established within social network platforms）一文中通过访谈和问卷调查，探讨 QQ 兴趣社区中建立虚拟身份的原因。研究发现，有些人出于各种原因在虚拟空间重建不同于他们真实身份的多种虚拟身份，通过分析表明，人们由于虚荣、放松、享受、获得新的社会网络、摆脱旧的社会网络、保护隐私、避免干扰等原因，而在社交网络社区重建他们的匿名身份。① 另有研究者用控制实验法检验社交媒体的意见领袖特征，实验结果表明，意见领袖的特点可以从中国的微博社会网络评论中发现，这与美国的脸谱网或 Twitter 一致。② 其他相关研究如下：

1. 青少年微信朋友圈的自拍行为与性格因素

研究者 Mingjia Guo 等在《在中国青少年的微信朋友圈中，外向性、表现欲和性别与发布自拍照有什么关系？》（*How are extraversion, exhibitionism, and gender associated with posting selfies on WeChat friends' circle in Chinese teenagers?*）中对 416 名中国高中生实施调查，要求被调查者完成了 NEO 五因素量表（NEO-FFI）的外向性量表和一份表现欲问卷提供上一个月他们在微信朋友圈上传的自拍照数量。统计结果显示，自拍照数量与外向性和表现欲显著正相关。此外，男孩的外向性与自拍照数量之间的相关性比女生强。③

这一研究通过对青少年在社交媒体的自我呈现，尤其是运用内容分析法对自拍照进行典型分析，借自拍照数量逆推和判断主体的性格特征的思路不失为一种有价值的探索。

---

① Hu, C. , Zhao, L. L. & Huang, J. , Achieving self-congruency? Examining why individuals reconstruct their virtual identity in communities of interest established within social network platforms, *Computers in Human Behavior*, 2015, 50: 465 – 475.

② Huang, B. , Yu, G. & Karimi, H. R. , The Finding and Dynamic Detection of Opinion Leaders in Social Network, *Mathematical Problems in Engineering*, 2014: 1 – 7.

③ Guo, M. , Liu, R. , Ding, Y. , Hu, B. Y. , Zhen, R. , Liu, Y. & Jiang, R. , How are extraversion, exhibitionism, and gender associated with posting selfies on WeChat friends' circle in Chinese teenagers? *Personality and Individual Differences*, 2018, 127: 114 – 116.

2. 社交媒体中文化对自我形象管理的影响

研究者 Jenny Weichen Ma 等在论文《理想自我的窗口：英国 Twitter 和中国新浪微博自拍爱好者的研究及其对营销人员的影响》(*A window to the ideal self*：*A study of UK Twitter and Chinese Sina Weibo selfie-takers and the implications for marketers*) 中从 Twitter 和新浪微博搜集的 344 张自拍照中分析跨文化数据。实证数据揭示了自拍现象的一般规律，并进一步挖掘了英国和中国消费者之间的文化差异。结果表明，自拍者试图呈现一个"理想的自我"（ideal self）；其次，由于各自受个人主义和集体主义文化的影响，英国和中国消费者对"理想的自我"的判断标准不同。研究证实，智能手机照相技术的使用是全球趋势。智能手机照相鼓励人们使用自拍来实现对完美的渴望。然而，从自拍中衍生出的象征意义和社会价值却有着微妙的文化差异。①

Goffman 的自我呈现理论（Self-Presentation theory）认为人与人之间的互动可以看作是印象管理。② 自拍照不是简单的个人形象传播，更是通过优化，进行符合主体需求和性格特征的自我印象管理。

人们呈现自我的积极方面，以给他人留下最好的印象。Belk 的"扩展自我"（Extended Self）认为，一个人拥有的包括延伸自我的东西常常是他人形成印象的线索。③ 可以说，自我拍照是自我呈现的一种形式。通过社交网站（SNS）的自我传播，快节奏和广泛分布的视觉证据使得自拍显著不同于其他形式的自画像。④ 换句话说，自

① Ma, J. W., Yang, Y. W. & Jonathan A. J., A window to the ideal self：A study of UK Twitter and Chinese SinaWeibo selfie-takers and the implications for marketers, *Journal of Business Research*, 2017, 74：39 – 142.

② Goffman, E., *The presentation of self in everyday life*, New York：Doubleday, 1959.

③ Belk, R. W., Possessions and the extended self, *Journal of Consumer Research*, 1988, 15（2）：139.

④ Frosh, P., The gestural image：The selfie, photography theory, and kinesthetic sociability, *International Journal of Communication*, 2015, 9：1607 – 1628.

拍是一种快速的印象管理工具，自画像向观众展示了一个被控制的理想自我。

Erving Goffman 文章《在日常生活中呈现自我》（*The presentation of self in everyday life*）里的研究提供了一些对于自拍（selfies）有趣的见解：首先，中国的自拍照倾向于使用 Photoshop 等照片编辑工具……呈现出的"理想的自我"也符合中国人的过度消费和奢侈消费等行为（Zhao & Belk，2007①）；更重要的是，这一研究为营销者和研究者提供了证据，认为自拍照作为自我呈现和形象管理的一种形式，其中隐含着文化基因、文化语境，值得进一步研究。②

综上分析，自拍照是不同性格在社交媒体使用方面的展示。当然，研究者如果仅仅关注自拍照的社会、文化心理特征还不够，另有研究者关注到这样的自我形象建构所带来的社会资本获取，这正是下面要讨论的关键点。

3. 社交媒体的呈现策略与社会资本获取

研究者 Shu-Chuan Chu 和 Sejung Marina Choi 在名为《社交网络中的社会资本与自我呈现：中美年轻一代的比较研究》（*Social capital and self-presentation on social networking sites：a comparative study of Chinese and American young generations*）的文章里从文化取向（如个人主义和集体主义）角度探索中西方社交媒体使用的自我呈现与社会资本争取的差异。研究在对中美青年使用社交媒体进行自我呈现策略的比较时发现，美国青年用户的社交网络黏合社交资本水平高于中国青年用户，而中国青年用户的社交网络连接资本水平没有显著差异。③

---

① Zhao, X. & Belk, R. W., Live from shopping malls：Blogs and Chinese consumer desire, *Advances in Consumer Research*, 2007, 34：131 – 137.

② Goffman, E., *The presentation of self in everyday life*, New York：Doubleday, 1959.

③ Chu, C. S. & Choi, M. S., *Social capital and self-presentation on social networking sites：a comparative study of Chinese and American young generations*, Chinese Journal of Communication, 2010, 3（4）：402 – 420. DOI：10. 1080/17544750. 2010, 516575.

赵瑜佩的《"世纪潮一代"的网络社会资本重构：对比在英流寓华人 Facebook 和微信的数字化融入》［*Digital In（ex）clusion and Chinese Diaspora in UK：A Comparative Analysis through the Vision of Social Capital by Facebook and WeChat*］里认为，社会资本的概念是一个浮动的能指（Floating Signifer），目前国内少有学者将此概念用于研究网络传播与新一代离散群体，相关的讨论也非常有限。Putnam 将社会资本定义为社会组织的特征，如信任、规范和网络，可以通过促进协调行动来提高社会效率。①

Shu-Chuan Chu 和 Sejung Marina Choi 的研究认为，由于在社交媒体上构建个人简介的多用途应用程序，用户很容易在他们的自我介绍中进行自我表达和验证他人的个人信息。实际上，账户名、友情链接、个人资料、照片和发布的消息已经被识别为自我呈现的重要方面，并且是用户在社交媒体（脸谱网）上常见的公开信息。②

比如，QQ 用户可以购买化身服装和发型来重建他们的身份和建立在线关系③，借此改善自我呈现效果。

从文化的角度看，中国提倡的集体主义文化价值观注重群体成员的自律和相互依存的和谐关系。与之相对，美国提倡的个体主义文化观（individualistic Cultures）更强调个体的独特性。两种不同的文化价值观导致中国社交媒体用户可能经常使用配合他人的策略，而美国社交媒体用户可能主要采用激励自我的策略（competence）。此外，过去的研究认为，集体主义文化的成员更多地自我批评、自我贬低，而个体主义文化的成员更愿意自我鼓励。然而，Shu-Chuan

---

① 赵瑜佩：《"世纪潮一代"的网络社会资本重构：对比在英流寓华人 Facebook 和微信的数字化融入》，《国际新闻界》2018 年第 3 期。

② Chu, S. C. & Choi, S. M., Social capital and self-presentation on social networking sites: a comparative study of Chinese and American young generations, *Chinese Journal of Communication*, 3（4）：402－420. DOI：10. 1080/17544750. 2010. 516575.

③ Darragh, M. A., Whole New World, *Communication World*, 2009, 26（6）：35－38.

Chu 和 Sejung Marina Choi 不完全认同这种观点，他们提出根据文化融合论，社交媒体等全球媒体的使用可能降低不同文化对传媒的影响，两国社交媒体用户自我介绍策略是否存在差异性还不确定。在社交媒体上的自我表露与社会资本获取之间并非直接相关，在社交网站上与某人"成为好友"仅仅是建立初步的关系。而要建立能够提供社会资本的关系，尤其是黏连型资本，需要一种更强的联系。如何界定更加紧密的关系呢？研究者认为，将正面反馈作为影响社交网站上的自我表露和桥接型与黏连型资本水平之间联系的变量[①]是一个比较可操作的标准。

4. 社交媒体与离乡人群的社会适应

中国社交媒体对于用户的社会适应具有重要作用，包括城市移民、城市拆迁户、农村居民等，这些群体需要利用社交媒体适应新环境。

首先，Lu Wei 和 Fangfang Gao 在其论文《中国城市新移民的社交媒体、社会融合和主观幸福感》（*Social Media, Social Integration and Subjective Well-being among New Urban Migrants in China*）中提到当代中国城市的移民（被称为"新移民"）与当今中国的社会变迁密切相关，他们越来越依赖新媒体（尤其是新闻，娱乐和社交媒体）。该研究揭示了社交媒体的使用可以促进社会融合，包括建立社会认同、社交网络以及真实的社会参与。城市新移民的社会整合，特别是他们的社会认同水平，与他们的主观幸福感显著相关。[②]

其次，Qingwen Xu 和 Palmer Neal A. 的文章《中国农民工社区：社会网络、生活满意度与政治参与的关系》（*Migrant Workers' Community in China: Relationships among Social Networks, Life Satisfaction*

---

① Chu, S. C. & Choi, S. M., Social capital and self-presentation on social networking sites: a comparative study of Chinese and American young generations, *Chinese Journal of Communication*, 3 (4): 402 – 420. DOI: 10. 1080/17544750. 2010. 516575.

② Wei L. & Gao F., Social Media, Social Integration and Subjective Well-being among New Urban Migrants in China, *Telematics & Informatics*, 2016, 34: 786 – 796.

and Political Participation）也谈到中国农民工借助社交媒体融入城市社会。从农村迁移到城市的中国移徙者与许多国际移民一样，依赖社交媒体用于解决移徙期间和移徙后的工作、住房问题、获得财政援助和社会支持。中国城市外来人口包括由性别、教育程度、年龄、婚姻状况等的不同而划分的多个子群体，产生了不同的社会网络关系和社会互动模式。①

　　同时，Huang Xu 等在论文《居民安置后的城乡流动人口社会网络：来自中国中型城市扬州的证据》（*Social networks of rural-urban migrants after residential relocation：evidence from Yangzhou，a medium-sized Chinese city*）中谈到城市拆迁户利用社交媒体适应新环境的问题。论文对比了城市拆迁导致的自愿搬迁和强迫搬迁，得出如下结论：自愿迁移的移民比强迫搬家者更容易使用电话、电脑与他们以前的邻居联系，通信技术使他们能够保持接触的频率。此外，当搬迁到一个封闭的社区时，自愿搬家的人比被迫搬家的人更有可能参加公共活动，与新邻居有更多地接触，从而在居民委员会和新邻居那里得到更多的帮助。强迫搬迁对社区居民的社会网络有负面影响，拆除后的重建计划不会促进移民融入所在城市。② 虽然研究中提到的social network 意指社会网络而不是社交媒体，但这些移民使用电话、电脑等通信技术与前邻居联系，为社交媒体的使用提供了平台，这与社交媒体传播超越时空的特征有关。

　　此外，农村居民利用社交媒体赶上时代进步。Tom McDonald 在华人社区居住了 15 个月进行的民族志研究《中国农村的社交媒体》（*Social Media in Rural China*）中指出，社交媒体已远远超出了许多中

---

① Xu, Q. & Palmer, N. A., Migrant Workers' Community in China：Relationships among Social Networks, Life Satisfaction and Political Participation, *Psychosocial Intervention/Intervencion Psicosocial*, 2011, 20（3）：281 – 294.

② Huang, X., Dijst, M. & Van, W., Social networks of rural-urban migrants after residential relocation：evidence from Yangzhou, a medium-sized Chinese city, *Housing Studies*, 2017, 32（6）：816 – 840.

国农村人的日常生活经验。McDonald 认为，社交媒体强化了已经存在的通过学校，工作或村庄建立的朋友关系，同时也尝试通过在线互动与陌生人建立新的互动关系。① 中国城市化带来庞大的农民移民，现在的网络世界为那些感到"无家可归"的农民工提供了一个家。② 即社交媒体具有寄托乡愁和心灵家园的作用。

5. 社交媒体与离散族群的"文化移入"

所谓"离散群体"（diaspora）是指旅居或定居他国的人群。这一群体的特征包括：（1）族群意识以及对过去的集体记忆；（2）活跃的社群生活；（3）与起源地（祖国）不同形式的联系，无论现实或想象；（4）与分布在世界各地的其他同源族群保持联系。③离散族群因文化疏离、异化与孤独等文化冲突而在他国面临适应的困难，离散者因脱离母文化及家庭、朋友等，导致语言、食物、生活习惯、社会交往等④不适，生活经历的改变、新环境的挑战、社会技能的缺乏⑤造成离散者在认知、情感、行为、社交等多个方面的失调⑥，Kalervo Oberg 在《文化冲击：适应新的文化环境》（*Culture Shock: Adjustment to New Culture Environments*）中把这种由于失去自己熟悉的社会交往信号或符号，对于旅居或定居国家的社会符号不

---

① McDonald, T., *Social Media in Rural China*, UCL Press, 2016：i.

② Huo, X. W., Zhang, G., Shang, J. & Qi, X. J., Acquirement and Interpretation of Public Documentation of Cultural Heritage-WeChat & Post-disaster Rebuilding of Shangri-La Ancient City, *ISPRS Annals of Photogrammetry*, *Remote Sensing and Spatial Information Sciences*, 2015, II-5/W3. 409 – 414. 10. 5194/isprsannals-II-5-W3：409-2015.

③ 段颖：《diaspora（离散）：概念演变与理论解析》，《民族研究》2013 年第 2 期。

④ Bowlby, J. & Mitchell, S. A., *Separation: Anxiety and Anger*, New York：Basic Books, 1973.

⑤ Brown, G. W., Bhrolchain, M. N. & Harris, T., Social class and psychiatric disturbance among women in an urban population, *Sociology*, 1975, 9（2）：225 – 54.

⑥ Zhou, Y., Jindal-Snape, D., Topping, K. & Todman, J., Theoretical models of culture shock and adaptation in international students, *Studies in Higher Education*, 2008, 33（1）：63 – 75.

熟悉，而在心理上产生深度焦虑症的现象定义为"文化休克"① 或"文化疲乏"（cultural fatigue）。② 当然，并不是所有的离散者都会存在文化休克，大约有20%的离散者在面对新文化时，没有遇到融入的屏障；而有 30% —60% 的人会遭遇不同程度的文化休克。③ 这种"休克"对人的身心健康、工作表现、学业成绩、自尊以及主观幸福感都带来危害。④ 为应对文化休克的困境，离散者们采取了不同的策略，其中包括四种涵化策略：同化、分隔、融合与边缘化。⑤

其实，上述文化休克与逐渐适应过程之间有一个必不可少的关键环节，即社交媒体。中国每年都有大量的出国人员，无论是赴海外留学还是在他国工作都具有鲜明的"文化迁徙"特征。从熟悉的母语环境转换进入相对陌生的外语环境，除了要进行语言和生活习惯的调适，更重要也更困难的是如何纾解文化环境转变所带来的不适，并找到文化迁徙过程中的顺利开展生活和学习的支点。⑥ 面临不同文化的冲击与调试，留学生使用社交媒体以应对"文化迁徙"带来的文化冲击。有研究证明社交媒体对中国离散族群具有关键作用。但是，中国留学生在社交媒体使用中也感受到了明显的文化差异。Mattelart 在《全球时代的考古学：建立信仰》（*An archeology of the*

① Oberg, K., Culture Shock：Adjustment to New Culture Environments, *Practical Anthropologist*, 1960, 7：177–182.

② Guthrie, G. M., *A behavioral analysis of culture learning*, In：Brislin RW, Bochner S, Lonner WJ（eds）Cross-cultural perspectives on learning（pp. 95 – 115），New York：Wiley, 1975.

③ Jandt, F., *An introduction to intercultural communication*, SAGE publication, 2007：16.

④ Liebkind, K., *Acculturation*, In R. Brown & S. Gaertner（eds.），Blackwell handbook of social psychology：Intergroup processes（pp. 386 – 406），Oxford：Blackwell, 2001.

⑤ 张少科：《离散族群多元文化认同对社交媒体使用的影响》，《国际新闻界》2018 年第 3 期。

⑥ 任雁：《"文化迁徙"背景下中国留学生社交媒体使用的"两栖"性研究》，博士学位论文，山东大学，2015 年。

global era：*Constructing a belief*）中提出，新媒体和旧媒体并没有什么不同，它没有挑战社会经济的不平等，反而常常加剧这种不平等。这些对经验对象的研究反驳了新媒体具有解放少数群体的可能性的论述，少数族群并未因限制的减少，而在社交媒体上找到更大的言论空间，社交媒体对离散族群的"解放效应"具有局限性。① 研究者重视社交媒体对于离散族群的文化认同价值，但同时也抨击社交媒体言论自由的提升空间不大等问题。

与此同时，留学生的社会适应也需要社交媒体。研究者 Ling Cao 和 Tingting Zhang 在《社交网站与高等教育中的教育适应：中国留学生在新西兰的个案研究》（*Social Networking Sites and Educational Adaptation in Higher Education*：*A Case Study of Chinese International Students in New Zealand*）中分析了新西兰的中国留学生使用社交网络适应国外教育的过程，调查了他们的教育困难度、生活满意度与社交网络使用之间的关系，② 描述了中国留学生如何使用社交网站（人人网，Facebook 等）来扩大和管理他们的在线社交网络以帮助自己适应新的教育环境。

Lanming Chen 和 Lisa K. Hanasono 在《文化适应对中国留学生使用 Facebook 和人人网的影响》（*The Effect of Acculturation on Chinese International Students' Usage of Facebook and Renren*）一文里从使用与满足理论视角解释中国国际学生如何使用 Facebook 和人人网实现文化适应。研究分析显示：适应美国文化的程度与 Facebook 使用呈正相关。此外，中国文化的维护程度也与人人网使用呈正相关。此外，

---

① Mattelart A. , An archeology of the global era: Constructing a belief, *Media Culture & Society*, 2002, 24（5）：591 – 612.

② Cao L. & Zhang T. , Social Networking Sites and Educational Adaptation in Higher Education：A Case Study of Chinese International Students in New Zealand, *The Scientific World Journal*, 2012, （2012 – 4 – 30）, 2012（3）：289356.

参与者对 Facebook 的使用影响他们个人身份的满足感。①

　　研究者 Zheng Chaoran 在《社交媒体时代的反文化冲击》（*Reverse Culture Shock in the Age of Social Media*）中认为，社交媒体还具有逆向文化冲击的缓解功能。当离散旅居者回到他们的祖国时，他们不得不忍受某种程度的疏远感、不适感和异常感等症状。这种现象被称为"逆向文化冲击"（reverse culture shock）。然而，在过去十年中，包括微博等社交媒体的迅速发展，社交媒体对建立共同基础、相互理解、增强亲密感、加强与他人的联系起到了积极作用。有了社交媒体，回国的旅居者们有了一座连接他们自己和祖国的桥梁。② 社交媒体超越国界的传播优势在减少旅居者的逆向文化冲击方面发挥了重要功能。

　　社交媒体不仅可以缓解逆向文化冲击，还使"文化移入"（Acculturation）成为可能。Redfield 等在《文化移入》（Acculturation）中提出"文化移入"的概念，这个新概念最初被定义为"不同文化群体在持续的直接接触中，一方或双方原生文化模式发生变化的现象"。此后，研究人员对文化移入有了更多见解，其中提出的"二维"或"双边"文化模型较为引人注意，并在当今跨文化研究中普遍使用。③ John W. Berry 在论文《文化移入：在两种文化中成功地生活》（"Acculturation：Living successfully in two cultures"）中把文化移入定义为因两个或多个文化群体及个人接触后，产生文化和心理改变的双重过程。④ 在不同文化群体的互动中，个体会经历不同程度的异文化压力，从而在文化适应过程中引发身体、心理健康及社交能力的退化。

---

　　① Chen, L. & Hamasono, L. K. , The Effect of Acculturation on Chinese International Students' Usage of Facebook and Renren, *China Media Research*, 2016, Vol. 12.

　　② Zheng C. , *Reverse Culture Shock in the Age of Social Media*, University of Gothenburg, 2013.

　　③ Redfield R. , Linton R. & Herskovits M. J. , Acculturation, *Oceania*, 1935, 6 (2)：229 – 233.

　　④ Berry J. W. , Acculturation：Living successfully in two cultures, *International Journal of Intercultural Relations*, 2005, 29（6）：697 – 712.

常见压力源包括焦虑、沮丧、身份困惑以及被边缘化的感觉。[①] 在 Berry 另一部著作《文化移入策略和适应》（"Acculturation strategies and adaptation"）里提到，为应对压力，人们根据文化移入的两个维度选择了不同策略：文化保留（保留原生文化与身份的程度）、接触及参与（融入当地并与其他文化群体产生关联的程度）。在两个维度都积极回应的人群选择了保留部分原生文化与身份，同时也愿意参与当地人生活，他们被认为使用了文化移入"综合"策略。[②] 而社交媒体则是实现这种综合策略的不可替代的中介。

　　本节探讨了英美学界认知的中国社交媒体的公共服务功能的表现，从中可以看出中国社交媒体对公众日常生活产生的积极影响。这种积极影响印证了积极技术伦理学，即技术无非是一种特定的施为能力，即使用工具来保障和实现幸福的行为。[③] 其实，社交媒体技术对人们的日常生活将会产生怎样的影响，不仅仅取决于技术自身，与此同时，复杂的社会情境和作为技术使用者的人的自我意愿，也塑造着技术的表现形态和功能指向。

第四节　情感互动功能：建立情感分析系统

　　有学者指出，在当下，新媒体俨然已经成为一种沟通个体心灵的传播方式，并且通过计算机所提供的多渠道信息整合处理技术让这些方式变成了一种全新的社会文化结构。[④] 随着新媒体技术的演进，特别是社交媒体的发展，私人领域和公共领域的界限越来越模糊。社交

---

　　① Berry J. W., Kim U., Minde T. & Mok D., Comparative Studies of Acculturative Stress, *International Migration Review*, 1987, 21 (3): 491 – 511.

　　② Berry J. W., *Acculturation strategies and adaptation*, Guilford Press, 2007: 69 – 82.

　　③ 王小伟：《回归积极的技术伦理学》，《科学与社会》2017 年第 1 期。

　　④ 张骐严、舒敏：《论新媒体对人类情感认知的异化作用》，《现代传播》2018 年第 6 期。

媒体的交互性特征，为用户的情感传播提供了便利，使其基于个体的情感不再具有私密性，个体的情感一样可以被公众所感知，而且这种情感还具有某种展演性。一般而言，英美学界的相关研究大致可以归为情绪影响舆论、特殊情感交流与积极情绪培养几个方面。

一　情绪影响舆论演化

随着社交媒体传播情感的功能越来越给现实社会带来深刻影响，人们发现事实真相不再具有凝聚共识的力量，而是成为被公众情绪支配的"道具"。也即是说，在社交媒体时代，人们更倾向于根据自己的情感倾向来相信哪些是事实，哪些不是事实。真正的事实已经不太重要，情感的重要性超越了事实。在社交媒体上的一个突出的倾向就是事实真相已经不再是左右舆论的最重要的因素，情绪（情感）在社交媒体舆论中占据着主导地位。为此，Hua Bai 和 Guang Yu 在其论文《基于微博的灾害信息研究：基于微博文本负情感分析的灾后事件监测》（*A Weibo-based approach to disaster informatics：incidents monitor in post-disaster situation via Weibo text negative sentiment analysis*）中用到了"后真相时代"这一概念。2016 年，"后真相"被西方学术界选为该年度关键词。而英美学界对中国社交媒体情感传播动员功能的研究相对滞后，它们更多还停留在对微博的研究上。与 Twitter 类似，用户在微博上创建状态消息，有时会显示关于不同主题的意见。特别是灾难事件发生后，人们总是通过微博服务来表达自己的状态和情绪。以往的研究表明，公众的负面情绪可能与随后的舆论事件有关。因此，一旦发生灾害，受害者的负面情绪需要更加关注，这对于及早发现公众恐惧及次生舆论危机等紧急事件是有用的。为了应对灾后情境下受害者负面情绪所引发的潜在事件，此文提出了一个包含三个阶段的结构化框架：第一阶段的重点是如何从大量嘈杂的微博流中识别出与灾情有关的微博消息。第二阶段是如何过滤掉所有与灾情有关的微博消极情绪消息。在最后阶段，研究者关注人群负面情绪，通过跟踪和预测受害者在 GM（1，1）基础上的负面情绪变化趋势，在灾后情况下进行事件发现。①

　　Yunya Song 等的研究《并非所有的情感都是平等的：中国社交媒体网站上的网络公众的表达行为》（*Not all emotions are created equal*：*Expressive behavior of the networked public on China's social media site*）试图调查中国社交媒体用户的网络表达行为。该论文围绕中国微博上的食品安全问题形成的讨论结构和内容进行。研究表明，微博主导的沟通空间并不能成为理性讨论的有效论坛，因为思维相同的人倾向于聚集，并且情绪因素占主导地位。研究对手写代码样本的进一步统计分析表明，情感讨论比理性讨论更能影响人们，而不同的情绪（例如愤怒、恐惧和悲伤）具有不同的效果。公告的地位也是重要的，这种在线对话强调了一种表达理性的形式，它超越了在网上政治讨论中理解社交媒体的使用的两极工具性交往的主要维度。②

二　特殊人群的情感交流

　　研究者 Yue Wu 等在《社交媒体对同性恋的去污化效应：人际中介接触 vs 准社会中介接触视角》（*Exploring the destigmatizing effect of social media on homosexuality in China*：*an interpersonal-mediated contact versus parasocial-mediated contact perspective*）中还聚焦互联网是否具有减少人们对同性恋群体的污名化的功能问题，指出儒家思想对家族血脉的传承是"家庭最重要的职责"这一传统家庭与性别角色价值观的影响根深蒂固，同性恋被认为是对这一社会观念的威胁。

---

　　① Bai, H. & Yu, G. A., Weibo-based approach to disaster informatics：incidents monitor in post-disaster situation via Weibo text negative sentiment analysis, *Natural Hazards*, 2016, 83（2）：1－20.

　　② Song, Y., Dai, X. Y. & Wang, J., Not all emotions are created equal：Expressive behavior of the networked public on China's social media site, *Computers in Human Behavior*, 2016, 60：525－533.

虽然同性恋行为自 1997 年后不再被当作流氓行为，自 2001 年后不再被当作心理疾病，但是公众对同性恋仍持相当消极的态度。然而，对互联网用户的相关调查展示：与传统媒体对同性恋漠不关心的态度相比，互联网——作为一个相对而言审查制度宽松的公共平台——提供了一个同性恋亚文化的庇护所。网上与网下对同性恋问题的态度差异引出了互联网是否具有减少对同性恋歧视的作用这一问题。以接触假说①②和准社会接触理论③为指导，此研究调查互联网的去污名化效应——尤其是中国社交媒体对于同性恋的去污名化效应。此研究认为，同性恋问题仍然是当代中国的禁忌，因为公众对这个话题仍然持有相当负面的态度。最近的皮尤研究显示，仅平均21%的中国受访者认为同性恋应该被接受。然而，针对互联网用户的平行调查却呈现出不同的景象，在线调查发现人们对同性恋和同性婚姻的态度更加自由④。

　　社交媒体作为一个信息传播和人际沟通的重要工具，对于社会不同人群都具有平等使用的权利，社交媒体的功能研究需要从不同人群的实际需要出发进行考量。同性恋等群体的特殊情感交流需求同样可以在社交媒体上得到满足，从社会学的角度来看这是一种进步。从情感传播研究的角度来看也有其价值。不过英美学界相关的一些研究却存在借题发挥的现象。比如，前面所提到的虽然同性恋行为自 1997 年后不再当作流氓行为，自 2001 年后不再被当作心理疾病，但是公众对同性恋仍持相当消极的态度。这显然是对中国传

---

① Allport, G. W., *The nature of prejudice*, Reading: Addison-Wesley, 1954.

② Pettigrew, T. F., Intergroup contact theory, *Annual Review of Psychology*, 1998, 49: 65 – 85.

③ Schiappa, E., Gregg, P. B. & Hewes, D. E., The parasocial contact hypothesis, *Communication Monographs*, 2005, 72 (1): 92 – 115.

④ Wu, Y., Mou, Y., Wang, Y. & Atkin, D. J., Exploring the destigmatizing effect of social media on homosexuality in China: an interpersonal-mediated contact versus parasocial-mediated contact perspective, *Asian Journal of Communication*, 2018, 28 (1): 20 – 37. DOI: 10. 1080/01292986. 2017. 1324500.

统社会对于同性恋现象"不接受"和"不认可"的先入为主的立场
预设。

三　积极情绪的涵化培养

Jiaqi Wu 的《微信作为中国最受欢迎的社交网络是如何培养
幸福感的》（*How WeChat, the Most Popular Social Network in China,
Cultivates Wellbeing*）一文提出社交媒体对幸福有影响的假设，并通
过微信对用户健康的积极影响来予以验证。[①] 这一研究说明了社交
媒体网站的某些功能和机制实际上可能会增加用户的幸福感，这
些网站可能会成为积极干预的平台，以吸引更多的人，并改善他
们的生活。

Xiong Si 的《微博与中国新闻网站的使用与满足比较研究》（*A
Comparative Study of Uses and Gratifications Between Weibo and News Web-
sites in China*）一文，通过对微博与其他中国新闻网站在使用与满足
方面的比较研究发现，受访者中有更多的人每天使用微博而不是新
闻网站。他们在新浪微博上花费的时间要比在新闻网站上的多。受
访者认为微博比新闻网站获得消息更有满足感。同时还提出，微博
上花费的时间与获得满足感之间没有相关性。微博上跟踪的账号数
量与获得个人满足度无关。男性通过微博获得新闻和个性满足的程
度不及女性。受访者认为，如果需要关注职业新闻，则微博和新闻
网站会更有帮助。[②]

再如，社交媒体中的点赞行为（Liking Behavior）越来越受欢
迎。但是对于如何激励用户在社交媒体上点赞确实是一个有研究价
值的课题。Chunmei Gan 的研究《了解微信用户的点赞行为：中国
的实证研究》（*Understanding WeChat users' liking behavior: An empiri-*

---

① Wu J., *How WeChat, the Most Popular Social Network in China, Cultivates Wellbe-
ing*, University of Pennsylvania, 2014.

② Xiong, S., *A Comparative Study of Uses and Gratifications Between Weibo and News
Websites in China*, Scripps College of Communication, 2014.

cal study in China）在使用与满足理论的基础上，建立了一个模型来
分析影响微信用户点赞的因素。结果表明，三种满足感对微信用户
的点赞产生积极的影响：享乐满足（享受）、社交满足（社会支持）
和功利满足（信息寻求）。特别是享乐在决定喜好行为中起着最重要
的作用，其次是社会支持和信息寻求。另外，性别在每个满足和喜
欢行为之间的关系上扮演着主持人的角色。性别被认为是模型中的
调节因素。[1]

四　微博情感分析系统的建立

前文讨论了社交媒体对于社会情感传播具有多重价值，如何评
价和分析其情感传播价值随之引发英美研究者的关注。

Fangzhao Wu 等的《微博情感分类与语境知识正规化》（*Microb-
log sentiment classification with contextual knowledge regularization*）中用
数据驱动的方法来建立一个高品质的微博特定情感词库的中文微博
情感分析系统（Sentiment analysis systems），即从表情符中提取的单
词情感知识，从所有消息之间的词语关联中提取的情感相似度知识、
并从已有的情感词典中提取先验情感知识。[2] 该研究试图通过建模来
尝试制定快速分析情感及流向的标准，不失为一种具有可操作性的
研究。

社交媒体越来越受欢迎，原因在于它们为亿万用户提供了对各
种产品、品牌、公司等自由发表意见的平台。[3] 因此，微博平台已经

---

① Gan, C., Understanding WeChat users' liking behavior: An empirical study in Chi-
na, *Computers in Human Behavior*, 2017, 68: 30 – 39.

② Wu, F., Huang, Y., Song, Y. & Liu, S., Towards building a high-quality microb-
log-specific Chinese sentiment lexicon, *Decision Support Systems*, 2016, 87: 39 – 49.

③ Wu, F., Song, Y. & Huang, Y., Microblog sentiment classification with contextual
knowledge regularization, *Proceedings of the Twenty-Ninth AAAI Conference on Artificial Intelli-
gence*, 2015: 2332 – 2338.

成为客户意见和市场情报的理想来源。① 微博用户经常通过发布博文来表达他们对公司、品牌和产品的看法。情感分析系统可以自动分析和总结这些海量意见信息中的情感要素，为企业和客户在做相关业务决策时提供有用的知识。②

由上述研究可见，社交媒体蕴含丰富的用户情感信息。如加拿大哲学家布莱恩·马苏米所认为的那样，当代社会的科学技术已经能够对情感流动强度和方向进行控制。③ 因此，社交媒体可以用于引导用户情感的流向，以促进他们积极参与到社会活动之中。在实用性层面，分析中国社交媒体的情感因素，可以为相关企业提高产品及服务的满意度提供参考，同时，也可以作为企业发展创新，提高服务和产品质量的依据。

第五节　选择偏向与解读霸凌

社交媒体作为一种新型传播工具具有重要的社会功能，这是一个无法回避的现实。英美学界对此的研究主要是采用的"结构功能主义"的研究范式，其中传播系统构成要素的特征研究（本书的第三章）服务于传播功能的探讨，认识和厘清传播功能才是研究的主要目标。尽管英美学界对于中国社交媒体的功能研究取得了不少有价值的成果，对中国社交媒体实践和中国学界社交媒体研究都提供了启发和镜鉴；但如前所述，社交媒体的传播功能是多元、多层、

① Li, Y. M. & Li, T. Y. , Deriving market intelligence from microblogs, *Decision Support Systems*, 2016, 55 (1): 206 – 217.

② Hogenboom, A. , Heerschop, B. , Frasincar, F. , Kaymak, U. & Jong, F. D. , Multi-lingual support for lexicon-based sentiment analysis guided by semantics, *Decision Support Systems*, 2014, 62: 43 – 53.

③ 姚云帆:《一种从身体出发的技术—政治诗学——马苏米〈虚拟的寓言〉对当代文化研究范式的反思》,《文艺理论研究》2016 年第 4 期。

多向度、多方位的，而英美学界对中国社交媒体功能的选择性关注和主观性归因的问题不可避免地造成研究的结构性失调。尽管英美学界对于中国社交媒体的功能研究不乏严谨的科学研究以及由此而阐释透析出来的真知灼见，但是总体呈现出意识形态偏向，甚至一些研究表现出霸凌式的解读和丑化。本节将分别就此展开分析。

一　负向功能的偏向选择

首先，英美学界对中国社交媒体的研究多选择负面事件作为分析案例。如社交媒体具有社会动员功能，相关案例可以是负面社会事件，也可以是正面的社会事件，无论正反事件都有很多案例可以作为支撑。比如汶川地震期间，利用社交媒体协调救援物质的有效投递，提供献血服务，募捐救援物质以及钱款等都是客观发生了的正面案例。但是，英美学界的相关研究却多以茂名抗议活动等类似社会事件过程中的社交媒体为例，案例选择存在某种主观意图，表现出对中国社交媒体多元功能研究的选择偏向，研究得出的自然多是"夹带"意识形态倾向的批判性观点。

Elizabeth Brunner 的《中国的野生公共网络与情感运动：茂名的环境行动、社交媒体与抗议》（*Wild Public Networks and Affective Movements in China：Environmental Activism，Social Media，and Protest in Maoming*）就是选择负面事件作为分析的典型案例，Elizabeth Brunner 研究认为，茂名抗议者的街头游行是"野生的公共网络"（Wild public networks），强调中国社交媒体对于社会事件传播是野生的、自发的、野蛮的、充满激烈暴力的、缺乏理性的，而且强调中国每年都有 90000 起至 185000 起类似的抗议活动，让人觉得中国四处狼烟，抗议不断，难免有夸张放大之嫌。

其次，英美学界对中国社交媒体的研究多选择对立性案例作为支撑依据。他们在研究中采用深度访谈法，而访谈对象却不严格按照科学抽样的方法来进行筛选，而是一味选择对立性案例，获得的研究结论与总体事实存在较大的差别。总之相关研究的结论不是建立在科学严谨的抽样调查基础上的，而是片面假设、偏颇立论，有观点先行，用对象的取舍来支撑观点的嫌疑。网络舆论本身就是海量的、庞杂的，有正面支持的观点，也有反对性观点。但是，相关研究只选择一种对抗立场的观点，选择与中国政府立场不同者的言论作为研究支撑材料。例如以下这段来自《个人传播》的材料大意如下：正如另一名媒体雇员实事求是地评论的那样，"我们当然不能赢得公众的信任"（Of course we cannot gain the public's trust）。人们只是把地方电视台和报纸当作政府的喉舌，更愿意相信互联网上的媒体报道，因为这些网站反映了普通民众的观点。……它们（网络媒体）拥有公众的信任，而人们把主流媒体视为"站在政府一边"（standing on the side of the government）该研究认为，官员们已经失去了与公众进行有意义沟通的能力，支持这个观点的材料是网民访谈。比如文中提到的如下：一名居民表示，他认为新闻发布会"不值得一看"，因为它只是没有内容的官僚术语；另一位网友说，虽然她听说了新闻发布会，但她没有观看，因为大部分的新闻和信息都是通过社交媒体平台 QQ 获得的；在与腐败进行了长期而激烈的斗争之后，人们不再满足于有偏见的媒体来源，而是转向了野生的公共网络；因此，当官员们试图利用主流媒体的力量时，他们的诉求就会落空，因为"媒体没有能力引导公众舆论"。[1]（"the media did not have the ability to guide public opinion"）

上述研究引用个别网民的网络留言作为证据，支持作者的观点。缺乏客观中立、多维的观察和分析，仅以一家之言得出结论，连基本的新闻报道的平衡原则都不具备，遑论学术研究的严谨性。仅仅做特殊立场观点的简单呈现，缺乏不同立场观点之间的交锋与讨论，

---

[1] Brunner, E. , Wild Public Networks and Affective Movements in China: Environmental Activism, Social Media, and Protest in Maoming, *Journal of Communication*, 2017, 67: 665 – 677.

也不符合公共讨论的基本要求，明显是一种意识形态主导下先入为主的片面呈现。

二　学术话语权与霸凌解读

社交媒体本来是一个新生事物，而且是一个中性的媒介技术进步的产物。但 Wentao Han 等的《微博与 Twitter 的比较分析》（*A Comparative Analysis on Weibo and Twitter*）一文几乎涵盖新中国成立以来的大多数负面社会事件。该文将这些作为案例支撑其学术观点，刻意凸显负面问题。该文认为：香港与绝大多数省份之间的交互信息是最低的，甚至比台湾都还要低，这同香港与内地脆弱的关系相吻合。① 本来只是比较社交媒体的交互性，却专门拉扯上香港与内地的关系问题，显得牵强附会、别有用心。例如，哈佛大学的 Gary King，斯坦福大学的 Jennifer Pan 和加州大学圣地亚哥分校的 Margaret E. Roberts 三人合作撰写的《中国政府是如何伪造社交媒体发帖来战略性地转移注意力，而不参与讨论的》（*How the Chinese Government Fabricates Social Media Posts for Strategic Distraction*, *Not Engaged Argument*）一文对中国政府妄加猜测，并进行主观臆想式的解读。这篇论文得出的结论是：与以前的说法相反，中国政权的策略是避免与党和政府的怀疑论者争论，甚至不讨论有争议性的问题。这些大规模秘密行动的目的是分散公众的注意力，改变话题，就像那些帖子中的大部分内容一样。②

其实，中国学界特别是传播学界对英美学界关于中国传媒、中国新闻传播研究的偏向和偏见问题早有警觉并努力要发出自己的声

① Han, W., Zhu, X., Zhu, Z., Chen, W., Zheng, W. & Lu, J., A Comparative Analysis on Weibo and Twitter, *Tsinghua Science and Techonoloyg*, 2016, 1 (1): 1 – 16.

② King G., Pan J. & Roberts M. E., How the Chinese Government Fabricates Social Media Posts for Strategic Distraction, Not Engaged Argument, *American Political Science Review*, 2017, 111 (3): 484 – 501.

音，从 2008 年纪念中国传播学 30 周年开始，中国传播学已经从译介、学习、消化、吸收，发展到自主创新的阶段。① 但是，正如陈韬文所说，中国传播学科仍然未能与世界学术平等对话。尤其是中国学者以及中国学者与西方学者合作研究，容易出现受制于西方学术话语霸权，具有投其所好的嫌疑。② 全球传播学 SSCI 期刊发表的论文始于 1950 年的美国。中国大陆学者的传播学国际发表论文则发端于 1994 年，与美国大约有半个世纪的差距。③ 正因为如此，中国大陆学者已经跨过了早期对经典传播学理论的介绍和验证阶段，开始对这些理论进行本地化实践和发展，但距离开创原创性传播学理论的目标还有距离。在此语境下，甚至有一些中国学者为了能够在英文学术期刊上发表文章，也会有意无意地迎合英美学界学术期刊的风格，套用英美学界的学术思想、研究框架以及关注视角等，尤其是关注非西方国家（包括中国）的社会负面问题，并且站在英美国家立场进行解读诠释，这在一定程度上也造成一些研究的严重偏差。

综上所述，英美学界对中国社交媒体相关问题的选择性关注，导致其研究结论中多有从其固有意识形态立场出发产生的对中国社会现实的偏见。而掌握国际学术界话语权的英美学界又将这种偏见广为扩散，以至于中国社交媒体乃至中国社会的形象在国外饱受非议。如爱德华·萨义德所言，西方国家的殖民主义活动不仅在具体的政治、意识形态、经济和社会活动中存在，其在一般的文化领域同样存在。殖民主义"不是简单的积累和获得的行为"，它"为强烈的意识形态所支持和驱使"。④ 为了改变英美学界殖民主义意识形

---

① 李彬、刘海龙：《20 世纪以来中国传播学发展历程回顾》，《现代传播》（中国传媒大学学报）2016 年第 1 期。

② 陈韬文：《中国传播研究的发展困局：为什么与怎么办》，《新闻大学》2008 年第 1 期。

③ 韦路：《中国传播学研究国际发表的现状与反思》，《国际新闻界》2018 年第 2 期。

④ ［美］爱德华·W. 萨义德：《文化与帝国主义》，李琨译，生活·读书·新知三联书店 2003 年版，第 10 页。

态在中国社交媒体研究中大行其道的状况，国内学者亟需推进中国社交媒体研究的本土化，而非一味以英美学界的学术旨趣去观照自己的研究问题。唯其如此，我们才能对中国社交媒体的功能特征形成更加全面、透彻的认识。

第 五 章

英美学界对中美社交媒体的对比研究

本章重点通过个案分析英美学界对中美两国社交媒体不同特征的对比研究。本书之所以选择英美学界里中美两国社交媒体个案对比研究进行分析，其原因如下：

首先，中美两国社交媒体都具有重要而广泛的影响，美国的社交媒体技术全球领先，Facebook、Twitter、YouTube 这三巨头在世界社交媒体生态系统中占据主导地位，Facebook 是美国和全球拥有用户最多的社交网站。而中国是全球使用社交媒体人数众多的国家。中国不仅社交媒体用户数量极为庞大，而且互联网普及率仍有较大增长空间。同时，中国网民的社交活跃、消费强劲、网上信息丰富。作为全球经济总量最大的两个国家，中美两国的社交媒体具有重要的对比研究价值。所以本章集中论述英美学界对美国的社交媒体与中国的社交媒体的对比研究。

英美学界常常从对比中来认识中西文化的差异。从某种意义上说中国与美国分别代表了东西方文化的基本特质，美国是当代西方文化的典型例子，更重视自我、表现自我，较之于与中国文化强调谦虚谨慎，他们更有可能进行自我推销而不是当一个谦谦君子，并以此为傲。这些特质扎根于作为西方文化基础的个人主义和自由主义的价值观中。而中国是东方文化的代表，注重集体主义及平和中庸的文化传统。鉴于此，本章接下来将分别从传播特征、传播功能、制约因素等角度针对中美社交媒体具体的对比研究文本，重点分析英美学界对中美两国社交媒体不同特性的认识和研究，以期对中美社交媒体以及世界社交媒体有更为深入的认知。

第一节　英美学界对中美社交媒体
传播特征对比研究

中美社交媒体技术基本相同，但是用户所处的社会背景具有一定的差异性，也带来用户偏好的不同，以及由此带来用户构成的不同。正如米尔斯所言，"人究其根本是社会和历史中的行动者，必须通过他与社会与历史结构间的密切的、错综复杂的联系来理解他"。[①] 因此，在分析英美学界对比中美社交媒体用户特征之差异时，我们亦应注意到其背后不同的历史文化背景和社会现实语境。

一　用户组成特征对比

从用户构成研究的角度来看，英美学界认识到中美两国社交媒体用户构成是不相同的，但是，他们专门对美国社交媒体用户构成的研究成果较少，对主流人群，例如本土美国人以及男性用户的研究基本未涉及。英美学界将主要研究的对象聚焦在女权主义者、华人和留学生等社会边缘人口上。

Lin Li 的论文《中美社交网站比较：以 Facebook 和人人网为例》（*Social network sites comparison between the united states and China*：*Case study on facebook and renren network*）对 Facebook 与人人网的差异进行了研究，并根据 Alexa. com 网站的排名系统，以及现存的对于 Facebook 和人人网网站的研究，比较发现 Facebook 和人人网之间存在大

---

① ［美］C. 赖特·米尔斯：《社会学的想象力》，陈强、张永强译，生活·读书·新知三联书店 2001 年版，第 170 页。

量差异：首先，Facebook 用户的来源多样化，而人人网用户来源比较单一。其次，Facebook 和人人网的用户主要是年轻人，但人人网的用户集中在 18—34 岁，而 Facebook 比人人网拥有更广泛的用户群体。第三，Facebook 的用户男女比例大致平衡，但人人网用户大多为女性，这可能是由于两个站点提供不同的应用而产生的对男女吸引力不同所致。①

Shu-Chuan Chu 和 Sejung Marina Cho 的研究通过定量分析提出，在中国受访者中，QQ（80.3%）是最受欢迎的社交媒体，其次是新浪网（11.5%）和其他（例如 BBS）（5.3%）。与以前的研究结果相一致，在美国大学生中最常用的社交媒体是脸谱网（92.7%），其次是聚友网（6.8%）和其他（0.5%）。②

Lanming Chen 和 Lisa K. Hanasono 的论文《文化适应对中国留学生使用 Facebook 和人人网的影响》（*The Effect of Acculturation on Chinese International Students' Usage of Facebook and Renren*）调查了中国留学生 Facebook、人人网的使用及其对文化适应的影响。调查结果显示：适应美国文化的程度与 Facebook 使用呈正相关，中国文化的维护程度也与人人网使用呈正相关。③ 来自美国迈阿密大学传播学院研究者 Men LinjuanTsai 和 Wan-Hsiu Sunny 在《公司如何在社交网站上与公众建立关系：来自中国和美国的证据》（*How companies cultivate relationships with publics on social network sites：Evidence from China*

① Li, L., Social network sites comparison between the united states and China：Case study on facebook and renren network, 2011 *International Conference on Business Management and Electronic Information*, 2011：825 – 827. doi：10. 1109/ICBMEI. 2011. 5917063.

② Chu, S. C. & Choi, S. M., Social capital and self-presentation on social networking sites：a comparative study of Chinese and American young generations, *Chinese Journal of Communication*, 2010, 3：4, 402 –420. DOI：10. 1080/17544750. 2010, 516575.

③ Chen, L. & Hanasono, L. K., The Effect of Acculturation on Chinese International Students' Usage of Facebook and Renren, *China Media Research*, 2016.

and the United States）一文中从跨文化角度提升对社交媒体关系培育的认识，研究了在中美两个不同文化国家的企业如何利用流行的社交媒体（社交媒体网站）促进与公众对话，并针对50个公司页面进行了内容分析。研究认为，总的来说，两国的企业已经认识到通过社交媒体网站发展关系的重要性和适当使用在线策略（信息披露、信息传播、互动和参与）的必要性，但具体的战术变化存在着差异，而这种差异与中美文化差异密切相关。此外，不同国家之间、不同公司岗位之间、不同的社交媒体网站类型之间存在文化的差异，说明文化在组织与公众之间的对话起到重要作用。[①] 这样的研究成果对于数字时代全球市场中企业关系管理实践具有重要启发意义。尤其对追求商业价值的企业具有参考价值。

　　Xialing Lin 等的论文《探索社交媒体上的极端事件：Twitter 和微博上用户转贴/转推行为的比较》（*Exploring extreme events on social media：A comparison of user reposting/retweeting behaviors on Twitter and Weibo*）探讨了社交媒体上的极端事件，比较了 Twitter 和微博的用户转发行为。作者指出，尽管最近的研究表明 Twitter 和其他形式的微博日益依赖公众及相关机构的危机与灾难处理状况的信息以获得关注，但人们对于非西方环境中的类似情况所知甚少。作者将 2013 年雾霾期间（smog emergency）微博的使用情况与北美天气事件（weather event）的用户生成内容进行比较。结果表明，微博上包含了与 Twitter 同等程度的信息和情感内容，但用户使用幽默程度不够，并且在危机发展时情绪信息并没有增加。[②] 微博与 Twitter 的比较表明跨文化传播的文化差异性，但是，作者由此认为中国人幽默感不强，对于危机事件的情绪不强等看法有牵强之嫌，这或许正说明不

---

　　① Men, L. & Tsai, W. H. S., How companies cultivate relationships with publics on social network sites：Evidence from China and the United States, *Public Relations Review*, 2012, 38（5）：723 – 730.

　　② Lin, X., Lachlan, K. A. & Spence, P. R., Exploring extreme events on social media：A comparison of user reposting/retweeting behaviors on Twitter and Weibo, *Comput. Hum. Behav*, 2016, 65：576 – 581.

同文化背景所带来的认知差异。

　　总体上而言，英美学界更多地关注中国负面事件中的社交媒体用户，其中显然隐含意识形态倾向，并未真正做到学术客观和中立。一些研究论著中谈到北美学生使用社交媒体进行人际交往，影响日常生活，多为客观、中性的论述；而针对中国人使用社交媒体则主要是强调留学生的文化不适应、进城务工农民难以融入城市生活，以及网络水军、突发事件的涉事人群等，认为 Facebook 比中国的社交媒体优越，存在明显的偏见，有学术民族主义倾向之嫌。实际上，英美学界针对中国社交媒体用户的分析比较多元，而对美国社交媒体的用户构成研究相对单一和模糊，这本身就是一个缺陷。而且，英美学界对中国社交媒体用户分析，主要集中于负面事件的用户，这种典型的用两套标准去对待中西方同一对象性质的做法在一定程度上降低了这些研究的学术公正性。

二　传播竞争环境对比

　　Kevin Michael Duluca 等的论文《微博、微信与中国野生公共屏幕环境行动主义的变革性事件》（*Weibo，WeChat，and the Transformative Events of Environmental Activism on China's Wild Public Screens*）认为，Twitter 和微博同属社交媒体，因此有很多相似之处。但是，受环境、文化差异等因素影响，也存在差异性。例如，Twitter 在欧美地区基本上没有竞争对手，但微博有许多竞争者，包括腾讯的微信以及搜狐的人人网和白社会网。①

　　Zeng B，Gerritsen R. 的论文《我们对旅游中的社交媒体了解多少？》（*What do we know about social media in tourism?*）认为，当前社交媒体的主要形态有"社交网络（如 Facebook、YouTube、Myspace）、

---

　　① Deluca, M. K., Brunner, E. & Sun, Y., Weibo, WeChat, and the Transformative Events of Environmental Activism on China's Wild Public Screens, *International Journal of Communication*, 2016, 10: 321–339.

知识分享网站（如 Wiki Travel）、博客（如 Travelblog）、微博（如
Twitter）、评论网站（如 Trip Advisor）、虚拟社区（如 Second Life）
等。它们具有如下特征：依托信息技术建立的在线沟通工具，用户
之间（包括组织、社区、个体）可以通过提供大量的信息进行对等
式分享、合作和交流，用户在跨平台基础上建立虚拟社区并对人们
的实际行为和现实生活产生影响"。① 英美学者得出的结论是：相比
较而言，中国社交媒体的竞争环境更激烈。

综上，英美学界普遍认为中国社交媒体的竞争对手多，竞争环
境也更为激烈。这从另外一面让我们认识到，实际上中国社交媒体
的市场正蓬勃发展，百花齐放。英美社交媒体则不同，由于其发展
起步较早，社交媒体市场的垄断已然形成。

三　使用动机的功能满足对比

社交媒体之所以具有强大的社会影响力，与其对它的使用受多
种因素驱动相关。当然，中国与英美社交媒体存在的社会环境不同，
使用社交媒体的驱动因素也存在一定的差异。

1. 微博比 Twitter 在驱动功能上更有优势。Kevin Michael Duluca
等对中国的微博传播驱动功能持肯定的态度，他们在论文《微博、
微信与中国野生公共屏幕环境行动主义的变革性事件》（*Weibo*, *We-
Chat*, *and the Transformative Events of Environmental Activism on China's
Wild Public Screens*），以及《中国野生公共屏幕上的环境激进主义变
革事件》中指出，与 Twitter 相比，微博或许"更好"（Weibo is
"better"），因为它给用户更多的选择信息共享的机会。他们认为，
与 Twitter 不同，微博允许用户发布在线图片，而不仅仅是链接。微
博还提供了类似于 facebook 的动态消息的线程评论，并提供了方便
访问热门话题的功能。

① Zeng, B. & Gerritsen, R., What do we know about social media in tourism? *A re-
view*, *Tourism Management Perspectives*, 2014, 10: 27 – 36.

Kevin Michael Duluca 等的论文还指出，微博的私人聊天是另一个内置的功能，而 Twitter 却没有这一功能。这种差异很重要，因为私人聊天改变了用户之间的交流和传播信息的方式。虽然微博上的大部分活动都是为了娱乐目的，该网站的嵌入式功能极大地影响了中国在线社交活动的发生，部分原因是图片和热门话题更容易访问。①

2. 微博兼具 Twitter 和 Facebook 的分享新闻与评论作用，用户参与度高。Tianyi Wang 等对中国微博的评论功能持肯定和赞赏的态度，他们在《评论的力量：促进微博网络中的社会互动》（*The power of comments：fostering social interactions in microblog networks*）一文中指出，Facebook 具有社会交往功能，却缺乏新闻传播功能，Twitter 虽然具有新闻传播功能，却缺乏社会交往功能。而微博能够两者兼顾，同时作为一种社交工具和新闻传播平台，这是值得肯定的。Tianyi Wang 等研究者利用案例研究显示，微博评论对于社会交往（Facebook、人人网）和新闻传播（Twitter）皆有重要影响，所以，微博同时作为一种社交工具和新闻传播平台功能显然更好。微博还推出一个有别于 Twitter 的评论功能，允许用户在一个推文下形成螺纹式的谈话，推动社交媒体用户的互动，提高了社会参与度。② Tianyi wang 等指出：用户需要获取和分享信息和新闻，学习有趣的东西，给予和接受建议，参与讨论。只有给予和接受建议以及与他人分享信息的动机才能预测更高的发帖频率。③

在《Twitter 的使用和满足：审查用户使用 Twitter 的动机和满意

① Deluca, M. K., Brunner, E. & Sun, Y., Weibo, WeChat, and the Transformative Events of Environmental Activism on China's Wild Public Screens, *International Journal of Communication*, 2016, 10: 321 – 339.

② Wang, T., Chen, Y., Wang, Y., Wang, B. & Wang, G., The power of comments: fostering social interactions in microblog networks, *Frontiers of Computer Science Selected Publication*, 2016, 10 (5): 889 – 907.

③ Wang, T., Chen, Y., Wang, Y., Wang, B., Wang, G., Li, X., Zheng, H. & Zhao, B., The power of comments: fostering social interactions in microblog networks, *Frontiers of Computer Science*, 2016, 10 (5): 1 – 19.

度》（*Uses and gratifications of Twitter*：*An examination of user motives and satisfaction of Twitter use*）一文中，Johnson 和 Yang 研究发现，出于分享信息和新闻的需要，用户学习有趣的东西，给予和接受建议，参与讨论，结识新朋友（他们每周花更多时间浏览网站，而并非用 Twitter 来休闲、放松、娱乐和消磨时间）。此外，只有提供和接收建议的动机和与他人分享信息的动机，才可以促成更高频率的消息发布，Twitter 的参与者似乎主要是为了满足信息的需求（头条新闻和个人生活的更新）和连通性（主要是与那些有共同兴趣的人）。另外，Lixuan Zhang 和 Iryna Pentina 认为，新浪微博具有更广泛的功能，即允许在微博上发布照片、视频和表情符号，以及评论他人的帖子、互动和玩游戏，可能有更多不同的动机会驱使微博用户发推文和转发信息，关注其他人，并在网站上花费时间。①②

3. 新浪微博更具个性。在《微博的动机和使用模式》（*Motivations and Usage Patterns of Weibo*）一文中，Lixuan Zhang 和 Iryna Pentina 认为，新浪微博是更具个性、社交联系、娱乐以及提供和寻求帮助的平台。在微博中，用户可以通过富媒体、罗列式的评论和 140 个汉字提供相对较长的推文来表达自己。通过这个数字系统，可以增强用户与现实世界中的紧密联系。用户可以与现在的朋友保持联系，并经常与他们失联的朋友和熟人重新联系。此外，游戏、微博事件和奖励等应用程序为用户提供了关系和体验上的吸引力。③ 与传统媒体相比较，微博使用模式上显示出明显的优势。在微博上花更多时间和发布更多推文的一个重要驱动力源于用户的"自我表现"

---

① Zhang, L. & Pentina, I., *Motivations and Usage Patterns of Weibo*, Cyberpsychology, Behavior, and Social Networking, 2012, 15（6）：312 – 317.

② Johnson, PR & Yang, S-U., Uses and gratifications of Twitter：An examination of user motives and satisfaction of Twitter use, *Proceedings of Annual Association for Education in Journalism and Mass Communication conference*, Boston, MA, 2009.

③ Zhang, L. & Pentina, I., Motivations and Usage Patterns of Weibo, *Cyberpsychology, Behavior, and Social Networking*, 2012, 15（6）：312 – 317.

动机。这种动机，加上互动性的需要，增加了推文更新的频率。通过分享富媒体、使用应用程序以及参与游戏的机会，微博既有助于用户自我表现又促进交互性，从而使得用户更频繁的贡献内容，更长时间地停留在网站上。与之前的研究报告一致，在 Facebook 上建立个人网页和展示更多活动的两个最重要动机是印象管理和自我表现①，新浪微博上的用户活动似乎也主要是由这些目标推动的。②

4. 新浪微博功能更丰富。Zhang, J. 的论文《新浪微博比 Twitter 好，货币化是关键》（*Sina's Weibo*, *better than Twitter*, *but monetization is key*）指出，由于中文中的每一个字都代表了一个完整的词，所以中国的推文内容比英语中 140 个字符所能传达的内容更丰富。用户的微博页面是任何人都可以公开看到的，而共同的关注者（称为粉丝）可以交换私人信息。和 Twitter 一样，微博也有搜索、热门话题和其他实用工具。除了类似 Twitter 的功能外，新浪微博还允许用户将音乐、视频、图片和表情符号直接上传至用户订阅以及用户进行罗列式的评论，虽可以在原始消息中看到，但不会向用户的粉丝发出通知。③④ Lixuan Zhang 和 Iryna Pentina 的《微博的动机和使用模式》（*Motivations and Usage Patterns of Weibo*）则另有研究发现，他们认为用户的"职业发展""情感释放""信息搜索"的需求对微博使用模式似乎没有特别的影响。这些动机可能指向更为被动的使用模式，它们并不需要主动地贡献内容和信息。Lixuan Zhang 和

---

① Kramer, C. N., Impression management 2. 0: the relationship of self-esteem, extraversion, self-efficacy, and self-presentation within social networking sites, *Journal of Media Psychology*, 2008, 20: 106 – 116.

② Zhang, L. & Pentina, I., Motivations and Usage Patterns of Weibo, *Cyberpsychology*, *Behavior*, *and Social Networking*, 2012, 15（6）: 312 – 317.

③ Yu, L. & Asur, S., Huberman, B. A., *What trends in Chinese social media*, Proceedings of SNA-KDD workshop August, 2011, San Diego CA.

④ Zhang, J., Sina's Weibo, better than Twitter, but monetization is key, 2011, http: //seekingalpha. com/article/288127-sina-s-weibo-better-than-twitter-but-monetization-is-key（accessed Nov. 7, 2011）.

Iryna Pentina 认为，相比之下，Twitter 应当向微博学习，新浪微博除了拥有的类似 Twitter 的功能外，还允许用户直接上传音乐、视频、图片和表情符号到用户状态中。它还允许用户在状态上发表嵌套评论。新浪微博已经推出了超过 1600 个用户应用程序，包括游戏、投票、广播、音乐和文件共享。通过提供参与各类微博活动、连续多日微博、转发品牌活动公告的微博勋章，促进互动性和参与度。考虑到新浪微博的社交媒体功能，引入新浪微博市场（类似于 Facebook 的市场），鼓励在网站内实现社会购物，这可能是进入这个巨大市场的有效途径。①

综上，从英美学界的对比研究可见，英美学界的研究者们的一个共同观点是，中国社交媒体微博比英美国家的社交媒体 Twitter 拥有更丰富的功能以满足用户的各种需求动机，正是这些功能的吸引力带动中国社交媒体用户的使用积极性，对微博持较为肯定的态度。

四 传播内容的编码对比

社交媒体从本质上来看，还是属于信息传播载体，至于这个载体传播了什么信息内容，这个信息载体赋予了传播内容什么样的特征，对这个载体的广泛使用及内容传播特征给社会生活方方面面带来了怎样的影响，这应该是人文社会科学所关注的重要研究命题。英美学界相关研究对中美社交媒体的内容特征尤其是其中关于美国的严肃新闻与中国轻松段子进行了比较论述。

1. 软信息与硬信息。有研究者针对中美社交媒体信息进行比较，Asur 的论文《中国社交媒体的发展趋势》（*What Trends in Chinese Social Media*）研究了新浪微博的热门话题趋势，并将其与 Twitter 等全球社交媒体相比，研究发现中国社交媒体关注的内容有很大的不同。在中国，热门话题大多是对媒体内容的转载，如笑话、图

① Zhang, L. & Pentina, I., Motivations and Usage Patterns of Weibo, *Cyberpsychology*, *Behavior*, *And Social Networking*, 2012, 15 (6): 312–317.

像和视频；而在 Twitter 上，更多话题与当前的全球事件和新闻故事有关。①

时至 2015 年，仍有相关研究持类似观点。美国古斯塔夫阿道夫学院（Gustavus Adolphus College）和惠普实验室（Hewlett-Packard Laboratories）的研究者 Yu Louis Lei 和 Huberman Bernardo A 在《中国社交媒体的趋势动态与关注》（*Trend Dynamics and Attention in Chinese Social Media*）一文中，分析了新浪微博的趋势，并与 Twitter 早期的观察结果进行对比。文中指出，中国的新浪微博转发媒体内容大多是笑话、图片和视频等。与此不同，Twitter 转发的多是当前的全球事件和新闻故事。仔细观察发现，新浪微博绝大多数是由于一小部分"欺骗性用户"（fraudulent accounts）不断转发、人为建立的社会影响力。② 这种简单将社交媒体信息引导归咎于中国部分"欺骗性用户"的结论显然是意识形态的偏见所致。实际上，美国政党选举也存在较大程度的人为进行的社交媒体信息引导以加强社会影响力的情况。

2. 语言内容符号。英美学界的研究表明，中英语言差异改变了社交媒体文本的意义表述，其中中文更加简洁和内容丰富。Kevin Michael Deluca 的研究《新浪微博、微信，以及中国野生公共屏幕上的环保运动的变革性事件》（*Weibo, WeChat, and the Transformative Events of Environmental Activism on China's Wild Public Screens*）认为，像 Twitter 一样，微博允许每个帖子只有 140 个字符。但 140 个中文字符的微博比英文表述更加丰富。举例来说，简单的帖子"我要去上课"由英语中的 19 个字符（包括空格）组成，而汉语中的同一个短语"我要去上课"只包含五个字符。因此，语言差异改变了微博

①　Yu, L. & Asur, S. , Huberman, B. A. , *What Trends in Chinese Social Media*, Social Science Electronic Publishing, 2011.

②　Yu, L. , Asur, S. & Huberman, B. A. , Trend Dynamics and Attention in Chinese Social Media, *American Behavioral Scientist*, 2015, 59（9）：1142 –1156.

和 *Twitter* 的意义表述可能性，中文显得更加简洁和内容丰富。①

Xialing Lin 等在《探索社交媒体上的极端事件：Twitter 和微博上用户转贴/转推行为的比较》(*Exploring extreme events on social media：A comparison of user reposting/retweeting behaviors on Twitter and Weibo*)一文却持相反观点，他们认为，"微博样本包含与 Twitter 同等程度的信息和情感内容，但微博用户使用幽默的可能性较小，并且在危机发展时情绪因素没有增加的迹象"，② 因而 Twitter 更加优秀。这种比较的观点与前述观点恰恰相反，但代表了一部分英美学者的看法与偏见，中国社交媒体汶川地震的寻亲、募捐等信息传播充满情感。这样的微博例子非常多，上述偏颇的观点很难令人信服。

综上所述，不难看出英美学界对中国社交媒体传播特征的研究有其准确的一面，也存在片面性。英美一些学者对中国社交媒体环境的考察脱离具体的社会历史背景，欠缺将"知识"置于中国特定的社会语境中进行观照的意识，没有认识到"知识"本质上"是一种社会产物"，它是"社会变迁的一个因素"。③ 所以，英美学者关于中国社交媒体有关问题的"知识"，如果不与社会语境相呼应，那么便只是没有现实意义的空疏之谈。

第二节　英美学界对中美社交媒体传播功能的对比研究

在当代，传播的社会功能研究成果丰硕，正如本研究第四章所

---

① Deluca, M. K. , Brunner, E. & Sun, Y. , Weibo, WeChat, and the Transformative Events of Environmental Activism on China's Wild Public Screens, *International Journal of Communication*, 2016, 10：321 – 339.

② Lin, X. , Lachlan, K. A. & Spence, P. R. , Exploring extreme events on social media：A comparison of user reposting/retweeting behaviors on Twitter and Weibo, *Comput. Hum. Behav*, 2016, 65：576 – 581.

③ ［美］彼得·伯格、［美］托马斯·卢克曼：《现实的社会构建》，汪涌译，北京大学出版社 2009 年版，第 72 页。

论述的比较有代表性的有拉斯韦尔提出"三功能"、赖特补充为的"四功能说"、传播学者拉扎斯菲尔德和社会学家默顿提出的"三功能说"、威尔伯·施拉姆将传播功能分为政治功能、经济功能和一般社会功能等。① 国内相关研究如戴元光②、邵培仁③、张国良等④也都对传播功能提出了自己的观点。总之，国内外学者都有一个共识，即传播对我们所处的现实社会具有多样化的重要功能。同理，社交媒体以及中国社交媒体的传播功能也不例外。但是，英美学界的相关研究则因主客观原因将他们对于中美社交媒体功能的比较研究主要集中在政治社会功能、文化商业功能等几个领域，而相对忽略了其他功能，具体分析如下。

一 政治参与功能的对比

美国研究者 Stieglitz S. 和 Linh Dang-Xuan 在《微博的政治传播与影响——对 Twitter 信息中情绪与行为的实证分析》（*Political Communication and Influence through Microblogging-An Empirical Analysis of Sentiment in Twitter Messages and Retweer Behavior*）中认为：Twitter 被认为具有巨大的政治参与潜力。因为 Twitter 具有转发这一强大的信息扩散机制，不仅是传播信息的理想平台，也是政治观点和想法不断得到公众认同和加强的平台。⑤ 相比较而言，中国的政治参与功能较弱，因而英美学界试图在中国社交媒体研究过程中不断强化政治

---

① 威尔伯·施拉姆（Wilbur Lang Schramm，1907—1987）是传播学科的集大成者和创始人，被誉为"传播学鼻祖""传播学之父"。他建立了世界上第一个大学的传播学研究机构和第一个传播院系，编撰了第一本传播学教科书，授予了第一个传播学博士学位，也是世界上第一个具有传播学教授头衔的人。

② 戴元光等：《传播学原理与应用》，兰州大学出版社 1988 年版，第 61 页。

③ 邵培仁：《传播学导论》，浙江大学出版社 1997 年版，第 110 页。

④ 张国良：《传播学原理》，复旦大学出版社 1996 年版，第 47 页。

⑤ Stieglitz, S. & Dang, X. L., Political Communication and Influence through Microblogging-An Empirical Analysis of Sentiment in Twitter Messages and Retweer Behavior, *System Science* (*HICSS*), 2012 *45th Hawaii International Conference on* 2012 *IEEE*：3550–3509.

参与、言论自由等批评议题，以凸显西方对中国的"优越性"。

1. 公共话题的理性与感性

Stieglitz S 和 Linh Dang-Xuan 在《微博的政治传播与影响—对 Twitter 信息中情绪与行为的实证分析》（*Political Communication and Influence through Microblogging-An Empirical Analysis of Sentiment in Twitter Messages and Retweer Behavior*）一文认为，"支持公共领域理论在中国微博中适用的不多"。[①] 英国牛津大学的 Gillian Bolsover 发表了《和谐的社群主义或理性的公共领域：对微博和 Facebook 上新闻报道评论之间差异的内容分析》（*Harmonious communitarianism or a rational public sphere：a content analysis of the differences between comments on news stories on Weibo and Facebook*），文章分析了 Facebook 和微博上的新闻报道评论发现，微博很少支持哈贝马斯的公共领域观念，虽然许多基于西方人群的研究都指出在线人际交流缺乏理性，但 Facebook 上的评论与微博上的评论相比更接近这些公共领域理想。例如，Facebook 上针对其他参与者的评论比在微博上的评论高两倍以上，而不仅仅是回复原始的帖子：Facebook 上的评论有 47% 是针对其他参与者的，而微博上的评论只有 19%。

Gillian Bolsover 还认为，与 Facebook 相比较，微博上的评论更有争议，也更缺乏建设性，表明沟通方式更接近自由主义、个人主义而不是理性的对话模式。Facebook 上的评论更有可能把个人观点作为更广泛的辩论的一部分，表明他们试图从其他人的角度看待这种情况，并试图在辩论中努力达成共识或解决方案。[②]

上述研究旨在强调 Facebook 上的评论比微博上的评论更加理

---

① Stieglitz, S. & Dangxuan, L., Political Communication and Influence through Microblogging—An Empirical Analysis of Sentiment in Twitter Messages and Retweet Behavior, *Hawaii International Conference on System Science*, *IEEE*, 2012：3500 – 3509.

② Bolsover, G., Harmonious communitarianism or a rational public sphere：a content analysis of the differences between comments on news stories on Weibo and Facebook, *Asian Journal of Communication*, 2017, 27：2, 115 – 133. DOI：10. 1080/01292986. 2016, 1214743.

性，更具有建设性。但是，事实上，西方的社交媒体发布分裂性信息并不少，如英国议会下议院内政事务委员会 2017 年的一份报告表示，包括 Facebook、Twitter、谷歌等多家大型社交媒体对于管控极端主义思想和犯罪信息的传播方面的不作为"令人羞愧"，社交媒体公司对涉及"伊斯兰国"恐怖主义和新纳粹主义的内容也置之不理；鼓励儿童虐待的内容也并不会被删除。议员们认为，大量的极端主义思想通过社交媒体蔓延，已经成为沉默的事实，英国议会指责，"Facebook 直播平台上发生的两起'谋杀直播'，以及近几个月世界各地发生的'自杀直播'等，都让人重视起社交媒体对社会安全的影响"。① 而这些事实却常常被西方研究社交媒体的学者所忽略。

也有学者指出，Twitter 等社交媒体是"民主的威胁"，"因为它鼓励自发性和无知的决定"。George Robert Boynton 的论文《通过 Twitter 的政治影响—这是真的吗？》（*The Reach of Politics via Twitter—Can That Be Real?*）认为，由于虚假账号和用户不足等问题的存在，严重影响了政治组织活动、公共领域的构建，以及政治参与的实现。② 这些案例足以说明，西方国家的一些学者对于本国社交媒体的自恋过了头，形成了对于中国社交媒体的偏见。

2. 公众表达的自由与管控

JieXie 的论文《中国留学生在社交媒体上的自我表现与性别——以新浪微博为例》（*Self-presentation and gender of Chinese overseas students on social media：a case study of Sina Weibo*）认为，在永不落幕的社交平台上，代表着数字文化成为可能，似乎普通人真的可以为自己说

---

① 纪双城：《英国将严惩"不负责"社交媒体 管控极端思想传播》，《环球时报》2017 年 5 月 2 日。

② Boynton, R. G. & Bates, A., The Reach of Politics via Twitter—Can That Be Real? *Journal of Political Science*，2013，3（3）：91 – 97.

话。论文进一步指出，在线身份和自我表现比真实世界的真实身份更容易和多变。随着全球社交网站（如 Facebook、Twitter 和新浪微博）的发展和普及，今天普通人的自我表达已经在世界各地成为常态。而针对中国社交媒体的情况，该文却认为，"由于中国的国家大众传媒制度，中国媒体一直被指责为普通百姓留下很少的信息透明空间，共产党国家制度仍然严格控制新闻界"。然而，互联网的出现，中国媒体的公众沉默被极大地打破了。"中国社交媒体网站取得的巨大成功，是中国普通中国人自我表达的最好例子"①。西方学者的这些观点其实是反映了西方宣扬"言论自由"，否定中国传媒制度的一贯立场。

Jonathan Sullivan 的论文《中国微博：更快不一样?》（*China's Weibo：Is faster different?*）与英美学界中认为微博比 Twitter 功能更全的观点不同，他指出，新浪微博实际上克隆了 Twitter，当然，新浪微博也增加了一些功能，如消息线程和对其他用户的帖子进行直接评论的能力。中国的微博结合了 BBS 和博客的元素，这些元素在中国都非常受欢迎。② MacKinnon R 的论文《更平坦的世界和更厚的墙？中国的博客、审查制度和公民话语》（*Flatter world and thicker walls？Blogs，censorship and civic discourse in China*）③ 认为，信息控制在中国变得更加困难，随着互联网的普及和公民知情权的普及④，特别是经济快速增长的社会后果，与人们观察经济差异、特权和腐

① Xie, J. , *Self-presentation and gender of chinese overseas students on social media：a case study of sina weibo*, Mediakasvatus, 2014.

② Sullivan, J. , China's Weibo：Is faster different? *New Media & Society*, 2014, 16 (1)：24 – 37.

③ MacKinnon, R. , Flatter world and thicker walls? Blogs, censorship and civic discourse in China, *Public Choice*, 2008, 134：31 – 46.

④ Chan E. & Bi C. G. , The internet and state media：The 4. 5 estate, *China Elections and Governance Review*, 2009, 3：1 – 15.

败的蔓延以及工业化带来的与外部世界产生的共鸣等，①这些都使得国家的信息秩序受到了挑战。

Jonathan Sullivan 强调，在网上宣传个人观点并不能保障个人的权利和自由：网民可能因为在网上发表的言论而被逮捕。Jonathan Sullivan 说网民们可能因为他们在网上说的话而被捕，却没有说清楚网上传播什么内容而被捕。实际上，即便在西方，也不可以在网上信口雌黄。Jonathan Sullivan 不过是借此宣传西方的言论自由，这样泛论的"言论自由"是偏颇的、虚伪的和不成熟的。

Ni Zhang 等的《健康共享：研究中国青少年使用社交网站分享健康信息的经验和展望》（*Sharing for Health：A Study of Chinese Adolescents' Experiences and Perspectives on Using Social Network Sites to Share Health Information*）一文，批判了中国对于社交媒体监督功能的管制，认为网民可能会继续使用微博传播本地低级别渎职事件，中央政府可能许可，有时可能会进行干预。②作者还认为，与美国社交网站相比，中国的社交网站被用于各种不同的目的。在中国博客社交网站"微博"上，相当大比例的帖子是对已有消息的转贴，而美国微博网站 Twitter 上则有更多的关于当前全球活动和新闻的报道。以上论文还指出，中国学生使用各种各样的社交网站。除了美国知名的社交网站，一些中国青少年，特别是刚刚移民美国的青少年，仍然使用 QQ、微信、新浪微博、百度贴吧等中国社交网站。③

实际上，"挑战国家信息秩序"的不仅是中国社交媒体，西方社交媒体同样存在类似的情况，这正是媒介技术变革带来的全球共同

---

① Sullivan, J. , China's Weibo: Is faster different? *New Media & Society*, 2014, 16 (1): 24 – 37.

② Sullivan, J. , China's Weibo: Is faster different? *New Media & Nociety*, 2014, 16 (1): 24 – 37.

③ Zhang, N. , Teti, M. , Stanfield, K. & Campo, S. , Sharing for Health: A Study of Chinese Adolescents' Experiences and Perspectives on Using Social Network Sites to Share Health Information, *Journal of Transcultural Nursing*, 2017, 28 (4): 423 – 429.

面临的新的治理问题。而且，对社交媒体的内容传播依法进行管理也是无论中西方国家都应该履行的职责。然而，英美一些研究却专门借此批判中国，显然别有用心，或者是囿于西方话语的狭隘和偏见。

二　社会交往功能的对比

1. 隐私保护的标准不一

英美学者较早关注到了社交媒体上的隐私保护问题，相关研究认为 "Facebook 比人人网、YouTube 和微信更安全"。Yuan Ding 在其论文《社交网络的测量和分析》（*Measurement and analysis of online social networks*）中剖析了 Facebook、人人网、微信、YouTube 的信息安全问题，认为 Facebook 做得最好，因为 Facebook 采取预防措施，防止第三方对青少年用户信息的泄漏。防范措施包括防范销售资料给数据代理机构，或者防范对学生进行钓鱼式攻击，给犯罪人员提供犯罪所需个人信息，如跟踪、绑架和性侵犯等。并且认为微信的防范功能较差，例如微信可用于 iPhone 和 Android 的消息的应用程序，提供一个 "附近的人" 位置社交服务（LBSD），当你使用这一服务时，微信会读取应用程序设备的当前地理位置并返回附近的微信用户列表，使设备所有者发现附近的其他使用者（陌生人）并可以向他们发送信息。此外，应用可以通过访问权限拥有用户的个人信息，这使得这些应用软件形成隐私泄露的另一条途径。通过分析 Facebook 和人人网中的第三方社交网站应用，作者发现这些应用与数百个不同的第四方追踪实体互动。更令人担忧的是，22% 的 Facebook 应用和 69% 的人人网应用向一个或多个第四方跟踪实体提供用户个人信息。[1] 从这个研究中对 Facebook 和人人网的数据统计可见，Facebook 较之于人人网向第四方提供用户信息的情况要少很多，事

---

① Ding, Y., *Measurement and analysis of online social networks*（2015），（Doctoral Dissertation），New York university.

实是否如此呢？答案是否定的。备受关注的 2018 年 Facebook 用户信息泄露事件说明西方学者这个研究数据的真实性、准确性值得怀疑。

　　王志强也关注社交网络中的隐私保护问题，他的《社交网络中隐私保护研究》一文认为，随着社交媒体的快速发展，隐私泄露、垃圾信息和用户身份假冒等诸多问题不断出现，这给用户隐私和应用安全带来了极大威胁。[①] 杨学成论文《社交 2.0：回归私密》认为，微博、Facebook、人人网等在突破了即时通信、电邮等私密沟通的限制，变身为开放社交并逐渐走向成熟之后，人们的社交需求仿佛又回到了原点。微信朋友圈、Path 及类 Path 应用、Pair、Next-door、Line、KaKaostory 等新兴社交网络的崛起重新将人们带回到了私密社交的数字世界。[②] 姜文广《面向第三方平台的个性化隐私保护研究》提出了第三方服务平台个性化隐私保护模型。许可用户根据隐私偏好定义隐私策略，设定整合系统状态的数据项访问约束，实时管理所属资源和私人信息，并能动态更新策略。同时提出了支持用户隐私偏好的访问控制方法，将用户定义的隐私策略与用户数据和系统状态绑定，通过设置用户访问信息和服务资源的权限，限定隐私数据的访问范围，有效实施环境感知的访问控制。[③] 从上面论述可见，中国学者对此的研究已不仅局限于探讨问题，而是积极探索解决问题的措施，相比较英美学界其对中国社交媒体隐私问题的研究则更为深入和全面。

　　Westin, A. F. 在《隐私的社会和政治层面》（*Social and political dimensions of privacy*）中认为，对新浪微博隐私权的讨论显示出对国家监管和商业利益的侵犯越来越敏感[④]，Elaine J. Yuan 等在《中国

---

　　① 王志强：《社交网络中隐私保护研究》，西安电子科技大学 2013 年版。

　　② 杨学成：《社交 2.0：回归私密》，《中国传媒科技》2013 年第 3 期。

　　③ 姜文广：《面向第三方平台的个性化隐私保护研究》，硕士学位论文，山东大学，2013 年。

　　④ Westin, A. F., Social and political dimensions of privacy, *Journal of Social Issues*, 2003, 59: 431 - 453.

社交媒体语义网络中的"隐私"：以新浪微博为例》（"*Privacy*" *in Semantic Networks on Chinese Social Media*：*The Case of Sina Weibo*）一文中指出隐私的概念也被视为与责任公民的行使有关。然而，对个人国家关系中的隐私权的讨论，需要置身于中国悠久的政治传统之中。在这种传统中，国家被赋予了道德和绝对的权威，而个人则依赖于国家的保护和福祉[①]。

从英美学界对隐私问题的一般研究来看，主要围绕以下三个主题开展："隐私悖论"的概念界定；"隐私悖论"的成因分析；网络用户应对"隐私悖论"困境的策略。并且认为，网络时代"个人信息不得非法公开"的被动隐私含义难以成立，信息公开与否已经不能成为判断隐私的标准。对信息的主动控制，尤其是控制谁能看到自我披露的信息已经成为隐私含义的核心，用户对已经披露公开的信息依然具有合理的隐私期待。[②] 这些研究观点对于社交媒体的隐私保护都具有重要的启发意义，但遗憾的是，这些前沿观点还没有在他们对中国社交媒体的相关研究中得以体现。

2. 自我塑造的方法各异

英美学者认为，中国人的自尊不仅仅是一种自我呈现形式，而且还表现了他们的"理想自我"。这一发现支持了一些针对中国消费者的市场研究。Jenny Weichen Ma 等的论文《理想自我的窗口：英国 Twitter 和中国新浪微博自拍者研究及其对营销者的影响》（*A window to the ideal self*：*A study of UK Twitter and Chinese SinaWeibo selfie-takers and the implications for marketers*）认为，中国消费者使用不同的产品来反映他们的理想自我，并显示他们的生活水平有所提高。年轻的中国消费者积极地在他们的博客上发布消费活动（例如逛商场

---

① Yuan, J. E., Feng, M. & Danowski, A. J., "Privacy" in Semantic Networks on Chinese Social Media：The Case of Sina Weibo, *Journal of Communication*, 2013, 63：1011 – 1031.

② 李兵、展江：《英语学界社交媒体"隐私悖论"研究》，《新闻与传播研究》2017 年第 2 期。

或外出就餐）。这些活动与"扩展自我"概念和获得物质项目相关联。互联网通过张贴理想自我的图像提供了一种自我延伸的新的手段。基于这一概念，中国消费者更喜欢选择自己的在线"虚拟形象"，这是自我的数字表征。例如，中国的自拍倾向于使用 Photo-shop 等图片编辑工具。中国智能手机华为通过强调预装图片编辑应用来推广自己的智能手机。"理想自我"的呈现也与中国人的超支、奢侈消费等行为相对应。更重要的是，这项研究为营销人员和搜索者提供了证据，他们认为自拍作为一种自我表现形式，值得在文化背景下进行进一步的研究。例如，在中国，商家可能无法获得关于自拍地点的信息。事实上，这种"超支、奢侈消费等行为"包括美国的其他国家都存在，该论文批判中国消费者的这种不理性的消费的目的是一箭双雕，既要进行居高临下的道德指责，又要为追求商业价值的最大化献计献策，这种研究采用的是典型的双重标准，该研究一方面批判中国人社交媒体展示"超支消费"，另一方面却感慨中国社交媒体用户自拍却"无法获得关于中国自拍地点的很多信息"，没有满足英美国家的商业需求，可见其明显的为商业营销服务的意图。

Jenny Weichen Ma 等还认为中国消费者展现了一种更为明显的理想自我。然而，这一发现并不意味着英国消费者不努力展现理想自我。英国消费者可能在较小程度上展现理想自我。从 dêtre 网站上的自拍来看，英国消费者似乎更热衷于用微妙、不显眼和低调的行为来满足同样的自我展现的欲望。这些观察延伸了先前对不显眼品牌消费的研究，描述了消费者对低调炫耀的偏好。因此，营销人员面临的挑战是如何理解自拍中的关键元素，并正确解读它们，然后才能将自拍作为丰富的数据来源，揭示消费者价值观和行为的微妙变化。如果说这些分析主要是从文化差异的角度进行的探索，Jenny Weichen Ma 后面的探索则主要是以商业价值为研究目标的：对于营销人员来说，挑战在于开发一种自我认识的关键元素，以及如何从自拍功能中找到丰富的数据源来解开消费者价值观和行为的细微变化，从而给以正确解释。① 这一研究的指向非常明确，即社交媒体自拍中蕴含的商业价值的运用。

3. 健康传播的接受方式不同

英美学界的相关研究认为，在社交媒体上，与美国的青少年相比，有中国背景的青少年（在美国生活的青少年）更喜欢有趣味性的信息来接受健康传播。Ni Zhang 等的论文《健康共享：中国青少年利用社交网站共享健康信息的经验与展望》（*Sharing for Health：A Study of Chinese Adolescents' Experiences and Perspectives on Using Social Network Sites to Share Health Information*）提出，青少年更有可能处理有趣的健康信息。一些参与者提到他们只会关注有趣的健康信息。而且，他们更有可能转发社交网站上有趣的消息。这符合 Facebook 的参与团体的四项主要需求，其中包括社交、娱乐、寻求自我地位和获取信息。提供或接收有趣的健康信息可以满足社交网站用户的娱乐需求。②

4. 社会资本的获取有别

英美学界相关研究认为，只有使用母国社交媒体才与维持母国的社会资本有关。得克萨斯大学奥斯汀分校（University of Texas at Austin）Xiaoqian Li 和 Wenhong Chen 的论文《Facebook 还是人人网？美国中国留学生社交网站使用与社会资本的比较研究》（*Facebook or Renren？A comparative study of social networking site use and social capital among Chinese international students in the United States*）中提到，从人类行为中的计算机研究发现，东道国和母国社交媒体对中国留学生社会资本有影响。他们对一所大型公立大学（210 名）的中国留学生的调查显示，脸谱网和人人网的使用与社会资本的桥接性呈正相关，而不是与社会资本有关。社交资本的积累与人人网使用和脸谱

---

① Ma, W. J., Yang, Y. & Wilson, A. J. J., A window to the ideal self：A study of UK Twitter and Chinese SinaWeibo selfie-takers and the implications for marketers, *Journal of Business Research*, 2017, 74：139 – 142.

② Xie, J., *Self-presentation and gender of chinese overseas students on social media：a case study of sina weibo*, Mediakasvatus, 2014.

网程正相关。然而，只有人人网的使用与维持母国社会资本具有显著和积极的关系。这些结果对国际学生通过不同的社交媒体平台开发不同类型的社会资本具有实际意义。他们的研究结果表明，在美国，东道国和母国社交网络的使用，特别是东道国社交网络的使用，与过渡性社会资本密切相关，而与黏合性社会资本无关，只有母国社交媒体的使用与维持母国社会资本有关。①

关于社会资本获取的研究，国内学者周懿瑾、魏佳纯认为，互联网使用对社会资本影响方式主要有三种观点：（1）互联网转化社会资本，互联网的存在扩展了我们的交流方式，降低了交流门槛，使人们能够脱离空间限制转而寻找相同兴趣的关系纽带；（2）互联网削弱社会资本，在网络上消耗的时间长意味着现实生活中与亲人好友的交流减少，从而导致孤独感的加强；（3）互联网补充社会资本，网络融入生活中，是人们在现实世界互动交流的延续空间，网络使用补充了社会资本，而没有转移或削弱社会资本。② 英美学者 Williams 在《线上和线下：网络时代的社会资本规模》（*On and Off the Net：Scale for Social Capital in an Online Era*）中则认为，互联网的使用虽削弱了线下的社会资本，但对线上资本可能存在正面影响。③ 这些观点对于社交媒体同样适用，社交媒体的使用一定程度上可以拓展社会资本占有空间，弥补现实世界社会资本占有不足的局限性。因而，英美学界相关的研究对这一问题的认识深化有一定的启示意义。

---

① Li, X. & Chen, W. , Facebook or Renren? A comparative study of social networking site use and social capital among Chinese international students in the United States, *Computers in Human Behavior*, 2014, 35：116 – 123.

② 周懿瑾、魏佳纯：《"点赞"还是"评论"？社交媒体使用行为对个人社会资本的影响——基于微信朋友圈使用行为的探索性研究》，《新闻大学》2016 年第 1 期总第 135 期。

③ Williams, D. , On and Off the Net：Scale for Social Capital in an Online Era, *Journal of Computer-Mediated Communication*, 2016, 11：593 – 628.

三　文化交流适应功能的对比

1. 中美用户分享评论的差异

Qiu Lin 等的论文《美国（Facebook）和中国（人人网）社交网站之间的群体内共享行为的文化差异和文化转变》［Cultural Differences and Switching of In-Group Sharing Behavior Between an American (Facebook) and a Chinese (Renren) Social Networking Site］认为，人人网文化比 Facebook 更具有集体主义特征。研究者对比人人网和 Facebook 的文化分享及转换使用行为，结果显示，尽管人人网和 Facebook 是两个技术上相类似的平台，但是，人人网文化比 Facebook 更具有集体主义特征。此外，两个平台共同的使用者可以根据他们所处的在线社区灵活转换和适应他们的分享行为：他们在人人社区里比在 Facebook 社区里的分享行为显得更加友善。①

Gillian Bolsover 的论文《和谐的社群主义还是理性的公共领域：微博与 Facebook 新闻评论差异的内容分析》（Harmonious communitarianism or a rational public sphere：a content analysis of the differences between comments on news stories on Weibo and Facebook）指出：中国人比西方人更加含蓄地表达自己。然而，当比较中国大陆的微博和美国的 Facebook 上的新闻报道评论时，这个观点似乎并不成立。造成这种差异的原因有很多：可能是经过多年的"开放"后，中国人丢掉了传统的含蓄；也可能是微博用户的特征；或者还可能是传统的含蓄的消失与微博上的社会等级被打破相关联，在微博上，评论者知道与他们交流的人的线下身份，或者当面见到这些人的可能性非常小。

该论文还提出，微博和 Facebook 的评论差异从观点或原因的

---

① Lin, Q. , Lin, H. & Leung, K. Y. , Cultural Differences and Switching of In-Group Sharing Behavior Between an American (Facebook) and a Chinese (Renren) Social Networking Site, *Journal of Cross-Cultural Psychology*, 2013, 44 (1)：106 – 121.

表达方式上还是使用传统的二分法来研究，其中包括：代词的使用、主观证据的使用和仪式性理由的使用。然而，在人际沟通和群体动态方面，微博用户的评论并不比 Facebook 上的更含蓄或更和谐，使用宣教语言的可能性也不低。这一发现实际上对运用传统理论去比较分析或解释中国互联网上的政治言论的适用性提出了怀疑。①

2. 中美社交媒体对中国留学生文化适应的区别

中国社交媒体（如人人网、微博）在英语世界的使用率和使用人数较少，使用者也多局限在华人和留学生中。Lanming Chen 和 Lisa K. Hanasono 的论文《文化适应对中国留学生使用 Facebook 和人人网的影响》（*The Effect of Acculturation on Chinese International Students' Usage of Facebook and Renren*），调查了中国留学生对 Facebook、人人网的使用及对其文化适应的影响。调查结果显示：适应美国文化的程度与 Facebook 使用呈正相关，中国文化的维护程度与人人网使用呈正相关。②《中国学生开始在美国学习的社交媒体的使用和适应》（*Social media use and adaptation among Chinese students beginning to study in the United States*）一文以美国东北大学（Northeastern University）的中国留学生的社交媒体使用与适应为案例进行调研后发现，在国外留学准备期间，更多使用社交媒体的学生比那些很少或根本没有使用社交网站的学生有更大、更多样化的社交网络，与此同时，拥有更多样化社交网络的学生在东道国文化中的社会适应和学术适应程度也明显更高。研究建议大学和辅导员在中国学生出国留学准备期间对他们进行社交网络使用培训，以提高他们在国外的社会和

① Bolsover, G., Harmonious communitarianism or a rational public sphere: a content analysis of the differences between comments on news stories on Weibo and Facebook, *Asian Journal of Communication*, 2017, 27（2）: 115 – 133. DOI: 10.1080/01292986, 2016, 1214743.

② Chen, L. & Hanasono, L. K., The Effect of Acculturation on Chinese International Students' Usage of Facebook and Renren, *China Media Research*, 2016, 12（1）: 46 – 59.

学术适应能力。①

英美学界中也不乏对旅居者的文化适应进行的研究。Eric Forbush，Brooke Foucault-Welles 在《在美国留学的中国学生对社交媒体的使用与适应》（*Social media use and adaptation among Chinese students beginning to study in the United States*）中指出，旅居者的社交网络包括朋友、同事和其他旅居者。"强关系"更亲密，涉及更多的自我揭露和各种形式的资源交换。然而，"弱关系"只需要较少的维护，涉及的交流更少，而且没有更紧密关系带来的压力和动力。在关于旅居者的社交网络文献中显示，大型社交网络与心理健康和幸福感呈正相关关系。这是因为大型社交网络为旅居者提供了多种支持途径，并有助于减少海外生活的不确定性和模糊性。广泛的人脉也意味着旅居者能够很好地适应新的环境。②

相比较而言，中国学者的研究更进一步认识到这个问题，付晓燕的《网络空间的"文化休克"与文化认同：基于中国留学生社交媒体使用的生命故事》认为，"作为离散者的中国留学生早年在中国大陆的社交媒体使用经验与海外互联网文化形成新的'数字文化冲突'，这加剧了'文化休克'现象，为离散者的社会融入带来新的挑战"。③ 社交媒体对于文化认同的意义需要辩证地看待，"某种意义上，新传播科技强化了不同族群的文化认同，加大了文化之间的差异"。即社交媒体促进族群内部的文化认同，却可能增加族群之间的文化差异。正因为如此，中国学者认为，"虚拟空间的这种文化冲突，也一定程度上印证了阿兰·鲁格曼对'全球化的终结'的悲观

---

① Forbush, E. & Foucault-Welles, B., Social media use and adaptation among Chinese students beginning to study in the United States, *International Journal of Intercultural Relations*, 2016, 50: 1 - 20.

② Forbush, E. & Foucault-Welles, B., Social media use and adaptation among Chinese students beginning to study in the United States, *International Journal of Intercultural Relations*, 2016, 50: 1 - 20.

③ 付晓燕：《网络空间的"文化休克"与文化认同：基于中国留学生社交媒体使用的生命故事》，《国际新闻界》2018 年第 40 卷第 3 期。

预言：人们所谓的全球化，不过是由最为强大的三极集团，即美国、欧盟、日本三个经济巨人主导下的超级跨国公司的全球化经营，而非人们所想象的无限制扩展的经济全球化，虽然存在着一些推动全球化的经济力量，但是更存在着极强的文化和政治壁垒"。①

国内学者认为"离散群体"（diaspora）的特征包括：（1）族群意识以及对过去的集体记忆；（2）活跃的社群生活；（3）与起源地（祖国）不同形式的联系，无论现实或想象；（4）与分布在世界各地的其他同源族群保持联系。② 并由此探索社交媒体在旅居者这一"离散群体"的运用与文化适应功能。

国内学者还从跨文化传播与文化适应角度进一步探讨中美社交媒体的差异性特征："旅居者在中国社交媒体上的从众、自我确认、减压等个体心理需求动机的均值都显著高于美国社交媒体，说明旅居者更习惯于从熟悉的社交媒体语境中满足精神心理需求。这个结果也反映了中国人对关系的依赖：个体同许多重要他人相依赖，构成难分彼此的网络。"③ 相关研究对于美国社交媒体的文化特征认知也比较有深度。"美国社交媒体混杂的跨文化语境，高流动性、短时性的人际关系网络，却可能与旅居者固有的文化框架产生冲突，不同程度影响他们的情境界定行为，其呈现的动机、对角色与规则的认识、自我形象塑造等都受到不确定因素的影响而处于某种混淆状态中。"中国研究者通过质化与量化研究相结合的方法发现，在跨文化语境下，维系国内关系与"从众"分别是旅居者在中美两国社交媒体上呈现自我的首要动机。在关系动机层面，维持国内关系比发展与美国人的关系动机更加强烈；这说明虽然身处美国，但旅居者的认知与行为模式仍然以中国文化中的关系属性为基础——他们通

① 付晓燕：《网络空间的"文化休克"与文化认同：基于中国留学生社交媒体使用的生命故事》，《国际新闻界》2018年第40卷第3期。

② 段颖：《diaspora（离散）：概念演变与理论解析》，《民族研玖》2013年第2期。

③ 翟学伟：《本土的人际传播研究：关系的视角与理论方向》，《新闻与传播研究》2008年第15卷第3期。

过在线呈现，与亲人、朋友、同事互动，认可并且不同程度地依赖于这种线上关系，并从中获取归属感、认同感。

关于社交媒体对文化维护和文化适应的功能差异问题，英美学界的比较研究不多，反倒是中国学者的相关比较更为深入："旅居者在中国社交媒体上的呈现行为更主动，在美国社交媒体上则显得被动。……中国社交媒体情境与他们在国内形成的固有文化框架大致符合，有助于他们更主动地进行自我呈现；相反，美国社交媒体异质化的、复杂的文化情境为旅居者的情境定义行为带来了一定的挑战。"[1] 类似的比较研究结合中美文化的深层次差异性，探讨中美社交媒体的文化适应特征，更具有理论深度。

Shu-Chuan Chu 和 Sejung Marina Choi 在《社会资本和社交网站上的自我表现：对中美年轻一代的比较研究》（*Social capital and self-presentation on social networking sites：a comparative study of Chinese and American young generations*）中对中美年轻一代的社交媒体使用者进行了如下的比较：首先，通过获得的关于两国社交媒体使用情况的描述性信息说明，美国年轻一代似乎比他们的中国同龄人拥有更广泛的网络，通过社交网站建立了大量的弱联系。该论文认为，这两个国家的社交媒体用户在其网络中的弱联系比例都大于强联系，因此，研究认为社交媒体更适合桥接社会资本，从本质上促进了社交网络的延伸和信息交流的流动，这对弱社会关系的形成至关重要，从而促进了桥接社会资本的衔接。在这篇论文中，提到另一个有趣的发现是：中国用户花在社交媒体上的时间（每天 4 小时）比美国用户（每天 1.5 小时）要多。论文分析造成这一不同的原因在于中国社会的特点是信奉儒学，即推崇集体主义，推崇社会规范而非个人利益，年轻的中国社交媒体用户在浓厚的集体主义规范下，可能会通过这种社会渠道建立紧密的关系，从而通过加入群体来获得归

---

[1]　杨恬、蒋晓丽：《在美中国旅居者在社交媒体上的自我呈现动机研究》，《国际新闻界》2018 年第 40 卷第 3 期。

属感。从这个角度来看，随着中国独生子女家庭的兴起，中国年青一代可能比美国用户更加积极主动，更专注于寻找朋友，并在网上与他们互动。[①]

其次，该论文认为美国社交网络用户的联结社会资本水平高于中国社交网络用户，而两国社交网络用户的联结社会资本水平没有显著差异。虽然不能论证普遍社会资本取决于主流文化取向（在个人主义文化和集体主义文化中建立联系）的假设，但结果表明，两国年青一代都在努力形成和维护强联系或弱联系。尽管在集体主义文化中，个人在面对面的社交环境中往往比较害羞和被动，但中国年轻人可能会发现，在网上结交新朋友的风险较低，这提高了桥接社交资本。由于中国对隐私的关注程度相对较低，中国用户可以通过社交媒体主动与陌生人建立网络，并结识新的联系人，从而体验到更多的桥接社会资本。另外，美国大学生更有动力使用社交媒体与老朋友重新建立联系，并密切关注他们之间的亲密关系。大学生活是人生的一次重要转变，美国大学生可以通过继续巩固已经存在的亲密关系来寻求广泛的支持。

再次，该论文认为，社交媒体为中国用户提供了一个独特的社交场所，因此，用户可以发布个人资料并管理自己的公共身份。社交媒体为用户创造的内容提供了一个新的平台，并成为当代中国重要的自我表现工具。在目前的研究中，中国和美国的社交媒体用户都认为能力、恳求和迎合是三种主要策略。一般认为，中国用户比美国用户更频繁地使用恳求策略。然而，该论文则提出中国用户也在更大程度上使用能力策略，而美国用户则表现出更大的迎合风格。这些发现可以用社会资本的结果来解释。由于中国年轻一代热衷于通过社交媒体与陌生人建立关系，所以他们更倾向于依靠自我提升

[①] Chu, S. C. & Choi, S. M., Social capital and self-presentation on social networking sites: a comparative study of Chinese and American young generations, *Chinese Journal of Communication*, 2010, 3 (4): 402 - 420.

策略，以及对自己有利的主张。相反，美国大学生社交网络用户倾向于延续现有关系，对他们的能力表现得很谦虚，并在自我展示中表现出幽默。该论文通过对中美年轻用户的比较，提出如下的观点：社交媒体是年轻用户自我表现的一个重要平台，但是他们所采用的策略在很多方面是各不相同的，这常常取决于当地的文化和社会环境的。而以往简单而传统的文化分类可能并不适用于年青一代利用在线渠道进行自我展示和社会交流。近年来，随着西方文化和全球化对中国青年的影响，竞争、成就、积极等个人主义价值观在当代中国社会得到了广泛的认同和赞赏。在快速发展的社交媒体中，个人主义和集体主义的文化价值观都有可能影响社会关系和自我表现。此外，精通技术的年轻人可能会根据交流渠道、语境和受众来调整自己的行为和期望，并有可能在在线社交环境和线下社交环境中表现出不同的方向和交流方式。①

　　虽然 Shu-Chuan Chu 等的研究对中国年轻的社交媒体用户持乐观和较为肯定的评价，但也有研究持相反的观点。美国密歇根州立大学的 Linda A. Jackson 等发表了《社交网站使用中的文化差异：中国与美国的比较研究》（*Cultural differences in social networking site：A comparative study of China and the United States*），这项研究比较了社交网站在中国的集体主义文化中的使用和在美国的个人主义文化中的使用差异。研究认为，在集体主义文化中，家庭、朋友和团体的重要性可能是中国参加者较少使用社交媒体的部分原因，而在个人主义文化中，自我的重要性以及拥有更多但不那么亲密和持久的友谊可能是美国参与者更多使用社交网络的部分原因。个人特征在两种文化中都能预测社交网络的使用，但在个人主义文化中比集体主义文化中更能预测社交网络的使用。

---

① Chu, S. C. & Choi, S. M., Social capital and self-presentation on social networking sites: a comparative study of Chinese and American young generations, *Chinese Journal of Communication*, 2010, 3 (4): 402 – 420.

最后，这些表明，这种简单的文化分类可能不适用于年青一代使用网络渠道进行自我展示和社会交流。随着近年来西方文化和全球化对中国青年的影响，关于竞争、成就、积极等个人主义价值观可能会在当代中国社会得到认可和欣赏（Cheng & Schweitzer，1996）①。个人主义和集体主义的文化价值观都可能影响快速发展的社交媒体中的社会关系和自我呈现。此外，精通技术的年轻人可能会根据沟通渠道、语境和受众的不同而调整自己的行为和预期，并可能在在线社交环境和线下社交环境中表现出不同的方向和交流方式。②

英美学界对于文化差异带来的中美社交媒体用户的使用差异比较研究总体不多，但在一定意义上证实了不同文化背景在社交媒体使用方面的影响所在、差异所在。

本节从政治、社会和文化三个方面探讨了英美学界对中美社交媒体传播功能的对比研究。尽管这些研究往往是以美国社交媒体为标杆，考察中国社交媒体与美国社交媒体的异同表征，或从美国人（也包括英国人）为主题，分析华人、华裔与地道美国人使用社交媒体的差别，但此类研究仍旧体现出较为积极的现实意义，能够帮助人们从不同的角度了解中美社交媒体的功能特点。与此同时，中美社会背景的差异在此类研究中亦有所反映，如中美传统文化价值观的差异，在某些学者看来是影响中美社交媒体功能的不同表现的重要变量。③

---

① Cheng, H. & Schwcitzer, J., Cultural values reflected in Chinese and U. S. television commercials, *Journal of Advertising Research*, 1970, 36: 27 –45.

② Jackson, L. A. & Wang, J. L., Cultural differences in social networking site use: A comparative study of China and the United States, *Computers in Human Behavior*, 2013, 29 (3): 910 –921.

③ Li, X. & Chen, W., Facebook or Renren? A comparative study of social networking site use and social capital among Chinese international students in the United States, *Computers in Human Behavior*, 2014, 35 (2): 116 –123.

第三节　英美学界中美社交媒体对比研究的反思

英美学界对中美社交媒体的对比研究，分别针对中国与美国较有影响力的社交媒体和特定人群，从不同的视角，以不同的研究方法展开探索。前文已经有较为详细地阐释，在此不再赘述。以下主要从几个方面讨论目前研究存在的问题与局限。

一　比较研究的不对称与目的的功利性

后殖民主义研究学者斯图亚特·霍尔提出"他者"理论，认为西方人将"自我"以外的非西方的世界视为"他者"。其中有西方学者的主体研究，也有中国及其他国家研究者进入西方主体的研究逻辑与立场，他们都按照西方国家的研究话语体系进行研究，中美社交媒体对比研究也不例外。

首先，学术研究本应立场中立，理性分析，实事求是。但是，事实上任何研究都不可避免或多或少地存在某种主观、先入的价值立场，英美学界在对比中美社交媒体时对中国社交媒体舆论管控的质疑就充分说明了这点。正如前面已经提到，Jie Xie 的论文《中国留学生在社交媒体上的自我表现与性别——以新浪微博为例》（*Self-presentation and gender of chinese overseas students on social media：a case study of Sina Weibo*）认为，新浪微博不像 Twitter 和其他外国社交媒体，新浪微博从内部和外部都接受审查制度。新浪微博的管理制定了严格的敏感词汇规则，自动过滤用户讨论敏感的政治话题。同时，新浪微博及其用户都受到中国政府的严格监督。它受中国的大众媒体系统批判，几乎没有自由，并且只代表政府而不是公众。人们自由表现的机会有限，而公众在传统大众媒体上的代表性不足。甚至有研究认为，由于 Facebook、Twitter 和 YouTube 等国际社交网站被中国政府屏蔽，他们无法进入这个世界上最大的人口群体，新浪微博是在 2009 年 7 月在政府对 Twitter、Facebook 和 Plurk 等非中国微博服务进行压制后不久推出的。

针对社交媒体用户中的特殊性别取向人群研究同样存在偏见。有关研究认为，中国在某种程度上对同性恋团体仍然存在较大争议，从政府到公众对非异性恋团体的开放性有限。对于同性恋者来说，微博在现实社会中以"不受欢迎"的性别取向为自我介绍的开放领域。然而，社交媒体反映的世界并不是现实世界。属于边缘性别群体的用户受到现实社会规范和传统的遏制和威胁。他们似乎更加在意观众。另外，中国年青一代对这个特殊群体的态度比父母更加开放。因此，当观众是年轻人时，同性恋者在社交媒体上享受更多的自由和坦诚。[①] 再如，Wu D 在《社交媒体潜在民主化效应的中国经验分析》（*An Analysis of the Potential Democratizing Effects of Social Media：A Chinese Experience*）认为，中国政府的媒体限制始终是国际批评的焦点，而中国社交媒体的兴起，特别是公民新闻的崛起具有民主化潜力。但是，中国社交媒体，特别是公民新闻的民主化潜力需要在中国独特的背景下展开。文章认为中国当前的社会经济现实和意识形态转变，使中国成为一个更为自由的社会。但是，中国社会的集体意识在基层和权威层面依然强大。中国政府过度干涉可能会削弱中国社交媒体作为转型工具的民主化潜力，最终导致中国经济增长和发展的逆转。[②] 这些看法充分反映了英美学者的思维惯性和学术偏见。

二　使用案例的双重标准与结论的片面性

Yuan Ding 剖析 Facebook、人人网、微信、YouTube 的信息安全问题，在《在线社交网络的测量与分析》（*Measurement and analysis*

---

① Xie，J.，*Self-presentation and gender of chinese overseas students on social media：a case study of sina weibo*，Mediakasvatus，2014.

② Wu，D.，*An Analysis of the Potential Democratizing Effects of Social Media：A Chinese Experience*，Duke Univeristy Graduate Liberal Studies，2015.

of online social networks）一文中认为，美国的社交媒体比中国的社交媒体更保护青少年的隐私，因为 Facebook 采取预防措施，防止第三方其青少年用户信息（的泄漏）。认为 Facebook 的隐私保护比人人网、YouTube 和微信更安全。[①] 但是，2018 年 Facebook 用户信息泄露事件用事实说明了这一研究的刻意回避，其针对中国社交媒体隐私保护的批判存在着明显的片面性。

英美学界还不乏批判中国企业"网络水军"利用社交媒体参与品牌建构的研究。Yu Louis Lei 和 Huberman Bernardo A. 的论文《中国社交媒体的趋势动态与关注》（*Trend Dynamics and Attention in Chinese Social Media*）认为，较之于美国社交媒体，新浪微博是由于一小部分欺骗性账户（fraudulent accounts）不断转发、人为建立的社会影响力。认为是"网络水军"（Internet Water Army）参与企业营销，中国企业公共部门独特的促销方法在社交媒体上影响信息的大众化传播。[②] 中国与美国的社交媒体发展环境不同、其传播特征各异是客观存在的事实，但是如果只指责中国"欺骗性账户"的现象而对美国存在的类似现象不闻不问、闭口不谈，这就是典型的用两把尺子来衡量同一现象的做法，这必然会导致学术研究的失准。

比如，分析社交媒体积极功能的时候主要选择英美的社交媒体。Hong Huang 等的研究《了解高校图书馆微博用户馆员互动类型：Twitter 与微博比较研究》（*Understanding User-Librarian Interaction Types in Academic Library Microblogging：A Comparison Study in Twitter and Weibo*）对来自 20 个大学图书馆微博（中文 Twitter）网站和 20 个英语国家图书馆 Twitter 站点的 1600 个微博帖子进行了分析。结果表明，目前，英语国家的学术图书馆员使用与图书馆相关的帖子信息（新闻

① Yuan, D., *Measurement and analysis of online social networks* 2015, New York university.

② Yu, L. L. & Huberman, B. A., Trend Dynamics and Attention in Chinese Social Media, *American Behavioral Scientist*, 2015, 59（9）：1142 – 1156.

和事件），并对信息/研究查询做出回应。中国的高校图书馆员可能会利用微博与用户进行交流，并传播图书馆新闻。这一研究对比认为，中外图书馆工作人员都通过社交媒体为使用者提供了更好的服务，只是，提供服务的角度效度则不同。研究最后得出的结论是Facebook和Twitter及其他的社交网站为图书馆提供了让更多的用户关注到它的机会，这种关注不受地理上的限制。其实中国社交媒体同样具有类似功能并在实践中运用得较好，却没有在研究中得到肯定和重视。而在讨论诸如"野生的公共网络"（Wild public networks）"社交媒体是空气质量和公众反应的传感器"等问题时，多选择中国社交媒体作为主要关注案例，这种选择实际上其中隐含着不言而喻的学术偏见。[①]

三　政经意图的惯性定势与观点的趋同性

不可否认，在国际学术界英美学者们对中国社交媒体乃至中国问题（中国学）的研究具有明显的学术优势，但是，这一优势在某种意义上却明显存在着政治意图驱使下的惯性定式。前文分析可见，相关研究经常看似随意地"夹带"对于中国"公共领域""言论自由""隐私保护"等问题的批判和否定。如分析新浪微博隐私权，Westin A. F. 在《隐私的社会和政治层面》（*Social and political dimensions of privacy*）一文中指出对国家监管和商业利益的侵犯越来越敏感。看到新兴的公共话语围绕信息隐私权的对自由权的争取[②]。Elaine J. Yuan 等的《中国社交媒体语义网络中的"隐私"：以新浪微博为例》（*"Privacy" in Semantic Networks on Chinese Social Media：The Case of Sina Weibo*）一文认为，个人需要将国家关系中的隐私权

---

① Huang, H., Chu, S. K., Liu, L. Y. & Zheng, P. Y., Understanding User-Librarian Interaction Types in Academic Library Microblogging：A Comparison Study in Twitter and Weibo, *Journal of Academic Librarianship*, 2017, 43（4）：329 – 336.

② Westin, A. F., Social and political dimensions of privacy, *Journal of Social Issues*, 2003, 59：431 – 453.

的讨论，置于中国政治传统中，即国家被赋予道德和绝对权威，而个人则依赖于国家的保护和福祉。①

但是，事实上，英美学者引以为豪的西方国家的隐私保护在技术赋权的今天依然也差强人意，甚至是一种虚伪的假象。从美国国家安全局承包商爱德华·斯诺登向全世界披露的美国政府全球监视的丑闻就可以窥见其一斑。② 据英国《卫报》报道，原Facebook的平台运营经理桑迪·帕拉吉拉斯（Sandy Parakilas）透露，Facebook对于第三方开发者如何使用数据缺乏监管，秘密搜集数据是惯例。"帕拉吉拉斯指出，Facebook提供的数据越多，它为广告商创造的价值就越大。这意味着，公司没有任何动力去监督搜集或使用这些数据——除非涉及到负面新闻或监管机构。"③ 事实上，在社交媒体上的隐私保护问题是一个需要学术界长期而认真研究的世界难题，并不是在美国等西方国家就已经解决了，而是同样面临信息分享与隐私保护的二律背反的困境。但是，相关研究却更多的是从政治需要出发，大谈中国社交媒体的隐私保护之不足，并宣称西方社交媒体隐私保护的优越性，试图通过对中国社交媒体的任意批评来达到某种政治、经济的目的。具有讽刺意义的是，在爱德华·斯诺登等相关负面事件爆发后，这种带意识形态偏见的所谓的学术判断在事实面前失去了基本的说服力。

还有一些较早的研究从另外一个角度认为，互联网打破了中国大众对中国媒体的沉默。新媒体传播技术为人们提供了一种非正式的、非制度化的、受到较少监督的公民身份。互联网极大地释

---

① Yuan, J. E., Feng, M. & Danowski, A. J., "Privacy" in Semantic Networks on Chinese Social Media: The Case of Sina Weibo, *Journal of Communication*, 2013, 63: 1011 – 1031

② 美媒：斯诺登事件对美冲击远未结束机密文件仍在传出，参考消息网，2018 – 06 – 05。https://baijiahao.baidu.com/s? id = 1602381193272441118&wfr = spider&for = pc。

③ 前员工爆料脸书像黑市：秘密搜集数据是惯例，《澎湃新闻网》2018年03月22日。https://baijiahao.baidu.com/s? id = 1595595164337076111&wfr = spider&for = pc。

放了中国人自我表达的需求，这些互联网用户是居住在东南沿海城市并受过良好教育的中国居民。还有研究认为信息技术的发展为现代中国人满足"知情权"和"发言权"提供了可能，专制控制不再像以前那样稳定和有效。① 这个研究前面还较为客观地肯定了新媒体技术给中国带来的变化，但后面则话锋急转，妄下结论，得出的攻击中国制度牵强附会的观点已离学术相去甚远，类似的研究手法的运用还比较普遍。实际上，在中国特定的政治社会背景下，国家的政策与网络运营和发展之间是密切相关的，脱离了政策支撑，中国社交媒体的蓬勃发展是不可能的。而英美学界对中国制度则带着一层有色眼镜。不过，尽管有些研究缺乏公允，但还是有一些研究以旁观者的独特视角提出的不同看法，值得国内学者重视和进一步思考。Jiawei Liu 在《中国官员如何使用新浪微博这一社交网络工具的》（*How Chinese politicians use Sina Weibo, the social networking tool*）中关注中国政府官员对社交网站（以新浪微博为例）的使用行为和情况。Xueqing Li 等的论文《网络威权主义下社交媒体的双重影响：中国的社交媒体使用、公民态度和制度支持》（*The Dual Impact of Social Media Under Networked Authoritarianism: Social Media Use, Civic Attitudes, and System Support in China*）分析表明，中国政府官员在新浪微博更多地发布信息、事件、筹款、在线访谈、恭贺、祝福等信息。与此同时，与非政治背景用户相比，这些官员实际上也没有那么活跃，他们较少使用微博直接与他人沟通②。

Marielle Stigum Gleiss 研究了微博的行动主义，话语争取和中国的网络话语限制政策，认为虽然中国开通互联网已经 20 多年，学者对网络媒体的政治影响依然存在争议，这是学者们对政治和媒体在

① Xie, J., *Self-presentation and gender of chinese overseas students on social media: a case study of sina weibo*, Mediakasvatus, 2014.

② Liu, J., *How Chinese politicians use Sina Weibo, the social networking tool*, Dissertations & Theses-Gradworks, 2014.

政治争论中所扮演的角色的失察。① Gleiss Marielle Stigum 的论文《为苦难挺身而出：微博上的激进主义、话语斗争和中国的最低限度政治》（*Speaking up for the suffering brother*：*Weibo activism*，*discursive struggles*，*and minimal politics in China*）认为，社交媒体是西方民主思想推行的工具。"尽管很多人认为互联网对民主化的影响没有很快成为现实，但是关于社交媒体的使用和政治参与之间的联系的研究已经重燃人们对新媒体科技对民主推进的乐观情绪。研究调查分析了广州的大学生，其结果表明，政治知识、社会信任、公民责任感、内部有效性和集体效能等五个公民文化元素正面且显著地影响通过社交媒体沟通公共事务的效果。"② Chen Xiaoyu 的论文《Web 2.0 时代微博与微信作为新闻传播渠道的比较》（*Comparison of Weibo and Wechat Public Platform as News Delivery Channels in Web 2.0 era*）认为，中国新闻市场有独特的特色。新闻机构是由政府监督下设立的。较之于其他媒体，新华社等官方新闻机构对其他国家具有优势，可以代表政府发表声音，拥有更高的读者信誉。然而，随着中国的微信和新浪微博的广泛使用，新闻消费者有越来越多的新闻频道可供选择，他们需要有高效，频繁的交互性和更好的新闻阅读能力。因此，无论新闻机构是国家的还是地方的，也无论媒体如何，社交媒体对新闻界的压力和竞争力，都会通过不同的在线渠道推动网络新闻传播。③ 事实上，社交媒体对传统媒体的冲击是世界性的，包括英美发达国家，与中国媒体是否受政府领导和监管没有直接关系。英美学界的相关研究借此抨击中国政府监督，甚至将传统媒体受到的挑战

---

① Gleiss, M. S., Speaking up for the suffering (br) other：Weibo activism, discursive struggles, and minimal politics in China, *Media Culture & Society*, 2015, 37 (4)：513 – 529.

② Li, X., Lee, F. L. & Li, Y., The Dual Impact of Social Media Under Networked Authoritarianism：Social Media Use, Civic Attitudes, and System Support in China, *International Journal of Communication*, 2016, 10：5143 – 5163.

③ Chen, X., Comparison of Weibo and Wechat Public Platform as News Delivery Channels in Web 2.0 era.

归因于政府，有严重游离研究问题之嫌。

Gillian Bolsover 的论文《和谐的社群主义还是理性的公共领域：微博与 Facebook 新闻评论差异的内容分析》（*Harmonious communitarianism or a rational public sphere：a content analysis of the differences between comments on news stories on Weibo and Facebook*）通过研究认为，"中国网民不再含蓄或平和（如果有的话，他们更容易引起分歧），也不太可能与他人交谈，或试图理解他人的意见，或试图达成共识或解决问题"。①

Hu Y 等的论文《试论微博中的矛盾表达》（*On exploring ambivalent expression in Weibo*）认为，微博比 Twitter 有更多矛盾表达，并认为这种强烈反差的原因是中国文化提倡的"中庸之道"所致：那些试图调节负面情绪、保持平衡情绪的用户更喜欢体育或娱乐等令人愉快的话题，并避免经济和政治等敏感话题。② 这样的研究结论多少有一些学术问题意识形态化的倾向。

综上所述，浓厚的西方意识形态色彩已经成为英美学界中国社交媒体研究的一大标志性特点。英美学者在进行有关中国社交媒体的研究时，往往以西方意识形态为预设，无视中国社会语境，试图借此"揭露"中国社会问题的本质。但这种做法无疑没有遵循马克思所提倡的"历史特殊性"原则，即"任何一个给定社会都要根据它所存在的特定时代来理解"。③ 有关这一原则，本文其他部分已经反复论述过，具体而言，它要求学者们在进行中国社交媒体研究时，需根据特定理论、特定现象和特定研究领域来判断理论与实践的结合是否可行，从经验观察中尽可能地获得真知。这有些类似于现象

---

① Bolsover, G., Harmonious communitarianism or a rational public sphere：a content analysis of the differences between comments on news stories on Weibo and Facebook, *Asian Journal of Communication*, 2017, 27（2）：115 – 133. DOI：10. 1080/01292986, 2016, 1214743.

② Hu, Y., Zhao, J., Wu, J. & Bao, X., On exploring ambivalent expression in Weibo, *International Conference on Service Systems and Service Management*, IEEE, 2015：1 – 6.

③ ［美］C. 赖特·米尔斯：《社会学的想象力》，陈强、张永强译，生活·读书·新知三联书店 2001 年版，第 160 页。

学意义上的"本质直观","这种直观由于使事物在直接的明证中显现出来，而不依靠任何中间媒介，就为一种'确实可靠的和无可怀疑的'认识提供了保证"。① 我们应当认识到，中国的政治、文化、经济体制与英美国家有诸多区别，如果一味以英美国家信守的以自由主义为代表的意识形态框架观照中国社交媒体相关问题，那么不仅其研究本身的价值大打折扣，甚至有被别有用心者拿来作为批判中国社会的素材。这样的研究终将背离学术研究的客观性和无私利性而成为学术霸权主义、学术民族主义的产物。

① ［美］安娜－特丽莎·提敏尼加：《从哲学角度看罗曼·茵伽登的美学理论要旨》，张金言译，载中国社会科学院哲学研究所美学研究室编《美学译文（3）》，中国社会科学出版社1984年版，第2页。

第 六 章

英美学界中国社交媒体研究的方法与范式

英美学界之所以能够长期居于国际学术界的主导位置，一方面与英语国家漫长的殖民历史及其强大的国力不无关联，另一方面又与英美学界在国际学术界的话语主导权密切相关。而学术话语权的一个重要支撑就是成熟的学术范式与多样的研究方法。英美学界要维持并扩张其学术霸权，就必得涉足不同国别的学术研究领域，运用丰富的研究方法，在这些研究领域强化其学术竞争力，在与其他国家的学者竞争中取得绝对强势。因此，了解英美学界中国社交媒体研究的学术范式与研究方法，既是本书的一个重要组成部分，也是本书的重要现实意义之所在。"他山之石，可以攻玉。"① 毫无疑问，英美学界的研究方法是值得国内学界全面了解和重点借鉴的。

鉴于上述原因，要准确认知英美学界中国社交媒体研究范式及方法现状，势必需要梳理研究方法的知识谱系，以及研究范式的演化历程。

第一节　研究方法的多元与演化

研究方法本身本无优劣之分，只是存在对于所研究的问题适应

---

① 《诗经·小雅·鹤鸣》，商务印书馆 1986 年版。

与否的差别。当今的传播学采用的研究方法主要涉及质化研究和量化研究，以及大数据分析等基于技术发展而兴起的新的研究方法。在社会科学研究中广泛应用的量化研究与质化研究，所代表的不仅是搜集资料的方法以及所搜集的资料的不同，量化研究与质化研究的分歧更在于其哲学、意识形态及认识论上的不同假设，也就是说，它们在科学思考上属于不同的范式。量化研究遵循实证主义的方法，重视知识的客观性，强调科学方法的普遍性及妥当性；质化研究以现象学、诠释学、批判理论、心理学、民俗学、人类学、符号学等为其哲学基础，强调主体性在认知过程中的重要性，期望把握更深刻且更具人文价值的真理。20 世纪 80 年代以后，量化研究与质化研究逐渐被整合到同一个研究之中，被称为多元方法。然而，目前在多元方法交叉使用方面还存在许多不足，这也影响到关于社交媒体研究的深度和广度。比如，中国社交媒体的旅游营销潜力备受英美学界研究者的关注，但有关研究认为社交媒体在度假计划和预订旅游中发挥重要作用的结论却缺乏可靠证明。尽管在某些情况下，网站访问的增加很可能导致目的地访问的增加，但是其中原因却无从细致说明，因为也有相反的例子存在；昆士兰旅游局 2008 年推出的"世界最佳工作"活动，在短短几周内在网站上就吸引了超过 700 万名的访问者和 20 万名的新访问者，然而在 2008 年至 2009 年一年间，前往昆士兰旅游的国际游客数量却下降了 8%。尽管背后的原因比较复杂，但利用网络进行整合营销的策略失效是关键因素，这表明社交媒体营销和推广需要针对特定的旅游团体而不是一般的社交媒体用户。旅游除了是一种身临其境的身体在场的体验外，从某种意义上也是一种心理体验和感受的过程，其潜在需求可以通过心理学实验的方式来研究；庞杂的游客消费心理、需求类型以及满意程度等也可以用量化的方法来分析；更可以借助大数据抓取计算的方法来加以研究，只有交叉复合的多样方法的同时使用，才能够获取更精准、更全面的研究数据，而不是单凭小样本的问卷调查，从而才可以提高研究成果的科学性、针对性。

鉴于此，社交媒体研究需要融会多种人文社会科学研究方法，优势互补，多层面多维度进行探索。本书拟从方法论角度梳理归纳英美学界中国社交媒体研究的基本范式，通过总结经验、发现不足，借此吸取精华、扬弃糟粕。

英美学界的社交媒体研究方法非常多样，而且多是不同研究方法交叉使用，这里只能简单梳理其中主要研究方法的使用情况。

一　质化研究多样使用

在英美学界对中国社交媒体研究所使用的方法中，质化研究的总体数量不及量化研究，但是对各种质化研究的方法都有涉及，具体如下。

1. 网络民族志研究方法

早期的民族志并无学科的界限，如有的学者所说："先有民族志很久了才有人类学。"[①] 此后，民族志几乎成了人类学的学科标志。与此同时，人类学对于民族志进行了反思和变革，促使了民族志在人类学中的发扬光大。在这个过程中，又产生了不同类型的民族志。早期的民族志是用文字来记录和表达的，随着影像技术的发展，民族志的记录和呈现也出现了新的形态。在互联网出现之前，民族志研究者关注的是现实的社区；20 世纪 90 年代，随着互联网的日益普及，出现了大量新的社区形态——线上社区，民族志的方法又被运用到网络社区中，由此出现了一种新的民族志形态——"网络民族志"（netnography）。Miller D 等的《世界如何改变社交媒体》（*How the World Changed Social Media*）一文，论述了"我们为什么要发帖"（Why We Post）。该书调查了 9 位人类学家的研究结果，他们每个人在世界各地居住了 15 个月，总结研究社交媒体对政治、性别、教育

---

① 高丙中：《〈写文化〉与民族志发展的三个时代》，见［美］詹姆斯·克利福德、［美］乔治·E. 马库斯编《写文化：民族志的诗学与政治学》，高丙中、吴晓黎、李霞等译，商务印书馆 2006 年版，译序。

和商业的影响。① 这是一个典型的网络民族志方法学研究，这一方法与问卷调查相比，更为深刻、更为细致地认识到社交媒体的社会影响，并可能发现一些其他研究方法容易忽视的信息。再如，Yuzhu Peng 的论文《影响的网络：微信如何增强腾讯的数字业务治理?》（*Affective networks：how WeChat enhances Tencent's digital business governance*）采用网络民族志研究微信是如何强化数字商业的治理，如何与其他商业机构携手来培养消费者的忠诚度。该研究从 2014 年 7 月到 2015 年 7 月一年间在一所同意其学生参与研究的大学进行，以自愿为基础，向该大学 16400 名本科生发出了征集广告（男女比例大致为 1∶1.5），最终 19 位年龄介于 18 岁到 23 岁，来自不同地区，学习不同科目的学生（其中 8 名男性，11 名女性）参与研究。该研究以捕捉不同类型的大学生及其微信使用方面的复杂性和差异性，管窥数字商业管控的运作逻辑。② 研究表明，19 位参与人中，14 位在微信上至少订阅了一个品牌的官方账号。由于微信在中国年轻人中很受欢迎，通过鼓励品牌与腾讯联系，微信在社交媒体广告方面有巨大的潜力。因此，腾讯的商业成功取决于中国年轻用户对微信的关注。用户对微信内容的大量关注为公司带来了利润。

在这个网络民族志研究中，参与人小陈就把自己描述成一个"热爱咖啡的人"。她说，她加了星巴克的官方微信账号，把它看作了解星巴克新潮咖啡产品的一种渠道。小陈表示，微信是她最常使用的社交媒体应用。所以，这是星巴克内容触达到小陈的主要路径，影响到她对这种咖啡品牌的消费。③ 这样的研究，在广度上比深度访

---

① Miller, D., Costa, E., Haynes, N., McDonald, T., Nicolescu, R., Sinanan, J., Spyer, J., Venkatraman, S. & Wang, X., *How the World Changed Social Media*, UCL Press, 2016.

② Peng, Y., Affective networks：how WeChat enhances Tencent's digital business governance, *Chinese Journal of Communication*, 10：3, 264 – 278. DOI：10. 1080/17544750, 2017, 1306573.

③ Peng, Y., Affective networks：how WeChat enhances Tencent's digital business governance, *Chinese Journal of Communication*, 10：3, 264 – 278. DOI：10. 1080/17544750, 2017, 1306573.

谈有优势，也比问卷调查更加深入。网络民族志研究要求研究主题通过较长时间对研究对象进行深入细致地了解观察，虽然调研对象不多，但是由于调研的时间跨度较长，又注重深度的突破，故运用这种质性研究可以为准确认知用户与社交媒体关系的各个方面提供较为可靠的依据。只可惜，相关有影响的研究还较少，对于中国社交媒体的研究角度也比较有限。

2. 深度访谈法

深度访谈法强调深度并注重访谈，以揭示研究问题涉及的潜在动机、态度和感情以及社会环境等相关影响因素。尤其适合了解复杂、抽象的问题。中国社交媒体是在技术支撑、用户需求以及文化、经济、政治等社会环境多种因素的影响下发展的，不同的因素对于中国社交媒体的影响程度以及影响方式等都不同，尤其需要深度访谈等方法来展开研究。Hu Chuan Zhao 等的论文《实现自我和谐？探究为何人们会在社交网络平台上建立的感兴趣的社区中重建他们的虚拟身份》（*Achieving self-congruency*? *Examining why individuals reconstruct their virtual identity in communities of interest established within social network platforms*）采用深度访谈法，探讨个人在 QQ 感兴趣社区中建立虚拟身份的原因。该研究发现，有些人出于各种原因重建一个不同于他们真实身份的各种虚拟身份。[①] 这种类型的研究通过深度访谈比问卷调查法对于调查对象有更为深入的认知。Hanyun Huang 的专著《中国城市社会媒体生成——青少年社交媒体使用与成瘾研究》（*Social Media Generation in Urban China—A Study of Social Media Use and Addiction among Adolescents*）采用深度访谈法，针对社交媒体上瘾问题对父母和教师进行调研，发现社交媒体可以实现社会、信息和娱乐的满足。其中，娱乐满足度最容易导致社交媒体上

---

① Hu, C., Zhao, L. L. & Huang, J., Achieving self-congruency? Examining why individuals reconstruct their virtual identity in communities of interest established within social network platforms, *Computers in Human Behavior*, 2015, 50: 465–475.

瘾，而信息满足最不容易导致上瘾。并且，社交媒体上瘾对青少年的学习成绩和社会资本有显著的负面影响。[1]

3. 案例研究法

案例研究法是实地研究的一种。研究者选择一个或几个场景、事例、人物等为对象，系统地搜集数据和资料，进行纵横深入地研究，用以探讨某一现象、事情、人物等在实际生活环境下的线性和非线性的状况。该方法适合当某一或几个现象与实际环境边界不清而且不容易区分，或者研究者无法设计准确直接的、具有系统性控制的变量时，回答"如何改变""为什么变成这样"以及"结果如何"等研究问题；同时包含了特有的设计逻辑、特定的资料搜集和特殊的资料分析方法，既可采用实地观察行为，也可通过研究文本来获取资料。这种方法更多偏向定性，在资料搜集和资料分析上有严格要求，包括强调多重证据来源，用不同资料证据必须在三方检验的方式下搜集，并得到相同结论；通常有事先发展的理论命题或问题界定，以指引资料搜集的方向与资料分析的焦点，着重当时事件的检视，而不介入事件的操控，尽量保留生活事件的整体性，并从中发现有意义的特征。该方法相对于其他研究方法，能够对案例进行厚实的描述和系统的理解，可以对动态的相互作用过程与所处的情境脉络加以掌握，试图获得一个较全面与整体的观点。Holmes K. 等《红包与微信：中国大型文化活动中的网络集体主义》［*Red Bags and WeChat（Wēixìn）: Online collectivism during massive Chinese cultural events*］通过以 2014 年农历新年微信红包为案例，研究手机应用程序微信的使用情况，探讨了中国社会文化传统与集体主义的价值观在互联网时代的发展[2]。Yubo Kou 等的论文《一个社会运动，

---

① Huang, H., *Social Media Generation in Urban China—A Study of Social Media Use and Addiction among Adolescents*, Springer Berlin Heidelberg, 2014.

② Holmes, K. M., Balnaves, M. & Wang, Y., *Red Bags and WeChat（Wēixìn）: Online collectivism during massive Chinese cultural events*, 2015, 9（1）: 12.

两个社交媒体网站：公共话语的比较研究》（*One Social Movement*, *Two Social Media Sites：A Comparative Study of Public Discourses*）也是一个典型的案例研究。Facebook 是中国香港公民最多使用的社交媒体，而微博的主要用户群是中国大陆，相关研究通过对香港"雨伞运动"（Umbrella Movement）这个独特的案例在 Facebook 和微博这两个社交媒体上的公开讨论，探讨了两种不同文化所产生的社交媒体的话语共性和差异性，并进一步分析案例，以追踪不同话语与香港、中国大陆在社会、文化、政治状况之间的联系与区别。①

4. 比较研究法

比较研究法就是对物与物之间和人与人之间的相似性或相异程度的研究与判断的方法。比较研究法可以理解为是根据一定的标准，对两个或两个以上有联系的事物进行考察，寻找其异同，探求普遍规律与特殊规律的方法。Wang N. 和 Y. Sun 的《社会影响还是个人偏好？考察不同社交性社交媒体使用意向的决定因素》（*Social influence or personal preference？Examining the determinants of usage intention across social media with different sociability*）论文运用比较的方法，对社交媒体使用的决定因素进行研究。研究者对 118 例低社交性社交媒体用户和 123 例高社交性社交媒体用户进行比较研究后发现，原来一般人认为，社会影响因素对高社会性的媒体用户影响更多，但是，实际上更多人认为应该是低社会性的媒体用户被影响更多。可见之前对这一问题的既定印象和事实有所偏差②。Yu L 等的《中国社会媒体的发展趋势》（*What Trends in Chinese Social Media*）研究新浪微博的热门话题趋势，研究者将其与 Twitter 等全球社交媒体进行对比，发现中国社会媒体关注的内容与这些社交媒体有很大的差异，

---

① Kou, Y., Kow, Y. M., Gui, X. & Cheng, W., One Social Movement, Two Social Media Sites：A Comparative Study of Public Discourses, *Computer Supported Cooperative Work* (*CSCW*), 2017, 26：807 – 836.

② Wang, N. & Y. Sun, Social influence or personal preference? Examining the determinants of usage intention across social media with different sociability, *Information Development*, 2015, 108：156 – 174.

进而得出结论：在中国，热门趋势几乎完全是对媒体内容的转载，如笑话、图像和视频，而在 Twitter 上，热门话题更多地与当前的全球事件和新闻故事有关①。

5. 扎根理论法

扎根理论法（Grounded theory）被视为定性研究方法中比较科学有效的一种方法，此理论最早由两位社会学者 Galsser 和 Strauss 在 1976 年提出。所谓扎根理论，是指经由系统化的资料搜集与分析而发掘、发展，并已验证过的理论，它在某一场合可能指代一种研究方法，在另一场合则可能指代基于该方法得出的研究结论。Strauss 和 Corbin 指出，扎根理论强调理论的发展，而且该理论植根于所搜集的现实资料，以及资料与分析的持续互动。② Li Jin 的《微信的数字支援：作为第二语言的中文学习》（Digital affordances on WeChat：learning Chinese as a second language）一文根据扎根理论对研究主题进行分类和编码；然后，第二阶段的编码用数据样本来辨识类别，对所有的微信通信数据进行再编码，并根据研究人员辨识的类别进行访谈。访谈者詹姆斯（James）和凯茜（Kathy）在微信上不同程度地利用了休闲会话风格的可见性。詹姆斯是一名初级汉语学习者，他非常积极地参与低压力的微信对话中，这使他能够使用以前学过的中文短语和句子进行练习。微信为詹姆斯和凯茜提供了一个轻松有趣的空间，让他们能够及时直接地与中文母语人士沟通。这对于厌倦了基于课堂充满功课的学习的詹姆斯而言特别鼓舞人心。被微信的这些沟通特征所吸引，詹姆斯成为了一个相当热心的群聊参与者。相比之下，尽管凯茜喜欢有趣的交流方式，但她更喜欢面对面地交谈。但他们都意识到使用微信与以汉语为母语的人建立和保持

① Yu, L., Asur, S. & Huberman, B. A., *What Trends in Chinese Social Media*, Social Science Electronic Publishing, 2011.

② Glaser, B. G. & Strawss, A. L., *The discovery of grounded theory：Strategies for qualitative research*, Chicago, IL：Aldine, 1967.

联系的便利性。最后，这个基于扎根理论视域而展开的研究总结到：像任何社交网站一样，微信上的对话自然也重点关注的是意义而不是形式。换句话说，没有人在监测和对语言使用的质量分级。① 质化研究在研究深度方面具有优势，也更容易产生一些具有实际意义的研究观点。

二 量化研究广泛流行

量化研究是指确定事物某方面量的规定性的科学研究，就是将问题与现象用数量来表示，进而去分析、考验、解释，从而获得意义的研究方法和过程。定量，就是以数字化符号为基础去测量。定量研究通过对研究对象的特征按某种标准作量的比较来测定对象特征数值，或求出某些因素间的量的变化规律，其目的是对事物及其运动的量的属性作出回答，故名定量研究。定量研究与科学实验研究是密切相关的，可以说科学上的定量化是伴随着实验法产生的。

1. 统计分析法

统计法是典型的量化研究方法，相关研究较多，尤其是内容统计、词频统计等，这里略举一两个案例。Guan Wanqiu 的《新浪微博在热点社交活动中的用户行为分析》（*Analyzing user behavior of the micro-blogging website Sina Weibo during hot social events*）运用量化方法统计新浪微博用户在热点事件中的用户行为和影响因素。作者选择了 2011 年 21 起在新浪微博上被广泛讨论的热点事件，并对其做统计分析②。Yang Cheng 等的《当代中国的公共关系、媒体报道与舆论：在社会调停的危机中检验议程建构理论》（*Public relations,*

---

① Li, J., Digital affordances on WeChat: learning Chinese as a second language, *Computer Assisted Language Learning*, 2018, 31: 1 – 2, 27 – 52. DOI: 10.1080/09588221, 2017, 1376687.

② Glaser, B. G., Strauss, A. & Strutzel, E. A., Analyzing user behavior of the micro-blogging website Sina Weibo during hot social events, *Physica A Statistical Mechanics & Its Applications*, 2014, 395（4）: 340 – 351.

media coverage, and public opinion in contemporary China: Testing agenda building theory in a social mediated crisis）一文统计分析了"郭美美事件"的相关内容，对 2011 年 6 月 22 日到 8 月 2 日期间内的 6 周（42 天）公开材料、报纸上的报道和微博上公众的评论进行统计分析。用来搜集数据的主要数据库包括慧科新闻、新浪微博、中国红十字总会的官方微博、微博账户以及凤凰网等。其中包括官方微博上发表的 40 个帖子，慧科网搜集到的 2376 篇报道中抽取的 792 篇新闻文章，两个微博《头条新闻》和《新周刊》（分别拥有 2951名、622 名和 4836 名、218 名的粉丝）中搜集到的 34840 条评论。取样比率被设置为 5%，最终取样 1742 条大众评论[①]。通过对如此庞大的社交媒体数据进行分析，得出隐含其中的用户观点和情绪。关键词抽取也是统计分析法重要的一环。Shihui Feng 等的《非洲埃博拉爆发期间中国社交媒体网络动态与信息流的量化》（*Quantifying Network Dynamics and Information Flow Across Chinese Social Media During the African Ebola outbreak*）研究指出，关键词是描述广泛共享内容特征的简明摘要词或短语，它可以提供一种方法来探索公众对特定流行病的认识，以便公共卫生准备工作可以支持在暴发期间制定和实施有针对性的、及时的行动研究结果可以为政府和相关部门在适当的时候采取措施提供一些参考。社交网站中的数据是一种能够快速真实地反映公众意见和情绪的有价值的资源，可以作为政府通过监测公众的意见和情绪反应，来为采取适当措施预防和控制流行病而向公众发布公告的有效参考。[②]

---

① Glaser, B. G., Strauss, A. & Strutzel, E. A., Public relations, media coverage, and public opinion in contemporary China: Testing agenda building theory in a social mediated crisis, *Telematics and Informatics*, 2017, 34: 765 – 773.

② Feng, S., Hossain, L., Crawford, J. & Bossomaier, T., Quantifying Network Dynamics and Information Flow Across Chinese Social Media During the African Ebola outbreak, *Disaster Medicine and Public Health Preparedness*, 2017, 12 (1): 26 – 37.

2. 数据测试法

数据测试法也是比较典型的量化研究方法，亦称"卡组测试法"。将一组数据（称为"测试数据"或"测试卡组"）输入被审查的 EDP 系统，使系统在审计人员的控制或亲自操作下完成对该组数据的处理，然后将输出结果与审计人员预先独立计算的结果相核对的方法。其目的在于检查系统的程序是否能准确地完成预定的数据处理任务。Che H. L. 和 Cao Y. 的《考察微信用户的动机、信任、态度和正面口碑：来自中国的证据》（*Examining WeChat users' motivations，trust，attitudes，and positive word-of-mouth：Evidence from China*）是为数不多的关于微信用户的动机、态度、信任及其相关行为的实证研究。该研究模型使用从问卷星数据库随机搜集的数据进行测试。结果证实了娱乐、社交、信息、信任等因素对微信用户态度和用户信任度及其态度对正向口碑产生显著影响的路径效应。该研究深入分析了微信如何激励用户，并改善态度以建立信任，从而提升微信用户对产品和服务做出积极评价的意愿。①

约翰斯·霍普金斯大学（Johns Hopkins University）的 Shiliang Wang 等的《社会媒体作为中国空气质量和公众反应的传感器》（*Social Media as a Sensor of Air Quality and Public Response in China*）一文，搜集了新浪微博的 9300 万条信息，基于关键字匹配和主题建模。通过对中国 74 个城市大气颗粒物污染率的比较，通过编码与空气质量相关的 170 个消息的样本，以及该消息是否包括诸如反应行为或健康关注的细节，对污染相关消息的内容进行定量研究。结果发现，67.1% 的消息与空气质量有关，其中 79% 是第一手报告。在第一手报告中，28.4% 有反应性行为，18.9% 表示健康担忧。另外，

---

① Che，H. L. & Cao，Y.，Examining WeChat users' motivations，trust，attitudes，and positive word-of-mouth：Evidence from China，*Computers in Human Behavior*，2014，41：104 – 111.

170 条信息中的 3 条要求采取行动提高空气质量。①

Houqiang Yu 等的论文《全球科学在本地替代指标：微博与 Twitter 的比较》(*Global science discussed in local altmetrics*: *Weibo and its comparison with Twitter*) 作者通过统计，发现社交媒体关于污染问题的相关信息与现实世界空气污染程度呈正相关关系：微博上只有 1 个帖子的文章占 65.5%，有 2 个帖子的文章占 12.9%，有 3 个帖子的文章占 5.5%。换句话说，83.9% 的文章如果受到微博的关注，不会超过 3 篇跟帖。与微博相比，Twitter 只有少量文章只发布一次 (44.4%)，但更多的文章发布了两次 (19.2%) 的推文。总共有 73.6% 的文章推文不超过 3 次。该分布显示大多数文章的微博和 Twitter 替代计量指标的水平都很低。此外，没有一篇文章获得超过 500 个微博帖子；然而，一小部分的文章会收到超过 500 条推文，而在极少数情况下，推文的数量可能会达到 17679 条。平均而言，一篇微博发表的文章收到 3.5 个微博帖子，一个 Twitter 上的文章收到 6.2 个推文。②

3. 问卷调查法

问卷法是目前国内外社会调查中较为广泛使用的一种量化研究方法。问卷是指为统计和调查所用的、以设问的方式表述问题的表格。问卷法就是研究者用这种控制式的测量对所研究的问题进行度量，从而搜集到可靠的资料的一种方法。问卷法大多用邮寄、个别分送或集体分发等多种方式发送问卷。由调查者按照表格所问来填写答案。一般来讲，问卷较之访谈表要更详细、完整和易于控制。问卷法的主要优点在于标准化和成本低。因为问卷法是以设计好的

---

① Wang, S., Paul, M. J. & Dredze, M., Social Media as a Sensor of Air Quality and Public Response in China, *Journal of Medical Internet Research*, 2015, 17 (3): e22.

② Yu, H., Xu, S., Xiao, T., Hemminger, B. M. & Yang, S., Global science discussed in local altmetrics: Weibo and its comparison with Twitter, *Journal of Informetrics*, 2017, 11 (2): 466–482.

问卷工具进行调查，问卷的设计要求规范化并可计量。Du Z. 的《基于 AISAS 模式研究影响大学生微信营销态度的因素》（*Research into factors affecting the attitudes of university students towards WeChat marketing based on AISAS mode*）就微信对大学生的渗透情况进行调查，分析了大学生对微信营销的态度、品牌影响力、信息质量、互动性、意见领袖的看法、对个人兴趣的影响。[①] Xiaoqian Li 与 Wenhong Chen 的《脸谱网还是人人网？一项对在美国的中国留学生社交网站使用和社会资本的比较研究》（*Facebook or Renren? A comparative study of social networking site use and social capital among Chinese international students in the United States*）中，运用问卷法调研了社交网站与社会资本的关系。调查显示，Facebook 和人人网的使用都与联结而不是结合社会资本呈正相关。Facebook 使用对社会资本的联结作用比人人网更强。然而，只有人人网使用与中国留学生维护在祖国的社会资本有重要而积极的关系。这些结果为中国留学生通过不同的社交媒体平台发展不同类型的社会资本提供了现实指导[②]。

Chen Lanming 和 L. K. Hanasono 的研究《文化适应对中国留学生使用 Facebook 和人人网的影响》（*The Effect of Acculturation on Chinese International Students' Usage of Facebook and Renren*）进行了对中国留学生社交需求和活动的在线问卷调查。分析问卷发现，适应美国文化的程度与 Facebook 使用呈正相关，除此之外，中国文化的维护程

---

① Du Z. , Research into factors affecting the attitudes of university students towards WeChat marketing based on AISAS mode, *IEEE International Conference on Electro/information Technology*, *IEEE*, 2015：724 – 727.

② Li, X. & Chen, W. , Facebook or Renren? A comparative study of social networking site use and social capital among Chinese international students in the United States, *Computers In Human Behavior Comput. Hum. Behav*, 2014, 35：116 – 123.

度与人人网使用呈正相关。① 以上两篇使用问卷调查法研究中国留学生的社会资本和文化适应的文章结论基本一致。通过问卷分析法，研究者对社交媒体使用的认知更具有广泛性。而且总体研究过程比较规范，数据确凿，说服力强。

4. 内容分析法

内容分析法是一种对于传播内容进行客观、系统和定量的描述的研究方法。其实质是对传播内容所含信息量及其变化的分析，即由表征的有意义的词句推断出准确意义的过程。内容分析的过程是层层推理的过程。内容分析的种类可归纳为：实用语义分析、语义分析和符号载体分析。内容分析的研究模式有推理模式和比较模式两类。Jiawei Liu 的论文《中国政界人士如何使用新浪微博作为社交网络工具》（*How Chinese politicians use Sina Weibo，the social networking tool*）运用内容分析法，探讨了中国政界人士，包括政府官员社交媒体的使用行为，对 185 位中国政府官员和 185 位没有政治背景的新浪微博用户发布的推文进行了研究。研究分析表明，中国政府官员在新浪微博更多地发布微博信息，事件、筹款、在线访谈、恭贺、祝福等信息，与没有政治背景用户相比，这些政府官员较少使用微博与他人沟通，使用行为不够活跃。Yin J 等的论文《社会媒体与跨国公司在华企业社会责任—以康菲石油泄漏事件为例》（*Social Media and Multinational Corporations' Corporate Social Responsibility in China：The Case of ConocoPhillips Oil Spill Inciden*t）探讨了危机事件期间的社交媒体的相关帖子。研究人员对 2011 年 6 月至 2013 年 2 月在中国主要社交媒体上发布的 932 条微博和博客文章进行内容分析，微博和博客上的相关帖子都在寻找漏油事件的原因，大多数帖子将危机归咎于监管机构，认为康菲石油公司和中国合资伙伴中国海洋石油总公司未能履行应有的责任。针对网上的批评，康菲石油公司

---

① Chen, L. & Hanasono, L. K., The Effect of Acculturation on Chinese International Students' Usage of Facebook and Renren, *China Media Research*, 2016, 12.

与中国公众缺乏足够的互动和沟通，在企业社会责任（CSR）方面沟通效果较差。Dong-lu Song 等的论文《高校毕业生微信用户行为研究》（*Study on Wechat User Behaviors of University Graduates*）通过使用2013 年至 2014 年 3 月搜集的大学毕业生的相关数据，分析了他们的微信联系人的数量和组成；找出他们所关注的公共平台的来源、类型和目标；记录他们在"朋友圈"中的前 100 个帖子的时间、类型、形式和时间相对性。通过分析内容，作者试图研究大学毕业生的虚拟社交和使用微信互相沟通以及与陌生人建立社交网络的真实情况。[1] Hu Chuan 等的《实现自我和谐？研究为什么个人在社会网络平台内建立的感兴趣的社区中重建他们的虚拟身份》（*Achieving self-congruency? Examining why individuals reconstruct their virtual identity in communities of interest established within social network platforms*），通过内容分析表明，人们由于虚荣、解除抑制、享受、获得新的社会网络、摆脱旧的社会网络、隐私的保护、避免干扰等原因，而在社交网络社区重建他们的匿名身份。[2] Isaac Chun-Hai Fung 等编写的《中国社交媒体对冠状病毒（MERS-CoV）和甲型禽流感（H7N9）爆发的反应》［*Chinese social media reaction to the MERS-CoV and avian influenza A（H7N9）outbreaks.*］，研究者采用关键词搜索法来研究内容，对微博发布疫情信息的数据进行关键词搜索。[3] 这些内容分析不同于传统的内容分析，更多使用信息检索及词频统计等方法，研究对象更为复杂，研究结论更加精准。

---

[1]　Song, D. , Wang, Y. & You, F. , Study on WeChat User Behaviors of University Graduates, *International Conference on Digital Home*, 2014：353 – 360.

[2]　Hu, C. , Zhao, L. L. & Huang, J. , Achieving self-congruency? Examining why individuals reconstruct their virtual identity in communities of interest established within social network platforms, *Computers in Human Behavior*, 2015, 50：465 – 475.

[3]　Fung, I. C. , Fu, K. W. , Ying, Y. , Schaible, B. , Hao, Y. , Chan, C. H. & Tse, Z. T. , Chinese social media reaction to the MERS-CoV and avian influenza A（H7N9）outbreaks, *Infectious Diseases of Poverty*, 2013, 2：31. http：//www. idpjournal. com/content/2/1/31.

5. 实验法

传播学中的实验法源自实验心理学，一般分为控制实验法和自然实验法两种。控制实验法是指研究在室内进行，而且在研究进行时对某些实验因素加以人为控制的实验方法。而自然实验法指的是将实验放置在社会环境中自然进行的实验方法。传播学的实验研究始于 20 世纪 20 年代末。当时历时 5 年的佩恩基金会的"电影对青少年的影响"研究项目是最早的传播实验研究。20 世纪 40 年代，格式塔心理学者卢因在研究小团体的人际关系时，用自然实验法对团体内的传播活动进行了观测。第二次世界大战中和第二次世界大战后，心理学家霍夫兰使用控制实验法进行的说服和态度改变研究使传播学实验研究达到一个高峰，一些重要的传播学理论在实验中得到证实，实验法由此成为传播学的主流研究方法。Baocheng Huang 等的论文《社交网络中意见领袖的发现与动态检测》（*The Finding and Dynamic Detection of Opinion Leaders in Social Network*）运用实验法检验社交媒体的意见领袖特征，实验结果表明，中国的微博评论凸显了意见领袖的特点，这与美国的脸谱网或 Twitter 基本一致。[①] Zhen Kevin 的《中国社会媒体自我审查评估：一项调查实验》（*Estimating Self-Censorship on Social Media in China：A Survey Experiment*）运用实验法调查测试中国公民自己是否对社交媒体网站上的政府批评进行自我审查，这与他们是否倾向于私下批评政府有关。调查结果显示，中国公民的确在社交媒体上进行自我审查。然而，这些调查结果是有局限的，因为调查实验的受访者人数少。[②] Baocheng Huang 等的《社交网络中意见领袖的发现与动态检测》（*The Finding and Dynamic Detection of Opinion Leaders in Social Network*）也是一个用

---

① Huang, B., Yu, G. & Karimi, H. R., The Finding and Dynamic Detection of Opinion Leaders in Social Network, *Mathematical Problems in Engineering*, 2014：1 – 7.

② Zhen, K., *Estimating Self-Censorship on Social Media in China：A Survey Experiment*, New york university, 2015.

典型的实验法检验社交媒体的意见领袖特征的论文。[①] Xu Xianglong 的论文《微信对重庆地区大学生睡眠质量影响的横断面研究》（*Influence of Wechat on sleep quality among undergraduates in Chongqing, China：a cross-sectional study*）运用实验法探索微信与中国大学生睡眠质量的关系[②]。

三 大数据及算法研究方兴未艾

Chen Lanming 和 L. K. Hanasono《文化适应对中国留学生使用 Facebook 和人人网的影响》（*The Effect of Acculturation on Chinese International Students' Usage of Facebook and Renren*）的研究指出："量化研究中事实不受信念的控制，事实和价值分开，体现出'价值中立'的特点；质化研究中，信念决定什么应该成为事实，事实和价值不可分，社会研究不可能是价值中立，只可能是'价值关涉'，即价值存在于持不同兴趣、不同价值观和不同目的的研究者中。"[③] 量化研究的优点在于用统计的数据事实说话，但是，社交媒体用户、内容等数量庞大且复杂，统计与问卷调查都很难准确概括其总体特征。正因为此，大数据的应用可以从全样本中探索规律与特征，应该更接近实际。

大数据及计算的研究方法，其数据挖掘是最关键的环节。大数据的挖掘是从海量的、不完全的、有噪声的、模糊的、随机的各个数据库中发现隐含在其中的有价值的、潜在有用的信息和知识的过程，也是一种决策支持过程。其主要基于人工智能、机器学

---

① Huang, B., Yu, G. & Karimi, H. R., The Finding and Dynamic Detection of Opinion Leaders in Social Network, *Mathematical Problems in Engineering*, 2014：1-7.

② Xu, X., Lin, Q., Zhang, Y., Zhu, R., Sharma, M. K. & Zhao, Y., Influence of WeChat on sleep quality among undergraduates in Chongqing, China：a cross-sectional study, *Springerplus*, 2016, 5（1）：2066.

③ 冯天瑾：《量化研究与质化研究：社会科学领域两种对立的研究范式》，《南京师大学报》（社会科学版）2008 年第 4 期。

习、模式学习、统计学等。通过对大数据高度自动化的分析，做出归纳性的推理，从中挖掘出潜在的模式，其分析结果可以帮助企业、商家、用户调整市场政策、减少风险、理性面对市场，并做出正确的决策。目前，在很多领域尤其是在商业领域如银行、电信、电商等，大数据计算已经非常普遍，包括用于市场营销策略制定、背景分析、企业管理危机等。大数据的挖掘常用的方法有分类、回归分析、聚类、关联规则、神经网络方法、Web 数据挖掘等。

英美学界社交媒体研究的方法创新体现在越来越向大数据的计算社会科学靠拢。很多新近研究采用的研究方法已经与大数据、机器学习等前沿技术接轨。与此同时，新近研究较之过往更加注重实验方法的使用，传统的问卷调查法因其数据采集的局限性、缺乏对因果关系的呈现与分析，逐渐被实验方法所取代，或成为实验方法的一个参照系。在采用实验方法的同时，新近研究测试科学假定的数学工具也在逐渐发生变化。比较遗憾的是，这些新的研究方法运用于对中国社交媒体的研究还较为少见，鉴于新的研究方法的价值和所代表的未来发展趋势，本书试图结合英美学界中国社交媒体研究及与之有关的一般社交媒体研究在新的方法使用上的一些个别例子叙述之。

1. 机器计算方法

传统人工计算方法速度慢，时效性差，引入计算机计算方法则可以扩大计算范围，提高时效性和计算速度。

随着社交媒体研究越来越向计算社会科学靠拢，统计学、计算机科学的一些应用工具逐渐越来越多地被英美学界所使用。

如 Azadeh Nikfarjam 和 Abeed Sarker 在研究《来自社交媒体的药物警戒：利用单词嵌入聚类特征的序列标记挖掘药物不良反应提及》(*Pharmacovigilance from social media: mining adverse drug reaction mentions using sequence labeling with word embedding cluster features*) 采用了一种具有高度可用性和可扩展性的机器计算方法来实时监测社交媒

体平台上的药物不良反应信息，以此了解药物的治疗效果。① Hassan Saif 和 Yulan He 在文章《Twitter 情感分析的语境语义》（*Contextual semantics for sentiment analysis of Twitter*）中采用基于语料库的 SentiCircles 分析方法对 Twitter 用户发布消息的情绪内涵进行了研究。② Arkaitz Zubiaga 和 Elena Kochkina 在《使用顺序分类器对社交媒体中的谣言立场进行分类》（*Discourse-aware rumour stance classification in social media using sequential classifiers*）则采用顺序分类 Hawkes 过程分析法，调查了社交媒体用户在谣言传播的互动过程中的话语特征，作者认为借助此种方法更有助于描述和分辨谣言传播的不同立场，并能够为未来的研究提供方向指引。③

Hoffmann AL 等的论文《让世界更加开放和互联：马克·扎克伯格和 Facebook 及其用户的话语构建》（*Making the world more open and connected*：*Mark Zuckerberg and the discursive construction of Facebook and its users*），运用话语分析方法，考察了扎克伯格的口号如何影响 Facebook 用户的自我定位、身份认同以及 Facebook 与用户之间的关系。④ Tsay-Vogel M. 等的论文《社交媒体培养隐私观念：Facebook 用户隐私态度和自我披露行为的 5 年分析》（*Social media cultivating*

① Azadeh, N., Abeed, S., Karen, O. & Rachel, G., Pharmacovigilance from social media：mining adverse drug reaction mentions using sequence labeling with word embedding cluster features, *Journal of The American Medical Informatics Association*, 2015, 2 (3)：671 – 681.

② Saif, H., He, Y., Fernandez, M. & Alani, H., Contextual semantics for sentiment analysis of Twitter, *Information Processing & Management*, 2016, 2 (1)：5 – 19.

③ Zubiaga, A., Kochkina, E., Liakata, M., Procter, R., Lukasik, M., Bontcheva, K., Cohn, T. & Augenstein, I., Discourse-aware rumour stance classification in social media using sequential classifiers, *Information Processing & Management*, 2018, 52 (1)：273 – 290.

④ Hoffmann, A. L., Proferes, N. & Zimmer, M., "Making the world more open and connected"：Mark Zuckerberg and the discursive construction of Facebook and its users, *New Media & Society*, 2018, 20 (1).

perceptions of privacy: *A 5-year analysis of privacy attitudes and self-disclo-sure behaviors among Facebook users*），通过 5 年的相关数据对 Facebook 用户的隐私观念进行研究，该项研究少见地对社交媒体平台的用户行为进行了长期观察，克服了以往短期研究的许多弊病。[1] Bright J. 的论文《解读社交媒体政治分裂的产生：意识形态与极端主义的作用》（*Explaining the Emergence of Political Fragmentation on Social Media*: *The Role of Ideology and Extremism*），通过对 26 个国家（包括中国）115 个政治组织的调查和比较，分析了导致社交媒体政治讨论碎片化的原因。其研究方法的创新意义在于将调查对象的地理范围进一步拓宽，适应了全球化时代的需求。[2]

总而言之，英美学界社交媒体研究通过引入机器计算方法，拓展研究领域与研究效果，比传统的人工计算更有效地探索社会问题与社会现象的规律。

2. 创新实验研究方法

英美学界的社交媒体研究（包括对中国社交媒体的研究）越来越多地使用比传统的社会科学研究更具科学性的实验方法，Keib K. 等的论文《想象一下：情感化图像对社交媒体新闻的关注、选择和分享的影响》（*Picture This*: *The Influence of Emotionally Valenced Images*, *On Attention*, *Selection*, *and Sharing of Social Media News*）指出，很少有学者探讨社交媒体新闻如何被用户查看与评估、选择与共享，因此作者利用"眼动跟踪实验法"（eye-tracking experiment）调查了用户查看新闻的方式，以及新闻对用户情感价值和注意力造成的影响。其使用的研究方法对于分析图像在社交媒体传播环境中的价值

---

① Tsay-Vogel, M., Shanahan, J. & Signorielli, N., Social media cultivating perceptions of privacy: A 5-year analysis of privacy attitudes and self-disclosure behaviors among Facebook users, *New Media & Society*, 2018, 20（1）.

② Bright, J., Explaining the Emergence of Political Fragmentation on Social Media: The Role of Ideology and Extremism, *Journal of Computer-Mediated Communication*, 2018, 23（1）: 17–33.

与影响力具有重要意义。①

Emily Lowe-Calverley 和 Rachel Grieve 认为图像已经成为 Facebook 用户展开社交活动的关键因素，因此有必要对用户的图像编辑行为及其意图进行研究。作者采用"计划行为理论模型"（Theory of Planned Behaviour model）对用户编辑意图的多个变量，即用户的态度、主观规范和对感知行为的控制进行了分析。②

3. 大数据分析方法

推动社会科学研究领域变革的重要因素之一就是每一个研究领域越来越多地依赖信息化。对于社会科学而言面对的是丰富多彩的现实社会，使用科学工具来模拟现实，来抓取数据，并进行统计和计算，这使得社会科学越来越向自然科学靠拢，③ 在此情况下，研究者面对的不同于传统方法搜集到的数据更加具有多样化和高细密度，这必然对研究产生较大程度的影响，对传统社会科学构成挑战。

英美学界尝试用大数据方法分析庞大的社交媒体传播内容、传播行为特征，但总体来看，英美学界运用数据挖掘法的研究相对较少。能够找到的例子不多。Liang Yuhua 和 Kerk F. Kee 的《开发和验证在社交媒体上传播信息的 A-B-C 框架》（*Developing and validating the A-B-C framework of information diffusion on social media*）一文，运用大数据方法搜集了 2013 年某大学发布的所有 Blog 文章，通过对这些文章的内容分析，发展并检验了信息扩散理论的研究框架，并赋予其在社交媒体环境中的适用性。④ Yunya Song 等的《并非所有的情

① Keib, K., Espina, C., Lee, YI., Wojdynski, BW., Choi, D. & Bang, H., Picture This: The Influence of Emotionally Valenced Images, On Attention, Selection, and Sharing of Social Media News, *Media Psychology*, 2018, 21 (2): 202–221.

② Lowe-Calverley, E. & Grieve, R., Self-ie love: Predictors of image editing intentions on Facebook, *Telematics and Informatics*, 2018, 35 (1): 186–194.

③ 米加宁、章昌平、李大宇、林涛：《第四种研究范式：大数据驱动的社会科学研究转型》，《学海》2018 年第 2 期。

④ Liang, Y. H. & Kee, K. F., Developing and validating the A-B-C framework of information diffusion on social media, *New Media & Society*, 2018, 20 (1): 272–292.

感都是平等的：网络公众在中国社交网站上的表达行为》（*Not all emotions are created equal*：*Expressive behavior of the networked public on China's social media site*）一文，则以微博作为研究对象，以乌坎事件和海门事件为例，把数据挖掘与社会网络分析相结合来研究网络讨论的结构和内容。① Jingrong Tong 和 Landong Zuo 的《微博传播与中国政府合法性：两起群体性事件微博信息的计算机辅助分析》（*Weibo communication and government legitimacy in China*：*a computer-assisted analysis of Weibo messages on two "mass incidents"*）认为，使用计算方法实时搜集的数据是独特的和不可复制的。278980 个微博的计算机辅助分析概述了微博事件中出现的在线话语的主要主题②。

还有学者分析社交媒体中的科学传播。武汉大学管理学院和北卡罗来纳大学教堂山分校（University of North Carolina at Chapel Hill）的 Houqiang Yu 进行合作研究，他们的《全球科学在本地替代指标：微博及其与 Twitter 的比较》（*Global science discussed in local altmetrics*：*Weibo and its comparison with Twitter*）基于 Altmetric. com 提供的 440 万条记录里的内容分析表明，科学类内容的微博的共同动机是传播或讨论文章，因为它们是有趣的、令人惊讶的、学术上有用的或实际有用的。文章结论是科学类内容是微博中被提及最多的元素。此外，与 Twitter 不同的是，微博用户更喜欢传统的知名期刊。③ 武汉大学测绘遥感信息工程国家重点实验室、美国圣地亚哥州立大学地理系联合研究，采用全面的大数据过滤程序监测大城市空气质量的动态变化。在数据搜集阶段，他们利用新浪 API 和网络爬虫模拟了

---

① Song, Y., Dai, X. Y. & Wang, J., Not all emotions are created equal：Expressive behavior of the networked public on China's social media site, *Computers in Human Behavior*, 2016, 60：525 – 533.

② Tong, J. & Zuo, L., Weibo communication and government legitimacy in China：a computer-assisted analysis of Weibo messages on two "mass incidents", *Information, Communication & Society*, 2014, 17：1, 66 – 85. DOI：10. 1080/1369118X, 2013, 839730.

③ Yu, H., Xu, S., Xiao, T., Hemminger, B. M. & Yang, S., Global science discussed in local altmetrics：Weibo and its comparison with Twitter, *Journal of Informetrics*, 2017, 11（2）：466 – 482.

一种"高级搜索"，从关于"空气污染"的社交媒体信息上搜集详细数据。将"空气污染"作为关键词，"北京"作为用户注册地，获得 2012 年 1 月 1 号到 2013 年 12 月 31 号之间的社交媒体帖子。他们通过这种搜集方法获得了总共 179316 条微博信息。每条信息都包括发帖时间、发帖文本、注册地点、转发信息和来源。①

Isaac Chun-Hai Fung 等在《中国社交媒体对 MERS-CoV 和 H7N9 禽流感疫情的反应》[*Chinese social media reaction to the MERS-CoV and avian influenza A（H7N9）outbreaks*] 中研究了社交媒体数据搜集和可视化呈现，微博数据由香港大学的微博项目搜集。该项目的主要目标是开发一个数据搜集和可视化系统，以便更好地了解中国的微博。该项目利用新浪微博提供的应用程序编程接口（API）功能，系统地搜索新浪微博用户数据库，生成了约 35 万微博用户索引列表。其入选标准则是那些拥有至少 1000 个粉丝的用户。② Wentao Han 等的论文《微博与 Twitter 的比较分析》（*A Comparative Analysis on Weibo and Twitter*）用大数据研究了微博的结构特点，研究者抓取了一个近乎完整的微博用户网，这个网在 2013 年就有多达 2.22 亿个用户和 270 亿个链接。此文通过这些数据分析了微博的结构特点，并将其与 Twitter 用户网络进行比较后认为，微博用户的多样性指数和基尼指数较高，但多数节点的互惠性和聚类系数较低，微博的互惠性程度仅是 Twitter 用户网络的四分之一；研究还发现，微博的使用率与经济发展呈正相关，微博网络可以用来量化中国各省和地区之间的联系，为此，他们开发了一

---

① Jiang, W., Wang, Y., Tsou, M. H. & Fu, X., *Using Social Media to Detect Outdoor Air Pollution and Monitor Air Quality Index（AQI）: A Geo-Targeted Spatiotemporal Analysis Framework with Sina Weibo（Chinese Twitter）*, DOI: 10.1371/journal.pone.0141185 October 27, 2015.

② Fung, I. C., Fu, K., Ying, Y., Schaible, B., Hao, Y., Chan, C. & Tse, Z. T., Chinese social media reaction to the MERS-CoV and avian influenza A（H7N9）outbreaks, *Infectious Diseases of Poverty*, 2013, 2: 31. http://www.idpjournal.com/content/2/1/31.

个交互式分析软件框架，并在线发布了数据和代码。① 由此可见，采用大数据研究优势明显，因其数据庞大、研究因素众多、分析过程复杂，而对于社交媒体的研究更深入、更全面、更系统，较大地提高了对于社交媒体认识的客观科学性。

第二节　英美学界中国社交媒体研究范式的共在与迭进

研究范式是指某一特定学科的科学家所共有的基本世界观，它是由其特有的观察角度、基本假设、概念体系和研究方式构成的，它表示研究者看待和解释世界的基本方式。② 这里涉及范式方法论问题，范式方法论（paradigm methodology）是指一些西方学者（包括受西方范式方法论影响的学者）借用范式（paradigm）这一范畴在对科学研究的理论基础进行探讨时使用的基本方法。

按西方的哲学传统划分有两种元范式。一种是客观主义元范式，是指人们旨在发现存在于人以外并为人所能看见的那个绝对的现实，去发现一种真理和一种历史和社会的现实。它所包含的实在论范式、唯理论范式、实证主义范式和逻辑实证主义范式，都试图寻求一种方法用看得见的事实和数据去揭示这个外部现实。这种范式主要适用于对自然世界的研究而不太适用于对社会世界的研究。另一种元范式是阐释学的元范式。这种范式所关注的是生活在这个世界中的人自身的意识和其他人意识的相互联系，以及这种意识的语言表达和理解的背景。这种范式认为人就是在生活之中去认识自身和认识世界的。这种元范式所包括的现象学范式、存在主义现象学范式、

---

① Han, W., Zhu, X., Zhu, Z., Chen, W., Zheng, W. & Lu, J., A Comparative Analysis on Weibo and Twitter, *Tsinghua Science And Technology*, 2016, 21 (1): 1 – 16.

② 袁方：《社会研究方法教程》，北京大学出版社 2011 年版，第 64—66 页。

解构主义范式、新实用主义范式和解释学的范式都与这种哲学传统有关。① 具体如下图所示。

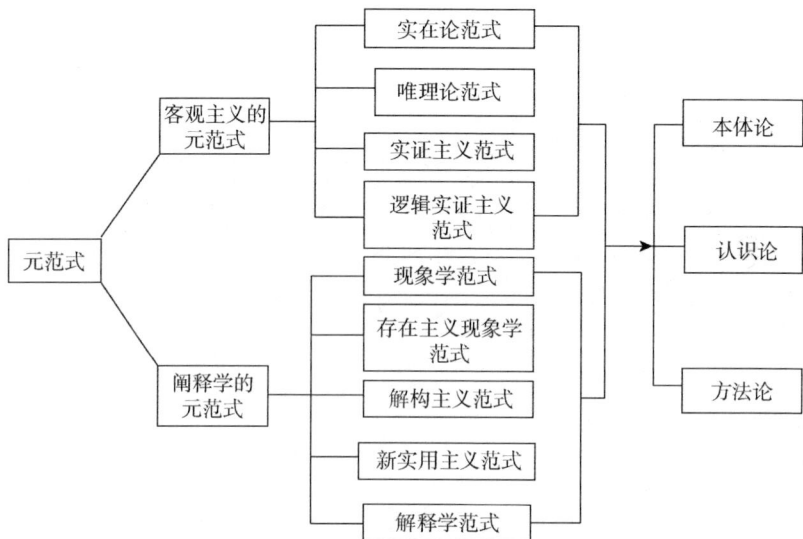

图 14　诺斯维尔的范式方法论思想①

　　不同研究领域具有差异性，在同一研究领域具有大致相同的研究立场、研究思路与研究方式。正如本书在第一章"英美学界社交媒体研究概况"中所说，英美学界社交媒体研究遵循着一条"科学革命"的路线，即客观主义的元范式。因而实证主义的范式目前占重要位置，偏重的是经验研究。对社交媒体的研究如此，英美学界中国社交媒体的研究也同样如此。与此同时，在这近 10 年的发展历程中，社交媒体研究逐渐尝试了若干对于传播学而言具有创新性甚至颠覆性价值的研究范式。这些研究范式在具体的研究实践中，已经对固有的研究方法和理论形成挑战，尽管对英美学界社交媒体研究的阶段划分，或许尚未达到能够推动"科学革命"的程度，但我

---

　　①　孙绵涛：《西方范式方法论的反思与重构》，《华中师范大学学报》（人文社会科学版）2003 年第 42 卷第 6 期。

们仍能在新近研究与过往研究的比较中，识别出"范式转型"的踪迹——既是观点上的，亦是方法上的。本节结合英美学界对中国社交媒体研究的实际，以及多种研究方式分类的比较，将相关研究归为以下四类研究范式，便于后续相关研究借鉴。

一 经验范式探索应用路径

有研究认为，经验科学是"'理论科学'的对称，指偏重于经验事实的描述和明确具体的实用性的科学，一般较少抽象的理论概括性。在研究方法上，以归纳为主，带有较多盲目性的观测和实验。'经验科学'亦称'实验科学'，是以实验方法为基础的科学"。[②]

英美学界对于中国社交媒体研究更多是经验范式的探索，为媒介技术的实际应用服务。中国人民大学与威斯康星大学麦迪逊分校（University of Wisconsin-Madison）的研究者 Dong Liu 和 B. Bradford Brown. 的论文《中国大学生社交网站自我披露、正反馈与社会资本》（*Self-disclosure on social networking sites, positive feedback, and social capital among Chinese college students*），通过对北京 3 所大学 264 名一年级学生的调查，考察了大学生社交网站上的自我展示与社会资本获取的直接相关性，就是以实用性为研究目的，借助于调查大学生使用社交媒体与社会资本获取的应用探索。[③] 社交媒体应用研究较大比例的研究都是经验研究范式，Qingwen Xu 和 Palmer Neal A. 的《中国农民工社区：社会网络、生活满意度与政治参与的关系》（*Migrant Workers' Community in China: Relationships among Social Net-*

① 孙绵涛：《西方范式方法论的反思与重构》，《华中师范大学学报》（人文社会科学版）2003 年第 42 卷第 6 期。

② 邓仲华、李志芳：《科学研究范式的演化——大数据时代的科学研究第四范式》，《情报资料工作》2013 年第 4 期。

③ Liu, D. & Brown, B. B., Self-disclosure on social networking sites, positive feedback, and social capital among Chinese college students, *Computers in Human Behavior*, 2014, 38: 213 - 219.

works，Life Satisfaction and Political Participation.）一文专门研究城市外来人口使用社交媒体保持原有关系，建立新关系功能的研究①，Hu Chuan 等在《实现自我和谐吗？研究为什么个人在社交网络平台上建立的感兴趣的社区中重建他们的虚拟身份》（*Achieving self-con-gruency? Examining why individuals reconstruct their virtual identity in communities of interest established within social network platforms*）一文中关注匿名环境中的社交媒体用户身份重建问题。② Chen Huan 和 E. Haley 的《中国社交网站在城市白领人群中的生存意义》［*The Lived Meanings of Chinese Social Network Sites（SNSs）among Urban White-Collar Professionals*］一文，揭示中国社交媒体在城市中存在的意义：在开心网分享信息，满足愉悦与归属的心理需求，以及社会互动的需求③。以上研究都是从经验角度探索社交媒体在不同领域的应用，较大程度上属于"结构—功能"研究范式。

二　理论范式探索传播规律

有学者研究认为，理论科学是"经验科学"的对称，指偏重理论总结和理性概括，强调较高普遍的理论认识而非直接实用意义的科学。在研究方法上，以演绎法为主，不局限于描述经验事实。④ 英美学界对中国社交媒体研究有一部分涉及规律性、学理性探索的属

---

① Xu，Q. & Palmer，N. A.，Migrant Workers' Community in China：Relationships among Social Networks，Life Satisfaction and Political Participation，*Psychosocial Intervention/Intervencion Psicosocial*，2011，20（3）：281 – 294.

② Hu，C.，Zhao，L. L. & Huang，J.，Achieving self-congruency? Examining why individuals reconstruct their virtual identity in communities of interest established within social network platforms，*Computers in Human Behavior*，2015，50：465 – 475.

③ Chen，H. & Haley，E.，The Lived Meanings of Chinese Social Network Sites（SNSs）among Urban White-Collar Professionals，*Journal of Interactive Advertising*，2013，11（1）：11 – 26.

④ 邓仲华、李志芳：《科学研究范式的演化——大数据时代的科学研究第四范式》，《情报资料工作》2013 年第 4 期。

于此类研究。

1. 技术因素制约传播行为特征研究。Chen Xiaoyu 的论文《在网络 2.0 时代微博与微信公共平台作为新闻传播渠道的比较》(*Comparison of weibo and wechat public platform as news delivery channels in web 2.0 era*) 提出，微博和微信公众平台上新闻官方账号的高度互动性和连接性，将受众的角色从被动的新闻读者变为到积极的信息搜寻者和讨论参与者①，Jie Xie 的研究指出：社交媒体不同于其他传播媒体，它具有垂直的单向传播特征，也具有横向的互动传播②。

2. 社会因素制约传播行为特征。Holmes 等从中国社会的文化传统与集体主义的价值观角度探讨中国社交媒体的特征，其《红包和微信：在线集体主义在中国大规模文化活动》(*Red Bags and WeChat (Wēixìn)：Online collectivism during massive Chinese cultural events*) 一文表明，中国微信平台不是西方民主的一种趋势，而更能体现中国传统价值观，如中国公民交流方式的平等意识等。同样，中国社交媒体不是西方文明理念的表达，本质上体现中国传统的集体主义精神③。

3. 社会文化制约传播行为特征。南卫理公会大学 (Southern Methodist University) 的 Linjuan Rita Men 和迈阿密大学 (University of Miami) 的 Wan-Hsiu Sunny Tsai 文章《点赞或关注之外：了解中国社交网站的公众参与度》(*Beyond liking or following：Understanding public engagement on social networking sites in China*) 认为，在以集体主义和高语境交流为特征的中国文化中，相比产品信息，个

---

① Chen, X. , Comparison of weibo and wechat public platform as news delivery channels in web 2.0 era, 2016.

② Xie, J. , *Self-presentation and gender of chinese overseas students on social media：a case study of sina weibo*, Mediakasvatus, 2014.

③ Holmes K. , Balnaves M. & Wang Y. , Red Bags and WeChat (Wēixìn)：Online collectivism during massive, Chinese cultural events, *ICSOC Workshops*, 2015, 9 (1)：12.

人更看重与公司和组织的关系。①

综上所述，类似的相关研究试图从纷繁复杂的现象中透视中国社交媒体传播规律的本质内蕴，不乏思辨性、学理性，具有理论范式的探究特征。

三 模拟范式用于仿真现实

社会科学研究的第三种主要范式是模拟仿真范式，所谓仿真研究范式，即是以计算机技术、统计科学、信息科学和控制技术等为基础，运用计算机编程模拟的方式，用虚拟的环境来模拟现实世界可能发生的现象、发展的状态，甚至用虚拟的方式来模拟对未来变化趋势的预测。仿真研究的方法论基础是建模仿真，借助这种仿真研究范式，基本解决了一些因现实世界中成本巨大或者根本不可能获得的研究和实施环境的问题。

美国东北大学（Northeastern University）的研究者 Eric Forbush 和 Brooke Foucault-Welles 在《在美国学习的中国学生社交媒体的使用和适应》（*Social media use and adaptation among Chinese students beginning to study in the United States*）的研究中利用抽样问卷调查了在美国学习的 120 名中国留学生，探讨利用社交媒体可能会对出国留学准备潜在的影响以及旅居者的社交网络是否有助于减少对海外生活的不确定性和模糊性。② 该研究通过一个分析模式图模拟中国留学术社交媒体使用与适应的路径。见图 15。

英美学界早期的一些研究表明，社交媒体与睡眠质量有关，Xianglong Xu 等将在中国年轻人中非常流行的微信与睡眠质量联系起

---

① Men, L. R. & Tsai, W. H. S., Beyond liking or following: Understanding public engagement on social networking sites in China, *Public Relations Review*, 2013, 39: 1 – 12

② Forbush, E. & Foucault-Welles, B., Social media use and adaptation among Chinese students beginning to study in the United States, *International Journal of Intercultural Relations*, 2016, 50: 1 – 12.

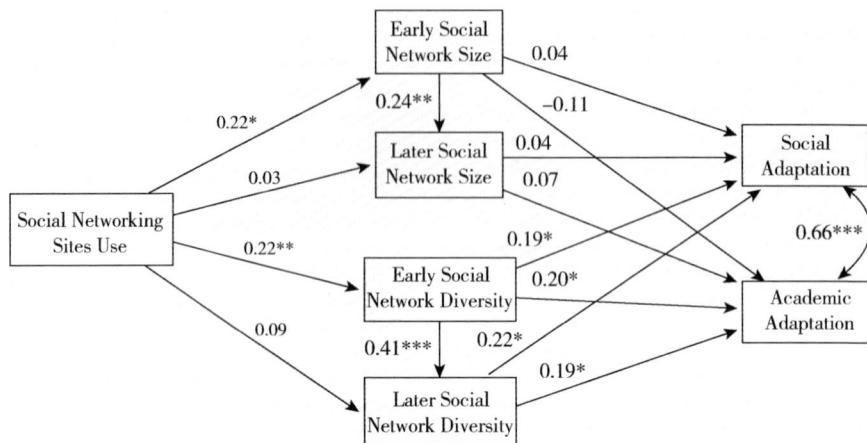

图15　中国留学生社交媒体使用与适应的路径分析模式图

来进行研究，力图对此观点进行验证，其论文《微信对重庆市大学生睡眠质量的影响：横断面研究》（*Influence of Wechat on sleep quality among undergraduates in Chongqing，China：a cross-sectional study*）采取横断式调查法，通过多阶段分层抽样，搜集了 1979 个符合资格的中国重庆的本科生数据（年龄 20.27 ± 1.26 岁），用匹兹堡睡眠质量指数（PSQI）测量他们的睡眠质量。将其中的社交媒体用户与非用户比较对照，探索微信与睡眠质量的关系①。

　　亚利桑那大学的研究者 Li Fan 等在《中文 web 2.0 社交媒体数据中的情绪分析：商业与营销相关的中文网络论坛实验》（*Analyzing sentiments in Web 2.0 social media data in Chinese：experiments on business and marketing related Chinese Web forums*）一文中认为，Web 2.0 带来了大量的用户生成的社交媒体数据，这些数据包含了人们对各种产品、服务和正在进行的社会和政治事件的看法和想法的丰富信

---

　　① Xu, X., Lin, Q., Zhang, Y., Zhu, R., Sharma, M. K. & Zhao, Y., Influence of Wechat on sleep quality among undergraduates in Chongqing, China：a cross-sectional study, *Springerplus*, 2016, 5 (1)：2066.

息，可以运用仿真模拟研究对这些信息进行有效的研究。①

四　创新范式用于合作研究

伴随社会发展和相关研究的技术进步，搜集和整理信息的方式发生巨大变化，进而带来研究范式的变化。大数据在社会科学研究领域的应用使社会科学研究正在经历从定性研究、定量研究、仿真研究向大数据研究的第四种研究范式转型。② 这些研究范式不是彼此替代的关系，而是依次叠加的变化趋势。

科学研究第四范式是针对数据密集型科学，由传统的假设驱动向基于科学数据进行探索的科学方法的转变。数据依靠工具获取或者模拟产生；利用计算机软件处理；依靠计算机存储；利用数据管理和统计工具分析数据。数据密集型科学的研究对象是科学数据，其研究对象确定为四类：即时搜集到的观察数据、源自实验室仪器设备的实验数据、源自测试模型的模拟仿真数据以及互联网数据。其中互联网数据指受信息技术革新的影响在互联网环境下而产生的大行为数据和大交易数据。大行为数据主要产生于社会网络中，例如 Twitter、新浪微博、虚拟社区等；大交易数据的产生主要基于电子商务的社会化。③这里的"大行为数据"对于社交媒体研究具有重要相关性。

英美学界对于中国社交媒体的研究也在不同时期出现不同的研究范式，对以大数据为基础的创新研究范式也有尝试。比如，由于微博服务的巨大普及，微博已经成为客户意见的重要来源。情感分析系统可以通过在海量微博中自动聚集和总结意见，为决策支持系统和决策

---

① Fan, L., Zhang, Y., Dang, Y. & Chen, H., Analyzing sentiments in Web 2.0 social media data in Chinese: experiments on business and marketing related Chinese Web forums, *Information Technology and Management*, 2013, 14: 231 – 242.

② 米加宁、章昌平、李大宇、林涛：《第四种研究范式：大数据驱动的社会科学研究转型》，《学海》2018 年第 2 期。

③ 邓仲华、李志芳：《科学研究范式的演化——大数据时代的科学研究第四范式》，《情报资料工作》2013 年第 4 期。

者提供有用的知识。情感分析系统最重要的组成部分是情感词典。然而，传统情感词典在微博情感分析方面的表现远远不能令人满意，尤其是对于汉语而言。Fangzhao Wu 等在论文《构建高质量的微博专属中文情感词典》（*Towards building a high-quality microblog-specific Chinese sentiment lexicon*）中提出用数据驱动的方法来建立一个高品质的微博特定情感词库的中文微博情感分析系统。该方法的核心是一个统一的框架，它包含三种情感知识，即从表情词中提取的单词情感知识，从所有的单词联想中提取的情感相似性知识。从现有情感词典中提取先验情感和先验情感知识。此外，为了提高情感词典的覆盖范围，研究者提出了一种有效的方法来检测微博中流行的新词，它不仅考虑词在文本上的分布，而且考虑用户的分布。在研究的情感词典中，研究者们在一个拥有超过 1700 万条信息的大型微博数据集上建立了一个微博特定的中文情感词典。两个微博情感数据集的实验结果表明，研究者发现的微博特定情感词典能够显著提高微博情感分析的绩效。[①] 微博平台已经成为客户意见和市场情报的理想来源。[②] 分析和总结这些大型意见丰富的微博中的情绪可以为公司和客户更好的决策提供有用的知识。[③] 大数据分析方法的应用在很大程度上提高了社交媒体中情绪分析的准确性，对于提高社交媒体研究效果具有较大的推动作用。

清华大学计算机科技系（Department of Computer Science and Technology, Tsinghua University）与加利福尼亚大学计算机科学与工程系（Department of Computer Science and Engineering, University of California）、温莎大学计算机科学学院（School of Computer Science,

---

① Wu, F., Huang, Y., Song, Y. & Liu, S., Towards building a high-quality microblog-specific Chinese sentiment lexicon, *Decision Support Systems*, 2016, 87: 39 – 49.

② Li Y. M. & Li T. Y., Deriving market intelligence from microblogs, *Decision Support Systems*, 2013, 55 (1): 206 – 217.

③ Hogenboom A., Heerschop B., Frasincar F., Kaymak U. & de Jong F., Multilingual support for lexicon-based sentiment analysis guided by semantics, *Decision Support Systems*, 2014, 62: 43 – 53.

University of Windsor）等机构的研究者利用各自学科优势、采用来自不同方面的数据，在合作研究《利用社交媒体检测室外空气污染、监测空气质量指数（AQI）：基于新浪微博的地理目标时空分析框架》［*Using Social Media to Detect Outdoor Air Pollution and Monitor Air Quality Index（AQI）: A Geo-Targeted Spatiotemporal Analysis Framework with Sina Weibo（Chinese Twitter）*］一文中发现：（1）微博和 Twitter 在大小、结构和影响上有许多相似之处；（2）"微博与 Twitter 在用户互动方式上有着本质上的不同"，"微博用户之间的互动要比 Twitter 要弱得多"；（3）"微博粉丝的不均等率也更大。"① 圣地亚哥州立大学（San Diego State University）和武汉大学的研究者合作探索真实世界和网络世界内在相关性。研究以北京为案例，抓取的数据与筛选过的信息和 AQI 指数密切相关，在一定程度上可以用它来监测空气污染动态变化。另外，通过信息数据的分析发现，社交媒体信息也可以被当做一种搜集公众空气污染认知的手段。因为公众对预防空气质量恶化、防护设备以及和空气污染相关的健康风险等信息十分在意。②

第三节　英美学界对中国社交媒体研究的方法及范式局限

英美学界利用西方的理论视角、研究方法及范式审视中国社交

---

① Han, W., Zhu, X., Zhu, Z., Chen, W., Zheng, W. & Lu, J., A Comparative Analysis on Weibo and Twitter, *Tsinghua Science And Technology*, 2016, 21（1）: 1 - 16.

② Jiang, W., Wang, Y., Tsou, M. H. & Fu, X., *Using Social Media to Detect Outdoor Air Pollution and Monitor Air Quality Index（AQI）: A Geo-Targeted Spatiotemporal Analysis Framework with Sina Weibo（Chinese Twitter）*, DOI: 10. 1371/journal. pone, 0141185 October 27, 2015.

媒体的现况及发展，取得了许多成果，其中也不乏真知灼见。但是，也显然存在不足。

经验科学与理论科学各有特征，却相互关联。正如袁靖华《生态范式：走出中国传播学自主性危机的一条路径》所指出："经验科学是理论科学的实践基础，重复实验直至完全准确，则形成了理论，如果理论从未被推翻，则形成定律。理论科学是经验科学的指导，经验科学是在已有的理论基础上进行实验的。两者是互相联系、互相补充、互相推进的。计算机科学是对经验科学和理论科学中的科学方法的补充和优化，而数据密集型科学是处理经验科学和计算机科学中出现的大数据处理问题，是对前三种科学的补充。"① 尽管英美学界对这些研究方法和范式都有涉及，但也表现出明显的偏好问题，其中有些已在前文提到，以下就最突出的问题做进一步的阐述。

一　功能主义研究范式的缺陷

功能主义研究范式也叫结构功能主义范式或社会系统理论，是将社会系统看作一个整体，各构成要素分别发挥各自功能，是早期社会学研究的经典范式，对于包括传播学在内的其他社会科学都具有重要的影响。在英美学界对中国社交媒体的研究中，多采用的是这一传统范式，之所以本书的第三章是对英美学界中国社交媒体传播系统特征研究的再研究、第四章是对英美学界中国社交媒体功能作用研究的再研究，正是基于英美学界研究的客观现状。但是，随着社会与学科发展，以结构功能主义为代表的旧范式，"已经不足以解释诸如社会不平等、环境灾难等一系列新的社会变化"。② 对于功能主义研究范式的质疑与反思越来越多。比如中国学者在探索研究

---

① 袁靖华：《生态范式：走出中国传播学自主性危机的一条路径》，《徐州师范大学学报》（哲学社会科学版）2010 年第 3 期。

② Scott，T.，Communication studies at the crossroads：What do we stand for？ *the International Communication Gazette*，2016，78（7）：726 – 730.

范式的自主性危机时提出，"必须反思这一西方主流范式存在的问题，讨论其他范式的可能性，并结合本土语境，创立原创的学科自主范式①。也只有超越这一主导范式，传播研究才可能将某种具有超越潜能的东方理论智慧和赵月枝所界定的'全球认知正义'②，赋予未来的理论工作"。③

对于研究范式危机的思考制约传播研究已经有一段时间了，当务之急是探索更好的研究范式。"对于长期以来占据传播学主导位置的经验研究和实证主义研究的批判，成为学界的共识。将这种美国主流范式的研究取向视作人类传播研究的价值和意义，被认为是当前学科危机和身份焦虑的重要原因。④从理论上讲，应用性研究领域的主导范式不可避免受权力宰制，而实证研究的缺陷，如忽视结构性、历史性因素，使得传播学将意识形态反思关在门外，难以拓展理论深度。"⑤

二　思辨研究范式的不足

社交媒体给中国社会带来的积极意义与消极影响都是客观存在的，于是，还有一部分学者将范式转换的希望投向批判学派，认为这一传统能促进研究议题在更广泛层面的对话。在经验主义依然主宰的背景下，应该重新寻找批判学派的精髓，包括它所展示的人文性方法论之可能性，以及传媒研究的哲学思考向度。不难

①　袁靖华：《生态范式：走出中国传播学自主性危机的一条路径》，《徐州师范大学学报》（哲学社会科学版）2010 年第 3 期。

②　胡正荣、姬德强：《反思与超越：中国传播学研究十年历程回顾》，《杭州师范大学学报》（社会科学版）2011 年第 5 期。

③　龙强、吴飞：《认同危机与范式之惑：传播研究反思之反思》，《国际新闻界》2018 年第 2 期。

④　孙玮：《为了重建的反思：传播研究的范式创新》，《新闻记者》2014 年第 12 期。

⑤　禹夏、曹洵：《对传播学研究主导范式的反思与批判——托德·吉特林〈媒介社会学：主导范式〉解读》，《国际新闻界》2014 年第 8 期。

发现，很多具有理论性或思想性的传媒研究，大多来源于批判理论学派。它的人文哲学传统和强烈的反思特色，从更加宏观的理论视野中关注到被经验主义研究所完全忽视或回避的问题。① 然而，批判研究恰是英美学界在研究中国社交媒体上的最大软肋，相关研究要么带有明显的意识形态偏向和政治意图，难以坚持客观、中立的学术立场，其研究的价值大打折扣，要么从本国商业利益出发，探索规律为本国发展服务。如佛罗里达大学和密苏里大学（University of Florida，University of Missouri）的研究者 Huan Chen 和 Ye Wang 的《连接还是断开：社交媒体上的奢侈品牌与中国女性消费者的解读》（Connecting or disconnecting：luxury branding on social media and affluent Chinese female consumers' interpretations）探索社交媒体传播西方奢侈品品牌时发现消费者认为西方奢侈品品牌的媒体广告保守、疏远、不活跃。基于以上发现，该研究建议，西方奢侈品品牌应该通过媒体广告提供更多的创意和娱乐价值，看起来更个性化、更贴近消费者，并在更高层次上吸引消费者。

该研究还提出，互联网打破了地理和时间界限，使得西方奢侈品牌能够与海外市场相连。在所有数码类广告工具中，社交媒体在中国市场上变得越来越重要。② 这样的研究只是从本国商业发展角度探索社交媒体的应用，缺少对消费社会本质的批判及反思，但类似有功利目的的研究比比皆是。这恰恰是与批判研究范式格格不入的。

社交媒体本身是一个新生事物，相关研究也是近十年才开始的，研究方法应该日新月异，不可否认也确实产生了新的研究范式。但是，总体看来，英美学界对于中国社交媒体研究是英美学者为主的

---

① 梅琼林：《透视传播学"范式之惑"—基于对"范式"概念的反思》，《现代传播》（中国传媒大学学报）2010 年第 9 期。

② Chen, H. & Wang, Y. , Connecting or disconnecting：luxury branding on social media and affluent Chinese female consumers' interpretations, *Journal of Brand Management*, 2017, 24：562 – 574.

研究主体，是处于西方学术立场的审视。也正是英美学界的主导立场，决定相关研究范式与方法更具有西方学术特征，即较多的实证研究，尽管他们的实证研究在选题依据、推衍结论、问题假设等方面也运用了大量的理论资源，但依然不能摆脱微观结构功能主义研究的窠臼，缺少批判学派的抽丝剥茧的分析和条分缕析的思辨。英美学界中国社交媒体研究在主体、方法与范式等方面的偏差，一定程度上制约了研究的深度、广度、信度和效度。

英美国家一直注重实用主义研究取向，或者是政治利益，或者是经济利益。在此语境下，研究方法主要采用实证主义研究方法，宏观的思辨性和批判性研究方法相对缺失。当然英美学者也有不少富于思考的创新研究，比如麻省理工学院教授雪莉·特克尔（Sherry Turkle）创造性地选用"实地考察"和"临床诊断"相结合的新思路，在《群体性孤独》中提出："我们为了连接而牺牲了对话。大家都熟悉这样的场景：家人在一起，不是交心，而是各自看电脑和手机；朋友聚会，不是叙旧，而是拼命刷新微博、微信；课堂上，老师在讲，学生在网上聊天；会议中，别人在报告，听众在收发信息。所有这些现象都可以归结为'群体性孤独'。我们期待他人的少，期待技术的多。"[1] 像作者这种重新认识社交媒体的社交功能的审思精神和批判态度在对中国社交媒体的研究中是比较少见的。

阿多诺（Theodor Wiesengrund Adorno）对于媒介技术表露出一种悲观、失望的情绪。他认为批量化、标准化的工业生产方式会使艺术品变成一种标准化、统一化、伪个性化的商品。社交媒体的产生和发展在很大程度上实现了个性化传播，丰富了传播形态，也带来了人的思想解放，与此同时，对社交媒体的研究也应该是方法、范式乃至观点更加百花齐放，产生出更多深层次思考人类前途和命运的思想和卓见。但是英美学界的研究主流则使人遗憾。杜威从艺

---

① ［美］雪莉·特克尔：《群体性孤独》，周逵、刘菁荆译，浙江人民出版社2014年版，第28页。

术传播角度探索发现："只要经济利益能够产生力量，只要公众还没有定位和识别自己，为了这些利益"，特殊利益群体就会用"最有效控制政治行为的路径，就是控制思想"①。如果不反思、不自省这些研究的局限，最终宣称"学术自由"的英美学界依然难以摆脱被"控制"的状况而实现不了真正的学术独立。为此，本书的第七章将尝试借鉴比较研究的质性方法，从西方所谓的中国学的角度来研究英美学界（西方学界）的他者视角对我国本土研究的启示。

---

① ［美］约翰·杜威：《杜威全集·晚期著作（1925—1953）·第二卷（1925—1927）》，张奇峰、王巧贞译，华东师范大学出版社 2015 年版，第 280 页。

第 七 章

中国社交媒体研究的中西比较
及他者视角的本土启示

以上各章节从纵向和横向呈现了英美学界对中国社交媒体研究的基本轮廓，这些研究可谓是本土学界不可多得的一面"他者之镜"。当然，作为"自我"的英美学界不可避免地会依据其特定的话语模式和知识框架对中国社交媒体进行学术生产，这个"异己"的学术体系，既有客观的、中肯的研究，也注定会得出与国内研究者不尽相同的观点和结论，甚至会出现扭曲、误读、过度阐释、伪造臆测等所谓"东方学"和学术话语霸权的现象。

实际上，中美社交媒体的比较研究已经在英美学界展开，例如，美国密歇根州立大学的 Linda A. Jackson 等就发表了《社交网站使用中的文化差异：中国与美国的比较研究》（*Cultural differences in social networking site use：A comparative study of China and the United States*），这项研究比较了社交网站（SNS）在中国的集体主义文化中的使用和在美国的个人主义文化中的使用，揭示了双方在社交媒体使用中的文化差异。① 英国牛津大学的吉莉安·博拉迪（Gillian Bolsover）发表的《和谐的社群主义或理性的公共领域：对微博和 Facebook 上

---

① Jackson, L. A. & Wang, J. L., Cultural differences in social networking site use：A comparative study of China and the United States, *Computers in Human Behavior*, 2013, 9 (3)：910 – 921.

新闻报道评论差异的内容分析》（*Harmonious communitarianism or a rational public sphere: a content analysis of the differences between comments on news stories on Weibo and Facebook*），文章指出："互联网是在美国发明的，它是在西方的背景下开发和成熟的。作为其发展的一部分，隐私和言论自由等重要的美国价值观已被纳入互联网的代码和结构之中。无论技术使用的条件如何，互联网作为一项自由传播技术的话语已被世界各地的大多数互联网用户所接受。然而，尽管西方国家在塑造互联网价值观方面有影响，但这些国家的用户不再支配全球互联网。中国在 2008 年超过美国，成为全球互联网用户人数最多的国家，亚洲的用户现在几乎占世界互联网人口的一半。"但是，"在研究中国的在线政治交流时，许多研究人员运用西方（特别是公共领域）的理论，而没有质疑他们在中国的适用性"。"基于这些研究结果，我提出未来的研究应该尝试根据对社会中实际产生、传播和接受的政治观点的理解来建立更合适的理论，而不是继续应用外国或过时的理论框架，而不对它们适用的应用环境进行严格的审核。"①

本书认为，我们需要对英美学界的关于中国社交媒体的研究细加甄别：一方面要揭示其学术偏见及其背后的价值立场，另一方面也要去芜存菁，以"拿来主义"的态度，汲取其合理成分，以达到"洋为中用""师夷长技"的目的。英美学界作为中国国内学术体系的一面"他者镜像"，不可避免地与本土学术之间存在相当的差异，但差异越大越值得去探一究竟。因此本章将通过中西平行比较和批判分析等环节，总结提炼英美学界对于中国本土学术研究（学界）和社交媒体产业发展（业界）的启示，并初步探讨这面"他者镜像"对当下中国新闻传播学界正热切关注的"华夏传播学"的建构

① Bolsover, G., Harmonious communitarianism or a rational public sphere: a content analysis of the differences between comments on news stories on Weibo and Facebook, *Asian Journal of Communication*, 2017, 27（2）: 115 – 133. ISSN 0129-2986https: //doi. org/10. 1080/01292986. 2016. 1214743.

问题可能会带来怎样的意义和价值。

第一节　中国社交媒体研究的中西平行比较

通过对英美学界关于中国社交媒体研究的整理再现，不难得出一个结论：这些研究在问题意识、方法学理、观点结论等方面，虽然不乏中肯之论，但是总体而言，不少研究与中国本土学界大相径庭，甚至不乏扭曲和误解现象，因此国内学界其他邻近学科在"取其精华"的同时，一般对于"他者"的研究都采取审慎而警惕的批判态度，并围绕这一点形成了比较成熟、系统的观点和批评资源，这些资源在很大程度上都可以酌而用于英美学界关于中国社交媒体研究的本土"再研究"，从而提高本书的认知水平和理论高度。

这也就意味着，在如下有关中国社交媒体的中西比较研究实践中，我们将"取道"西方中国学的一般研究结论来批判性地审查和反思"他者"的相关研究，奠基于此，比较研究以及本土启示价值的再发掘才不至流于虚幻和偏狭。

从方法论的角度来说，比较研究是一种脱胎于比较文学（comparative literature）的方法系统，该系统自 19 世纪中期在法国诞生以来，渐次发展出了法国学派、美国学派和中国学派三个主导性的历史阶段，比较研究的技巧和方法不断被补充完善，比如影响研究、平行研究、跨文化研究、变异学研究等，迄今已经形成了融通东西、内涵丰富、体系庞杂的知识系统。[①] 本书在关于中国社交媒体的中西比较方面将借用比较文学和跨文化研究等领域比较成熟的方法和理念，这将有助于得出客观公允的结论。需要强调的是本章的比较研究不同于第五章"英美学界对中美社交媒体的对比研究"。

---

① 曹顺庆主编：《比较文学教程》，高等教育出版社 2008 年版，第 14 页。

第五章是对英美学界的中美社交媒体的对比研究，学术场域仅限定在英美学界，其研究对象是他者（英美学界）对中美的对比研究文本，换句话说，进行"对比研究"的不是本研究者，而是原本存在的研究对象所采取的一种研究手法（还谈不上是严格意义上的比较研究方法）。而本章的比较则是笔者借鉴和采用比较文学平行研究的方法系统，将研究对象设定为中国学界与英美学界这两大学术场域中各自从宏观、总体上探索本土研究与他者研究的一般特征和规律的同与异，探究其内在深层次机理，从而为中国本土学界相关研究的深入发展寻找到更多的学术启示，激发出更多的学术想象。

一　平行比较的原则

在对中国社交媒体进行中西比较研究之前，我们需要明确"平行研究"的基本准则，以免限于混乱和盲目比较。概言之，我们在此将要进行的平行比较研究需要遵循以下三个基本原则。

首先，中西比较的对象和范围不宜过于宽泛，尤其不能在细枝末节问题上大做文章，造成整体结构上的偏转和倾斜，以致得出片面性的结论。鉴于此点，本书倡行"抓大放小"的原则，只进行主流学界之间的对比，而且要立足于实证性的文献资料，在中西方具有代表性的研究成果之间进行对话，这将在很大程度上确保比较结果的科学性和公正性。

其次，在研究策略上，力避经院哲学式的烦琐主义，对于双方主流学界的代表性成果，不主张针尖对麦芒式的一一对比，而是"大处着眼，小处着手"，将各自的研究在整体上进行系统化和特征化，然后以具体的差异作为细节补充，采取一种宏观和微观相结合同时"自上而下"的比较策略。其优点在于，避免细碎化，同时不忽略有价值的细节性问题，强调对中西方研究成果的整体把握和结构性审视。

最后，在比较理念上，根据比较文学的成熟观念，本书不拟采用二元论和本质主义的思维方式，将本土研究和英美学界划分为决然对立的不同阵营，然后推导出一种带有评比性的优劣高下之别。这种做法在比较文学中已被证实是相当过时和保守主义的，正如法国著名汉学家弗朗索瓦·于连（Francois Jullien）所说，"我不认为能够把书页一分为二：一边是中国，另一边是希腊。或毋宁说，我相信声称能一下子解决差异的突出类型只会导致差异的索然无味。因为意义的谋略只有从内部在与个体逻辑相结合的过程中，才能被理解"。① 国内学者乐黛云先生对此的解释是，于连主张"不再用主客二分的方式把中国和西方作为独立于主体的固定对象来进行分析，……（因为）中国或西方文化都不是一成不变的，它必然根据'个体'（主体）的不同理解而呈现出不同的样态，因此，理解的过程也就是重新建构的过程"。② 这一过程对于解释者显然提出了一种道义上的要求，它实质上指明了比较研究的基本理念，即严格的自我和他者之别事实上都是不存在的，现代世界关系并非彼此隔绝的"我和他"的关系，而是马丁·布伯（Martin Buber）所理解的带有"主体间性"意味的互相融入的"我和你"的关系。基于这样的关系，比较研究不是审判和裁决，而是互为镜像，协同共进。

二　体量及范围

根据上述原则，对于中国社交媒体研究的比较研究，可以首先从研究体量与范围入手。也即关注国内与英美学界宏观上对于中国社交媒体在研究规模、考察视野、问题意识以及聚焦主题等方面的差异。

英美学界关于社交媒体问题的研究开始于 2007 年，通过对三大

---

① ［法］弗朗索瓦·于连：《迂回与进入……前言》，杜小真译，生活·读书·新知三联书店 2003 年版，第 4 页。

② 乐黛云：《迎接汉学研究的新发展》，《中国文化研究》2000 年第 3 期。

主流学术数据库的统计分析发现，截至 2018 年 7 月 3 日，共检索到 4269 篇相关英文论文文献。① 同时，在 EBSCO 数据库中对英美学界社交媒体研究相关专著进行检索。截至 2018 年 7 月 3 日，共检索到 362 本英文专著。此外，在 ProQuest 学位论文数据库中对英美学界社交媒体研究相关硕博士学位论文进行检索，截至 2018 年 7 月 3 日，共检索到 415 篇英文硕士论文与博士论文。② 这一学术群体从 2008 年开始关注中国的社交媒体问题，也即将"中国学"的视野延伸到社交媒体问题域中；近十年来，共发表学术论著 250 篇以上③，占整个西方学界关于社交媒体研究总量的 5% 左右，这一数字足见英美学界对中国社交媒体的重视程度。值得一提的是，在这些研究成果中，华裔学者（包括第一作者）的比例强于三分之一。如此之多的研究者有中国血统，说明世界学术已经被广泛渗入了华人的力量，全球学术体系已不能被绝对切割成"自我"和"他者"的二元关系，尽管这些研究者不得不遵循一定的西方学术规范和理念，但这种情形对于研究成果的客观性和语境化还是能起到一定的保障作用。

上述结论在其他学者的研究中也可以得到部分证实。比如，国内研究者通过对 2006—2017 年全世界范围内关于社交媒体研究的统计发现（见下图，作者未单独统计西方学界关于中国社交媒体的研究文献），中国学者在社交媒体领域总的发文量已经跃居世界第三，仅次于美国和英国这两个主要的英语国家，紧随其后的则是澳大利亚、加拿大等同样以英语作为官方语言的国家。④ 这说明将中国本土与英美学界进行对比在可比性方面是没有问题的，中国学术在世界上已经发出了声音。

---

① 其中部分篇目见附件 3。
② 见第一章。
③ 见附件 4、附件 5。
④ 叶菁：《国际领域"社交媒体"主题的研究格局与学术演变——基于 2007—2016 年的文献分析》，《浙江树人大学学报》2018 年第 1 期。

表5　　　　　　2006—2017 年国内外关于社交媒体的研究论文统计①

序号	国家或地区	文献量（篇）	序号	国家或地区	文献量（篇）
1	美国	1089	9	西班牙	69
2	英国	254	10	意大利	60
3	中国	240	11	新加坡	39
4	澳大利亚	167	12	瑞典	37
5	加拿大	114	13	法国	36
6	荷兰	88	14	芬兰	34
7	韩国	83	15	比利时	33
8	德国	77	16	丹麦	32

　　反观中国本土，截至 2017 年，通过对 CNKI 的对应性检索，一共发现有高水平（CSSCI 期刊及以上）学术论文 812 篇，其中真正学术性的探讨开始于 2009 年，仅比英美学界晚一年，数量规模英美学界是国内学界的 6.2 倍左右。但是，如果仅就"中国社交媒体研究"这个具体的研究领域来说，即刨除中国本土学者对西方社交媒体（包括 Facebook、Twitter 等）和关于社交媒体的一般性（无国界）研究（总和约占一半）之后，事实上，在该领域，国内学界相较于英美学界并未投入比较显著的力量，至少未见数量级的差异，尽管社交媒体在中国人的现实生活中炙手可热。

　　尤其值得一提的是，国内和英美学界在社交媒体研究的整体发展趋向上存在较大差异，后者从开始着手研究至今一直保持着较大规模的增幅，而中国本土则在 2013 年达到顶点（140 余篇）之后不断下滑，2017 年只相当于 2011 年的水平，发文量在 80—100 篇徘徊。这种倾向比较值得反思，它再次说明，在社会生活中比较热的话题，国内未必转换成了对等的学术热情。

　　从问题意识和研究议题上来看，首先必须指出，英美学界探究中国的社交媒体必然立足于其特定的知识框架来建构研究对象，也

____

① 叶菁：《国际领域"社交媒体"主题的研究格局与学术演变——基于 2007—2016 年的文献分析》，《浙江树人大学学报》2018 年第 1 期。

即是说，该学术群体的问题意识并非自然生成的，而是在相当程度上受制于西方中国学既定的研究路线和学术话语规制，从而生发出特定的关注主题或聚焦点。从这种建构性的思维来看，英美学界的研究本质上是一种模型化的学术再生产的结果，这一点务需明确。对于这些结果，经过总结提炼，可以在整体上划分为八个板块，分别是中国社交媒体的传播模式和传播特征研究、中国社交媒体的文化特征研究、中国社交媒体对公众参与社会事件的影响研究、中国社交媒体政治传播研究、中国社交媒体对人际传播与用户行为的影响研究、中国社交媒体对新闻内容生产的影响研究、中国企业社交媒体研究。这八个部分涵盖了中国社交媒体的传播特征、文化分析、政治传播、公共领域、用户行为与心理、媒介融合、社会资本、商业实践等多个重点领域，在内容上可以说相当系统而完备。

回到国内学界，毫无疑问，本土研究者首先面临的问题同样也是在学术意义上重建研究对象，这也正是前述中国学界和社会聚焦点冷热不平衡的一个重要原因。从学理上来说，这一过程也符合法国社会学家巴什拉（G. Bachelard）所谓的"反思社会学"的基本前提："既然科学不是常识的延续或精致化，那么，构成科学研究对象的那些现象就不是想当然地'在那儿'，而是科学家……建构的结果。"① 这里的科学主要是社会科学，当然也包括新闻传播学。总结发现，中国本土的社交媒体研究主要聚焦于以下九大问题，即中国社交媒体概念辨析与分类、中国社交媒体的传播学特点与模式、中国社交媒体舆情管理与政治传播、中国社交媒体隐私保护与自拍文化、中国社交媒体用户使用行为与心理、中国社交媒体对新闻内容生产的影响和改造、中国社交媒体的商业化运用实践、中国社交媒体与社会资本和人际影响、中国社交媒体与市民文化和

---

① 杨善华、谢中立主编：《西方社会理论·下卷》，北京大学出版社 2006 年版，第 158 页。

公共领域问题。

应该说，单从议题设置上来看，本土研究和英美学界并没有体现出非常显著的差异，中国关注的问题，西方也有不同程度的关注，这说明中西方学界实质上在共享同一套知识框架，两者之间显然存在可资对话和交流的基本前提。但是，必须要说明的是，首先，中西方学界在中国社交媒体的关注主题上绝非完全一致，差异不容忽视，比如社交媒体舆情问题在中国是一个热门话题，而在英美学界直接针对性的研究（指"中国社交媒体舆情研究"）则比较少见，但对与其相近的政治传播问题则兴味盎然；① 再比如关于社交媒体的人际传播研究，通过 EBSCO 检测西方学界自 2010—2015 年 5 年间共发现论文 55 篇，但"没有发现任何经由微信、微博、优酷进行的人际传播的研究成果"，而且"来自华人地区的学者仅有一位，未有来自中国大陆的学者"，"两相对比，中国的社交媒体人际传播的实践可谓洋洋大观，但相关领域的研究成果却乏善可陈"，因为"相关研究（者）真的很少"。② 此外，英美学界似乎热衷于在诸如同性恋、HIV、禽流感甚至微博大 V 抑郁症等在本土研究中比较边缘的问题上大做文章，③ 这种问题意识显然受到文化研究和后现代主义学术风

---

① 参见 1，Eric Harwit，WeChat：social and political development of China's dominant messaging app，Chinese Journal of Communication，10：3，312 – 327. DOI：10.1080/17544750. 2016. 1213757，2017，To link to this article：https：//doi. org/10. 1080/17544750，2016. 1213757；Jingrong Tong & Landong Zuo，*Weibo communication and government legitimacy in China：a computer-assisted analysis of Weibo messages on two "mass incidents"*，Information，Communication & Society，17：1，66 – 85. DOI：10. 1080/1369118X，2013，8397302014，To link to this article：https：//doi. org/10. 1080/1369118X. 2013，839730.

② 胡春阳：《经由社交媒体的人际传播研究述评——以 EBSCO 传播学全文数据库相关文献为样本》，《新闻与传播研究》2015 年第 11 期。

③ 参见 1，*Exploring the destigmatizing effect of social media on homosexuality in China：an interpersonal-mediated contact versus parasocial-mediated contact perspective*，Asian Journal of Communication，ISSN：0129-2986（Print）1742-0911（Online）Journal homepage：http：//www. tandfonline. com/loi/rajc20，2，*Chinese social media reaction to the MERS-CoV and avian influenza A（H7N9）outbreaks*，Fung et al. Infectious Diseases of Poverty 2013，2：31 http：//www. idpjournal. com/content/2/1/31.

气的影响，意图从边缘问题抵近中国政治焦点（下详），但是国内很少有对应研究。

其次，表面的趋同，并不意味着实质亦然。这两个不同的学术体系在共同的议题上立足于各自特定的考察视角，可能会发出全然不同的声音，而且在研究导向、侧重点、观点结论等方面也同样会迥然有异。

三　导向与侧重点

这里所谓的研究导向是指研究者对于其研究议题所遵循的价值引导原则，它可以用学理性和应用性两个宏观的指标来衡量。不同的导向类型也意味着研究侧重点的差异。

我们先以国内学界比较热门的社交媒体舆情研究为例来说明这种差异。李彪、郑满宁研究发现，当代中国"进入社交媒体时代后，社会舆情的整体研究呈现出多元化的趋势，但从整体现状尤其价值取向上看，可以概括出基本特征如下：'学'为末，'术'为主，'策'为上"。也即是说，目前大陆学界关于社交媒体网络舆情的"学术理论体系和公认的学科研究范式尚未形成，……探讨的问题多是基于实用主义的角度展开，学术性有待提升"；这种"实用主义"一方面体现在舆情监测技术和数据抓取的探讨上，尤其"'大数据'概念的走红吸引了很多社会资本和学术力量进入网络舆情监测领域，各种舆情的监测手段也开始'高歌猛进'"，造成"技术至上"，成为舆情研究的主要议题；另一方面，"目前的舆情研究主要体现在对策和策略研究上，主要是为政府或企业舆情应对而进行的研究"，表现在，"政府为了维稳和缓解民情压力，将舆情作为'政治采风'手段；……风险社会来临，政府和企业的声誉成为一种易碎品，均希望通过舆情信息采集进行未雨绸缪"。[①] 无疑，对于社交媒体舆情

---

① 李彪、郑满宁：《社交媒体时代的网络舆情——生态变化及舆情研究现状、趋势》，《新闻记者》2014 年第 1 期。

研究的实用主义思维方式是中国本土学界的一大特点，这种研究模式不是以学术为本位和学理性探讨，而是强调技术和策论研究，体现了一种学以致用、通过针对性分析提出对策以干预现实的价值取向。

上述研究结论在其他研究者那里得到了进一步证实，而且这一过程恰好在中西方比较研究的框架中展开。王晰巍等研究者通过对中国本土和英美学界各自的主流学术数据库检索对比发现，"从研究热点看（详见下图），国外研究主要围绕社交媒体环境下的网络舆情用户行为、不同社交媒体的舆情传播、社交媒体网络舆情传播模型和社交媒体网络舆情信息传播特征；国内研究主要围绕网络舆情信息传播、社交媒体网络舆情演化规律、社交媒体突发事件网络舆情和社交媒体环境下的网络舆情预警机制"。① 相较于西方社交媒体舆情研究对于传播模型和传播信息特征的关注，以及不同社交媒体的舆情传播特点等研究，② 中国的社交媒体舆情研究则更多地指向了突发事件和舆情预警机制，而且可以想见，即便是对于舆情传播规律的研究，也大都服务于这一目的。这就说明，相较而言，中国的社交媒体研究不仅倾向于应用导向，而且倾向于服务于国家的政治方略，带有一定的"咨政策论"倾向，与西方的"专业立场"有较大差异，尽管后者在有关中国社交媒体问题上也依然体现出了不同性质的政治性（见图16，图17）。

当然，本土学界和英美学界关于社交媒体研究在价值导向和侧重点上的差异绝非仅仅体现在以上议题中，比如对于中国社交媒体与社会资本之关系的研究，在中国比较火热，笔者至少搜集到十篇

① 王晰巍等：《社交媒体环境下的网络舆情国内外发展动态及趋势研究》，《情报资料工作》2017 年第 4 期。

② 参见 Gary King, *Harvard University Jennifer Pan, Stanford University, Margaret E. Roberts University of California, San Diego*：*How the Chinese Government Fabricates Social Media Posts for Strategic Distraction, Not Engaged Argument*, American Political Science Review, 2017, 111（3）：484 – 501.

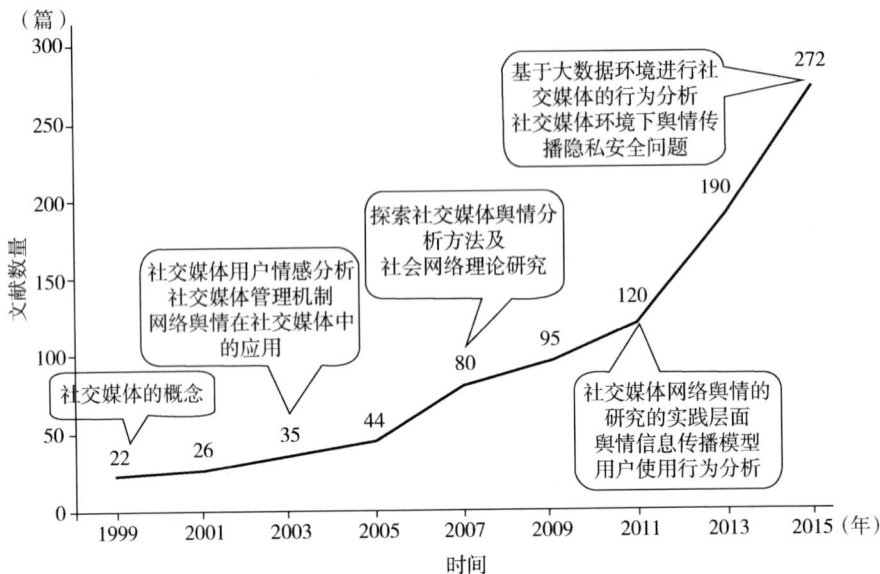

图16 英美学界中国本土社交媒体网络舆情研究文献统计①

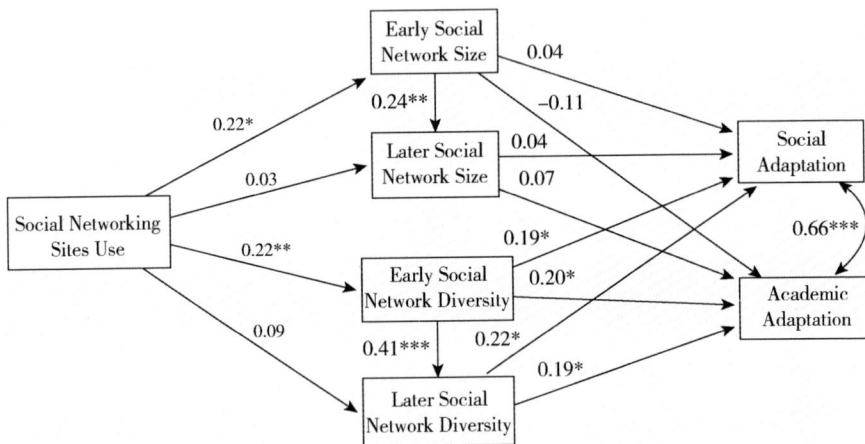

图17 中国本土社交媒体网络舆情研究文献统计②

---

① 王晰巍等：《社交媒体环境下的网络舆情国内外发展动态及趋势研究》，《情报资料工作》2017年第4期。

② 王晰巍等：《社交媒体环境下的网络舆情国内外发展动态及趋势研究》，《情报资料工作》2017年第4期。

相关论文，但英美学界反应相对冷淡，只有两篇专题讨论。之所以出现这种情形并非偶然，其中一个重要的原因是可以通过对社交媒体的研究分析来有效利用各种"中国式关系"资源，包括人际交往、商业运作和国家治理等。这从下述论文标题中便可以看出：《"点赞"还是"评论"？社交媒体使用行为对个人社会资本的影响》（周懿瑾、魏佳纯，载《新闻大学》2016 年第 1 期）、《社交媒体的使用效果：社会资本的视角》（赵曙光，载《国际新闻界》2014 年第 7 期）、《论社交媒体的关系转换》（谭天、苏一州，载《现代传播》2013 年第 11 期），等等。上述论题所探讨的核心问题包括评论还是点赞能够更有效积聚社会资本、社交媒体如何使用能带来更多更优质的社会资本以及社交媒体的社会资本如何变成有价值的"资源"和"数据"等，在英美学界关于中国社交媒体的研究中这些问题也有所提及，它们比较清楚地认定中国社会是"强关系社会"主导，对于中国式的面子文化和集体主义价值观有非常深入地阐述，如 Shu-Chuan Chu 等的研究《社会资本与社交网站自我呈现：中美青年一代的比较研究》（*Social capital and self-presentation on social networking sites：a comparative study of Chinese and American young generations*）[①] 体现出另一种隐形的实用主义思维。比较接近的论述还有 Liu Dong 和 B. Bradford Brown 对中国大学生在社交媒体上的自我表露与其社会资本获取之间关系的研究《中国大学生在社交网站上的自我表露、积极反馈和社会资本》（*Self-disclosure on social networking sites，positive feedback，and social capital among Chinese college students*），该研究发现，社交媒体自我表露与社会资本获取之间呈正相关关系，因此他们认为社交媒体在引导大学生走向社会的过程中发挥着积极

[①]　Chu, S. C. & Choi, S. M., Social capital andself-presentation on social networking sites：a comparative study of Chinese and American young generations, *Chinese Journal of Communication*, 2008, 3（4）：402 – 420. DOI：10. 1080/17544750. 2010. 516 575.

作用。① 从表象来看，英美学者对中国社交媒体的这些研究多是基于现状描述合理地推导出一个功能性结论，但不是直接基于功能和效应价值的实用研究，但要将之完全归于纯学术的专业研究也值得存疑。

确实，单就实用主义这一研究取向来说，英美学界远没有表现出超然的态度，相反，他们在商业领域投注了巨大的热情，这显然服务于西方的在华跨国公司或国际资本，在这一点上，他们不仅强调策略分析，而且尤其关注中西文化差异（下详），"术为上"的特点同样鲜明。反过来说，国内也并非没有实用主义甚至反实用主义的研究，其实从哲学、社会学，尤其政治经济学和文化研究等角度探讨中国社交媒体问题的论著也是存在的，比如吴鼎铭关于社交媒体 Feed 广告与受众劳工化的研究②就是反商业主义和受众异化的典型，但相对而言，这样的研究并不多见。

总之，中国本土和英美学界在研究导向上依然存在比较明显的差异，即国内学者在学理探讨上相对薄弱，对于社交媒体的政治、商业、技术和人际交往的应用研究却成果丰硕，而西方侧重于所谓的专业探讨，实用取向集中于商业领域。这也符合本土学人对于中国传播学研究的一般论断，即侧重于"基于已有的理论制定具体的传播政策"，整体上呈现为一种"应用研究"趋向。③

四 观点和结论

学术研究的观点结论是全部研究的重心所在，也最能见证国内与英美不同的意见和立场，以及其背后的规范基础。

---

① Liu, D. & Brown, B. B., Self-disclosure on social networking sites, positive feedback, and social capital among Chinese college students, *Computers in Human Behavior*, 2014, 38（3）.

② 吴鼎铭：《社交媒体"Feed 广告"与网络受众的四重商品化》，《现代传播》2015 年第 6 期。

③ 刘海龙：《传播研究本土化的两个维度》，《现代传播》2011 年第 9 期。

　　首先，不容否认，中国本土和英美学界在同类问题上得出了大量的类似观点，比如关于社交媒体的定义，2007 年，Danah M. Boyd 和 Nicole B. Ellison 在论文《社交网站：定义、历史和学术》（*Social Network Sites：Definition，History，and Scholarship*）中刚开始对"社交媒体"概念进行界定时就指出，它包含有三个层面："（1）在一定范围内构建一个公共或半公共的网络空间；（2）通过用户间彼此分享链接将他们连接在一起；（3）浏览并进入不同用户的网络资料界面。"而且强调，"使社交媒体独一无二的，不是它能够帮助用户去接触陌生人的功能，而是它能够帮助用户发声，并使其观点为人所见"。[①] 这个概念界定在中国学者那里得到了很好地回应，比如彭兰指出，"简言之，它（社交媒体）是用户社会交往和信息分享的平台……社会化媒体的特点是用户唱主角"。[②] 这两个概念都比较强调社交媒体的交往性和平台性，尤其一致认为社交媒体的第一要义并非社交，而在于帮助用户发出声音。这种界定和识见应该说已经贯穿了中西方学界社交媒体研究的几乎全部实践。

　　再比如，关于社交媒体与政府舆论管控之间的关系问题，英美学界的研究者 Sullivan Jonathan 在其名为《中国的微博：更快的不同？》（*China's Weibo：Is faster different?*）的论文中以微博为例指出，"一方面，微博能够帮助民众披露官员腐败、动员社会舆论，另一方面微博也为中国政府干预和引导社会舆论提供了有力工具。……微博对中国社会所起的'积极作用'不能抵消其促进政府进行社会控制以维护自身利益的'消极作用'"。[③] 研究者 Tong Jingrong 和 Zuo Landong 在《微博传播与中国政府合法性：两起"群体性事件"微博信息的计算机辅助分析》（*Weibo communication and government le-*

[①]　Boyd, D. M. & Ellison, N. B., Social Network Sites：Definition, History, and Scholarship, *Journal of Computer - Mediated Communication*, 2007, 13（1）：210 - 230.

[②]　彭兰：《社会化媒体与媒介融合的双重挑战》，《新闻界》2012 年第 1 期。

[③]　Sullivan, J., China's Weibo：Is faster different?, *New Media & Society*, 2013, 16（1）：24 - 37.

gitimacy in China: *a computer-assisted analysis of Weibo messages on two* "*mass incidents*") 中指出，"微博平台上的社会抗议话语能够对政府合法性产生影响。……而对中国现行国家政治制度进行批判的话语和质疑政府合法性的话语要比只要求进行当地变革的话语更具挑战性。同时，积极、合理的线上沟通也可能加强政府合法性。因此微博话语与政府合法性的关系实际上是相对的"。① 中国学者的观点与此颇为相似，例如于美娜、吴英女等研究者通过对微博"环境传播"的数据分析，认为微博意见领袖虽然受到"净网"行动的影响，但并未就此销声匿迹，反而积极寻求新的发声方式；同时，在某些抗争事件中，微博对话也可能强化政府的行政合法性，行政力量的过度干预使得中国社交媒体成为政府进行舆论监管和引导的又一工具。② 作为社交媒体的根本特点的平等发声功能与国家政治合法性的悖论式互相强化，这是中西方学界经过研究得出的比较一致的洞见。

再比如，Liu Yang 和 Fan Jun 在《社交网站上的特定文化隐私实践：中美大学生照片共享中的隐私边界渗透管理》(*Culturally Specific Privacy Practices on Social Network Sites*: *Privacy Boundary Permeability Management in Photo Sharing by American and Chinese College-Age Users*) 中通过将文化因素引入关于隐私问题的研究中发现，中国社交媒体用户较之美国用户更注重保护自身隐私，且中国用户与社交媒体好友之间的关系更为疏远。③ 这两个结论中的第一个国内的研究者比较认同，比如有研究者调查指出，国内社交媒体的"大部分用户具有隐私保护的观念。……用户之所以关注隐私保护，主要源于自

---

① Tong, J. & Zuo, L., Weibo communication and government legitimacy in China: A computer-assisted analysis of Weibo messages on two "mass incidents", *Information*, *Communication & Society*, 2014, 17: 66 – 85.

② 于美娜、钟新：《微博意见领袖舆论影响力现状及原因分析——以新浪微博环境传播为例》，《现代传播》2015 年第 8 期；吴英女、沈阳、周琴：《微博意见领袖网络行为——"净网"前后的数据分析》，《新闻记者》2014 年第 1 期。

③ Liu, Y. & Fan, J., Culturally Specific Privacy Practices on Social Network Sites: Privacy Boundary Permeability Management in Photo Sharing by American and Chinese College-Age Users, *International Journal of Communication*, 2015, 9 (1): 2141 – 2060.

身心理原因和对网络安全的不信任"，特别是后者，"有近90%的被
访者态度消极，认为社会化网络环境一般或不太好，只有12%的用
户认为环境很好"。① 可见，基于对网络安全的不信任，中国用户倾
向于隐私保护，尽管是否能执行这种保护观念要另当别论。但是，
至于研究者认为相较于美国社交媒体用户，中国人更具有隐私保护
意识，这个问题存疑，因为本书完成为止还没有发现有针对性的具
体研究来支撑这个比较结论。考虑到中国和西方对于隐私概念的不
同理解——研究者普遍认为，"隐私"问题是以个人为本位的，而中
国人在传统上比较缺乏个体主义观念②，因此对于隐私概念的理解更
偏向于非侵犯性和伤害性，与西方主动企求"被遗忘权"的做法③
不可同日而语。

　　事实上，相对于观点和结论上的类似性，中西方学界的差异性
更加明显。比如对于上述研究者的第二个结论，即认为中国用户与
社交媒体好友之间的关系更为疏远，这种结论的得出显然只针对微
博、人人网这类被国内学者认为是弱关系连接的社交平台，而不是
微信，对于这两者的区别国内研究者早有一是之论，比如，赵曙光
指出，"微信可以视为强关系社交媒体的代表，微博则是弱关系社交
媒体的代表"④；陈龙也认为，"博客、贴吧发帖、微博在信息互动
活动过程中存在着传——受不平等性，但是微信打破了这种不平等。
微信……从社交关系来说，是用户通讯录的延展，即是用户现实社
交关系在网络上的'立体化'呈现。……信息交换的个体就是现实
社交关系的同学、同事、同行、朋友等"。⑤ 微信是非常能够体现中

---

① 田丽、安静：《社交媒体用户隐私关注研究》，《新闻与写作》2015年第1期。
② http：//www.360doc.com/content/18/0204/12/46115719_727626068.shtml.
③ 周丽娜：《大数据背景下的网络隐私法律保护：搜索引擎、社交媒体与被遗忘
权》，《国际新闻界》2015年第8期。
④ 赵曙光：《社交媒体广告的转化率研究：情境因素的驱动力》，《新闻大学》
2014年第4期。
⑤ 陈龙：《转贴、书写互动与社交媒体的"议事共同体"重构》，《国际新闻界》
2015年第10期。

国现实和传统的社交关系的新媒体平台，在此意义上，如果认为中国社交媒体用户之间的关系更为疏远，显然是笼而统之的说法，没有关注到微信这种几乎只在中国大陆盛行的、非常切近于集体主义文化价值观的"中国式社交媒体"的独特性。当然，西方学界并非没有意识到这两个社交媒体之间的差异，只是他们没有以这种差异来解释问题，因此有以偏概全的嫌疑。

关于中西方社交媒体研究的观点结论之间的差异问题是本章的重点内容，我们将在第三节进行比较系统深入地阐述，兹不赘言。但通过上述例证不难看出，英语学界的研究固然不乏真知灼见，但也很容易走向凌空高蹈，不切实际，以至于得出与中国国内主流学界甚至常识观念相左的结论。这一点理当细加甄别。

五　方法与学理

研究方法是通往研究结论的工具和桥梁，也是见证研究过程科学性的重要指标，而且研究方法本身就具有独立的学术价值，因此在有关海外中国学的中国本土研究中，方法问题往往被视为一个关键性的环节。

从整体上看，英美学界关于中国社交媒体的研究在方法论上已经达到了相当程度的自觉，一般的社会科学研究常用的方法几乎都有触及。其中，在质化研究方面，包括案例分析、深度访谈、网络民族志、话语分析、内容分析、文献研究、比较研究等；在量化研究方面，包括统计分析、数据测试、问卷调查、主题建模、数据挖掘、模拟仿真等。应该说，国外的研究在基本方法上，是百花齐放，争奇斗艳，而且运用过程比较规范严谨，充分体现了"他者"研究在方法论上的专业性，甚至有国内研究国外中国学的研究者所顾虑的"方法论大爆炸"之虞。但是，这并不意味着英美学界的研究方法不存在问题，该研究发现，至少以下两点比较突出：其一，虽然整体上方法多样，但有些方法被反复运用，成为通则，而有些则比较边缘化，前者比如问卷调查、深度访谈、内容分析、比较研究等，而网络民族志和主题建模比较少见；其二，"他者"的研究比较重实证，诸如人文科学式的纯粹的理论思辨研究、文化研究等相对较少，这也导致其研究对象偏重微观分析，疏于宏观把握，往往导致"片面的深刻"和"深刻的片面"，乃至频频出现惊人之论，有"观点主义"的嫌疑。但是，这也不意味着西方缺少理论思辨研究，事实上，这种研究方式西方多隐藏于实证研究过程中，而质化和量化相结合，在经验研究中贯穿理论探讨，正是英美学界关于中国社交媒体研究的最重要特点。

再回到本土学界。正如国内研究者总结指出的那样，"中国新闻传播学界深受市场自由主义主流话语的影响，……推崇定量研究方法，批判学派一定程度上被边缘化"[1]。这里的"市场自由主义"当指一种主要发源于美国的学术理念，它强调运用科学实证的方法，而忽视总体性的理论思辨研究（所谓"拉扎斯菲尔德与阿多诺之争"[2]）。在这一点上，本土社交媒体研究的情状应该说有增无减，很多研究只是套用西方的方法来解释中国的问题，并顺便做一下中西比较，以彰显微不足道的研究价值。从这个意义上来说，本土学界关于中国社交媒体的研究在方法论上很大程度上是在（不完全、不成熟地）模仿借鉴西方，以至于在进口方法的同时，也进口了方法自身存在的问题。这种方法论上的"西方中心主义"也将导致观点结论上的亦步亦趋，甚至推导出妄自菲薄、不切实际的结论。在海外汉学研究比较成熟的文学研究界对于外来的"他者"之所以比较警惕，要谨防中国学本土研究出现盲目推崇西方的所谓"汉学主

---

① 徐鑫：《网络时代的媒介公共性研究》，人民出版社 2015 年版，第 288 页。

② 实证与批判的冲突是文化研究方法论上由来已久的争议。拉扎斯菲尔德与阿多诺在广播音乐项目中实证与批判的方法论之争，是 20 世纪 30 年代大众文化发展史上一个具有开启性意义的事件。伴随后现代语境下的大众文化问题凸显，作为两种主要的文化研究方法论范式，实证与批判之间没有固定的对抗。参见冯露《实证与批判的差异和接合——阿多诺与拉扎斯菲尔德的文化研究方法论之论争研究》，《沈阳师范大学学报》2016 年第 5 期。

义"和"汉学心态",① 正是出于对其研究方法以及由此带来的观点结论的严肃审查,这一点也应当引起新闻传播学界的关注和正视。可以说,从一个鲜为人及的侧面来检视包括社交媒体在内的中国本土的新闻与传播研究所存在的问题,也正是本书的一个重要价值。

本书从研究体量与范围、价值导向、侧重点、观点结论、方法学理等多个层面对国内及英美学界的中国社交媒体研究进行了力所能及的比较分析,从中不难看出,来自不同学术语境对同一个问题域的研究,竟然可以展现出如此诸多的同与不同,这充分说明通过"他者之镜"作"自我观照"以使瑕瑜互见,从而取长补短,具有其重要的学术价值。

第二节　西方中国学视域下的中国社交媒体研究反思

从平行比较的角度探讨中国本土和英美学界的中国社交媒体研究能够很好地体现这两个独立的学术体系的各自状况,但对于该领域来说,这种单一的视角显然并不能穷尽其应该予以关注的最重要问题,包括两者之间何以存在上述差异的深层次原因。基于这种考虑,本节将从另外一个角度来重新审理该议题,借以观照其另外一个不容忽视的侧面。

一　意识形态立场与文化误读

诚如前述,英美学界的中国社交媒体研究本质上属于以西方为中心的国际中国学(或称西方中国学、海外汉学)的一部分,这就意味着后者存在的问题,在前者那里可能会有不同程度地存在,包括常见的二元论、他者化、本质主义等东方学思维和学术民族主义

---

① 温儒敏:《文学研究中的"汉学心态"》,《文艺争鸣》2007 年第 1 期。

的价值取向。这正如萨义德所说，"迄今还没有发明一种方法，能够使学者脱离生活环境，脱离他参与的某一阶级、某一信仰、某一社会立场的事实，或脱离作为某一社会的一个成员，所从事的纯粹活动"。① 英美学界作为一种特定的学术共同体，当然也不能脱离其赖以生存的学术空气，从事一种"纯粹活动"，何况该学术活动发生的境遇已经从超然的"欧洲汉学"转变到带有"敌情研究"特点的"美国中国学"之后。这种情形通过文学研究的例证可以得到更为准确的说明：一种文学文本在不同的文化区域中旅行时，并不是在一种审美共同体或普遍价值体系下的等值迁移，而必然受制于传播者或接受者的文化意识和立场、语言结构、传播和接受区域的文化政策和文化传统等合力因素。作为文化中重要分支的文学体制本身、文学文本（包括经典）本身、文学研究模式本身以及从事该门学问进行教学和研究的人群等，均难以在这一整体过程中独立、客观或中性地存在。那种预设或认定一种超越差异的审美共同体的存在的观念，即是一种文学大同乌托邦的设想；那种声称自己的书写或研究是脱离了意识形态的个人行为的说法，亦是一种意识形态的显现。②

由上可知，任何一种跨界书写都不可能是纯粹客观的，"否认意识形态同样是一种意识形态，不承认偏见本身即是一种偏见"。③ 所谓"等值迁移"的神话在文学研究中不可能发生，在传播学和社交媒体研究中也概莫能外。这也正如著名传播学者李金铨关于海外中国传媒研究的论断，"他们这个知识系统有独特的偏见和盲点：一般英美学术界和新闻界从来想当然，按照自己的现实需要和脑中的偏

---

① ［美］赛义德：《赛义德自选集》，谢少波等译，中国社会科学出版社1999年版，第10页。

② 王晓路等：《文化批评关键词研究》，北京大学出版社2007年版，第204—205页。

③ 李金正：《英语世界的中国广告文化研究（1905—2015）》，博士学位论文，四川大学，2016年，第295页。

见，描绘出以偏概全、自以为是的图像"。①

如此说来，考问英美学界的中国社交媒体研究中是否存在"西方中心主义""他者化""异域书写"等带有明显二元论色彩的研究致思是势在必然，而且，这并不与上述平行研究中强调的反二元思维相矛盾，因为这种情形在英美学界的研究实践中已经实然性地发生了。

二　传统与现代的二元认知模式

从海外中国学的角度审视英美学界的中国社交媒体研究，可以明显探查到很多"非纯粹的"、不客观的甚至有意无意被扭曲误识的问题，其中第一个就是基于传统与现代的简单二元论区分来理解当代中国的社交媒体现象。

2010 年，当英美学界的中国社交媒体研究甫一开始，Shu-Chuan Chu 和 Sejung Marina Choi 便通过中美比较研究《社会资本与社交网站自我呈现：中美青年一代的比较研究》（*Social capital and self-pres-entation on social networking sites：a comparative study of Chinese and American young generations*），抛出了这样的观点："中国和美国用户在使用社交媒体方面呈现出显著不同，前者更富集体主义特点，后者则更富个人主义特点。"② 类似这样的观点在后来的研究中被不断强调和细化，比如，同样通过中美比较和调查研究，Linda A. Jackson 等在论文《社交网站使用中的文化差异：中美比较研究》（*Cultural differences in social networking site use：A comparative study of China and the United States*）中发现，美国大学生在社交媒体上投入了更多时间，并拥有更多好友，中国则等而次之。之所以如此，研究者解释道，"中国传统的集体主义文化是导致中国大学生较少接触

① 李金铨：《超越西方霸权：传媒与"文化中国"的现代性·代序》，第 2 页。

② Chu, S. C. & Choi, S. M., Social capital and self-presentation on social networking sites：a comparative study of Chinese and American young generations, *Chinese Journal of Communication*, 2010, 3（4）：402 - 420.

社交媒体的原因，而美国的个人主义文化则刺激着美国大学生在社交媒体上进行社交活动。也就是说，文化特征较之大学生用户的个性特征或动机而言，更深刻地影响着他们的社交媒体使用行为"。①研究者 Holmes K, Balnaves M 则在《红包和微信：网络大规模的集体主义》［*Red Bags and WeChat*（*Wēixìn*）：*Online collectivism during massive*］集中探讨了微信和红包现象中的同样问题。他们发现，微信平台并不是西方民主的一种趋势，而是更能承载中国传统价值观的趋势，这里很少看见西方文明理念的传播，本质上依然体现了中国的集体主义精神。红包现象也表明，中国的互联网没有意味着个人主义的低语境（low context），也不是技术本质，而是中国式"面子"的在线表达。② 研究者 Jiang Caihong 等则在研究《自我和社会身份对微博意图的影响：计划行为理论的延伸》（*The effects of the self and social identity on the intention to microblog：An extension of the theory of planned behavior*）里聚焦于微信，认为中国人使用这种社交媒体的"最大动机是获得社会认同，在这一使用动机的约束下，对自己呈现在社交媒体上的态度和行为进行控制。在中国这个'集体主义国家'，实现社会认同是人们获得群体归属感的重要途径"。③

　　以上研究至少传递了两个重要信息：其一，中国社交媒体用户在使用行为和心理上偏重于集体主义，比较好"面子"，热衷送礼文化，注重社会关系，并且没有像美国那样处于"个人主义的低语境"之中。毋庸置疑，这一系列标签已经将当代中国在理论逻辑上推向了一种特定的文化境遇，这就是带有鲜明高语境（high context）和

---

① Jackson, L. A. & Wang, J. L., Cultural differences in social networking site use：A comparative study of China and the United States, *Computers in Human Behavior*, 2013, 29 (3)：910－921.

② Holmes, K., Balnaves, M. & Wang, Y., Red Bags and WeChat（Wēixìn）：Online collectivism during massive, Chinese cultural events, 2015, 9 (1)：12.

③ Jiang, C., Zhao, W., Sun, X., Zhang, K., Zheng, R. & Qu, W., The effects of the self and social identity on the intention to microblog：An extension of the theory of planned behavior, *Computers in Human Behavior*, 2016, 64：754－759.

强连接（strong ties）特点的东方传统社会，并与以美国为代表的西方低语境、弱连接的民主/现代社会形成了明显对比，后者秉持个人主义价值观，社会关系松散，热衷于追求独立、自由和民主的生活。这里有必要澄清一下高/低语境和强/弱连接究竟表达了什么。前一组概念由美国学者霍尔（Edward Hall）提出，他认为人类的信息交流依赖于具体的语境，"在高语境文化中，……信息的传递和编码取决于社会文化环境和交际者所处的具体情景，显性清晰的编码所负载的信息量相对较少，人们对交际环境的种种微妙的提示较为敏感。在低语境文化中正好相反，人们在交际时，大量的信息通过显性直白的编码承载，隐性的环境传递出相应的信息和情景，暗示的信息较少"。① 后一组概念由美国学者格兰诺维特（Mark Granovetter）提出，认为在某种社会形态中，人与人之间关系比较稳固，形成类似于家庭关系的强连接，从而有利于传播有限的仪式化的社会知识；其他社会则相反，人们之间关系松散，如同工作和事业关系，即弱连接关系，从而有利于传播浅显但新颖的知识和观念。② 这两个表面上看似无害的理论，经过后来不断的丰富和深化，其内涵逐渐变异，其中有一条是，高语境文化模式中的传统社会常常意味着威权主义和专制，而强连接也意味着机械、刻板、重复、低效率和缺乏创新。

　　基于上述理论还原，我们不难发现，英美学界通过中国社交媒

---

① http://media.people.com.cn/n/2015/0105/c392205-26327396.html.

② 马克·格兰诺维特（Mark Granovetter），美国斯坦福大学人文与科学学院 Joan Butler Ford 教授，曾任该校社会学系主任，他是 20 世纪 70 年代以来全球最知名的社会学家之一，主要研究领域为社会网络和经济社会学。弱连接理论由美国社会学家马克·格拉诺维特（Mark Granovetter）于 1974 年提出。格兰诺维特指出：在传统社会，每个人接触最频繁的是自己的亲人、同学、朋友、同事……这是一种十分稳定的然而传播范围有限的社会认知，这是一种"强连接"（Strong Ties）现象；同时，还存在另外一类相对于前一种社会关系更为广泛的，然而却是肤浅的社会认知。例如一个被人无意间提到或者打开收音机偶然听到的一个人……格兰诺维特把后者称为"弱连接"（Weak Ties）。

体的研究正是传达了这样一种带有偏见的观念，即当代中国的集体主义、威权主义、关系至上和高语境文化，意味着它远没有摆脱落后的传统意识，依然处于依赖于西方主导的"现代化"进程之中。这是从"他者"视角观照当代中国的一个带有共识性的重要结论。

其二，传统和现代的诸种说辞不仅是英美学界关于中国的一个研究结论，同时也是一种带有"东方学"色彩的二元论认知阐释框架。诚如上述，英美学界的研究者认为，"文化特征更深刻影响着中国社交媒体的使用行为"，微信没有传播西方文明理念，因而本质上体现了一种集体主义精神、高语境和"面子"文化，而且中国人使用微博的目的在于获得社会认同，后者则受制于集体主义价值观。诸如这些认知显然贯彻了一种非此即彼且带有中心/边缘关系的二元的文化话语霸权等级观念，这正如萨义德的警示，"东方学是一种思维方式，在大部分时间里，'the Orient'（东方）是和'the Occident'（西方）相对而言的，东方学的思维方式即以二者之间这一本体论和认识论意义上的区分为基础"。① 如此看来，这种二元论的认知框架绝不仅止于西方/东方之间，事实上，它只不过是自我/他者、文明/蒙昧、开放/封闭等一系列认知链条上的一个环节而已。按照这种逻辑，英美学界之所以得出如上结论，正是贯彻了这种二元论思维模式的结果。

基于本土学界的立场，无论是传统与现代的研究结论还是二元认知模式，显然都不能让人接受，对此，国内研究者已经有充分警觉，比如邓正来就曾指出，"将传统和现代做简单的两分，忽视传统中蕴含着现代和现代中蕴含着传统"，实质上是"视西方现代化的发展经验为普世的标准，全面否定中国传统之于中国现代化所具有的正面内涵"。② 毋庸置疑，传统与现代的关系应该是一种互相包含融

---

① ［美］爱德华·W. 赛义德：《东方学》，王宇根译，生活·读书·新知三联书店 2007 年版，第 3—4 页。

② 徐鑫：《网络时代的网络公共性研究》，人民出版社 2015 年版，第 14 页。

入的关系而不是决然二分的对立关系，后者的背后正隐藏了"东方学"和西方中心主义文化话语霸权的运思逻辑。

三　被"想象"和"发明"的公共领域

公共领域、市民社会、公民参与等这些在当代中国学界备受瞩目的话题，在英美学界同样炙手可热，但是，英美学界无论在观点结论、考察视角上，还是在致思路径、解释框架上都与中国本土研究存在巨大的差异，甚至让人大跌眼镜。

概言之，社交媒体时代的中国公共领域问题在英美学界的研究中大致可以分为三种基本模式：

第一，认为当代中国存在类似于哈贝马斯意义上的公共领域，或者说具有培育出新的公共领域的极大可能性。比如，很多研究者，如 Xiang Zhou 等在研究《网络政治讨论的审议性》（*Deliberativeness of online political discussion*）中"热衷于认定中国网络空间中可以探明一个初步的公共领域，只是对于中国的政治和社会环境如何影响了这一理论及其应用限度的问题较少提及"[①]。当然，关于这个问题的答案并非一无所有，比如有 Liu Z. 通过电子民族志的方法研究《微博上的"潮流价值"和"产品消费者"：社交媒体的流行观点与仪式领域的消费主义》（"*Trendingworthiness*" *and* "*prosumers*" *on Weibo：Social media doxa and consumerism in a ritual field*）发现，"微博仪式性地提供了一种谈判的消费者的政治、经济和文化身份，而新自由主义精英成为领导这一领域的关键代理人"[②]。如果说微博已经被象征着理性和公民价值的"新自由主义精英"或者"谈判的消费者"所代理，那么通过微博舆论影响公共议程就是值得期许的。

---

① Zhou, X., Chan, Y. Y. & Peng, Z. M., Deliberativeness of online political discussion, *Journalism Studies*, 2008, 9 (5): 759–770. doi: 10.1080/14616700802207771.

② Liu, Z., "*Trendingworthiness*" *and* "*prosumers*" *on Weibo：Social media doxa and consumerism in a ritual field*, Dissertations & Theses Gradworks, 2014.

Yinjiao Ye 等三位研究者的《现代中国的社交媒体、公共话语和公民参与》（*Social media，public discourse and civic engagement in modern China*）支持了这种观点。这项研究最大的特色在于将社交媒体与传统的网络新媒体严格区分开来，他们通过调查发现，"在中国，更频繁地使用社交媒体与更高水平的公民参与有关。……具有较高政治兴趣和较高生活满意度的个人更有可能利用社交媒体参与公民活动"。这意味着具有公民意识和较高生活满意度的社会中上层群体，有可能成为公共领域的建构性力量。他们因而得出了一种面向未来的乐观结论：中国的"社交媒体有可能为自由开放的讨论创造一个公共领域，并通过形成和加强社区意识，为中国的政治未来创造新的可能性"。①

　　第二，与上述研究相反，认为当代中国不存在能够让理性言论自由表达的公共空间，而且前景黯淡。Pan Ji 在其研究《作为公众参与的情感批评：微博用户如何讨论"北京大学雕像戴口罩"》（*Emotional criticism as public engagement：How weibo users discuss "Peking University statues wear face-masks"*）中提到这种理解以下述言论为典型：（比如）在微博上，"愤慨和悲哀……充斥了在线讨论的形式和内容。与公共领域的理想不同，中国的虚拟空间主要是作为网民发泄情绪，成为对当局或非本地人进行匆忙的指责/批评的场所"。② 网民的非理性在此被指认为与公共领域的理想背道而驰，这一点在 Gillian Bolsover 的中西比较《和谐的社群主义或理性的公共领域：微博与 Facebook 新闻评论差异的内容分析》（*Harmonious communitarianism or a rational public sphere：a content analysis of the differences between comments on news stories on Weibo and Facebook*）中得到确证："在微

---

① Ye, Y. , Xu, P. & Zhang, M. , Social media, public discourse and civic engagement in modern China, *Telematics and Informatics*, 2017, 37: 705 – 714.

② Ji, P. , Emotional criticism as public engagement: How weibo users discuss "Peking University statues wear face-masks", *Telematics & Informatics*, 2016, 33 (2): 514 – 524.

博上，只有15％，8％和11％的适用意见试图达成共识或解决方案，而 Facebook 上的比例分别为24％，25％和44％。……这支持了先前的结论，即关于微博的讨论比 Facebook 更具分裂性和非建设性。……（相较之下）Facebook 上的评论更符合公共领域理想。"而且，微博言论的歧异性和非建设性还可以被进一步证实，即通过"评论者是否给出了支持他们观点的理由：在 Facebook 上，有51％的人支持他们的观点，而在微博中，这一比例为43％"。①

最后，基于后一种观点的悲观结论，彻底放弃用公共领域概念解释中国社交媒体言论表达的企图，转而采用带有原创性特点的新的解释框架。比如，犹他州立大学的 Ye Sun 基于中国频发的社交媒体事件，提出了一种旨在取代公共领域的新概念，即"野生公共屏幕"（wild public screens）。他明确指出，该概念主要用于"解释那种调动起民众的影响和力量，解释社交媒体网络组成的密集网络——这些网络创造出混乱的联系空间，激发了人们的参与，解释在审查过程中不断变化的创造力，以及解释在非法、暴力集会上所爆发的力量"。并认为，之所以称由这些力量组成的公共屏幕是"野蛮的"（uncivil），主要是强调中国各地开展的许多抗议活动显现出一种野性、暴力和缺乏理性的特征。这些特征显然是哈贝马斯意义上的公共领域概念避之唯恐不及的，但它们绝非毫无价值，恰恰相反，暴力、野蛮和行动主义同样能够影响政治议程，比如茂名抗议事件的成功就是一个典型案例。事实上，这些抗议卓有成效，Ye Sun 在《新浪微博、微信，以及中国野生公共屏幕上的环保运动的变革性事件》（Weibo, WeChat, and the Transformative Events of Environmental Activism on China's Wild Public Screens）中比较发现：当美国吹嘘其僵化的寡头民主制度时，中国公民正在进行民主活动，尤其

---

① Bolsover, G., Harmonious communitarianism or a rational public sphere: a content analysis of the differences between comments on news stories on Weibo and Facebook, *Asian Journal Of Communication*, 2017, 27（2）: 115–133.

是在他们智能手机上的野生公共屏幕上。中国远非是一个极权主义压迫的典范，而是一个积极创新实验的场所。通过他们年均出现的18万多次的抗议活动，……中国人正在建立一种临时的、即兴性的民主制度。①

显而易见，基于中国特殊的政治环境，通过集结于社交媒体的非理性的、狂野的、暴力式的言论表达和频繁的离线行动主义，中国社会正在不断建立一种"临时的、即兴性的民主制度"，这很大程度上正是哈贝马斯梦寐以求的结果，但其行动主体不再是理性的资产阶级精英，而是充满野性和暴力的社会中下层。

这种明显带有西方左翼学者风格的研究思路显然是将马克思的历史唯物主义融入了后现代主义，相信大众、边缘力量，将草根阶层当成社会变革的主体，并且鼓动类似于德里达解构主义式的行为暴力。而且，这样的研究在西方学界方兴未艾，比如 Elizabeth Brunner 在《中国野生公共网络与情感运动：环境维权、社交媒体、茂名抗议》（*Wild Public Networks and Affective Movements in China：Environmental Activism，Social Media，and Protest in Maoming*）提出了更为激进的"野生公共网络"（wild public networks）概念。她指出，该术语"承认网络的不一致性以及倾向于关系的重要性。野生的公共网络将科学家与房地产中介联系在一起，将学生与环境非政府组织（ENGOs）联系在一起，将 iPhone 与活动家联系在一起，将污染工厂与癌症患者联系在一起，将 PX 工厂与焦虑的母亲联系在一起，将渔业与石油业联系在一起。疯狂的公共网络强调不断增长的、变化的和混乱的关系，这些关系在屏幕和街道上纵横交错"。②

---

① Sun, Y., Weibo, WeChat, and the Transformative Events of Environmental Activism on China's Wild Public Screens, *International Journal of Communication*, 2016, 10：321 – 339.

② Brunner, E., *Wild Public Networks and Affective Movements in China：Environmental Activism，Social Media，and Protest in Maoming*, Journal of Communication, 2017, 67（2）：665 –677.

这一系列人物清单及其关系图谱明白无误地反映了研究者的大众主义和后现代主义立场，也就是说，他们虽然放弃了哈贝马斯，却将更为激进的福柯、德勒兹、德里达引入了当代中国的阐释场域。

以上关于中国社交媒体与公共领域的研究恐怕足够要让中国学者惊异错愕了。毋庸讳言，英美学界的研究大多抑扬过实，甚至异想天开，实际上是通过他者化的"想象"和知识架构，重新"发明"了当代中国的公共领域。诚然，"他者"的有些研究结论与国内不谋而合，正如研究者所说，"《经济学家》杂志曾将社交媒体称作新时代的咖啡馆，中国人则喜欢将社交媒体比作新时代的'茶馆'或'饭市'"。① 但这样的观点并非主流，正如徐鑫通过文献梳理所总结的那样，"与国外学者的实证研究路径（此点存疑——引者注）不同的是，国内学者多从理念上去探讨公共领域的应然状态，核心议题是建构我国的公共领域的路径问题"。② 显然，公共领域在中国学界看来缺乏对应的实然的现实基础，它因此被指认为一种建构理想，成为研究者的奋斗目标。这就与西方学者通过德里达超越哈贝马斯的做法大相径庭。深究起来，上述富有大众主义、非理性主义和后现代主义特点的所谓"野生公共屏幕/网络"概念并非横空出世，它在很大程度上只是法国思想家德赛图（De Certeau）③ 带有民粹主义特点的"权宜利用"理论在社交媒体研究实践中的翻版，前

---

① 刘小燕：《社交媒体在社会事件中的"动议"释放》，《山西大学学报》2013年第 6 期。

② 徐鑫：《网络时代的网络公共性研究》，人民出版社 2015 年版，第 13 页。

③ 米歇尔·德塞都（Michel de Certeau，1925—1986），法国当代著名思想家，是20 世纪 60 年代之后，欧洲出现的最重要、最有影响力的学者之一，被称为"这个时代最大胆、最神秘、最敏锐的头脑之一"。德赛都的理论代表作《日常生活实践》为他在国际学术界赢得了广泛和持久的声誉，并为大众文化研究启示了一种可能的新走向。德赛图在《日常生活实践》中用"使用者的运作方式"勾勒出日常生活实践的真实状态，论述了大众在日常文化实践中所实行的逃遁和规避行为，也就是大众的抵制（resistance），提出了"战术"和"战略"两个重要的概念。

者还深刻影响了费斯克（John Fiske）关于"文化游击战"① 的论述。但这些被严肃学者斥为"庸俗的文化研究"的观念不过是"将奇异与通俗合二为一，把平民立场与媚俗混淆在一起，将浅陋、平面的分析掩藏在乐观的姿态"。② 毫无疑问，鼓动非理性的行动主义，蓄意制造混乱，纵容暴民政治，西方左翼学者以这样的观念理解当代中国不仅不着边际，而且充满危险。这种霸权式的、强制性的想象、扭曲和误识，需要引起我们足够的警惕和反思。

当然，从东方学和中国学的角度审理"他者"对中国社交媒体的研究远远不限于上述几个议题，其他的比如关于社交媒体隐私权、网络审查、民族主义、女权主义、健康传播等问题都非常值得深入考究；但我们的目的不在于通过清单罗列式的逐个解析——发现其中存在的具体问题，而是通过代表性的个案考察抽绎出"他者"研究中存在的一般性相，比如上述传统/现代的二元思维、不着边际的他者想象就是贯穿于诸多具体议题的一种共性，它们集中代表了作为海外中国学的英美学界对"镜像中国"的思维误区和价值取向，从而揭橥了某种普遍性和共通性。

四　经验功能主义主导弱化对重商与政治偏见的思辨

一直以来，学界对于西方功能主义研究范式质疑不断。比如"渊源于社会学功能主义的经验功能主义，是传播学史上长期居于主导地位的重要流派。在今天的传播学共同体内，我们看到的是一个

---

① 约翰·费斯克（John Fiske）观照大众文化（popular culture）现象时所呈现的"视界"，几乎凸显了美、英、澳（后）工业社会日常生活的方方面面：购物商城、连锁店、集市、汽车、时装、化妆品、普通与名牌牛仔裤、流行歌曲（星）/小说、麦当娜现象、猫王故居、歌迷影迷小说迷、乡村音乐、摇滚、雷盖、当红的肥皂剧、高收视率节目、好莱坞大片的跨国族消费、广告业、美国电视职业摔跤比赛、英式粗野的联盟制橄榄球（rugby league）、电子游戏、海滨浴场、乡间游戏、城市酒吧、狂欢节、歌舞杂耍剧场、同性恋化妆舞会、节假日、节食减肥、甚至小道消息，等等。

② 赵斌：《理解大众文化·中文版导言》，中央编译出版社2014年版，第7—13页。

余威犹存却满身箭矢甚至有些扭曲的经验功能主义研究范式"。① 本书在第六章中也指出了英美学界中国社交媒体研究的经验功能主义范式缺陷，在一定程度上限制了研究成果的学术价值与现实意义。在此，本章就英美学界经验功能主义影响下导致的对重商主义和政治偏见思辨的弱化做进一步的剖析。

1. 功能主义主导弱化对重商主义的思辨：借社交媒体开发中国市场

在 Huan Chen，Ye Wang 的论文《连接还是断开：社交媒体上的奢侈品牌与中国女性消费者的解读》（*Connecting or disconnecting：luxury branding on social media and affluent Chinese female consumers' interpretations*）中，文章开篇就是"因为有着飞速增长的经济和庞大的人口，中国已经成为奢侈品品牌一个最具增长性的市场"，进而强调，"由于中国市场具有这些独具特征，西方奢侈品品牌使用了所有可能的交流方式与中国消费者建立联系。看上去极有希望的途径之一是互联网。互联网打破了地理和时间界线，使得西方奢侈品品牌能够与海外市场相连"。② 研究的最终目的就是"考察西方奢侈品在中国的品牌推广方面的社交媒体运用策略，理解中国消费者对于这些措施的认知和理解"。属于典型的结构—功能主义研究范式，就是结合社交媒体的传播结构特征，探索实施奢侈品营销的功能，却缺乏中国消费文化的深度认知，以及社交媒体传播奢侈品广告对于中国受众的负面影响，尤其是消费社会理论的批判思考。

另如 Jenny Weichen Ma 等对于社交媒体自拍照的商业价值开发研究《理想自我的窗口：英国 Twitter 和中国新浪微博自拍爱好者的研究及其对营销人员的影响》（*A window to the ideal self：A study of*

---

① 张勇锋：《经验功能主义：还原、反思与重构——对中国语境中传播学经验功能主义的再认识》，《新闻与传播研究》2014 年第 9 期。

② Chen, H. & Wang, Y., Connecting or disconnecting：luxury branding on social media and affluent Chinese female consumers' interpretations, *J Brand Manag*, 2017, 24：562 – 574. DOI 10. 1057/s41262-017-0050-8.

UK Twitter and Chinese SinaWeibo selfie-takers and the implications for marketers），其中，"结果表明，从中国的自拍中确定位置要困难的多。中国消费者更有可能在自拍时隐藏自己的位置。这一结果与之前关于自我呈现方面的文化差异的文献相反，因为 Rui 和 Stefanone (2013)① 报告称，由于公众更高的自我意识，个人主义用户倾向于更多地参与保护性自我呈现。然而，这项研究没有找到支持这一说法的证据。对于中国消费者来说，背景位置的作用可能更为重要。有证据表明背景是在某些情况下定制的。这一结果证实了 Eckharat 和 Houston（1998）② 的观点，他们认为像家这样的私人地点在中国文化中很少用于自我展示"。③ 这里的探讨虽然涉及中国文化特征，但是都是为西方商业价值服务。

再比如对中国社交媒体的旅游运用研究。Hudson Simon 和 Thal Karen 的研究《社交媒体对消费者决策过程的影响：对旅游营销的影响》（*The Impact of Social Media on the Consumer Decision Process：Implications for Tourism Marketing*）认为中国新型旅游消费者（consumer perspective）受教育程度比较高、消费能力与消费欲望比较强、比较注重旅游的精神收获、善用社交媒体参与旅游活动。"社交媒体从根本上影响消费者的旅游决策过程，研究者应探索消费者受旅游产品品牌的影响，以及分析消费者的决策过程，并讨论在快速变化的数字环境中，精明的旅游营销者如何从社交媒体中获益。"④

----

① Rui, J. & Stefanone, M. A., Strategic self-presentation online：a cross-cultural study? *Computers in Human Behavior*, 2013, 29（1）：110 – 118.

② Eckhardt, G. M. & Houston, M. J., Consumption As Self-Presentation in a Collectivist Society, *ACR Asia-Pacific Advances*, 1998.

③ Ma, J. W., Yang, Y. & Wilson, J. A. J., A window to the ideal self：A study of UK Twitter and Chinese SinaWeibo selfie-takers and the implications for marketers, *Journal of Business Research*, 2017, 74：139 – 142.

④ Simon, H. & Karen, T., The Impact of Social Media on the Consumer Decision Process：Implications for Tourism Marketing, *Journal of Travel & Tourism Marketing*, 2013, 30（1/2）：156 – 160.

本来旅游行业利用社交媒体具有现实意义，但是，英美学界对中国旅游业中社交媒体运用的考察视角，主要从旅游提供者和旅游消费者两个视角开展研究，其目的完全是为西方国家旅游业如何吸引中国游客出谋献策，提供决策咨询。类似仅为商业利益服务的研究，难免有失学术研究之纯粹性而陷入重商主义的泥潭。

2. 功能主义主导弱化对政治偏见的思辨："本土"与"他者"的博弈

斯图亚特·霍尔作为后殖民主义研究的著名学者，其"他者"理论对于理解英美学界对中国旅游业中社交媒体运用研究具有重要启发。"他者"是西方后殖民理论中的术语，西方人往往被称为主体性的"自我"，殖民地的人民则被称为"殖民地的他者"，或直接称为"他者"。"他者"（the other）和"自我"（Self）是一对相对的概念，西方人将"自我"以外的非西方的世界视为"他者"。研究认为，Trisha T. C. Lin 和 Li Li 的研究《感知特征、感知受欢迎程度和趣味性：中国青少年对移动即时通讯的使用》（*Perceived characteristics*, *perceived popularity*, *and playfulness*: *Youth adoption of mobile instant messaging in China*）提到"目前的研究重点是中国的年轻人，因为他们是微信的早期采用者和活跃用户，引领了中国社交媒体的使用趋势"。[①] Fengshu Liu 的《中国城市青年：现代性、互联网和自我》（*Urban youth in China*: *Modernity*, *the Internet*, *and the self*）则提到"这些年轻人成长在改革开放后的时代，享受着物质上的利益。他们深受西方大众消费文化的影响，因此他们与西方同龄人有许多共同之处"。[②]

---

① Lin, T. T. C. & Li, L., *Perceived characteristics*, *perceived popularity*, *and playfulness*: *Youth adoption of mobile instant messaging in China*, China Media Research, 2014, 10: 60 – 71.

② Liu, F., *Urban youth in China*: *Modernity*, *the Internet*, *and the self*, Hoboken: Taylor & Francis, 2011: 58 – 60.

这里的潜台词是：西化后的年青一代喜欢消费文化，注重物质追求，总体更符合西方价值观标准。其意图就是推销西方文化价值观。就是按照西方标准衡量中国等其他国家的社交媒体及文化发展状况，就是一种文化霸权和文化殖民主义思想。

研究认为，在中国，社交媒体与欧洲和北美西方国家的差异很大，因为无法访问 Facebook，Twitter 和 YouTube 等主要全球社交网络。同时，中国拥有世界上最大和最活跃的社交媒体市场，从博客到微博，从社交网站到网络社区，约有 3 亿人使用社交媒体。这里明显体现英语学界研究者对于"本土"（native）社交媒体的优越感，以及对于中国社交媒体"他者"（the other）的歧视态度。

第三节　他者视角对本土研究的启示价值

国内著名历史文化学者程裕祯在谈及海外汉学的研究价值时也曾指出："研究海外汉学，可以在整体上促进我们中国文化的，它可以作为一种深刻有力的参照，来观照我们研究中国文化的深度；它还可以作为一个独特而新颖的视角，来启发我们研究中国文化的角度。"[①] 海外汉学研究在"深度"和"角度"方面对于本土学界都具有重要的参照价值，这一点当为公允之论，正如李金铨在《超越西方霸权》一书的序言中对于美国的中国传媒文化研究所评价的那样："美国学者看中国，好比站在庐山之外看庐山，不必背上传统华裔学者的心理和文化负担，的确出现不少观察敏锐、分析透彻的佳作，旁观者清，而且他山之石，可以攻玉"。[②] 从历史文化学到新闻传播学，不得不承认，海外中国学这一块"他山之石"对于本土研究来

---

① 程裕祯：《关于海外汉学研究》，《中国文化研究》1997 年第 2 期。

② 李金铨：《超越西方霸权——传媒与"文化中国"的现代性·序言》（简体中文本），牛津大学出版社 2004 年版，第 2 页。

说不可多得且不容回避，尤其对于这些研究几近于空白的国内新闻传播学来说，从学术上"师夷长技"，做到"洋为中用"，再没有比西方对中国的直接研究更为近便、更为实用的其他路径了；而且，这条路径不仅联通学界，也通达业界，对于中国的媒体产业实践都具有不容忽视的启示价值。

一 作为观点的"镜像中国"

通过以上对他者研究的整理再现和比较分析可知，英美学界聚焦于中国社交媒体，并通过其固有的"中国学"或"东方学"的知识框架，重新建构了一个与"现实中国"存在巨大差异的"镜像中国"（李金铨借用余英时的观念，将美国的中国传媒文化研究所建构的中国称为"文化中国"，与此相类），而这面镜像的构成要素就是由各种观点拼接起来，或者说，中国，通过被"他者"的知识再生产，首先作为一种异质性的"观念矩阵"而存在。

诚如前述，英美学界围绕中国社交媒体提出了很多观点，这其中大部分跟中国本土学界不谋而合，有些比较接近或类同，还有相当一部分龃龉不合，甚至截然相反。对于这些观点，特别是最后一种，我们已经做了力所能及的批判分析。但是，"中国作为观点"绝不仅仅意味着对"正合我意者"服膺赞叹、对"向左相反者"批判抨击这么简单了事，事实上，从实用主义的角度来看，它们都具有不可磨灭的价值。

首先，理论上来说，英美学界关于中国社交媒体的研究无论任何一种观点，都具有可资利用和发掘的研究价值，即它们可以作为本土学术的例证、佐证、旁证或者反证而存在；这些各个不同的取用角度，意味着本土学术可以在英美学界的视角下被重新审视，借此促进其反思、增量和发展，从而构造为中国本土学术体系的组成部分。

其次，作为"镜像"的中国，本身就意味着价值。上述研究我们比较强调学界的"他者"对中国的"想象"和"发明"，但必须认识到，"他者"同样将中国作为"他者"，这意味着"发明中国"的过程在很大程度上可能会发现或发掘西方的"他者"并不存在的思想资源。比如，关于 Elizabeth Brunner 在《中国野生公共网络与情感运动：环境维权、社交媒体、茂名抗议》（*Wild Public Networks and Affective Movements in China：Environmental Activism，Social Media，and Protest in Maoming*）中提出的"野生公共网络"概念，作者就强调它"只有在中国特殊的政治背景下才能生成其合法性"①。事实上，在海外汉学看来，中国绝不仅仅作为研究对象而存在，而是作为一个底蕴丰厚的思想的矿脉而存在，所以，美国汉学家郝大维（David Hall）和安乐哲（Roger Ames）认为要"通过孔子而思"，法国汉学家弗朗索瓦·于连强调通过"迂回"中国然后再"进入"古希腊②。在此意义上，中国本身就是价值，"发明中国"就是重新发现中国在世界学术上的价值，这一点同样适用于新闻传播学。

最后，"镜像中国"虽然并不是一面表面光滑、能够客观映照现实的"平面镜"，而更接近于一面凸点密布的"哈哈镜"，但即便是扭曲、误读，也并不必然意味着一无是处，相反，它们可能意味着创造性的力量。

聊举一例。在美国文学史上有一个著名的"意象派"诗歌运动，由著名诗人庞德（Ezra Pound）发起，而庞德的灵感来自汉学家费诺洛萨（Ernest Fenollosa）关于中国诗歌文字的研究。后者认为，"中国诗是用表意文字写的，它最大限度地探索了这种文字的图画价值。中国诗的每一行都成为一串意象，这些意象把符号独立的视觉侧面变得明显。追随这一思想，庞德把汉字分解成它的画面性元素并神

---

① Brunner, E., Wild Public Networks and Affective Movements in China：Environmental Activism, Social Media, and Protest in Maoming, *Journal of Communication*, 2017, 67（2）：665 – 677.

② 杨柳：《中国智慧作为他者：弗朗索瓦·于连的迂回策略》，《中国比较文学》2013 年第 1 期。

往于他由此发现的意象"。① 这一做法显然严重误解了汉字和意象在中国本土应有的含义，但这并不妨碍庞德依据其偏见和误识在 20 世纪初的美国发起一场轰轰烈烈的诗歌运动，甚至其基本理念也渗透到绘画领域，创作出大量的优秀作品。庞德的例子其实并不稀奇，汉代佛学在中国的翻译同样舛误百出，但它后来生发出了中国本土佛教即禅宗。如此种种足以说明，一种观念或现象经过赛义德意义上的"理论旅行"（travelingtheory，一译"旅行理论"），多多少少都会发生某种扭曲或变异，但它们可能并非消极力量。正如英美学界针对中国社交媒体现象创造性地提出一些理论观念一样，虽然它可能误解甚至扭曲了中国，但从另外一个角度来看，却不乏反向的学术警示意义。

这说明，中国不仅作为观点而存在，同样作为观点的培养皿和试验场而存在。独特的中国政治和文化境遇本身，就已经意味着不可多得的学术价值。遗憾的是，这些价值的发现者往往出自国内学界的，如果国内学者对西方学界将中国作为经验对象而研究得出的各种观点不加以关注、分析以及回应，任由这些观点在国际学界恣意生产和传播，中国就会在这些观点的"建构"中越来越被妖魔化，在"有理说不出，说了传不开"困境中依然不能自拔。不得不说这种状况应该也必须得到改变。

二 对"方法论大爆炸"的审思

由前述可知，英美学界对中国社交媒体的研究在方法学理上几乎无所不用其极，大有国内汉学研究者所警惕的"方法论大爆炸""炫耀大规模杀伤性武器"的嫌疑，对于这一点，我们当然需要足够的批判和反思，但同时，我们也需要关注问题的"月之暗面"，正如国内研究者所说："与美国、欧盟、日本等国家或地区相比，我国社交网络基本上处于相对封闭的环境，国内用户使用的社交

---

① ［美］张隆溪：《道与逻各斯》，冯川译，江苏教育出版社 2006 年版，第 35 页。

媒体平台也和国外用户明显不同。中国在文化、价值观等方面与西方的巨大差异，使得我国社交媒体（研究）……不能完全照搬国外……相关理论，而是迫切需要基于对我国社交媒体平台和用户数据的研究建立适合中国情境的社交媒体……理论和模型。"①相对封闭而独特的中国国情，意味着西方的社交媒体研究在理论和方法上都很难适切于本土语境，难免造成"强制阐释"②，因此建构原创性的社交媒体理论和模型显得非常必要。但是，希望是一回事，现实是另外一回事。实际情形是，在本土新闻传播学界，"基本尚无能与西方学者进行对话，在国际学界发表有较大影响力的原创性理论成果"。③ 如果承认国内的新闻传播研究不能裹足不前，徘徊原地，那么，适度引介西方的研究方法和学理，从而促进本土的学术开发，应该不失为一种比较可行的做法，毕竟，正如国内汉学研究者季进所说：观点只是事实，方法才是生产力。④ 事实上，英语学界关于中国社交媒体研究的一个重要价值，就是作为方法而存在：它提供了大量可以进入和发掘中国社交媒体问题的有效路径和模型。

当然，需要说明的是，这里所谓的研究方法是一种比较广义的指称，它可以包括具体的方法手段，也包括思维路径、考察视角、理论资源等，只要是有效解决问题的途径，都可以称为方法。这些手段和途径就构成了"他者"系统完备的"方法论体系"。概言之，以下几个方面尤其值得本土研究者借鉴和反思：

---

① 孙建军、顾东晓：《动机视角下社交媒体网络用户链接行为的实证分析》，《图书情报工作》2014 年第 4 期。

② 强制阐释是张江提出来的，张江给"强制阐释论"下了一个精简的定义：背离文本话语，消解文学指征，以前在立场和模式对文本和文学作符合论者主观意图和结论的阐释，这就是强制阐释。参见张江《强制阐释论》，《文学评论》2014 年第 6 期。

③ 蒋晓丽、张放：《中国新闻传播学研究为何缺乏原创理论》，《新闻与写作》2016 年第 1 期。

④ 季进：《跨语际与跨文化的海外汉学研究——以海外中国现代文学研究为例》，《中国比较文学》2011 年第 3 期。

首先，具体研究方法。英美学界关于中国社交媒体的具体研究方法宏观上质化研究和量化研究都有涉及，但不同于国内学界的是，这些方法一方面比较规范严谨，值得国内研究者参考借鉴，另一方面，比较注重将质化研究和量化研究相结合，而不像国内研究比较偏重于量化研究，却在理论阐述方面比较清浅浮泛，缺乏深意。比如，Gillian Bolsover 关于中国社交媒体和社群主义的研究《和谐的社群主义或理性的公共领域：微博与 Facebook 新闻评论差异的内容分析》（*Harmonious communitarianism or a rational public sphere：a content analysis of the differences between comments on news stories on Weibo and Facebook*），通过调查对比微博和 Facebook，探讨了两者用户在理性化、建设性、观念共识等方面的差异，但该文在定性的理论阐述方面的文字比重占全文近 2/3，非常系统地论述了这种差异背后的文化、社会和历史根源。[①] 这种研究堪称质化和量化研究相结合的典范。

其次，考察视角。关于西方学者探究中国问题的考察视角，任继愈先生曾经说过，"西方学者接受近现代科学方法的训练，又由于他们置身局外，在庐山以外看庐山，有些问题国内学者司空见惯，习而不察，外国学者往往探骊得珠"。[②] 现代科学方法，再加上局外人的考察视角，往往能够"探骊得珠"，这种固有的、先天的优势，国内研究者似乎很难企及。但是，仅就考察视角来说，这只是一个宏观的方面。实际上，英美学界看问题的方式和视角在微观上就跟国内研究者有很大的不同。比如对于社交媒体的政治传播问题，国内研究者多从具有轰动效应的媒体事件入手，但英语学界则倾向于从同性恋、HIV、微博大 V、抑郁症、禽流感甚至非洲埃博拉病毒的中国反应等在中国学者看来非常边缘化、不入流

---

① Bolsover, G., Harmonious communitarianism or a rational public sphere：a content analysis of the differences between comments on news stories on Weibo and Facebook, *Asian JournaL Of Communication*, 2017, 27（2）：115 – 133.

② 任继愈：《汉学的生命力》，《国际汉学》第 1 辑，商务印书馆 1995 年版，第 7 页。

的问题来切入，从而抵近核心的议题。这种边缘主义的致思路径显然受到后现代主义和文化研究的影响，认为表面的、细枝末节的、毛细血管式的、自下而上的（福柯）研究视角，反而能发掘出意义重大的观点结论。

最后，但并非最不重要，英美学界的研究在学理尤其理论资源上值得国内研究者借鉴和反思。诚如前述，在中国社交媒体问题上，英美学界动用了大量的理论资源，尤其跨学科的知识，举凡罗兰·巴特的符号学理论、哈贝马斯的公共领域和交往行为理论、法兰克福学派的工具理性批判理论、卡斯特尔的社会网络理论、德里达的后结构主义理论、安德森的民族主义理论、霍尔的高/低语境理论、霍夫斯提德的个人主义/集体主义模型、伯特的结构洞理论等，这些理论资源中的大部分国内学界并非没有触及，但是在运用规范、完整领悟和阐释深度方面远远不够。相较而言，国内的理论思辨研究不是没有，而是有价值的、高水平的研究成果还较少，批判性研究风气凋敝，也就意味着中规中矩、不痛不痒的研究大行其道，以至于一些社交媒体研究沦落成了数字游戏和实用主义的分析，影响了学术研究的视野和深度。

三　新闻生产与社交媒体商业实践的业界启示

前文已指出，英美学界关于中国社交媒体的研究不同于国内整体上的实用主义取向，而是比较强调学理分析，但也有一条实用主义是比较显而易见的，这就是对商业实践的高度重视。当然，这种研究本质上服务于作为"他者"的跨国企业或外国资本在中国的商业活动，为其建言献策，而并非直接针对中国利益，但这并不妨碍其大部分研究结论可以取为我用，转变为中国社交媒体产业的盈利策略。

当然，谈及业界，这里应该包含有两个层面，一个是新闻界，另一个是商业界，前者表现为社交媒体对新闻生产的影响和改造，后者则是指社交媒体产业及其经营发展问题。

先看新闻业。西方研究者 Yang Cheng 等在研究《当代中国的公共关系、媒体报道和舆论：检验社会调解危机中的议程构建理论》（*Public relations, media coverage, and public opinion in contemporary China: Testing agenda building theory in a social mediated crisis*）中发现，"与西方社会的 Twitter 相比，中国的微博（Twitter 的翻版）更像是一个高度虚拟的网络运动场而非新闻报道平台。公众使用微博是致力于寻求在传统官方媒体和中央政府管控之外的信息"。[①] 这种观念在西方学界比较具有代表性，它说明，中国社交媒体存在一种政治化倾向，并由此严重改变了新闻生态，或者说，社交媒体成了一种"泛新闻媒体"。正如英美学界的研究者 Fu Jiawei Sophia 和 Lee Alice Y. L 在《扩展新闻领域中的中国记者话语微博实践》（*Chinese Journalists' Discursive Weibo Practices in an Extended Journalistic Sphere*）中所说：中国的微博已经变成了一个"副新闻领域"（a spin-off journalistic sphere），而且，社交媒体的技术创新和中国的社会政治环境共同作用于中国新闻工作者在"副新闻领域"的话语实践。[②] 国内研究者也有类似的表达，比如认为"与美国 Twitter 相对应的中国微博，在美国以社交功能为主，内容倾向浅显，但在中国的社交媒体，其作为政治性公共空间占有一席之地，它更倾向扮演利益诉求、'动议'释放、公共抗争和社会动员的角色，某种意义上似已颠覆了其社交的本质"。[③] 相较于西方社交媒体的娱乐化，中国表现为一种高度政治化，从一种娱乐工具蜕变成一种政治工具，这是值得研究和反思的现象。

---

① Cheng, Y., Huang, Y. H. C. & Chan, C. M., Public relations, media coverage, and public opinion in contemporary China: Testing agenda building theory in a social mediated crisis, *Telematics and Informatics*, 2017, 34: 765 – 773.

② Fu, J. S. & Lee, A. Y. L., Chinese Journalists' Discursive Weibo Practices in an Extended Journalistic Sphere, *Journalism Studies*, 2016, 17 (1): 80 – 99.

③ 刘小燕：《社交媒体在社会事件中的"动议"释放》，《山西大学学报》2013年第 6 期。

社交媒体对新闻业态的影响和改变还体现在其他层面。比如，研究者 Li B. 等的研究《无论祸福：社交媒体对中国体育记者的影响》（*For Better or for Worse：The Impact of Social Media on Chinese Sports Journalists*）聚焦于体育事业的社交媒体报道，调查发现，搜集新闻事实已经是体育记者使用社交媒体的主要动机，报道前线变成了媒体本身，社交媒体用户已经对体育记者报道造成无形的压力。"由于社交媒体使用户获取信息更方便，因此体育记者地位大不如前"。[1]如此说来，在技术和商业利益的联合夹击下，中国传统的新闻业在社交媒体时代地位受到严重的挑战。

遗憾的是，英美学界很少像本土研究者那样积极为中国新闻业寻求对策方案，但这并不意味着他者的研究毫无启示价值。就像崔波从社交媒体对美国新闻业造成的影响来探究其对中国的启示一样，问题本身即意味着方法。崔波在关于"中国新闻业如何应对"的问题中谈到，总结提炼他者的"启示"必须首先立足于中国国情，其一是"中国社交媒体对政治性的新闻事件有极高的关注度"，其二是中国社交媒体依然呈现出费孝通意义上人际关系的"差序格局"，因此改变其现状需要"一是主流媒体要及时进行议程设置，二是公众要提升自身媒介素养"。[2]且不说这些对策思路价值几何，它至少说明，看清社交媒体对中国新闻业影响的实质问题，从而对症下药，就已经切中了解决问题的起点；而恰恰在这一点上，英美学界以固有的他者视角，为我们提供了相当有价值的观察和洞见。

说到中国社交媒体产业及其经营发展问题，英美学界从 2010 年开始研究中国社交媒体的第一篇文章便是相关专论《中国的社交网络服务：中心性、信任和技术接受的整合模型》（*Social Network Serv-*

---

① Li, B., Stokowski, S., Fittmore, S. W. & Scott, O., For Better or for Worse：The Impact of Social Media on Chinese Sports Journalists, *Communication & Sport*, 2017, 5（3）：311 – 330.

② 崔波：《社交媒体正在改变新闻传播方式？——美国的混合式新闻传播微议》，《国际新闻界》2011 年第 10 期。

ices in China：An Integrated Model of Centrality，Trust，and Technology Acceptance），足见其重视程度。该文作者 Guo Chengqi 等调查发现，中心性、技术接受度、熟悉度和用户信任度对于中国社交媒体的市场渗透至关重要。据此，社交媒体运营者应当重新审视其整体策略，从多个方面对其产品做出调整，如社会关系的数量、服务推广的渠道、网页界面设计等。[①] 这显然已经在做对策研究了。其后，类似的对策研究不胜枚举。比如，研究者以马云在社交媒体上的形象为例，考察了"自嘲"在社交媒体危机公关中发挥的作用。在论文《社交媒体上的自我嘲讽危机策略：聚焦中国的阿里巴巴董事长马云》（*self-mocking crisis strategy on social media：Focusing on Alibaba chairman Jack Ma in China*）中作者 Sora Kim 等发现，采用幽默自嘲的危机应对方式，有助于维护信息发出者的社会声誉，并认为，信息发出者的个性和社会关系，决定着他在危机公关中需要采取何种措施。[②] 以马云"自嘲"为个案对社交媒体的危机公关策略进行总结，在国内还没有对应研究，这项研究显然对于本土业界具有重要的启发价值。利用社交媒体进行商业营销是英语学界的另一个关注点。比如研究者 Jenny Weichen Ma 等在《理想自我的窗口：英国 Twitter 和中国新浪微博自拍爱好者的研究及其对营销人员的影响》（*A window to the ideal self：A study of UK Twitter and Chinese Sina Weibo selfie-takers and the implications for marketers*）里探讨了社交媒体对旅游活动的重要价值，其中从旅游供应商的角度来看，社交媒体可以开发旅游资源、实施口碑营销、管控旅游危机以及进行旅游城市形象营销等多重功能，而从旅客的角度来看，社交媒体则可以分享并传播经

---

① Guo，C.，Shim，J. P. & Otondo，R.，Social Network Services in China：An Integrated Model of Centrality，Trust，and Technology Acceptance，*Journal of Global Information Technology Management*，2010，13（2）：76 – 99.

② Kim，S.，Zhang，XCA. & Zhang，B. R. W.，Self-mocking crisis strategy on social media：Focusing on Alibaba chairman Jack Ma in China，*Public Relations Review*，2016，42（5）：903 – 912.

验、规划旅游行程等。有些研究者则探讨了中国社交媒体上流行的自拍文化的商业价值，并从中发掘了此前学术界很少探讨的"自拍行为的沉浸式、情境化和实时营销的潜力"。①

当然，正如上文所说，英美学界的研究在探明问题之余，主要还是用于服务和配合西方在中国的商业实践，比如研究者 Julie Zhu 等考察了麦当劳、肯德基在中国的危机公关，以及社交媒体在危机传播中扮演的角色，《危机传播中的社交媒体与文化：中国的麦当劳、肯德基危机管理》（*Social media and culture in crisis communication: McDonald's and KFC crises management in China*）研究结论是，跨国公司在利用中国社交媒体进行危机公关时，应当对事故责任做好评估，并考虑到文化差异的潜在影响。② 文化差异始终是英美学界关于中国社交媒体研究中的一个密切关注的问题，它可能具有的商业影响力在此也被凸显出来。

通过以上远非完全列举的案例分析可知，英美学界的研究成果对于本土业界启发价值甚巨，非常值得国内研究者做系统深入的开发利用。然而，值得反思的是，当国内研究者纷纷探讨西方社交媒体对中国的启示时，却忽略了英美学界关于中国社交媒体的研究对中国的启示，这实在是舍本逐末，丢了西瓜捡芝麻。此局不破，中国新闻传播学界和业界将始终陷于狭隘封闭的境地，难以取得飞跃式发展。

四　从英美学界的角度反思"华夏传播学"的建构

近年来，立足本土视野建构一套适切于中国国情的"华夏传播

① Ma, J. W., Yang, Y. S. & Wilson, J. A. J., A window to the ideal self: A study of UK Twitter and Chinese Sina Weibo selfie-takers and the implications for marketers, *Journal of Business Research*, 2017, 74: 139 – 142.

② Zhu, L., Anagondahalli, D. & Zhang, A., Social media and culture in crisis communication: McDonald's and KFC crises management in China, *Public Relations Review*, 2017, 43 (3): 487 – 492.

学"，成为国内新闻传播学界两代甚至三代学人念兹在兹的重要议题。这样的努力当然值得称道。但是，总括起来，这项工作似乎至今依然收效甚微。在国际学界，"新闻传播学的学者，不论是发表论文的数量，还是被其他学者引用的频次，都未能形成主导性优势，且其研究视角高度同质化，理论贡献依然有限，虽然已经跨过了早期对经典传播学理论的介绍和验证阶段，开始对这些理论进行延伸和发展，但距离创建原创性传播学理论的目标还有距离"。[①] 造成此种情状的原因固然非止一端，但至少有一点未引起研究者应有的关注，这就是不可多得的海外汉学或中国学的学术成果。本书基于英美学界对中国社交媒体的研究，似乎可以对此提供一点点思路或启示。

必须承认，在一个业已全面进入全球化的时代，任何封闭自守的学术建构，都只能沦为空谈，具有显著开放性特点的传播学概莫能外。因此，我们需要认真对待学界的"他者"对中国本土问题和现象的学术开发。正如张西平所说："从学术上引进汉学的研究成果，对于促进我们的学术转变有着积极的意义。（因为）学术是一个开放的事业，只有在多元文化的竞争中，在多种学术系统的相互交融过程中，学术才能健康地发展。"[②] 如此看来，我们必须要悉心考究"他者"对"自我"的冲击，并将这种冲击及其回应编织进自身发展的脉络之中，在对英美学界中国社交媒体研究的"全盘否定与全盘接受之间"，发现"多重可能性"，"在（全盘否定与全盘接受的）夹缝中扬弃僵硬的轴线，寻找新的连结点，开发新的空间"。[③] 只有这样才有可能成就具有国际视野和强大包容性和竞争力的理论体系，反之，任何闭门造车的做法只能裹足不前。

事实上，很多中国学研究的重镇已经不在国内，这就是季羡林

[①]　韦路：《中国传播学研究国际发表的现况与反思》，《国际新闻界》2018 年第 2 期。

[②]　张西平主编：《西方汉学十六讲》，外语教学与研究出版社 2011 年版，第 27 页。

[③]　陈光兴：《去帝国——亚洲作为方法》，行人出版社 2007 年版，第 176 页。

先生所谓的"敦煌在国内，敦煌学在国外"的尴尬处境。反过来说，"汉学的存在日益揭示出了中国文化的世界性意义"，而海外汉学、中国学是一个蕴含富饶且永不枯竭的学术矿藏，它已经被探明的储量就异常惊人："现在全球有近万名专业汉学家，仅美国就有3000多名职业汉学家，每年毕业的汉学博士有近千名，每年海外出版的汉学著作有几百部。"① 这其中当然蕴藏着新闻传播学的巨量文献，而我们对英美学界中国社交媒体研究的整理再现只是冰山一角。相较而言，虽然中国社交媒体研究在国内也积聚了丰厚的成果，但正如前述，国外的研究几可与之等量齐观，而且只是英语学界这单一语种。如若将其他所有语种叠加起来，构成为"海外中国社交媒体研究"，恐怕其规模体量比国内相关研究有过而无不及。对于这巨量的学术资源，如果本土研究者视若无睹，却一门心思地闭门建构所谓适合中国国情的"华夏传播学"，很可能会南辕北辙，与原定目标渐行渐远。刘仲翔在《媒体传播与话语体系建设》一文中指出："在当前这个全球化社会，我们国家已经全面融入全球社会，全球化的发展，使得整个地球成为一个村落。我们的媒体传播需要紧跟时代的潮流。""借鉴国外，对国外理论进行本土化改造。"② 才能够真正建立具有中国特色的传播理论话语体系。对西方理论，我们应当既有批评，也要借鉴，在与世界学术界对话中建构我们自己的学科理论。而环顾其他邻近学科，比如对海外汉学研究比较成熟的国内文学界就已经明确意识到，研究者虽然不断批评海外研究者的观点，"但逐渐地，在不断地纠结和论争中，我们不知不觉地其实也在采用王德威（美国哈佛大学教授——引者注）介绍给我们的研究方法和角度，甚至那些还在批评他的人，采用的方法也非常接近于他"。③ ——这就是"有容乃大"的胸襟，以及由此来带来的学术理

---

① 陈光兴：《去帝国——亚洲作为方法》，行人出版社2007年版，第27页。
② 刘仲翔：《媒体传播与话语体系建设》，《国家行政学院学报》2017年第2期。
③ 范志慧、朱静：《美国的中国学：汉学从传统到现代的转身》，《河北大学学报》2008年第5期。

论的进步。

由是观之，本书通过对英美学界中国社交媒体的研究实际上开掘出了一条通往更广阔的学术空间的道路，这道路不仅探究了学界的"他者"存在的重要价值及其诸多问题，而且对于"自我"的发展完善都具有不可磨灭的重大意义。

结　　语

　　保罗·莱文森在他的博士论文《人类历程回放：媒介进化理论》中首次提出"人性化趋势"理论（anthropotropic），认为技术发展的趋势是在模仿、复制人体的感知模式和认知模式。同时，他还提出"补救性媒介"理论（remedial medium），认为新兴媒介是对过去媒介功能的补救和补偿①。社交媒体技术对于人性化需求的满足以及对原有诸多媒介功能的补救都非常突出，其发展历程无疑印证了上述观点。正是由于社交媒体强大的技术优势引来广泛应用，继而引发学界研究的热潮。英美学界凭借其学术资源优势，较早地进入社交媒体研究领域，而中国社交媒体市场庞大，且影响巨大。无论是刚刚过去的十年，还是当下及未来，中国社交媒体显然一直是英美学界关注的焦点，其相关的研究成果还将不断推出，正如本研究所证实，英美学界中国社交媒体研究尽管不乏真知灼见，但是不可避免地会依据其特定的话语模式和知识框架对中国社交媒体进行学术生产，也注定会得出与国内研究者不尽相同的观点和结论，甚至会出现扭曲、误读、过度阐释、伪造臆测等学术民族主义现象。鉴于此，我们应该以批判和借鉴并行的客观态度，持续不断地、深入系统地对这些已有和将有的研究细加甄别，一方面揭示其学术偏见及其背后的价值立场，另一方面去芜存菁，弃伪存真，汲取其客观、中肯

---

　　①　参见保罗·莱文森《软利器》，何道宽译，复旦大学出版社 2011 年版，译者前言。

及合理的成分，为中国社交媒体的健康发展吸取有益的养料，也为"华夏传播学"的构建揽得可以攻玉的"他山之石"。

鉴于此，英美学界中国社交媒体研究之研究不仅仅是一个孤立的、个别的学术问题，而应该将其放置在建构"华夏传播学"的语境下，结合当下中国传播学打破以英美为主的西方学界的学术垄断，掌握中国社交媒体乃至西方中国学相关研究问题的研究体系和学术话语权的历史使命，从推进社交媒体研究及传播学研究的本土化进程与国际化水准的角度来继续予以推进。相信通过对英美学界乃至全球学界观点的"镜像中国"这一学术资源的充分发掘、研究、批判、吸取，终将从另一个角度推进"华夏传播学"的学术理想加快变成实现。

本书对英美学界中国社交媒体研究的研究，还只是这个研究领域的一个初步开端，筚路蓝缕，往往是一个艰辛的历程，也是一个非常粗浅、稚拙的尝试，管窥锥指，其间难免挂一漏万，不得要领。笔者非常希望能够得到前辈们的批评指教，希望前辈学者能够引领笔者在对这一研究的崎岖路上走得更加扎实；与此同时笔者也希望将此研究作为一块抛出的小小砖石，期待引来更多的研究者进一步开垦和深耕这一领域，寻找和提炼出更多珍贵的精美碧玉！

参考文献

（中文文献以出版年份为序，外文文献以著者
名字英文字母为序）

一 中文文献

（一）专著、教材

戴元光等：《传播学原理与应用》，兰州大学出版社 1988 年版。

侯且岸：《当代美国的"显学"——美国现代中国学研究》，人民出版社 1995 年版。

黄鸣奋：《英语世界中国古典文学之传播》，学林出版社 1997 年版。

严绍璗：《汉学，本土文化的一翼》，载《汉学研究》第七辑，中华书局 2002 年版。

王晓路：《西方汉学界的中国文论研究》，巴蜀书社出版 2003 年版。

李金铨：《超越西方霸权——传媒与"文化中国"的现代性·序言》，牛津大学出版社 2004 年版。

杨善华、谢中立主编：《西方社会理论·下卷》，北京大学出版社 2006 年版。

王晓路等：《文化批评关键词研究》，北京大学出版社 2007 年版。

曹顺庆主编：《比较文学教程》，高等教育出版社 2008 年版。

刘海龙：《大众传播理论：范式与流派》，中国人民大学出版社 2008 年版。

张国良：《传播学原理》（第二版），复旦大学出版社 2009 年版。

袁方：《社会研究方法教程》，北京大学出版社 2011 年版。

张西平主编：《西方汉学十六讲》，外语教学与研究出版社 2011 年版。

曹顺庆：《英语世界中国文学译介与研究》，载曹顺庆主编《中外文化与文论》（第 24 辑），四川大学出版社 2013 年版。

王金水：《网络政治参与与政治稳定机制研究》，中国社会科学出版社 2013 年版。

洪俊浩主编：《传播学新趋势（下）》，清华大学出版社 2014 年版。

赵斌：《理解大众文化·中文版导言》，中央编译出版社 2014 年版。

徐鑫：《网络时代的网络公共性研究》，人民出版社 2015 年版。

杨玉英：《英语世界的郭沫若研究》，复旦大学出版社 2015 年版。

季进、余夏云：《英语世界中国现代文学研究综论》，北京大学出版社 2017 年版。

（二）论文、报告

宁：《海德格尔亲纳粹经历在英美学界引起讨论》，载《外国文学评论》1994 年第 4 期。

任继愈：《汉学的生命力》，载《国际汉学》（第 1 辑），商务印书馆 1995 年版。

张国良：《略论传播的功能——对一些常识的再思考》，载《现代传播》（中国传媒大学学报）1995 年第 3 期。

程裕祯：《关于海外汉学研究》，载《中国文化研究》1997 年第 2 期。

方克涛：《英美学界对于中国经典诠释传统之研究：回顾与展望》，《台大文史哲学报》，载《中國傳統經典詮釋專號》第 53 期。

徐小鸽：《国外有关中国传播的研究：描述与分析》，载《现代传播》2000 年第 2 期。

乐黛云：《迎接汉学研究的新发展》，载《中国文化研究》2000 年第 3 期。

孙绵涛：《西方范式方法论的反思与重构》，载《华中师范大学学报》（人文社会科学版）2003 年第 42 卷第 6 期。

范志慧、朱静：《美国的中国学：汉学从传统到现代的转身》，载《河北大学学报》2008 年第 5 期。

冯天荟：《量化研究与质化研究：社会科学领域两种对立的研究范式》，载《南京师范大学学报》（社会科学版）2008 年第 4 期。

卢汉超：《美国的中国城市史研究》，载《清华大学学报》（哲学社会科学版）2008 年第 1 期。

余建清：《公民新闻：新技术条件下的草根写作》，载《东南传播》2008 年第 2 期。

宋丽娟、孙逊：《"中学西传"与中国古典小说的早期翻译（1735—1911）——以英语世界为中心》，载《中国社会科学》2009 年第 6 期。

刘兢：《1990 年代以来英语文献里的当代中国传媒改革》，载《国际新闻界》2010 年第 6 期。

刘兢：《"当代中国传媒改革"的海外视角——20 世纪 90 年代以来海外学者"中国传媒改革"研究综述与思考》，载《新闻战线》2010 年第 7 期。

梅琼林：《透视传播学"范式之惑"——基于对"范式"概念的反思》，载《现代传播》（中国传媒大学学报）2010 年第 9 期。

孙燕清、高敬：《新媒体研究学术圈的引文分析》，载《国际新闻界》2010 年第 4 期。

袁靖华：《生态范式：走出中国传播学自主性危机的一条路径》，载《徐州师范大学学报》（哲学社会科学版）2010 年第 3 期。

张霄：《马克思自由理论的解释与重构——评当代英美学界的几种马克思主义自由观》，载《江汉论坛》2010 年第 4 期。

毕晓梅：《国外新媒体研究溯源》，载《国外社会科学》2011 年第 3 期。

蔡雯：《从面向"受众"到面对"用户"——试论传媒业态变化对新闻编辑的影响》，载《国际新闻界》2011 年第 5 期。

曹博林：《社交媒体：概念、发展历程、特征与未来——兼谈当下对社交媒体认识的模糊之处》，载《湖南广播电视大学学报》2011 年第 3 期。

崔波：《社交媒体正在改变新闻传播方式？——美国的混合式新闻传

播微议》，载《国际新闻界》2011 年第 10 期。

胡正荣、姬德强：《反思与超越：中国传播学研究十年历程回顾》，
　　载《杭州师范大学学报》（社会科学版）2011 年第 4 期。

季进：《跨语际与跨文化的海外汉学研究——以海外中国现代文学研
　　究为例》，载《中国比较文学》2011 年第 3 期。

刘海龙：《传播研究本土化的两个维度》，载《现代传播》2011 年第
　　9 期。

刘兢：《1990 年以来英语世界里的中国传媒研究——以"中国传播
　　研究系列"为视角》，载《浙江传媒学院学报》2011 年第 2 期。

郁彩虹：《网络公共事件的发展态势和应对策略》，载《唯实》2011
　　年第 8 期。

张志安、贾佳：《中国政务微博研究报告》，载《新闻记者》2011 年
　　第 6 期。

《中共中央关于深化文化体制改革推动社会主义文化大发展大繁荣若
　　干重大问题的决定》，http：//theory. people. com. cn/GB/16018030.
　　html，人民网，2011 年 11 月 26 日。

常江：《社交媒体环境下的传媒、意见领袖和大众——以"鲁若晴事
　　件"为例》，载《新闻界》2012 年第 12 期。

匡文波、郭育丰：《微博时代下谣言的传播与消解——以"7·23"
　　甬温线高铁事故为例》，载《国际新闻界》2012 年第 2 期。

李良荣、郑雯：《论新传播革命——"新传播革命"研究之二》，载
　　《现代传播》2012 年第 4 期。

刘兢：《1990 年代以来 SSCI 和 A&HCI 中国研究期刊里的中国传媒镜
　　像》，载《国际新闻界》2012 年第 11 期。

彭兰：《社会化媒体与媒介融合的双重挑战》，载《新闻界》2012 年
　　第 1 期。

喻国明：《社会化媒体崛起背景下政府角色的转型及行动逻辑》，载
　　《新闻记者》2012 年第 4 期。

张利、王欢：《我国移动社交网络服务的发展现状与方向研究——以

人人网为例》，载《现代情报》2012 年第 11 期。

邓仲华、李志芳：《科学研究范式的演化——大数据时代的科学研究第四范式》，载《情报资料工作》2013 年第 4 期。

董天策、梁辰曦、夏侯命波：《试论〈人民日报〉官方微博新闻评论的话语方式》，载《国际新闻界》2013 年第 9 期。

段颖：《diaspora（离散）：概念演变与理论解析》，载《民族研究》2013 年第 2 期。

姜文广：《面向第三方平台的个性化隐私保护研究》，硕士学位论文，山东大学，2013 年。

李恒：《Web2.0 时代旅游者网络口碑传播动机研究》，博士学位论文，湖北大学，2013 年。

李卫东、贺涛：《微博舆论传播的复杂网络拓扑结构模型及其演化机制》，载《新闻与传播研究》2013 年第 11 期。

刘小燕：《社交媒体在社会事件中的"动议"释放》，载《山西大学学报》2013 年第 6 期。

马会娟：《英语世界中国现当代文学翻译：现状与问题》，载《中国翻译》2013 年第 1 期。

孟庆波、刘彩艳：《对海外汉学研究的三点反思》，载《社会科学论坛》2013 年第 6 期。

杨柳：《中国智慧作为他者：弗朗索瓦·于连的迂回策略》，载《中国比较文学》2013 年第 1 期。

《英美学界掀起"科学探案"：查韦斯被中情局"种"癌可能吗》，载《浙江在线——钱江晚报》2013 年 3 月 22 日。

赵高辉：《圈子、想象与语境消解：微博人际传播探析》，载《新闻记者》2013 年第 5 期。

黄鸣奋：《从联机目录到大数据：英语世界中国古典文学数字化传播》，载《现代传播》2014 年第 4 期。

季进：《作为世界文学的中国文学——以当代文学的英译与传播为例》，载《中国比较文学》2014 年第 1 期。

李彪、郑满宁：《社交媒体时代的网络舆情——生态变化及舆情研究现状、趋势》，载《新闻记者》2014 年第 1 期。

李娜、胡泳：《社交媒体的中国道路：现状、特色与未来》，载《新闻爱好者》2014 年第 12 期。

刘倩：《网络大 V 舆情失范的表现、成因及治理》，载《中国青年研究》2014 年第 6 期。

孙建军、顾东晓：《动机视角下社交媒体网络用户链接行为的实证分析》，载《图书情报工作》2014 年第 4 期。

孙藜：《WeChat：电子书写式言谈与熟人圈的公共性重构——从"微信"出发的一种互联网文化分析》，载《国际新闻界》2014 年第 5 期。

孙玮：《为了重建的反思：传播研究的范式创新》，载《新闻记者》2014 年第 12 期。

吴英女、沈阳、周琴：《微博意见领袖网络行为——"净网"前后的数据分析》，载《新闻记者》2014 年第 1 期。

禹夏、曹洵：《对传播学研究主导范式的反思与批判——托德·吉特林〈媒介社会学：主导范式〉解读》，载《国际新闻界》2014 年第 8 期。

张江：《强制阐释论》，载《文学评论》2014 年第 6 期。

张宁、郑雁询：《人际传播、参照群体与受众部落——以 7 喜系列视频为例解析病毒营销传播》，载《现代传播》2014 年第 4 期。

张勇锋：《经验功能主义：还原、反思与重构——对中国语境中传播学经验功能主义的再认识》，载《新闻与传播研究》2014 年第 9 期。

赵曙光：《社交媒体广告的转化率研究：情境因素的驱动力》，载《新闻大学》2014 年第 4 期。

陈龙：《转贴、书写互动与社交媒体的"议事共同体"重构》，载《国际新闻界》2015 年第 10 期。

胡春阳：《经由社交媒体的人际传播研究述评——以 EBSCO 传播学全文数据库相关文献为样本》，载《新闻与传播研究》2015 年第

11 期。

李鹏涛：《20 世纪 80 年代以来英美学界的殖民时期非洲史研究述
　　评》，载《世界历史》2015 年第 5 期。

刘晓燕、郑维雄：《企业社会化媒体营销传播的效果分析——以微博
　　扩散网络为例》，载《新闻与传播研究》2015 年第 2 期。

刘一鸥、陈肖静：《微信朋友圈"点赞"行为文化表达的逆向思考》，
　　载《当代传播》2015 年第 4 期。

任雁：《"文化迁徙"背景下中国留学生社交媒体使用的"两栖"性
　　研究》，博士学位论文，山东大学，2015 年。

申琦：《自我表露与社交网络隐私保护行为研究——以上海市大学生
　　的微信移动社交应用（APP）为例》，载《新闻与传播研究》2015
　　年第 4 期。

石文婷、曹漪那：《英语世界的中国新闻学研究》，载《中外文化与
　　文论》（第 29 辑）2015 年第 2 期。

田丽、安静：《社交媒体用户隐私关注研究》，载《新闻与写作》2015
　　年第 1 期。

吴蓓：《从微信微博对比探析社交媒体传播方式》，载《中国报业》
　　2015 年第 6 期（下）。

吴鼎铭：《社交媒体"Feed 广告"与网络受众的四重商品化》，载
　　《现代传播》2015 年第 6 期。

徐剑、商晓娟：《社交媒体国际学术研究综述——基于 SSCI 高被引
　　论文的观察》，载《上海交通大学学报》（哲学社会科学版）2015
　　年第 1 期。

于美娜、钟新：《微博意见领袖舆论影响力现状及原因分析——以新
　　浪微博环境传播为例》，载《现代传播》2015 年第 8 期。

赵云泽、张竞文、谢文静、俞炬昇：《"社会化媒体"还是"社交媒
　　体"？——一组至关重要的概念的翻译和辨析》，载《新闻记者》
　　2015 年第 6 期。

周丽娜：《大数据背景下的网络隐私法律保护：搜索引擎、社交媒体

与被遗忘权》，载《国际新闻界》2015 年第 8 期。

冯露：《实证与批判的差异和接合——阿多诺与拉扎斯菲尔德的文化研究方法论之论争研究》，载《沈阳师范大学学报》2016 年第 5 期。

蒋晓丽、张放：《中国新闻传播学研究为何缺乏原创理论》，载《新闻与写作》2016 年第 1 期。

李彪、杜显涵：《反向驯化：社交媒体使用与依赖对拖延行为影响机制研究——以北京地区高校大学生为例》，载《国际新闻界》2016 年第 3 期。

李金正：《英语世界的中国广告文化研究》，博士学位论文，四川大学，2016 年。

史安斌：《推动新闻传播学的中国化、时代化、大众化》，载《青年记者》2016 年第 16 期。

宋光瑛、曹顺庆：《艺术史与现代性知识话语——20 世纪以来英语世界的中国艺术通史研究》，载《文艺研究》2016 年第 8 期。

肖琳、徐升华、王琪：《社交媒体发展与研究述评》，载《图书馆学研究》2016 年第 14 期。

薛可、何佳、余明阳：《社会化媒体中隐私悖论的影响因素研究》，载《当代传播》2016 年第 1 期。

喻国明、曹璞：《复杂网络格局下的全球传媒产业：现状、焦点与进路——2015 年国际传媒经济研究热点议题知识图谱》，载《当代传播》（汉文版）2016 年第 3 期。

钟声扬、徐迪：《2016，行动主义 3.0 还是懒汉行动主义：关于网络行动主义的文献评述》，载《情报杂志》2016 年第 9 期。

周懿瑾、魏佳纯：《"点赞"还是"评论"？社交媒体使用行为对个人社会资本的影响——基于微信朋友圈使用行为的探索性研究》，载《新闻大学》2016 年第 1 期。

陈强：《政务新媒体研究的国际进展：议题与路向》，载《情报杂志》2017 年第 3 期。

《决胜全面建成小康社会 夺取新时代中国特色社会主义伟大胜利——在

中国共产党第十九次全国代表大会上的报告》，http：//news. xin-huanet. com/2017-10/27/c_1121867529. htm，新华网，2017 年 10 月 27 日。

李兵、展江：《英语学界社交媒体"隐私悖论"研究》，载《新闻与传播研究》2017 年第 2 期。

刘兢：《英语世界全球化与中国媒介研究的知识贡献》，载《现代传播》2017 年第 3 期。

刘康杰、李绮岚：《西方学术视角下的中国社交媒体实践——2015 年以来相关英文研究的四个维度》，载《新闻战线》2017 年第 8 期。

刘仲翔：《媒体传播与话语体系建设》，载《国家行政学院学报》2017 年第 2 期。

曲慧、喻国明：《超级个体与利基时空：一个媒介消费研究的新视角》，载《新闻与传播研究》2017 年第 12 期。

王晰巍、邢云菲、张柳、李师萌：《社交媒体环境下的网络舆情国内外发展动态及趋势研究》，载《情报资料工作》2017 年第 4 期。

温儒敏：《文学研究中的"汉学心态"》，载《尔雅国学报》2017 年 4 月 13 日。

肖楚楚、樊星：《象牙塔的陷落？——英美学界小说研究》，载《江汉论坛》2017 年第 7 期。

叶菁：《2007—2016 年"社交媒体"国际研究的内容演化探析》，载《新闻世界》2017 年第 10 期。

付晓燕：《网络空间的"文化休克"与文化认同：基于中国留学生社交媒体使用的生命故事》，载《国际新闻界》2018 年第 3 期。

龙强、吴飞：《认同危机与范式之惑：传播研究反思之反思》，载《国际新闻界》2018 年第 2 期。

米加宁、章昌平、李大宇、林涛：《第四种研究范式：大数据驱动的社会科学研究转型》，载《学海》2018 年第 2 期。

王惠玲：《特朗普拉黑推特用户被判违宪》，财新视频，2018 年 5 月 25 日，http：//video. caixin. com/2018－05－25/101256710. html。

韦路：《中国传播学研究国际发表的现状与反思》，载《国际新闻界》
　　2018 年第 2 期。

杨恬、蒋晓丽：《在美中国旅居者在社交媒体上的自我呈现动机研
　　究》，载《国际新闻界》2018 年第 40 卷第 3 期。

张少科：《离散族群多元文化认同对社交媒体使用的影响》，载《国
　　际新闻界》2018 年第 3 期。

赵瑜佩：《"世纪潮一代"的网络社会资本重构：对比在英流寓华人
　　Facebook 和微信的数字化融入》，载《国际新闻界》2018 年第 3 期。

郑雯、李良荣：《中等收入群体在中国网络社会的角色与地位研究》，
　　载《现代传播》（中国传媒大学学报）2018 年第 1 期。

《2018 年互联网趋势报告》，《中国互联网与美国差距逐渐减少，人
　　工智能或在五年内赶上美国》，载《封面传媒》第 3 期。

二　中文译著

［德］卡尔·马克思：《在"人民报"创刊纪念会上的演说》，载《马
　　克思恩格斯全集》（第 12 卷），人民出版社 1962 年版。

［奥］卡尔·波普尔：《科学发现的逻辑》，查汝强、邱仁宗译，科
　　学出版社 1986 年版。

［法］米歇尔·福柯：《知识考古学》，谢强、马月译，生活·读书·
　　新知三联书店 1998 年版。

［美］赛义德：《赛义德自选集》，谢少波等译，中国社会科学出版
　　社 1999 年版。

［美］范德：《近年英语世界明史研究新趋向》，万明译，载《中国
　　史研究动态》2000 年第 1 期。

［美］沃纳·赛佛林、小詹姆斯·坦卡德：《传播理论》，郭镇之译，
　　华夏出版社 2000 年版。

［美］爱德华·W. 萨义德：《文化与帝国主义》，李琨译，生活·读
　　书·新知三联书店 2003 年版。

［法］弗朗索瓦·于连：《迂回与进入》，杜小真译，生活·读书·

新知三联书店 2003 年版。

［美］托马斯·库恩：《科学革命的结构》，金吾仑、胡新和译，北京大学出版社 2003 年版。

［美］张隆溪：《道与逻各斯》，冯川译，江苏教育出版社 2006 年版。

［美］爱德华·W. 赛义德：《东方学》，王宇根译，生活·读书·新知三联书店 2007 年版。

［美］尼尔·波斯曼：《技术垄断：文化向技术投降》，何道宽译，复旦大学出版社 2007 年版。

［美］保罗·莱文森：《新新媒介》，复旦大学出版社 2011 年版。

［美］C. 赖特·米尔斯：《社会学的想象力》，陈强、张永强译，生活·读书·新知三联书店 2001 年版。

［日］池田知久：《津田左右吉与中国、亚洲》，曹峰译，载《文史哲》2011 年第 3 期。

［日］沟口雄三：《作为方法的中国》，孙军悦译，生活·读书·新知三联书店 2011 年版。

［澳］马克·吉布森：《文化与权力》，王加为译，北京大学出版社 2012 年版。

［加］马修·弗雷泽、［印］苏米特拉杜搭·谈冠华：《社交网络改变世界》，郭小花译，中国人民大学出版社 2013 年版。

［美］雪莉·特克尔：《群体性孤独》，周逴、刘菁荆译，浙江人民出版社 2014 年版。

［美］约翰·杜威：《杜威全集·晚期著作（1925—1953）·第二卷（1925—1927）》，张奇峰、王巧贞译，华东师范大学出版社 2015 年版。

［美］劳伦斯·格罗斯伯格：《使文化具有重要性，使文化具有政治性》，载王晓明、蔡翔主编《热风学术（第十辑）》，上海人民出版社 2016 年版。

三 英文文献
（一）英文专著

Agozzino, A. L. , *Millennial students relationship with* 2008 *top* 10 *social media brands via social media tools*, Bowling Green State University, 2010.

Albert, C. S. , *Dark side of information systems and protection of children online: Examining predatory behavior and victimization of children within social media*, The University of North Carolina at Greensboro, 2014.

Alice, E. M. , *Status Update: Celebrity, Publicity, and Branding in the Social Media Age*, Yale University, 2013.

Alkhas, A. B. , *An examination of internet social media marketing in higher education institutions*, California State University, 2011.

Andres, S. G. , *Disposable Social Media Profiles*, The Claremont Graduate University, 2015.

Anspach, N. M. , *The Facebook effect: Political news in the age of social media*, Temple University, 2016.

Becker, H. , *Identification and Characterization of Events in Social Media*, Columbia University, 2011.

Beth, B. , *Twitter for Authors: Social Media Book Marketing Strategies for Shy Writers*, CreateSpace Independent Publishing Plat, 2013.

Bowlby, J. & Mitchell, S. A. , *Separation: Anxiety and Anger*, New York: Basic Books, 1973.

Boyd, A. W. , *A Longitudinal Study of Social Media Privacy Behavior*, Pace University, 2011.

Cavanaugh, P. J. , *Engaging in the conversation: Best practices in Strategic Social Media*, University of Southern California, 2009.

Christopher, H. S. , Frank, W. , Donald, A. M. , Edward, R. R. , Tim, W. , Marcy, K. , Michael, H. , Sherrod, B. , Max, B. , Carl, L. ,

Dianne, F. , Jeff, M. , Susan, C. & James, R. , *China's censorship of the Internet and social media: the human toll and trade impact. U. S. , Government printing office*, 2011.

Cox, S. L. , *Social media marketing in a small business: A case study*, Purdue University, 2012.

Dauvergne, P. & LeBaron, G. , *Protest Inc. : The corporatization of activism*, Cambridge, UK: Polity Press, 2014.

Davidson, M. , *From public relations to participation: Government web use after Obama and social media*, Georgetown University, 2011.

Deibert, R. , Palfrey, R. , Rohozinski, R. , Zittrain, J. , Haraszti, M. , Roberts, H. , Villeneuve, N. , Zuckerman, E. , Maclay, C. , *Access controlled: the shaping of power, rights, and rule in cyberspace*, Cambridge, MA: MIT Press, 2010.

Dijk, V. J. , *The Culture of Connectivity*, Oxford University Press, 2013.

Downing, J. , *Radical media: Rebellious communication and social movements*, Thousand Oaks, CA: SAGE Publications, 2001.

Dunn, H. M. , *Social media as a branding tool in heterogeneous organizations: A collective case study approach*, Clemson University, 2010.

Eisenlauer, V. , *A Critical Hypertext Analysis of Social Media: The True Colours of Facebook*, Bloomsbury Academic, 2013.

Elsas, J. L. , *Leveraging Collection Structure in Information Retrieval With Applications to Search in Conversational Social Media*, Carnegie Mellon University, 2011.

Faris, D. , *Revolutions without revolutionaries? Social media networks and regime response in Egypt*, Universit of Pennsylvania, 2010.

Fitzgerald, D. C. , *Intersections of the self: Identity in the boom of social media*, Illinois State University, 2008.

Garber, M. B. , *Social media policy on campus: A case study of the development and implementation of a social media policy for university admin-*

istrators, faculty, and staff, Mercer University, 2011.

Goffman, E. , *The presentation of self in everyday life*, New York: Doubleday, 1959.

Huang, B. , Yu, G. & Karimi, H. R. , *The Finding and Dynamic Detection of Opinion Leaders in Social Network*, Mathematical Problems in Engineering, 2014.

Huang, H. (auth.), *Social Media Generation in Urban China—A Study of Social Media Use and Addiction among Adolescents*, Springer Berlin Heidelberg, 2014.

Huang, H. , *Social Media Generation in Urban China*, University of Southern California, 2014.

Jandt, F. , An introduction to intercultural communication, *Sage Publication*, 2007: 16.

Jason, G. , *Tweeting to Power: The Social Media Revolution in American Politics (Oxford Studies in Digital Politics)*, Oxford University Press, 2013.

Java, A. , *Mining social media communities and content*, University of Maryland, Baltimore County, 2008.

Jose, V. D. , *The Culture of Connectivity: A Critical History of Social Media*, Oxford University Press, 2013.

Katz, J. E. , *The Social Media President: Barack Obama and the Politics of Digital Engagement*, Palgrave Macmillan, 2013.

Kelsey, C. M. , *Generation My Space: helping your teen survive online adolescence*, Marlowe & Company, 2007.

Langager, A. , *Use of social media in undergraduate communication classes*, Iowa State University, 2015.

Lee, Y. J. , *Essays on Participative Web and Social Media for Information Goods*, University of Washington, 2010.

Leibman, F. H. , *Memorial laws: Social and media construction of person-*

alized legislation, *1994—2005*, City University of New York, 2009.

Liebkind, K., *Acculturation*, In R. Brown & S. Gaertner (eds.), Blackwell handbook of social psychology: Intergroup processes, Oxford: Blackwell, 2001.

Liu, F., *Urban youth in China: Modernity*, *the Internet*, *and the self*, Hoboken: Taylor & Francis, 2011: 58 – 60.

Maguire, R. J., *Social Media and the Local Television News Audience*, Drexel University, 2014.

Mandiberg, M., *The social media reader*, New York University Press, 2012.

Mc Caughey, M., Ayers, M. D., *Cyberactivism: Online activism in theory and practice*, Routledge, 2013.

McDonald, T., *Social Media in Rural China*, UCL Press, 2016.

Michael, M., *The social media reader*, New York University Press, 2012.

Miller, D., Costa, E., Haynes, N., McDonald, T., Nicolescu, R., Sinanan J., Spyer, J., Venkatraman, S. & Wang, X., *How the World Changed Social Media*, 2016.

Mirkin, N. A., *The Impact of Social Media Platforms on Identity Development in Adolescence*, The Chicago School of Professional Psychology, 2017.

Moseley, E., *Social media and its affect on adolescent communication skills within families*, Gonzaga University, 2012.

Olorunnisola, A. A., *New media influence on social and political change in Africa*, IGI Global, 2013.

Paul, Jennifer, F., *Looking beyond our walls: Creating theoretically-sound social media campaigns for an environmental not-for-profit organization—vital lessons from non-environmental organizations*, Royal Roads University, 2010.

Piskorski, M. J., *Social Strategy: How We Profit from Social Media*,

Princeton University Press, 2016.

Robert, W. G. , *Reverse Engineering Social Media Software*, *Culture*, *and Political Economy in New Media Capitalism*, Temple University Press, 2014.

Rochefort-Hoehn, S. , *Contemporary Practices of Mourning Through Social Media*, Barry University, 2015.

Seo, J. , *Search using social media structures*, University of Massachusetts Amherst, 2011.

Smith, D. A. , *Faculty leadership behaviors and the adoption of social media*, Dallas Baptist University, 2014.

Smith, D. C. , *Social media correlates of organizational climate*, University of Hawaii at Manoa, 2009.

Solis, B. & Breakenridge, D. , *Putting the public back in public relations: how social media is reinventing the aging business of PR*, FT Press, 2009.

Sternberg, I. D. , *Influence of social media in stages of democratization*, University of Nevada, 2014.

Tang, L. , *Learning with large-scale social media networks*, Arizona State University, 2010.

Wang, Q. , *Who sets the news agenda on "Chinese Twitter"? The relationships between the media and opinion leaders on Weibo*, University of Texas, 2016.

Warburton, S. , *Digital Identity and Social Media*, Ingram International Inc, 2012.

Wu, S. , *Prediction in social media for monitoring and recommendation*, University of Maryland, College Park, 2012.

Yu L. , Asur S. , Huberman B. A. , *What Trends in Chinese Social Media*, Social Science Electronic Publishing, 2011.

Zhang, W. , *The Internet and New Social Formation in China: Fandom*

Publics in the Making, NY：Routledge，2016.

Zhou，W.，*The Frame of Social Media in Academic and Industry*, East Tennessee State University，2012.

（二）英文论文

Ahmed，S. & Jia，L.，Online Public Opinion：Transforming Agenda Setting and Shaping the Public Sphere in China，*Online Journal of Communication and Media Technologies*，2014，4（4）：100 – 118.

Alhabash，S.，McAlister，A. R.，Quilliam，E. T.，Richards，J. I. & Lou，C.，Alcohol's Getting a Bit More Social：When Alcohol Marketing Messages on Facebook Increase Young Adults' Intentions to Imbibe，*Mass Communication and Society*，2015，18（3）：350 – 375.

Anstead，N. & O'Loughlin，B.，Social Media Analysis and Public Opinion：The 2010 UK General Election，*Journal of Computer-Mediated Communication*，2015，20（2）：204 – 220.

Arceneaux，N. & Weiss，A. S.，*Seems stupid until you try it：press coverage of Twitter*，New Media & Society，2010，12（8）：1262 – 1279.

Armstrong，C. G.，Delia，E. B. & Giardina，M. D.，Embracing the social in social media：An analysis of the social media marketing strategies of the Los Angeles Kings，*Communication & Sport*，2016，4（2）：145 – 165.

Bai，H. & Yu，G.，A Weibo-based approach to disaster informatics：incidents monitor in post-disaster situation via Weibo text negative sentiment analysis，*Natural Hazards*，2016，83（2）：1 – 20.

Bamman，D.，O'Connor，B. & Smith，N.，Censorship and deletion practices in Chinese social media，*First Monday*，2012，17. DOI：10. 5210/fm. v17i3. 3943.

Batts，S. A.，Anthis，N. J. & Smith，T. C.，Advancing science through conversations：Bridging the gap between blogs and the academy，*PLoS Bi-*

ology, 2008, 6: e240. DOI: 10. 1371/journal. pbio. 0060240.

Bayer, J. B. , Ellison, N. B. , Schoenebeck, S. Y. & Falk, E. B. , Sharing the small moments: ephemeral social interaction on Snapchat, *Information Communication & Society*, 2016, 19 (7): 956 – 977.

Bazarova, N. N. & Choi, Y. H. , Self-Disclosure in Social Media: Extending the Functional Approach to Disclosure Motivations and Characteristics on Social Network Sites, *Journal of Communication*, 2014, 64 (4): 635 – 657.

Belk, R. W. , Possessions and the extended self, *Journal of Consumer Research*, 1988, 15 (2): 139.

Benamar, L. , Balagué, C. & Ghassany, M. , The identification and influence of social roles in a social media product community, *Journal of Computer-Mediated Communication*, Vol. 22, No. 6, 2017.

Bertot, J. C. , Jaeger, P. T. & Grimes, J. M. , Using ICTs to create a culture of transparency: E-government and social media as openness and anti-corruption tools for societies, *Government Information Quarterly*, 2010, 27 (3): 264 – 271.

Bik, H. M. & Goldstein, M. C. , An introduction to social media for scientists, *PLoS Biology*, 2013, 11: e1001535. DOI: 10. 1371/journal. pbio. 1001535.

Bivens, R. , The gender binary will not be deprogrammed: Ten years of coding gender on Facebook, *New Media & Society*, 2017, 19 (6): 880 – 898.

Bode, L. , Closing the gap: gender parity in political engagement on social media, *Information Communication & Society*, 2017, 20 (4): 587 – 603.

Bode, L. , Political News in the News Feed: Learning Politics from Social Media, *Mass Communication And Society*, 2016, 19 (1): 24 – 48.

Bolsover, G. , Harmonious communitarianism or a rational public sphere: a content analysis of the differences between comments on news stories on Weibo and Facebook, *Asian Journal of Communication*, 2017, 27 (2): 115 – 133. DOI: 10. 1080/01292986. 2016. 1214743.

Boulianne, S. , Social media use and participation: A meta-analysis of current research, *Information, Communication & Society*, 2015, 18 (5): 524 – 538.

Boyd, D. , M. & Ellison, N. , B. , Social Network Sites: Definition, History, and Scholarship, *Journal of Computer-Mediated Communication*, 2007, 38 (3): 210 – 230.

Boynton, R. G. & Bates, A. , The Reach of Politics via Twitter—Can That Be Real? *Journal of Political Science*, 2013, 3 (3): 91 – 97.

Brian L. O. , The age of Twitter: Donald J. Trump and the politics of debasement, *Critical Studies in Media Communication*, 2017, 34 (1): 59 – 68.

Bright, J. , Explaining the Emergence of Political Fragmentation on Social Media: The Role of Ideology and Extremism, *Journal of Computer-Mediated Communication*, 2018, 23 (1): 17 – 33.

Brown, G. W. , Bhrolchain, M. N. & Harris, T. , Social class and psychiatric disturbance among women in an urban population, *Sociology*, 1975, 9 (2): 225 – 54.

Brunner, E. , Wild Public Networks and Affective Movements in China: Environmental Activism, Social Media, and Protest in Maoming, *Journal of Communication*, 2017, 67 (2): 665 – 677.

Burke, M. , B. & Kraut, R. E. , The Relationship between Facebook Use and Well-Being depends on Communication Type and Tie Strength, *Journal of Computer-Mediated Communication*, 2016, 21 (4): 265 – 281.

Burns, K. S. , Celeb 2. 0: how social media foster our fascination with popular culture, *Praeger*, 2009.

Caligiuri, P. & Lazarova, M. , A model for the influence of social inter-action and social support on female expatriates' cross-cultural adjust-ment, *International Journal of Human Resource Management*, 2002, 13 (5): 761.

Cappella, J. N. , Vectors into the Future of Mass and Interpersonal Com-munication Research: Big Data, *Social Media, and Computational So-cial Science, Human Communication Research*, 2017, 43 (4): 545 – 558.

Carah, N. , Algorithmic brands: A decade of brand experiments with mobile and social media, *New Media & Society*, 2017, 19 (3): 384 – 400.

Chan E. & Bi C. G. , The internet and state media: The 4. 5 estate, *Chi-na Elections and Governance Review*, 2009, 3: 1 – 15.

Charnigo, L. & Barnett-Ellis, P. , Checking Out Facebook. com: The Im-pact of a Digital Trend on Academic Libraries, *Information Technology & Libraries*, 2007, 26 (1): 23 – 34.

Che H. L. & Cao Y. , Examining WeChat users' motivations, trust, atti-tudes, and positive word-of-mouth: Evidence from China, *Computers in Human Behavior*, 2014, 41: 104 – 111.

Chen, H. & Wang, Y. , Connecting or disconnecting: luxury branding on social media and affluent Chinese female consumers' interpretations, *J Brand Manag*, 2017, 24: 562 – 574. DOI 10. 1057/s41262-017-0050-8.

Chen, L. & Hanasono, L. K. , The Effect of Acculturation on Chinese Interna-tional Students' Usage of Facebook and Renren, *China Media Research*, 2016.

Chen, Q. , Xu, X. , Cao, B. & Zhang, W. , Social media policies as re-sponses for social media affordances: The case of China, *Government Information Quarterly*, 2016, 33 (2): 313 – 324.

Chen, S. , Weibo's Role In Shaping Public Opinion And Political Partici-pation In China, *Blenkinge Institute of Technology*, 2014.

Chen, H. & Haley, E. , The Lived Meanings of Chinese Social Network Sites (SNSs) among Urban White-Collar Professionals, *Journal of Interactive Advertising*, 2013, 11 (1): 11 – 26.

Chen, X. , Comparison of weibo and wechat public platform as news de-livery channels in web 2. 0 era. , 2016.

Cheng, Y. , Huang, Y. H. C. & Chan, C. M. , Public relations, media coverage, and public opinion in contemporary China: Testing agenda building theory in a social mediated crisis, *Telematics and Informatics*, 2017, 34: 765 – 773.

Chiu, C. , Chris, I. P. & Silverman, A. , Understanding social, *McKinsey Quarterly*, *April*, 2012.

Chiu, C. & Ip, C. & Silverman, A. , Understanding social media in China, *McKinsey Quarterly*, 2012: 78 – 81.

Christofides, E. , Muise, A. & Desmarais, S. , Information Disclosure and Control on Facebook: Are They Two Sides of the Same Coin or Two Different Processes?, *Cyberpsychology & Behavior*, 2009.

Chu, C. S. & Choi, M. S. , Social capital and self-presentation on social networking sites: a comparative study of Chinese and American young generations, *Chinese Journal of Communication*, 3 (4): 402 – 420. DOI: 10. 1080/17544750. 2010. 516575.

Chu, D. W. K. , Ng, K. K. , Lai, I. K. W. & Lam, P. W. M. , Analysis of Student Behaviors in Using Wechat/What'sApp for Language Learning at Diploma Level in Hong Kong: A Pilot Test, *International Symposium on Educational Technology*, 2015: 104 – 108.

Cong Li, A tale of two social networking sites: How the use of Facebook and Renren influences Chinese consumers' attitudes toward product packages with different cultural symbols, *Computers in Human Behavior*,

2014, 32: 162 – 170.

Conway, B. A. , Kenski, K. & Wang, D. , The Rise of Twitter in the Political Campaign: Searching for Intermedia Agenda-Setting Effects in the Presidential Primary, *Journal of Computer-Mediated Communication*, 2015, 20 (4): 363 – 380.

Culnan, M. J. , McHugh, P. J. & Zubillaga, J. I. , How Large, U. S. , *Companies Can Use Twitter and Other Social Media to Gain Business Value*, Mis Quarterly Executive, 2010, 9 (4) .

C. Haney, Sentiment analysis: providing categorical insight into unstructured textual data, *Soc. Media*, *Soc.* , *Surv. Res.* , 2014: 35 – 59.

Dahlberg, L. , Democracy via cyberspace-mapping the rhetorics and practices of three prominent camps, *New Media Soc*, 2001, 3: 157 – 177.

De Albuquerque, J. P. , Herfort, B. , Brenning, A. & Zipf, A. , A geographic approach for combining social media and authoritative data towards identifying useful information for disaster management, *International Journal of Geographical Information Science*, 2015, 29 (4): 667 – 689.

De Zuniga, H. G. , Molyneux, L. & Zheng, P. , Social Media, Political Expression, and Political Participation: Panel Analysis of Lagged and Concurrent Relationships, *Journal of Communication*, 2014, 64 (4): 1 – 17.

De Zuniga, H. G. , Weeks, B. & Ardevol-Abreu, A. , Effects of the News-Finds-Me Perception in Communication: Social Media Use Implications for News Seeking and Learning About Politics, *Journal of Computer-Mediated Communication*, 2017, 22 (3): 105 – 123.

Deluca, K. M. , Brunner, E. & Sun, Y. , Weibo, WeChat, and the Transformative Events of Environmental Activism on China's Wild Public Screens, *International Journal of Communication*, 2016, 10: 321 – 339.

Dencik, L. , Hintz, A. & Carey, Z. , Prediction, pre-emption and limits to dissent: Social media and big data uses for policing protests in the United Kingdom, *New Media & Society*, 2018, 20 (4): 1433 – 1450.

Deng, Y. & O'Brien, K. J., Relational repression in China: using social ties to demobilize protesters, *China Q.*, 2013, 215: 533 – 552.

Diehl, T., Weeks, B. E. & de Zuniga, H. G., Political persuasion on social media: Tracing direct and indirect effects of news use and social interaction, *New Media & Society*, 2016, 18 (9): 1875 – 1895.

Dijk, V., Opinion and Ideologies in the Press, in *Approaches to Media Discourse*, 1998: 32.

Ding, Y., Measurement and analysis of online social networks (2015), Doctoral Dissertation, New York university.

Dong, T., Liang, C. & He, X., Social media and internet public events, *Telematics and Informatics*, 2017, 34: 726 – 739.

Du Z., Research into factors affecting the attitudes of university students towards WeChat marketing based on AISAS model, *IEEE International Conference on Electro/information Technology*, IEEE, 2015: 724 – 727.

Duguay, S., "He has a way gayer Facebook than I do": Investigating sexual identity disclosure and context collapse on a social networking site, *New Media & Society*, 2016, 18 (6): 891 – 907.

Ellison, N. B., Steinfield, C. & Lampe, C., The benefits of Facebook "friends": Social capital and college students' use of online social network sites, *Journal of Computer-mediated Communication*, 2007, 12 (4): 1143 – 1168.

Ellison, N. B., Vitak, J., Gray, R. & Lampe, C., Cultivating Social Resources on Social Network Sites: Facebook Relationship Maintenance Behaviors and Their Role in Social Capital Processes, *Journal of Computer-Mediated Communication*, 2014, 19 (4): 855 – 870.

Epstein, G., *Sina Weibo. Forbes*, Retrieved from, March3 2011, http: /www. forbes. com/global/2011/0314/features-charles-chao-twitterfanfou-china-sina-weibo. html.

Esarey, A. & Qiang, X. , Digital Communication and Political Change in China, *International Journal of Communication*, 2011, 5: 298 – 319.

E. Noti, Web 2.0 and its influence in the tourism sector, *Eur. Sci. J.*, 2013, 9 (20): 115 – 123.

Fan, L. , Zhang, Y. , Dang, Y. & Chen, H. , Analyzing sentiments in Web 2.0 social media data in Chinese: experiments on business and marketing related Chinese Web forums, *Inf Technol Manag*, 2013, 14: 231 – 242.

Feng, S. , Hossain, L. , Crawford, J. W. & Bossomaier, T. R. , Quantifying Network Dynamics and Information Flow Across Chinese Social Media During the African Ebola outbreak, *Disaster Medicine and Public Health Preparedness*, 2017, 12 (1): 26 – 37.

Forbush, E. & Welles, F. B. , Social media use and adaptation among Chinese students beginning to study in the United States, *International Journal of Intercultural Relations*, 2016, 50: 1 – 12.

Ford, C. A. , The party and the sage: Communist China's use of quasi-Confucian rationalizations forone-party dictatorship and imperial ambition, *Journal of Contemporary China*, 2015, 24 (96): 1032 – 1047.

Foux, G. , Consumer-generated media: get your customers involved, *Brand Strategy*, 2006, 8: 38 – 39.

Frederick, E. L. , Burch, L. M. & Blaszka, M. , A Shift in Set: Examining the Presence of Agenda Setting on Twitter During the 2012 London Olympics, *Communication & Sport*, 2015, 3 (3): 312 – 333.

French, M. & Bazarova, N. N. , Is Anybody Out There?: Understanding Masspersonal Communication Through Expectations for Response Across Social Media Platforms, *Journal of Computer-Mediated Communication*, 2017, 22 (6): 303 – 319.

Frosh, P. , The gestural image: The selfie, photography theory, and kinesthetic sociability, *International Journal of Communication*, 2015, 9: 1607 – 1628.

Fu, X. , Inter-Media Agenda Setting And Social Media: Understanding The Interplay Among Chinese Social Media, *Chinese State-Owned Media And U. S. News Organizations On Reporting The Two Sessions*, 2013.

Fu, Jiawei Sophia & Lee, Alice Y. L. , Chinese Journalists' Discursive Weibo Practices in an Extended Journalistic Sphere, *Journalism Studies*, 2016, 17 (1): 80 – 99.

Fung, I. C. , Fu, K. , Ying, Y. , Schaible, B. , Hao, Y. , Chan, C. & Tse, Z. T. , Chinese social media reaction to the MERS-CoV and avian influenza A (H7N9) outbreaks, *Infectious Diseases of Poverty*, 2013, 2: 31. http: //www. idpjournal. com/content/2/1/31.

Gan C. , Understanding WeChat users' liking behavior: An empirical study in China, *Computers in Human Behavior*, 2017, 68: 30 – 39.

Gan C. & Wang W. , Uses and gratifications of social media: a comparison of microblog and WeChat, *Journal of Systems & Information Technology*, 2015, 17 (4): 351 – 363.

Garett, R. , Liu, S. & Young, S. D. , The relationship between social media use and sleep quality among undergraduate students, *Information, Communication & Society*, 2018, 21 (2): 163 – 173.

Ghiselli, R. & Ma, J. , Restaurant social media usage in China, *Worldwide Hospitality & Tourism Themes*, 2015, 7 (3): 251 – 265.

Gibbs, J. L. , Rozaidi, N. A. & Eisenberg, J. , Overcoming the "Ideology of Openness": Probing the Affordances of Social Media for Organizational Knowledge Sharing, *Journal of Computer-Mediated Communication*, 2013, 19 (1): 102 – 120.

Gilens, M. & Page, B. I. , Testing theories of American politics: Elites, interest groups, and average citizens, *Perspectives on Politics*, 2014, 12 (3): 564 – 581.

Gleiss, M. S. , Speaking up for the suffering brother: Weibo activism, discursive struggles, and minimal politics in China, *Media Culture & Society*, 2015, 37 (4): 513 – 529.

Grasmuck, S. , Martin, J. & Zhao, Shanyang, Ethno-Racial Identity Displays on Facebook, *Journal of Computer-Mediated Communication*, 2009, 15 (1): 158 – 188.

Guan, W. , Gao, H. , Yang, M. , Li, Y. , Ma, H. , Qian, W. , Cao, Z. & Yang, X. , Analyzing user behavior of the micro-blogging website Sina Weibo during hot social events, *Physica A Statistical Mechanics & Its Applications*, 2014, 395 (4): 340 – 351.

Gueorguieva, V. , Voters, MySpace, and YouTube-The impact of alternative communication channels on the 2006 election cycle and beyond, *Social Science Computer Review*, 2008, 26 (3): 288 – 300.

Guo, L. , WeChat as a Semipublic Alternative Sphere: Exploring the Use of WeChat Among Chinese Older Adults, *International Journal of Communication*, 2017, 11: 408 – 428.

Guo, M. , Liu, D. R. , Ding, Y. , Hu, B. , Zhen, R. , Liu, Y. & Jiang, R. , How are extraversion, exhibitionism, and gender associated with posting selfies on WeChat friends' circle in Chinese teenagers? *Personality and Individual Differences*, 2018, 127: 114 – 116.

Guo, S. , The eyes of the internet: emerging trends in contemporary Chinese culture, *UT Electronic Theses and Dissertations*, 2012.

Guo, C. , Shim, J. P. & Otondo, R. , Social Network Services in China: An Integrated Model of Centrality, Trust, and Technology Acceptance, *Journal of Global Information Technology Management*, 2010, 13 (2): 76 – 99.

Guthrie, G. M. , A behavioral analysis of culture learning, In: Brislin RW, Bochner S, Lonner WJ (eds) Cross-cultural perspectives on learning (pp. 95 – 115), New York: Wiley, 1975.

Han, W., Zhu, X., Zhu, Z., Chen, W., Zheng, W. & Lu, J., A Comparative Analysis on Weibo and Twitter, *Tsinghua Science And Technology*, 2016, 21 (1): 1 – 16.

Han, E. L., Micro-blogging Memories: weibo and collective remembering in contemporary China, *Palgrave Macmillan*, 2016.

Hao, G., Yu-liang, L., Yu, W. Y. & Tong-tong, Z., Measurement of the weibo hall of fame network, 2011 *First International Conference on Instrumentation, Measurement, Computer, Communication and Control*, 192 – 195.

Harwit, E., WeChat: social and political development of China's dominant messaging app, *Chinese Journal of Communication*, 2017, 10: 3, 312 – 327. DOI: 10. 1080/17544750. 2016. 1213757.

Hassid, J., Safety valve or pressure cooker? Blogs in Chinese political life, *Journal of Communication*, 2012, 62 (2): 212 – 230. DOI: 10. 1111/j. 1460 – 2466. 2012. 01634. x.

Havakhor, T., Soror, A. A. & Sabherwal, R., Diffusion of knowledge in social media networks: effects of reputation mechanisms and distribution of knowledge roles, *Information Systems Journal*, 2018, 28 (1): 104 – 141.

Hayden, B. & Tomal, R., A History of Social Media, *Copyblogger*, https://www. copyblogger. com/history-of-social-media/, 2012 – 10 – 19.

He W., Liang K., "New Weapons" of Ideological and Political Education in Universities—WeChat, *EDP Sciences*, 2014: 04001.

Hilbert, M., Vasquez, J., Halpern, D., Valenzuela, S. & Arriagada, E., One Step, Two Step, Network Step? Complementary Perspectives on Communication Flows in Twittered Citizen Protests, *Social Science Computer Review*, Vol. 35, No. 4, 2017.

Himelboim, I., McCreery, S. & Smith, M., Birds of a Feather Tweet Together: Integrating Network and Content Analyses to Examine Cross-

Ideology Exposure on Twitter, *Journal of Computer-Mediated Communication*, 2013, 18 (2): 40 – 60.

Hoffmann, A. L. , Proferes, N. & Zimmer, M. , "Making the world more open and connected": Mark Zuckerberg and the discursive construction of Facebook and its users, *New Media & Society*, 2018, 20 (1): 199 – 218.

Hogenboom, A. , Heerschop, B. , Frasincar, F. , Kaymak, U. & Jong, F. D. , Multi-lingual support for lexicon-based sentiment analysis guided by semantics, *Decision Support Systems*, 2014, 62: 43 – 53.

Holmes K. , Balnaves M. & Wang Y. , Red Bags and WeChat (Wēixìn): Online collectivism during massive, *Chinese cultural events*, 2015, 9 (1): 12.

Hu, C. , Zhao, L. & Huang, J. , Achieving self-congruency? Examining why individuals reconstruct their virtual identity in communities of interest established within social network platforms, *Computers in Human Behavior*, 2015, 50: 465 – 475.

Hu, Y. , Zhao, J. , Wu, J. & Bao, X. , On exploring ambivalent expression in Weibo, *International Conference on Service Systems and Service Management*, *IEEE*, 2015: 1 – 6.

Huang, H. , Chu, S. K. & Chen, D. Y. , Interactions Between English-Speaking and Chinese-Speaking Users and Librarians on Social Networking Sites, *Journal Of The Association For Information Science And Technology*, 2015, 66 (6): 1150 – 1166.

Huang, H. , Chu, S. K. , Liu, L. Y. & Zheng, P. Y. , Understanding User-Librarian Interaction Types in Academic Library Microblogging: A Comparison Study in Twitter and Weibo, *The Journal of Academic Librarianship*, 2017, 43: 329 – 336.

Huang, X. , Dijst, M. & van Weesep, J. , Social networks of rural-urban migrants after residential relocation: evidence from Yangzhou, a medium-sized Chinese city, *Housing Studies*, 2017, 32 (6) .

Hudson, S. & Thal, K. , The Impact of Social Media on the Consumer Decision Process: Implications for Tourism Marketing, *Journal of Travel & Tourism Marketing*, 2013, 32: 816 – 840.

Huo, X. , Zhang, G. , Shang, J. , Qi, X. , Li, G. & Huang, Z. , Acquirement and Interpretation of Public Documentation of Cultural Heritage-WeChat & Post-disaster Rebuilding of Shangri-La Ancient City, *ISPRS Annals of Photogrammetry*, *Remote Sensing and Spatial Information Sciences*, 409 – 414.

Hussein, R. & Hassan, S. , Customer engagement on social media: how to enhance continuation of use, *Online Information Review*, 2016, 41 (7): 1006 – 1028.

Jackson, A. L. & Wang, L. J. , Cultural differences in social networking site use: A comparative study of China and the United States, *Computers in Human Behavior*, 2013, 29: 910 – 921.

Jacobson, S. , Does Audience Participation on Facebook Influence the News Agenda? A Case Study of The Rachel Maddow Show, *Journal of Broadcasting & Electronic Media*, 2014, 57 (3): 338 – 355.

Jansen, B. J. , Zhang, M. M. , Sobel, K. & Chowdury, A. , Twitter Power: Tweets as Electronic Word of Mouth, *Journal of The American Society For Information Science And Technology*, 2009, 60 (11): 2169 – 2188.

Ji P. , Emotional criticism as public engagement: How weibo users discuss "Peking Universitystatues wear face-masks", *Telematics & Informatics*, 2016, 33 (2): 514 – 524.

Jia, H. , Wang, D. , Miao, W. & Zhu, H. , Encountered but Not Engaged: Examining the Use of Social Media for Science Communication by Chinese Scientists, *Science Communication*, 2017, 39: 1 – 27.

Jia, H. & Liu, L. , Unbalanced progress: The hard road from science popularisation to public engagement with science in China, *Public Understanding of Science*, 2014, 23: 32 – 37.

Jiang, C. , Zhao, W. , Sun, X. , Zhang, K. , Zheng, R. & Qu, W. , The effects of the self and social identity on the intention to microblog: An extension of the theory of planned behavior, *Computers in Human Behavior*, 2016, 4: 754 – 759.

Jiang, W. , Wang, Y. , Tsou, M. H. & Fu, X. , Using Social Media to Detect Outdoor Air Pollution and Monitor Air Quality Index (AQI): A Geo-Targeted Spatiotemporal Analysis Framework with Sina Weibo (Chinese Twitter), *Public Library of Science (PLoS)*, 2015, 10 (10): p. e0141185.

Jiang, Y. , "Reversed agenda-setting effects" in China Case studies of Weibo trending topics and the effects on state-owned media in China, *Journal of International Communication*, 2014, 20: 168 – 183.

Johnson P. R. & Yang S. U. , Uses and gratifications of Twitter: An examination of user motives and satisfaction of Twitter use, *Annual Association for Education in Journalism and Mass Communication conference*, Boston, MA, 2009.

Kane, G. C. , Alavi, M. , Labianca, G. & Borgatti, S. P. , What's different about social media networks? a framework and research agenda, *Mis Quarterly*, 2014, 38 (1) .

Kaplan, A. M. & Haenlein, M. , Users of the world, unite! The challenges and opportunities of Social Media, *Business Horizons*, 2010, 53 (1): 59 – 68.

Karami, A. , Dahl, A. A. , Turner-McGrievy, G. , Kharrazi, H. & Shaw, G. , Characterizing diabetes, diet, exercise, and obesity comments on Twitter, *International Journal of Information Management*, 2018, 38 (1): 1 – 6.

Kay, S. , Zhao, B. & Sui, D. , Can Social Media Clear the Air? A Case

Study of the Air Pollution Problem in Chinese Cities, *The Professional Geographer*, 2015, 67: 3, 351 – 363. DOI: 10. 1080/00330124. 2014. 970838.

Kee, K. F. , Sparks, L. , Struppa, D. C. , Mannucci, M. A. & Damiano, A. , Information diffusion, Facebook clusters, and the simplicial model of social aggregation: a computational simulation of simplicial diffusers for community health interventions, *Health Communication*, 2016, 30 (4): 385 – 399.

Keib, K. , Espina, C. , Lee, YI. , Wojdynski, B. W. , Choi, D. & Bang, H. , Picture This: The Influence of Emotionally Valenced Images, On Attention, Selection, and Sharing of Social Media News, *Media Psychology*, 2018, 21 (2) .

Kim, H. W. , Cupta, S. & Koh, J. , Investigating the intention to purchase digital items in social networking communities: a customer value perspective, *Inf. Manag*, 2011, 48 (6): 228 – 234.

Kim, S. E. , Lee, Y. K. , Shin, S. IL. & Yang, B. S. , Effects of tourism information quality in social media on destination image formation: The case of Sina Weibo, *Information & Management*, 2017, 54: 687 – 702.

Kim, S. & Lee, Y. , New functions of internet mediated agenda-setting: Agenda-ripping and reversed agenda-setting, *Korea Journalism Review*, 2006, 50 (3): 175 – 205.

Kim, S. , Zhang, X. A. & Zhang, B. W. , Self-mocking crisis strategy on social media: Focusing on Alibaba chairman Jack Ma in China, *Public Relations Review*, 2016, 42 (5): 903 – 912.

King, G. , Pan, J. & Roberts, E. M. , San Diego: How the Chinese Government Fabricates Social Media Posts for Strategic Distraction, Not Engaged Argument, *American Political Science Review*, 2017, 111 (3): 484 – 501.

Kou, Y. , Kow, Y. M. , Gui, X. & Cheng, W. , One Social Movement, Two Social Media Sites: A Comparative Study of Public Discourses, *Computer Supported Cooperative Work* (*CSCW*), 2017, 26: 807 – 836.

Kramer, C. N. , Impression management 2. 0: the relationship of self-esteem, extraversion, self-efficacy, and self-presentation within social networking sites, *Journal of Media Psychology*, 2008, 20: 106 – 116.

Kreiss, D. & McGregor, S. C. , Technology Firms Shape Political Communication: The Work of Microsoft, Facebook, Twitter, and Google With Campaigns During the 2016 US Presidential Cycle, *Political Communication*, 2018, 13 (1): 155 – 177.

Kwak, H. , Lee, C. , Park, H. & Moon, S. , *What is twitter, a social network or a news media?* in www. acm, 2010.

Lasorsa, D. L. , Lewis, S. C. & Holton, A. E. , Normalizing Twitter: Journalism practice in an emerging communication space, *Journalism Studies*, 2012, 13 (1): 19 – 36.

Leaver, T. , Highfield, T. , Visualising the ends of identity: pre-birth and post-death on Instagram, *Information Communication & Society*, 2017, 21 (1): 30 – 45.

Lee, J. & Xu, W. A. , The more attacks, the more retweets: Trump's and Clinton's agenda setting on Twitter, *Public Relations Review*, Vol. 44, No. 2, 2018.

Lei, K. , Liu, Y. , Zhong, S. , Liu, Y. , Xu, K. , Shen, Y. & Yang, M. , Understanding User Behavior in Sina Weibo Online Social Network: A Community Approach, *IEEE Access*, 2018, 6: 13302 – 13316. DOI: 10. 1109/ACCESS. 2018. 2808158.

Leskovec, J. & Horvitz, E. , Planetary-scale views on a large instant-messaging network, in Proceedings of the 17*th International Conference on World Wide Web*, *ACM*, 2008.

Leung, D. , Law, R. , Van, H. H. , Buhalis, D. , Social media in tourism and hospitality: a literature review, *J. Travel Tour. Mark*, 2013, 30 (1 – 2): 3 – 22.

Li, J., Digital affordances on WeChat: learning Chinese as a second language, *Computer Assisted Language Learning*, 2018, 31: 1 – 2, 27 – 52, DOI: 10. 1080/09588221. 2017. 1376687.

Li, J., Xin, L., Sui, W. & Yang, G., "Privacy" in Semantic Networks on Chinese Social Media: The Case of Sina Weibo, *Journal of Communication*, 2013, 63: 1011 – 1031.

Li, W., Han, L., Guo, Y. & Sun, J., Using WeChat official accounts to improve malaria health literacy among Chinese expatriates in Niger: an intervention study, *Malaria Journal*, 2016, 15 (1): 567.

Li, X. & Boersma, K., The Role of Social Media in Providing Crisis Information in China: A Critical Evaluation of the Tianjin Fire Incident, *Journal of Systems Science and Information*, 2017, 5 (6): 556 – 570.

Li, X. & Chan, M., Comparing social media use, discussion, political trust and political engagement among university students in China and Hong Kong: an application of the O-S-R-O-R model, *Asian Journal of Communication*, 2017, 27 (1): 65 – 81.

Li, X. & Chen, W., Facebook or Renren? A comparative study of social networking site use and social capital among Chinese international students in the United States, *Computers in Human Behavior*, 2014, 35: 116 – 123.

Li, X., Lee, L. F. F. & Li, Y., The Dual Impact of Social Media Under Networked Authoritarianism: Social Media Use, Civic Attitudes, and System Support in China, *International Journal of Communication*, 2016, 10: 5143 – 5163.

Li, Y. M. & Li, T. Y., Deriving market intelligence from microblogs, *Decision Support Systems*, 2013, 55 (1): 206 – 217.

Li, B., Stokowski, S., Dittmore, SW. & Scott, O. K. M., For Better or for Worse: The Impact of Social Media on Chinese Sports Journalists, *Communication & Sport*, 2017, 5 (3): 1 – 20.

Li, L., Social network sites comparison between the united states and China: Case study on facebook and renren network, *BMEI* 2011 – *Proceedings* 2011 *International Conference On Business Management And Electronic Information*, 825 – 827.

Li, X. & Chen, W., Facebook or Renren? A comparative study of social networking site use and social capital among Chinese international students in the United States, *Computers In Human Behavior*, 2014: 116, General OneFile, EBSCOhost (accessed August 12, 2016).

Liang, Y. H. & Kee, K. F., Developing and validating the A-B-C framework of information diffusion on social media, *New Media & Society*, 2018, 20 (1): 272 – 292.

Lin, X., Lachlan, K. A. & Spence, P. R., Exploring extreme events on social media: A comparison of user reposting/retweeting behaviors on Twitter and Weibo, *Computers in Human Behavior*, 2016, 65: 576 – 581.

Lin, T. T. C. & Li, L., Perceived characteristics, perceived popularity, and playfulness: Youth adoption of mobile instant messaging in China, *China Media Research*, 2014, 10: 60 – 71.

Liu Z., A Study on the Application of WeChat in ESP Training, *Theory & Practice in Language Studies*, 2014, 4 (12): 29.

Liu Z., "Trendingworthiness" and "prosumers" on Weibo: Social media doxa and consumerism in a ritual field, *Dissertations & Theses Gradworks*, 2014.

Liu, C. E. J. & Zhao, B., Who speaks for climate change in China? Evidence from Weibo, *Climatic Change*, 2017, 140: 413 – 422.

Liu, D. & Brown, B. B., Bradford Brown, Self-disclosure on social networking sites, positive feedback, and social capital among Chinese college students, *Computers in Human Behavior*, 2014, 8: 213 – 219.

Liu, H. , Can Burt's Theory of Structural Holes be Applied to Study So-cial Support Among Mid-Age Female Sex Workers? A Multi-Site Ego-centric Network Study in China, *AIDS Behav*, 2017, 21: 3567 – 3577, https: //DOI. org/10. 1007/s10461-017-1880-9.

Liu, J. , Who Speaks for the Past? Social Media, Social Memory, and the Production of Historical Knowledge in Contemporary China, *Inter-national Journal of Communication*, 2018, 12: 1675 – 1695.

Liu, J. , How Chinese politicians use Sina Weibo, the social networking tool, *Dissertations & Theses-Gradworks*, 2014.

Liu, P. L. & Leung, L. , Migrant Parenting and Mobile Phone Use: Building Quality Relationships between Chinese Migrant Workers and their Left-behind Children, *Applied Research Quality Life*, 2016. DOI: 10. 1007/s11482-016-9498-z.

Liu, Y. & Li, Z. , The social networks of new-generation migrants in China's urbanized villages: A case study of Guangzhou, *Habitat Inter-national*, Jan 2012, Vol. 36 Issue 1, 192 – 200.

Liu, Y. , Fan, J. , Culturally Specific Privacy Practices on Social Net-work Sites: Privacy Boundary Permeability Management in Photo Sha-ring by American and Chinese College-Age Users, *International Journal of Communication*, 2015, 9 (1): 2141 – 2160.

Lokot, T. , "I am not afraid", facelook: stories of sexual violence as everyday political speech on Facebook, *Information Communication & Society*, 2018, 21 (6) .

Lowe-Calverley, E. & Grieve, R. , Self-ie love: Predictors of image edi-ting intentions on Facebook, *Telematics and Informatics*, 2018, 35 (1): 186.

Luo N. , Zhang M. & Liu W. , The effects of value co-creation practices on building harmonious brand community and achieving brand loyalty on social media in China, *Computers in Human Behavior*, 2015, 48 （C）: 492 – 499.

Luo, Y. , The Internet and Agenda Setting in China: The Influence of Online Public Opinion on Media Coverage and Government Policy, *International Journal of Communication*, 2014, 8: 1289 – 1312.

Ma, W. J. , Yang, Y. & Wilson, A. J. J. , A window to the ideal self: A study of UK Twitter and Chinese SinaWeibo selfie-takers and the implications for marketers, *Journal of Business Research*, 2017, 74: 139 – 142.

Ma, J. W. , Yang, Y. S. & Wilson, J. A. J. , A window to the ideal self: A study of UK Twitter and Chinese Sina Weibo selfie-takers and the implications for marketers, *Journal of Business Research*, 2017, 74.

MacKinnon R. , Flatter world and thicker walls? Blogs, censorship and civic discourse in China, *Public Choice*, 2008, 134: 31 – 46.

Majchrzak, A. , Faraj, S. , Kane, G. C. & Azad, B. , The Contradictory Influence of Social Media Affordances on Online Communal Knowledge Sharing, *Journal of Computer-Mediated Communication*, 2013, 19 （1）: 38 – 55.

Mangold, W. G. & Faulds, D. J. , Social media: the new hybrid element of the promotion mix, Bus, *Horiz*, 2009, 52 （4）: 357 – 365.

Mansson M. , Mediatized tourism, *Annals of Tourism Research*, 2011, 38 （4）: 1634 – 1652.

Marwick, A. E. & Boyd, D. , I tweet honestly, I tweet passionately: Twitter users, context collapse, and the imagined audience, *New Media & Society*, 2011, 13 （1）: 1 – 20.

McKelvey, K. , DiGrazia, J. & Rojas, F. , Twitter publics: how online political communities signaled electoral outcomes in the 2010 US house election, *Information Communication & Society*, 2014, 17 （4）: 436 – 450.

McLaughlin, C. & Vitaktan, J. , Norm evolution and violation on Facebook, *New Media & Society*, 2012, 14 (2): 299 – 315.

Men, L. & Tsai, W. H. S. , How companies cultivate relationships with publics on social network sites: Evidence from China and the United States, *Public Relations Review*, 2012, 38 (5): 723 – 730.

Men, R. L. & Tsai, S. W. H. , Beyond liking or following: Understanding public engagement on social networking sites in China, *Public Relations Review*, 2013, 39: 13 – 22.

Meraz, S. , Is There an Elite Hold? Traditional Media to Social Media Agenda Setting Influence in Blog Networks, *Journal of Computer-Mediated Communication*, 2009, 14 (3): 682 – 707.

Messing, S. & Westwood, S. J. , Selective Exposure in the Age of Social Media: Endorsements Trump Partisan Source Affiliation When Selecting News Online, *Communication Research*, 2014, 41 (8): 1042 – 1063.

Mossberger, K. , Tolbert, C. J. & Mcneal, R. S. , Digital Citizenship: The Internet, Society, and Participation, *The MIT Press*, 2008, 59 (7): 2189 – 2190.

Mour'o, R. R. , The boys on the timeline: Political journalists' use of Twitter for building interpretive communities, *Journalism*, 2014: 1 – 17.

Mudhai, O. F. , Wright, B. & Musa, A. , Gender and critical media-information literacy in the digital age: Kenya, South Africa and Nigeria, *Journal of African Media Studies*, 2016, 8 (3): 267 – 280.

Muhlen, M. V. & Ohno-Machado, L. , Reviewing social media use by clinicians, *Journal of The American Medical Informatics Association*, 2012, 19 (5): 777 – 781.

Myers, S. A. , Sharma, A. , Gupta, P. & Lin, J. , Information network or social network?: The structure of the twitter follow graph, *Proceedings of the 23rd International Conference on World Wide Web*, 2014: 493 – 498.

Nduhura, D. & Prieler, M. , When I chat online, I feel relaxed and work better: Exploring the use of social media in the public sector workplace in Rwanda, *Telecommunications Policy*, 2017, 41 (7): 708 – 716.

Neubaum, G. & Krämer, N. C. , Opinion climates in social media: Blending mass and interpersonal communication, *Human Communication Research*, 2017, 43 (4): 464 – 476.

Nikfarjam, A. , Sarker, A. , O'Connor, K. , Ginn, R. E. & Gonzalez-Hernandez, G. , Pharmacovigilance from social media: mining adverse drug reaction mentions using sequence labeling with word embedding cluster features, *Journal of The American Medical Informatics Association*, 2015, 22 (3): 671 – 681.

Nip J. Y. M. & Fu K. W. , Challenging Official Propaganda? Public Opinion Leaders on Sina Weibo, *China Quarterly*, 2016, 225: 122 – 144.

Noesselt, N. , Microblogs and the adaptation of the Chinese party-state's governance strategy, *Governance*, 2014, 27 (3): 449 – 468.

Obar, J. A. & Wildman, S. , Social media definition and the governance challenge: An introduction to the special issue, *Telecommunications Policy*, 2015, 9 (9): 745 – 750.

Oberg, K. , Culture Shock: Adjustment to New Culture Environments, *Practical Anthropologist*, 1960, 7: 177 – 182.

Oeldorf-Hirsch, A. , The Role of Engagement in Learning From Active and Incidental News Exposure on Social Media, *Mass Communication and Society*, 2018, 21 (2): 225 – 247.

Papacharissi, Z. , The virtual geographies of social networks: a comparative analysis of Facebook, LinkedIn and ASmallWorld, *New Media & Society*, 2009, 1 (1 – 2): 199 – 220.

Park, N. , Kee, K. F. & Valenzuela, S. , Being Immersed in Social Networking Environment: Facebook Groups, Uses and Gratifications, and Social Outcomes, *Cyberpsychology & Behavior*, 2009, 11 (6): 729 –

733.

Park, S. J. & Lim, Y. S. , Information networks and social media use in public diplomacy: a comparative analysis of South Korea and Japan, *Asian Journal of Communication*, 2014, 24 (1): 79 – 98.

Pearce, K. E. & Vitak, J. , Performing honor online: The affordances of social media for surveillance and impression management in an honor culture, *New Media & Society*, 2016, 18 (11): 2595 – 2612.

Peng, Y. , Affective networks: how WeChat enhances Tencent's digital business governance, *Chinese Journal of Communication*, 2017, 10: 3, 264 – 278. DOI: 10. 1080/17544750. 2017. 1306573.

Phonthanukitithaworn, C. & Sellitto, C. , Facebook as a second screen: An influence on sport consumer satisfaction and behavioral intention, *Telematics and Informatics*, 2017, 34 (8): 1477 – 1487.

Phua, J. , Jin, S. V. & Kim, J. , Gratifications of using Facebook, Twitter, Instagram, or Snapchat to follow brands: The moderating effect of social comparison, trust, tie strength, and network homophily on brand identification, brand engagement, brand commitment, and membership intention, *Telematics and Informatics*, 2017, 34 (1): 412 – 424.

Plantin, J. C. , Lagoze, C. , Edwards, P. N. & Sandvig, C. , Infrastructure studies meet platform studies in the age of Google and Facebook, *New Media & Society*, 2018, 20 (1): 293 – 310.

Qiang, X. , The battle for the Chinese Internet, *Journal of Democracy*, 2011, 22 (2): 47 – 61.

Qin, B. , Strömberg, D. & Wu, Y. , Why Does China Allow Freer Social Media? Protests vs. Surveillance and Propaganda, *Journal of Economic Perspectives*, 2014, 31 (1): 117 – 140.

Qiu, L. , Lin, H. & Leung, A. K. , Cultural Differences and Switching of In-Group Sharing Behavior Between an American (Facebook) and a

Chinese (Renren) Social Networking Site, *Journal of Cross-Cultural Psychology*, 2013, 44 (1): 106 – 121.

Raacke, J. & Raacke, B. J. , MySpace and facebook: Applying the uses and gratifications theory to exploring friend-networking sites, *Cyberpsychology & Behavior*, Vol. 11, No. 2, 2008.

Ragas M. W. , Hai L. T. & Martin J. A. , Media-Induced Or Search-Driven?, *Journalism Studies*, 2014, 15 (1): 48 – 63.

Ram, J, Liu, S. & Koronois, A. , The Role of Social Media in Innovation and Creativity: The Case of Chinese Social Media, *International Conference on Data Mining and Big Data. Springer International Publishing*, 2016: 381 – 390.

Ram, J. , Zhang, C. & Koronios, A. , The Implications of Big Data Analytics on Business Intelligence: A Qualitative Study in China, *Procedia Computer Science*, 2016, 87: 221 – 226.

Rauchfleisch, A. & Schäfer, M. S. , Multiple public spheres of Weibo: A typology of forms and potentials of online public spheres in China, *Inform. Commun. Soc*, 2015, 18 (2): 139 – 155.

Rim, H. & Doori, S. , "How negative becomes less negative": Understanding the effects of comment valence and response sidedness in social media, *Journal of Communication*, 2016, 66 (3): 475 – 495.

Saif, H. , He, Y. , Fernández, M. & Alani, H. , Contextual semantics for sentiment analysis of Twitter, *Information Processing & Management*, 2016, 52 (1): 5 – 19.

Santana, A. D. & Hopp, T. , Tapping Into a New Stream of (Personal) Data: Assessing Journalists' Different Use of Social Media, *Journalism & Mass Communication Quarterly*, 2016, 93 (2): 383 – 408.

Saw, G. , Abbott, W. , Donaghey, J. & McDonald, C. , "Social media for international students-it's not all about Facebook", *Library Management*, 2013, 34 (3): 156 – 174.

Schivinski, B., Christodoulides, G. & Dabrowski, D., Measuring consumers' engagement with brand-related social-media content: development and validation of a scale that identifies levels of social-media engagement with brands, *Journal of Advertising Research*, 2016, 56 (1): 64 – 80.

Schlæger, J. & Jiang, M., Official microblogging and social management by local governments in China, *China Information*, 2014, 28 (2): 191 –215.

Schncider, F., China's "Big V" bloggers: how celebrities intervenein digital Sino-Japanese relations, *Celebrity Studies*, 2017, 8 (2): 331 – 336.

Schwartz, R. & Halegoua, R. G., The spatial self: Location-based identity performance on social media, *New Media & Society*, 2015, 17 (10): 1643 – 1660.

Scott, T., Communication studies at the crossroads: What do we stand for? *the International Communication Gazette*, 2016, 78 (7): 726 –730.

Sebastián, V., Piña, M. & Ramírez, J., Behavioral Effects of Framing on Social Media Users: How Conflict, Economic, Human Interest, and Morality Frames Drive News Sharing, *Journal of Communication*, 2017, 67 (5): 803 –826.

Sevensson, M., Voice, power and connectivity in China's microblogo-sphere: Digital divides on SinaWeibo, *China Information*, 2014, 28 (2): 169 –89.

Shao, J., Li, X., Morrison, M. A. & Wu, B., Social media micro-film marketing by Chinese destinations: The case of Shaoxing, *Tourism Management*, 2016, 54: 439 –451.

Shao, P. & Wang, Y., How does social media change Chinese political culture? *The formation of fragmentized public sphere*, 2016, 34 (3): 694 –704.

Sigala M. , Social media and crisis management in tourism: Applications and implications for research, *Information Technology & Tourism*, 2011, 13 (4): 269 –283.

Sjoblom, M. & Hamari, J. , Why do people watch others play video games? An empirical study on the motivations of Twitch users, *Computers in Human Behavior*, 2017, 75: 985 –996.

Smith, A. , "Wow, I didn't know that before; thank you": How scientists use Twitter for public engagement, *Journal of Promotional Communications*, 2016, 3: 320 –339.

Song, D. , Wang, Y. & You, F. , Study on wechat User Behaviors of University Graduates, *International Conference on Digital Home*, 2014: 353 –360.

Song, Y. , Dai, X. Y. & Wang, J. , Not all emotions are created equal: Expressive behavior of the networked public on China's social media site, *Computers in Human Behavior*, 2016, 60: 525 –533.

Song, Y. & Miao, H. , Implications for E-Media, the Press, Government, and Politics in China, *E-Political Socialization, the Press and Politics: The Media and Government in the USA, Europe and China*, Peter Lang GmbH International Academic Publishers Frankfurt am Main, 2014.

Stieglitz, S. & Xuan, D. L. , Political Communication and Influence through Microblogging-An Empirical Analysis of Sentiment in Twitter Messages and Retweer Behavior, *System Science (HICSS)*, 2012 *45th Hawaii International Conference on* 2012 *IEEE*, 3550 –3509.

Stoycheff, E. , Under Surveillance: Examining Facebook's Spiral of Silence Effects in the Wake of NSA Internet Monitoring, *Journalism & Mass Communication Quarterly*, 2016, 93 (2): 296 –311.

Sullivan, J. , China's Weibo: Is faster different? *New Media & Society*, 2013, 16 (1): 24 –37.

Sullivan, J. , China's Weibo: Is faster different? *New Media & Nociety*, 2014, 16 (1): 24 – 37.

Szablewicz, M. , The "losers" of China's Internet: Memes as "structures of feeling" fordisillusioned young netizens, *China Information*, 2014, 28 (2): 263 – 79.

Tadmor, C. T. & Tetlock, P. E. , Biculturalism: A Model of the Effects of Second-Culture Exposure on Acculturation and Integrative Complexity, *Journal of Cross-cultural Psychology*, 2006, 37 (2): 173 – 190.

Tai, Z. & Tao, S. , Media dependencies in a changing media environment: the case of the 2003 SARS epidemic in China, *New Media Soc*, 2007, 9 (6): 987 – 1009.

Tan Z. , Liu X. , Liu X. , Cheng Q. & Zhu T. , Designing Microblog Direct Messages to Engage Social Media Users With Suicide Ideation: Interview and Survey Study on Weibo, *J Med Internet Res*, 2017, 19 (12): e381.

Thelwall, M. , Wilkinson, D. & Uppal, S. , Data Mining Emotion in Social Network Communication: Gender Differences in MySpace, *Journal of The American Society For Information Science And Technology*, 2010, 61 (1): 190 – 199.

Thorpe, H. , Action Sports, Social Media, and New Technologies: Towards a Research Agenda, *Communication & Sport*, 2017, 5 (5): 554 – 578.

Tian, S. W. , Yu, Y. A. & Vogel, D. , Social Networking Impact on Learning, *The Eighth Wuhan Intemational Conference on E. Business— Management Information Systems Track*, 1107 – 1114.

Tong, J. & Zuo, L. , Weibo communication and government legitimacy in China: a computer-assisted analysis of Weibo messages on two "mass incidents", *Information, Communication & Society*, 2014, 17: 1, 66 – 85. DOI: 10. 1080/1369118X. 2013. 839730.

Tong, J. , Zuo, L. , Weibo communication and government legitimacy in China: a computer-assisted analysis of Weibo messages on two "mass incidents", *Information, Communication & Society*, 2014, 17: 1, 66 – 85. DOI: 10. 1080/1369118X. 2013. 839730.

Tong, J. , Technology and journalism: "Dissolving" social media content into disaster reporting on three Chinese disasters, *the International Communication Gazette*, 2017, 79 (4): 400 – 418.

Tsay-Vogel, M. , Shanahan, J. & Signorielli, N. , Social media cultivating perceptions of privacy: A 5-year analysis of privacy attitudes and self-disclosure behaviors among Facebook users, *New Media & Society*, 2018, 20 (1): 141 – 161.

Tu, F. , WeChat and civil society in China, *Communication and the Public*, 2016, 1: 343 – 350.

Tucker, I. & Goodings, L. , Medicated bodies: Mental distress, social media and affect, *New Media & Society*, 2018, 20 (2): 549 – 563.

Turcotte, J. , York, C. , Irving, J. , Scholl, R. M. & Pingree, R. J. , News Recommendations from Social Media Opinion Leaders: Effects on Media Trust and Information Seeking, *Journal of Computer-Mediated Communication*, 2015, 20 (5): 520 – 535.

Ugander, J. , Karrer, B. , Backstrom, L. & Marlow, C. , The anatomy of the facebook social graph, arXiv preprint arXiv: 1111. 4503, 2011.

Uldam, J. , Corporate management of visibility and the fantasy of the post-political: Social media and surveillance, *New Media & Society*, 2016, 8 (2): 201 – 219.

Valenzuela, S. , Park, N. & Kee, K. F. , Is There Social Capital in a Social Network Site?: Facebook Use and College Students' Life Satisfaction, Trust, and Participation, *Journal of Computer-Mediated Communication*, 2009, 14 (4): 875 – 901.

Veenstra, A. S. , Iyer, N. , Park, C. S. , & Alajmi, F. , Twitter as "a journalistic substitute"? Examining wiunion tweeters' behavior and self-perception, *Journalism*, 2014: 1–18.

Veltri, G. A. & Atanasova, D. , Climate change on Twitter: Content, media ecology and information sharing behaviour, *Public Understanding of Science*, 2017, 26 (6): 721–737.

Wang, J. L. , The relationships among the Big Five Personality factors, self-esteem, narcissism, and sensation-seeking to Chinese University students' uses of social networking sites (SNSs), *Computers in Human Behavior*, 2012, 28: 2313–2319.

Wang, R. & Cai, W. , A sequential game-theoretic study of the retweeting behavior in Sina Weibo, *The Journal of Supercomputing*, 2015, 71 (9): 3301–3319.

Wang, S. , Paul, M. J. & Dredze, M. , Social Media as a Sensor of Air Quality and Public Response in China, *Journal of Medical Internet Research*, 2015, 17 (3): e22.

Wang, T. , Chen, Y. , Wang, B. , Wang, G. , Li, X. , Zheng, H. & Zhao, Y. B. , The power of comments: fostering social interactions in microblog networks, *Frontiers of Computer Science Selected Publication*, 2016, 10 (5): 889–907.

Wang, W. , Weibo, Framing, and Media Practices in China, *Journal of Chinese Political Science*, 2013, 18: 375–388. 10. 1007/s11366-013-9261-3.

Wang, W. Y. , An opinion leader and the making of a city on China's Sina Weibo, *Making Publics, Making Places*, 2016, pp. 163–178.

Wang, N. & Sun, Y. , Social influence or personal preference? Examining the determinants of usage intention across social media with different sociability, *Information Development*, 2015, 108: 156–174.

Waters, R. D. & Jamal, J. Y. , Tweet, tweet, tweet: A content analysis of nonprofit organizations' Twitter updates, *Public Relations Review*,

2011, 7 (3): 321 –324.

Waters, R. D. , Burnett, E. , Lamm, A. & Lucas, J. , Engaging stake-
holders through social networking: How nonprofit organizations are using
Facebook, *Public Relations Review*, 2009, 35 (2): 102 –106.

Weeks, B. E. , Ardevol-Abreu, A. & de Zuniga, H. G. , Online Influ-
ence? Social Media Use, Opinion Leadership, and Political Persua-
sion, *International Journal of Public Opinion Research*, 2017, 29 (2):
214 –239.

Wei L. & Gao F. , Social Media, Social Integration and Subjective Well-
being among New Urban Migrants in China, *Telematics & Informatics*,
2016, 34: 786 –796.

Wei, R. , Huang, J. & Zheng, P. , Use of mobile social apps for public
communication in China: Gratifications as antecedents of reposting arti-
cles from WeChat public accounts, *Mobile Media & Communication*,
2018, 6 (1): 108 –126.

Westerman, D. , Spence, P. R. & Van der Heide, B. , Social Media as
Information Source: Recency of Updates and Credibility of Information,
Journal of Computer-Mediated Communication, 2014, 19 (2): 171 –
183.

Westin, A. F. , Social and political dimensions of privacy, *Journal of
Social Issues*, 2003, 59: 431 –453.

Williams, D. , On and Off the Net: Scale for Social Capital in an Online
Era, *Journal of Computer-Mediated Communication*, 2006 (11): 593 –
628.

Winter, S. Miriam, J. M. & Flanagin, A. J. , Selective use of news cues:
A multiple-motive perspective on information selection in social media
environments, *Journal of Communication*, 2016, 66 (4): 669 –
693.

Wong, C. , Tan, G. W. , Loke, S. & Ooi, K. , Adoption of mobile social networking sites for learning? *Online Information Review*, 2015, 39 (6): 762 –778.

Wu D. , An Analysis of the Potential Democratizing Effects of Social Media: A Chinese Experience, *Chinese social media*; *citizen journalism*; *Internet censorship*, 2015.

Wu J. , How WeChat, the Most Popular Social Network in China, *Cultivates Wellbeing*, 2014.

Wu, F. , Huang, Y. , Song, Y. & Liu, S. , Towards building a high-quality microblog-specific Chinese sentiment lexicon, *Decision Support Systems*, 2016, 87: 39 –49.

Wu, F. , Song, Y. & Huang, Y. , Microblog sentiment classification with contextual knowledge regularization, *Proceedings of the Twenty-Ninth AAAI Conference on Artificial Intelligence*, 2015: 2332 –2338.

Wu, F. & Yang, S. , Web 2.0 and Political Engagement in China, *Voluntas International Journal of Voluntary & Nonprofit Organizations*, 2015, 27 (5): 1 –22.

Wu, Y. , Atkin, D. , Mou, Y. , Lin, A. C. & Lau, T. Y. , Agenda Setting and Micro-blog Use: An Analysis of the Relationship between Sina Weibo and Newspaper Agendas in China, *The Journal of Social Media in Society*, 2013, 2 (2) .

Wu, Y. , Mou, Y. , Wang, Y. & Atkin, D. , Exploring the destigmatizing effect of social media on homosexuality in China: an interpersonal-mediated contact versus parasocial-mediated contact perspective, *Asian Journal of Communication*, 2018, 28 (1): 20 –37. DOI: 10. 1080/ 01292986. 2017. 1324500.

Wu, W. , Popularity of brand posts on sina weibo: a correlation analysis of the influential factors on tuborg's brand community, *Uppsala university*, 2016.

Xie, J. , Self-presentation and gender of Chinese overseas students on social media: a case study of Sina Weibo, *Mediakasvatus*, 2014.

Xie, Y. , Qiao, R. , Shao, C. & Chen, H. , Research on Chinese social media users' communication behaviors during public emergency events, *Telematics & Informatics*, 2016.

Xiong S. , A Comparative Study of Uses and Gratifications Between Weibo and News Websites in China, *Scripps College of Communication*, 2014.

Xu, H. J. , Communicating the Right to Know: Social Media in the Do-It-Yourself Air Quality Testing Campaign in Chinese Cities, *International Journal of Communication*, 2014, 8: 1374 – 1393.

Xu, J. , Kang, Q. , Song, Z. & Clarke, C. P. , Applications of Mobile Social Media: WeChat Among Academic Libraries in China, *Journal of Academic Librarianship*, 2015, 41 (1): 21 – 30.

Xu, J. , *Media Events in Web 2. 0 China: Interventions of Online Activism*, Eastbourne, UK: SussexAcademic Press, 2016.

Xu, P. & Palmer, N. A. , Migrant Workers' Community in China: Relationships among Social Networks, Life Satisfaction and Political Participation, *Psychosocial Intervention/Intervencion Psicosocial*, 2011, 20 (3): 281 – 294.

Xu, X. , Lin, Q. , Zhang, Y. , Zhu, R. , Sharma, M. K. & Zhao, Y. , Influence of WeChat on sleep quality among undergraduates in Chongqing, China: a cross-sectional study, *Springerplus*, 2016, 5 (1): 2066.

Yan, G. , He, W. , Shen, J. & Tang, C. , A bilingual approach for conducting Chinese and English social media sentiment analysis, *Computer Networks*, 2014, 75: 491 – 503.

Yang, G. , Demobilizing the Emotions of Online Activism in China: A Civilizing Process, *International Journal of Communication*, 2017, 11: 1945 – 1965.

Yang, G. , The Power of the Internet in China: Citizen Activism Online, *International Journal of Communication*, 2010, 4: 804 – 807.

Ye, Y. , Xu, P. & Zhang, M. , Social media, public discourse and civic engagement in modern China, *Telematics and Informatics*, 2017, 34: 705 – 714.

Yin J. , Feng J. & Wang Y. , Social Media and Multinational Corporations' Corporate Social Responsibility in China: The Case of ConocoPhillips Oil Spill Incident, *IEEE Transactions on Professional Communication*, 2015, 58 (2): 135 – 153.

Yu L. , Asur S. & Huberman B. A. , *What trends in Chinese social media*, Proceedings of SNA-KDD workshop August, 2011, San Diego CA.

Yu, H. , Xu, S. , Xiao, T. , Hemminger, M. B. & Yang, S. , Global science discussed in local altmetrics: Weibo and its comparison with Twitter, *Journal of Informetrics*, 2017, 11 (2): 466 – 482.

Yu, L. L. , Asur, S. & Huberman, A. B. , Trend Dynamics and Attention in Chinese Social Media, *American Behavioral Scientist*, 2015, 59 (9): 1142 – 1156.

Zeng B. & Gerritsen R. , What do we know about social media in tourism? A review, *Tourism Management Perspectives*, 2014, 10: 27 – 36.

Zhang, L. & Pentina, I. , Motivations and Usage Patterns of Weibo, Cyberpsychology, Behavior, And Social Networking, *Cyberpsychology, behavior and social networking*, 15 (6): 312 – 317.

Zhang, N. , Teti, M. , Stanfield, K. & Campo, S. , Sharing for Health: A Study of Chinese Adolescents' Experiences and Perspectives on Using Social Network Sites to Share Health Information, *Journal of Transcultural Nursing*, 2017, 28 (4): 423 – 429.

Zhang, X. & Zhu, F. , Group size and incentives to contribute: a natural experiment at Chinese Wikipedia, *Am. Econ. Rev.* , 2011, 101: 1601 – 1615.

Zhang, Z. , Li, B. , Zhao, W. & Yang, J. , A Study on the Retweeting Behaviour of Marketing Microblogs with High Retweets in Sina Weibo,

Third International Conference on Advanced Cloud and Big Data, 2015:
20 – 27.

Zhang, J. , China's social memory in a digitalized world, *Journal of Historical Sociology*, 2012, 25 (2): 275 – 297.

Zhang, J. , *Sina's Weibo, better than Twitter, but monetization is key*,
2011, http: //seekingalpha. com/article/288127-sina-s-weibo-better-
than-twitter-but-monetization-is-key.

Zhao, J. J. , Zhao, S. Y. & Alexander, M. W. , How to strengthen the social media interactivity of e-government, *Issues in Information Systems*,
2016, Vol. 17, Issue 1, p. 58.

Zhen, K. , Estimating Self-Censorship on Social Media in China: A Survey Experiment, *New york university*, 2015.

Zheng C. , *Reverse Culture Shock in the Age of Social Media*, 2013.

Zheng, L. , Social media in Chinese government: Drivers, challenges and capabilities, *Government Information Quarterly*, 2013, 30: 369 –376.

Zheng, T. & Zheng, L. , Studying Chinese government microblogs: content and interactions, *International Conference on Theory and Practice of Electronic Governance*, 2012: 393 –401.

Zheng, Y. & Yu, A. , Affordances of social media in collective action:
the case of Free Lunch for Children in China, *Info Systems J*, 2016,
26: 289 –313.

Zhou L. & Wang T. , Social media: A new vehicle for city marketing in China, *Cities*, 2014, 37 (2): 27 –32.

Zhou, X. , Chan, Y. Y. & Peng, Z. M. , Deliberativeness of online political discussion, *Journalism Studies*, 2008, 9 (5): 759 – 770. DOI:
10. 1080/14616700802207771.

Zhou, Y. , Jindal-Snape, D. , Topping, K. & Todman, J. , Theoretical models of culture shock and adaptation in international students, *Studies in Higher Education*, 2008, 33 (1): 63 –75.

Zhu, L., Anagondahalli, D. & Zhang, A., Social media and culture in crisis communication: McDonald's and KFC crises management in China, *Public Relations Review*, 2017, 43: 487 –492.

Zhu, L., Anagondahalli, D. & Zhang, A., Social media and culture in crisis communication: McDonald's and KFC crises management in China, *Public Relations Review*, 2017, 43 (3): 487 –492.

Zubiaga, A., Kochkina, E., Liakata, M., Procter, R., Lukasik, M., Bontcheva, K., Cohn, T. & Augenstein, I., Discourse-aware rumour stance classification in social media using sequential classifiers, *Information Processing & Management*, 2018, 54 (2): 273 –290.

Zywica, J. & Danowski, J., The Faces of Facebookers: Investigating Social Enhancement and Social Compensation Hypotheses; Predicting Facebook and Offline Popularity from Sociability and Self-Esteem, and Mapping the Meanings of Popularity with Semantic Networks, *Journal of Computer-Mediated Communication*, 2008, 14 (1): 1 –34.

附录1 英美学界一般社交媒体研究文献梳理

序号	年份	作者	文章名	出处	文献类型
1	2008	Java, Akshay	Mining social media communities and content	*University of Maryland, Baltimore County*	monograph
2	2008	Fitzgerald, Devon C.	Intersections of the self: Identity in the boom of social media	*Illinois State University*	monograph
3	2009	Smith, Daniel Crane	Social media correlates of organizational climate	*University of Hawaii at Manoa*	monograph
4	2009	Moturu, Sai	Quantifying the trustworthiness of user-generated social media content	*Arizona State University*	monograph
5	2009	Key-Roberts, Melinda J.	The impact of a positive social media intervention on social well-being	*University of Kansas*	monograph
6	2009	Cavanaugh, Patrick James	Engaging in the conversation: Best practices in Strategic Social Media	*University of Southern California*	monograph
7	2009	Fichera, Dawn Marie	Media richness, uncertainty reduction, and anticipated future interaction on social media sites	*Villanova University*	monograph
8	2009	Leibman, Faith H.	Memorial laws: Social and media construction of personalized legislation, 1994—2005	*City University of New York*	monograph

续表

序号	年份	作者	文章名	出处	文献类型
9	2009	Threatt, Saffronia Renee	Facebook and the ideal social marketplace: A study of the marketing benefits of social media practices	*University of Southern California*	monograph
10	2009	Corley, Countney David	Social network simulation and mining social media to advance epidemiology	*University of North Texas*	monograph
11	2009	Hether, Heather Jane	Social media and health: Social support and social capital on pregnancy-related social networking sites	*University of Southern California*	monograph
12	2009	Schultz, Kimberly B.	How symphony orchestras in Chicago, St. Louis, and Peoria use social media tools to connect with the public	*Webster University*	monograph
13	2010	Lee, Young Jin	Essays on Participative Web and Social Media for Information Goods	*University of Washington*	monograph
14	2010	Tang, Lei	Learning with large-scale social media networks	*Arizona State University*	monograph
15	2010	Comstock, David C.	Leveraging social media to enhance learning and development	*Pepperdine University*	monograph
16	2010	Grainger, Jesse	Social media and the Fortune 500: How the Fortune 500 uses, perceives and measures social media as a marketing tool	*The University of North Carolina at Chapel Hill*	monograph
17	2010	Agozzino, Alisa Lynn	Millennial students relationship with 2008 top 10 social media brands via social media tools	*Bowling Green State University*	monograph
18	2010	Bian, Jiang	Contextualized web search: Query-dependent ranking and social media search	*Georgia Institute of Technology*	monograph
19	2010	Gonzalez, Cuitlahuac	Social media best practices for communication professionals through the lens of the fashion industry	*University of Southern California*	monograph

序号	年份	作者	文章名	出处	文献类型
20	2010	Ingenito, David	Democracy in the 21st century: Social media and politics-global village or cyber-balkans?	*University of Southern California*	monograph
21	2010	Dunn, Heather Marie	Social media as a branding tool in heterogeneous organizations: A collective case study approach	*Clemson University.*	monograph
22	2010	Faris, David	Revolutions without revolutionaries? Social media networks and regime response in Egypt	*Universit of Pennsylvania*	monograph
23	2010	Kim, Mi Kyoung	The effectiveness of product conversations in social media: From an attribution theory perspective	*Michigan State University*	monograph
24	2010	Miller, Steven Lawrence	Play theory and implications in social media site use: Using the Adult Playfulness Scale to quantify play effect in attending to social media sites	*University of Wyoming*	monograph
25	2010	Soule, Allison R.	Fighting the social media wildfire: How crisis communication must adapt to prevent from fanning the flames	*The University of North Carolina at Chapel Hill*	monograph
26	2010	Slagh, Christopher Lawrence	Managing chaos, 140 characters at a time: How the usage of social media in the 2010 Haiti crisis enhanced disaster relief	*Georgetown University*	monograph
27	2010	Chappelle, Charles Andrew	Social Media and the Changing Face of Rationalist Dissent in Iran: Lessons From the 2009 Presidential Election	*Webster University*	monograph
28	2010	Kushin, Matthew James	Tweeting the issues in the age of social media? Intermedia agenda setting between the "New York Times" and Twitter	*Washington State University*	monograph

序号	年份	作者	文章名	出处	文献类型
29	2010	Vicdan, Handan	Constitution of the market through social media: Dialogical co-production of medicine in a virtual health community organization	*The University of Texas-Pan American*	monograph
30	2010	Comstock, Casey	Applied ethics in the technological world: An examination of secondary traumatic stress and trauma exposure in social media	*Salve Regina University*	monograph
31	2010	Paul, Jennifer	Looking beyond our walls: Creating theoretically-sound social media campaigns for an environmental not-for-profit organization—vital lessons from non-environmental organizations	*Royal Roads University*	monograph
32	2011	Phelps, Christine E.	Parasocial Relationships and Social Media Usage	*Rochester Institute of Technology*	monograph
33	2011	Becker, Hila	Identification and Characterization of Events in Social Media	*Columbia University*	monograph
34	2011	Seo, Jangwon	Search using social media structures	*University of Massachusetts Amherst*	monograph
35	2011	Lappas, Theodoros	Algorithmic Challenges in Social Media Search	*University of California, Riverside*	monograph
36	2011	Trottier, Daniel George Emile	Mutual augmentation of surveillance practices on social media	*Queen's University (Canada)*	monograph
37	2011	Hermann, Samantha Rose	RSVP'ing to the revolution: Social media in the Egyptian Revolution	*University of Southern California*	monograph
38	2011	Boyd, Andrew W.	A Longitudinal Study of Social Media Privacy Behavior	*Pace University*	monograph
39	2011	Stankovic-Rice, Brandi L.	Social media strategies to advance organizational change	*Pepperdine University*	monograph

序号	年份	作者	文章名	出处	文献类型
40	2011	Wilcox-Ugurlu, Caroline C.	Social media, existence, identity dynamics and experiential consumption	*University of Rhode Island*	monograph
41	2011	Lee, Sang Su	Tag based search and recommendation in social media	*University of Southern California*	monograph
42	2011	Garber, Michelle Brooks	Social media policy on campus: A case study of the development and implementation of a social media policy for university administrators, faculty, and staff	*Mercer University*	monograph
43	2011	Fuller, Megan	Social Media in Higher Education: Building Mutually Beneficial Student and Institutional Relationships through Social Media	*east tennessee state university*	monograph
44	2011	Ibrahim, Noelle	The food truck phenomenon: A successful blend of PR and social media	*University of Southern California*	monograph
45	2011	Stageman, Amanda	Consulting social media in the college transition process: Experiential accounts of the Class of 2014	*marquette university*	monograph
46	2011	Qin, Wei	A study of social media practices and trends in the field of investor relations	*University of Southern California*	monograph
47	2011	Sexton, Samantha	What is the perceived impact of social media on personal relationships in adolescence? .	*Gonzaga University*	monograph
48	2011	Alkhas, Adrenna B.	An examination of internet social media marketing in higher education institutions	*California State University, Stanislaus*	monograph
49	2011	Davidson, Michael	From public relations to participation: Government web use after Obama and social media	*Georgetown University*	monograph
50	2011	Alkhas, Adrenna B.	An examination of internet social media marketing in higher education institutions	*California State University*	monograph

续表

序号	年份	作者	文章名	出处	文献类型
51	2011	Zhang, Yulei	Knowledge discovery in social media: Physical world, online world, and virtual world	*The University of Arizona*	monograph
52	2011	Grooters, Sarah	Lessons in social media fundraising: Applying global tactics at a local level	*University of Southern California*	monograph
53	2011	Sun, Runpu	Using social media intelligence to support business knowledge discovery and decision making	*The University of Arizona*	monograph
54	2011	Zhang, Yun	Social media's role, utility, and future in video game public relations	*University of Southern California*	monograph
55	2011	Elsas, Jonathan L.	Leveraging Collection Structure in Information Retrieval With Applications to Search in Conversational Social Media	*Carnegie Mellon University*	monograph
56	2011	Harris, Holly	Employee's Perspectives on Social Media Use in Organizations as a Form of Internal Communication	*Gonzaga University*	monograph
57	2011	Admane, Leena	E-patients and Social Media: Impact of Online Experience on Perceived Quality of Care	*Arizona State University*	monograph
58	2011	Kumar, Ashok	Online Business Models for Social Media and their Implementation Using Web 2.0	*University of South Carolina*	monograph
59	2011	Benage, Christine Elise	Negotiating online identities in social media: A study of university students	*Gonzaga University*	monograph
60	2011	Jeong, Hyun Ju	The effectiveness of Corporate Social Responsibility (CSR) campaigns on consumer responses to brands in social media: Impression management perspectives	*Michigan State University*	monograph

续表

序号	年份	作者	文章名	出处	文献类型
61	2011	Liu, Sophia B.	Grassroots heritage: A multi-method investigation of how social media sustain the living heritage of historic crises	*University of Colorado*	monograph
62	2011	Stroever, Stephanie Jean	The use of social media to communicate child health information to low-income parents: A formative study	*The University of Texas*	monograph
63	2011	Cirucci, Angela M.	First person paparazzi: A systematic analysis of identity and reality in social media and video games	*Temple University*	monograph
64	2011	Cline, Meghan Maria	The expansion of social media in agriculture: A user profile of Twitter's (a) agchat, (a) followfarmer and (a) trufflemedia followers	*Oklahoma State University*	monograph
65	2011	Smith, Dianna L.	Using social media to reconnect non active youth to First Reformed Church of Hasbrouck Heights	*Drew University*	monograph
66	2011	Khan, Jamila Bebe	Building Community Online?: Social Media Use in Sacramento Area Neighborhood and Homeowner Associations	*University of California*	monograph
67	2011	Liu, Sophia B.	Grassroots heritage: A multi-method investigation of how social media sustain the living heritage of historic crises	*University of Colorado at Boulder*	monograph
68	2011	Khan, Jamila Bebe	Building Community Online?: Social Media Use in Sacramento Area Neighborhood and Homeowner Associations	*University of California, Davis*	monograph
69	2011	Stroever, Stephanie Jean	The use of social media to communicate child health information to low-income parents: A formative study	*The University of Texas School of Public Health*	monograph

续表

序号	年份	作者	文章名	出处	文献类型
70	2011	Ritchie, Leanne	Social Media Enter the Stadium: A Case Study on the Political Economy of Media at the 2010 Winter Olympics	*Royal Roads University* (*Canada*)	monograph
71	2011	Huang, Hanyun	Social Media Addiction among Adolescents in Urban China: An Examination of Sociophysiological Traits, Uses and Gratifications, Academic Performance, and Social Capital	*The Chinese University of Hong Kong* (*Hong Kong*)	monograph
72	2011	Jackson, Christina M.	Using social media to reach students during a campus crisis: Perceptions of university relations professionals	*University of South Dakota*	monograph
73	2011	Kang, Juhee	Social media marketing in the hospitality industry: The role of benefits in increasing brand community participation and the impact of participation on consumer trust and commitment toward hotel and restaurant brands	*Iowa State University*	monograph
74	2011	Knackmuhs, Eric	But does it work?: The impact of social media use on interpretive outcomes and place attachment at San Francisco Bay Area parks	*Stephen F. Austin State University*	monograph
75	2011	Gren, Joshua Michael	Technology and the changing face of audience development: An examination of effectiveness of social media, video on demand, and website efficiency as it relates to marketing for the arts	*California State University, Long Beach*	monograph
76	2012	Dedria Bryfonski	The global impact of social media	*Greenhaven Press*	monograph
77	2012	Pamela Lund	Massively Networked: How The Convergence of Social Media and Technology is Changing your Life	*PLI Media*	monograph

续表

序号	年份	作者	文章名	出处	文献类型
78	2012	Michael Mandiberg	The social media reader	*New York University Press*	monograph
79	2012	Ines Merge	Social Media in the Public Secto	*Jossey-Bass*	monograph
80	2012	Herbert, David Eric John	Social Media, Religion, and Spirituality	*Walter De Gruyter Incorporated*	monograph
81	2012	Warburton, Steven	Digital Identity and Social Media	*Social Media and the Value of Truth*	monograph
82	2012	Beasley, Berrin	Social Media and the Value of Truth	*Rowman & Littlefield Publishers, Incorporated; NBN International [Distributor]*	monograph
83	2012	Mendelson, B. J	Social Media Is Bullshit	*St. Martin's Press; Macmillan [Distributor]*	monograph
84	2012	Hendricks, John Allen	Social Media: Usage and Impact	*Rowman & Littlefield Publishers, Incorporated; NBN International [Distributor]*	monograph
85	2012	Coupland, John	ACCELerate Your Social Media	*Anoma Press Limited; Orca Book Services [Distributor]*	monograph
86	2012	Wu, Shanchan	Prediction in social media for monitoring and recommendation	*University of Maryland, College Park*	monograph
87	2012	Zhou, Weiwen	The Frame of Social Media in Academic and Industry	*East Tennessee State University*	monograph
88	2012	Cox, Sarah Lynne	Social media marketing in a small business: A case study	*Purdue University*	monograph
89	2012	Kraemer, Jordan H.	Mobile Berlin: Social Media and the New Europe	*University of California, Irvine*	monograph

序号	年份	作者	文章名	出处	文献类型
90	2012	Smith, Kelli Duvall	Using Social Media to Teach Art History	*Corcoran College of Art Design*	monograph
91	2012	Rassti, Afsanieh	Net Effect: Social Media as a Catalyst for Political Reform Into the Age of Cyberspace Warfare—Exploring the Revolutionary Narrative of Social Media	*Arizona State University*	monograph
92	2012	Seko, Yukari.	Wound Uploaders: Visual Narratives of Self-Injury on Social Media.	*York University (Canada)*	monograph
93	2012	Juntiwasarakij, Suwan	Harnessing social media collaborative intelligence to champion enterprise innovation	*The Pennsylvania State University*	monograph
94	2012	Moseley, Erica	Social media and its affect on adolescent communication skills within families	*Gonzaga University*	monograph
95	2012	Bornhofen, Robert J.	How Organizations Adapt Social Media Capabilities as a Competitive Advantage	*University of Maryland University College*	monograph
96	2012	Martin, Scott D.	Share, like, tweet and cheer: An examination of social media usage and the NFL	*University of Illinois at Urbana-Champaign*	monograph
97	2012	Colona, William T.	Social media and the advancement of America's soft power by public diplomacy	*Georgetown University*	monograph
98	2012	Gonzalez, Santiago, Nathaniel	Data mining social media networks for terrorist events indicators	*Universidad Politecnica Puerto Rico (Puerto Rico)*	monograph
99	2012	Mortland, Shannon	Combining Social Media and Traditional Media in a Modern Communications Plan	*Gonzaga University.*	monograph
100	2012	Auxier, Brooke Elizabeth	Social media instruction in journalism and mass communications higher education	*University of Maryland, College Park*	monograph

序号	年份	作者	文章名	出处	文献类型
101	2012	Rodgers, Devery J.	The social media dilemma in education: Policy design, implementation and effects	*University of Southern California*	monograph
102	2012	Zhang, Jiajia	Evaluating the impact of social media in 4th year computer engineering courses	*University of Alberta (Canada)*	monograph
103	2012	Cox, Daniel Dean	School communications 2.0: A social media strategy for K—12 principals and superintendents	*Iowa State University*	monograph
104	2012	Showalter, Michael W.	What impact does social media have on knowledge transfer?	*Gonzaga University*	monograph
105	2012	Sanderson, James	Navigating the Digital Playing Field Case Studies in Social Media and Sports Communication	*Arizona State University*	monograph
106	2012	Ahmad, Tariq	An analysis of how National Basketball Association (NBA) teams use social media	*University of Northern Colorado*	monograph
107	2012	Wendlandt, Luke Benjamin	Return on investment concerns in social media marketing: An examination of recent cases	*The College of St. Scholastica*	monograph
108	2012	Bode, Leticia	Political information 2.0: A study in political learning via social media	*The University of Wisconsin-Madison*	monograph
109	2012	Wenker, Nicolas Laurent	Revolution 2.0—the political impact of Internet and Social Media proliferation in authoritarian countries	*The University of North Carolina at Chapel Hill*	monograph
110	2012	DuBose, Cheryl	Faculty perceptions and use of social media in the medical imaging curriculum in the United States	*Arkansas State University*	monograph
111	2012	Singman, Cooper	The effectiveness of social media activities on Taiwanese undergraduates' EFL grammar achievement	*University of Kansas*	monograph

序号	年份	作者	文章名	出处	文献类型
112	2012	Yin, Zhijun	Exploring link, text and spatial-temporal data in social media	*University of Illinois at Urbana-Champaign*	monograph
113	2012	Gloviczki, Peter Joseph	Journalism in the Age of Social Media: The Case of the "In Memorial: Virginia Tech" Facebook Group	*University of Minnesota*	monograph
114	2012	Cunningham, Nicole	Nothing But Net: Measuring the Effectiveness of Athlete Endorsements in Social Media	*Texas Christian University*	monograph
115	2012	Kim, Andrew C	Potential benefits of social media in a weapons of mass destruction (WMD) event	*University of Missouri-Columbia*	monograph
116	2012	Smith, Stephanie L	Connections and Perceptions: Policy Recommendations to Guide Social Media Interactions for Public Educators	*Wilmington University (Delaware)*	monograph
117	2012	Adamoli, Ginevra Corinna Elvira	Social media and social movements: A critical analysis of audience's use of Facebook to advocate food activism offline	*The Florida State University*	monograph
118	2012	Aluri, Ajay Kumar	Does embedding social media channels in hotel websites influence travelers' satisfaction and purchase intentions?	*Oklahoma State University*	monograph
119	2012	Li, Beibei	Analyzing Consumer Behavior on Product Search Engines: Interplay between Search and Social Media	*New York University, Graduate School of Business Administration*	monograph
120	2012	Young, James A	The Current Status of Social Media use among Nonprofit Human Service Organizations: An Exploratory Study	*Virginia Commonwealth University*	monograph

序号	年份	作者	文章名	出处	文献类型
121	2012	Abeza, Gashaw Zergaw	An exploratory study of the opportunities and challenges of social media in meeting relationship marketing goals in sport organizations	*University of New Brunswick (Canada)*	monograph
122	2012	Chapman, Chris	This just in: Breaking news with social media by the newspaper organizations in the southwestern corner of New York State	*Gonzaga University*	monograph
123	2012	Gooch, Deanna L.	Research, development, and validation of a school leader's resource guide for the facilitation of social media use by school staff	*Kansas State University*	monograph
124	2012	Mou, Yi	Social Media and Risk Communication: The Role of Social Networking Sites in Food-safety Communication	*University of Connecticut*	monograph
125	2012	White, Eric Lee	New Media in the Newsroom: A Survey of Local Journalists and Their Managers on the use of Social Media as Reporting Tools	*The University of North Carolina at Chapel Hill*	monograph
126	2012	Seo, Soobin	Restaurant crisis management: The impact of food safety events on firms, media coverage, and role of social media	*Purdue University*	monograph
127	2012	Kjoss, Victor	Social networking in the modern zeitgeist: An examination of why we're obsessed and how social media will define our future	*University of Southern California*	monograph
128	2012	Yan, Lu	The Value of Social Media for Patients: Social Supports, Networking, and Learning in Online Healthcare Communities	*University of Washington*	monograph
129	2012	Sesterhenn, Shannon Marie	NetGENgagement: How the Net Generation College Student Uses Social Media in Academic and Social College Experiences	*Arizona State University*	monograph

续表

序号	年份	作者	文章名	出处	文献类型
130	2012	Hsu，Liwu	The role of social media and brand equity during a product recall crisis：A shareholder value perspective	*Boston University*	monograph
131	2012	Portman Daley，Joannah	（Re）writing civics in the digital age：The role of social media in student（dis）engagement	*University of Rhode Island*	monograph
132	2012	Smith，Sharon D.	Improving Student Employee Training：A Study of Web 2.0 Social Media Tools As a Delivery Model	*Arizona State University*	monograph
133	2012	Blye，Melissa	The changing job of journalism：The impact of new and social media use on job satisfaction in a television newsroom	*University of Missouri-Columbia*	monograph
134	2012	Jones，Brian.	Spontaneous Wanderers in the Digital Metropolis：A Case Study of the New Literacy Practices of Youth Artists Learning on a Social Media Platform	*Arizona State University*	monograph
135	2012	Gibson，Shannon	Direct-to-Consumer Advertising in the Digital Age：The Impact of the Internet and Social Media in the Promotion of Prescription Drugs in Canada	*University of Toronto（Canada）*	monograph
136	2012	Hughes，Amanda Lee.	Supporting the Social Media Needs of Emergency Public Information Officers with Human-Centered Design and Development	*University of Colorado at Boulder*	monograph
137	2012	Williams，Robert Warren	Digital immigrant teacher perceptions of social media as it influences the affective and cognitive development of students：A phenomenological study	*Liberty University*	monograph
138	2012	Manthiou，Aikaterini	Reason and reaction：The dual route of decision making process on social media usage：The case of hospitality brand fan pages	*Iowa State University*	monograph

序号	年份	作者	文章名	出处	文献类型
139	2012	McCarty, Kelly M.	Examination of How One's Perceived Online Identity on Social Media Affects One's Perceived Real-Life Identity	*Gonzaga University*	monograph
140	2012	Reddick, Britney D.	Two-screen viewing and its effects on television viewing behavior of Generation Y members and their television-related use of social media	*Kutztown University of Pennsylvania*	monograph
141	2012	Gomberg, Linda J.	The case for privacy: A history of privacy in the United States as seen through a psychological lens and defined by case law and the impact of social media (whatever happened to "it's none of your business"?)	*Fielding Graduate University*	monograph
142	2012	Smith, Amanda	Social Media Networking Strategies for the Yale New Haven Health Center for Emergency Preparedness and Disaster Response (YNH-CEPDR)/ Yale New Haven Health System Center for Healthcare Solutions (YN-HHS-CHS)	*Liberty University*	monograph
143	2013	Megan, Poore	Using Social Media in the Classroom	*SAGE Publications Ltd*	monograph
144	2013	Ruth E. Page	Stories and Social Media Identities and Interaction	*Routledge*	monograph
145	2013	Adam Cohen	Social Media: Legal Risk and Corporate Policy	*Wolters Kluwer*	Monograph
146	2013	Susan J. Drucker, Gary Gumpert	Regulating Social Media Legal and Ethical Considerations	*Peter Lang*	monograph
147	2013	Deborah Chambers	Social Media and Personal Relationships Online Intimacies and Networked Friendship	*Palgrave Macmillan*	monograph

续表

序号	年份	作者	文章名	出处	文献类型
148	2013	National Research Council (U. S.), Committee on Public Response to Alerts and Warnings using Social Media: Current Knowledge and Research Gaps	Public Response to Alerts and Warnings Using Social Media: Report of a Workshop on Current Knowledge and Research Gaps	*National Academies Press*	monograph
149	2013	Bertalan, Meskó	Social Media in Clinical Practice	*Springer London*	monograph
150	2013	Hana S. Noor Al-Deen	Social Media and Strategic Communications	*Palgrave Macmillan*	monograph
151	2013	Urs E. Gattiker	Social Media Audit	*Springer New York*	monograph
152	2013	Mike Friedrichsen, Wolfgang Mühl-Benninghaus	Handbook of Social Media Management	*Springer Berlin Heidelberg*	monograph
153	2013	Stuart, H. Schwartz	The Savvy Social Media Guide	*Liberty University Press*	monograph
154	2013	Aliza, Sherman	Social Media Engagement For Dummies	*For Dummies*	monograph
155	2013	Naeem Ramzan, Roelof Zwol, Jong-Seok Lee, Kai Clüver, Xian-Sheng Hua	Social Media Retrieval	*Springer London*	monograph

序号	年份	作者	文章名	出处	文献类型
156	2013	Megan Knight, Clare Cook	Social media for journalistsprinciples & practice	*Sage Publications*	monograph
157	2013	Tom, Funk	Advanced Social Media Marketing	*Apress*	monograph
158	2013	Shuigeng Zhou, Zhiang Wu	Social Media Retrieval and Mining	*Springer Berlin Heidelberg*	monograph
159	2013	Martin Atzmueller, Alvin Chin, Denis Helic, Andreas Hotho	Ubiquitous Social Media Analysis	*Springer Berlin Heidelberg*	monograph
160	2013	Andrew, Owen	Customer Service and Social Media	*CreateSpace Independent Publishing Plat*	monograph
161	2013	Gruenbaum, Ronan	Making Social Media Work: How to Implement Successful Social Media in the Workplace	*Palgrave Macmillan; Palgrave Macmillan [Distributor]*	monograph
162	2013	Eileen, Taylor	Simplify Social Media for Recruiting: A Step-By-Step Handbook for Implementing Social Media	*iUniverse*	monograph
163	2013	Craig A. Hill, Elizabeth Dean, Joe Murphy	Social Media, Sociality, and Survey Research	*iUniverse*	monograph
164	2013	Gupta Ravi; Brooks Hugh	Using Social Media for Global Security	*Wiley*	monograph
165	2013	Sollamo, Raija	Navigating Social Media: A Field Guide	*9 Clouds*	monograph
166	2013	Allie, Siarto	Social Current: Monitoring and Measuring Social Media	*Racom Books*	monograph

续表

序号	年份	作者	文章名	出处	文献类型
167	2013	Joseph, Frost	New Media Habits: A Fundamental Guide to Social Media	*CreateSpace Independent Publishing Plat*	monograph
168	2013	Patrut, Bogdan	Social Media and the New Academic Environment: Pedagogical Challenges	*Information Science Reference [Imprint]; IGI Global*	monograph
169	2013	Miguel R. Olivas-Lujan, Miguel R. Olivas	Social Media in Strategic Management (Advanced Series in Management)	*Emerald Group Publishing Limited*	monograph
170	2013	Stewart, Daxton R.	Social Media and the Law: A Guidebook for Communication Students and Professionals	*Routledge [Imprint]; Taylor & Francis Group*	monograph
171	2013	Adam, I. Cohen	Social Media: Legal Risk & Corporate Policy	*Aspen Publishers*	monograph
172	2013	Sam, Hinton	Understanding Social Media (Understanding Contemporary Culture series)	*SAGE Publications Ltd*	monograph
173	2013	Gale, Editor	Gale Business Insights Handbooks of Social Media Marketing	*Gale*	monograph
174	2013	Jeanne, M. Persuit	Social Media and Integrated Marketing Communication: A Rhetorical Approach	*Lexington Books*	monograph
175	2013	Cram101 Textbook Reviews	Studyguide for Social Media Marketing by Tuten, Tracy,	*Cram101*	monograph
176	2013	Jose van Dijck	The Culture of Connectivity: A Critical History of Social Media	*Oxford University Press*	monograph
177	2013	Shalini R. Urs, Jin-Cheon Na, George Buchanan	Digital Libraries: Social Media and Community Networks	*Springer International Publishing*	monograph

序号	年份	作者	文章名	出处	文献类型
178	2013	Gale Editor	Gale Business Insights Handbooks of Social Media Marketing	*GALE*	monograph
179	2013	Wheeling Jesuit University	Post, Like, Retweet: The Truth About Social Media	*CreateSpace Independent Publishing Plat*	monograph
180	2013	Donnovan, Simon	Social Media Equals Social Customer: Managing Customer Experience in the Age of Social Media	*iUniverse*	monograph
181	2013	Hui-Lan Ti-tangos	Local Community in the Era of Social Media Technologies: A Global Approach (Chandos Publishing Social Media Series)	*Chandos Publishing*	monograph
182	2013	Funk, Tom	Advanced Social Media Marketing: How to Lead, Launch, and Manage a Successful Social Media Program	*Apress L. P.*; *Computer Bookshops, Limited [Distributor]*	monograph
183	2013	Alan, Oxley	Security Risks in Social Media Technologies: Safe Practices in Public Service Applications (Chandos Publishing Social Media Series)	*Chandos Publishing*	monograph
184	2013	Anna, Cotton	Social Media 77 Success Secrets: 77 Most Asked Questions On Social Media-What You Need To Know	*Emereo Publishing*	monograph
185	2013	Sharmila, Ferris	The Plugged-In Professor: Tips and Techniques for Teaching with Social Media (Chandos Publishing Social Media Series)	*Chandos Publishing*	monograph
186	2013	Xu, Guandong	Social Media Mining and Social Network Analysis: Emerging Research	*Information Science Reference [Imprint]*; *IGI Global*	monograph
187	2013	Cross, Michael	Social Media Security: Leveraging Social Networking While Mitigating Risk	*Chandos Publishing*	monograph

续表

序号	年份	作者	文章名	出处	文献类型
188	2013	Xu, Guandong	Social Media Mining and Social Network Analysis: Emerging Research	*Information Science Reference [Imprint]; IGI Global*	monograph
189	2013	Cheryl Burgess	The Social Employee: How Great Companies Make Social Media Work	*McGraw-Hill Education*	monograph
190	2013	Dave Carroll	United Breaks Guitars: The Power of One Voice in the Age of Social Media	*Hay House, Inc*	monograph
191	2013	Alice E. Marwick	Status Update: Celebrity, Publicity, and Branding in the Social Media Age	*Yale University Press*	monograph
192	2013	Michael, Malone	Proven Social Media Strategies for Building Community and Brands in the Digital Space	*New Street Communications, LLC*	monograph
193	2013	Marshall, Sponder	Social Media Analytics: Effective Tools for Building, Interpreting, and Using Metrics	*McGraw-Hill Education*	monograph
194	2013	Felicitas Von Rauch	Digital Branding-A Phenomenon Empowered by the Internet and the Rising Importance of Social Media	*GRIN Verlag*	monograph
195	2013	Whittaker, Jason	William Blake and the Digital Humanities: Collaboration, Participation, and Social Media	*Routledge; Macmillan Publishers NZ, Limited [Distributor]*	monograph
196	2013	Tom, Standage	Writing on the Wall: Social Media-The First 2000 Years	*Bloomsbury USA*	monograph
197	2013	Elin Haf Gruffydd Jones	Social Media and Minority Languages: Convergence and the Creative IndustriesMultilingual Matters	*Multilingual Matters*	monograph
198	2013	Charles, Harmon	Using Social Media in Libraries: Best PracticesBest Practices in Library Services	*Scarecrow Press*	monograph

序号	年份	作者	文章名	出处	文献类型
199	2013	Jericho, Greg	The Rise of the Fifth Estate: Social Media and Blogging in Australian Politics	*Scribe Publications; Independent Publishers Group [Distributor]*	monograph
200	2013	Scott C. Stevenson	Social Media and Communications Technology: Essential Strategies for Nonprofits and Associations	*Jossey-Bass*	monograph
201	2013	Patricia E. Salkin	Social Media and Local Governments: Navigating the New Public Square	*American Bar Association*	monograph
202	2013	Rajagopal	Managing Social Media and Consumerism: The Grapevine Effect in Competitive Markets	*Palgrave Macmillan*	monograph
203	2013	Stein Arne Nistad	The Age of You: How to Understand and Benefit from Social Media and the Connected Society	*AuthorHouse UK*	monograph
204	2013	Bloomsbury Academic, An imprint of Bloomsbury Publishing Plc	A critical hypertext analysis of social media: the true colours of Facebook	*Palgrave Macmillan*	monograph
205	2013	Beth Barany	Twitter for Authors: Social Media Book Marketing Strategies for Shy Writers	*CreateSpace Independent Publishing Plat*	monograph
206	2013	Mcleod	What School Leaders Need to Know about Digital Technologies and Social Media	*Jossey-Bass [Imprint]; John Wiley & Sons, Limited*	monograph
207	2013	James E. Katz	The Social Media President: Barack Obama and the Politics of Digital Engagement	*Palgrave Macmillan*	monograph
208	2013	Ben Lichtenwalner	Paradigm Flip: Leading People, Teams, and Organizations Beyond the Social Media Revolution	*Radiant Forest LLC*	monograph

续表

序号	年份	作者	文章名	出处	文献类型
209	2013	Sandra M. DeJong MD	Blogs and Tweets, Texting and Friending: Social Media and On-line Professionalism in Health Care	*Academic Press*	monograph
210	2013	Menken, Ivanka	Social Media Guidance-Real World Application, Templates, Documents, and Examples of the Use of Social Media in the Public Domain. Plus Free Access T	*Emereo Pty Limited*	monograph
211	2013	Crystal, Washington	The Social Media WHY: A Busy Professionals Practical Guide to Using Social Media Including LinkedIn, Face-book, Twitter, YouTube, Pinterest, Google and Blogs for Business	*McCarthy House Press*	monograph
212	2013	Therese, Tierney	The Public Space of Social Media: Connected Cultures of the Network Society (Routledge Studies in New Media and Cyberculture)	*Routledge*	monograph
213	2013	Denice Shaw	Indie Writing Advice: A Simple Guide on Writing and Optimizing Your Social Media Platform	*CreateSpace Independent Publishing Plat*	monograph
214	2013	Jay Conrad Levinson	Guerrilla Facebook Marketing: 25 Target Specific Weapons to Boost your Social Media Marketing	*Morgan James Publishing*	monograph
215	2013	Jason, Gainous	Tweeting to Power: The Social Media Revolution in American Politics (Oxford Studies in Digital Politics)	*Oxford University Press*	monograph
216	2013	Paola, Tubaro	Against the Hypothesis of the End of Privacy: An Agent-Based Modelling Approach to Social Media (SpringerBriefs in Digital Spaces)	*Springer*	monograph
217	2013	Claudia, Jansen	New media in fluence on social and political change in Africa	*Igi Global*	monograph

序号	年份	作者	文章名	出处	文献类型
218	2013	Sue Curry Jansen	Media and Social Justice	*Palgrave Macmillan*	monograph
219	2013	Dhiraj, Murthy	Twitter: Social Communication in the Twitter AgeDMS-Digital Media and Society	*Polity*	monograph
220	2013	Claudia, Versailles	TWEET for TWAT: How Social Networks, Media and Technology Affect Modern-Day Relationships and Dating	*Claudia Versailles*	monograph
221	2013	Zhou, Chao	Learning with Social Media	*The Chinese University of Hong Kong（Hong Kong）*	monograph
222	2013	Kelmer, Gretchen	Social media and relationship development	*University of Denver*	monograph
223	2013	Alufaisan, Yasmeen	Social Media Mining and Privacy	*Northern Kentucky University*	monograph
224	2013	Glomb, Monica K	Social media use and interpersonel relationships	*Kutztown University of Pennsylvania*	monograph
225	2013	McCutcheon, Neal	Use of social media as a school principal	*Indiana State University*	monograph
226	2013	Tang, Xuning	Incremental Knowledge Discovery in Social Media	*Drexel University*	monograph
227	2013	Moran, Christian T.	Understanding Wisconsin legislators' use of social media	*The University of Wisconsin-Milwaukee*	monograph
228	2013	Wang, Dongni	Women in engineering: Identity communication in social media	*Clemson University*	monograph
229	2013	Chuang, Katherine Y.	Understanding user interaction patterns in health social media	*Drexel University*	monograph
230	2013	Mathioudakis, Michail	Detecting Prominent Patterns of Activity in Social Media	*University of Toronto（Canada）*	monograph

续表

序号	年份	作者	文章名	出处	文献类型
231	2013	Dong, Han	Social Media Data Analytics Applied To Hurricane Sandy	*University of Maryland, Baltimore County*	monograph
232	2013	Khabiri, Elham	Ranking, labeling, and summarizing short text in social media	*Texas A&M University*	monograph
233	2013	Zhao, Haifeng	Ending Conflicts and Vandalism in Knowledge Collaboration of Social Media	*University of California, Davis*	monograph
234	2013	Alexanyan, Karina	The Map and The Territory: Russian Social Media Networks and Societ	*Columbia University*	monograph
235	2013	Zhang, Kunpeng	Big social media data mining for marketing intelligence	*Northwestern University*	monograph
236	2013	Hocevar, Kristin Page	What Is Social About Social Media Users? How Social Media Efficacy Impacts Information Evaluation Online	*University of California, Santa Barbara*	monograph
237	2013	Hart, Mark	Social media and public health: Perspectives on implementing a social media presence for a public health organization	*University of Florida*	monograph
238	2013	Anderson-Hinn, Melissa	Identifying key criteria for using social media effectively in the anti-slavery movement	*Saybrook Graduate School and Research Center*	monograph
239	2013	Draucker, Fawn T.	Participation as a tool for interactional work on Twitter: A sociolinguistic approach to social media "engagement"	*University of Pittsburgh*	monograph
240	2013	Keller, Heidi	You really like me: Dialogic social media use in organizational communication	*Gonzaga University.*	monograph
241	2013	Behan, Michael K.	Efficacy of social media in participant percpetion of brand in small to medium size enterprises	*Capella University.*	monograph

序号	年份	作者	文章名	出处	文献类型
242	2013	Schaefer, Daniel John	Crowdsourcing as bricolage: A qual-itative study of journalists enlisting and using crowdsourcing in social media	*University of Colo-rado at Boulder*	monograph
243	2013	Hall, Andrea Elizabeth	Tweeting the headlines: The im-pact of social media endorsement on young adult news readers	*University of Missouri-Columbia*	monograph
244	2013	Ring, Cait-lin Elizabeth	Hate speech in social media: An exploration of the problem and its proposed solutions	*University of Colo-rado at Boulder*	monograph
245	2013	Burnett, Joshua J.	Journalism and social media: A case study into how news breaks on Twitter	*Kean University*	monograph
246	2013	Lucero, Alfie Leanna	An exploration of social media use among multiply minoritized LGBTQ youth	*The University of Texas at El Paso*	monograph
247	2013	Lundahl Philpot, Eva	Social media adoption and use a-mong information technology profes-sionals and implications for leader-ship	*University of Phoenix*	monograph
248	2013	Brennan, Cammie Allison	Queer Comrades, Queer China: Hybrid Lesbian Identities in an Age of Social Media	*University of Kansas*	monograph
249	2013	Kasch, David Michael	Social Media Selves: College Stud-ents' Curation of Self and Others through Facebook	*University of Cali-fornia, Los Angeles*	monograph
250	2013	Hermes, Robert J.	How social media has changed news gathering at television stations	*Gonzaga University*	monograph
251	2013	Alothman, Abdulaziz B.	A survey of social media users in Saudi Arabia to explore the roles, motivations and expectations toward using social media for social and political purposes	*Arkansas State University*	monograph

序号	年份	作者	文章名	出处	文献类型
252	2013	Perez, Bernadette C.	The power of the proverbial pen: The importance of social media during the Arab Spring	*Georgetown University*	monograph
253	2013	Lawry, Charles Aaron	The role of parasocial interaction and social media participation in the two-step flow of communication	*The University of Arizona*	monograph
254	2013	Tehranian, Yalda	Social Media, Social Kids: Sociocultural Implications of 21st Century Media for Development in the Preteen Period	*University of California, Los Angeles*	monograph
255	2013	Schutz, Douglas M.	Seeking and sharing knowledge using social media in an organization: The impact of social influence, organization structure and social capital	*Temple University*	monograph
256	2013	Watkins, Brandi Allison	Social media & sports: An evaluation of the influence of Twitter and mobile apps on brand-related consequences	*The University of Alabama*	monograph
257	2013	Liu Dong	Wired Friendship among the "Digital Natives": Social Media Use and Friendship Homophily Selection in Early Adolescence	*The University of Wisconsin-Madison*	monograph
258	2013	Minshew, Charles	An online disconnect: A case study of the effect of social media on a metropolitan newsroom's organizational culture	*University of Missouri-Columbia*	monograph
259	2013	David, Renee S.	To tweet or not to tweet: An investigative analysis of the Government of Canada's social media practices	*University of Ottawa (Canada)*	monograph
260	2013	Hawwash, Basheer	Stream-Dashboard: A big data stream clustering framework with applications to social media streams	*University of Louisville*	monograph

序号	年份	作者	文章名	出处	文献类型
261	2013	Gallo, Christine M.	Blogs, books, and bromance: How social media is changing the definition of genre, publishing, and authorship	*Southern Connecticut State University.*	monograph
262	2013	Chen Xi	The influence of social media on knowledge gaps about science and technology among Chinese audiences	*Iowa State University*	monograph
263	2013	Bostick, Bradley	Using Social Media and Professional Learning Communities as Tools for Novice Teacher Collegiality and Improved Self-Efficacy	*Arizona State University*	monograph
264	2013	Batts, Battinto L., Jr	An exploration of the relationship between social media use and engagement among African American student leaders	*Hampton University*	monograph
265	2013	Duersch, Janalyn	A comparison of social media job search versus traditional job search methods on employment of students with moderate to severe disabilities	*Utah State University*	monograph
266	2013	Karlis, John Vincent	That's news to me: An exploratory study of the uses and gratifications of current events on social media of 18 – 24 year-olds.	*University of South Carolina*	monograph
267	2013	Neo, Michelle.	Getting Online with "Onsite" in Mind: Using Digital and Social Media to Enact Online and Onsite Engagement in Three Singapore Museums	*Sotheby's Institute of Art-New York*	monograph
268	2013	McKenzie, Sandy	McLuhan's relevance in today's society: A look at social media on mobile devices	*Syracuse University*	monograph
269	2013	Tjornbo, Ola Bjorn Tage	Complexity and Social Media: The Role of Virtual Associations in Supporting Democratic Responses to Complex Global Problems	*Wilfrid Laurier University (Canada)*	monograph

续表

序号	年份	作者	文章名	出处	文献类型
270	2013	Kemmerer, Kerah	Thesis Project: Unleashing the Power of Social Media Marketing within the Non-Profits, through the Lens of Social Cognitive Theory	*Liberty University*	monograph
271	2013	Lazzaro Colon, Francisco M.	Hip-hop & social media as new social and cultural actors in Cuban civil society, from the special period to "Raulismo"	*Georgetown University*	monograph
272	2013	Fulton, Bruce	Social gatekeeping, the serendipitous tie and discovery: Authors connecting readers to books through social media outreach	*The University of Arizona*	monograph
273	2013	Guillory, Jamie Elizabeth	Social support, psychosocial resources and eating: Using social media to encourage healthy eating	*Cornell University*	monograph
274	2013	de Jonge, Laura	Creating shared value: Using social media to extend a corporation's commitment to social responsibility	*Fielding Graduate University*	monograph
275	2013	Maar, Michael C.	An examination of organizational information protection in the era of social media: A study of social network security and privacy protection	*Capella University*	monograph
276	2013	Sopha, Matthew	It's Not All About the Music: Digital Goods, Social Media, and the Pressure of Peers	*Arizona State University*	monograph
277	2013	Gorney, Matthew Allen	Social Media and Kansas Courtrooms: Assessing Kansas Supreme Court Rule 1001 and Exploring Possible Improvements	*University of Kansas*	monograph
278	2013	Forcier, Eric	The Shoemaker's Son: A Substantive Theory of Social Media Use for Knowledge Sharing in Academic Libraries	*University of Alberta (Canada)*	monograph
279	2013	Doran, Abigail J.	Acontent analysis of NCAA Division I track & field teams' Twitter usage: Defining best practices in social media marketing	*The University of North Carolina at Chapel Hill*	monograph

续表

序号	年份	作者	文章名	出处	文献类型
280	2013	Greenberg, Sallie E.	Impact of social media as an instructional component on content knowledge, attitudes, and public engagement related to global climate change	*University of Illinois at Urbana-Champaign*	monograph
281	2013	Wan, Anan	How Do They Think Differently?: A Social Media Advertising Attitude Survey on Chinese Students in China and Chinese Students in America	*West Virginia University*	monograph
282	2013	Blair, Madeline Marie	Organizational communication and the meanings of social media as cultural mediums: A case study of intramural sport participants' interpretations of online presence	*Clemson University*	monograph
283	2013	Edwardsen, Ginger Elizabeth	Use of Social Media as a Support Network in Families with a Child Diagnosed with Trisomy 13, 18, or 21	*University of South Carolina*	monograph
284	2013	Conover, Michael D.	Digital democracy: The structure and dynamics of political communication in a large scale social media stream	*Indiana University*	monograph
285	2013	Hooper, Jessica R.	Internet Marketing Trends: An Analysis of Website and Social Media Use in New York State's Equine Industry	*Rochester Institute of Technology*	monograph
286	2013	Han, Sung Mi.	The role of online social media in the acculturation process of North Korean refugee young adults in South Korea	*Wayne State University*	monograph
287	2013	Dilbeck, Mackenzie Alyce Hufty	Trending Communication on the Campus in Crisis: Social Media Best Practices in Higher Education Crisis Communications	*The George Washington University*	monograph
288	2013	Miller, Holly Anne	#JurorMisconduct, but #SameOldPretrialPublicity: A Proposal for the Use of Supreme Court Pretrial Publicity Precedent in Shaping Jurisprudence Involving Juror Use of Social Media	*University of Minnesota*	monograph

序号	年份	作者	文章名	出处	文献类型
289	2013	Colvin, Deidra A.	Effect of social media as measured by the dispersion of electronic word-of-mouth on the sales success of experience goods: An empirical study of Kindle book sales	*Anderson University*	monograph
290	2013	Cleary, Peter J.	Main Street 2.0: A Guide to Online and Social Media Marketing For Small Business Through The Use of Online Analytics and Content Marketing Strategies	*The University of Mississippi*	monograph
291	2014	Hanyun Huang	Social Media Generation in Urban china	*Springer*	monograph
292	2014	Shannon, E. Martin	Social Media and Participatory Democracy	*Peter Lang*	monograph
293	2014	Craig A. Hill, Elizabeth Dean, Joe Murphy	Social Media, Sociality and Survey Research	*Wiley*	monograph
294	2014	Philip Seargeant, Caroline Tagg	The Language of Social Media Idenity and Community on the Internet	*Palgrave Macmillan*	monograph
295	2014	Susan Bregman	BEST PRACTICES FOR TRANSPORTATION AGENCY USE OF SOCIAL MEDIA	*Crc Press*	monograph
296	2014	Michael cross technical editor rob shimonski	social media security leveraging social networking while mitigating risk	*Elsevier*	monograph
297	2014	David R. Brake	Sharing our Lives Online Risks and Exposure in Social Media	*Palgrave Macmillan*	monograph
298	2014	Robert W. Gehl	Reverse Engineering Social Media Software, Culture, and Political Economy in New Media Capitalism	*Temple University Press*	monograph

续表

序号	年份	作者	文章名	出处	文献类型
299	2014	Marie-francine moens, Juanzi li, and tat-seng chua	chapman & hall/crc social media and social computing series mining user generated content	*Crc Press*	monograph
300	2014	Magdalena Karolak	The Social Media Wars Sunni And Shia Identity Conflicts In The Age Of The Web 2. 0 And The Arab Spring	*Academica Press*	monograph
301	2014	Claudia Wyrwoll	Social Media	*Springer Fachmedien Wiesbaden*	monograph
302	2014	Gabriele Meiselwitz	Social Computing and Social Media	*Springer International Publishing*	monograph
303	2014	Heyan Huang, Ting Liu, Hua-Ping Zhang, Jie Tang	Social Media Processing	*Springer Berlin Heidelberg*	monograph
304	2014	Bogdan Pătruţ, Monica Pătruţ	Social Media in Politics	*Springer International Publishing*	monograph
305	2014	L Scaife	Handbook of Social Media and the Law	*Informa Law from Routledge*	monograph
306	2014	Manlio Del Giudice, Maria Rosaria Della Peruta, Elias G. Carayannis	Social Media and Emerging Economies	*Springer International Publishing*	monograph
307	2014	Harrison, John Rintel, Sean Mitchell, Elizabeth	Social Media in Asia	*Dignity Press*	monograph

序号	年份	作者	文章名	出处	文献类型
308	2014	Cvpm, Cvj, Brenda Tassava	Social Media for Veterinary Professionals	*lulu. com*	monograph
309	2014	Charlesworth, Alan	An Introduction to Social Media Marketing	*Routledge*	monograph
310	2014	Jalal, Kawash	Online Social Media Analysis and Visualization	*Springer International Publishing*	monograph
311	2014	Yun Fu	Human-Centered Social Media Analytics	*Springer International Publishing*	monograph
312	2014	Andrea Ceron, Luigi Curini, Stefano M. Iacus	Social Media e Sentiment Analysis	*Springer Milan*	monograph
313	2014	Hanyun Huang	Social Media Generation in Urban China	*Springer Berlin Heidelberg*	monograph
314	2014	Ratto, Matt, Boler, Megan	DIY citizenship: critical making and social media	*The MIT Press*	monograph
315	2014	Guy Kawasaki, Peg Fitzpatrick	The Art of Social Media Power Tips for Power Us	*Penguin Publishing Group*	monograph
316	2014	Youngkyun Baek, Ryan Ko, Tim Marsh	Trends and Applications of Serious Gaming and Social Media	*Springer Singapore*	monograph
317	2014	Wagner, Kevin M.	Tweeting to power: the social media revolution in American politics	*Oxford University Press*	monograph
318	2014	Ann Majchrzak, Elizabeth Fife, Qingfei Min, Francis Pereira	Activating the Tools of Social Media for Innovative Collaboration in the Enterprise	*Springer International Publishing*	monograph

序号	年份	作者	文章名	出处	文献类型
319	2014	Koontz, Christie, Mon, Lorri	Marketing and Social Media: A Guide for Libraries, Archives, and Museums	*Rowman & Littlefield Publishers*	monograph
320	2014	Evans	Social Customer Experience: Engage And Retain Customers Through Social Media	*wiley*	monograph
321	2014	Jennifer Openshaw, Stuart Fross, Amy McIlwain	The Socially Savvy Advisor: Compliant Social Media for the Financia Industry	*Wiley*	monograph
322	2014	Sandoval, Marisol	From Corporate to Social Media: Critical Perspectives on Corporate Social Responsibility in Medi	*Routledge*	monograph
323	2014	Brandi Glanville	Drinking and Dating: P. S. Social Media Is Ruining Romance	*HarperCollins Publishers*	monograph
324	2014	Palgrave Macmillan	Sharing our lives online: risks and exposure in social media	*Journal of Broadcasting & Electronic Media*	monograph
325	2014	Guy Kawasaki	The Art of Social Media: Power Tips for Power Users Guy Kawasaki	*Portfolio*	monograph
326	2014	Albright, Elaine V., Albright, David	21 Ways to Boost Your Business Profits Using Mobile, Video Marketing & Social Media Tools	*Marketing Mobile USA*	monograph
327	2014	Seamus Phan	Dot Zen 2.0-On Marketing, Social Media, Technology, Public Relations, Human Capital & Leadership	*McGallen & Bolden PR Corporation*	monograph
328	2014	TL Zuck	The social media side door: how to bypass the gatekeepers to gain greater access and influence	*McGraw-Hill*	monograph
329	2014	J Konert	Interactive multimedia learning: using social media for peer education in single-player educational games	*Springer*	monograph

续表

序号	年份	作者	文章名	出处	文献类型
330	2014	Zappavigna, Michele	Discourse of Twitter and Social Media: How We Use Language to Create Affiliation on the Web	*Bloomsbury Academic*	monograph
331	2014	Nsir, Nadia	The perceptions of social media in Libya	*Washington State University*	monograph
332	2014	McKinney, Derick	Social Media in the Church	*University of Arkansas*	monograph
333	2014	Liu, Yijie	A study of the cultural environment of social media	*University of Southern California*	monograph
334	2014	Sternberg, Ira David	Influence of social media in stages of democratization	*University of Nevada, Las Vegas*	monograph
335	2014	Alsubaiee, Sattam	Spatial indexing in the Era of Social Media	*University of California, Irvine*	monograph
336	2014	ter Veen, James	Seeking an Online Social Media Radar	*The George Washington University*	monograph
337	2014	Zheng, Cai Yun	The Impact of Social Media on E-Commerce	*Long Island University, The Brooklyn Center*	monograph
338	2014	Jackson, Tamika Danielle	Socially acceptable: Searching for acceptance in the age of social media	*State University of New York at Buffalo*	monograph
339	2014	McManimon, Susan Jane	Political engagement and the shifting paradigm from traditional to social media	*Indiana University of Pennsylvania*	monograph
340	2014	Maguire, Ryan Joseph	Social Media and the Local Television News Audience	*Drexel University*	monograph
341	2014	Griffin, Robert Stephen, Jr.	Use of social media by Indiana principals and superintendents	*Indiana State University.*	monograph
342	2014	Martini, Leila	Monitoring and Use of Social Media in Emergency Management in Florida	*University of South Florida*	monograph

序号	年份	作者	文章名	出处	文献类型
343	2014	Smith, Deborah A.	Faculty leadership behaviors and the adoption of social media	*Dallas Baptist University.*	monograph
344	2014	Chukwu, Ignatius	A Qualitative Study of the Role of Social Media in the Construction Industry	*North Carolina Agricultural and Technical State University*	monograph
345	2014	Wordell, Paul K.	Creating social media policy for high schools	*Keiser University*	monograph
346	2014	Abbasi, Mohammad Ali	Understanding Social Media Users via Attributes and Links	*Arizona State University*	monograph
347	2014	Li, Rui	Towards a general platform for effectively analyzing social media	*University of Illinois at Urbana-Champaign*	monograph
348	2014	Khan, Muhammad Laeeq-ur-Rehman	Social media and user engagement: A self determination perspective	*Michigan State University*	monograph
349	2014	Hu, Yuheng	Event Analytics on Social Media: Challenges and Solutions	*Arizona State University*	monograph
350	2014	Bouldrick, Dorothy	Social media use in health professions: An educational intervention to prevent the misuse of social media in the clinical setting	*Medical University of South Carolina-College of Health Professions*	monograph
351	2014	Gannon, Adrienne Cecile	Social media and self-concept: Does social media have an effect on college students' self-concept?	*University of South Alabama*	monograph
352	2014	Hollis, Holly	The impact of social media on social presence and student satisfaction in nursing education	*The University of Alabama*	monograph
353	2014	Schein, Caroline	The value of integrating social media tools into organizational learning processes	*Fielding Graduate University*	monograph

续表

序号	年份	作者	文章名	出处	文献类型
354	2014	Kiefaber, Julia	Managing Social Media Assets: How Banks Harness Communications for Strategy	*University of Southern California*	monograph
355	2014	Stockhausen, Megan Amanda	Social media public relations practices of community non-profit organizations	*Clemson University*	monograph
356	2014	Benedict, Liza P.	A critical synthesis and thematic analysis of the use of social media in higher education marketing	*Tarleton State University*	monograph
357	2014	Burbidge, Jonathan James	Understanding Student use of Social Media: Education and The Possibilities for Civic Engagement	*The Ohio State University*	monograph
358	2014	Shmargad, Yotam	The Effect of Network Diversity on Social Media Usage: Implications for Platforms and Firms	*Northwestern University*	monograph
359	2014	Brock, Suzanne R.	The Use of Social Media in Purchasing Decisions of Professional African American Women	*Northcentral University*	monograph
360	2014	Risto, Angela	The Impact of Texting and Social Media on Students' Academic Writing Skills	*Tennessee State University*	monograph
361	2014	Signorini, Alessio	Use of social media to monitor and predict outbreaks and public opinion on health topics	*The University of Iowa*	monograph
362	2014	Austin, Bradley J.	Perspectives of weather and sensitivities to heat: Social media applications for cultural climatology	*Kent State University*	monograph
363	2014	Kennedy, Mary Catherine	Mediating Relationships: Social Media, Lay Catholics, and Church Hierarchy	*Ohio University*	monograph
364	2014	Weidemann, Chris Donald	Geosocialfootprint (2013): Social media location privacy web map	*University of Southern California*	monograph

序号	年份	作者	文章名	出处	文献类型
365	2014	Liu, Zhengjia	"Trendingworthiness" and "prosumers" on Weibo: Social media doxa and consumerism in a ritual field	*The University of Iowa*	monograph
366	2014	Faust, Margaret Anne	The Use of Social Media and the Impact of Support on the Well-Being of Adult Cystic Fibrosis Patients	*University of South Carolina*	monograph
367	2014	Davis, S. Dianne	Exploring the Use of Social Media and Its Effect on Policy in Community Colleges	*West Virginia University*	monograph
368	2014	Barnes, Anne E.	Slurred Speech: Free Speech Rights and Social Media on the College Campus	*University of Minnesota*	monograph
369	2014	Bugg, Kristy	Social media: A viable and valuable tool for health care providers, steps for success	*Utica College*	monograph
370	2014	Prakash, Bharat	Performance Evaluation of Probabilistic Latent Semantic Analysis for Unstructured Social Media Data	*University of Maryland, Baltimore County*	monograph
371	2014	Page, Xinru Woo	Factors that Influence Adoption and Use of Location-Sharing Social Media	*University of California, Irvine*	monograph
372	2014	Bireline, Garrett M.	Social media in sports: A phenomenological study of athletes and online communication	*Liberty University*	monograph
373	2014	Ke, Xinlei	The civic engagement of social media users in air quality issues in Beijing, China	*Iowa State University*	monograph
374	2014	Chen, Ying	Protect children online safety on social media and mobile platforms	*The Pennsylvania State University*	monograph
375	2014	Kendall, Emily G.	Like, Retweet, Repeat: Social Media's Impact on Real Estate Marketing	*Liberty University*	monograph

续表

序号	年份	作者	文章名	出处	文献类型
376	2014	Szyszlo, Ann M.	The human performance technology model as a framework for implementation of social media in hospitals	*Capella University*	monograph
377	2014	Li, Monica Laiman	Exploring Social Media Used by Boutique Owners in the Fashion Industry	*Walden University*	monograph
378	2014	Lumpp, Taylor G.	The effects of social media on national security within the United States	*Utica College*	monograph
379	2014	Zgheib, Ghania	Social Media Use in Higher Education: An Exploratory Multiple-Case Study	*George Mason University*	monograph
380	2014	Bankert, Stephanie L.	Social media as a relationship building tool for non-profit organizations	*Gonzaga University*	monograph
381	2014	Yu, Huiying	The effect of social media comment on Chinese consumers' attitude toward the brand	*Iowa State University*	monograph
382	2014	Ling, Yiqi	Social Media Best Practices for Hollywood Films and Their Applications in China	*University of Southern California*	monograph
383	2014	Giordano, Marie S.	The lived experience of young adult burn survivors' use of social media	*City University of New York*	monograph
384	2014	Goya, Kelli K.	The impact of a teacher study group on teacher beliefs about teaching and social media	*University of Hawaii at Manoa*	monograph
385	2014	McGhee, Alyssa	Social Media as an Investigative Tool: Evidence from Nebraska, Iowa, South Dakota & Kansas	*University of Nebraska at Omaha*	monograph
386	2014	Park, Boram	Millennial Consumers' Cause-Related Product Purchase Decision-Making Process and the Influence of Social Media	*Ohio State University*	monograph

序号	年份	作者	文章名	出处	文献类型
387	2014	Schlachte, Christian	Social capital and social media: The effects of Facebook use on social capital and perceived community involvement	Boston University	monograph
388	2014	Ng, Yu Jie	Noisy haze, quiet dengue: The effects of mass media, interpersonal interactions, and social media on risk amplification	State University of New York at Buffalo	monograph
389	2014	Toker Yildiz, Kamer	Essays on social influence, network effects and use of social media in impacting consumer behavior	State University of New York at Buffalo	monograph
390	2014	Frye, Matthew L.	Results of implementing private social media within non-profit organizations to generate and leverage social capital	Colorado Technical University	monograph
391	2014	Jurgens, Michele A.	From Social Media to Social Movement: Developing a Secondary Stakeholder Model for the Information Age—The Case of Deepwater Horizon	Bentley University	monograph
392	2014	Hansen, Natalie Jo	Social media and campaigns for social good: Best practices for mental health nonprofit organizations	Colorado State University	monograph
393	2014	Lofgren, Elise Anne	Social media and equine science: The effect of LinkedIn on class engagement of equine higher education students	Murray State University	monograph
394	2014	Scialdone, Michael John	Understanding The Use and Impact of Social Media Features on The Educational Experiences of Higher-Education Students in Blended and Distance-Learning Environments	Syracuse University	monograph
395	2014	Kim, Carolyn	Credibility and Digital Public Relations: Understanding Publics' Perceptions of Organizational Credibility Through Social Media	Regent University	monograph

序号	年份	作者	文章名	出处	文献类型
396	2014	Luo, Shan	Cross-cultural differences between American and Chinese college students on self-disclosure on social media	*Iowa State University*	monograph
397	2014	Brown, Natalie Ann	The convergence of situational crisis communication theory and social media: Empirically testing the effectiveness of sports fan-enacted crisis communication	*The University of Alabama*	monograph
398	2014	Lu, Xinyu	Examining the utilization of social media by nongovernmental organizations for dialogic communication: A study of Chinese NGOs' Weibo use	*Indiana University*	monograph
399	2014	Li, Jiahang	Instructors' beliefs about the integration of social media in STAR-TALK teacher programs: A collective case study	*University of Maryland, College Park*	monograph
400	2014	Wang, Yuan	How do sports organizations use social media to build relationships? A content analysis of NBA clubs' Twitter use	*The University of Alabama*	monograph
401	2014	Hossain, Mohammad Delwar	In the web we connect: Uses of social media among the South Asian diaspora in the U. S.	*Southern Illinois University at Carbondale*	monograph
402	2014	Choe, Francis	A critical discourse anaylsis: Social media, framing issues, and education reform in Hawaii state government	*Gonzaga University*	monograph
403	2014	Ross, Bellverie E.	A case study of citizens' experience with social media as a communication tool with 311 for citizen interaction, service demands, and quality of life	*Capella University*	monograph
404	2014	Freifeld, Clark C.	Digital pharmacovigilance: The MedWatcher system for monitoring adverse events through automated processing of Internet social media and crowdsourcing	*Boston University*	monograph

序号	年份	作者	文章名	出处	文献类型
405	2014	Han, Eileen Le	Micro-blogging contesting modernities: Producing and remembering public events in contemporary Chinese social media platforms	*University of Pennsylvania*	monograph
406	2014	Brown, Jami	How Connectivity Motivates Behaviour Change: Gamification as an Effective Social Media Platform for BC QuitNow Services	*Royal Roads University (Canada)*	monograph
407	2014	Cohen, Reli	Social Media Marketing: Creating A successful Commercial Campaign Targeting Women in their "30 –" 40	*Long Island University, The Brooklyn Center*	monograph
408	2014	Albert, Connie S.	Dark side of information systems and protection of children online: Examining predatory behavior and victimization of children within social media	*The University of North Carolina at Greensboro*	monograph
409	2014	Moya, Lindan A.	Identifying Innovation Attributes and Factors that Predict Social Media Adoption in U. S. Public Relations Practitioners	*Northcentral University*	monograph
410	2014	Serben, Dion F.	The examination of factors influencing social media usage by African American small business owners using the UTAUT model	*Capella University*	monograph
411	2014	Conklin, Casey Lynne	Promised versus actual college experience: The role of social media in pre and post-enrollment experiences	*Rochester Institute of Technology*	monograph
412	2014	Henry, James H.	The Influence of Social Media Technology on Generation iY's Ability to Communicate Face to Face in Their Academic Careers	*Gonzaga University*	monograph
413	2014	Grant, Donald S.	Has social media begun to "sponsor" addiction recovery?: A study of face-to-face versus online sobriety support	*Fielding Graduate Universit.*	monograph

续表

序号	年份	作者	文章名	出处	文献类型
414	2014	Algarni, Mohammed Ayedh	The use of social media in informal scientific communication among scholars: Modeling the modern invisible college	*University of North Texas*	monograph
415	2014	Cotnoir, Amy E.	On the Identification and Study of Polycentric Nation Models through the Geosocial Analysis of Social Media Content	*George Mason University*	monograph
416	2014	Milholland, Nancy Elizabeth	Exploring San Francisco's treasures: Mashing up public art, social media, and volunteered geographic information to create a dynamic guide	*University of Southern California*	monograph
417	2014	Burkey, Brant	The future of remembering: How multimodal platforms and social media are repurposing our digitally shared pasts in cultural heritage and collective memory practices	*University of Oregon*	monograph
418	2015	Peter Marolt, David Kurt Herold	China Online Locating society in online spaces	*Routledge*	monograph
419	2015	Danny, Friedmann	Trademarks and Social Media Towards Algorithmic Justice	*Edward Elgar*	monograph
420	2015	Mark, Tunick	Balancing Privacy and Free Speech Unwanted attention in the age of social media	*Routledge*	monograph
421	2015	Sorin Adam Matei, Martha G. Russell, Elisa Bertino	Transparency in Social Media	*Springer International Publishing*	monograph
422	2015	Mohamed Medhat Gaber, Mihaela Cocea, Nirmalie Wiratunga, Ayse Goker	Advances in Social Media Analysis	*Springer International Publishing*	monograph

序号	年份	作者	文章名	出处	文献类型
423	2015	Daniel Hurrle, Julia Postatny	Social Media for Scientific Institutions	*Springer Fachmedien Wiesbaden*	monograph
424	2015	Paul, Christoph	Social Media for Anti-Socials: # Howtousetwitter	*Only RX*	monograph
425	2015	Roberta Minazzi	Social Media Marketing in Tourism and Hospitality	*Springer International Publishing*	monograph
426	2015	Przemys? aw Kazienko, Nitesh Chawla	Applications of Social Media and Social Network Analysis	*Springer International Publishing*	monograph
427	2015	Michael Nofer	The Value of Social Media for Predicting Stock Returns	*Springer Fachmedien Wiesbaden*	monograph
428	2015	Elisa Bertino, Sorin Adam Matei	Roles, Trust, and Reputation in Social Media Knowledge Markets	*Springer International Publishing*	monograph
429	2015	Olga Sourina, David Wortley, Seongdong Kim	Subconscious Learning via Games and Social Media	*Springer Singapore*	monograph
430	2015	Markus Kick	Selected Essays on Corporate Reputation and Social Media	*Springer Fachmedien Wiesbaden*	monograph
431	2015	Ryan, Damian	Understanding Social Media: How to Create a Plan for Your Business That Works	*Kogan Page*	monograph
432	2015	Jan Zimmerman, Deborah Ng	Social Media Marketing All-In-One For Dummies	*Wiley*	monograph

续表

序号	年份	作者	文章名	出处	文献类型
433	2015	Martin Atzmueller, Alvin Chin, Christoph Scholz, Christoph Trattner	Mining, Modeling, and Recommending "Things" in Social Media	*Springer International Publishing*	monograph
434	2015	Krieg, Susanne	Social-Media-Dienste ALS Instrument Der Adipositaspravention. Ernahrungsaufklarung Im Web 2.0	*Grin Verlag*	monograph
435	2015	Walter, Ekaterina, Gioglio, Jessica	The Power of Visual Storytelling: How to Use Visuals, Videos, and Social Media to Market Your Brand	*McGraw-Hill Education*	monograph
436	2015	Christer Holloman	The Social Media MBA Guide to Roi: How to measure and improve your return on investment	*Wiley*	monograph
437	2015	Garst, Kim	Will the Real You Please Stand Up: Show Up, Be Authentic, and Prosper in Social Media	*Morgan James Publishing*	monograph
438	2015	Lugmayr	Media in the Ubiquitous Era: Ambient, Social and Gaming Media (Premier Reference Source)	*IGI Global*	monograph
439	2015	Suman Deb Roy, Wenjun Zeng	Social Multimedia Signals	*Springer International Publishing*	monograph
440	2015	Carron, Eugene	Intelligence on social media	*Utica College*	monograph
441	2015	Tang, Jiliang	Computing Distrust in Social Media	*Arizona State University*	monograph
442	2015	Andres, Steven G.	Disposable Social Media Profiles	*The Claremont Graduate University*	monograph
443	2015	Hochman, Nadav	The social media image: Modes of visual ordering on social media	*University of Pittsburgh*	monograph

序号	年份	作者	文章名	出处	文献类型
444	2015	Rosenthal, Sara	Detecting Influencers in Social Media Discussions	Columbia University	monograph
445	2015	Kumar, Shamanth	Social Media Analytics for Crisis Response	Arizona State University	monograph
446	2015	Moehr, Matthew J.	Using social media to define neighborhoods	The University of Wisconsin-Madison	monograph
447	2015	Skorich, Brenda	Healthcare Privacy in a Social Media World	The College of St. Scholastica	monograph
448	2015	Touro, Robert W.	Seniors, entitlements and social media—Oh my!	Colorado Technical University	monograph
449	2015	Lewis, Lillian Louise	Digital photography, social media, art museums, and learning	The Pennsylvania State University	monograph
450	2015	de los Santos, Veronica Anna	Social Media, Identity, Acculturation and the Military Spouse	Regent University	monograph
451	2015	Langager, Aimee	Use of social media in undergraduate communication classes	Iowa State University	monograph
452	2015	Fraser, Janet L.	Understanding use of social media for dissemination of transportation information	The Pennsylvania State University	monograph
453	2015	McVie, Courtney M.	Exploring the predictive power of social media in elections	Gonzaga University	monograph
454	2015	Reyes, Adrian	The use of social media by student activists in immigration reform	Gonzaga University	monograph
455	2015	Gibson, Sean D.	Organizational use of social media to establish trust	Gonzaga University	monograph
456	2015	Mo, Sheung Yin Kevin	Modeling the impact of news and social media to financial markets	Stevens Institute of Technology	monograph
457	2015	Forestal, Jennifer	Bringing the Site Back In: Social Media and the Politics of Space	Northwestern University	monograph

序号	年份	作者	文章名	出处	文献类型
458	2015	Howser, Tamyra Jung Sook	Internal social media networks and team environments	*Gonzaga University*	monograph
459	2015	Pack, Kevin	The influence of social media on adolescent self-concept	*alliant international university*	monograph
460	2015	Rochefort-Hoehn, Sheila	Contemporary Practices of Mourning Through Social Media	*Barry University*	monograph
461	2015	Silwal, Suman	Developing a rating model using social media data	*The University of Alabama at Birmingham*	monograph
462	2015	Slutsky, Anton	Toward Effective Knowledge Discovery in Social Media Streams.	*Drexel University*	monograph
463	2015	Wagner, Darci Dawn	Managing Negative Comments Posted on Social Media	*Walden University*	monograph
464	2015	Ma, Xin.	Message dissemination on social media in disasters and extreme events	*Texas A & M University*	monograph
465	2015	Genden, Susan N.	Worker use of social media for informal learning in a corporate environment	*Wayne State University*	monograph
466	2015	Zhang, Heng	Gender, Personality, and Self Esteem as Predictors of Social Media Presentation	*East Tennessee State University*	monograph
467	2015	Stanley, Barak	Uses and gratifications of temporary social media: A comparison of Snapchat and Facebook	*California State University, Fullerton*	monograph
468	2015	Dancy, Lindsey Webb	External organizational identification, parasocial relationships, and social media use	*The University of Southern Mississippi*	monograph
469	2015	Zhang, Yaonan	Statistical analysis of network data motivated by problems in online social media	*Boston University*	monograph

序号	年份	作者	文章名	出处	文献类型
470	2015	Meier, Cristina Rebeca	Third Culture Kids and Social Media: Identity Development and Transition in the 21st Century	Regent University	monograph
471	2015	Greshowak, Anna	Employment Branding and Communication in an Evolving Mobile, Technology, and Social Media Based Society	The College of St. Scholastica	monograph
472	2015	SalahEldeen, Hany M.	Detecting, modeling, and predicting user temporal intention in social media	Old Dominion University.	monograph
473	2015	Schrading, J. Nicolas	Analyzing Domestic Abuse using Natural Language Processing on Social Media Data	Rochester Institute of Technology	monograph
474	2015	Hoteit, Tarek Adnan	Effects of Investor Sentiment Using Social Media on Corporate Financial Distress	Walden University	monograph
475	2015	Awasthi, Piyush	Breaking Hash-Tag Detection Algorithm for Social Media (Twitter)	Arizona State University	monograph
476	2015	Sosik, Victoria Leslie	Designing systems to leverage social media content for engagement with positive interventions	Cornell University	monograph
477	2015	Sisson, Diana Catherine	Authentic relationship management to heighten control mutuality in social media	University of South Carolina	monograph
478	2015	Hu Xiao	Assessing source credibility on social media—An electronic word-of-mouth communication perspective	Bowling Green State University	monograph
479	2015	Kemp, Nancy M.	The impact of social media on school communication in building constituency with external stakeholders	Trevecca Nazarene University	monograph
480	2015	Rajdev, Meet	Fake and spam messages: Detecting misinformation during natural disasters on social media	Utah State University	monograph

续表

序号	年份	作者	文章名	出处	文献类型
481	2015	Beshears, Michael L.	Network Theory: Effectiveness of Social Media Networks Created by Sheriff Offices	*Northcentral University*	monograph
482	2015	Tingley, Christopher M.	Social Media Marketing Strategies to Engage Generation Y Consumers	*Walden University*	monograph
483	2015	Meghani, Rehana	Investigation of the use of Social Media During Service Failures and Service Recoveries	*Hofstra University*	monograph
484	2015	Holder-Ellis, Marlene	The Role of Social Media Technology Tools in Higher Education Instruction	*Walden University*	monograph
485	2015	Gibbs, Stephanie M.	An Analysis of Social Media and Website Usage By Historically Black Colleges and Universities	*Wilmington University (Delaware)*	monograph
486	2015	Toscano, James P.	Social media legitimacy: A new framework for public participation, and the behavior of organizations	*Northeastern University*	monograph
487	2015	Seitz, Emily M.	Gendered literacy through social media: A study of the KidLitosphere blogs	*Rutgers The State University of New Jersey-New Brunswick*	monograph
488	2015	Zeng, Yongbo	Attack-resistant digital reputation and privacy assessment in social media	*University of Rhode Island*	monograph
489	2015	Childs, Ansonia	An exploratory multiple-case study of social media in training and development	*University of Phoenix*	monograph
490	2015	Aifan, Hanan Ahmad	Saudi students' attitudes toward using social media to support learning	*University of Kansas*	monograph
491	2015	Alhashem, Anwar M.	Social media use and acceptance among health educators in Saudi Arabia	*Southern Illinois University at Carbondale*	monograph

序号	年份	作者	文章名	出处	文献类型
492	2015	Salehan, Mohammad	Three Essays on Social Media: The Effect of Motivation, Participation, and Sentiment on Performance	*University of North Texas*	monograph
493	2015	Gillens, Phyllis Loneice	Social media networking tools in public school education: The policy behind the practice	*Howard University*	monograph
494	2015	Doran, Chad J.	Examination of the management of social media records at a federal executive agency	*University of Maryland, College Park*	monograph
495	2015	Ogwo, Christian	The impact of social media on political influence and policy outcomes: The Nigerian experience	*The Claremont Graduate University*	monograph
496	2015	Bell, Renaldo	Digital steganography: Its impact on mobile forensics, hacking, and social media	*Utica College*	monograph
497	2015	Waugh, Sara Elizabeth	Strengthening audience engagement for institutional theatres: Increasing accessibility through social media	*California State University, Long Beach*	monograph
498	2015	Schulz, Jessica L.	Social media use and depression in emerging adults: The moderating effect of parental support	*University of Delaware*	monograph
499	2015	Au, Angela	Social Media Strategies Used in Marketing Custom Bicycle Frame-building Companies	*Walden University*	monograph
500	2015	Chambers, Mary Ann	Old media, new media: Is the news release dead yet? How social media are changing the way wildfire information is being shared	*Colorado State University*	monograph
501	2015	Kara, Leah H.	Social skills and social media: Helping adolescents with social deficits navigate the online world	*Widener University.*	monograph
502	2015	Eltaher, Mohammed Ali	Social user mining: User profiling of social media network based on multimedia data mining	*University of Bridgeport*	monograph

续表

序号	年份	作者	文章名	出处	文献类型
503	2015	Zaharopou-los, Doula	An Exploration of Organizational Impression Management in Social Media: A Twitter Analysis of Large Law Firms	*Grand Canyon University*	monograph
504	2015	Zhang Mi	Social Media Analytics of Smoking Cessation Intervention: User Behavior Analysis, Classification, and Prediction	*Drexel University*	monograph
505	2015	Groover, Michelle	Crisis on the rails: An examination on the use of social media in the December 2013 Metro-North train derailment	*Regent University*	monograph
506	2015	Kutbi, Alaa	How Undergraduate Female Students in the Kingdom of Saudi Arabia Perceive Social Media as a Learning Tool: An Exploratory Study	*University of Windsor (Canada)*	monograph
507	2015	Kim, Hae Min	The Applicability of E-S-QUAL for Assessing the Service Quality of Social Media Services in Academic Libraries	*Drexel University*	monograph
508	2015	McKnight, Jessica	"The new reddit journal of science": Public evaluation and understanding of scientific information based on source factors in social media	*University of Delaware*	monograph
509	2015	Nelson, Gary C.	Virtual Revolutionaries: Social Media's Emerging Role in Small Wars: An Applied Semiotic Linguistic-Lexicon Analysis	*Robert Morris University*	monograph
510	2015	Islam Manik, Didarul	Social media consumption habits within the Millennial Generation: A comparison between U. S. and Bangladesh	*University of South Dakota*	monograph
511	2015	Wall, Steven D.	Science teacher development and the lens of social media: An investigation into the identity and influences upon the development of elementary pre-service science teachers	*The University of North Carolina at Chapel Hill*	monograph

续表

序号	年份	作者	文章名	出处	文献类型
512	2015	Tyshchuk, Yulia	Modeling Human Behavior in the Context of Social Media during Extreme Events Caused by Natural Hazards	*Rensselaer Polytechnic Institute*	monograph
513	2015	Shelton, John Taylor	Geographies of Data: Toward a Relational Socio-spatial Analysis of Geotagged Social Media Data	*Clark University*	monograph
514	2015	Peacey, Sarah J.	Opportunities for Organization Development: Hierarchy, Subculture and Participation in Enterprise Social Media at IASL LLP	*Benedictine University*	monograph
515	2015	Parada, Anais	Social media and smartphone technology in Quito, Ecuador: Identity, access and shifting notions of progress	*University of South Carolina*	monograph
516	2015	Murphy, Kayla Christine	Ethical crisis communication on social media: Combining situational crisis communication theory, stakeholder theory, & Kant's categorical imperatives	*Gonzaga University*	monograph
517	2015	Johnson Jorgensen, Jennifer Elizabeth	Influence of parents, peers, internet product search and visual social media on college students' purchase behavior: A mixed methods study	*The University of Nebraska-Lincoln*	monograph
518	2015	Chen, Ying	Social Influence and Big Social Media Data Mining: Exploration, Modeling, and Application in Transportation	*Northwestern University.*	monograph
519	2015	Ching, Brandon	An Intra-City Comparative Analysis of Social Media Use and Deliberative Democracy in Portland, Oregon	*Arizona State University.*	monograph
520	2015	Zhao Bo	Detecting location spoofing in social media: Initial investigations of an emerging issue in geospatial big data	*The Ohio State University*	monograph

续表

序号	年份	作者	文章名	出处	文献类型
521	2015	Brown, LaKeisha H.	A case study of social media marketing practices related to volunteer management functions in nonprofit organizations	Capella University	monograph
522	2015	Gonzalez, Steven R.	Social media and image restoration of sport icons: Lebron James and the "Return to Cleveland" debate	Northern Arizona University	monograph
523	2015	Pixley, Marissa	Facebook Face-ism: Perception of Competency in Social Media Profile Images and its Relationship to Gender	Rochester Institute of Technology	monograph
524	2015	Gerace, Veronica A.	A Quantitative Investigation of the Effectiveness of Social Media in Delivering a Tuberculosis Health Communication Campaign to Millennial College Students	San Diego State University	monograph
525	2015	Mohamed, Hesham	Librarians' perceptions toward using social media to deliver tutoring services to teenagers: An exploratory case study	University of Phoenix	monograph
526	2015	Poch, Manuel	The Role of Social Media in Sports when Developing Long-Term Relationships with Fans: The Case of the St. Louis Rams and the LA Galaxy	Southern Illinois University at Edwardsville	monograph
527	2015	Kim, Jeong-Hyun	Harvesting Geospatial Intelligence from Geotagged Social Media Data: A New Type of Early Warning System against North Korea.	University of California, Santa Barbara	monograph
528	2015	Lin, XiaoLin	Exploring the business value of social media by examining users' information sharing behaviors, evaluation of benefits, and usage continuance decision making	Washington State University.	monograph
529	2015	Dvorak, Michael A.	Kibler vs. "Magic: The Gathering Online": The impact of social media and notoriety on protest rhetoric	Northern Arizona University.	monograph

序号	年份	作者	文章名	出处	文献类型
530	2015	Devine, Danielle A.	Assessment of Nurse Faculty's Acceptance and Intent to Use Social Media Using the Unified Theory of Acceptance and Use of Technology 2 Model	*Villanova University*	monograph
531	2015	Glogocheski, Steven W.	Social media usage and its impact on grade point average and retention: An exploratory study to generate viable strategies in a dynamic higher education learning environment	*St. John's University (New York)*	monograph
532	2015	Yang, Qinghua Candy	Understanding computer-mediated health communication: Meta-analytical reviews of social-media-based interventions, online support group, and interactive health	*University of Miami*	monograph
533	2015	Baker, Stacy Christine	Identifying behaviors that generate positive interactions between museums and people on a social media platform: An analysis of 27 science museums on Twitter	*State University of New York at Buffalo*	monograph
534	2015	Loehmer, Emily Ann	Understanding Supplemental Nutrition Assistance Program-education participation at rural farmers markets: Using the theory of planned behavior and social media applications	*Southern Illinois University at Carbondale*	monograph
535	2015	Oliver, Beth Rexroad	Closing the Revolving Door: A Preliminary Investigation of the Efficacy of a Community of Practice Including a Same Subject Mentor Using Social Media in Increasing the Retention Rates of Induction Year Secondary Mathematics Teachers	*University of South Carolina*	monograph
536	2015	Hornung, Jenicka M.	Revisiting Media Richness Theory: Social Cues Impact on Understanding in a Textual World	*Pace University*	monograph
537	2015	Joardar, Satarupa	Twitter and mainstream media discourses of a social movement: An exploratory case study of the Indian anti-corruption movement of 2011	*University of Maryland, Baltimore County*	monograph

续表

序号	年份	作者	文章名	出处	文献类型
538	2016	Michelle a Bassett, Temitayo a Osinubi, Lorrie Thomas Ross	Beyond Buzzwords: Social Media, Mobile & Other Marketing Buzzwords Ain't the Half of It!	*Digital Marketing Advisors*	monograph
539	2016	Dominic Pettman	Infinite distraction paying attention to social media	*Polity*	monograph
540	2016	Neil Farrington, Lee Hall, Daniel Kilvington, John Price, Amir Saeed	Sport, Racism and Social Media	*Routledge*	monograph
541	2016	Asad, Mohamed	Social Media and Organizational Culture	*Grin Verlag*	monograph
542	2016	Adam Wilkins, Shawn Moore, Rebecca Saloustros	Social Media Marketing Strategies	*Createspace Independent Publishing Platform*	monograph
543	2016	Mehmet Zahid Sobaci	Social Media and Local Governments	*Springer International Publishing*	monograph
544	2016	Joshua Brunty, Katherine Helenek	Social Media Investigation for Law Enforcement	*Routledge*	monograph
545	2016	Mikolaj Jan Piskorski	Social Strategy: How We Profit from Social Media	*Princeton University Press*	monograph
546	2016	Patric Finkbeiner	Social Media for Knowledge Sharing in Automotive Repair	*Springer*	monograph
547	2016	David L. Altheide, Dr. Christopher J. Schneider	Policing and Social Media: Social Control in an Era of New Media	*Lexington Books*	monograph

序号	年份	作者	文章名	出处	文献类型
548	2016	Motion, Judy	Social Media and Public Relations: Fake Friends and Powerful Publics	*Routledge*	monograph
549	2016	Sorin Adam Matei, Martha G. Russell, Elisa Bertino	Transparency in Social Media: Tools, Methods and Algorithms for Mediating Online Interactions	*Springer*	monograph
550	2016	Tackmann, Stefan	Grundlagen, Konzeption Und Umsetzung Einer Social Media-Strategie	*Grin Verlag*	monograph
551	2016	Diedrich, Marcus	Interner Und Externer Einsatz Der Social Media-Instrumente	*Grin Verlag*	monograph
552	2016	Andrew McWhirter	Film Criticism and Digital Cultures: Journalism, Social Media and the Democratization of Opinion	*I. B. Tauris*	monograph
553	2016	Richard Landers, Gordon B Schmidt	Social Media in Employee Selection and Recruitment: Theory, Practice, and Current Challenges	*Springer*	monograph
554	2016	Prof Jen Riley	Unlocking the Digital Code: A Guide to Strategically Master Social Media Marketing	*Phoenix Arising Consulting, LLC*	monograph
555	2016	Gary Vaynerchuck, Ant Hive Media	Summary of Gary Vaynerchuck's # askgary: One Entrepreneur's Take on Leadership, Social Media, and Self-awareness	*Createspace Independent Publishing Platform*	monograph
556	2016	Chris Brogan, Shama Hyder	The Zen of Social Media Marketing: An Easier Way to Build Credibility, Generate Buzz, and Increase Revenue	*BenBella Books*	monograph
557	2016	Alexandra, Schramm	Online-Marketing für die erfolgreiche Arztpraxis: Website, SEO, Social Media, Werberecht	*Springer*	monograph

续表

序号	年份	作者	文章名	出处	文献类型
558	2016	Lynne D. Johnson, Shel Holtz	Tactical Transparency: How Leaders Can Leverage Social Media to Maximize Value and Build Their Brand	*Audible Studios on Brilliance*	monograph
559	2016	Scott, Gini Graham	Make More Money with Your Product or Service: Part IV: Advertising, PR, and the Social Media	*Changemakers Publishing*	monograph
560	2016	Chris, Rojek	Presumed intimacy para-social relationships in media, society and celebrity culture	*Polity*	monograph
561	2016	Jan Servaes, Toks Oyedemi	Social Inequalities, Media, and Communication: Theory and Roots	*Lexington Books*	monograph
562	2016	Robert W. Gehl	ocialbots and Their Friends: Digital Media and the Automation of Sociality	*Routledge*	monograph
563	2016	Lamie, Mark J.	Social media: Humanity's virus	*Utica College*	monograph
564	2016	Anspach, Nicolas M.	The Facebook effect: Political news in the age of social media	*Temple University*	monograph
565	2016	Perrigan, Jessica C.	Firm Response to Social Media Anti-Advertising	*University of Nebraska at Omaha*	monograph
566	2016	Velichety, Srikar	Essays on data driven insights from crowd sourcing, social media and social networks	*The University of Arizona*	monograph
567	2016	Kim, Lydia Sunnie	Social media and social support: A uses and gratifications examination of health 2.0	*Pepperdine University*	monograph
568	2016	Dyer, Mozella M.	An analysis of states' policies regarding social media use in education	*Saint Louis University*	monograph
569	2016	Hudson, Carl Neal	Competing for attention: U.S. millennial perception of traditional and social media	*Gonzaga University*	monograph

序号	年份	作者	文章名	出处	文献类型
570	2016	Carver, Melissa	An analysis of states' policies regarding social media use in education	*Saint Louis University*	monograph
571	2016	Brown, Paul Gordon	College students, social media, digital identities, and the digitized self	*Boston College*	monograph
572	2016	Whited, Drew A.	A case study on the effectiveness of using social media tools for project communication	*Capella University*	monograph
573	2016	Miller, Janette K.	An analysis of states' policies regarding social media use in education	*Saint Louis University*	monograph
574	2016	Flaugh, Jason E.	The psychological reactance dilemma: Effects of restricting workers' personal social media use	*Alliant International University*	monograph
575	2016	Lawhern, Brenda	A Qualitative Case Study of Social Media and Employment Issues in the Workplace	*Northcentral University*	monograph
576	2016	Gibbs, Nathaniel	Factors that contribute to mortgage brokers adopting the use of social media	*Capella University*	monograph
577	2016	Maxwell, Morgan Lindsey	Rage and social media: The effect of social media on perceptions of racism, stress appraisal, and anger expression among young African American adults	*Virginia Commonwealth University*	monograph
578	2016	Chau, Quynh	The Effects of Social Comparison Through Social Media for Young Women and Adolescent Females with Eating Disordered Symptomatology	*The Chicago School of Professional Psychology*	monograph
579	2016	Stoessel, Jonathan W.	Social Media Policy Implications in Higher Education: Do Faculty, Administration, and Staff Have a Place in the "Social Network"?	*Seton Hall University.*	monograph

序号	年份	作者	文章名	出处	文献类型
580	2016	Leimkuhler, Marie	Leaders' experiences of implementing social media in the pharmaceutical and health sciences industries: An exploratory qualitative study	*Capella University.*	monograph
581	2016	Snyder, Shane E.	Teachers' perceptions of digital citizenship development in middle school students using social media and global collaborative projects	*Walden University.*	monograph
582	2016	Park, Laura J.	WeChat Red Bags: How International Students from China Use Social Media While Attending a Public University in California	*University of California, Los Angeles*	monograph
583	2016	Badura, Victoria R.	A correlational study of social media use and perception of virtual collaboration of U. S. business professionals	*Capella University.*	monograph
584	2016	Duffy, Joshua J.	Crowdfunding: A quantitative study of the correlation between social media use and technology project outcomes	*University of Phoenix*	monograph
585	2016	Williams, Nakeshia N.	Digital mirror: An examination of social media's influence on late adolescent black females' global and academic self-concept	*The University of North Carolina at Charlotte*	monograph
586	2016	Caruth, David M.	Social media marketing: An exploratory qualitative study of U. S. small business owner's priority balancing and cognitive strategies	*Capella University*	monograph
587	2016	Benedict, Brianna	Development of a Social Media Support Technology to Enhance Writing Skills Among Engineering Students	*North Carolina Agricultural and Technical State University*	monograph
588	2016	Hunt, Katherine E. L.	Competing for attention: A comparative study of social movements and news media in abortion debates	*The University of Nebraska-Lincoln*	monograph

续表

序号	年份	作者	文章名	出处	文献类型
589	2016	Wray, Lindsay L.	The Influence of Media Messaging on Social Empathy for Perpetrators of Mass Shootings	*The Chicago School of Professional Psychology*	monograph
590	2017	Mary Chayko	Sperconnected the internet, digital media, and techno-social life	*Sage*	monograph
591	2017	Mirkin, Nicole A.	The Impact of Social Media Platforms on Identity Development in Adolescence	*The Chicago School of Professional Psychology*	monograph
592	2017	Basili Roberto, Croce Danilo, Castellucci Giuseppe	Dynamic polarity lexicon acquisition for advancedSocial Media analytics	*International journal of engineering business management*	monograph
593	2017	Voytek Bradley	Social Media, Open Science, and Data Science Are Inextricably Linked	*Neuron*	journal
594	2017	Cawcutt Kelly	Twitter me this cansocial media revolutionize academic medicine	*Infection control and hospital epidemiology*	journal
595	2017	Mondal Mainack, Messias Johnnatan, Ghosh Saptarshi, Gummadi, Krishna P.	Managing longitudinal exposure of socially shared data on the Twitter-social media	*International journal of advances in engineering sciences and applied mathematics*	journal
596	2017	Chen, Xiao Lu, Zhe-Ming	A real-time method to predictsocial media popularity	*International journal of modern physics*	journal
597	2017	Cappella, Joseph N.	Vectors into the Future of Mass and Interpersonal Communication Research: Big Data, Social Media, and Computational Social Science	*Human communication research*	journal

续表

序号	年份	作者	文章名	出处	文献类型
598	2017	Engesser Sven, Ernst Nicole, Esser Frank, Buechel Florin	Populism andsocial media: how politicians spread a fragmented ideology	*Internation communication and society*	journal
599	2017	Weeks, Brian E. Ardevol-Abreu, Alberto De Zuniga, Homero Gil	Online Influence? Social Media Use, Opinion Leadership, and Political Persuasion	*International journal of public opinion research*	journal
600	2017	Xu, Zheng Liu, Yunhuai Xuan, Junyu	Crowdsourcing basedsocial media data analysis of urban emergency events	*Multimedia tools and applications*	journal
601	2017	Bode, Leticia	Closing the gap: gender parity in political engagement onsocial media	*Internation communication and society*	journal
602	2017	Allcott, Hunt Gentzkow, Matthew	Social media and fake news in the 2016 election	*journal of economic perspectives*	journal
603	2017	Andreassen, Cecilie Schou Pallesen, Stale Griffiths, Mark D.	The relationship between addictive use ofsocial media, narcissism, and self-esteem: Findings from a large national survey	*Addictive behaviors*	journal
604	2017	Li, Xianghua Wang, Zhen Gao, Chao Shi, Lei	Reasoning human emotional responses from large-scalesocial and public media	*Applied mathematics and computation*	journal

序号	年份	作者	文章名	出处	文献类型
605	2017	Hedvall, Karen Nowe Garden, Cecilia Ahlryd, Sara	Social media in serious leisure: themes of horse rider safety	*Internation research-an international electronic journal*	collection
606	2017	Zhou, Alvin Y.	Republic: Divided Democracy in the age ofSocial Media	*journal of communication*	journal
607	2017	Thomas, Lisa Briggs, Pam Hart, Andrew Kerrigan, Finola	Understandingsocial media and identity work in young people transitioning to university	*Computers in human behavior*	journal
608	2017	Keating, Avril Melis, Gabriella	Social media and youth political engagement: Preaching to the converted or providing a new voice for youth?	*British journal of politics and international relations*	journal
609	2017	Neubaum, German Kraemer, Nicole C.	Opinion Climates in Social Media: Blending Mass and Interpersonal Communication	*Human Communication Research*	journal
610	2017	Monsted, Bjarke Sapiezynski, Piotr Ferrara, Emilio Lehmann, Sune	Evidence of complex contagion of information insocial media: An experiment using Twitter bots	*Plos One*	journal
611	2017	Balakrishnan, Janarthanan Griffiths, Mark D.	Social media addiction: What is the role of content in YouTube?	*Journal of behavioral addictions*	journal
612	2017	Al-Rawi, Ahmed	News values onsocial media: News organizations' Facebook use	*Journalism*	journal
613	2017	Hampton, Keith N. Shin, Inyoung Lu, Weixu	Social media and political discussion: when online presence silences offline conversation	*Information communication and society*	journal

续表

序号	年份	作者	文章名	出处	文献类型
614	2018	Martin, Erik J.	The State of Social Media	*Econtent*	journal
615	2018	Sutcliffe, Alistair G. Binder, Jens F. Dunbar, Robin I. M.	Activity insocial media and intimacy in social relationships	*Computers in human behavior*	journal
616	2018	Lund, Mary Ann	Benefits ofsocial media	*Tls-the times Literary supplement*	journal
617	2018	Tyshchuk, Yulia Wallace, William A.	Modeling Human Behavior onSocial Media in Response to Significant Events	*IEEE transactions on computational social systems*	collection

附录2 英美学界中国社交媒体研究文献梳理

序号	年份	作者	文章名	出处	文献类型
1	2008	Rebecca MacKinnon	Flatter world and thicker walls? Blogs, censorship and civic discourse in China	*Public Choice*	journal
2	2010	Chenqi Guo, J. P. s him, Robert Otondo	social network service in china: an integrated model of centrality, trust, and techonology accenptance	*Journal of Global Information Technology Management*, 2010; 13, 2; *ABI/ INFORM Global* pg. 76	journal
3	2010	Shu-Chuan Chu Sejung Marina Choi	Social capital and self-presentation on social networking sites: a comparative study of Chinese and American young generations	*Chinese Journal of Communication*	journal
4	2011	Christopher H. Smith, Frank Wolf, Donald A. Manzullo, Edward R. Royce, Tim Walz, Marcy Kaptur, Michael Honda, Sherrod Brown, Max Baucus, Carl Levin, Dianne Feinstein, Jeff Merkley, Susan Collins, James Risch	China's censorship of the Internet and social media: the human toll and trade impact	*U. S. Government printing office*	monograph

续表

序号	年份	作者	文章名	出处	文献类型
5	2011	Qingwen Xu Palmer, Neal	Migrant Workers' Community in China: Relationships among Social Networks, Life Satisfaction and Political Participation	*Psychosocial Intervention/Intervencion Psicosocial*	journal
6	2011	Shaoyong Chen, Huanming Zhang, Min Lin, Shuanghuan Li	Comparision of Microblogging service between Sina Weibo and Twitter	2011 *International Conference on Computer Science and Network Technology*	collection
7	2011	Fengshu Liu	Urban Youth in China: Modernity, the Internet and the Self	*UK: Routledge*	monograph
8	2011	Yinbin Liu, Yixia Zhou	Social Media in China: Rising Weibo in Government	5th *IEEE International Conference on Digital Ecosystems and Technologies* (*IEEE DEST* 2011), 31 *May-3 June* 2011, *Daejeon, Korea*	collection
9	2011	Ya Ping Chang, Dong Hong Zhu	Understanding social networking sites adoption in China: A comparison of pre-adoption and post-adoption	*Computers in Human Behavior* 27 (2011) 1840 – 1848	journal
10	2011	Esarey Ashley Qiang Xiao	Digital Communication and Political Change in China	*International Journal of Communication*	journal
11	2011	Guo Hao Lu Yu-liang Wang Yu Zhang Tong-tong	Measurement of the weibo hall of fame network	*Instrumentation, Measurement, Computer, Communication and Control, International Conference*	collection
12	2011	Lin Li	Social network sites comparison between the united states and China: Case study on facebook and renren network	*International Conference on Business Management and Electronic Information*	Collection

续表

序号	年份	作者	文章名	出处	文献类型
13	2012	Larissa Hjorth, Kay Gu	The place of emplaced visualities: A case study of smartphone visuality and location-based social media in Shanghai, China	*Journal of Media & Cultural Studies* Vol. 26, No. 5, October 2012, 699 – 713	journal
14	2012	David Bamman Brendan O'Connor Noah Smith	Censorship and deletion practices in Chinese social media	*First Monday*	journal
15	2012	Yinbin Liu Yixia Zhou Geng Liu	Chinese Government Use of Social Media: A Case of Shanghai Weibo Shanghai city	*6th IEEE International Conference on Digital Ecosystems and Technologies (DEST)*	collection
16	2012	Cindy Chiu Chris Ip Ari Silverman	Understanding social media in China	*McKinsey Quarterly*	journal
17	2012	Jonathan Hassid	Safety Valve or Pressure Cooker? Blogs in Chinese Political Life	*Journal of Communication*	journal
18	2012	Louis Yu, Sitaram Asur, Bernardo A. Huberman	What Trends in Chinese Social Media	*Social Science Electronic Publishing*, 2011	journal
19	2012	Tuo Zheng Lei Zheng	Studying Chinese government microblogs: content and interactions	*International Conference on Theory and Practice of Electronic Governance*	collection
20	2012	Men, Linjuan Tsai, Wan-Hsiu Sunny	How companies cultivate relationships with publics on social network sites: Evidence from China and the United States	*Public Relations Review*	journal
21	2013	Chaoran Zheng	Reverse Culture Shock in the Age of Social Media A Study on Whether Microblogging Has a Positive Effect on Reduction of Reverse Culture Shock: A Weibo Case	*University of Gothenburg.* 2013	degree

续表

序号	年份	作者	文章名	出处	文献类型
22	2013	Han Rongbin	adaptive Persuasion in Cyberspace: The "Fifty CentsArmy" in China	*the American Political Science Association Annual Conference*	collection
23	2013	Linjuan Rita Men Wan-Hsiu Sunny Tsai	Beyond liking or following: Understanding public engagement on social networking sites in China	*Public Relations Review*	journal
24	2013	Yanfang Wu David Atkin Yi Mou Carolyn A. Lin T. Y. Lau	Agenda Setting and Micro-blog Use: An Analysis of the Relationship between Sina Weibo and Newspaper Agendas in China	*The Journal of Social Media in Society*	journal
25	2013	Lin Qiu Han Lin Angela Ka-yee Leung	Cultural Differences and Switching of In-Group Sharing Behavior Between an American (Facebook) and a Chinese (Renren) Social Networking Site	*Journal of Cross-Cultural Psychology*	journal
26	2013	Wanqiu Guan, Haoyu Gao, Mingmin Yang, Yuan Li, Haixin Ma, Weining Qian, Zhigang Cao, Xiaoguang Yang	Analyzing user behavior of the micro-blogging website Sina Weibo during hot social events	*Physica A Statistical Mechanics & Its Applications*, 2013, 395 (4): 340 – 351	journal
27	2013	Lijun Zhou, Tao Wang	Social media: A new vehicle for city marketing in China	*Cities*, 2014, 37 (2): 27 – 32	journal
28	2013	Lei Zheng	Social media in Chinese government: Drivers, challenges and capabilities	*Government Information Quarterly*	journal
29	2013	Wilfred Yang Wang	Weibo, Framing, and Media Practices in China	*Published online: 21 September 2013 # Journal of Chinese Political Science/Association of Chinese Political Studies 2013*	journal

序号	年份	作者	文章名	出处	文献类型
30	2013	Chen, Huan E. Haley	The Lived Meanings of Chinese Social Network Sites (SNSs) among Urban White-Collar Professionals	*Journal of Interactive Advertising*	journal
31	2013	Huang Yitong, Lai Xiaozheng, Dai Bingpei, Chen Qinyi	Web-of-things Framework For WeChat	*2013 IEEE International Conference on Green Computing and Communications and IEEE Internet of Things and IEEE Cyber, Physical and Social Computing*	collection
32	2013	Xuemeng Fu	Inter-Media Agenda Setting and Social Media Understanding the Interplay among Chinese Social Media, Chinese State-Owned Media and U. S. News Organizations on Reporting the Two Sessions	*University of Florida*	degree
33	2014	Zhengjia Liu	"Trendingworthiness" and "prosumers" on Weibo: social media doxa and consumerism in a ritual feld	*Dissertations & Theses-Gradworks*, 2014.	journal
34	2014	Donglu Song, Yujia Wang, Fang You	Study on WeChat User Behaviors of University Graduates	*International Conference on Digital Home, IEEE Computer Society*, 2014: 353 – 360.	collection
35	2014	Hanyun Huang	Social Media Generation in Urban China	*springer*	monograph
36	2014	Zhongwen Liu	A Study on the Application of WeChat in ESP Training	*Theory and Practice in Language Studies*	journal
37	2014	Jie Xie	Self-presentation and gender of Chinese overseas students on social media-a case study of sina weibo	*University of Lapland, Faculty of Education, master thesis*	degree

序号	年份	作者	文章名	出处	文献类型
38	2014	Xia Hua, Wei Qi, Siyu, Zhang	Research On Undergraduates Perception of Wechat Acceptance	2014 *IEEE* 11th *International Conference on e-Business Engineering*	collection
39	2014	Nele Noesselt	Microblogs and the adaptation of the Chinese party-state's governance strategy	*Governance*	journal
40	2014	Zhengzuo Long, Zhangqing Pu, Wang Bo	research on model of online knowledge sharing for CoPS R&D team	*International Conference on Management Science & Engineering*, *IEEE*, 2014: 891 – 897	collection
41	2014	Hongyu Wu, Qingwu Hu	Personal Social Relations Research Based on Weibo Location Check-in Data	*International Conference on Geoinformatics*, *IEEE*, 2014: 1 – 6	collection
42	2014	He Wei, Liang Ke	"New Weapons" of Ideological and Political Education in Universities—WeChat	*EDP Sciences*, 2014, 6: 04001	journal
43	2014	Shajin Chen	Weibo's Role in Shaping Public Opinion and Political Participation in China	*Blekinge Institute of Technology*	degree
44	2014	Che Hui Lien, Yang Cao	Examining WeChat users' motivations, trust, attitudes, and positive word-of-mouth: Evidence from China	*Computers in Human Behavior*, 2014, 41: 104 – 111	journal
45	2014	Dong Liu B. Bradford Brown	Self-disclosure on social networking sites, positive feedback, and social capital among Chinese college students	*Computers in Human Behavior*	journal
46	2014	Julia Kern	A critical assessment of the uses and limits of social media in China	*The Pennsylvania a state university Schreyer honors college*	degree
47	2014	Si Xiong	A Comparative Study of Uses and Gratifications Between Weibo and News Websites in China	*the Scripps College of Communication of Ohio University*	degree

序号	年份	作者	文章名	出处	文献类型
48	2014	Leah Xiufang Li	Involvement of Social Media in Disaster Management during the Wenchuan and Ya'an Earthquakes	*Asian Journal for Public Opinion Research-* ISSN 2288-6168（Online）Vol. 1 No. 4 August 2014	journal
49	2014	Jiaqi, Wu	How WeChat, the Most Popular Social Network in China, Cultivates Wellbeing	*University of Pennsylvania Scholarly Commons*	journal
50	2014	Zhang Xiaosi, Kong Xiaoxin, Kong, Xiaoheng	Model Design and Countermeasure Analysis of Social CRM Systems Based on China's Social Media WeChat	2014 *International conference on business, economics and management* (*BEM* 2014), Vol 2	journal
51	2014	Liu, Jiawei	How Chinese politicians use Sina Weibo, the social networking tool	*Dissertations & Theses-Gradworks*	degree
52	2014	Hepeng Jia, Li Liu	Unbalanced progress: The hard road from science popularisation to public engagement with science in China	*Public Understanding of Science*	journal
53	2014	Ma, Caiwei1, Au, Norman	Social Media and Learning Enhancement among Chinese Hospitality and Tourism Students: A Case Study on the Utilization of Tencent QQ	*Journal of Teaching in Travel and Tourism*	journal
54	2014	Saifuddin, Ahmed	Online Public Opinion: Transforming Setting and Shaping the Public Sphere in China	*Online Journal of Communication and Media Technologies*	journal
55	2014	Liu, Jiawei	How Chinese politicians use Sina Weibo, the social networking tool	*Indiana University*	degree
56	2014	Jesper Schlæger, Min Jiang	Official microblogging and social management by local governments in China	*China Information*	journal
57	2014	Marina, Svensson	Voice, power and connectivity in China's microblogosphere: Digital divides on Sina Weibo	*China Information*	journal

续表

序号	年份	作者	文章名	出处	文献类型
58	2014	YunJuan, Luo	The Internet and Agenda Setting in China: The Influence of On-line Public Opinion on Media Coverage and Government Policy	*International Journal of Communication*	journal
59	2014	Ying, Jiang	"Reversed agenda-setting effects" in China Case studies of Weibo trending topics and the effects on state-owned media in China	*Journal of International-al Communication*	journal
60	2014	Christ'l De Landtsheer Russell F. Farnen Daniel German	E-Political Socialization, the Press and Politics: The Media and Government in the USA, Europe and China.	*Frankfurt am Main: Peter Lang International Academic Publishers*	monograph
61	2015	Jianhua Xu, Qi Kang, Zhiqiang Song, Christopher Peter Clarke	Applications of Mobile Social Media: WeChat Among Academic Libraries in China	*Journal of Academic Librarianship*, 2015, 41 (1): 21 – 30	journal
62	2015	Xinhu Zheng, Jiamiao Wang, Fei Jie, Lei Li	Two Phase based Spammer Detection in Weibo	2015 *IEEE 15th International Conference on Data Mining Workshops*	collection
63	2015	Kyle Holmes Mark Balnaves Yini Wang	Red Bags and WeChat (Wēixìn): Online collectivism during massive Chinese cultural events	*Global Media Journal*	journal
64	2015	Ronggui Huang, Yong Gui, Xiaoyi Sun	Inter-organizational network structure and formation mechanisms in Weibo space: A study of environmental NGOs	*Chinese Journal of Sociology* 2015, Vol. 1 (2) 254 – 278	journal
65	2015	Yue Hu, Jichang Zhao, Junjie Wu, Xiuguo Bao	On Exploring Ambivalent Expression in Weibo	*International Conference on Service Systems and Service Management*, IEEE, 2015: 1 – 6	collection
66	2015	Kevin, Zhen	Estimating Self-Censorship on Social Media in China: A Survey Experiment	*New York University*	degree

序号	年份	作者	文章名	出处	文献类型
67	2015	Kai Zhao, Yuqing Zhang, Beige Li, Chuanfeng Zhou	Repost Number Prediction of Micro-blog on Sina Weibo Using Time Series Fitting and Regression Analysis	2015 *International Conference on Identification, Information, and Knowledge in the Internet of Things*	collection
68	2015	Zizhu Zhang, Bing Li, Weiliang Zhao, Jian Yang	A Study on the Retweeting Behaviour of Marketing Microblogs with High Retweets in Sina Weibo	2015 *Third International Conference on Advanced Cloud and Big Data*	collection
69	2015	Ru Wang, Wandong Cai	A sequential game-theoretic study of the retweeting behavior in Sina Weibo	*Journal of Supercomputing*, 2015, 71 (9): 1 – 19	journal
70	2015	Donghui Li, Yuqing Zhang, Xin Chen, Long Cao	Propagation Regularit ofHot Topics in Sina Weibo based on SIR Model-A Simulation Research	*Computing, Communications and It Applications Conference. IEEE*, 2015: 310 – 315	collection
71	2015	Xiaowei Huo, Gong Zhang, Jin Shang, Xiaojin Qi, Gongli Li, Zhongyuan Huang	Acquirement and Interpretation of Public Documentation of Cultural Heritage-WeChat & Post-disaster Rebuilding of Shangri-La Ancient City	*ISPRS Annals of the Photogrammetry, Remote Sensing and Spatial Information Sciences, Volume II-5/W3, 2015 25th International CIPA Symposium 2015, 31 August – 04 September 2015, Taipei, Taiwan*	journal
72	2015	Danqi Wu	An Analysis of the Potential Democratizing Effects of Social Media: A Chinese Experience	*Duke university*	degree
73	2015	David Wai Kee CHU, Kwan Keung NG, Ivan K. W. LAI, Wai Ming LAM	Analysis of Student Behaviors in Using WeChat/WhatsApp for Language Learning at Diploma Level in Hong Kong: A Pilot Test	2015 *International Symposium on Educational Technology*	collection
74	2015	Sheng, Wei	Brand image of finnair among yong wealthy Chinese in Chinese social media	*Lapland University of Applied Sciences*	degree

续表

序号	年份	作者	文章名	出处	文献类型
75	2015	Shengming Liu, Ye Zhang, Lifan Chen, Li Guo, Dongling Yu	Enterprise WeChat Groups：Their Effect on Work-Life Conflict and Life-Work Enhancement	*Frontiers of Business Research in China*, 2015（4）：516 – 535	journal
76	2015	Adrian Rauchfleisch Mike S. Schäfer	Multiple public spheres of Weibo：A typology of forms and potentials of online public spheres in China	*Information Communication and Society*	journal
77	2015	Tatia Yajiao Shi	The Patterns of Using Social Media By The "New" Chinese Tourists	*Module Vienna University*	degree
78	2015	Qiaoling Yang, Qin Wei, Ying Huang, Yuxiu Jiang, Daizhen Chen, Ping Huang, Lijun Liang	The application of multimedia messaging services via mobile phones to support outpatients：Home nursing guidance for pediatric intestinal colostomy complications	*Chinese nursing research*, 2015, 2（1）：24 – 27	journal
79	2015	Luo Zhongwei, Jiao Hao, Xu Yangfan	Tencent WeChat's Micro-Innovation of Integration and Iteration under Technical Paradigm Transformation	*China Economist*, 2015, 34（5）：106 – 122	journal
80	2015	Juelin Yin, Jieyun Feng, Yuyan Wang	Social Media and Multinational Corporations' Corporate Social Responsibility in China：The Case of ConocoPhillips Oil Spill Incident	*IEEE Transactiona on professional communication*, Vol. 58, No. 2, June 2015	journal
81	2015	Nan Wang, Yongqiang Sun	Social influence or personal preference? Examining the determinants of usage intention across social media with different sociability	*Information Development*, 2015, 108（5）：156 – 174	journal
82	2015	Du Zhiqin	Research into Factors Affecting the Attitudes of University Students towards WeChat Marketing Based on AISAS Mode	*IEEE International Conference on Electro/information Technology*, *IEEE*, 2015：724 – 727	collection

序号	年份	作者	文章名	出处	文献类型
83	2015	Chunmei Gan, Weijun Wang	Research characteristics and status on social media in China: A bibliometric and co-word analysis	*Scientometrics*, 2015, 105 (2): 1167 – 1182	journal
84	2015	Richard Ghiselli Jing Ma	Restaurant social media usage in China	*Worldwide Hospitality & Tourism Themes*	journal
85	2015	Xiaoqin Hua, Li Si, Xiaozhe Zhuang, Wenming Xing	Investigations about new methods of library marketing in Chinese "985" Project Universities	*Library Management*, 2015, 36 (6/7): págs. 408 – 420	journal
86	2015	Ronggui Huang, Yong Gui, Xiaoyi Sun	Inter-organizational network structure and formation mechanisms in Weibo space: A study of environmental NGOs	*Chinese Journal of Sociology* 2015, Vol. 1 (2) 254 – 278	journal
87	2015	Chandrika Silla	WeChat forensic artifacts: android forensic extraction and analysis	*Purdue University*	degree
88	2015	Marielle Stigum Gleiss	Speaking up for the suffering brother: Weibo activism, discursive struggles, and minimal politics in China	Media Culture & Society	journal
89	2015	Chunmei Gan, Weijun Wang	Uses and gratifications of social media: A comparison of microblog and WeChat	*Journal of Systems and Information Technology*	journal
90	2015	Yu (Aimee) Zhang	Mobile Education via Social Media: Case Study on WeChat	*Handbook of Mobile Teaching and Learning*	journal
91	2015	Zhang, Ke	Mining Data from Weibo to WeChat: A Comparative Case Study of MOOC Communities on Social Media in China	*International Journal on ELearning*	journal
92	2015	Nuan Luo Mingli Zhang Wenhua Liu	The effects of value co-creation practices on building harmonious brand community and achieving brand loyalty on social media in China	*Computers in Human Behavior*	journal

续表

序号	年份	作者	文章名	出处	文献类型
93	2016	Xue Li, Zhenrui Xu, Na Tang, Cui Ye, Xiao-Ling Zhu, Ting Zhou, Zhihe Zhao	Effect of intervention using a messaging app on compliance and duration of treatment in orthodontic patients	*Clinical Oral Investigations*, 2016, 20（8）：1849 – 1859	journal
94	2016	Caihong Jiang Wenguo Zhao Xianghong Sun Weina Qu	The effects of the self and social identity on the intention to microblog: An extension of the theory of planned behavior	*Computers in Human Behavior*	journal
95	2016	Pan Ji	Emotional criticism as public engagement: How weibo users discuss "Peking University statues wear face-masks"	*Telematics & Informatics*, 2016, 33（2）：514 – 524	journal
96	2016	Yungeng Xie Rui Qiao Guosong Shao Hong Chen	Research on Chinese social media users' communication behaviors during public emergency events	*Telematics & Informatics*	journal
97	2016	Lanming Chen Hanasono Lisa K	The Effect of Acculturation on Chinese International Students' Usage of Facebook and Renren	*China Media Research*	journal
98	2016	Qian Wang	Who sets the news agenda on "Chinese Twitter"? The relationships between the media and opinion leaders on Weibo	*University of Texas*	degree
99	2016	Ling Cao Tingting Zhang	Social Networking Sites and Educational Adaptation in Higher Education: A Case Study of Chinese International Students in New Zealand	*The Scientific World Journal*	journal
100	2016	Chen Xiaoyu	Comparison of weibo and wechat public platform as news delivery channels in web 2.0 era	*HongKong Baptist University*	degree
101	2016	Eileen Le Han	Micro-blogging Memories: weibo and collective remembering in contemporary China	*Palgrave Macmillan*	monograph

序号	年份	作者	文章名	出处	文献类型
102	2016	Joyce Y. M. Nip, Kingwa Fu	Challenging Official Propaganda? Public Opinion Leaders on Sina Weibo	*China Quarterly*, 2016, 225: 122 – 144	journal
103	2016	Hua Bai, Guang Yu	A Weibo-based approach to disaster informatics: incidents monitor in post-disaster situation via Weibo text negative sentiment analysis	*Natural Hazards*, 2016, 83 (2): 1177 – 1196	journal
104	2016	Shuchi Ernest Chang, Weicheng Shen, Chunhu Ye	A comparative study of user intention to recommend content on mobile social networks	*Multimedia Tools & Applications*, 2016, 76 (4): 1 – 19	journal
105	2016	Fangjing Tu	WeChat and civil society in China	*Communication and the Public*	journal
106	2016	Wu, Weixian	Popularity of brand posts on sina weibo: a correlation analysis of the influential factors on tuborg's brand community	*Uppsala university*	monograph
107	2016	Youqiang Hao, Zhongjie Wang, Xiaofei Xu	Global and Personal App Networks: Characterizing Social Relations among Mobile Apps	*IEEE International Conference on Services Computing*, *IEEE*, 2016: 227 – 234.	collection
108	2016	Fangzhao Wu Yongfeng Huang Yangqiu Song Shixia Liu	Towards building a high-quality microblog-specific Chinese sentiment lexicon	*Decision Support Systems*	journal
109	2016	Xueqing Li Francis L F Lee Ying Li	The Dual Impact of Social Media Under Networked Authoritarianism: Social Media Use, Civic Attitudes, and System Support in China	*International Journal of Communication*	journal
110	2016	Jiwat Ram Siqi Liu Andy Koronois	The Role of Social Media in Innovation and Creativity: The Case of Chinese Social Media	*International Conference on Data Mining and Big Data*	collection

续表

序号	年份	作者	文章名	出处	文献类型
111	2016	LuWei FangfangGao	Social Media, Social Integration and Subjective Well-being among New Urban Migrants in China	*Telematics & Informatics*	journal
112	2016	Xianglong Xu, Qianyi Lin, Yan Zhang, Runzhi Zhu, Manoj Sharma, Yong Zhao	Influence of Wechat (Social Media) on Sleep Quality Among Undergraduates In Chongqing, China	*Global Heart*	journal
113	2016	Zhu Zhiguo, Wang Jianwei, Wang Xiening, Wan Xiaoji	Exploring factors of user's peer-influence behavior in social media on purchase intention: Evidence from QQ	*Computers in Human Behavior*	journal
114	2016	Qiang Chen Xiaolin Xu Bolin Cao Wei Zhang	social media policies as responses for social media affordances: The case of China	*Government Information Quarterly*	journal
115	2016	Wilfred Yang Wang	An opinion leader and the making of a city on China's Sina Weibo	*Making Publics, Making Places*	monograph
116	2016	Peiren Shao Yun Wang	How does social media change Chinese political culture? The formation of fragmentized public sphere	*Telematics & Informatics*	journal
117	2016	McDonald, T	Social Media in Rural China	*UCL Press*	monograph
118	2017	Shaoyan Feng, Zibin Liang, Rongkai Zhang, Wei Liao, Yuan Chen, Yunping Fan, Huabin Li	Effects of mobile phone WeChat services improve adherence to corticosteroid nasal spray treatment for chronic rhinosinusitis after functional endoscopic sinus surgery: a 3-month follow-up study	*European Archives of Oto-Rhino-Laryngology*, 2017, 274 (3): 1–9	journal
119	2017	Huang, Xu Dijst, Martin Van Weesep	Social networks of rural-urban migrants after residential relocation: evidence from Yangzhou, a medium-sized Chinese city	*Housing Studies*	journal

序号	年份	作者	文章名	出处	文献类型
120	2017	Xialing Lin, Kenneth A. Lachlan, Patric R. Spence	Exploring extreme events on social media: A comparison of user reposting/retweeting behaviors on Twitter and Weibo	*Computers in Human Behavior*, 2016, 65: 576 – 581	journal
121	2017	Hongjie Liu	Can Burt's Theory of Structural Holes be Applied to Study Social Support Among Mid-Age Female Sex Workers? A Multi-Site Egocentric Network Study in China	*Aids & Behavior*, 2017 (1): 1 – 11	journal
122	2017	Xiangfei LI Kees Boersma	The Role of Social Media in Providing Crisis Information in China: A Critical Evaluation of the Tianjin Fire Incident	*Journal of Systems Science and Information*	journal
123	2017	Bei Qin David Strömberg Yanhui Wu	Why Does China Allow Freer Social Media? Protests versus Surveillance and Propaganda	*Cepr Discussion Papers*	journal
124	2017	Guobing Yang	Demobilizing the Emotions of Online Activism in China: A Civilizing Process	International Journal of Communication	journal
125	2017	Xueqing Li	Comparing social media use, discussion, political trust and political engagement among university students in China and Hong Kong: an application of the O-S-R-O-R model	*Asian Journal of Communication*	journal
126	2017	Chin Josh	China Targets Social-Media Giants WeChat, Weibo in Cybersecurity Probe	*Wall Street Journal* (*Online*)	newspaper
127	2017	Xingting Zhang, Dong Wen, Jun Liang, Jianbo Lei, Zhang Xingting, Wen Dong, Liang Jun, Lei, Jianbo	How the public uses social media wechat to obtain health information in china: a survey study	*BMC Medical Informatics & Decision Making*	journal

续表

序号	年份	作者	文章名	出处	文献类型
128	2017	Lixuan Zhang, Pentina, Iryna, Kirk Wendy Fox	Part F: Digital Marketing, Social Media, and Entertainment Marketing: Let's Get Digital-Taking Physical Experiences Online: Using Mobile Apps to Meet New People: What Drives Adoption of Social Discovery Features on WeChat	*AMA Summer Educators' Conference Proceedings*	collection
129	2017	Rongying Zhao, Mingkun Wei	Academic impact evaluation of Wechat in view of social media perspective	*Scientometrics*	journal
130	2017	Qumram	Qumram Upgrades Social Media Surveillance Tool to Deliver the World's First Truly-Compliant WhatsApp and WeChat Recording	*Business Wire (English)*	newspaper
131	2017	Chao He, Shiyan Wu, Yingying Zhao, Zheng Li, Yanyan Zhang, Jia Le, Lei Wang, Siyang Wan, Changqing Li, Yindong Li, Xinying Sun	Social Media-Promoted Weight Loss Among an Occupational Population: Cohort Study Using a WeChat Mobile Phone App-Based Campaign	*Journal of Medical Internet Research*	journal
132	2017	Brent Lewin	Russia blocks Chinese social media app WeChat	*Russian Telecom*	newspaper
133	2017	PR Newswire	AdMaster and Tencent QQ Jointly Unveil Chinese Young People's Attitude to Brands, Media Habits and Entertainment According to Their Activities On Social Platforms	*PR Newswire US*	newspaper
134	2017	Florian Schneider	China's "Big V" bloggers: how celebrities intervenein digital Sino-Japanese relations	*Celebrity Studies*	journal
135	2018	Jun Liu	Who Speaks for the Past? Social Media, Social Memory, and the Production of Historical Knowledge in Contemporary China	*International Journal of Communication*	journal

序号	年份	作者	文章名	出处	文献类型
136	2018	Min Jiang	Uncivil Society in Digital China: Incivility, Fragmentation, and Political Stability	*International Journal of Communication*	journal
137	2018	Shihui Feng Liaquat Hossain John W. Crawford Terry Bossomaier	Quantifying Network Dynamics and Information Flow Across Chinese Social Media During the African Ebola outbreak	*Disaster Med Public Health Preparedness*	journal
138	2008	Rebecca MacKinnon	Flatter world and thicker walls? Blogs, censorship and civic discourse in China	*Public Choice*	journal
139	2010	Shu-Chuan Chu Sejung Marina Choi	Social capital and self-presentation on social networking sites: a comparative study of Chinese and American young generations	*Chinese Journal of Communication*	journal
140	2011	Christopher H. Smith, Frank Wolf, Donald A. Manzullo, Edward R. Royce, Tim Walz, Marcy Kaptur, Michael Honda, Sherrod Brown, Max Baucus, Carl Levin, Dianne Feinstein, Jeff Merkley, Susan Collins, James Risch	China's censorship of the Internet and social media: the human toll and trade impact	*U. S. Government printing office*	monograph
141	2011	Qingwen Xu Palmer, Neal	Migrant Workers' Community in China: Relationships among Social Networks, Life Satisfaction and Political Participation	*Psychosocial Intervention/ Intervencion Psicosocial*	journal
142	2011	Shaoyong Chen, Huanming Zhang, Min Lin, Shuanghuan Li	Comparision of Microblogging service between Sina Weibo and Twitter	2011 *Interational Conference on Computer Science and Network Technology*	collection

续表

序号	年份	作者	文章名	出处	文献类型
143	2011	Fengshu Liu	Urban Youth in China: Modernity, the Internet and the Self	*UK: Routledge*	monograph
144	2011	Yinbin Liu, Yixia Zhou	Social Media in China: Rising Weibo in Government	*5th IEEE International Conference on Digital Ecosystems and Technologies（IEEE DEST 2011）, 31 May-3 June 2011, Daejeon, Korea*	collection
145	2011	Ya Ping Chang, Dong Hong Zhu	Understanding social networking sites adoption in China: A comparison of pre-adoption and post-adoption	*Computers in Human Behavior* 27（2011）1840 - 1848	journal
146	2011	Esarey Ashley Qiang Xiao	Digital Communication and Political Change in China	*International Journal of Communication*	journal
147	2011	Guo Hao Lu Yu-liang, Wang Yu, Zhang Tong-tong	Measurement of the weibo hall of fame network	*Instrumentation, Measurement, Computer, Communication and Control, International Conference*	collection
148	2011	Lin Li	Social network sites comparison between the united states and China: Case study on facebook and renren network	*International Conference on Business Management and Electronic Information*	collection
149	2012	Larissa Hjorth, Kay Gu	The place of emplaced visualities: A case study of smartphone visuality and location-based social media in Shanghai, China	*Journal of Media & Cultural Studies*, Vol. 26, No. 5, October 2012: 699 - 713	journal
150	2012	David Bamman Brendan O'Connor Noah Smith	Censorship and deletion practices in Chinese social media	*First Monday*	journal
151	2012	Yinbin Liu Yixia Zhou Geng Liu	Chinese Government Use of Social Media: A Case of Shanghai Weibo Shanghai city	*6th IEEE International Conference on Digital Ecosystems and Technologies（DEST）*	collection

序号	年份	作者	文章名	出处	文献类型
152	2012	Cindy Chiu Chris Ip Ari Silverman	Understanding social media in China	*McKinsey Quarterly*	journal
153	2012	Jonathan Hassid	Safety Valve or Pressure Cooker? Blogs in Chinese Political Life	*Journal of Communication*	journal
154	2012	Louis Yu, Sitaram Asur, Bernardo A. Huberman	What Trends in Chinese Social Media	*Social Science Electronic Publishing*, 2011	journal
155	2012	Tuo Zheng Lei Zheng	Studying Chinese government microblogs: content and interactions	*International Conference on Theory and Practice of Electronic Governance*	collection
156	2012	Men, Linjuan Tsai, Wan-Hsiu Sunny	How companies cultivate relationships with publics on social network sites: Evidence from China and the United States	*Public Relations Review*	journal
157	2013	Chaoran, Zheng	Reverse Culture Shock in the Age of Social Media A Study on Whether Microblogging Has a Positive Effect on Reduction of Reverse Culture Shock: A Weibo Case	*University of Gothenburg*, 2013	degree
158	2013	Han, Rongbin	adaptive Persuasion in Cyberspace: The "Fifty Cents Army" in China	*the American Political Science Association Annual Conference*	collection
159	2013	Linjuan Rita Men Wan-Hsiu Sunny Tsai	Beyond liking or following: Understanding public engagement on social networking sites in China	*Public Relations Review*	journal
160	2013	Yanfang Wu David Atkin Yi Mou Carolyn A. Lin T. Y. Lau	Agenda Setting and Micro-blog Use: An Analysis of the Relationship between Sina Weibo and Newspaper Agendas in China	*The Journal of Social Media in Society*	journal
161	2013	Lin Qiu Han Lin Angela Ka-yee Leung	Cultural Differences and Switching of In-Group Sharing Behavior Between an American (Facebook) and a Chinese (Renren) Social Networking Site	*Journal of Cross-Cultural Psychology*	journal

续表

序号	年份	作者	文章名	出处	文献类型
162	2013	Wanqiu Guan, Haoyu Gao, Mingmin Yang, Yuan Li, Haixin Ma, Weining Qian, Zhigang Cao, Xiaoguang Yang	Analyzing user behavior of the micro-blogging website Sina Weibo during hot social events	*Physica A Statistical Mechanics & Its Applications*, 2013, 395（4）: 340－351	journal
163	2013	Lijun Zhou, Tao Wang	Social media: A new vehicle for city marketing in China	*Cities*, 2014, 37 （2）: 27－32	journal
164	2013	Lei Zheng	Social media in Chinese government: Drivers, challenges and capabilities	*Government Information Quarterly*	journal
165	2013	Wilfred Yang Wang	Weibo, Framing, and Media Practices in China	*Published online*: 21 September 2013 # *Journal of Chinese Political Science/Association of Chinese Political Studies* 2013	journal
166	2013	Chen, Huan E. Haley	The Lived Meanings of Chinese Social Network Sites（SNSs）among Urban White-Collar Professionals	*Journal of Interactive Advertising*	journal
167	2013	Huang Yitong, Lai Xiaozheng, Dai Bingpei, Chen Qinyi	Web-of-things Framework For WeChat	2013 *IEEE International Conference on Green Computing and Communications and IEEE Internet of Things and IEEE Cyber, Physical and Social Computing*	collection
168	2013	Xuemeng Fu	Inter-Media Agenda Setting and Social Media Understanding the Interplay among Chinese Social Media, Chinese State-Owned Media and U. S. News Organizations on Reporting the Two Sessions	*University of Florida*	degree
169	2014	Zhengjia Liu	"Trendingworthiness" and "prosumers" on Weibo: social media doxa and consumerism in a ritual feld	*Dissertations & Theses-Gradworks*, 2014.	journal

序号	年份	作者	文章名	出处	文献类型
170	2014	Donglu Song, Yujia Wang, Fang You	Study on WeChat User Behaviors of University Graduates	*International Conference on Digital Home, IEEE Computer Society*, 2014: 353-360.	collection
171	2014	Hanyun Huang	Social Media Generation in Urban China	*springer*	monograph
172	2014	Zhongwen Liu	A Study on the Application of WeChat in ESP Training	*Theory and Practice in Language Studies*	journal
173	2014	Jie Xie	Self-presentation and gender of Chinese overseas students on social media-a case study of sina weibo	*University of Lapland, Faculty of Education, master thesis*	degree
174	2014	Xia Hua, Wei Qi, Siyu, Zhang	Research On Undergraduates Perception of Wechat Acceptance	*2014 IEEE 11th International Conference on e-Business Engineering*	collection
175	2014	Nele Noesselt	Microblogs and the adaptation of the Chinese party-state's governance strategy	*Governance*	journal
176	2014	Zhengzuo Long, Zhangqing Pu, Wang Bo	research on model of online knowledge sharing for CoPS R&D team	*International Conference on Management Science & Engineering, IEEE*, 2014: 891-897	collection
177	2014	Hongyu Wu, Qingwu Hu	Personal Social Relations Research Based on Weibo Location Check-in Data	*International Conference on Geoinformatics, IEEE*, 2014: 1-6	collection
178	2014	He Wei, Liang Ke	"New Weapons" of Ideological and Political Education in Universities—WeChat	*EDP Sciences*, 2014, 6: 04001	journal
179	2014	Shajin Chen	Weibo's Role in Shaping Public Opinion and Political Participation in China	*Blekinge Institute of Technology*	degree
180	2014	Che Hui Lien, Yang Cao	Examining WeChat users' motivations, trust, attitudes, and positive word-of-mouth: Evidence from China	*Computers in Human Behavior*, 2014, 41: 104-111	journal

续表

序号	年份	作者	文章名	出处	文献类型
181	2014	Dong Liu B. Bradford Brown	Self-disclosure on social networking sites, positive feedback, and social capital among Chinese college students	*Computers in Human Behavior*	journal
182	2014	Julia Kern	A critical assessment of the uses and limits of social media in China	*The Pennsylvania a state university Schreyer honors college*	degree
183	2014	Si Xiong	A Comparative Study of Uses and Gratifications Between Weibo and News Websites in China	*the Scripps College of Communication of Ohio University*	degree
184	2014	Leah Xiufang Li	Involvement of Social Media in Disaster Management during the Wenchuan and Ya'an Earthquakes	*Asian Journal for Public Opinion Research*-ISSN 2288 – 6168（Online）Vol. 1, No. 4, August 2014	journal
185	2014	Jiaqi Wu	How WeChat, the Most Popular Social Network in China, Cultivates Wellbeing	*University of Pennsylvania Scholarly Commons*	journal
186	2014	Zhang Xiaosi, Kong Xiaoxin, Kong, Xiaoheng	Model Design and Countermeasure Analysis of Social CRM Systems Based on China's Social Media WeChat	2014 *International conference on business, economics and management*（*BEM* 2014）, Vol. 2	journal
187	2014	Liu, Jiawei	How Chinese politicians use Sina Weibo, the social networking tool	*Dissertations & Theses-Gradworks*	degree
188	2014	Hepeng Jia Li Liu	Unbalanced progress: The hard road from science popularisation to public engagement with science in China	*Public Understanding of Science*	journal
189	2014	Ma, Caiwei, Au, Norman	Social Media and Learning Enhancement among Chinese Hospitality and Tourism Students: A Case Study on the Utilization of Tencent QQ	*Journal of Teaching in Travel and Tourism*	journal

续表

序号	年份	作者	文章名	出处	文献类型
190	2014	Saifuddin Ahmed	Online Public Opinion: Transforming Setting and Shaping the Public Sphere in China	*Online Journal of Communication and Media Technologies*	journal
191	2014	Liu, Jiawei	How Chinese politicians use Sina Weibo, the social networking tool	*Indiana University*	degree
192	2014	Jesper Schlæger Min Jiang	Official microblogging and social management by local governments in China	*China Information*	journal
193	2014	Marina Svensson	Voice, power and connectivity in China's microblogosphere: Digital divides on Sina Weibo	*China Information*	journal
194	2014	YunJuan Luo	The Internet and Agenda Setting in China: The Influence of Online Public Opinion on Media Coverage and Government Policy	*International Journal of Communication*	journal
195	2014	Ying Jiang	"Reversed agenda-setting effects" in China Case studies of Weibo trending topics and the effects on state-owned media in China	*Journal of International Communication*	journal
196	2014	Christ'l De Landtsheer Russell F. Farnen Daniel German	E-Political Socialization, the Press and Politics: The Media and Government in the USA, Europe and China.	*Frankfurt am Main: Peter Lang International Academic Publishers*	monograph
197	2014	Lihong Shi	Micro-blogs, Online Forums, and the Birth-Control Policy: Social Media and the Politics of Reproduction in China	*Cult Med Psychiatry*, 2014, 38 (1): 115 – 132	journal
198	2015	Jianhua Xu, Qi Kang, Zhiqiang Song, Christopher Peter Clarke	Applications of Mobile Social Media: WeChat Among Academic Libraries in China	*Journal of Academic Librarianship*, 2015, 41 (1): 21 – 30	journal
199	2015	Xinhu Zheng, Jiamiao Wang, Fei Jie, Lei Li	Two Phase based Spammer Detection in Weibo	2015 *IEEE 15th International Conference on Data Mining Workshops*	collection

续表

序号	年份	作者	文章名	出处	文献类型
200	2015	Kyle Holmes Mark Balnaves Yini Wang	Red Bags and WeChat（Wēixìn）：Online collectivism during massive Chinese cultural events	*Global Media Journal*	journal
201	2015	Ronggui Huang，Yong Gui，Xiaoyi Sun	Inter-organizational network structure and formation mechanisms in Weibo space：A study of environ-mental NGOs	*Chinese Journal of Sociology* 2015，Vol. 1（2）254 – 278	journal
202	2015	Yue Hu，Jichang Zhao，Junjie Wu，Xiuguo Bao	On Exploring Ambivalent Expression in Weibo	*International Conference on Service Systems and Service Management. IEEE*，2015：1 – 6	collection
203	2015	Kevin Zhen	Estimating Self-Censorship on Social Media in China：A Survey Experiment	*New York University*	degree
204	2015	Kai Zhao，Yuqing Zhang，Beige Li，Chuanfeng Zhou	Repost Number Prediction of Micro-blog on Sina Weibo Using Time Series Fitting and Regression Analysis	2015 *International Conference on Identification，Information，and Knowledge in the Internet of Things*	collection
205	2015	Zizhu Zhang，Bing Li，Weiliang Zhao，Jian Yang	A Study on the Retweeting Behaviour of Marketing Microblogs with High Retweets in Sina Weibo	2015 *Third International Conference on Advanced Cloud and Big Data*	collection
206	2015	Ru Wang，Wandong Cai	A sequential game-theoretic study of the retweeting behavior in Sina Weibo	*Journal of Supercomputing*，2015，71（9）：1 – 19	journal
207	2015	Donghui Li，Yuqing Zhang，Xin Chen，Long Cao	Propagation Regularit ofHot Topics in Sina Weibo based on SIR Model-A Simulation Research	*Computing，Communications and It Applications Conference，IEEE*，2015：310 – 315	collection

序号	年份	作者	文章名	出处	文献类型
208	2015	Xiaowei Huo, Gong Zhang, Jin Shang, Xiaojin Qi, Gongli Li, Zhongyuan Huang	Acquirement and Interpretation of Public Documentation of Cultural Heritage-WeChat & Post-disaster Rebuilding of Shangri-La Ancient City	*ISPRS Annals of the Photogrammetry, Remote Sensing and Spatial Information Sciences*, Volume II-5/W3, 2015 25th International CIPA Symposium 2015, 31 August – 04 September 2015, Taipei, Taiwan	journal
209	2015	Danqi Wu	An Analysis of the Potential Democratizing Effects of Social Media: A Chinese Experience	*Duke university*	degree
210	2015	David Wai Kee CHU, Kwan Keung NG, Ivan K. W. LAI, Wai Ming LAM	Analysis of Student Behaviors in Using WeChat/WhatsApp for Language Learning at Diploma Level in Hong Kong: A Pilot Test	2015 *International Symposium on Educational Technology*	collection
211	2015	Sheng Wei	Brand image of finnair among yong wealthy Chinese in Chinese social media	*Lapland University of Applied Sciences*	degree
212	2015	Shengming Liu, Ye Zhang, Lifan Chen, Li Guo, Dongling Yu	Enterprise WeChat Groups: Their Effect on Work-Life Conflict and Life-Work Enhancement	*Frontiers of Business Research in China*, 2015 (4): 516 – 535	journal
213	2015	Adrian Rauchfleisch Mike S. Schäfer	Multiple public spheres of Weibo: A typology of forms and potentials of online public spheres in China	*Information Communication and Society*	journal
214	2015	Tatia Yajiao Shi	The Patterns of Using Social Media By The "New" Chinese Tourists	*Module Vienna University*	degree
215	2015	Qiaoling Yang, Qin Wei, Ying Huang, Yuxiu Jiang, Daizhen Chen, Ping Huang, Lijun Liang	The application of multimedia messaging services via mobile phones to support outpatients: Home nursing guidance for pediatric intestinal colostomy complications	*Chinese nursing research*, 2015, 2 (1): 24 – 27	journal

序号	年份	作者	文章名	出处	文献类型
216	2015	Luo Zhongwei, Jiao Hao, Xu Yangfan	Tencent WeChat's Micro-Innovation of Integration and Iteration under Technical Paradigm Transformation	*China Economist*, 2015, 34 (5): 106 – 122	journal
217	2015	Juelin Yin, Jieyun Feng, Yuyan Wang	Social Media and Multinational Corporations' Corporate Social Responsibility in China: The Case of ConocoPhillips Oil Spill Incident	*IEEE Transactiona on professional communication*, Vol. 58, No. 2, June 2015	journal
218	2015	Nan Wang, Yongqiang Sun	Social influence or personal preference? Examining the determinants of usage intention across social media with different sociability	*Information Development*, 2015, 108 (5): 156 – 174	journal
219	2015	Du Zhiqin	Research into Factors Affecting the Attitudes of University Students towards WeChat Marketing Based on AISAS Mode	*IEEE International Conference on Electro/information Technology*, *IEEE*, 2015: 724 – 727	collection
220	2015	Chunmei Gan1, Weijun Wang	Research characteristics and status on social media in China: A bibliometric and co-word analysis	*Scientometrics*, 2015, 105 (2): 1167 – 1182	journal
221	2015	Richard Ghiselli Jing Ma	Restaurant social media usage in China	*Worldwide Hospitality & Tourism Themes*	journal
222	2015	Xiaoqin Hua, Li Si, Xiaozhe Zhuang, Wenming Xing	Investigations about new methods of library marketing in Chinese "985" Project Universities	*Library Management*, 2015, 36 (6/7): págs. 408 – 420	journal
223	2015	Ronggui Huang, Yong Gui, Xiaoyi Sun	Inter-organizational network structure and formation mechanisms in Weibo space: A study of environ-mental NGOs	*Chinese Journal of Sociology* 2015, Vol. 1 (2) 254 – 278	journal
224	2015	Chandrika Silla	WeChat forensic artifacts: android forensic extraction and analysis	*Purdue University*	degree
225	2015	Marielle Stigum Gleiss	Speaking up for the suffering brother: Weibo activism, discursive struggles, and minimal politics in China	*Media Culture & Society*	journal

序号	年份	作者	文章名	出处	文献类型
226	2015	Chunmei Gan, Weijun Wang	Uses and gratifications of social media: A comparison of microblog and WeChat	*Journal of Systems and Information Technology*	journal
227	2015	Yu (Aimee) Zhang	Mobile Education via Social Media: Case Study on WeChat	*Handbook of Mobile Teaching and Learning*	journal
228	2015	Zhang, Ke	Mining Data from Weibo to WeChat: A Comparative Case Study of MOOC Communities on Social Media in China	*International Journal on ELearning*	journal
229	2015	Nuan Luo Mingli Zhang Wenhua Liu	The effects of value co-creation practices on building harmonious brand community and achieving brand loyalty on social media in China	*Computers in Human Behavior*	journal
230	2016	Xue Li, Zhenrui Xu, Na Tang, Cui Ye1, Xiao-Ling Zhu, Ting Zhou, Zhihe Zhao	Effect of intervention using a messaging app on compliance and duration of treatment in orthodontic patients	*Clinical Oral Investigations*, 2016, 20 (8): 1849 – 1859	journal
231	2016	Caihong Jiang Wenguo Zhao Xianghong Sun Weina Qu	The effects of the self and social identity on the intention to microblog: An extension of the theory of planned behavior	*Computers in Human Behavior*	journal
232	2016	Pan Ji	Emotional criticism as public engagement: How weibo users discuss "Peking University statues wear face-masks"	*Telematics & Informatics*, 2016, 33 (2): 514 –524	journal
233	2016	Yungeng Xie Rui Qiao Guosong Shao Hong Chen	Research on Chinese social media users' communication behaviors during public emergency events	*Telematics & Informatics*	journal
234	2016	Lanming Chen Hanasono Lisa K	The Effect of Acculturation on Chinese International Students' Usage of Facebook and Renren	*China Media Research*	journal

续表

序号	年份	作者	文章名	出处	文献类型
235	2016	Qian Wang	Who sets the news agenda on "Chinese Twitter"? The relationships between the media and opinion leaders on Weibo	*University of Texas*	degree
236	2016	Ling Cao Tingting Zhang	Social Networking Sites and Educational Adaptation in Higher Education: A Case Study of Chinese International Students in New Zealand	*The Scientific World Journal*	
237	2016	Chen Xiaoyu	Comparison of weibo and wechat public platform as news delivery channels in web 2.0 era	*HongKong Baptist University*	degree
238	2016	Eileen Le Han	Micro-blogging Memories: weibo and collective remembering in contemporary China	*Palgrave Macmillan*	monograph
239	2016	Joyce Y. M. Nip, Kingwa Fu	Challenging Official Propaganda? Public Opinion Leaders on Sin Weibo	*China Quarterly*, 2016, 225: 122 – 144	journal
240	2016	Hua Bai, Guang Yu	A Weibo-based approach to disaster informatics: incidents monitor in post-disaster situation via Weibo text negative sentiment analysis	*Natural Hazards*, 2016, 83 (2): 1177 – 1196	journal
241	2016	Shuchi Ernest Chang, Weicheng Shen, Chunhu Ye	A comparative study of user intention to recommend content on mobile social networks	*Multimedia Tools & Applications*, 2016, 76 (4): 1 – 19	journal
242	2016	Fangjing Tu	WeChat and civil society in China	*Communication and the Public*	journal
243	2016	Wu, Weixian	Popularity of brand posts on sina weibo: a correlation analysis of the influential factors on tuborg's brand community	*Uppsala university*	monograph
244	2016	Youqiang Hao, Zhongjie Wang, Xiaofei Xu	Global and Personal App Networks: Characterizing Social Relations among Mobile Apps	*IEEE International Conference on Services Computing*, *IEEE*, 2016: 227 – 234.	collection

序号	年份	作者	文章名	出处	文献类型
245	2016	Xueqing Li Francis L F Lee Ying Li	The Dual Impact of Social Media Under Networked Authoritarianism: Social Media Use, Civic Attitudes, and System Support in China	*International Journal of Communication*	journal
246	2016	Jiwat Ram Siqi Liu Andy Koronois	The Role of Social Media in Innovation and Creativity: The Case of Chinese Social Media	*International Conference on Data Mining and Big Data*	collection
247	2016	LuWei FangfangGao	Social Media, Social Integration and Subjective Well-being among New Urban Migrants in China	*Telematics & Informatics*	journal
248	2016	Xianglong Xu, Qianyi Lin, Yan Zhang, Runzhi Zhu, Manoj Sharma, Yong Zhao	Influence of Wechat (Social Media) on Sleep Quality Among Undergraduates In Chongqing, China	*Global Heart*	journal
249	2016	Zhu Zhiguo, Wang Jianwei, Wang Xiening, Wan Xiaoji	Exploring factors of user's peer-influence behavior in social media on purchase intention: Evidence from QQ	*Computers in Human Behavior*	journal
250	2016	Qiang Chen Xiaolin Xu Bolin Cao Wei Zhang	social media policies as responses for social media affordances: The case of China	*Government Information Quarterly*	journal
251	2016	Wilfred Yang Wang	An opinion leader and the making of a city on China's Sina Weibo	*Making Publics, Making Places*	monograph
252	2016	Peiren Shao Yun Wang	How does social media change Chinese political culture? The formation of fragmentized public sphere	*Telematics & Informatics*	journal
253	2016	McDonald, T	Social Media in Rural China	*UCL Press*	monograph
254	2016	Yi Sun, Kwok Kee Wei, Chaobin Fan, Yaobin Lu, Sumeet Gupta	Does social climate matter? On friendship groups in social commerce	*Electronic Commerce Research & Applications*, 2016, 18 (C): 37 – 47	journal

序号	年份	作者	文章名	出处	文献类型
255	2017	Shaoyan Feng, Zibin Liang, Rongkai Zhang, Wei Liao, Yuan Chen, Yunping Fan, Huabin Li	Effects of mobile phone WeChat services improve adherence to corticosteroid nasal spray treatment for chronic rhinosinusitis after functional endoscopic sinus surgery: a 3-month follow-up study	*European Archives of Oto-Rhino-Laryngology*, 2017, 274 (3): 1 –9	journal
256	2017	Huang, Xu Dijst, Martin Van Weesep	Social networks of rural-urban migrants after residential relocation: evidence from Yangzhou, a medium-sized Chinese city	*Housing Studies*	journal
257	2017	Xialing Lin, Kenneth A. Lachlan, Patric R. Spence	Exploring extreme events on social media: A comparison of user reposting/retweeting behaviors on Twitter and Weibo	*Computers in Human Behavior*, 2016, 65: 576 –581	journal
258	2017	Hongjie Liu	Can Burt's Theory of Structural Holes be Applied to Study Social Support Among Mid-Age Female Sex Workers? A Multi-Site Egocentric Network Study in China	*Aids & Behavior*, 2017 (1): 1 –11	journal
259	2017	Xiangfei LI Kees Boersma	The Role of Social Media in Providing Crisis Information in China: A Critical Evaluation of the Tianjin Fire Incident	*Journal of Systems Science and Information*	journal
260	2017	Bei Qin David Strömberg Yanhui Wu	Why Does China Allow Freer Social Media? Protests versus Surveillance and Propaganda	*Cepr Discussion Papers*	journal
261	2017	Guobing Yang	Demobilizing the Emotions of Online Activism in China: A Civilizing Process	*International Journal of Communication*	journal
262	2017	Xueqing Li	Comparing social media use, discussion, political trust and political engagement among university students in China and Hong Kong: an application of the O-S-R-O-R model	*Asian Journal of Communication*	journal

序号	年份	作者	文章名	出处	文献类型
263	2017	Chin Josh	China Targets Social-Media Giants WeChat, Weibo in Cybersecurity Probe	*Wall Street Journal* (*Online*)	newspaper
264	2017	Xingting Zhang, Dong Wen, Jun Liang, Jianbo Lei, Zhang Xingting, Wen Dong, Liang Jun, Lei, Jianbo	How the public uses social media wechat to obtain health information in china: a survey study	*BMC Medical Informatics & Decision Making*	journal
265	2017	Lixuan Zhang, Pentina, Iryna, Kirk Wendy Fox	Part F: Digital Marketing, Social Media, and Entertainment Marketing: Let's Get Digital-Taking Physical Experiences Online: Using Mobile Apps to Meet New People: What Drives Adoption of Social Discovery Features on WeChat	*AMA Summer Educators' Conference Proceedings*	collection
266	2017	Rongying Zhao, Mingkun Wei	Academic impact evaluation of Wechat in view of social media perspective	*Scientometrics*	journal
267	2017	Qumram	Qumram Upgrades Social Media Surveillance Tool to Deliver the World's First Truly-Compliant Whats App and WeChat Recording	*Business Wire* (*English*)	newspaper
268	2017	Chao He, Shiyan Wu, Yingying Zhao, Zheng Li, Yanyan Zhang, Jia Le, Lei Wang, Siyang Wan, Changqing Li, Yindong Li, Xinying Sun	Social Media-Promoted Weight Loss Among an Occupational Population: Cohort Study Using a WeChat Mobile Phone App-Based Campaign.	*Journal of Medical Internet Research*	journal
269	2017	Brent Lewin	Russia blocks Chinese social media app WeChat	*Russian Telecom*	newspaper

续表

序号	年份	作者	文章名	出处	文献类型
270	2017	PR Newswire	AdMaster and Tencent QQ Jointly Unveil Chinese Young People's Attitude to Brands, Media Habits and Entertainment According to Their Activities On Social Platforms	*PR Newswire US*	newspaper
271	2017	Florian Schneider	China's "Big V" bloggers: how celebrities intervenein digital Sino-Japanese relations	*Celebrity Studies*	journal
272	2017	Songyang Wu, Yong Zhang, Xupeng Wang, Xiong Xiong, Lin Du	Forensic analysis of WeChat on Android smartphones	*Digital Investigation*, 2017	journal
273	2017	Ziying Tan, Xingyun Liu, Xiaoqian Liu, Qijin Cheng, Tingshao Zhu	Designing Microblog Direct Messages to Engage Social Media Users With Suicide Ideation: Interview and Survey Study on Weibo	*Journal of Medical Internet Research*, 2017, 19 (12): e381	journal
274	2017	Houqiang Yu, Shenmeng Xu, Tingting Xiao, Brad M. Hemminger, Siluo Yang	Global science discussed in local altmetrics: Weibo and its comparison with Twitter	*Journal of Informetrics*, 2017, 11 (2): 466 – 482	journal
275	2018	Jun Liu	Who Speaks for the Past? Social Media, Social Memory, and the Production of Historical Knowledge in Contemporary China	*International Journal of Communication*	journal
276	2018	Min Jiang	Uncivil Society in Digital China: Incivility, Fragmentation, and Political Stability	*International Journal of Communication*	journal
277	2018	Yuzhu (altman) Peng	Sharing food photographs on social media: performative Xiaozi lifestyle in Young, middle-class Chinese urbanites' We Chat "Moments"	*Social Identities*	journal

附录3 中国学界一般社交媒体研究文献梳理

序号	年份	作者	文章名	出处	文献类型
1	2008	任宁	《财经博客：游走在监管边缘的"自媒体"行者》	《中国信息报》	报纸
2	2008	优势麦肯	《中国博客播客引领全球社交媒体主流》	《中国广告》	期刊
3	2009	马春茂	《传媒新宠"粘"住读者眼球》	《中国新闻出版报》	报纸
4	2009	杨卉	《浅谈病毒式广告在社交媒体中的运营现状和发展策略——以人人网为例》	《企业家天地下半月刊（理论版）》	期刊
5	2009	刊评	《社交媒体十大趋势》	《现代营销（经营版）》	期刊
6	2009	胡欣	《移动社交：好戏刚开场，市场在预热》	《人民邮电》	报纸
7	2010	赵洁	《论社交媒体》	武汉理工大学	学位论文
8	2010	袁靖华	《微博的理想与现实——兼论社交媒体建构公共空间的三大困扰因素》	《浙江师范大学学报（社会科学版）》	期刊
9	2010	付航	《微博亟须形成正常产业链》	《经济参考报》	报纸
10	2010	付航	《微博确实挺火，但就是不赚钱》	《新华每日电讯》	报纸
11	2011	殷乐	《"八卦新闻"之流变及传播解析》	《新闻与传播研究》	期刊
12	2011	贾立梁	《"社交媒体"带给广播的新机遇》	《中国广播》	期刊

序号	年份	作者	文章名	出处	文献类型
13	2011	廖小言	《"微时代"执政者要有创新思维》	《人民日报》	报纸
14	2011	肖志芬	《SNS 网站广告营销模式研究》	《中国出版》	期刊
15	2011	马尔科姆	《被高估的社交媒体》	《当代传播》	期刊
16	2011	金朝力	《国内微博市场遭遇成长性烦恼》	《北京商报》	报纸
17	2011	曹雁	《论"社交媒体"对受众的影响》	《新闻世界》	期刊
18	2011	马小娟	《论社交媒体对公民政治参与的影响》	《中国出版》	期刊
19	2011	杜峰	《人人网与 MSN 实现账号互通 SNS 领域上演合纵连横》	《通信信息报》	报纸
20	2011	曹博林	《社交媒体：概念、发展历程、特征与未来——兼谈当下对社交媒体认识的模糊之处》	《湖南广播电视大学学报》	期刊
21	2011	霍文琦	《社交媒体：要发展也要引导》	《中国社会科学报》	报纸
22	2011	陈昌凤，陈之琰	《社交媒体融汇 2.0 新闻业》	《新闻实践》	期刊
23	2011	于潇	《社交媒体时代品牌传播策略分析》	《新闻界》	期刊
24	2011	崔波	《社交媒体正在改变新闻传播方式？——美国的混合式新闻传播刍议》	《国际新闻界》	期刊
25	2011	含唐	《社交网络已影响家庭稳定》	《中国文化报》	报纸
26	2011	郭之恩	《数字传媒与知识网络》	《新闻与写作》	期刊
27	2011	沈逸	《探索新媒体管理刻不容缓》	《人民日报》	报纸
28	2011	王芳，张楠，悦潼	《微博、社交网络显威力》	《中国文化报》	报纸
29	2011	张怡	《新浪微博打造独立平台》	《中国证券报》	报纸
30	2011	谢涛	《移动、跨渠道、社交——CRM 发展三大趋势》	《电脑商报》	报纸
31	2011	瞿旭晟	《政务微博的管理风险及运营策略》	《新闻大学》	期刊

序号	年份	作者	文章名	出处	文献类型
32	2011	徐丹	《中国微博上的国际面孔》	《人民日报》	报纸
33	2012	张意轩，王舒怀	《2012，关于新媒体的猜想》	《人民日报》	报纸
34	2012	王佳航	《奥运报道的新大众时代——对社交媒体繁荣背景下媒介竞争格局的观察与思考》	《新闻与写作》	期刊
35	2012	刘健健	《陈一舟：移动社交将颠覆广告业》	《中国经济时报》	报纸
36	2012		传媒微博	《新闻记者》	期刊
37	2012	社论	《对网络谣言不可等闲视之》	《光明日报》	报纸
38	2012	徐萌	《非匿名化——社交媒体格局下网络交往情境的新变化》	《新闻传播》	期刊
39	2012	陈根浪	《基于社交媒体的推荐技术若干问题研究》	浙江大学	学位论文
40	2012	宋远，笑龙	《请对社交媒体说 YES!》	《国际公关》	期刊
41	2012	张梓轩	《全国党代会微博报道的新突破》	《光明日报》	报纸
42	2012		《人大新闻学院发布首份社交媒体研究报告》	《青年记者》	期刊
43	2012	范晨虹	《融入与超越——社交媒体时代都市报国际新闻的平台拓展》	《新闻知识》	期刊
44	2012	张锐	《三网融合视角下的产业变革》	《中国广播》	期刊
45	2012	郜书锴	《社交媒体奥运报道规则解析》	《新闻实践》	期刊
46	2012	常江	《社交媒体的"情绪化"》	《新华每日电讯》	报纸
47	2012	刘滢	《社交媒体的奥运战略》	《中国报业》	期刊
48	2012	常江	《社交媒体环境下的传媒、意见领袖和大众——以"鲁若晴事件"为例》	《新闻界》	期刊
49	2012	郭之恩	《社交媒体时代下的真相》	《新闻与写作》	期刊
50	2012	郗云峰	《社交媒体用户生产内容议程设置研究》	《中国传媒大学第六届全国新闻学与传播学博士生学术研讨会论文集》	学术会议

序号	年份	作者	文章名	出处	文献类型
51	2012	卢家银	《社交媒体与青少年的政治社会化：以微博自荐参选事件为例》	《中国青年研究》	期刊
52	2012	王宇明	《社交媒体与移动 GIS 融合背景下的新闻报道模式创新》	《新闻世界》	期刊
53	2012	夏琼，林忆夏	《社交媒体语境下"全民记者"的概念误读》	《新闻实践》	期刊
54	2012	陈静	《社交网络：敢问盈利在何方》	《经济日报》	报纸
55	2012	吕怡然	《实名制与"博友"的责任担当》	《文汇报》	报纸
56	2012	文卫华，刘嘉丽，王雅萱	《试析社交媒体在新闻传播中的运用与边界》	《中国报业》	期刊
57	2012	金朝力	《搜狐微博"媒体"战略图浮出水面》	《北京商报》	报纸
58	2012	陈力丹	《微博基本是个好东西》	《新闻爱好者》	期刊
59	2012	陈力丹，曹文星	《微博问政发展趋势分析》	《编辑之友》	期刊
60	2012	俞轶楠	《微博用户个人特征、动机、行为和微博吸引力关系的研究》	清华大学	学位论文
61	2012	俞轶楠，朱岩，闻中，王晓辉	《微博用户个人特征、动机、行为和微博吸引力关系的研究》	《第七届软科学国际研讨会论文集中国卷（上）》	学术会议
62	2012	王清华	《新浪微博用户满意度对使用行为的影响研究》	清华大学	学位论文
63	2012	辛晓磊	《新媒体时代：什么在影响内容创作》	《中国图书商报》	报纸
64	2012	刘春辉	《运营商如何迎接社交网络时代》	《人民邮电》	报纸
65	2012	赵国洪，尹嘉欣	《中国"政府微博"发展状况分析——基于广东省的实证研究》	《电子政务》	期刊
66	2012	吴旭	《"类危机"：社交媒体时代的新挑战》	《新闻与传播》	期刊
67	2012	卢家银	《社交媒体与青少年的政治社会化：以微博自荐参选事件为例》	《中国青年研究》	期刊

续表

序号	年份	作者	文章名	出处	文献类型
68	2013	张竞文	《从接纳到再传播：网络社交媒体下创新扩散理论的继承与发展》	《新闻春秋》	期刊
69	2013	毕研韬，殷娟娟	《"草根微博"的特性与利弊分析》	《传媒》	期刊
70	2013	付晓光，陈妍凌	《"电视新闻"如何用好社交媒体——以"央视新闻"微博的融合实践为例》	《新闻与写作》	期刊
71	2013	杨绿	《"社交电视"使人际关系亦远亦近》	《中国社会科学报》	报纸
72	2013	杨利伟，王京雪	《"四岁"微博：浮躁到平静，喧嚣入常态》	《新华每日电讯》	报纸
73	2013	常江，文家宝	《"微"语境下的"深"传播：微电影传播模式探析》	《新闻界》	期刊
74	2013	李亚楠，刘彬	《"微时代"我们怎样阅读?》	《光明日报》	报纸
75	2013	王家全	《"中国大妈"碰了谁的瓷?》	《新华每日电讯》	报纸
76	2013	张咏华，聂晶	《"专业"对大学生社交媒体使用及动机的影响——以上海大学生为例》	《国际新闻界》	期刊
77	2013	邓瑜	《2012年新媒体热词》	《中国记者》	期刊
78	2013	王菲，黄晓彬	《SNS网站的沟通力研究——以开心网为例》	《国际新闻界》	期刊
79	2013	赵新乐	《不要让数字化媒体迷花了眼》	《中国新闻出版报》	报纸
80	2013	高一飞	《从录音直播到微博直播——兼谈薄熙来案庭审直播的意义》	《新闻记者》	期刊
81	2013	张薇	《父母是你微博的"粉"吗?》	《光明日报》	报纸
82	2013	张劲	《共青团微博发展的策略研究》	武汉大学	学位论文
83	2013	张鸣	《官员的微博还是要开的》	《深圳特区报》	报纸
84	2013	高崇，杨伯溆	《基于兴趣的社会交往：同乡社会网络内的交往逻辑——基于"SZ人在北京"QQ群组的虚拟民族志研究》	《北大新闻与传播评论》	期刊

序号	年份	作者	文章名	出处	文献类型
85	2013	李先知，金兼斌	《集体化共同圈：社交媒体的网络生态格局》	《现代传播（中国传媒大学学报）》	期刊
86	2013	华进，曹爱民	《记者微博的困惑与问责》	《传媒观察》	期刊
87	2013	王磊	《借社交网站自助出版就有"钱途"?》	《文汇报》	报纸
88	2013	王贤文，张春博，毛文莉，彭恋	《科学论文在社交网络中的传播机制研究》	《科学学研究》	期刊
89	2013	赵星植	《论社交媒体对"指示符号"的过度使用》	《新闻传播》	期刊
90	2013	王贵斌、斯蒂芬·麦克道威尔	《媒介情境、社会传统与社交媒体集合行为》	《现代传播（中国传媒大学学报）》	期刊
91	2013	刘鹏飞	《媒体微博发展中的问题与规范化管理》	《新闻与写作》	期刊
92	2013	杨牧群	《浅谈社交文化的发展与困境》	《新闻世界》	期刊
93	2013	姚正宇	《亲密关系与社交网络互动行为研究》	《传播与中国·复旦论坛》（2013）——网络化关系：新传播与当下中国论文集》	学术会议
94	2013	任晓宇	《三季度"微"力依旧无穷》	《中国新闻出版报》	报纸
95	2013	姜飞	《善用微博促进文化建构》	《中国社会科学报》	报纸
96	2013	张伟	《社会化媒体产业生态初形成》	《中国文化报》	报纸
97	2013	马妍妍	《社交媒体的"准社会互动"研究——以新浪微博为例》	《新闻世界》	期刊
98	2013	常江	《社交媒体环境下的电视传播模式及其社会影响》	《新闻与写作》	期刊
99	2013	高尚	《社交媒体时代"意见领袖"的概念变迁》	《中国报业》	期刊
100	2013	贝晓超	《社交媒体线上救灾新模式——新浪微博成为寻人、捐助最便利通道》	《新闻战线》	期刊

序号	年份	作者	文章名	出处	文献类型
101	2013	陈亚丽	《社交媒体与海外华人的身份构建：基于对瑞士华人女性移民的微信使用的研究》	《新闻春秋》	期刊
102	2013	刘小燕	《社交媒体在社会事件中的"动议"释放》	《山西大学学报》（哲学社会科学版）	期刊
103	2013	吴飞，尤芳	《社交网络的基本逻辑与发展趋势》	《山西大学学报》（哲学社会科学版）	期刊
104	2013	刘传相	《社交网络是否日薄西山?》	《人民邮电》	报纸
105	2013	吴艳	《社交网战莫忘添加专利"好友"》	《中国知识产权》	期刊
106	2013	黄炎宁	《数字媒体与新闻"信息娱乐化"：以中国三份报纸官方微博的内容分析为例》	《新闻大学》	期刊
107	2013	李薇	《网络时代反观社交媒体与理性文化思考》	《首届中国问题中美学者高层论坛摘要集》	学术会议
108	2013	张旭旺	《微博从圈人迈入圈钱时代》	《北京商报》	报纸
109	2013	艾利丝	《微博的社会功能与发展趋势研究》	中南大学	学位论文
110	2013	罗小卫	《微博脱困》	《华夏时报》	报纸
111	2013	洪欣宜	《微博为何吸引青年? ——马斯洛需求层次理论的视角》	《2013年心理学与社会和谐学术会议（CPSH 2013）论文集》	学术会议
112	2013	潘頔	《微博在灾难事件中的传播作用——以雅安地震为例》	《新闻前哨》	期刊
113	2013	张宁	《微传播，微关系：对广东省三个政务微博的考察》	《现代传播（中国传媒大学学报）》	期刊
114	2013	袁全，邓中豪，翟永冠	《微信"公号编辑部"成最新信息集散地》	《新华每日电讯》	报纸

续表

序号	年份	作者	文章名	出处	文献类型
115	2013	温兴邦	《微信搭台，纸媒和微博唱戏——宁波日报与社交媒体相互借力的实践》	《新闻实践》	期刊
116	2013	高少华	《微信瘫痪凸显"社交网络依赖症"》	《新华每日电讯》	报纸
117	2013	李峥巍，张舵	《新版微信来了："公共责任"更加凸显》	《新华每日电讯》	报纸
118	2013	郗云峰	《新浪微博，Facebook 和 Twiteer 三大社交媒体用户生成内容（UGC）议程设置研究》		学术会议
119	2013	仇筠茜	《新闻策展："微媒体"环境下突发新闻报道及伦理分析——以美国马拉松爆炸案报道为例》	《国际新闻界》	期刊
120	2013	白净	《新闻记者使用社交媒体规范探讨——中国大陆媒体、路透社、美联社规范比较研究》	《新闻记者》	期刊
121	2013	刊评	《研究显示：使用社交媒体会让人的不快乐感增加》	《新闻记者》	期刊
122	2013	沈菲飞	《医学期刊微博发展分析——以新浪和丁香园为例》	《中国科技期刊研究》	期刊
123	2013	林春雨	《移动、社交媒体驱动的大数据产业》	《悟·现实超越想象的传媒——第十届亚洲传媒论坛论文集》	学术会议
124	2013	赵璐	《移动时代与社交媒体融合的策略——传统媒体官方微博发展分析》	《青年记者》	期刊
125	2013	江淑琳	《再访新媒体时代的隐私意涵：一个社交媒体用户的隐私考虑与自我揭露之个案研究》	《中国网络传播研究》	期刊
126	2013	范敬群	《争议科学话题在社交媒体的传播形态研究——以"黄金大米事件"的新浪微博为例》	《新闻与传播研究》	期刊

序号	年份	作者	文章名	出处	文献类型
127	2013	严真	《中国社会化媒体上的科学传播研究——以微博为例》	重庆大学	学位论文
128	2013	杨玲	《中国社交媒体内容与功能分析——以 QQ 空间为例》	武汉理工大学	学位论文
129	2013	周叶飞，汤伟军	《重塑权威：社交媒体环境下评论的风险及其突围》	《新闻传播》	期刊
130	2013	黄雅兰，陈昌凤	《自由的困境：社交媒体与性别暴力》	《新闻界》	期刊
131	2014	顾志娟，葛绮楠，刘丫，马奥娜	《大学生对社交媒体上谣言的态度及其影响因素》	《新闻春秋》	期刊
132	2014	孙建军，顾东晓	《动机视角下社交媒体网络用户链接行为的实证分析》	《图书情报工作》	期刊
133	2014	蔡恩泽	《"微博热"为何退烧？》	《人民邮电》	报纸
134	2014	谢婉若，邹姝玉	《2010—2013 年社交媒体研究热点解析》	《新闻知识》	期刊
135	2014	张磊，胡正荣	《传播研究：互联互通时代的路径重组》	《中国社会科学报》	报纸
136	2014	史安斌，刘滢	《从"倒金字塔""斜金字塔"到"正金字塔"——基于社交媒体的新闻话语体系和传播模式初探》	《新闻记者》	期刊
137	2014	胡园园	《从马航客机失联事件看社交媒体与传统媒体的竞合》	《中国记者》	期刊
138	2014	蔡竺言，朱丽丽	《大学生在网络社交平台的虚拟迁移》	《南京邮电大学学报》（社会科学版）	期刊
139	2014	赵曙光	《高转化率的社交媒体用户画像：基于 500 用户的深访研究》	《现代传播（中国传媒大学学报）》	期刊
140	2014	梁童鹿	《基于社交媒体的网络口碑对消费者行为意愿影响的实证研究》	西安电子科技大学	学位论文

序号	年份	作者	文章名	出处	文献类型
141	2014	张绣月	《开放式创新视角下的社会化媒体大众生产模式探究——以果壳网为例》	复旦大学	学位论文
142	2014	赵星植	《论社交媒体的符号构成及其功能》	《编辑之友》	期刊
143	2014	谭吕婧	《浅析社交媒体优势互补传播机制——以脉动"舔屏游戏"为例》	《新闻世界》	期刊
144	2014	李雪昆	《社交媒体：微话题博眼球战》	《中国新闻出版报》	报纸
145	2014	王悠然	《社交媒体并未明显加深自恋程度》	《中国社会科学报》	报纸
146	2014	赵曙光	《社交媒体的使用效果：社会资本的视角》	《国际新闻界》	期刊
147	2014	李娜，胡泳	《社交媒体的中国道路、现状、特色与未来》	《新闻爱好者》	期刊
148	2014	李虹	《社交媒体对传播学研究的影响》	《新闻世界》	期刊
149	2014	孔怡	《社交媒体对大学女生身体意象的影响研究——以微博为例》	浙江大学	学位论文
150	2014	朱高侠，王琦，崔振峰，江丰光，安涛	《社交媒体对大学生读研自我效能感的影响研究——以社会资本为视角》	《现代教育技术》	期刊
151	2014	王秦	《社交媒体个人信息分享与社会资本提升》	《中国报业》	期刊
152	2014	焦少梅，王川	《社交媒体崛起及传统媒体的应对》	《青年记者》	期刊
153	2014	李彪，郑满宁	《社交媒体时代的网络舆情——生态变化及舆情研究现状、趋势》	《新闻记者》	期刊
154	2014	韦路，赵璐	《社交媒体时代的知识生产沟——微博使用、知识生产和公共参与》	《兰州大学学报》（社会科学版）	期刊

序号	年份	作者	文章名	出处	文献类型
155	2014	黄晓芸	《社交媒体使用对年轻人阅读行为及态度的影响研究》	上海外国语大学	学位论文
156	2014	唐嘉仪	《社交媒体使用与大学生幸福感关系：对比QQ空间和新浪微博》	中山大学	学位论文
157	2014	黄清源	《社交媒体条件下突发性群体事件演化分析》	《新闻前哨》	期刊
158	2014	郭俊晖	《社交媒体舆情研究——以新浪微博公共舆情传播实践为例》	山西大学	学位论文
159	2014	魏少华	《社交媒体与政务传播开放体系的构建》	《郑州大学学报》（哲学社会科学版）	期刊
160	2014	纪雪梅	《特定事件情境下中文微博用户情感挖掘与传播研究》	南开大学	学位论文
161	2014	刊评	《调查：社交媒体让人们的生活更美好》	《新闻记者》	期刊
162	2014	韩晓丹，戴世富	《网络"晒"行为的传播心理学解读》	《新闻世界》	期刊
163	2014	陈娟	《微博传播中的编码与解码——以微博视频"星巴克咖啡价格调查"为例》	《当代传播》	期刊
164	2014	王茜	《微博的传播伦理研究——虚拟公共领域里的传播伦理困境及对策研究》	重庆大学	学位论文
165	2014	刊评	《微博上市只是开始》	《中国报业》	期刊
166	2014	徐笛	《微博时代的媒体与新闻源》	《新闻记者》	期刊
167	2014	李梦冉	《微博在新社交网络时代的竞争与出路——以腾讯微博被"边缘化"为例》	《传播与版权》	期刊
168	2014	蒋宁平	《微博中的艾滋表征：一个文本挖掘的路径》		学术会议
169	2014	唐绪军，黄楚新，刘瑞生	《微传播：正在兴起的主流传播——微传播的现状、特征及意义》	《新闻与写作》	期刊

续表

序号	年份	作者	文章名	出处	文献类型
170	2014	刘宗义，徐杰	《微信的传播、共享与意义建构：一个文献综述》	《重庆社会科学》	期刊
171	2014	朱艺静	《新浪微博的商业模式研究》	复旦大学	学位论文
172	2014	张倩怡	《新浪微博最火私信系乌龙?》	《北京日报》	报纸
173	2014	黄楚新	《新媒体的盈利模式探析——以自媒体、社交媒体为例》	《新闻与写作》	期刊
174	2014	杨雪睿	《中国大学生手机上网现状及其对社交媒体使用的影响研究》	《现代传播（中国传媒大学学报）》	期刊
175	2014	梁玉麒	《中国社交媒体用户社会资本状况对网络口碑行为的影响——以新浪微博、腾讯微信为例》	厦门大学	学位论文
176	2014	周葆华	《中国新闻从业者的社交媒体运用及其影响因素：一项针对上海青年新闻从业者的调查研究》	《新闻与传播研究》	期刊
177	2014	薛可，王丽丽，余明阳	《自然灾难报道中传统媒体与社交媒体信任度对比研究》	《上海交通大学学报》（哲学社会科学版）	期刊
178	2015	范哲，杨晓新，王周秀	《高校学生社交媒体平台交互学习动机研究——以微博平台开展应用型课程学习为例》	《情报资料工作》	期刊
179	2015	蒋建国	《网络社交媒体的角色展演、交往报酬与社会规范》	《南京社会科学》	期刊
180	2015	赵云泽，张竞文，谢文静，俞炬昇	《"社会化媒体"还是"社交媒体"?——一组至关重要的概念的翻译和辨析》	《新闻记者》	期刊
181	2015	任雁	《"文化迁徙"背景下中国留学社交媒体使用的"两栖"性研究》	山东大学	学位论文
182	2015	韦路，陈稳	《城市新移民社交媒体使用与主观幸福感研究》	《国际新闻界》	期刊
183	2015	王璐瑶	《从"冰桶挑战"微博风靡看公益传播新模式》	《新闻世界》	期刊

序号	年份	作者	文章名	出处	文献类型
184	2015	易品	《从微信春晚"摇一摇"看电视媒体与社交媒体的互动》	《新闻知识》	期刊
185	2015	吴蓓	《从微信微博对比探析社交媒体传播方式》	《中国报业》	期刊
186	2015	周丽娜	《大数据背景下的网络隐私法律保护：搜索引擎、社交媒体与被遗忘权》	《国际新闻界》	期刊
187	2015	刘丹	《大学生社会适应性与持久性关系研究——基于社交媒体的调查分析》	《统计与信息论坛》	期刊
188	2015	李静，谢耘耕	《大学生在社会热点事件中的社交媒体——基于上海十所高校的实证调查分析》	《新闻记者》	期刊
189	2015	景悦诚	《基于丰富语言特征的中文社交媒体事件发掘》	上海交通大学	学位论文
190	2015	邓向阳，黄蓉，袁明珍	《基于服务质量差距模型的社交媒体服务质量评估——以微信为例》	《出版广角》	期刊
191	2015	陈星豫，段峰峰	《基于社交媒体的公共危机事件舆情引导策略》	《新闻前哨》	期刊
192	2015	肖婉，张舒予，兰国帅，周灵	《基于社交媒体的在线学习活动设计与实践研究——以人人网为例》	《高等理科教育》	期刊
193	2015	袁文丽，赵春光	《基于社交媒体用户迁移的微博价值分析》	《编辑之友》	期刊
194	2015	王加红	《基于中国社交媒体平台的品牌传播研究——以小米的品牌传播实践为例》	浙江大学	学位论文
195	2015	赵琪	《假新闻在社交媒体上传播速度极快》	《中国社会科学报》	报纸
196	2015	胡春阳	《经由社交媒体的人际传播研究述评以——以 EBSCO 传播学全文数据库相关文献为样本》	《新闻与传播研究》	期刊

序号	年份	作者	文章名	出处	文献类型
197	2015	王亚菲，樊明方	《论社交媒体的重新界定》	《编辑之友》	期刊
198	2015	冯娟，郭小良	《民族文化传播中社交媒体新定位》	《贵州民族研究》	期刊
199	2015	陈颖	《认同差异下微博与微信的传播机理比较》	《新闻界》	期刊
200	2015	郝建峰	《社会化媒体账号的运用与思考》	《新闻战线》	期刊
201	2015	吴宁	《社交电视、电视媒体与社交媒体的融合之路——以电视与微博的互动为例》	《中国电视》	期刊
202	2015	陈梦洁，袁梦倩	《社交媒体，职业"他者"与"记者"的文化权威之争——以纪许光微博反腐引发的争议为例》	《新闻大学》	期刊
203	2015	张志安，胡诗然	《社交媒体传播风险及其管理策略——以"手术室自拍"事件为例》	《新闻与写作》	期刊
204	2015	樊菊	《社交媒体的议程设置研究——以"雷洋案"为个案》	兰州大学	学位论文
205	2015	张国良	《社交媒体对传播生态的影响》	《中国社会科学报》	报纸
206	2015	袁立痒，刘杨	《社交媒体对大学生的影响分析——基于安徽高校的调查》	《现代传播（中国传媒大学学报)》	期刊
207	2015	韩娜	《社交媒体对政治传播影响的研究——基于批判的视角》	《新闻记者》	期刊
208	2015	邢祥，王灿发	《社交媒体对重大突发危机事件舆论影响的研究——从天津港"8·12"特别重大火灾爆炸事故看社交媒体的"渗透"》	《新闻爱好者》	期刊
209	2015	王旭	《社交媒体发展背景下的微信依赖研究》	山西大学	学位论文
210	2015	蒋朦	《社交媒体复杂行为分析与建模》	清华大学	学位论文

序号	年份	作者	文章名	出处	文献类型
211	2015	徐光晋，刘双庆	《社交媒体环境下医患暴力冲突事件的媒介呈现研究》	《国际新闻界》	期刊
212	2015	陈力丹，谭思宇，宋家益	《社交媒体减弱政治参与——"沉默螺旋"假说的再研究》	《编辑之友》	期刊
213	2015	禹卫华	《社交媒体全文本分析法刍议》	《新闻记者》	期刊
214	2015	吴芳菲	《社交媒体时代影响网络舆情走势的因素研究》	广西大学	学位论文
215	2015	高蕾	《社交媒体网络公民参与现状及相关因素研究——以大学生使用微博、微信朋友圈为例》	重庆大学	学位论文
216	2015	王彦	《社交媒体危机传播的话语分析模式——以 APEC 蓝的微博热议为例》	《中国出版》	期刊
217	2015	孟禹熙	《社交媒体现状及监管对策》	《新闻战线》	期刊
218	2015	朱星玮	《社交媒体信息结构化组织及其应用研究》	清华大学	学位论文
219	2015	国内外新闻与传播前沿问题跟踪研究课题组，殷乐，康倩，李欣，姚乐	《社交媒体与广电影视的多领域研究》	《新闻与传播研究》	期刊
220	2015	李林容	《微博与微信的比较分析》	《中国出版》	期刊
221	2015	李彪	《微调与强化：社交网络时代媒体监管政策及其走势》	《新闻记者》	期刊
222	2015	国内外新闻与传播前沿问题跟踪研究课题组，殷乐，薛海强，John Whbey	《问题与争议：社交媒体和新闻传播的多元视角研究》	《新闻与传播研究》	期刊
223	2015	王茜	《议程设置理论在社交媒体时代的发展和创新》	《中国报业》	期刊

续表

序号	年份	作者	文章名	出处	文献类型
224	2015	黄河燕	《在线社交网络的可视化分析》	《中国科学院院刊》	期刊
225	2015	陈龙	《转帖、书写互动与社交媒体的"议事共同体"重构》	《国际新闻界》	期刊
226	2016	廖海涵，靳嘉林，王曰芬	《网络舆情事件中微博用户行为特征和关系分析——以新浪微博"雾霾调查：穹顶之下"为例》	《情报资料工作》	期刊
227	2016	袁潇	《数字时代中议程设置理论的嬗变与革新》	《国际新闻界》	期刊
228	2016	袁潇	《数字时代中议程设置理论的嬗变与革新——专访议程设置奠基人之一唐纳德·肖教授》	《国际新闻界》	期刊
229	2016	靖鸣，郭艳霞，潘宇峰	《"魏则西事件"主流媒体与社交媒体舆论监督的共振与互动》	《新闻爱好者》	期刊
230	2016	董嘉	《大学生社交网络自我表露现象研究》	华中科技大学	学位论文
231	2016	倪宁，徐智，杨莉明	《复杂的用户：社交媒体用户参与广告行为研究》	《国际新闻界》	期刊
232	2016	孙婷婷，王谦	《关于社交媒体微信红包营销的思考》	《出版广角》	期刊
233	2016	殷乐，李艺	《互联网治理中的隐私议题：基于社交媒体的个人生活分享与隐私保护》	《新闻与传播研究》	期刊
234	2016	张薇，马卫	《基于 SIR 模型的社交媒体病毒营销传播机理研究》	《江西社会科学》	期刊
235	2016	何地	《基于风险社会放大框架下的社交媒体使用对公众风险感知的影响研究》	《新闻界》	期刊
236	2016	王艳东，李昊，王腾，朱建奇	《基于社交媒体的突发事件应急信息挖掘与分析》	《武汉大学学学报（信息科学版）》	期刊
237	2016	洪燕辉	《基于社交圈的移动设备个性化图像标注》	清华大学	学位论文

序号	年份	作者	文章名	出处	文献类型
238	2016	郭羽，伊藤直哉	《基于使用与满足理论的微信使用行为与效果研究》	《新闻界》	期刊
239	2016	杨剑锋	《论分享：社交媒体时代的分享与传播》	《新闻知识》	期刊
240	2016	彭敏，宦晨宇，朱佳晖，谢倩倩，黄佳佳，黄济民，杨绍雄，高望，应称	《面向社交媒体文本的话题检测与追踪技术研究综述》	《武汉大学学报（理学版）》	期刊
241	2016	禚俊南	《浅析社交媒体时代的两性观——以"小鲜肉"等新词的流行为例》	《中国报业》	期刊
242	2016	朱慧清，钱梦姣	《浅析社交媒体中谣言的传播和消解机制——以微信谣言传播为例》	《新闻战线》	期刊
243	2016	李征	《人际传播中社交媒体的比较研究——以 QQ 和微信为例》	郑州大学	学位论文
244	2016	李秀丽，孙祥飞	《社会化媒体中网络舆论的生成及演变机制探析——以魏则西事件为例》	《新闻论坛》	期刊
245	2016	姜卫玲，黄晨	《社交媒体"沉默的螺旋"现象研究》	《新闻战线》	期刊
246	2016	马超	《社交媒体的风险放大、风险沟通与风险治理》	《编辑之友》	期刊
247	2016	陈文胜	《社交媒体的政治性应用——国外相关研究述评》	《新闻知识》	期刊
248	2016	张驰	《社交媒体热点话题中合作行为检测》	华东师范大学	学位论文
249	2016	方可成	《社交媒体时代党媒"重夺麦克风"现象探析》	《新闻大学》	期刊
250	2016	樊帆	《社交媒体视域下的段子文化传播学解读——以"股灾"中的段子传播为例》	兰州大学	学位论文

续表

序号	年份	作者	文章名	出处	文献类型
251	2016	张璐	《社交媒体微视频传播研究》	湖南大学	学位论文
252	2016	钟伟民，黄怡梦	《社交媒体与危机沟通理论的转型：从 SCCT 到 SMCC》	《电子科技大学学报（社会科学版）》	期刊
253	2016	王角凤，黄斌	《社交媒体语境中的话语表达与公共领域失守——从"大学生掏鸟窝被判十年"谈起》	《出版广角》	期刊
254	2016	李畅，陈华明	《社交媒体在社会突发暴力事件风险传播中的情感动员研究》	《新闻界》	期刊
255	2016	陈利云	《社交媒体正改变传统政治传播生态》	《人民日报》	报纸
256	2016	杨梦然	《社交媒体中公共议题讨论与"沉默的螺旋"》	吉林大学	学位论文
257	2016	王国华，王戈，陈强	《社交媒体中政治参与的"人格鸿沟"及形成机制》	《现代传播（中国传媒大学学报）》	期刊
258	2016	陈娟	《社交媒体自我形象的建构与传播——以手机自拍的图像话语表达为例》	《当代传播》	期刊
259	2016	孙源楠，姚琦	《使用者对社交媒体特性及重要性认知的实证研究——以中国常用社交媒体为研究对象》	《山东社会科学》	期刊
260	2016	董华丽，王立松，赵立勇	《首都高校大学生新兴社交媒体应用现状调查——以微信为例》	《新闻战线》	期刊
261	2016	彭增军	《熟悉的陌生人：社交媒体时代的受众》	《新闻记者》	期刊
262	2016	杨帆，靖鸣，陈庆	《网络事件传播中公众焦点的转移——以"常州毒地事件""魏则西事件""雷洋事件"为例》	《新闻爱好者》	期刊
263	2016	刊评	《微博市值首次超 Twitter 成全球市值最高社交媒体》	《新闻记者》	期刊
264	2016	徐智，杨莉明	《微信朋友圈信息流广告用户参与效果研究》	《国际新闻界》	期刊

序号	年份	作者	文章名	出处	文献类型
265	2016	禹卫华	《微信群的传播分析：节点、文本与社交网络——以三个校园微信群为例》	《新闻记者》	期刊
266	2016	谢静	《微信新闻：一个交往生成观的分析》	《新闻与传播研究》	期刊
267	2016	聂磊，钱慧，赵利	《新闻媒体的社交媒体号运营趋势》	《新闻记者》	期刊
268	2016	郝永华，闾睿悦	《移动新闻的社交媒体传播力研究——基于微信订阅号"长江云"数据的分析》	《新闻记者》	期刊
269	2016	李宗富，张向先	《政务微信公众号用户持续使用意愿的关键影响因素识别与分析》	《图书馆学研究》	期刊
270	2016	刘一璟	《中外知名社交媒体传播方式对比研究》	《中国报业》	期刊
271	2017	陈亚丽	《社交媒体与海外华人的身份构建：基于对瑞士华人女性移民的微信使用的研究》	《新闻春秋》	期刊
272	2017	王晰巍，邢云菲，张柳，李师萌	《社交媒体环境下的网络舆情国内外发展动态及趋势研究》	《情报资料工作》	期刊
273	2017	史安斌，王沛楠	《传播权利的转移与互联网公共领域的"再封建化"——脸谱网进军新闻业的思考》	《新闻记者》	期刊
274	2017	夏倩芳，原永涛	《从群体极化到公众极化：极化研究的进路与转向》	《新闻与传播研究》	期刊
275	2017	龙强，李艳红	《从宣传到霸权：社交媒体时代"新党媒"的传播模式》	《国际新闻界》	期刊
276	2017	胡翼青	《后真相时代的传播——兼论专业新闻业的当下危机》	《西北师大学报（社会科学版）》	期刊
277	2017	史安斌，安云康	《后真相时代政治传播的理论重建和路径重构》	《国际新闻界》	期刊

序号	年份	作者	文章名	出处	文献类型
278	2017	陶楠	《基于社交媒体视角的数字阅读营销推广》	《出版发行研究》	期刊
279	2017	金兼斌，徐雅兰	《科学家网络公共参与行为模式及其公共协商程度》	《中国地质大学学报（社会科学版）》	期刊
280	2017	王喆	《流动的信息网络：反思社交媒体大数据研究的迷思与问题》	《编辑之友》	期刊
281	2017	陈经超，吴茜	《社交媒体"类危机"沟通策略效果研究》	《新闻与传播研究》	期刊
282	2017	黄鸿业	《社交媒体对青年价值观的解构与重构——以网络话语抗争为视角》	《当代传播》	期刊
283	2017	叶文欣	《社交媒体发展现状及趋势分析——以社交应用微博、知乎为例》	《中国报业》	期刊
284	2017	卢嘉，刘新传，李伯亮	《社交媒体公共讨论中理智与情感的传播机制——基于新浪微博的实证研究》	《现代传播（中国传媒大学学报）》	期刊
285	2017	段丽华	《社交媒体环境下出版业产学研协同创新机制与路径研究》	《中国出版》	期刊
286	2017	李佳	《社交媒体环境下受众与媒介人物的准社会交往研究》	山东大学	学位论文
287	2017	晏青，支庭荣	《社交媒体礼仪：数字关系情境下的伦理方案与效果辨析》	《现代传播（中国传媒大学学报）》	期刊
288	2017	冯杰，唐亚阳	《社交媒体情感化表达与传播效果的关系——以微信公众号文章情感化表达为例》	《新闻界》	期刊
289	2017	况广收，胡宁生	《社交媒体时代的政策议程设置——基于多源流理论的分析》	《南京社会科学》	期刊
290	2017	何秋红，靳言言	《社交媒体依赖的心理成因探析》	《编辑之友》	期刊
291	2017	冯锐，李闻	《社交媒体影响力评价指标体系的构建》	《现代传播（中国传媒大学学报）》	期刊

序号	年份	作者	文章名	出处	文献类型
292	2017	李晓静	《社交媒体用户的信息加工与信任判断——基于眼动追踪的实验研究》	《新闻与传播研究》	期刊
293	2017	李典林	《社交媒体与中国草根慈善组织的合法化传播策略——以"大爱清尘"为例》	《国际新闻界》	期刊
294	2017	董卫民	《挖掘新闻：从后真相出发——"异化"真相下的新闻生产》	《山西农业大学学报（社会科学版）》	期刊
295	2017	高传智	《外力推动模式社交媒体赋权的经验考察——基于两个模式个案的比较分析》	《现代传播（中国传媒大学学报）》	期刊
296	2017	匡文波，李芮，任卓如	《网络媒体的发展趋势》	《编辑之友》	期刊
297	2017	陈力丹，曹文星	《微博问政发展趋势分析》	《编辑之友》	期刊
298	2017	谭天，张子俊	《我国社交媒体的现状、发展与趋势》	《编辑之友》	期刊
299	2017	沈逸超，范佳秋	《移动网络与社会——第十六届中国新闻传播学科研究生学术年会综述》	《新闻大学》	期刊
300	2017	单凌	《中间阶层的觉醒：中国舆论场新生态》	《新闻大学》	期刊
301	2017	杨继红	《专注移动，创新融合发展新业态》	《新闻战线》	期刊
302	2018	李杰琼，刘明	《社交媒体语境中舆论反转的机制及主流媒体的应对策略》	《新闻春秋》	期刊
303	2018	李艳，姚佳佳，许丹莹	《大学生微信成瘾水平及影响因素调查》	《现代远程教育研究》	期刊
304	2018	王斌，戴梦瑜	《迭代生产与关系建构：社交媒体中的国家形象塑造机制》	《兰州大学学报》	期刊

序号	年份	作者	文章名	出处	文献类型
305	2018	侯丽	《社交媒体虚假账号有损舆论公正》	《中国社会科学报》	报纸
306	2018	黄鸿业，马燕	《社交媒体语境下高校媒介事件舆情应对》	《青年记者》	期刊
307	2018	李静，杨晓冬	《社交媒体中"医疗众筹"信息分享行为研究：转发还是不转发?》	《新闻与传播研究》	期刊
308	2018	孙信茹，赵洁	《手机拍照、社会参与及主体建构——基于一个城市中老年女性群体的观察》	《现代传播（中国传媒大学学报)》	期刊
309	2018	张福颖，沈丹	《碎片化时代的学术期刊社交媒体建设——以国民阅读行为变化为背景》	《科技与出版》	期刊
310	2018	刊评	《微博：内容生态尚不能轻易复制》	《中国报业》	期刊
311	2018	黄楚新、刁金星	《我国微博发展的现状、问题与趋势》	《中国记者》	期刊
312	2018	王斌，郭扬	《移动社交情境下互联网媒体的内容生产流程重构》	《编辑之友》	期刊
318	2018	黄莹	《语境消解、隐私边界与"不联网的权利"：对朋友圈"流失的使用者"的质性研究》	《新闻界》	期刊
319	2018	李静，姬雁楠，谢耘耕	《中国大学生在社交媒体上的公共事件传播行为研究——基于全国 103 所高校的实证调查分析》	《新闻界》	期刊

附录4 中国学界国外社交媒体研究文献梳理

序号	年份	作者	文章名	出处	文献类型
1	2011	马尔科姆	《被高估的社交媒体》	《当代传播》	期刊
2	2011	林小春	《记者要学会用好微博这个帮手——本·拉丹之死新闻传播的启示》	《中国报业》	期刊
3	2011	黄堃	《伦敦骚乱与"脸谱""推特"》	《新华每日电讯》	报纸
4	2011	唐见端	《推特们从"被革命"走向"被骚乱"》	《文汇报》	报纸
5	2011	天合	《社交网站负面效应日益显现英国调查显示1/4年轻人厌倦社交媒体》	《中国文化报》	报纸
6	2011	李文云，黄培昭，温宪，王恬，孙天仁	《英国骚乱再现社交媒体之惑》	《人民日报》	报纸
7	2011	汪嘉波	《英式止乱向社交媒体挥拳》	《光明日报》	报纸
8	2011	曹博林	《社交媒体：概念、发展历程、特征与未来——兼谈当下对社交媒体认识的模糊之处》	《湖南广播电视大学学报》	期刊
9	2011	崔波	《社交媒体正在改变新闻传播方式？——美国的混合式新闻传播微议》	《国际新闻界》	期刊
10	2011	陈怡	《封面链接》	《中国记者》	期刊
11	2011	李鹏	《用社会化媒体预测未来》	《中国图书商报》	报纸

序号	年份	作者	文章名	出处	文献类型
12	2011	刊评	《国外媒体对记者使用社交媒体的规定》	《新闻记者》	期刊
13	2012	李宓	《美国：监控社交网络》	《新华每日电讯》	报纸
14	2012	刘滢	《封面链接》	《中国记者》	期刊
15	2012	高金萍	《社交媒体格局下传统媒体如何担当"船桥上的瞭望者"——析美媒"占领华尔街"运动报道》	《国际新闻界》	期刊
16	2012	任琦	《移动终端和社交媒体对新闻业到底意味着什么？——〈美国新闻媒体报告 2012〉解读之二》	《新闻实践》	期刊
17	2012	刊评	《博雅：财富 100 强企业社会化媒体使用报告》	《通讯世界》	期刊
18	2012	文建	《"有限度社交"的背后：国外主流媒体的社交策略》	《青年记者》	期刊
19	2012	李萍	《社交媒体在美国总统大选中的作用与影响》	《对外传播》	期刊
20	2013	黄廓	《社交媒体的政治传播功能研究——以 2012 年美国大选的社交媒体战略为例》	《对外传播》	期刊
21	2013	吴小坤	《社交媒体与移动应用：美国媒体新秩序的机遇与危机》	《新闻爱好者》	期刊
22	2013	朱星华	《从政府应用与产业融合的视角看社交媒体的发展——以美国社交媒体的发展及政府对其的应用为例》	《全球科技经济瞭望》	报纸
23	2013	陈昌凤，朱小妮	《传统媒体如何使用社交媒体：美联社案例》	《新闻与写作》	期刊
24	2013	苏钥机	《新意念、新媒体、新模式：美国传媒业的发展》	《新媒体与社会》	期刊
25	2013	李金慧，杜莹者	《西方微博管理的法律与道德约束》	《中国记者》	期刊
26	2013	文建	《解读美联社〈社交媒体使用守则〉成长史》	《中国记者》	期刊

序号	年份	作者	文章名	出处	文献类型
27	2013	陈昌凤，仇筠茜	《国际主流媒体的微博新业务拓展》	《新闻与写作》	期刊
28	2013	陈艳红，宗乾进，袁勤俭	《国外微博研究热点、趋势及研究方法：基于信息计量学的视角》	《国际新闻界》	期刊
29	2013	仇筠茜	《新闻策展："微媒体"环境下突发新闻报道及伦理分析——以美国马拉松爆炸案报道为例》	《国际新闻界》	期刊
30	2013	凌朔	《白宫"推特军"："引导"舆论，为奥巴马"解围"》	《新华每日电讯》	报纸
31	2013	郗云峰	《新浪微博，Facebook 和 Twiteer 三大社交媒体用户生成内容（UGC）议程设置研究》	《"传播与中国·复旦论坛"（2013）——网络化关系：新传播与当下中国论文集》	学术会议
32	2014	徐扬，赵鸿燕	《美国数字化媒体发展态势探析》	《中国记者》	期刊
33	2014	李轶凡	《西方报业对社交媒体的运用——以〈纽约时报〉为例》	《新闻世界》	期刊
34	2014	郑文明	《新媒体与法院：美国的实践》	《国际新闻界》	期刊
35	2014	Craig Hayde，吴燕妮，吴丹妮	《社交媒体：美国公共外交的力量、实践与概念限制》	《全球传媒学刊》	期刊
36	2014	张小强	《2014：传统新闻机构对社交媒体的控制及其影响：基于对国外30家机构内部规范的分析》	《国际新闻界》	期刊
37	2015	任雁	《"文化迁徙"背景下中国留学社交媒体使用的"两栖"性研究》	山东大学	学位论文
38	2015	徐剑，商晓娟	《社交媒体国际学术研究综述——基于 SSCI 高被引论文的观察》	《上海交通大学学报（哲学社会科学版）》	期刊
39	2015	李莉，张敏	《预测、发现与批判：2012—2013年欧美社交媒介研究新著述评》	《出版发行研究》	期刊

续表

序号	年份	作者	文章名	出处	文献类型
40	2015	肖志涛	《融合、智能、安全——下一代社交媒体特点前瞻》	《中国广播电视学刊》	期刊
41	2015	韩显阳	《美国在社交媒体战中输给了"伊斯兰国"》	《光明日报》	报纸
42	2015	马立	《从波士顿爆炸案"推特响应"看社交媒体"渗透"》	《传媒观察》	期刊
43	2015	赵云泽，张竞文，谢文静，俞炬昇	《"社会化媒体"还是"社交媒体"？——一组至关重要的概念的翻译和辨析》	《新闻记者》	期刊
44	2015	吴鼎铭，石义彬	《社交媒体"Feed 广告"与网络受众的四重商品化》	《现代传播（中国传媒大学学报）》	期刊
45	2015	孟禹熙	《社交媒体现状及监管对策》	《新闻战线》	期刊
46	2015	叶文芳，于洪洋，王春霞	《基于社交媒体的学术影响力计量方法研究——以 altmetric. com 为例》	《科技与出版》	期刊
47	2015	高扬，吴锋	《突发事件中美国警方社交媒体的危机传播策略——基于波士顿马拉松爆炸案和弗格森案的比较研究》	《情报杂志》	期刊
48	2015	杨洸	《"数字原生代"与社交网络国外研究综述》	《新闻大学》	期刊
49	2015	胡春阳	《经由社交媒体的人际传播研究述评——以 EBSCO 传播学全文数据库相关文献为样本》	《新闻与传播研究》	期刊
50	2015	李漠叶	《中美大学生社交媒体使用对比研究》	《中央财经大学学报》	期刊
51	2016	张薇，马卫	《基于 SIR 模型的社交媒体病毒营销传播机理研究》	《江西社会科学》	期刊
52	2016	刘一璟	《中外知名社交媒体传播方式对比研究》	《中国报业》	期刊
53	2016	陈文胜	《社交媒体的政治性应用——国外相关研究述评》	《新闻记者》	期刊

序号	年份	作者	文章名	出处	文献类型
54	2016	张晴	《社交媒体与公共外交 2.0——以美国的社交媒体公共外交实践为例》	《四川大学学报（哲学社会科学版)》	期刊
55	2016	魏明革，陈睿	《欧美传统媒体与社交媒体脸书融合的思考》	《中国出版》	期刊
56	2016	胡翼青，俞晓敏	《社交媒体如何盈利：对 Buzz Feed 的个案研究》	《编辑之友》	期刊
57	2016	郭雅楠	《新闻消费社交化移动化：看什么，怎么看，相信谁？——牛津路透新闻研究院〈2016 年数字新闻研究报告〉》	《新闻记者》	期刊
58	2016	杨婷，赵奕然	《留英国际学生的社交网络使用状况及影响——以英国谢菲尔德市留学生的社交媒体使用调查为例》	《青年记者》	期刊
59	2016	赵曙光，李海容	《美国社交媒体关注的中国议题——基于 2015 年 Twitter 高影响力账号的描述性分析》	《新闻记者》	期刊
60	2016	高金萍	《美国大选信息传播的"变"与"不变"》	《新闻记者》	期刊
61	2017	史安斌，安沛楠	《传播权利的转移与互联网公共领域的"再封建化"——脸谱网进军新闻业的思考》	《新闻记者》	期刊
62	2017	孟茹	《美国社交媒体平台用户隐私保护的自律与监督机制——以 Facebook 为例》	《编辑之友》	期刊
63	2017	王晓梵	《社交媒体、政治选举和性别问题：2016 年海外新闻学研究趋势》	《全球传媒学刊》	期刊
64	2017	刘丹丹	《2020 年，社交媒体将会是什么样》	《中国报业》	期刊
65	2017	王斌，李唯嘉	《社交媒体时代政策性议题的国际传播策略——以 Twitter 平台"全面二孩"报道为例》	《新闻战线》	期刊

序号	年份	作者	文章名	出处	文献类型
66	2017	韩鸿，彭璟	《论智媒时代社交媒体的社会责任——对 2016 美国大选中 Facebook 假新闻事件的反思》	《新闻界》	期刊
67	2017	高一然	《国际知名传统媒体在社交媒体中的传播研究——以 BBC、CNN、CBC 在脸谱的伦敦恐袭事件报道为例》	《电视研究》	期刊
68	2017	辛欣	《美国社交媒体的传播逻辑及运营思路》	《新闻战线》	期刊
69	2017	静涵	《Snapchat：备受资本青睐的美国社交媒体》	《中国文化报》	报纸
70	2017	陈怡	《外媒速览》	《中国记者》	期刊
71	2018	史安斌	《社交媒体时代全球传播的理想模式探究——基于联合国"微传播"的个案分析》	《武汉大学学报（哲学社会科学版）》	期刊

索　引

致　　谢

　　时光荏苒，博士的几年时光转眼就要结束。在这几年里我经历就业，结婚，生子，学习，其中虽有说不尽的艰辛，但更多的是满满的收获。能够完成博士学业，我想要感谢很多在学术道路前方像明灯般指引我的良师，在身边不断给予我帮助的益友，以及在身后默默支持我的家人。

　　感谢我的导师蔡尚伟教授在我博士学习以及论文写作期间悉心的指导与教诲，导师的点拨让我在学术的道路上不停修正自我，即使偶有迷茫，也不会偏航。

　　感谢王炎龙教授、张放教授、谢梅教授、刘肖教授、肖尧中研究员、曾元祥副教授等，师长们在我博士学习期间一路指引，让我不仅在学术上，更是在对待学术的态度上，有了努力的目标和坚持的信念。

　　感谢我的先生、我的父母、我的女儿对我一直以来的默默支持和理解，亲人们既是我坚强的后盾，也是我温暖的港湾。

　　感谢学校及学院的领导、同事、朋友对我的帮助、关心与厚爱，你们让我在孤独前行的学术道路上，感受到无尽的鼓励和力量。

　　博士论文的完成既是博士学业的终点，更是我学术征程的新起点。谨以《文心雕龙·序志篇》聊表我此刻的心情："生也有涯，无涯惟智。逐物实难，凭性良易。傲岸泉石，咀嚼文意。文果载心，余心有寄。"盼所有努力都不被辜负，愿所有付出终有回报。士不可不弘毅，任重而道远！